Revista de Direito Tributário

67

MALHEIROS EDITORES

Revista de Direito Tributário

Publicada sob os auspícios do

Instituto Geraldo Ataliba — IDEPE — Instituto Internacional de Direito Público e Empresarial e do
IBET — Instituto Brasileiro de Estudos Tributários

ISSN 0102-7956

REVISTA DE DIREITO TRIBUTÁRIO
publicação trimestral de
MALHEIROS EDITORES LTDA.
Rua Paes de Araújo, 29, 17º andar - conj. 171 - CEP 04531-940
São Paulo, SP - Brasil - Tels. 822-9205 - 820-9718 - 820-5549 - Fax. 829-2495

Assinaturas e comercialização:
CATAVENTO DISTRIBUIDORA DE LIVROS S.A.
Rua Conselheiro Ramalho, 928 - CEP 01326 - São Paulo, SP - Brasil
Tel. 289-0811 - Fax. 251-3756

Diretor Responsável: Álvaro Malheiros
Diretora: Suzana Fleury Malheiros
Supervisão Gráfica: Vânia Lúcia Amato

Composição: HELVÉTICA EDITORIAL
Impressão: Gráfica e Editora FCA
(Fundação de Ciências Aplicadas)

SUMÁRIO

HOMENAGEM A GERALDO ATALIBA

GERALDO ATALIBA, PUBLICISTA MAIOR 9
— Carlos Mário Velloso

ATALIBA REVOLUCIONOU O DIREITO TRIBUTÁRIO 11
— Osiris Azevedo Lopes Filho

GERALDO ATALIBA 13
— Paulo de Barros Carvalho

HOMENAGEM A GERALDO ATALIBA 16
— Roque Antonio Carrazza

GERALDO ATALIBA 20
— Aires F. Barreto

IX CONGRESSO BRASILEIRO DE DIREITO TRIBUTÁRIO

SESSÃO SOLENE DE ABERTURA 23

CONFERÊNCIA — **INFRAÇÕES TRIBUTÁRIAS** — Luciano da Silva Amaro 25

MESA DE DEBATES — **TEMAS GERAIS** 43

CONFERÊNCIA — **O PRINCÍPIO DA MORALIDADE PÚBLICA E O DIREITO TRIBUTÁRIO** — Marçal Justen Filho 65

MESA DE DEBATES — **TRIBUTOS FEDERAIS** 80

MESA DE DEBATES — **TRIBUTOS ESTADUAIS** 105

MESA DE DEBATES — **TRIBUTOS MUNICIPAIS** 130

CONFERÊNCIA — **REFORMA TRIBUTÁRIA** — Fernando Albino de Oliveira 149

MESA DE DEBATES — **TEMAS GERAIS** 158

MESA DE DEBATES — **DIREITO PENAL TRIBUTÁRIO** 178

SESSÃO SOLENE DE ENCERRAMENTO 196

CONFERÊNCIA — **IDÉIAS EM TORNO DE UMA REFORMA** 197
— Alcides Jorge Costa

CONCLUSÕES DO PLENÁRIO DO IX CONGRESSO BRASILEIRO DE DIREITO TRIBUTÁRIO 212

TRABALHOS DO IX CONGRESSO BRASILEIRO DE DIREITO TRIBUTÁRIO APROVADOS COM MENÇÃO HONROSA

O CONCEITO JURÍDICO DE RENDA E PROVENTOS DE QUALQUER NATUREZA — João Dácio Rolim 215

ICMS: ISENÇÕES DE SERVIÇOS E PRODUTOS DESTINADOS AO EXTERIOR — Clélio Chiesa 226

X CONGRESSO BRASILEIRO DE DIREITO TRIBUTÁRIO (EM HOMENAGEM A GERALDO ATALIBA)

O PRINCÍPIO DA IRRETROATIVIDADE DO DIREITO NA CONSTITUIÇÃO E NO CÓDIGO TRIBUTÁRIO NACIONAL 237
— Misabel Abreu Machado Derzi

A REFORMA TRIBUTÁRIA E AS "CLÁUSULAS PÉTREAS" 252
— Roque Antonio Carrazza

OPERAÇÕES DE BANCOS ESTADUAIS COM SEUS CONTROLADORES: UM CASO DE ANTINOMIA APARENTE 258
— Tercio Sampaio Ferraz Júnior

CONCEITO DE ESTABELECIMENTO INDUSTRIAL POR EQUIPARAÇÃO 266
— Alcides Jorge Costa

ESTUDO SOBRE A SUJEIÇÃO PASSIVA DIRETA E INDIRETA NO DIREITO BRASILEIRO — ESCÓLIOS PARA UMA FUTURA MODIFICAÇÃO DO CÓDIGO TRIBUTÁRIO NACIONAL — EM HOMENAGEM A GERALDO ATALIBA 268
— Sacha Calmon Navarro Coelho

A CLÁUSULA PÉTREA DA LEGALIDADE TRIBUTÁRIA E O INSTITUTO DA COMPENSAÇÃO 279
— Diva Malerbi

TRANSFERÊNCIAS NEGOCIAIS DE ENCARGOS E TRIBUTAÇÃO 284
— Marçal Justen Filho

IMPORTAÇÃO DE PRODUTOS ESTRANGEIROS E ICMS 289
— Eduardo Bottallo

A CONTRIBUIÇÃO SOCIAL SOBRE O LUCRO 292
— Wagner Balera

LOCAL DA INCIDÊNCIA TRIBUTÁRIA 323
— José Eduardo Soares de Melo

COMPENSAÇÃO E AUTOLANÇAMENTO 339
— Estevão Horvath

CONSTITUIÇÃO, SEGURANÇA JURÍDICA E MEDIDAS PROVISÓRIAS 346
— Anna Emília Cordelli Alves

INCIDÊNCIA DO ICMS SOBRE O PREÇO DA VENDA E NÃO SOBRE O VALOR DO FINANCIAMENTO 352
— Heron Arzua

ICMS E ISS — FORNECIMENTO DE MAQUINARIA — INSTALAÇÃO E MONTAGEM DESSES EQUIPAMENTOS 359
— Aires F. Barreto

GERALDO ATALIBA
E
REVISTA DE DIREITO TRIBUTÁRIO: MARCOS FORTALECEDORES DO DIREITO PÚBLICO

Dizer que esta *Revista de Direito Tributário* é dedicada a GERALDO ATALIBA é dizer pouco e afastar-se da verdade. É que todas as *Revistas de Direito Tributário* têm que ser dedicadas a GERALDO ATALIBA. *RDT* e GERALDO ATALIBA são indissociáveis. Não há *RDT* sem GERALDO. Foi ele o seu criador; o fruto do seu talento o reluzir, o fulgurar, o resplandecer da *Revista*; foi sob seu comando que a *RDT* ganhou grandioso respeito, assim no Brasil como no exterior. GERALDO ATALIBA incutiu-lhe seu brilho; fê-la fecunda, viva e cintilante. Pôs nela todo o seu prestígio, toda sua cultura jurídica, todo o seu amor; tranformou-a na bússola dos que careciam de um norte e na trilha segura para os que já a haviam encontrado.

GERALDO ATALIBA conduziu-a, dirigiu-a, divulgou-a, com zelo inexcedível, com modelar atuação, sob a marca indelével do "fazer ciência", até que a morte, sem sequer dar-nos a oportunidade da despedida, ceifou, prematuramente, sua carreira brilhante e sua vida exemplar.

Sem GERALDO, o mundo do Direito ficou triste, macambúzio, melancólico. É que GERALDO é vida, é alegria, é trabalho, é vigor. GERALDO também é pressa, impulsividade, explosão. O mundo social também perdeu. Perderam os menos afortunados. É que, ao lado do jurista, do cientista do Direito, há um outro GERALDO, desconhecido da maioria: é o GERALDO inconformado com as distâncias sociais, com a pobreza, com a miséria. Agora, GERALDO é crença em Deus, é amor ao próximo, é atenção ao desvalido, é socorro ao miserável, é extremo carinho com os meninos de rua. GERALDO sofria com eles; por mais que fizesse, sempre achava que fizera pouco. Perdoa-nos e perdoa-me, GERALDO, se dou a público esta sua face, sequer entremostrada. Perdoa-me se falo da incontável surpresa, seguida do sorriso largo, de felicidade incontida, da menina maltrapilha, sem nome, pálida como o semáfaro, já no amarelo, que, "sem mais aquela", recebe em seus braços a boneca tão grande e grandiosa, que nem mesmo era sonhada, do homem desconhecido, "aquele do bigode branco", que acelerou, antes mesmo de ouvir o "obrigado".

O Direito Público perdeu seu mestre maior. Seus inúmeros discípulos, como nós, ainda estupefatos, não conseguimos entender e aceitar o infausto desfecho, a ausência do líder. GERALDO não podia fazer isso conosco; não nos podia abandonar, sem prévio aviso.

Como CLÉBER, partiu, sem mesmo um até logo. Deixou-nos órfãos, perdidos, atarantados, sem a condução da mão amiga, sem seus ensinamentos, sem seus conselhos, sem seu apreço fraterno, sem seu discurso candente, sem sua palavra eloqüente.

O que disse sobre CLÉBER, cabia-lhe, por inteiro: jamais usou do argumento da autoridade; antes procurava convencer pela autoridade do argumento. Não impunha o *magister dixit*. Pelo contrário, admitia e incentivava o diálogo científico; punha-se como aluno e ouvia, atentamente, os próprios discípulos; não raro, dobrava-se a teses contrastantes com seus pontos de vista, se lhes via fundamento jurídico.

No convívio social era compreensivo, complacente; no campo do Direito, porém, era absolutamente intransigente; diante de questões científicas, nada havia que o afastasse do seu inabalável compromisso com a Constituição e com o sistema jurídico.

Parafraseando o ministro OSCAR CORRÊA, podemos dizer que o nosso depoimento nada lhe acrescenta ao nome; serve, todavia, e muito, ao nosso coração, pelo que significa de gratidão, afeto, apreço, respeito e admiração.

Obrigado, mestre GERALDO. Deus, na sua infinita bondade, há de permitir, um dia, o nosso reencontro.

Enquanto isso, inesquecível mestre, leve a certeza de que, malgrado nossas claras limitações, nós todos, seus orgulhosos discípulos, daremos o melhor que tivermos e que pudermos, para que, aí nos céus, possa ver, feliz, que tanto o seu IDEPE, como a sua *Revista de Direito Tributário*, não pereceram; que, ao revés, prosseguiram e prosseguem cumprindo, com altanaria, os seus relevantes papéis.

AIRES F. BARRETO
Presidente do INSTITUTO GERALDO ATALIBA —
IDEPE — Instituto Internacional de Direito Público e Empresarial e
Diretor da *Revista de Direito Tributário*

GERALDO ATALIBA, PUBLICISTA MAIOR

CARLOS MÁRIO VELLOSO
Ministro do STF

Ao cair da tarde do dia 15 de novembro, quando os brasileiros comemoravam a proclamação da República, morreu GERALDO ATALIBA, o moderno doutrinador dos princípios republicanos, autor de *República e Constituição*, livro que Osiris Azevedo Lopes Filho, em artigo publicado na *Folha* de 17.11.95, classificou de "marco na formação do Estado Democrático de Direito".

Tal como ocorreu com Tancredo Neves, que pregava a liberdade, e que morreu no dia 21 de abril, dia consagrado a Tiradentes, a morte de ATALIBA lembra a advertência de Shakespeare, posta na boca do príncipe Hamlet, de que há, entre o céu e a terra, mais coisas do que pode perceber a nossa vã filosofia.

Com GERALDO ATALIBA desaparece um dos maiores publicistas brasileiros, talvez o maior dos últimos tempos, que soube conceituar institutos, até então estudados exclusivamente segundo o Direito Privado, sob o ponto de vista do Direito Público, especialmente do direito constitucional, assim nas suas linhas maiores e tendo em vista o critério objetivo. O instituto do direito adquirido, ou da irretroatividade da lei, por exemplo, ATALIBA o examinou sob o signo do princípio republicano que, com o princípio do federalismo, exercem, no sistema constitucional brasileiro, "função capitular (...), determinando inclusive como se deve interpretar os demais" (*República e Constituição*, Ed. RT, 1985, p. 9).

Conheci GERALDO ATALIBA em 1969. Eu era juiz em Minas, juiz novo e novato. Ele lia algumas sentenças minhas, cujas cópias eu lhe remetia, e as comentava, em cartas que me mandava. Eu o julgava um homem velho — pois àquela época ATALIBA já era jurista —, um homem gordo, cabelos grisalhos. Por indicação de Carvalho Pinto, para quem ATALIBA era o jurista que mais entendia de contribuição de melhoria no Brasil, nós o convidamos a proferir conferência em um seminário promovido, em Belo Horizonte, pela UNA.

Fui buscá-lo no aeroporto. Desceram todos os passageiros e não desembarcou um homem idoso, gordo, cabelos grisalhos. Sobrou um jovem, que depois soube que acabara de completar 30 anos, cabelos negros, bigode fino, pasta na mão. "O senhor é, por acaso, o professor Geraldo Ataliba?", indaguei. A resposta veio firme: "Por acaso, não, por obra do velho professor Ataliba Nogueira". Meia hora depois, parecíamos amigos de infância. Éramos jovens. Vinte e sete anos se passaram. A amizade cresceu e se fortaleceu no respeito mútuo, na admiração que sempre nutri pelo jurista e, sobretudo, pelo homem sumamente ético, pelo homem de bem.

GERALDO ATALIBA deu grandeza a tudo que fez. Jurista, escreveu centenas de pareceres e 12 livros de doutrina, de leitura obrigatória. Professor, ninguém o excedeu nas cátedras que conquistou mediante memoráveis concursos, na PUC-SP e na USP. Mestre de gerações e gerações, deixa um mundo de discípulos nos tribunais, nas academias e nos institutos. Ele foi o líder da Escola Paulista de Direito Tributário. Notável conferencista, com Celso Antônio, seu amigo desde a escola primária, inovou na tribuna: jamais uma conferência pode ser lida e o conferencista deve se comunicar intensamente com o público.

Sua palavra prendia, encantava, eletrizava. Foi assim no Brasil todo, na maioria dos países americanos, em Portugal e na Espanha. Advogado, foi enorme a sua contribuição à Justiça. ATALIBA, nos tribunais, lembrava Rui: também ele estuchava, destemidamente, da tribuna, na consciência dos juízes, a formidável responsabilidade destes na tarefa de realizar a segurança jurídica, apenas sujeitos à sua ciência e à sua consciência.

De uma feita, em um julgamento, presenciei ATALIBA pedir a palavra para dizer a um juiz que a portaria que este teimava em aplicar simplesmente repetia dispositivo da Constituição. E que era muito mais nobre para um juiz invocar a Constituição, que é um ato da nação, do que invocar uma portaria, ato próprio dos porteiros. ATALIBA, aliás, costumava dizer que certos juízes, quando se trata de aplicar portarias e decretos, fazem-no até com certo brilhantismo. Mas se se trata de aplicar a Constituição, esses juízes ficam atemorizados e acabam encontrando modo de não enfrentar o tema constitucional.

GERALDO ATALIBA viveu intensamente. Foi grande em tudo que fez, repito. Mas ele tinha tranqüilidade na sua base, na sua família. Por isso, ele muito amava sua mulher, Anna, esposa, amiga, companheira, os seus filhos, Fernando, Eduardo e Mariana; as suas noras, Roseli e Alice, o seu genro, Marcos, e o seu último amor, a sua netinha Marina — que os netos constituem o último amor de um homem e de uma mulher.

ATALIBA morreu tal como viveu. Em uma de suas últimas conversas, ele disse que no dia em que saísse do hospital haveria uma festa, uma festa muito alegre ou muito triste. Tudo era uma festa na vida de ATALIBA. É de Gabriel Garcia Marquez, lembrou a minha filha Ana Flávia, quando velávamos o corpo do nosso amigo, que "nada parece tanto com uma pessoa quanto a forma de sua morte".

É da tradição do Supremo Tribunal Federal não prestar homenagens. Ao que sei, o único advogado que a Corte Suprema homenageou foi Rui Barbosa. Pois o Supremo Tribunal, no último dia 16, quando do sepultamento de GERALDO ATALIBA, prestou a este a maior das homenagens. Nesse dia o Supremo Tribunal não pôde julgar questões constitucionais porque quatro de seus juízes, inclusive o presidente, Sepúlveda Pertence, foram se despedir do amigo, do mestre, do companheiro de idéias.

O Supremo Tribunal, no dia 16, não teve quórum constitucional. Justa e merecida homenagem da Corte Suprema, a quem cabe guardar e proteger a Constituição, a quem mais a amou, respeitou e reverenciou.

ATALIBA REVOLUCIONOU O DIREITO TRIBUTÁRIO

OSIRIS AZEVEDO LOPES FILHO
Professor de Direito Financeiro da Universidade Federal de Brasília

GERALDO ATALIBA fraquejou na parte em que era mais vulnerável: o coração. Coração generoso, grande, de imensidão tão significativa que o traço marcante das causas que defendeu e das posições que assumiu foi a paixão.

Nisso fugiu à tradição jurídica brasileira. Os nossos juristas, no geral, são figuras assépticas. Nas suas torres de marfim emitem seus pareceres, defendem seus pontos de vista, postulam direitos, impavidamente. Sem grandes emoções.

ATALIBA é o furacão. O empenho, o suor, a dedicação, o engajamento na sustentação de suas teses é ímpar no panorama jurídico do Brasil, nesta véspera de novo milênio. ATALIBA no seu vigor, na sua feérica atividade, era uma dessas forças da natureza, telúrico.

Exímio orador, conferencista imbatível, fazia-se proeminente aonde fosse convidado. Correu o país e o exterior. Era dessas pessoas, cujo cumprimento mais adequado não seria "como vai?", mas, "para onde vai?", tamanha sua mobilidade e disposição de atender aos convites, que permanentemente lhe faziam.

Sua projeção intelectual ultrapassou nossas fronteiras. Tornou-se jurista das Américas, proferindo conferências em congressos internacionais, por todo continente. É o grande nome internacional do Brasil, na área do direito.

Aqui foi chefe de escola. Os seus cursos de mestrado e de doutorado na PUC, os seus magistérios na Faculdade de Direito do Largo São Francisco formaram gerações, abriram caminhos para novas vocações.

ATALIBA é o grande publicista desta metade do século. Direito Constitucional, Direito Tributário e Direito Administrativo foram os campos em que construiu suas teorias.

O destino quis que sua partida se desse num dia especial: 15 de novembro, data da proclamação da República.

Seguidor de Rui Barbosa, Cirne Lima, Seabra Fagundes, difundiu-os, deu-lhes atualidade na vida jurídica de nossas instituições.

A sua última obra, *República e Constituição*, é um marco na formação do Estado Democrático de Direito, contribuição de um verdadeiro cidadão republicano.

República e Federação consistem-se em idéias-força presentes em sua obra e doutrina. A sua jovialidade, a sua agitação permanente, a sua energia na defesa da Federação, da autonomia dos Estados-membros e Municípios, levaram-me, às vezes, a brincar com ele, nos debates, dizendo: O federalismo do GERALDO tem suas origens no campo de batalha da revolução constitucionalista de 1932. Ele ria, a platéia se deliciava, pois a sua jovialidade, a sua alegria, a sua criatividade jamais poderiam ter presenciado acontecimentos tão distantes. As suas raízes federativas e republicanas eram efetivamente profundas.

A sua obra é permanente. Revolucionou o Direito Tributário pátrio. Num país em que a tecnocracia e elite governante inverteram a hierarquia das leis, dando valor supremo às portarias e instruções normativas, ATALIBA restabeleceu a dignidade e supremacia da Constituição.

Ultimamente estava preocupado com as reformas constitucionais propostas pelo governo federal. Considerava que muitas das mudanças poderiam ser feitas por meio de leis complementares, explorando-se as potencialidades existentes no texto constitucional. Via com tristeza a tendência de se vulgarizar as alterações constitucionais.

O último Congresso de Direito Tributário que patrocinou, em setembro de 1995, foi arena vibrante de contestações a esse rolo compressor de reformas antifederativas e de concentração de poder.

Homem da emoção, da paixão, era extremamente amoroso. Marido e pai dedicado. Ana Maria, Dudu, Fernando e Mariana foram os seus esteios familiares e o ponto de apoio, o porto abrigado, nos intervalos das procelas e batalhas da vida e do Direito. Lealdade, dedicação, amor, esses os traços de vida familiar e no relacionamento com os amigos.

A sua partida deixa um vácuo no Direito Tributário. Embora permaneça sua obra, e haja centenas de continuadores, vai faltar o seu entusiasmo, dinamismo e calor.

Nos amigos o golpe é terrível. Perdemos o irmão dedicado, atencioso, humano e sensível. O momento é de tristeza e dor, de perda e saudade. O pranto é irrecorrível!

GERALDO ATALIBA

PAULO DE BARROS CARVALHO
Professor Titular de Direito Tributário da Faculdade de Direito da
Pontifícia Universidade Católica de São Paulo

Não se faz história sem que decorra certo trato de tempo, suficiente para iluminar os acontecimentos que tivemos o ensejo de viver, possibilitando assim uma avaliação apropriada a respeito dos valores que neles estiveram contidos. É muito difícil perceber os fatos que vão ocorrendo à nossa volta, na sua real dimensão axiológica, como dificílimo, também, é compreender o papel que cada um de nós está, efetivamente, desempenhando no quadro geral das interações sociais. Tudo começa a esclarecer-se à medida que o intervalo adequado do tempo permitir uma reflexão serena da realidade vivida.

Com efeito, Mestre GERALDO ATALIBA esteve ao nosso lado, caminhou junto de nós, construindo uma carreira jurídica produtiva, edificante e fecunda — seja no plano acadêmico, seja como brilhante advogado que sempre foi —, e deixou uma obra respeitabilíssima, marcada por posições bem claras e incisivas, cheias de talento e criatividade. Dotado de um sentimento de família bem definido, trazia sempre consigo um punhado de observações de cunho ético, que entendia inseparáveis da atividade regular do trabalho profissional e, desde cedo, firmou uma orientação política sólida e consistente, cunhada por forte tendência nacionalista e democrática. Quem conheceu de perto o grande professor atestará o vigoroso poder de decisão que imprimia a suas participações, aspecto que entranhava seu próprio caráter. Em tudo que empreendeu, ingressou com inusitada disposição, colocando-se sempre a favor de certos valores e repudiando aquilo que não os realizasse. Seus discursos vinha penetrados de intensa carga de emotividade e seus dons retóricos provocavam vibrações extremamente positivas que mobilizavam os interlocutores. Mas, é preciso dizer que temperamento assim costuma deixar pelo caminho, invariavelmente, amigos incondicionais e algumas incompreensões. Foi o que se passou com o jurisconsulto ilustre. E ATALIBA viveu no tempo histórico em que nós vivemos.

Para seus amigos, discípulos e colaboradores efundia calor e afetividade, que se manifestava numa preocupação constante e numa ajuda concreta e objetiva, particularmente nos momentos mais difíceis. Este traço é decisivo na sua personalidade. Ao defender os princípios que elegeu, mostrava-se, até, intolerante; todavia, poucas pessoas foram tão abertas e receptivas como ele. À maneira de um lutador medieval, ATALIBA esteve sempre disponível para o combate, esgrimindo as palavras com incrível sutileza e sagacidade, para produzir, a cada passo, argumentos novos, que sensibilizavam e convenciam. Sabia como ninguém, atuar o discurso, isto é, pô-lo em prática, utilizando metáforas muitas vezes extravagantes, mas que surtiam admirável efeito pedagógico, propiciando fatos comunicacionais que impressionavam vivamente.

Sua gestão, como Magnífico Reitor da Pontifícia Universidade Católica de São Paulo, não deixou de receber o timbre da sua personalidade, coincidindo com momentos críticos da vida política brasileira. Pois bem , GERALDO ATALIBA fez da instituição um ponto de referência pela democratização do país, acolhendo professores cassados e assumindo corajosas atitudes que exibiam, ostensivamente, sua vocação de repúdio ao regime de exceção.

De tudo quanto se diga desse jurista eminente, algo tem que ficar devidamente registrado: poucas são as pessoas que mexem nas circunstâncias, manipulando os acontecimentos em arranjos que realizem de certo modo seus desígnios. Nesse sentido, conhecemos algumas figuras do mundo político, conduzindo os povos e traçando-lhes o destino. Pois bem, GERALDO ATALIBA, no seu particularíssimo modo de ser, sabia como poucos pôr o dedo na linha dos acontecimentos, para modificá-los, retificá-los, desviá-los, remanejá-los, arrumá-los, enfim, de harmonia com os princípios que tinha por verdadeiros.

Uma análise mais acurada de sua rica personalidade impõe, contudo, que aceitemos a proposição segundo a qual foi ele, antes de tudo, um homem de ação. Se nos for dado separar discurso e ação, direi que seu discurso, fortíssimo, seu incrível poder de persuasão, a facilidade com que dominava intuitivamente os recursos da retórica, tudo isso teve um acento prático indiscutível, projetando-se para o espaço de uma atividade desenvolvida de forma ininterrupta e em ritmo acelerado, cobrindo as providências e seguindo, decididamente, em direção às metas estipuladas. Se o discurso foi ótimo, a ação foi mais intensa ainda. ATALIBA não parava, não descansava, não dava tréguas. Isso explica, em parte, o tamanho de sua obra e a freqüência de suas participações no mundo do Direito. Foi autêntico e vibrante nas palavras, mas o cunho revolucionário de sua participação se fez presente, com maior intensidade, no campo da ação. No que tange à dogmática jurídico-tributária, aquilo que Becker foi no discurso, ATALIBA foi na atuação pragmática, inclusive para difundir a obra revolucionária do próprio Becker.

Conhecedor de Teoria Geral do Direito, pensou o Direito Tributário a partir de premissas de Direito Constitucional, matéria que sempre o apaixonou. Mas transitou com naturalidade também pelo Direito Administrativo, perfazendo uma conjunção de setores que lhe permitiu arroubos substanciosos, para extrair teses que surpreenderam pela originalidade, pela autenticidade e pela consistência com que foram apresentadas, inovando nos três ramos do Direito Público.

É preciso que se diga que foi amigo pessoal dos maiores publicistas brasileiros e estrangeiros da atualidade, que muito o admiraram, não poupando citações elogiosas a vários tópicos de sua obra.

Talvez por ter vivido com tanta intensidade, a matéria não pôde acompanhar a trajetória do espírito, e GERALDO ATALIBA prematuramente nos deixou. Fica a lembrança do seu talento, da sua operosidade, do seu espírito combativo e do inefável brilho que irradiou com sua existência, toda ela cumprida com enorme retidão e dignidade.

De sólida e tradicional formação católica, colhemos o traço da generosidade, reconhecido por todos aqueles que tiveram a felicidade de acompanhá-lo, recebendo, a cada passo, eloqüentes demonstrações dessa virtude.

Vale a observação inicial de que será imprescindível o decorrer de um tempo mais longo para podermos extrair o vulto de GERALDO ATALIBA e refletir sobre ele como alguém que esteve entre nós, participando ativamente do nosso meio. Por enquanto, procurando pôr entre parênteses os estreitos laços de amizade que me uniram a ele, o que dificultaria sobremaneira a avaliação de sua personalidade, aquilo que posso dizer é que o inesquecível professor foi uma figura importantíssima: importantíssima como mestre, como jurista, como advogado, como líder inconteste de uma escola que ele mesmo fundou e comandou, como condutor intelectual, como autor, doutrinador e parecerista. Importantíssimo como chefe de família, como amigo e como colega. É extremamente difícil falar de alguém tão grande e expressivo. Consola-nos apenas pensar que ATALIBA andou ao nosso lado e viveu entre nós. Participamos de uma sociedade que o teve como um de seus filhos, desfrutando de sua alegria contagiante e recebendo, continuamente, toda a efusão da energia que seu espírito propagava. Tais motivos de satisfação a morte inesperada e abrupta não pôde nos roubar.

HOMENAGEM A GERALDO ATALIBA*

ROQUE ANTONIO CARRAZZA
Professor Titular da Cadeira de Direito Tributário da
Faculdade de Direito da Pontifícia Universidade Católica de São Paulo

O Egrégio Conselho Departamental e os formandos da Faculdade de Direito da Pontifícia Universidade Católica de São Paulo incumbiram-me de, nesta sessão solene, prestar uma homenagem ao inesquecível e querido mestre, o Professor GERALDO ATALIBA, recentemente falecido.

Saibam todos que aceitei esta incumbência, com um misto de orgulho e de receio. De orgulho, por poder falar em nome não só de juristas consagrados, como de uma nova geração de bacharéis, que, muito em breve, estará pontificando na cátedra, nos tribunais, no serviço público. E de receio, diante da grande responsabilidade de ter que traçar o retrato de GERALDO ATALIBA. Espero cumprir a contento a missão que generosamente me confiaram.

Anima-me o fato de ter conhecido muito bem o pranteado mestre e, por isso, ter podido apreciar de perto suas múltiplas qualidades. Deveras, fui seu aluno, nos cursos de bacharelado, mestrado e doutorado, galguei, sob sua orientação, todos os degraus da carreira universitária e acabei por sucedê-lo na Cátedra. Mas, acima de tudo, fui seu admirador e amigo.

Mãos à obra, pois.

Recentemente li num livro:

"Já repararam na diferença que existe entre o barro e a rocha? O barro, qualquer chuva dilui, qualquer enxurrada carrega. A rocha, porém, enfrenta a tempestade, levanta-se como um baluarte diante das ondas agitadas e, passada a tormenta, emerge vitoriosa, mais brilhante do que nunca. Assim são os homens, fracos ou fortes, como o barro ou a rocha".

Os primeiros, resvalam para o mais cômodo, substituem o melhor pelo mais fácil, ficam à mercê das opiniões alheias, deslizam pela vertente dos sentimentalismos e acabam jogados em qualquer valeta da vida. São barro.

Os outros, fiéis a seus princípios, não perdem a identidade ao enfrentarem situações adversas: as turbulências da vida mais e mais os agigantam. São rocha.

É a esta última classe de homens que pertenceu GERALDO ATALIBA.

Como se sabe, o homem revela-se por suas obras. E a obra de GERALDO ATALIBA garante-lhe a imortalidade.

Trabalhador incansável, ainda que sem as aflições da pressa, soube empregar generosamente o tempo e, por esse motivo, tornou-se dono de uma obra admirável, que inclui doze livros (alguns, como o seu monumental *Hipótese de Incidência Tributária*, traduzidos para vários idiomas). Deixou, ainda, centenas de artigos e pareceres, publicados nas mais prestigiosas revistas jurídicas do País e do exterior.

* Discurso proferido, em 16.3.96, em São Paulo, no Auditório Anhembi, na Sessão Solene de Colação de Grau da Turma de 1995, da Faculdade de Direito da PUC-SP.

GERALDO ATALIBA foi, também, um conferencista brilhante, que percorreu — pode-se dizer — todos os grandes centros culturais da América Latina, além de ter ministrado cursos na Espanha, na Itália, na França, em Portugal e nos Estados Unidos. Participou, igualmente, de múltiplos simpósios e congressos jurídicos, sempre elevando o nome do Brasil.

Professor titular, por concurso, da PUC-SP e da USP, foi um dos grandes protagonistas da maior das aventuras humanas: a de pensar.

Mas GERALDO ATALIBA foi, além de tudo, um homem de caráter, de posições definidas, que, pela força irradiante de suas qualidades, era, por todos, respeitado (até por aqueles que, eventualmente, não compartilhavam de suas idéias).

Homens como ele são raros. Com efeito, GERALDO ATALIBA estava entre os que não desertam, entre os que não renunciam, entre os que não capitulam, entre os que não se mascaram, entre os que não se degradam.

GERALDO ATALIBA estava, enfim, com a verdade. Com a verdade que liberta, segundo a palavra eterna de Cristo. E porque estava com a verdade, não se importava, se alguma vez, corria o risco de ficar só.

Por isso tudo, o dia 15 de novembro de 1995 foi um dia particularmente triste para o mundo jurídico nacional. Neste dia — em que comemorávamos mais um aniversário da Proclamação da República — faleceu GERALDO ATALIBA.

O melhor, o mais talentoso, o mais criativo dos juristas brasileiros da atualidade.

Generoso com os amigos, homem permanentemente preocupado com a coisa pública, tinha lances de verdadeira genialidade.

Nunca conheci alguém capaz de, como ele, levantar um auditório (e sempre de improviso). Nunca conheci alguém com tanta capacidade de escrever um artigo, um prefácio, um arrazoado forense, um parecer.

Conta-se que, certa feita, uma mulher da alta sociedade perguntou para Gustave Flaubert, se era difícil falar e escrever bem. O grande romancista francês não se fez de rogado: "Minha senhora, neste ramo ou é fácil ou é impossível".

E como para GERALDO ATALIBA isto era fácil!

Aquilo que, para os comuns dos mortais, é, quase sempre, aterrorizante (falar em público, proferir uma conferência, escrever um livro, redigir um prefácio), para ele era coisa absolutamente natural. Tudo brotava perfeito, pronto, acabado, como Minerva da cabeça de Júpiter. Não havia rascunhos, apontamentos, tentativas fracassadas.

Orador impecável, impressionava pela postura na tribuna, pelo gestual, pelo timbre grave de sua voz e, acima de tudo, pela excepcional destreza no manejo da palavra. Era um verdadeiro espadachim do verbo, que sabia dar golpes certeiros, especialmente na defesa das instituições e dos sagrados direitos da pessoa humana.

Demais disso, GERALDO ATALIBA foi, sem dúvida, o grande responsável pela transformação do Direito Tributário (antes um amontoado de noções econômicas, financeiras e pseudojurídicas), num "ramo" de primeira grandeza do Direito.

Deu-lhe dignidade constitucional. Fez, com o Direito Tributário, o mesmo que Michelangelo com aquele desprezado bloco de mármore, do qual retirou seu monumental Davi: de uma força comunicativa estonteante, de uma beleza ímpar, diante do qual os "Davis" precedentes tornaram-se toscos bonecos.

GERALDO ATALIBA foi, ainda, um *Chefe de Escola*, na acepção mais lídima do termo. Soube conduzir homens. e a todos amparar com generosidade.

Ao invés de entristecer-se com as vitórias de seus discípulos, com elas se regozijava como se fossem próprias. E, na verdade, o eram.

Quantas e quantas vezes (incontáveis, diria eu) usou de seu inegável prestígio pessoal para indicar membros de sua "equipe" (como ele chamava seu grupo de colaboradores) para ocupar cargos de relevo.

Quantas e quantas vezes foi dar seu precioso e sempre ouvido testemunho pessoal, numa causa em que um amigo litigava. E sempre movido pelo senso de Justiça.

Como é fácil perceber, GERALDO ATALIBA cumpriu, admiravelmente bem, a missão do Bom Pastor, que, nos falares bíblicos, não desampara suas ovelhas.

E o que não dizer do homem público GERALDO ATALIBA?

Nos últimos trinta anos não houve uma luta cívica da qual não participasse com entusiasmo e desprendimento. Só para citar alguns exemplos, lembro seu monumental trabalho na Constituinte de 88, feito com desambição pessoal e idealismo, com prejuízo de sua banca advocatícia, mas de inefável valor para o País. Lembro ainda de sua luta pelas *diretas-já*. Pelo *impeachment* de um presidente que se revelou indigno da confiança do povo brasileiro. Por uma tributação mais justa, voltada para os interesses das empresas produtivas, geradoras de empregos.

Às vésperas de sua inesperada morte, ouvi-o defender a causa dos *sem-terra*, demonstrando, a partir da Constituição (que ele tão bem conhecia e tanto amava), que famílias não podiam, com base na letra fria da lei civil, votada nos primórdios do século, ser escorraçada, com risco da própria vida, das propriedades em que tentavam fixar-se, em busca de teto e meios de subsistência.

Contam-se às centenas as causas que patrocinou "de graça", apenas por amor à Justiça!

Consultor de Prefeitos, de Governadores, de Presidentes, nunca cobiçou honrarias e cargos. Quando lhe foram oferecidos (várias vezes) recusou-os com firmeza, dizendo que as glórias não o atraíam.

Homem caridoso (sem disso fazer praça, como nos recomenda Cristo, no Evangelho de São Mateus), ajudava indigentes, trabalhadores humildes, pessoas idosas e doentes; em suma, os "feridos deste mundo".

GERALDO ATALIBA foi, ainda, um grande Reitor da Pontifícia Universidade Católica de São Paulo. E isto, de 1973 a 1976, em plena ditadura militar, que enfrentou com altivez e destemor.

Eu me lembro muito bem. Naqueles dias amordaçados, os jovens e os intectuais de todo o País viam na PUC de São Paulo uma tábua de salvação. Um oásis abençoado. Por isso, acudiam em massa à Instituição. Vinham de todos os rincões do País, das lutas contra a repressão, dos comícios clandestinos, das células da liberdade, das barricadas do sonho!

Eram tempos de turbulência.

Os que vinham buscar abrigo na PUC tinham um objetivo comum: *a volta do Estado-de-Direito*. Para alcançá-lo, estavam dispostos a enfrentar o Poder.

Assim, infundiam medo nos órgãos da repressão, que os vigiavam, infiltravam "agentes" entre eles, não se constrangiam em exigir "informações" da Reitoria e, especialmente, do Reitor.

E aí entra a figura maiúscula de GERALDO ATALIBA. Ao invés de colaborar, de ser conivente com as autoridades de então, sonegava-lhes informações e, com risco da própria liberdade, avisava os procurados e perseguidos, para que se pusessem a salvo.

Mais: corajosamente exigia que os agentes da repressão respeitassem, por mínimo que fosse, a dignidade da pessoa humana.

Esta atitude desassombrada trouxe a Sua Excelência muitas críticas e dissabores. Mas rendeu-lhe a admiração e o respeito de todos os que, como eu, testemunharam aqueles *dias de chumbo*.

Muitas outras qualidades tinha GERALDO ATALIBA. Enumerá-las todas seria um nunca acabar de registros e elogios. Mas o que acabo de dizer — penso eu — revela, ainda que palidamente, a estatura intelectual e moral de nosso homenageado. Afinal, como diz o ditado, "pelo dedo se conhece o gigante" (*ex digito gigas*).

Para alcançar tais culminâncias, GERALDO ATALIBA contou, sem dúvida, com o apoio precioso de sua bem constituída família. Sua amada esposa e companheira, Anna Maria, seus filhos Fernando (aqui presente), Eduardo e Mariana e, mais recentemente, suas noras Roseli e Alice e seu genro Marcos (isto sem falar na recém-nascida netinha Marina), deram-lhe a tranqüilidade e a base de que todos nós precisamos, para as lutas do dia-a-dia.

Com a prematura morte deste homem admirável, perdemos um pai, um irmão, um guia, um modelo. Mas GERALDO ATALIBA deixa, a todos nós — mas principalmente aos formandos de 1995 —, um exemplo a ser seguido.

Afinal,

Enquanto houver injustiça social,
Enquanto a Constituição não for obedecida,

Enquanto houver homens *sem-terra*, *sem-saúde*, *sem-direitos*,

Enquanto houver arbítrio fiscal,
Enquanto as minorias forem amordaçadas,

Enquanto sonhos de cidadania não passarem de simples sonhos,

Estará sempre combatendo, a nosso lado, o grande GERALDO ATALIBA.

GERALDO ATALIBA

AIRES F. BARRETO
Diretor da Faculdade de Direito da Universidade de Santo Amaro e
Presidente do Instituto Geraldo Ataliba — IDEPE

O lutador lidou, lutou, cansou, dormiu. Homem de muitos combates, de grandes ideais, de posições inabaláveis, tinha por armas a Democracia, a República e a Constituição. Em 15 de novembro de 1995, precisamente no dia da República, saiu pela última vez; mas saiu desarmado porque não ia combater. Não ia para mais um envolvente discurso sobre a Constituição e seus princípios.

Como disse Osiris, GERALDO ATALIBA fraquejou no que tinha de maior: seu enorme coração. Coração dedicado aos amigos aos quais prestigiava, defendia, incentivava; ressaltava, com grande ênfase, as múltiplas qualidades dos seus discípulos e seguidores. Defeitos? Seus amigos não os tinham.

Há algum tempo, começamos, juntos, a escrever um livro. E porque muito havia por dizer, e a aprimorar, recusava-me a aceitar sua proposta de divulgar o texto produzido. Por isso, fui alvo de saborosa crítica. Dizia o mestre: — quando estivermos bem velhinhos, com as vozes fracas e mãos trêmulas, você Aires, olhando estes apontamentos, ainda dirá: "um dia o livro vai ficar bom".

Que bom seria ver concretizado o seu vaticínio. Como gostaria de ouvir dele, décadas "pra" lá de 2.000, já marcado pelas rugas, encanecido, a repetição dessa frase. O mundo jurídico poderia ter perdido um livro sobre ISS, mas teria ganho inúmeras outras obras, múltiplos e ricos ensinamentos, muitas conferências e palestras; teria desfrutado, enfim, por muito tempo, da sabedoria e do fulgor de GERALDO ATALIBA.

GERALDO ATALIBA era Professor Titular de Instituições de Direito Público na Faculdade de Direito da Universidade de São Paulo e Professor Titular de Direito Tributário na Pontifícia Universidade Católica de São Paulo. Dentre as várias e excelentes obras que escreveu, destacam-se *Hipótese de Incidência Tributária*, *República e Constituição*, *Sistema Constitucional Tributário*, *Lei Complementar Tributária* e *Natureza Jurídica da Contribuição de Melhoria*.

Como se vê, formalmente, seu *curriculum* dizia-lhe os feitos; informalmente, seu discurso claro, candente, objetivo, didático e cativante.

Devo, como poucos, a GERALDO ATALIBA. Devo como discípulo, que ele se empenhava por fazer par; devo como homem, pelo seu exemplo; devo como amigo, pela sua lealdade.

Perdemos o fundador e presidente do IDEPE, mas os céus o ganharam. Ganharam Amilcar, Rubens Gomes, Sampaio Dória, Baleeiro, Cléber, Ulhôa Canto. Não nos entristeçamos. GERALDO, por certo, com seu carisma, seu poder de aglutinação, seu espírito realizador — enquanto estamos, com grande esforço, organizando o X Congresso de Direito Tributário — já terá convocado esses cientistas do Direito para participarem do retumbante Congresso celestino, especial, vivo, alegre, cintilante, como só ele era capaz de levar a cabo.

IX CONGRESSO BRASILEIRO DE DIREITO TRIBUTÁRIO

REALIZADO EM 13 A 15 DE SETEMBRO DE 1995

(Notas taquigráficas das Conferências, Mesas de Debates, Sessões de Abertura e Encerramento)*

CONFERÊNCIAS

PROFESSOR ALCIDES JORGE COSTA— *Idéias em torno de uma reforma*
PROFESSOR FERNANDO ALBINO DE OLIVEIRA — *Reforma tributária*
PROFESSOR LUCIANO DA SILVA AMARO — *Infrações tributárias*
PROFESSOR MARÇAL JUSTEN FILHO — *O princípio da moralidade pública e o Direito tributário*

MESAS DE DEBATES

Temas gerais — Impostos federais: IPI — Empréstimo compulsório — Contribuições — Impostos estaduais: ICMS — Impostos municipais: ISS — Proposta de Reforma constitucional em matéria tributária — Direito Penal Tributário

* Sem revisão dos Autores.

SESSÃO SOLENE DE ABERTURA (13.9.95)

PROF. EDUARDO BOTTALLO — Bom dia a todos. Estão abertos os trabalhos do IX Congresso Brasileiro de Direito Tributário.

Em nome da Comissão Organizadora eu saúdo os presentes, convidando-os para que acompanhem a execução do Hino Nacional.

— É executado o Hino Nacional. (*Palmas*)

PROF. EDUARDO BOTTALLO — Passo a anunciar a composição da Mesa: o Prof. Geraldo Ataliba, organizador e idealizador deste Congresso; o Dr. Régis Castilho Barbosa, representando o Primeiro Tribunal de Alçada Civil; o Dr. Eron Arzua; o Dr. Luciano da Silva Amaro, nosso conferencista desta manhã; o Dr. Aires Barreto, Diretor Científico do IDEPE; o Dr. Osiris Lopes Filho; o Prof. Paulo de Barros Carvalho, Presidente do Instituto Brasileiro de Estudos Tributários; Prof. Marçal Justen Filho; Dr. Álvaro Malheiros; Dr. José Geraldo Martins Munhoz; Dra. Malvina Corujo Lopes; Profa. Elizabeth Nazar Carrazza; Dr. Antônio Carlos Monteiro, ex-Secretário da Receita Federal; Prof. Wagner Balera; Dr. Fugimi Yamashita, Diretor do IOB; Drs. Esdra Dantas e Mário Filho, representantes do IDEPE em Brasília.

Senhores congressistas, meus colegas, gostaria de dizer rápidas palavras na abertura deste Congresso. Estas palavras refletem toda emoção, todo orgulho e toda honra que sinto neste momento, distingüido pelo convite dos meus irmãos Professores Geraldo Ataliba e Aires Barreto e da Professora Rosoléa Miranda Folgosi, para ter o privilégio de presidir este IX Congresso Brasileiro de Direito Tributário, considerando que foram distinguidos com essa honraria os mais destacados representantes do Direito Tributário Brasileiro.

Entendo que convite desse tipo é daqueles que não se pede, mas também não se recusa.

Repito: credito essa honraria à relação muito fraternal, muito antiga, que me honra, com os organizadores deste conclave.

Os Congressos do IDEPE já adquiriram um perfil, uma personalidade própria. Fazem parte do calendário cultural jurídico brasileiro, e a razão de seu sucesso consiste, exatamente, na proposta de reunir especialistas de todo o Brasil não só para desenvolver um trabalho de produção científica, mas também para discutir temas concretos, buscando o equilíbrio ideal entre a formação e a informação. Nesta conjugação repousa a grande chave do sucesso e da reputação que esses Congressos adquiriram ao longo das suas nove realizações e que com certeza se estenderão ainda por muitas outras.

Dou a todos, mais uma vez, boas-vindas e espero que nesses três dias o nosso trabalho conjunto possa ser muito profícuo, e que saiamos daqui, ao seu término, gratificados pela atividade científica desenvolvida, e também pelas relações pessoais que certamente serão consolidadas.

Os estatutos do IDEPE prevêem a concessão do título de sócio honorário a quem tenha prestado relevantes serviços à ciência jurídica. Nesta oportunidade queremos fazer esse reconhecimento público, outorgando diplomas a dois destacados cientistas da área tributária brasileira, o Dr. Osiris Lopes Filho e o Dr. Luciano Amaro, que será o nosso conferencista desta manhã.

Convido o Professor Geraldo Ataliba para fazer a entrega do título de sócio honorário do IDEPE ao Dr. Osiris Lopes Filho.

— É feita a entrega do título. (*Palmas*)

PROF. EDUARDO BOTTALLO — Convido o Professor Aires Barreto que faça a entrega do título de sócio honorário do IDEPE ao Dr. Luciano da Silva Amaro.

— É feita a entrega do título. (*Palmas*)

PROF. EDUARDO BOTTALLO — Sem mais delongas, vamos passar à parte científica, propriamente dita, que será a nossa primeira conferência, a ser proferida pelo Professor Luciano da Silva Amaro, cujo tema é "Infrações Tributárias".

Saudando o Professor Luciano, passo-lhe a palavra para que possa fazer a sua exposição.

CONFERÊNCIA

INFRAÇÕES TRIBUTÁRIAS

LUCIANO DA SILVA AMARO

PROF. LUCIANO AMARO — Muito obrigado, querido amigo Bottallo.

Estou duplamente emocionado: primeiro, pela honraria que foi o convite para abrir este evento com a conferência que vamos proferir em seguida; segundo, e isto era absoluta surpresa para mim até um minuto atrás, essa gentileza muitíssimo especial do IDEPE, de brindar-me com o título de sócio honorário, eu que já era sócio do IDEPE e sempre disse que a honraria era minha de ser membro desse Instituto.

Cumprimento a Mesa. Cumprimento a todos os colegas aqui presentes para, em seguida, dar início à nossa palestra.

O tema escolhido, "Infrações Tributárias", vai-nos permitir uma abordagem que, de início, talvez passe por alguns conceitos elementares, introdutórios, mas que são necessários para que a gente possa evoluir na análise do tema.

Vamos também fazer algumas colocações com vistas a um reexame que a disciplina desta matéria está a merecer no Código Tributário Nacional, cuja reforma se faz cada vez mais premente. Nosso CTN foi, sem dúvida, instrumento poderosíssimo de estímulo de tantos estudos de direito tributário, que surgiram nos anos 70 e daí para cá. Já se faz tempo, porém, de rever a própria estrutura do CTN.

Vamos comentar os dispositivos que o CTN traz sobre a matéria — poucos, aliás — e a final pretendemos abordar um ou dois aspectos da atual legislação a respeito de crimes fiscais.

Infração administrativa e infração penal

A idéia de infração e de sanção está ligada à própria natureza da norma jurídica, que admite, sempre, por menor que seja, a possibilidade de descumprimento. Isso se dá em todos os ramos do Direito. É de elementar conhecimento que uma norma jurídica, que fosse absolutamente impossível de ser descumprida, não seria uma norma jurídica, assim como aquela que não tivesse um mínimo de possibilidade de aplicação, de eficácia, também não seria uma norma jurídica.

Aí é que temos o conceito de infração: infração é um comportamento qualquer, por ação ou por omissão, contrário a uma norma jurídica. É uma conduta omissiva ou comissiva que infringe um comando legal.

Essa infração supõe uma reação do Direito, porque o Direito não se queda inerte diante da agressão sofrida. O Direito reage, e o faz através de remédios legais, que por sua vez apresentam um espectro bastante grande. A reação do Direito vai desde a reposição, ou reparação, da situação de quem sofreu a lesão, até uma sanção, um castigo, que se aplica ao infrator. Por exemplo, um atentado contra o direito de propriedade pode implicar a obrigação de devolver a coisa ou a obrigação de repor o valor econômico da coisa, caso ela se tenha perdido. Mas o atentado ao direito de propriedade pode assumir níveis tão graves que acarretem para o infrator uma sanção mais severa, que pode chegar, como todos sabem, a uma pena privativa da liberdade. Alguém que simplesmente não devolve algo que pertence a terceiro ou que não paga uma dívida, certamente está agindo contra o Direito, mas alguém que subtrai, de outrem, uma coisa móvel, já está praticando uma agressão mais grave à norma jurídica e, portanto, sofre uma sanção mais severa.

Sanção criminal

E aí se põe o conceito da sanção criminal. A sanção criminal nada mais é que um castigo, a exemplo de outros castigos previstos na ordem civil, na ordem comercial, trabalhista, tributária, econômica. Mas a pena criminal se traduz por ser uma pena tida por mais severa: a reprovação social para quem sofre uma sanção criminal é muito maior que a reprovação social para quem sofre uma sanção civil ou meramente administrativa.

Portanto, temos a pena criminal, aplicada para infrações de mais alta gravidade, que se caracteriza por ser aplicada pelo juiz criminal, segundo o processo criminal, de acordo com normas de um ramo do Direito, que é o Direito Penal, que tem o seu *status* de "ramo autônomo", dentro de toda a relatividade do conceito de autonomia de qualquer ramo do Direito, pois, como todos sabem, quando muito a autonomia deste ou daquele ramo do Direito é meramente didática e, ainda assim, extremamente relativa, na medida em que ninguém consegue ensinar nenhum ramo do Direito, ninguém consegue estudar nenhum ramo do Direito, sem ter presentes conceitos, categorias, princípios postos noutros ramos do Direito. Assim, mesmo a chamada autonomia didática tem de ser olhada de uma perspectiva muito relativa.

A sanção pelo fato do descumprimento de um preceito jurídico permeia todos os ramos do Direito. Vamos encontrar sanções no Direito Civil, no Direito Comercial, no Direito Tributário ou no Direito do Trabalho e, já dentro de cada um desses setores da ciência jurídica, as sanções são graduáveis de acordo com a gravidade da infração. Quanto mais grave a infração, em princípio mais severa também será a sanção. O mais alto grau de gravidade da infração é aquele que a caracteriza como infração penal e, conseqüentemente, acarreta a sanção penal.

O que é importante colocar é que a qualificação de maior ou menor gravidade é uma qualificação jurídico-positiva. Vale dizer: os crimes, de modo geral, não preexistem à lei. Preexistem valores. O legislador valoriza situações, valoriza interesses, valoriza bens jurídicos, e aqueles que ele entende de maior relevância, portanto, caracterizando a agressão a esses bens como agressões de maior gravidade, são tutelados pela sanção penal.

A qualificação de uma infração como meramente administrativa, ou civil, ou comercial, ou como infração penal, supõe um juízo de valor desenvolvido pelo legislador, que qualifica tal ou qual infração como mais grave ou menos grave, dando ensejo ou não a uma sanção penal.

Isso é facilmente verificável quando se comparam as leis no tempo e no espaço. Situações que, no passado, não eram crimes passaram a sê-lo, e situações que, no passado, eram criminosas deixaram de sê-lo. Situações que aqui não são crimes, noutros lugares são. Situações que aqui são crimes, noutro lugar podem ser um comportamento estimulado. A poligamia, por exemplo, em certos lugares é crime e em outros lugares é um comportamento perfeitamente integrado na cultura da sociedade.

O importante é que a qualificação jurídico-positiva é que dá a esta ou àquela infração a qualificação de crime.

Outros tipos de sanção

Isso já nos sinaliza que não há diferença ontológica entre a infração civil, ou administrativa, ou trabalhista, ou econômica, ou tributária, e uma infração penal. A infração caracteriza sempre um comportamento, omissivo ou comissivo, contrário a uma norma jurídica. Dependendo da valorização jurídico-positiva que se fez dessa infração é que vamos ter uma sanção meramente civil ou meramente administrativa ou, além disso, ou no lugar disso, uma sanção também penal.

Os crimes e as contravenções (que os penalistas gostam de dizer que são crimes-anões, crimes pequenos) compõem um ramo do Direito que tem lá os seus foros de relativa "autonomia", uma vez que costuma ser tratado em códigos próprios e em leis extravagantes, são aplicados por juízes criminais, de acordo com o processo criminal e são informados por um feixe de princípios que dão uma característica axiológica peculiar ao Direito Penal, que por sua vez acaba influenciando outros setores do Direito nos capítulos em que se cuida de infrações e sanções: a sanção administrativa também acaba importando alguns princípios — *in dubio pro reo*, por exemplo — do Direito Penal.

É curioso que o vocábulo *pena* é sinônimo de *sanção*, mas ele foi apropriado pelo Direito Penal — tanto que deu o próprio nome ao Direito Penal — com sentido estrito. Quando se fala em pena, nesse sentido estrito, está-se falando da sanção criminal. Mas eu posso falar em pena, ou em penalidade, também noutros ramos do Direito, num sentido lato de sanção, de castigo, de punição por uma infração que tenha sido praticada.

A questão da autonomia do Direito Penal

Uma discussão que não vamos aqui aprofundar, mas que é muito curiosa, está justamente em saber se o Direito Penal representa uma espécie de soldado que é chamado pelos outros ramos do Direito quando algo de muito grave acontece, e se necessita do socorro do Direito Penal, ou se ele tem a tal vida própria, se ele é constitutivo, inaugural, e tantos outros adjetivos bonitos que os nossos amigos penalistas gostam de usar para ressaltar a "autonomia" e a importância do Direito Penal.

Eu acredito que o Direito Penal não perde em importância, de forma nenhuma, pela circunstância de traduzir um corpo de normas que se destina, precipuamente, a tutelar bens jurídicos que estão em outros setores do Direito. Se observarmos os crimes, de modo geral, vamos ver que eles estão postos no sentido de proteger um bem jurídico que está noutro ramo do Direito.

A propriedade é regulada no Direito Civil. Pois bem, certas agressões à propriedade o Direito Penal sanciona criminalmente.

Certas agressões à lei trabalhista têm a proteção do Direito Penal.

Certas agressões ao Direito Comercial, no capítulo das falências, na administração das sociedades por ações, têm também a tutela do Direito Penal.

Bens inerentes à própria pessoa, ao cidadão, à honra, à boa fama, têm igualmente a tutela penal, no capítulo dos crimes contra a honra.

A Administração Pública, quando agredida, em determinadas situações, tem a tutela da norma penal.

O Direito Penal tutela bens jurídicos que estão postos nos demais ramos do Direito. É praticamente impossível estudarmos qualquer ramo do Direito sem olharmos também o lado penal, onde esse Direito tem algum valor muito importante que esteja a merecer a tutela de uma norma penal — que cria um outro problema terrível, que é o seguinte: a sanção penal tem de ser administrada com parcimônia, para não chegarmos àquela situação em que tudo é crime, portanto, nada é punido, porque não dá para prender todo mundo. A norma penal deve ser utilizada para tutela dos mais relevantes bens jurídicos dos vários ramos do Direito. Aquilo que é muito relevante no Direito Civil, no Direito Comercial, no Direito do Trabalho, no Direito Tributário deve ser objeto de tutela penal. Mas a banalização da sanção penal acaba contribuindo para o próprio descrédito do Direito Penal.

O problema das classificações

Uma outra curiosidade que embala o sono dos teóricos, quando se deliciam em estudar essas questões mais acadêmicas, está na classificação do Direito Penal. Costuma dizer-se que há o Direito Penal "puro", ou Direito Penal "geral" — e o resto já não sei se é Direito Penal "impuro", ou Direito Penal "especial", ou, talvez, fossem "direitos penais especiais", porque são vários. Essa discussão, tirando lá o seu lado de pura especulação acadêmica, talvez possa ter, sob uma perspectiva didática, alguma utilidade, porque as classificações — sabem todos os senhores — não são certas ou erradas, elas são úteis ou inúteis. A classificação, na medida em que tenha alguma utilidade, merece ser estudada, porque ela nos dá condições de apreender melhor os fenômenos que, numa perspectiva global, seriam mais dificilmente assimiláveis; ela nos permite fazer diferentes arranjos de situações que componham um universo, de acordo com tais ou quais peculiaridades, que ora agrupam situações num canto, ora agrupam num outro, e com isso tudo nos permite avaliar melhor a multiplicidade de fenômenos.

Mas eu não vejo como se possa identificar um Direito Penal "puro" ou um Direito Penal "especial" só porque o tal Direito Penal puro ou geral é mais antigo. O que nós temos são novos campos em que passa a atuar a tutela penal e que, num futuro Código Penal, poderão perfeitamente estar integrados num único diploma. O fato de o crime tributário estar fora do Código Penal não lhe confere nenhuma especialidade, assim como o fato de o crime contra a administração de sociedade por ações, ou o crime financeiro, o crime do colarinho branco, ou o crime contra a legislação do trabalho, estarem postos em diplomas extravagantes não lhes dá nenhuma especificidade. São capítulos mais novos do Direito Penal, mas isso não lhes confere nenhuma diferença, nenhuma peculiaridade que justifique tratá-los num ramo autônomo, num sub-ramo, ou sei-lá-o-quê, do Direito Penal.

Aliás, se a gente fosse lotear o Direito Penal em função da natureza do bem jurídico tutelado, não sobraria nada para o tal Direito Penal "puro", porque eu teria de tirar os crimes tributários, financeiros, do trabalho, do consumidor, do ambiente, os crimes ligados ao Direito Civil, porque há bens civis também tutelados; administrativos, porque há interesses da administração em geral que são protegidos pela tutela penal, etc., etc., de modo que nada sobraria, pois o Direito Penal seria todo imputado aos diversos ramos do Direito onde residam os bens jurídicos tutelados pela norma penal. Não vejo maior utilidade nessa discussão — se bem que, didaticamente, não nos incomoda estudarmos apartadamente os crimes fiscais, ou os crimes do trabalho, ou os crimes societários.

Certamente o estudioso do Direito Comercial vai preocupar-se com os crimes falimentares, com os crimes na administração da sociedade, com os crimes do colarinho branco.

O estudioso do Direito do Trabalho vai preocupar-se com os crimes contra a organização do trabalho, contra as leis trabalhistas.

O tributarista vai ter de preocupar-se com os crimes que atentam contra o bem jurídico representado pela correta arrecadação dos tributos.

O fato de, didaticamente, cada setor do Direito preocupar-se com este ou aquele bem jurídico, e clamar pelo apoio da tutela penal, não confere a esse setor nenhuma característica ontológica diferente, que nos faça pensar num Direito Penal Tributário dissociado de um Direito Penal "geral" ou tradicional, antigo ou coisa que o valha. O que nós temos é, apenas, que certos crimes, por serem mais novos, ainda não estão inseridos no nosso velho Código Penal.

É curioso que Hector Villegas, numa monografia escrita já há alguns anos, repassou várias colocações teóricas sobre essa questão e achou tantas abordagens diferentes que, no final, fez uma súmula dessas abordagens, que iam desde colocações no sentido de que o direito das sanções criminais em matéria penal seria um capítulo do Direito Tributário, até afirmações de que isso seria um embrião de um novo ramo penal. No final, conclui que as várias abordagens estão certas, e diz que a matéria é genericamente de Direito Penal, mas que o Direito Penal admite uma divisão de acordo com a natureza jurídica substancial das infrações — em Direito Penal comum e em Direito Penal administrativo.

Ora, que o Direito Penal admite uma classificação em função da natureza jurídica substancial das infrações, não há dúvida. Mas se eu usar esse critério de classificação, vou ter tantos setores do Direito Penal quantas sejam as diferentes substâncias das matérias tratadas. Vou ter substância civil, substância comercial, substância trabalhista e assim por diante. Eu não consigo ver aqui como dividir em Direito Penal comum e o tal Direito Penal especial.

Isso tudo é, na verdade, uma discussão acadêmica, mas serve para preparar a nossa cabeça e alinhar as idéias para o exame da matéria.

Sanções no Direito Tributário

Em resumo, o que nós temos são dois sistemas sancionatórios atuáveis pelo Estado, tentando voltar agora mais especificamente para o campo do Direito Tributário: temos o sistema de sanções administrativas e o sistema de sanções penais. Ontologicamente não se distingue a sanção penal da sanção administrativa. Mas a sanção administrativa segue um regime jurídico diferente do regime jurídico seguido pela sanção penal.

Na sanção administrativa nós temos castigos aplicáveis por autoridades administrativas, de acordo com o processo administrativo e segundo leis administrativas. A sanção penal é aplicável por juízes criminais, de acordo com o processo criminal e seguindo a legislação penal.

É evidente que a sanção administrativa, por ser aplicada por uma autoridade administrativa, fora do processo judicial, comporta necessariamente o controle de legalidade, como qualquer ato administrativo, por parte do Judiciário.

O que, em última análise, obnubila essas tentativas classificatórias é que há uma tendência das pessoas de acharem que tal ou qual critério é o cientificamente correto. Pensa-se estar discutindo ciência, quando, na realidade, o que está em causa, freqüentemente, é apenas a escolha do critério ou, pior ainda, é apenas uma questão de rótulos.

Princípios comuns

Já que estamos falando em sanções administrativas e em sanções penais, não custa lembrar que os princípios que normalmente informam a aplicação das sanções no Direito Penal são invocáveis também no âmbito da sanção administrativa. O princípio da legalidade, o princípio *in dubio pro reo*, a retroatividade benigna, o princípio do devido processo legal, esse feixe de princípios, sem cujo respeito não se pode validamente aplicar a sanção penal, é igualmente imperioso no campo da aplicação das sanções administrativas. Alguma divergência se põe no capítulo do elemento subjetivo, que na sanção penal é básico — não há pena sem culpa — culpa *lato sensu*, que se pode desdobrar ou no dolo ou na culpa *stricto sensu*, por negligência, imperícia, imprudência — ao passo que, na sanção administrativa, vamos ver daqui a pouco, a colocação é um pouco diversa; não é essencial a prova do elemento subjetivo para efeito da sanção administrativa. Mas esta característica não tira da sanção administrativa o caráter de uma norma de exceção, de uma norma que deve ter aplicação restrita e que deve ser atenta aos princípios que informam o Direito Penal: o princípio de legalidade, o princípio de que na dúvida eu tenho de decidir em favor do réu, o princípio da ampla defesa, o princípio do devido processo legal; ou seja, não é porque a sanção administrativa é menos severa do que a sanção penal, que ela não se deva submeter a esse feixe de princípios que informam a sanção penal.

Objetivos comuns

Os objetivos das sanções administrativas e das sanções penais, pode-se dizer, são comuns. Temos as funções tradicionais da pena, estudadas no Direito Penal: a função de prevenção geral, a função de prevenção especial, a função educativa da pena; toda essa preocupação está presente também na sanção administrativa. Quando se pune um contribuinte faltoso, quer-se evitar que ele reincida na infração; quer-se mostrar aos demais que praticar uma infração leva a uma sanção, e com isso se desestimula o comportamento eventualmente infrator dos demais. A sanção fiscal tem também uma função educativa, no sentido de se criar uma moral fiscal, na medida em que as pessoas tenham receio da sanção, se esta é aplicada com rigor. A sanção deve por outro lado ser justa, não abusiva, não arbitrária; deve ser aplicada nos estritos termos de uma lei legitimamente posta, que respeite os princípios informativos não só do Direito Penal, mas daquilo que poderíamos chamar de "direito sancionatório". Quando a gente sabe que uma lei precisa ser respeitada, porque o desrespeito acarreta efetivas conseqüências, o comportamento muda. Isso estimula a criação de uma moral fiscal, de um comportamento espontâneo, no sentido do cumprimento das normas. Basta ver o extremo oposto: quanto mais descumpridas são as normas, mais incomodado se sente quem as cumpre. Há determinadas situações em que se a gente disser: vou fazer isto porque a lei exige, todos estranham: "Como? Você vai passar a escritura pelo valor correto? Ninguém faz isso!" Qual a razão desse comportamento? É que a certeza da impunidade é praticamente total.

Os objetivos da sanção administrativa são comuns à sanção penal. Não se pode pensar em sanção administrativa com o objetivo de arrecadar. Multa não é para arrecadar. Multa é para punir. Multa é para desestimular comportamentos. Não é para arrecadar dinheiro. Por isso é importante a adequação da sanção à gravidade da infração. Não se pode aproveitar qualquer coisinha, qualquer deslize para se aplicar uma multa cavalar com o objetivo de arrecadar. Multa não é para isso. Multa é para punir. Para arrecadar existem impostos, taxas, contribuições — um feixe de exações.

Responsabilidade por infrações no Código Tributário

Vamos examinar o Código Tributário Nacional para verificar o que ele fala sobre o assunto. O Código traz apenas 3 artigos na epígrafe de responsabilidade tributária por infrações: os artigos 136 a 138. Essas disposições são seguidas, mais adiante, de 3 outros artigos que falam sobre anistia, que é o perdão de infrações.

Outras disposições do Código sobre infrações estão perdidas ao longo do texto. O art. 97, V, fala do princípio da legalidade em matéria de infrações. No art. 100, parágrafo único, cuida-se da exclusão de penalidade para quem cumpriu as normas ditas "complementares". No art. 106, II, temos a retroatividade benigna. No art. 112, o princípio *in dubio pro reo*. No art. 113, parágrafo primeiro, a penalidade pecuniária aparece como objeto de obrigação principal, para arrepio de vários membros da Mesa (aliás, certamente para arrepio de todos os senhores também, mas eu estava me referindo mais especificamente a Geraldo Ataliba, a Paulo de Barros Carvalho, que caíram, merecidamente, "de pau" em cima deste dispositivo do Código, que misturou tributo com penalidade). Depois ainda temos o parágrafo terceiro do art. 113, que inventou aquela coisa maluca de conversão de obrigação acessória em obrigação principal. O art. 121, onde se cuida do sujeito passivo, e se fala também do sujeito passivo de penalidade pecuniária como sujeito de obrigação principal. O art. 134, parágrafo único, onde se fala da multa de mora. No art. 142, a penalidade como objeto do lançamento tributário — como se uma coisa tivesse algo a ver com a outra. Art. 149, VI: a infração como hipótese que enseja lançamento de ofício. Se a infração for falta de pagamento de tributo, tudo bem, se não... Art. 155, I e II: cabimento ou não de penalidades em caso de revogação de moratória. Art. 157: a penalidade não elide o tributo. Art. 161: cabimento de penalidades pelo inadimplemento do dever de recolher tributos. Art. 64, I: cabimento de consignação, se a autoridade subordinar o recebimento de tributo ao pagamento de penalidade. Art. 167: restituição de penalidades pecuniárias indevidas.

Enfim, o Código traz, ao longo do seu texto, várias referências a infrações ou penalidades.

Responsável como sujeito passivo e responsável por infrações

É curioso observar que a seção sobre responsabilidade por infrações está tão perdida no Código quanto essa lista de disposições extravagantes. Eu não sei o que aconteceu, pois, até o art. 135, o Código estava tratando de sujeito passivo, dispondo sobre o contribuinte (que a doutrina costumava, e ainda costuma, tratar como sujeito passivo direto) e o responsável (sujeito passivo indireto). Responsável é um tipo de sujeito passivo da obrigação tributária; é aquele que, não revestindo a condição de contribuinte, é chamado a pagar porque tem um vínculo de fato ou de direito com a situação que configura o fato gerador. Muito bem, está o Código discorrendo sobre o sujeito passivo indireto (responsável), quando se chega ao art. 136 e o diploma passa a disciplinar a responsabilidade "por infrações", que não tem nada a ver com sujeição passiva indireta.

Até ali vinha falando do herdeiro, do sucessor, da empresa que incorporou outra e assim por diante. Ou seja, hipóteses de sujeição passiva indireta. No art. 136 aparece a *responsabilidade por infrações*. Responsabilidade aí nada tem a ver com a sujeição passiva indireta; é responsabilidade noutra acepção, qual seja, a sujeição de alguém às conseqüências dos seus atos. Se cometi uma infração, "respondo" por ela. Ora, nesse sentido, a responsabilidade tanto se aplica ao sujeito passivo indireto (responsável), como ao contribuinte (sujeito passivo direto), como, ainda, a outras pessoas que não são contribuintes, não são responsáveis, mas eventualmente descumprem algum dever acessório (obrigação acessória ou obrigação formal). Se o indivíduo descumpre uma obrigação formal, embora não deva nada de tributo, sofre as conseqüências do seu ato, ou seja, "responde" pelo seu ato.

Responsabilidade está aí, portanto, numa segunda acepção que não diz respeito estritamente ao sujeito passivo responsável, mas sim ao "responsável por infração", que tanto pode ser o sujeito passivo responsável como o contribuinte ou qualquer outra pessoa que tenha de responder eventualmente pelas conseqüências dos seus atos, quando esses atos impliquem descumprimento de uma norma tributária.

A intenção do agente ou do responsável

A par disso, o dispositivo coloca uma alternativa quando diz: "a responsabilidade por infrações independe da intenção do agente ou do responsável". Meu Deus, isto é uma tautologia! É como se eu dissesse: a punição "do criminoso" depende da intenção "do criminoso". Ora, a responsabilidade depende ou não da intenção de "alguém" e não da intenção do "responsável". Se o indivíduo já é chamado de responsável, é evidente que eu já decidi pela sua responsabilidade. Conseqüentemente, a responsabilidade dele não irá mesmo depender de coisa nenhuma, porque eu já o terei rotulado como responsável.

A responsabilidade pode depender ou não da intenção de uma pessoa, da intenção de alguém, da intenção de um contribuinte, de um sujeito passivo, ou de alguém que tenha um dever fiscal, ou de certo indivíduo, enfim. Primeiro é preciso ver se a rotulação de alguém como responsável depende ou não da intenção, para só depois disso qualificá-lo como responsável.

O indivíduo diz: "Eu não tive intenção". Eu digo: "Mesmo que você não tenha tido intenção, você é responsável". Ou então, no Direito Penal: "Você, indivíduo, só é responsável se tiver tido intenção. Se você, indivíduo, não tiver tido intenção, você não é responsável".

Em suma, parece não fazer sentido dizer que a *responsabilidade* depende ou não da intenção do *responsável*.

Mas a questão não é essa. Na verdade, na alternativa "agente ou responsável", a palavra "responsável" já aparece numa terceira acepção, que não é nenhuma das duas que vimos anteriormente. A plurissemia deste vocábulo é fantástica — nós vamos ver que existe ainda uma quarta acepção para "responsável" no mesmo capítulo do Código.

Este "responsável" que aparece como uma alternativa para o agente é o indivíduo que "responde" (por certa ação) embora não tenha agido. Quando o Código fala em "agente ou responsável", ele está-se reportando ao executor material (que é o agente) e àquele por cuja conta e em cujo nome atua o executor material. Vale dizer, o executor material é o representante, é o gerente, é o preposto, é o mandatário. "Responsável" é o gerido, é o representado, é o mandante, é o dono do negócio. É o "responsável" pela ação do agente.

Quando o Código fala em agente ou responsável, responsável é o representado e não aquele que está praticando, executando materialmente o ato. A responsabilidade por infrações, segundo diz o Código, independe da intenção do executor material ou do representado (do mandatário ou do administrado, gerido, mandante).

Responsável, aqui, está no sentido de alguém que é dono do negócio ou é a parte interessada no negócio jurídico, que está sendo materialmente executado ou administrado pelo gestor, pelo gerente, pelo administrador, pelo mandatário.

É nesse sentido que se diz que a responsabilidade do agente, ou daquele em cujo nome o agente atua, independe da sua intenção.

Muito bem, temos aí uma terceira acepção para o nosso *responsável*, sempre no mesmo capítulo da responsabilidade tributária, que é o nome genérico que o Código dá para tratar diferentes matérias.

Quando se fala em responsabilidade (numa situação em que o agente é o executor material e o representado é o responsável pela ação do agente), parece intuitiva a razoabilidade do dispositivo, quando se esteja cuidando de representação contratual, em que o gestor, o gerente, foi eleito, escolhido, contratado, nomeado, designado, pelo gerido, pelo representado, pelo mandante. Porque aí poderíamos invocar a culpa *in eligendo*, a culpa *in vigilando* — principalmente a primeira (culpa *in eligendo*) — porque quem elege um contador incompetente corre o risco de responder pelas infrações tributárias que, até por imperícia, aquele indivíduo cometa. Quem escolhe profissional de boa formação e competente naturalmente evita os ônus que possam resultar da má escolha do profissional.

Mas quando vamos para o campo da representação legal (em que, p. ex., o pai é representante do filho, porque a lei assim determina e não porque o filho o tenha nomeado), seria de uma perversidade ímpar dizer que o filho responde pelos atos do pai, independentemente de ele, filho, ter tido qualquer intenção de ferir qualquer norma tributária.

Vamos ver, daqui a pouco, que o art. 137 procurou dar algum tipo de remédio a essas situações.

Responsabilidade objetiva?

Ainda à vista do art. 136, que afirma a responsabilidade por infrações independentemente da intenção, costuma dizer-se estar aí consagrada a responsabilidade objetiva no Direito Tributário. Acho que essa afirmação merece algumas qualificações e ressalvas.

Em primeiro lugar, o dispositivo não diz que a responsabilidade por infrações independa da culpa. Ele diz que independe da "intenção". Ora, intenção, aqui, significa vontade: eu quero lesar o Fisco. Eu quero ludibriar a arrecadação do tributo. Isto é vontade. Isto é intenção.

Quando cometo uma infração por engano, um erro material que não dependeu da minha vontade, que pode ter decorrido da minha imperícia, da minha negligência, mas não decorreu da minha intenção, a coisa parece que muda um pouco de figura. O Código não está aqui dizendo que todos podem ser punidos independentemente de culpa. Ele está dizendo que a aplicação da sanção penal independe de intenção, o que libera o Fisco de ter de fazer a prova diabólica de que, em cada situação de infração fiscal, o indivíduo queria mesmo descumprir a lei. O Fisco não precisa fazer essa prova.

Isso não significa, porém — e o Código mesmo vai trazer várias disposições dizendo o contrário — que todo mundo tem de ser punido, independentemente de provar ou não provar que não teve culpa. O que o Fisco não precisa provar é o dolo, a vontade.

Ademais, o Código começa dizendo: salvo disposição em contrário — ou seja, "legislador, em princípio é isto, mas você deve administrar de maneira razoável esta matéria". E o legislador cuida de fazer isso, porque quando ele encontra fraude, má-fé, dolo, ele procura realmente castigar um pouco mais. E onde encontra um procedimento às vezes ingênuo do contribuinte, ele até estimula — e o Código também o faz — o perdão, a aplicação, por eqüidade, da lei. O Código diz que a eqüidade não pode ser aplicada para dispensar o pagamento do tributo, mas evidentemente pode ser invocada para não se aplicar uma penalidade.

É norma positiva, posta no Código Tributário, no capítulo da integração da legislação tributária, a eqüidade. Para que serve a eqüidade, se não serve para dispensar tributo? Só pode ser no capítulo da aplicação das penalidades, em que, por eqüidade, se constrói uma norma ajustada ao caso para evitar a aplicação do sumo rigor da lei, porque *summum jus summa injuria*. Então, salvo disposição em contrário, salvo a aplicação por eqüidade... Ou seja, se o próprio Código conduz a uma posição de eqüidade na aplicação de uma norma penal, é evidente que ele não está consagrando uma interpretação puramente objetiva.

Por outro lado, situações haverá em que, salta aos olhos, há impossibilidade de se punir uma "infração". Sacha Calmon cita exemplo, que ele conta como real, embora pareça anedótico: a história do indivíduo que mandou o seu preposto ao banco pagar um tributo. O preposto foi atropelado, recolhido ao hospital; e, quis o azar, que no dia seguinte comparecesse um fiscal à empresa e pedisse comprovação do recolhimento da véspera. Como não havia prova, porque ainda estavam tratando de atender ao acidentado, o comerciante foi autuado porque não tinha recolhido o tributo. Foram aplicadas as penalidades, e a pessoa se defendeu dizendo que era uma situação que escapara totalmente ao seu controle, ou seja, não só não havia intenção, como não havia culpa. Não havia culpa *in vigilando*, não havia culpa *in eligendo*, não havia negligência, não havia imperícia. Houve realmente um acidente, portanto, uma razão de força maior que não poderia colocar o contribuinte na condição de infrator, dentro de uma perspectiva de responsabilidade objetiva.

Parece que a afirmação de que o art. 136 consagra a responsabilidade objetiva precisa ser examinada com alguma cautela.

Responsabilidade e dano

A par disso, o Código fala também, no mesmo art. 136 (isto aqui é uma mina de problemas!), que a responsabilidade independe da efetividade, natureza e extensão dos efeitos do ato. Ou seja, se houve dano, se não houve dano, em princípio a responsabilização se impõe.

Porém, a questão do dano não pode ser desprezada, porque o próprio Código, no art. 112, II, ao cuidar da interpretação da legislação tributária, diz que deve interpretar-se a lei da maneira mais favorável ao acusado, quando houver dúvida quanto à natureza ou à extensão dos efeitos do fato. Ou seja, ele está admitindo que os efeitos do fato possam ser levados em conta na graduação da pena e, onde houver dúvida sobre a efetividade do dano, a dúvida tem de ser resolvida a favor do acusado.

Não é despiciendo o exame do dano, inclusive em função da regra de integração por eqüidade. A eqüidade também terá o seu campo de atuação aqui, porque, onde não há dano, temos uma situação diferente de uma situação de dano. A eqüidade quer que os tratamentos sejam diferentes, porque situações desiguais devem ser tratadas desigualmente.

A própria multa em caso de falta de pagamento do tributo deve respeitar essa relação entre sanção e gravidade da infração, porque ela normalmente é proporcional ao valor do tributo, ou seja, gradua-se a penalidade também em função do dano sofrido pelo Erário.

Responsabilidade pessoal do agente

Vamos, finalmente, para o art. 137, que cuida da responsabilidade pessoal do agente.

Vimos, no art. 136, a responsabilidade tributária independendo da intenção do agente ou do responsável. Agora nós vamos ver, no art. 137, que esse agente é mesmo o executor material, e o responsável é o representado, o mandante, o gerido. No art. 137, cuida-se de situações em que o Código desloca o pólo da responsabilidade pela infração para o executor material.

Ele, agente, é quem responde. É evidente que o agente responde quando, nos termos do art. 137, estiver agindo em nome e por conta de terceiros, porque se ele está agindo por conta própria não há essa preocupação de saber se ele é o agente ou o responsável, porque se confundem na mesma pessoa o interesse e a ação material.

Aqui estaremos, pois, tratando de situações em que quem age (ou seja, o agente) o faz em nome de terceiros — e o Código vai dizer que, nestas situações, o agente é o responsável.

Primeiro caso: infrações conceituadas por lei como crimes ou contravenções, salvo quando praticadas no exercício regular de administração, mandato, etc.

Segundo caso: infrações em cuja definição o dolo específico do agente seja elementar.

Terceiro caso: infrações que decorram de dolo específico do representante contra o representado. Aí vem uma lista: mandatários, gerentes, diretores, pai, tutor, curador, etc.

Primeira observação: o Código refere-se a infrações conceituadas *por lei* como crimes ou contravenções. Mania do legislador de repetir conceitos que a gente devia aprender na Faculdade, nunca mais esquecer e não precisar ser lembrado pelo legislador! "Infrações conceituadas por lei como crimes...". Será que alguma outra coisa que não fosse lei poderia conceituar um crime?

É claro que, pela infração penal, responde (criminalmente) o agente e quem mais tenha participado como eventual co-autor. Isso não precisaria ser dito pelo Código Tributário. Nem é isso que aí está regulado. Trata-se aí de responsabilidade por infração administrativa, e de submissão à sanção administrativa. Se aquela infração é tão grave, que a lei a enquadra como ilícito penal, a responsabilidade *administrativa* (isto é, pela sanção meramente fiscal) também é pessoal do agente.

"Salvo quando praticada no exercício regular de administração, mandato, função, cargo ou emprego, no cumprimento de ordem expressa emitida por quem de direito", excetua o Código.

Isto aqui é um drama para tentarmos decodificar, porque eu não sei o que é praticar crime no exercício regular de cargo ou de emprego — a não ser que o indivíduo seja membro de uma quadrilha.

Não deve ser isso; não pode ser isso. Essa ressalva talvez se aplique para situações em que, por exemplo, o faturista emite uma nota falsa, com uma equivocada classificação da mercadoria, com o fim de enquadrá-la numa alíquota mais baixa, ou numa situação de isenção, e faz tudo isso cumprindo ordem do seu chefe, sem saber que a mercadoria não era aquela. Ele estava sendo apenas o executor material de uma nota falsa, sem ter o conhecimento da ilicitude. Numa situação como essa não se pode culpar o executor material, uma vez que ele estava apenas cumprindo uma ordem de quem tinha poder para dá-la. Agora, se ele sabia que estava emitindo uma nota fria, realmente parece difícil livrá-lo, tanto a ele quanto ao chefe que deu a ordem, da sanção criminal, porque, aí, a responsabilidade de ambos estará patenteada.

Temos no inciso II "infrações em cuja definição o dolo específico do agente seja elementar''. É evidente que a infração aqui referida é a infração administrativa e não a penal, porque a penal, com dolo específico ou não específico já está no inciso I. Aqui são outras infrações, administrativas somente, e não penais.

Essas infrações administrativas, em cuja definição o dolo específico do agente seja elementar, supõem uma referência à expressão ''dolo específico''. Nos tempos em que fiz a faculdade de direito, os professores ainda diziam que havia crime de dolo específico e crime de dolo genérico; mas hoje os penalistas refugam essas expressões, por serem inadequadas. Ao invés de dolo específico, fala-se em elemento subjetivo do tipo, que é uma expressão mais bonita. Talvez mais difícil de entender... Realmente, a expressão dolo específico não é das mais técnicas (pior ainda o dolo ''genérico''). Ela, no entanto, era didaticamente boa para nos mostrar que existem crimes que só se aperfeiçoam se o agente tiver um objetivo ''específico'' em mente: o agente adotou certa conduta com intenção de... Esse ''com intenção de'' seria o tal dolo específico, ou o elemento subjetivo do tipo. O tipo é integrado por esse elemento subjetivo.

Portanto, se houver uma infração administrativa, que só se aperfeiçoe se seu conceito for integrado por certo e específico objetivo, a responsabilidade é do agente.

Finalmente, temos o inciso III: ''infrações que decorram de dolo específico do representante contra o representado''. Aqui eu já não sei mais o que é dolo específico. Dolo específico do representante contra o representado... talvez se tenha querido dizer *voluntariedade* no ilícito *civil*. Se estou agindo contra o interesse do meu representado, estou cometendo um ilícito civil. Eventualmente até um crime. Mas é uma relação entre representante e representado, onde não existe ''dolo específico''; pode existir voluntariedade na prática de um ilícito civil, se o agente quer, conscientemente, o resultado danoso para o representado. Se é isso, o que o Código Tributário pretende dizer é que, se o agente estiver praticando um ilícito civil, voluntariamente, contra o administrado, a responsabilidade *tributária* é dele, agente, se essa ação por ele praticada configurar uma infração tributária.

Vejam que aqui aparece um quarto sentido de *responsabilidade*, na letra ''a'', onde se fala: ''as pessoas referidas no art. 134 (que são representantes) contra aquelas por quem respondem''. Temos aí o representante respondendo pelo representado. Ou seja, uma quarta acepção para *responder*, *responsável*, *responsabilidade*. Aqui é o executor, o agente material, o representante, respondendo por outro. Respondendo, aqui, quer dizer ''agindo no interesse'' (presumido, pelo menos) do outro.

Há pouco vimos que responsável era o outro, por cujo interesse o agente atuava. Agora, responsável é o agente, que *responde* pelo outro. Antes ainda, tínhamos visto, no art. 136, responsabilidade no sentido de submissão às conseqüências dos atos praticados. E mais para trás o Código falara em responsável no sentido de sujeito passivo indireto. São quatro acepções diferentes, usadas no mesmo capítulo.

Denúncia espontânea

Vamos ver agora o art. 138, que encerra este rol de disposições do Código sobre responsabilidade.

O art. 138 é por demais conhecido e comentado, e talvez não haja novidades a dizer para os senhores. A responsabilidade se exclui pela denúncia espontânea. Portanto, se alguém cometer uma infração e, espontaneamente, procurar o Fisco para denunciar-se, exclui a sua responsabilidade administrativa e *penal*. Penal, também, pois o dispositivo não pode traduzir uma armadilha. O legislador não age com deslealdade. Ele não diz: "infratores, venham confessar-se e serão premiados". Aí o infrator vai à repartição, confessa-se, é absolvido — e sai preso pelo crime, a pretexto de que a denúncia só o livra da sanção fiscal. Não faria nenhum sentido tal exegese.

É evidente que a denúncia espontânea é ainda — porque não foi revogada — uma causa de exclusão de responsabilidade e, portanto, das sanções administrativas *ou penais* que pudessem ser aplicadas para aquela situação.

Sabem os senhores que, até a Lei 8.383/91, o pagamento do débito fiscal, antes do recebimento da denúncia criminal, excluía a punibilidade do infrator, embora aí não se pudesse falar de "espontaneidade". Com a revogação dessa causa de extinção da punibilidade (que atuava quando o infrator já estava identificado pelo Fisco), restou — se e enquanto ela não for restabelecida — apenas a denúncia espontânea como causa de exclusão da responsabilidade (administrativa ou penal) por infrações tributárias.

A espontaneidade tem um *conceito normativo*, que se infere do parágrafo único do art. 138. Se eu agir porque estou com medo do Fisco, eu estou agindo espontaneamente. Se eu agir porque a fiscalização está no meu vizinho, eu estou agindo espontaneamente. Se eu agir porque o Fisco diz que a partir de amanhã ele dará início a uma devassa geral em tais ou quais setores e eu atuo, hoje, no sentido de me denunciar — eu estou agindo espontaneamente.

A qualificação de espontaneidade é jurídico-positiva. Conforme o parágrafo único, só não há espontaneidade se a denúncia for apresentada após o início de qualquer procedimento administrativo ou medida de fiscalização relacionados com a infração e, acrescente-se, notificados ao suposto infrator.

Depois que o fiscal já lavrou um termo de início de fiscalização, onde disse que vai investigar tal ou qual coisa, isso já está fora da espontaneidade. Mas qualquer outra coisa, eu continuo podendo denunciar espontaneamente. Se ele fiscalizar as minhas despesas de certa natureza, eu posso fazer uma denúncia de um outro assunto, que não esteja dentro do escopo do que ele veio ver. Só não há espontaneidade se a infração estiver relacionada com aquela medida que ele está desenvolvendo. Fora disso eu tenho toda liberdade de fazer qualquer denúncia espontânea, ainda que não seja lá muito "espontânea" no sentido comum da palavra.

O objetivo desse dispositivo é, realmente, estimular o cumprimento *não fiscalizado* das obrigações tributárias. Se, por medo, o contribuinte se denuncia, isso acaba atingindo também o objetivo do dispositivo legal.

A questão da multa de mora

Uma questão muita discutida é se a multa de mora é devida ou não. O Supremo já disse que ela não é devida, porque multa de mora é multa e, portanto, não cabe na denúncia espontânea. Mas disse isso num caso de ISS, já faz algum tempo. Sacha Calmon sustenta que a multa de mora não é cabível, porque é punição e, portanto, se a responsabilidade é excluída, não cabe multa de mora. Em sentido oposto também se pode dizer que a multa de mora é mera sanção moratória, é juro de mora com outro nome. Aí se contrapõe que, se tem outro nome, deve ser outra coisa...

Se a multa de mora é prevista para o pagamento com atraso, e na denúncia espontânea, acompanhada do pagamento do tributo, o que há é pagamento com atraso, a multa de mora estaria proscrita? Ou haveria a multa no procedimento de ofício, ou denúncia espontânea sem multa. Nesse perspectiva, não haveria espaço para a multa de mora, que estaria por isso proscrita do Código.

Porém, o art. 134 diz que o disposto nesse artigo só se aplica, em matéria de penalidades, às de caráter moratório. Portanto, multa de mora existe para o Código. Como conciliar o art. 134 com o art. 138?

Há uma posição intermédia que diz que a multa de mora, a que se refere o art. 134, é a multa de mora por pagamento atrasado de imposto exigido pelo Fisco. Quando o Fisco exige um imposto, lança o tributo e eu demoro a pagar, aí eu posso ser chamado a pagar multa de mora. Mas se se trata de um tributo sujeito a lançamento "por homologação", pago com atraso, não caberia multa de mora porque eu estaria, espontaneamente, denunciando a infração e, conseqüentemente, o art. 138 elidiria a punição traduzida na multa de mora.

Essa me parece ser uma posição bastante inteligente e eu ainda não a vi escrita, mas tenho instado muito o meu amigo Mitsuo Naharashi para escrever sobre isso, porque a idéia é dele, não minha, e eu tenho por dever de honestidade de apontar o autor dessa colocação, que me parece bastante inteligente para conciliar os dois dispositivos, os arts. 138 e 134.

Anistia

Não quero falar sobre anistia, porque neste capítulo o Código perdeu uma excelente oportunidade de ficar quieto. A anistia está posta como "exclusão" do crédito tributário. Isso precisa ser primeiro reescrito e depois a gente conversa.

O parágrafo único do art. 175 diz que a exclusão do crédito não dispensa o cumprimento das obrigações acessórias dependentes da obrigação principal, cujo crédito seja excluído ou dela conseqüente.

Ora, se anistia é perdão de infração, qual é a obrigação principal que tinha um "crédito" que foi excluído pela anistia? Aliás, se crédito, segundo quer o Código, só nasce com o lançamento, será que só se pode anistiar infrações *lançadas*, pois *antes* do lançamento não há "crédito"? Não faz sentido. A isenção (outra forma de "exclusão") atua antes do lançamento. Na verdade, ela atua no próprio momento em que o fato acontece; ele já não é gerador, porque isento. Aí, também, diz o Código que a isenção exclui o crédito, operando o milagre de excluir algo que, segundo o próprio Código, não existe na hipótese.

Esse capítulo precisa ser reescrito para dizer que isenção é uma técnica empregada na definição da incidência, e para dizer que a anistia é o perdão de infrações, que poderá estar condicionada a tais ou quais requisitos... Mas não também da maneira como está posta no Código.

Se alguém, por exemplo, comete infração em conluio (art. 180, II), ele pode ser anistiado, porque o Código diz: "Salvo disposição em contrário, não se aplica anistia para infrações resultantes de conluio". Portanto, se houver uma disposição expressa, o conluio é passível de anistia. Mas se houver um ato isolado, em que o indivíduo agiu sozinho (inciso I), aí o Código já não põe a ressalva "salvo disposição em contrário". Aí não cabe a anistia? Ora, está tudo errado. É evidente que a anistia caberá sempre que o legislador a der, nos termos em que ele a der. Se pode dá-la para o dolo a dois, deve poder dá-la para o dolo solitário.

Estas disposições agridem a competência do legislador. A lei, que pode até revogar um crime, não poderia anistiar uma reles infração dolosa? É evidente que pode!

O art. 181 é um modelo de inconsistências, porque ele põe anistia em caráter geral e em caráter limitado. Limitado a determinado tributo, a certas infrações, a certa região ou condicionada. Temos a anistia "geral" e uma série de anistias "não gerais", limitadas em razão disto ou daquilo.

Depois temos o art. 182, que diz que a anistia, quando não concedida em caráter "geral", é efetivada por despacho. Ah, então a anistia limitada a determinado tributo, a anistia regional, a anistia restrita a isto ou aquilo é efetivável "por despacho"? Claro que não! Mas a interpretação "mecânico-sistemática" do texto levaria a isso. É que o "geral", no art. 182, não é o mesmo "geral" do art. 181. Mas se essa classificação não tem sequer utilidade didática, que suporia a adoção de um mínimo de consistência terminológica, ela serve para quê?

Há uma anistia "geral" que se opõe à anistia "limitada a certo tributo", ou "limitada a alguma outra coisa". Depois, haveria uma outra anistia "geral" que se oporia àquela "dada por despacho". Aqui, porém, a questão não é ser ou não ser geral; é depender ou não de uma formalidade, ser ou não solene, requerer-se ou não um despacho. Trata-se, aliás, de burocracia que a lei ordinária tem abandonado. Felizmente.

Esse capítulo, evidentemente, deve ser reescrito. Perdoem-me a rapidez com que falei dele, um pouco por falta de tempo e muito por falta de paciência, porque essas disposições não são das mais felizes do Código Tributário.

Os crimes tributários

Vamos agora passar, finalmente, para a parte dos crimes tributários.

Temos um princípio geral na Constituição: não há prisão por dívida, diz a Constituição. Não há prisão civil por dívida; mas é evidente que, se não cabe a civil, não cabe a criminal também, *a fortiori*, embora haja quem tenha escrito o contrário: não cabe prisão civil, mas criminal caberia... Como se o Direito pudesse ser aplicado na contramão da lógica.

O histórico dos crimes fiscais é muito longo e acho que todos conhecem as primeiras construções do próprio Código Penal: o contrabando, falsidade de selo. Depois vieram os crimes ditos de "apropriação indébita" (Lei 3.807, Lei 4.357, Decreto-lei 326). Depois tivemos a Lei 4.729, que criou os crimes de "sonegação fiscal". Na seqüência, aqueles horrorosos decretos-lei da prisão administrativa, em que se dizia que o Ministro da Fazenda tinha o poder de determinar a prisão administrativa do contribuinte — aliás, não era do contribuinte, mas do responsável — que deixasse de recolher valores descontáveis e assim por diante.

Em 90 tivemos a Lei 8.137, que enterrou essa legislação anterior e redefiniu os crimes tributários, chamando-os de crimes "contra a ordem tributária" no lugar da antiga denominação ("sonegação fiscal", "apropriação indébita").

Depois tivemos a Lei 8.383, que revogou disposição que permitia o pagamento — quando apanhado o autor de crime fiscal — para se livrar da cadeia.

E veio a Lei 8.212, de 1991, cujo art. 95 traz uma dúzia de crimes passíveis de serem cometidos contra o interesse da arrecadação de contribuições previdenciárias. Esses crimes, em grande parte, repetem os que estavam na Lei 8.137, de modo que foram deslocadas da Lei 8.137 para a Lei 8.212 várias figuras contra a ordem tributária, redefinida no art. 95 da Lei 8.212.

Para sorte dos criminosos, a Lei 8.212 esqueceu de cominar as penas... Para algumas figuras ela dá a pena por remissão ao art. 5º da Lei 7.492, que, aliás, não tem nada a ver com o assunto: é a lei dos crimes do colarinho branco. Para os outros crimes, ela esqueceu de dar a pena. Então fica aí um criminoso — coitado! — sem sanção, vagando, qual alma penada, porque criminoso ele é, só não pode ser sentenciado, por falta de pena...

Posteriormente, em 1994, sai a famosa Lei 8.866, que define a figura do depositário infiel.

Tendo em vista a premência do tempo, vamos fazer apenas algumas rapidíssimas colocações sobre os crimes fiscais.

Revogação de leis anteriores

Em primeiro lugar, a Lei 4.729 parece-me ter sido revogada, juntamente com as demais leis que falavam de apropriação indébita, etc., pela Lei 8.137, que tratou inteiramente da matéria. Portanto, não entendo porque o legislador continua, em diplomas posteriores, referindo as leis revogadas pela Lei 8.137.

A própria Lei 8.383, quando revogou o art. 14 da Lei 8.137, revogou também mais alguns artigos da Lei 4.729, etc. como se eles ainda estivessem em vigor. Bem, *quod abundat non nocet*, mas o legislador podia se poupar de dizer coisas desnecessárias e poupar-nos de semelhante tarefa.

Crimes de conduta e crimes de resultado

Segunda coisa: a Lei 8.137, no seu art. 1º., basicamente põe tipos que caracterizam crimes de resultado, ou seja, o crime só se aperfeiçoa se houver o resultado, que é suprimir ou reduzir tributo.

A Lei 4.729 trabalhava numa linha em que o crime se caracterizava pelo "dolo específico", ou seja, pela vontade de atingir certo resultado. Uma nota fria, uma escrituração falsa já era crime, se visasse a não pagar tributo.

Na Lei 8.137 o crime é não pagar tributo mediante as condutas ali descritas.

Vejam que o legislador procura escapar da proibição da sanção penal por dívida, dizendo: o crime não é não pagar tributo. O crime é não pagar tributo, *mediante as seguintes condutas*, ou seja, o que qualifica a infração, o tipo penal, é o meio, a conduta e não o mero fato de não pagar tributo.

Só que há um inciso I no art. 2º. que continua pondo uma definição de crime formal, com uma pena menor. Há quem diga que o inciso I do art. 2º. é um *bis in idem* do art. 1º.. Não me parece que assim seja.

Precisamos ter muita atenção com o inciso I do art. 2º., porque ele põe realmente uma situação que repete aquilo que estava na Lei 4.729, e não aquilo que está no art. 1º.. No art. 1º. está: não pagar tributo, mediante condutas tais, tais, tais. O art. 2º., inciso I, diz: adotar tais condutas com o objetivo de... Portanto, crime formal e não crime de resultado.

Prisão por dívida?

O inciso II desse dispositivo, por sua vez, redefine o velho crime de não pagar imposto "indireto" ou não recolher imposto de fonte, que antes fora tratado como apropriação indébita e na Lei 8.137 foi desenhado como crime "de não pagar". É verdade. A lei diz que não pagar imposto de fonte ou o IPI ou sei-lá-o-quê-mais é crime. E ponto. Não diz que é apropriação indébita, diz que não pagar é crime.

Fica para a meditação dos senhores.

O depositário infiel

A Lei 8.866, talvez ciente de que a 8.137 não era um instrumento adequado, ou talvez não fosse o mais adequado, para punir a infração traduzida em não recolher imposto na fonte ou impostos indiretos, recriou a figura do depositário infiel, definindo, exatamente, a mesma situação que estava no art. 2º, inciso II, da Lei 8.137, ou seja, alguém que retém, e não recolhe, vai para a cadeia.

Agora, a Lei 8.866, de 1994, diz que alguém que retém, e não recolhe, é depositário infiel. E o Fisco tem de entrar com uma ação civil contra ele e pedir ao Juiz que decrete a prisão civil por até 90 dias, e se ele pagar se livra da prisão. E se não pagar, nem depositar, é revel. Está dito na lei, vocês podem conferir. E em caso de revelia, o juiz julga antecipadamente a lide. Aí, como ele não pagou, provavelmente estará preso, é revel e condenado a pagar. E, acrescenta a lei: se ele não pagar quando condenado, deve ser expedido um "mandado de entrega" do dinheiro que ele deveria ter pago ao Fisco.

Eu não sei o que é "mandado de entrega". E se o sujeito passivo "não entregar", a lei não diz o que acontece. Talvez o Fisco ajuíze uma execução...

A questão que eu ponho à meditação dos senhores é: será que essa Lei 8.866 não teria revogado o inciso II do art. 2º da Lei 8.137? Vejam que ela se reporta exatamente à mesma situação, reter e não recolher; só que antes a lei dizia: isto aqui é crime, e agora a lei diz: diante desse fato o Fisco tem de ir a um juiz civil, entrar com uma ação civil, pedir prisão civil e assim por diante. Será que esta norma não revogou a anterior?

Bem, perdoem-me se eu excedi em alguns minutos o tempo. Agradeço a extrema boa vontade e atenção de todos. Muito obrigado. (*Palmas*)

PROF. EDUARDO BOTTALLO — Quero cumprimentar o Professor Luciano Amaro pelo brilhantismo da sua palestra.

Durante o desenvolvimento deste Congresso o IDEPE irá homenagear, como foi dito no início dos trabalhos, algumas personalidades que se distinguiram pela sua contribuição à ciência jurídica, especificamente na área tributária. Nós já fizemos essa homenagem ao Professor Luciano Amaro e ao Professor Osiris Azevedo Lopes Filho e agora, com muita satisfação, vamos estendê-la a uma personalidade nacionalmente conhecida e que goza do respeito e do carinho de todos nós, e da admiração de tantos quantos militam na área tributária; inclusive ela presidiu o VIII Congresso Brasileiro de Direito Tributário realizado no ano passado: a Professora Misabel Derzi, da Universidade Federal de Minas Gerais, que receberá agora o título de sócia honorária do IDEPE, que eu peço que seja entregue por outra grande jurista brasileira, diretora da Faculdade de Direito da PUC de São Paulo, Professora Elizabeth Nazar Carrazza.

— É feita a entrega do título. (*Palmas*).

PROF. EDUARDO BOTTALLO — Gostaria de transmitir um aviso: por iniciativa do IOB, uma das instituições que apóia este Congresso, será distribuído na Secretaria o texto da proposta de emenda constitucional que altera o sistema tributário, enviada pelo Presidente da República ao Congresso Nacional no dia 23 de agosto passado, que está acompanhado da mensagem encaminhadora. É um documento muito interessante, que certamente merecerá a atenção de todos.

Gostaria, no encerramento destes trabalhos, de agradecer a presença dos professores especialistas deste e dos outros Estados, que honraram e honram o Congresso com a sua participação; representantes do Poder Judiciário, devendo-se destacar a presença das professoras Lúcia Figueiredo e Diva Malerbi e do professor Sacha Calmon, da Justiça Federal e do Dr. Régis Castilho Barbosa, que representa o Tribunal de Alçada de São Paulo; e queria também deixar consignado agradecimento aos Drs. Álvaro

Malheiros, Diretor da Malheiros Editores e Fujimi Yamashita, diretor do IOB, pelo apoio e pelo prestígio que têm dado a estes trabalhos.

Convido a todos para a primeira Mesa de Debates que vai se realizar neste mesmo auditório dentro de aproximadamente 15 minutos.

Está encerrada esta sessão. Muito obrigado. (*Palmas*)

MESA DE DEBATES (13.9.95)

TEMAS GERAIS

Planejamento econômico — Segurança jurídica — Sigilo fiscal e bancário — Carga tributária — Evasão fiscal Sigilo bancário e acesso do fisco aos dados bancários — Responsabilidade do Estado — Discricionariedade e controle jurisdicional — Debates

CELSO ANTÔNIO BANDEIRA DE MELLO
GERALDO ATALIBA (Presidente da Mesa)
LÚCIA VALLE FIGUEIREDO
OSIRIS AZEVEDO LOPES FILHO
PAULO SALVADOR FRONTINI

PROF. GERALDO ATALIBA — Vamos dar início à primeira Mesa de Debates.

Integram esta Mesa: Professor Celso Antônio Bandeira de Mello, professor titular de Direito Administrativo da Faculdade de Direito da PUC de São Paulo; Professora Lúcia Valle Figueiredo, professora titular de Direito Administrativo da Faculdade de Direito da PUC de São Paulo e juíza do Tribunal Federal da 3ª Região; Professor Paulo Frontini, professor da Faculdade Direito da Universidade de São Paulo (USP) e ex-Procurador-Geral da Justiça do Estado de São Paulo; Professor Osiris Azevedo Lopes Filho, professor de Direito Tributário da Faculdade de Direito da Universidade Federal de Brasília e ex-Secretário da Receita Federal, e eu, Geraldo Ataliba.

Estava prevista a presença do Professor Souto Maior Borges, da Universidade Federal de Pernambuco, mas o Professor Souto não pôde vir por motivo de doença. É a primeira vez em tantos anos de atividade do IDEPE que o Professor Souto não está presente, e por um motivo imperioso. Registramos a sua ausência com muito sentimento, porque a vivacidade, inteligência e cultura que ele sempre empresta às nossas iniciativas é admirável, e motivo de grande prazer e proveito para todos nós.

O tema desta Mesa é "Temas Gerais".

Evidente, cada membro da Mesa escolherá dentro dos "temas gerais" o que quiser, mas pelo que estamos sentindo aqui vamos cuidar de um problema bastante interessante e ligado à Proposta de Emenda Constitucional que acaba de ser encaminhada ao Congresso Nacional pelo Poder Executivo.

Em primeiro lugar vai fazer uso da palavra a Professora Lúcia Valle Figueiredo.

Planejamento Econômico

PROFA. LÚCIA VALLE FIGUEIREDO — Senhor Presidente da Mesa, Professor Geraldo Ataliba; Professor Osiris Lopes Filho; Professor Frontini e Professor Celso Antônio Bandeira de Mello.

Mais uma vez compareço a um Congresso de Direito Tributário, e sinto-me profundamente honrada em poder falar a uma platéia como esta, e de relevante expressão no mundo jurídico.

Como o Professor Geraldo Ataliba me colocou na Mesa de Temas Gerais, evidentemente escolhi aquele "geral" que estivesse mais próximo também da minha área.

Eu tenho me preocupado, como juíza, com um problema que se me afigura bastante sério, que é o planejamento econômico, a segurança jurídica e as relações tributárias entre Fisco e contribuinte.

O planejamento econômico é assentado numa lei, numa lei do plano, e depois complementada por atos administrativos gerais, que são encartados e subsumidos diretamente à Constituição — por isso são chamados de atos políticos ou de governo.

Já desde longa data o Professor Oswaldo Aranha Bandeira de Mello, ao se referir aos atos políticos, dizia que não deixam os atos políticos de se subsumirem também ao controle jurisdicional.

Isso é necessário que se fale porque, na verdade, a trilha percorrida para controle dos atos discricionários de um modo geral foi bastante dificultosa. Temos aqui o Professor Celso Antônio Bandeira de Mello, que foi um dos maiores batalhadores, e com toda a equipe de Direito Administrativo da PUC, todos nós batalhamos muito, para desenvolver a teoria mais adequada sobre a discricionariedade, a fim de que o Judiciário pudesse, e quisesse, controlar a discricionariedade — porque normalmente o Judiciário, se dizia, não poderia chegar dentro do mérito do ato, pelo motivo da separação dos Poderes.

Então, o ato político é, ainda, um ato mais dificultosamente controlado pelo Judiciário.

Daí a razão porque essa parte do planejamento econômico, com repercussão direta na segurança jurídica, parece-me de particular relevância.

A segurança jurídica

Todos nós sabemos que um Estado democrático de Direito, ou que se diga democrático de Direito — e isto é o que está dito na nossa Constituição: que a nossa República é um Estado democrático de Direito, cujos fundamentos são entre eles a valorização do trabalho e a livre iniciativa — evidentemente só existe se houver segurança e certeza jurídicas.

Canotilho coloca muito bem esse problema ao dizer que a segurança é o esteio do Estado democrático de Direito, e que não se poderia pensar num Estado democrático de Direito sem se cogitar da segurança jurídica e da própria certeza do Direito.

Mais adiante eu me referirei às mudanças de planos e ao problema da proporcionalidade dessas mudanças, da congruência lógica dessas mudanças e da motivação necessária a essas mudanças de plano.

Versou esse tema do planejamento, com maestria, o Professor Almiro Couto e Silva, já em 1981, num Congresso de Direito Administrativo, em Canela.

O Professor Celso Antônio também tem magnífico trabalho, que não consegui localizar, e creio que não está publicado, "responsabilidade por atos decorrentes do planejamento". Não consegui localizar a publicação.

Os planos podem ser planos indicativos — meramente indicativos — incitativos ou imperativos.

Nos planos indicativos, o Poder Público, unicamente, assinala qual é a trilha que ele deve percorrer e neste plano teremos de recordar o artigo 174 do texto constitucional, que diz que como agente normativo e regulador da atividade econômica, o Estado exercerá, na forma da lei, as funções de fiscalização, incentivo e planejamento, sendo este determinante para o setor público e indicativo para o setor privado.

Quer dizer, é plano indicativo para o setor privado e determinante para o setor público. Evidentemente não se pretende pôr uma camisa-de-força no Governo. Isso seria impossível. Os planos têm de ser dotados de uma flexibilidade e, mais adiante, me referirei às modificações de plano.

No plano incitativo, todavia, aí o Governo pretende — esta é uma técnica nova de governo no mundo inteiro, que é a administração concertada, o planejamento junto à iniciativa privada — arregimentar a iniciativa privada, exatamente para conseguir dela a execução daquele planejamento econômico que ele deseja implementar.

Dos planos imperativos, nem se diga nada, porque imperativo, como a palavra o diz, é aquilo que é obrigatório.

Resta saber, diante de planos incitativos, em que são prometidos muitas vezes incentivos e, enfim, em que são concertadas as atitudes da iniciativa privada juntamente com o Governo, em que os Ministros se comprometem com dadas pessoas jurídicas no sentido de implementarem a política nos moldes em que o governo pretende — abrir o mercado ou promover a política econômica — nestes casos as modificações de planos se revestem de proporções bastante sérias nas repercussões para a iniciativa privada.

Canotilho, já em 1974, no livro *Responsabilidade do Estado por atos lícitos*, falava nas modificações de planos.

No *Direito Constitucional*, edição nova, do ano passado, Canotilho diz que as modificações do plano devem estar realmente encartadas, haver uma relação de adequação lógica, de congruência lógica entre o pressuposto fático, em que o Governo vai-se arrimar.

Se for um ato administrativo, mesmo um ato administrativo normativo, geral, mas um ato administrativo, deve haver uma relação de congruência lógica, de proporcionalidade entre a modificação do plano e a necessidade administrativa de adequação desse plano.

O que temos visto, na prática, é o seguinte: a iniciativa privada se engaja num determinado planejamento, e esses planos, numa velocidade curtíssima de tempo, são totalmente modificados, levando a iniciativa privada de roldão, porque na verdade ela se preparou, instigada pelo próprio Governo, incitada pelo Governo, para responder a um anseio do Governo.

Na medida em que esses planos são modificados, sem que haja ressalvas, aí Canotillo coloca bem o problema da transição que tem de existir entre um plano e outro.

Nas modificações de planos não pode haver — diz Canotilho — retroatividade. A retroatividade não visa, apenas, a colher situações passadas mas, também, a colher situações que se consumaram sob a égide de outra legislação — aqui legislação no seu sentido mais lato, mais abrangente, incluindo também os atos normativos do Executivo — e que não podem ser abruptamente modificadas por um plano novo. Esta modificação de plano teria, evidentemente, de abrigar determinadas situações que foram constituídas sob a égide da legislação anterior. Portanto, haveria um período de transição entre um plano e sua modificação.

Vemos que não é isso o que tem ocorrido na prática. O problema, sem sombra de dúvida, também, diz respeito à motivação da modificação do plano.

Esta motivação é que efetivamente deve ser controlada pelo Judiciário. Quer dizer, o Judiciário, agora, vem controlando os atos discricionários, ainda que não os controle dentro da latitude que deveria fazê-lo.

Na verdade o Judiciário, até porque não tem havido grande provocação dele nesse aspecto, não tem controlado esses chamados atos políticos ou de governo, mas que são controláveis porque diretamente subsumidos à Constituição. Quer dizer, não existe ato, pela própria Constituição, que escape ao controle do Judiciário.

De que forma o Judiciário pode controlar? Pela razoabilidade, pela congruência lógica da modificação, pela necessidade daquela modificação, sobretudo se a modificação causa prejuízos, causa danos à parte e sobretudo pela motivação. Quer dizer, a motivação é a pedra-de-toque de todo o controle jurisdicional.

Então, vejam que a linha de expansão desse controle jurisdicional — vamos dizer que linha de expansão seja uma expressão inadequada — deve ir no sentido de se procurar o controle, também, desses atos políticos e de governo, que são tidos como inteiramente livres para o Poder Executivo. Quer dizer, o Poder Executivo muda de planos, muda de idéias à hora que quer, como quer, quando quer, pouco se importando com a segurança jurídica.

Na verdade, não pode haver um planejamento econômico numa hora e, no dia seguinte, outro — às vezes, exatamente, no dia seguinte; às vezes o Ministro está conversando hoje e no mesmo dia há uma modificação de plano que sequer o Ministro sabe.

A razoabilidade dessa modificação, a congruência lógica dessa modificação e, sobretudo, se a motivação da modificação não é suficiente para explicar ou, pelo contrário, infirma a mudança de plano, esse ato, sendo controlado pelo Judiciário, o Judiciário só poderia imputar aí responsabilidade ao Poder Público, ou fazer com que o Poder Público cumprisse aquilo a que teria direito o contribuinte, na medida em que, atendendo aos apelos do próprio Poder Público, ele desencadeou determinadas situações jurídicas.

Como o tempo é breve, eu vou encerrar com as seguintes conclusões: o planejamento econômico deve estar absolutamente conforme os vetores da Constituição — e nos vetores da Constituição teremos de nos ater aos fundamentos do Estado de Direito — e estas modificações de plano só podem existir quando elas, na verdade, respeitarem o princípio da segurança jurídica e quando estiverem ao abrigo de uma congruência lógica, de uma razoabilidade e de uma motivação suficiente.

A motivação — insisto — é absolutamente necessária para que o Judiciário possa controlar, e para que se afira a licitude ou a ilicitude das modificações dos planos, e qual a conseqüência dessa modificação dos planos na vida do contribuinte ou das pessoas de um modo geral.

Com estas brevíssimas palavras, creio que este é um tema que merece um aprofundamento, que não tem despertado trabalhos a respeito, e a trilha percorrida deste controle será — insisto — o alargamento do entendimento dos atos discricionários, do controle dos atos discricionários, porque os atos políticos, evidentemente, não fogem ao controle jurisdicional.

Muito obrigada pela atenção. (*Palmas*)

Sigilo bancário

PROF. OSIRIS AZEVEDO LOPES FILHO — O tema que me foi atribuído é a questão do sigilo bancário.

Na proposta encaminhada pelo Governo, de reforma constitucional na área tributária, foi estabelecida uma nova redação para o § 2º do artigo 145 da Constituição: "É facultado, na forma da lei, à autoridade tributária federal, requisitar informações sobre operações financeiras do contribuinte"

Alguns colaboradores de jornal, deputados e congressistas, têm dito que a matéria do sigilo bancário, do sigilo financeiro, está sendo discutida sob alto grau de emocionalismo no Brasil.

Na minha opinião, tendo sido funcionário por muito tempo do Fisco e conhecendo mais ou menos o que ocorre no país, acho que ela está sendo discutida com muita racionalidade.

Carga tributária

Quais são os dois defeitos fundamentais do sistema tributário brasileiro? Uma carga individual brutal e cruel para quem paga o tributo. Tanto ao nível das empresas, quanto das pessoas físicas. E um brutal grau de evasão tributária.

Até um ano atrás, quando foi introduzido o Plano Real, no último mês antes do Plano Real, a inflação chegou a 43% ao mês. Qualquer pessoa que dispunha de recursos, o que faria imediatamente, tão logo recebesse uma moeda qualquer? Depositaria no banco, numa aplicação que rendesse correção monetária, para que não perdesse mais de 1% de correção monetária ao dia. Como o país é o país da evasão — a evasão corresponde, hoje, no Brasil, a mais de 50% da base tributária — é óbvio que enquanto não transcorrerem cinco anos da edição do Plano Real, a classe dominante, que é essencialmente evasora, não vai conceder nenhuma liberação de acesso, pelo Fisco ou qualquer que seja a sua modalidade de acesso, acesso direto na auto-executoriedade dos atos administrativos ou acesso via ordem judicial, à conta-corrente das instituições financeiras desses evasores.

Vou dar um dado aos senhores, que é um dado real: quem paga tributo no Brasil é a classe trabalhadora. A gente fala: mas como é que a classe trabalhadora paga, será ela composta de super-homens? Enquanto os Estados Unidos têm o Super-homem da história em quadrinho, nós temos no mínimo 15 milhões de super-homens neste país, que são os sujeitos que conseguem sobreviver, eles e as suas famílias, ganhando um salário-mínimo ou menos que um salário-mínimo. E esse pessoal, essa massa fantástica de gente é que suporta a carga tributária no país, a carga tributária indireta.

Se os senhores considerarem a alíquota média do ICMS de 17%, a média do IPI de 10%, Cofins (o mais brutal tributo existente) de 2% sobre o faturamento e cumulativo, 0,65% do PIS e mais a ameaça benemérita do Ministro Jatene, de recriar, travestido de contribuição, o Imposto Provisório sobre Movimentação Financeira, vão ver que a carga tributária indireta, que é transferida para o consumidor de bens ou serviços e paga pelo industrial, pelo prestador de serviços e pelo comerciante e transferida para o usuário, é suportada, efetivamente, no país, pelas grandes massas consumidoras, que é a classe trabalhadora.

E a classe média? Ela também suporta essa carga, acrescida ainda da carga tributária do imposto de renda, porque quem paga imposto de renda neste país é a classe média. Rico não paga tributo aqui, ainda que a Constituição fale que o tributo deve ser adequado à capacidade contributiva da pessoa.

Eu estava me referindo a um estudo que foi feito, em que foram escolhidas as principais empresas deste país e se estabeleceu um universo de 36 mil pessoas, que eram os dirigentes ou os controladores dessas empresas. Na primeira folha do estudo, que é relacionado por ordem decrescente do patrimônio — e o patrimônio é atualizado, porque a declaração de 91 obrigava a colocar o patrimônio em UFIR — na primeira folha, onde o menor patrimônio estava em torno de 90 milhões de dólares e o maior em quase 800 milhões de dólares, havia três pessoas que se declaravam isentas, uma outra havia pago 200 dólares de imposto (dólar por ser moeda estável era o elemento de comparabilidade que se utilizava) e outra tinha pago 500 dólares de imposto.

A classe rica não paga imposto neste país.

Outro dia eu falei com o Paulo Nogueira Batista Júnior sobre estudo feito por Nicolas Caldor, que talvez tenha sido o maior financista deste século. Vindo da Índia ao Brasil em 1956, tinha estudado o subdesenvolvimento da Índia e fez uma conferência na Fundação Getúlio Vargas. Dando as características do então estudado subdesenvolvimento, ele chega, na parte tributária, dizendo o seguinte: nos países subdesenvolvidos (que era a categoria utilizada à época) a classe dominante, isto é, quem detém o poder político, não tributa a si mesmo, exclui da incidência a classe dominante. Mas, para ter um segundo seguro de vida, não deixa existir uma boa administração tributária. Essa era a característica fundamental.

Hoje, por exemplo, a Secretaria da Receita Federal tem 5.500 auditores para tomarem conta da imensidão deste país, dos portos, aeroportos e 400 alfândegas interiores por aí, os entrepostos etc.

Quer dizer, tarefa impossível de ser realizada.

Evasão fiscal

O sistema tributário no Brasil é o sistema da evasão. E os ricos são dotados do menor grau de solidariedade. O que os ricos têm neste país? Têm um padrão de vida que nem nos países desenvolvidos se têm, com empregadas, um monte de serviçais, e a garantia constitucional, para a segurança do seu patrimônio, do seu estoque de riqueza e do crescimento desse estoque de riqueza — e conseguem amortecer todas as tentativas de se apurar efetivamente se eles pagam ou não, corretamente, o seu tributo.

Sabe-se que não pagam corretamente.

Só para dar um exemplo da incúria governamental, vem o Ministro Bresser e, com um pomposo nome de organizar o Estado, está atacando a estabilidade do funcionário público. É uma política de secos e molhados. Ele está seco na estabilidade do funcionário público e o funcionário está molhado na chuva, na intempérie. Não é possível. Não se reestrutura o serviço público neste país. 5.500 auditores para controlar todas as alfândegas do país, o imposto de renda, mil fiscais na rua para fiscalizarem o imposto de renda — é óbvio que vai campear a impunidade.

E como combater a impunidade na área tributária, a evasão, a sonegação? Tem de ter instrumentos. Não há instrumentos humanos. Tem de haver instrumentos jurídicos. O acesso controlado à conta corrente bancária é fundamental para o combate à inflação.

Acesso ilimitado do agente do Fisco? Não acredito nisso, porque trará insegurança, porque o Fisco também não é algo neutro, imparcial, neste país. Tem lá as suas tendências e a confusão do país não garante ao funcionário do Fisco aquela imparcialidade que seria desejada. Mas que tem de haver o acesso, não há dúvida. Tem de ser disciplinada essa matéria? Também não há dúvida.

Agora, objetivamente, pelo que eu conheço, não só da teoria do sigilo fiscal, mas pelo que conheço da composição de forças no país, da atuação dos evasores, dificilmente vai prosseguir essa emenda.

Outro dia eu estava numa Comissão da Ordem dos Advogados, e fizemos tantas críticas a essa proposta que um sujeito perguntou: mas, Professor, o que há de positivo nela? Aí eu me lembrei: acho que só há duas coisas positivas na proposta: a tentativa de se disciplinar o sigilo bancário e a manutenção da competência da União para instituir imposto sobre as grandes fortunas. São as duas coisas positivas. O resto...

Conforme foi comunicado pelo Bottallo, o IOB divulgou para os senhores o texto da Emenda Constitucional e a justificativa.

Seria interessante que os senhores vissem os quatro objetivos de que se fala na exposição de motivos e o texto. Eu não diria que tenha sido feito a quatro mãos, mas quem ler a exposição, que diz: "vamos simplificar o sistema, vamos diminuir as incidências, melhorar a justiça fiscal" e ler o texto vai ver que não há nenhuma correlação.

A maior vergonha que eu tive como Secretário da Receita, não vergonha pessoal, mas vergonha institucional, foi com o IPMF. O Supremo Tribunal considerou inconstitucional a cobrança do IPMF durante três semanas. Aliás foi durante um Congresso aqui que o Supremo decidiu essa inconstitucionalidade. Ele considerava que se aplicava o princípio da anterioridade da lei ainda que a própria emenda constitucional a excluísse. É a teoria de que é possível a existência de normas constitucionais inconstitucionais.

Surgiu a obrigação de devolver aquilo que fora tirado inconstitucionalmente. Aí pensei que era boa oportunidade para descobrir quais são as contas-correntes bancárias. Aí os bancos vieram conversar e disseram: "mandem o global do dinheiro entregue ao Fisco semanalmente, que fazemos a reposição na conta-corrente". Eu disse: "Não. Aprendi, em Direito Administrativo, que quando há uma despesa do Estado, tem de individualizar quem vai receber. De forma que só vamos devolver, fazer uma instrução normativa, dando o nome do contribuinte, a base de cálculo e o imposto que ele pagou. Aí devolvemos a vocês".

Aí começou o litígio.

Mas eu aprendi em Direito Constitucional que quando a Constituição estabelece os fins, concede os meios. Aí começou um litígio judicial que até hoje não se consumou.

Necessidade de acesso do Fisco aos dados bancários

Então, é uma coisa fundamental, principalmente para a pessoa que paga corretamente os seus tributos, que é a maioria deste país, que haja uma disciplinação efetiva do acesso pelo Fisco aos dados bancários para que essa sonegação deixe de ser a regra do sistema tributário brasileiro. Porque se não forem dados instrumentos ao Fisco para identificar a conta-corrente, onde está ali o patrimônio volátil das pessoas, vamos continuar sendo o país da evasão.

É um fetichismo no Brasil o sigilo bancário.

Experiência estrangeira

Eu pedi ao Presidente do Banco do Brasil, e ele forneceu — o Banco do Brasil tem filiais e bancos controlados por ele em 40 países — desses 40 países qual era a disciplinação a respeito do sigilo bancário. Por exemplo, na União Européia, um caso que me lembro agora, da Itália, qualquer negociação feita em banco — pode ser empréstimo, depósito, aval, seja o que for — acima de 10 mil dólares, é comunicado imediatamente ao Banco Central da Itália. Nos Estados Unidos, idem. Na Suíça, onde o sigilo era absoluto, já há modificações. Desde que se prove que há depósitos na Suíça, mesmo em contas numeradas, decorrentes de corrupção no país de origem, o Governo suíço, mostradas as provas suficientes dessa ocorrência, fornece os dados.

No Brasil, não.

Quando a Constituição, no artigo 145, para dar efetividade ao princípio da capacidade contributiva e da personalização do tributo, permitiu a identificação do patrimônio, quando ela relativizou esse sigilo bancário, esse sigilo financeiro, com base no artigo 5º, inciso XII, que fala em dados, mas dados mais de comunicação de registros modernos da informática, surgiu uma reação contrária, e hoje se obriga ao Fisco a pedir a informação à Justiça, com base num acórdão feito por uma Turma do Superior Tribunal de Justiça. Só há essa decisão. Uma Turma composta por três juízes decidiu, mas o que é que os bancos falam? "Não dou. Tem de ir à Justiça". E se vai à Justiça.

Quer dizer, é um escárnio; e realmente os que são favoráveis ao sigilo absoluto, isto é, para o Fisco não conseguir jamais entrar nesses dados, conseguiram tumultuar, utilizando a massa de cidadãos do país: "o Fisco vai alcançar a privacidade de cada um". Ora, num país de milhões de miseráveis, não serão eles que vão ser atingidos. Quem vai ser atingido, efetivamente, é quem sonega, é quem pratica crime contra a ordem tributária.

Espero que o Governo Federal — e tomara que ele não tenha colocado isso como um "bode" para negociar — tenha firmeza, utilize a sua maioria para desenvolver esses dois pontos positivos da proposta da reforma e que o Presidente da República faça valer o projeto que ele fez para instituir o imposto sobre grandes fortunas.

Ataliba, esse é o imposto mais maravilhoso que já vi neste país, porque é o único imposto que não vai poder ser cobrado nem da classe trabalhadora, nem da classe média, pela magnitude. Porque não é um imposto sobre a riqueza, sobre o patrimônio líquido ou sobre a fortuna, mas sobre a grande fortuna.

É o único imposto que não vai alcançar nem a classe média, nem a classe trabalhadora.

Aí o sujeito pergunta: mas qual é a grande fortuna do país? Estão lá estocados os dados sobre a grande fortuna, obtidos com base na declaração de bens de 1991, e num dia de apuração no computador você sabe qual é a dimensão da grande fortuna no Brasil.

O imposto sobre as grandes fortunas dá o sentido do imposto de solidariedade social da França. O antigo imposto sobre a riqueza, sobre a fortuna, na França, foi revogado, e criou-se o imposto de solidariedade social. E qual a finalidade dele? Não é de fornecer recursos para gastos gerais do orçamento. É fornecer recursos vinculados a eliminar o desequilíbrio de rendas existente no país, é tirar dos ricos e aplicar em favor dos mais pobres, é tentar nivelar o nível de bem-estar no país.

Um outro ponto a ser desenvolvido é conseguir uma solução para o acesso do Fisco aos dados financeiros dos contribuintes, principalmente dos evasores.

Muito obrigado. (*Palmas*)

PROF. GERALDO ATALIBA — Obrigado, Professor Osiris Azevedo Lopes Filho.

Tem a palavra agora o Professor Celso Antônio Bandeira de Mello.

PROF. CELSO ANTÔNIO BANDEIRA DE MELLO — Senhor Presidente da Mesa, eminentes colegas que participam deste debate, que estão assistindo essas considerações. Por detrás das palavras, tanto da Professora Lúcia Valle Figueiredo, quanto do Professor Osiris Lopes Filho, existia, manifestamente, uma realidade, da qual todos nós temos ciência, mas nenhum gosta realmente de admitir, e muito menos de proclamar: ***não existe Direito no Brasil!***

O Direito, entre nós, é simplesmente um conjunto de normas vistas abstratamente e para serem objeto de estudo, tal como o indivíduo estuda as regras e os movimentos do xadrez. Mas o estudo do Direito não é uma atividade lúdica. Ela passou a ser, praticamente, uma atividade lúdica. Mas em rigor o Direito existe, feito pelos homens, para os homens, e a fim de disciplinar a vida social. Logo, o Direito, desligado de toda e qualquer aplicação, não passa de alguma coisa mitológica.

Quando uma Constituição não é respeitada — e qualquer pessoa sabe que a Constituição é a norma fundante da ordem jurídica — é óbvio que o Direito simplesmente não existe, não é aplicado.

Eu, quanto a mim, não tenho a mais remota dúvida de que no Brasil o Direito é uma coisa tão mitológica quanto uma sereia, uma iara ou qualquer coisa do gênero. Não há aplicação do Direito.

Segurança jurídica

A Professora Lúcia referiu-se a um tema de uma importância absolutamente transcendente, que está na base de qualquer cogitação. Não é apenas, digamos, no âmbito do planejamento econômico, mas é do Estado de Direito: é a segurança jurídica.

A segurança é o verdadeiro e o supremo objetivo do Direito. Este é o objetivo do Direito. Não é justiça. Se fosse justiça nunca teria havido Direito ao longo da história.

O objetivo do Direito é a segurança. O que o Direito visa é exatamente fornecer aos indivíduos pautas que serão seguidas e respeitadas para que as pessoas saibam quando estão conforme à ordem jurídica e, portanto, podem prever os eventos que daí se sucederão, e quando estão desconformes à ordem jurídica e podem, igualmente, prever as eventuais conseqüências que as atingirão.

Se o Direito não fornecer isso aos indivíduos, ele não forneceu absolutamente nada.

A Constituição brasileira não fornece absolutamente nada disso aos cidadãos brasileiros. Portanto, existe a mais absoluta, a mais radical, a mais cabal insegurança jurídica no Brasil.

Eu lembraria aquilo que todos sabem: que constituem objetivos fundamentais da República Federativa do Brasil construir uma sociedade livre, justa e solidária; garantir o desenvolvimento nacional; erradicar a pobreza e a marginalização e reduzir as desigualdades sociais e regionais. Esses são objetivos fundamentais da República Federativa do Brasil.

Eu lembraria que o artigo 170 do texto constitucional, que governa toda a ordem econômica, diz que a ordem econômica fundada na valorização do trabalho humano e na livre iniciativa, tem por fim assegurar a todos existência digna, conforme os ditames da justiça social, observados os seguintes princípios: soberania nacional, propriedade privada, função social da propriedade; livre concorrência; defesa do consumidor; defesa do meio ambiente; redução das desigualdades regionais e sociais; busca do pleno emprego e tratamento favorecido para as empresas de pequeno porte, constituídas sob as leis brasileiras e que tenham sua sede a administração no País.

Eu preferia dois dispositivos e mencionaria o dispositivo que o Professor Osiris citou respeitante à capacidade contributiva etc.

Pergunto aos presentes: algum desses objetivos está sendo realizado ou foi realizado? Nenhum, simplesmente. Algumas dessas determinações são cumpridas pelas normas infraconstitucionais e pelos planos econômicos? Nenhuma, simplesmente.

Iria mais longe: a realização prática do pretenso Direito, porque não é Direito, está contra o Direito constitucional, vai no sentido oposto e o Prof. Osiris acaba de fazer a rotunda demonstração disto, quando mostra que ao invés de haver respeito à capacidade contributiva, os mais ricos não pagam simplesmente os seus tributos ou pagam importâncias irrisórias e os mais pobres pagam seus tributos, forçadamente.

Não há aí uma contraposição chocante entre o que diz o texto constitucional e aquilo que é efetuado em nome do Direito? É total. O contraste é absoluto.

Responsabilidade do Estado

Todos sabemos que o texto constitucional cuida da responsabilidade do Estado. O tema da responsabilidade do Estado, que estava embricado também nas colocações da Professora Lúcia, é um tema que apaixona os doutrinadores, apaixona os teóricos e apaixona também o Judiciário.

O Judiciário brasileiro, ainda antes da Proclamação da República, tinha discussões de alto nível a respeito da responsabilidade do Estado e da responsabilidade objetiva. De tal maneira que muitos dos Ministros do Supremo sustentavam, a essa época, posições bastante mais avançadas em termos de responsabilidade objetiva, por exemplo, que aquelas que eram sustentadas em qualquer outra parte do mundo.

No entanto, eu pergunto: existe alguém que já conseguiu receber do Estado aquilo que lhe era devido? Eu não conheço. Eu literalmente não conheço alguma pessoa que tenha movido uma ação de responsabilidade do Estado e ter conseguido receber uma indenização correspondente àquilo que o Estado lhe devia quando o acionou. Primeiro, porque a ação não termina. Ela é trabalho de gerações. Segundo, que, quando recebe, não recebe nada.

Eu não vou me alongar, mas gostaria de dar um exemplo que dou sempre: um determinado juiz de um Tribunal, durante o período tenebroso do golpe militar, foi preso sob a inculca de subversivo. Este juiz — hoje é juiz do Tribunal e na época era juiz de primeira instância — na véspera do Natal foi preso, transportado para o Doi-Codi e lá permaneceu durante um ano porque exatamente no dia de Natal ele foi liberado. Não foi feita nenhuma comunicação ao Tribunal Federal de Recursos. Ele simplesmente tinha desaparecido, o que era um fenômeno que nada tinha de fantástico. E houve declaração expressa do Tribunal: "não temos notícia de nada. Sabemos que esse juiz simplesmente desapareceu. Dizem aí que ele está preso". Eu vi os autos. Passados muitos anos desse evento triste, esse juiz foi absolvido pelo Tribunal Militar, mas quando absolvido pelo Tribunal Militar já lhe tinha sido aplicado um ato com base no Ato Institucional, pelo qual ele tinha sido compulsoriamente aposentado. Durante o ano em que esse juiz não exerceu as suas funções, mas apenas as funções de preso, ele perdeu, obviamente, também os seus cargos de professor, porque ele era professor numa escola particular e na Fundação Getúlio Vargas.

Passados muitos anos, esse juiz, que era amigo meu desde jovenzinho, me disse: "olhe, Celso, vamos mover uma ação de responsabilidade do Estado. Acho que já há condições para isso". Eu respondi: "Vamos, ué. Eu acho que sim". Então, entramos com uma ação de responsabilidade do Estado. E ele ganhou aqui em São Paulo. Pedi indenização pela perda do cargo de professor, mais uma indenização pela compulsoriedade da aposentadoria e os proventos proporcionais.

No correr da história — os senhores podem imaginar, são colegas e sabem que a gente entra em Juízo um dia e não sabe quando sai, só sabe quando entra. Nós só sabemos daquela data em que se protocola a ação — os anos foram se passando. A história do Brasil foi-se modificando. Houve anistia. Esse juiz voltou. Enfim, a história já tinha mudado. Quando o TFR decidiu, eu me recordo bem, um dos Ministros disse: "Foi a revolução que decidiu, então está bem decidido". Esse foi praticamente o voto desse homem. Um juiz da Bahia. Mas os outros juízes, não sei se ficaram um pouco incomodados com aquela decisão, talvez, e não sufragaram aquele entendimento, digamos assim, tão sofisticadamente jurídico, daquele ministro, e entenderam que naquele ato praticado com base nenhuma — não tinha base nenhuma porque o Ato Institucional foi para prender indivíduo que o Judiciário Militar reconhecia que não tinha feito nada — não podiam mexer. Mas cabia responsabilidade pela perda dos dois cargos de professor.

É claro que de tudo isso já se haviam passado anos, anos e anos. Nessa época o juiz já estava reintegrado, porque com a anistia ele voltou etc. Depois ele acabou indo para o Tribunal.

Mas o que é que eu estou querendo contar? Que quando terminou — e não termina nunca, porque a correção monetária é calculada todo ano e assim irá até a consumação dos séculos — e foi feito o pagamento da indenização dele, relativa a anos e anos da perda do cargo de professor, porque, claro, que preso ele não tinha como ministrar suas aulas e receber etc., embora fosse, possivelmente, o pensamento da Procuradoria da República, que disse: "Não, mas como! o cargo de professor não tem nada uma coisa com a outra" — mas, enfim, eu telefono para ele e digo: "Fulano, tenho uma boa notícia. Você recebeu. Convide mais cinco amigos e dá para tomar um cafezinho de máquina".

Eu não estou mentindo. Era isso. Foi o que ele recebeu. Depois, no ano seguinte recebeu mais um pouquinho, pouquinho e agora já se pode tomar uisque etc. e tal. Mas é isto. Esta é a responsabilidade do Estado, no Brasil.

Quero dizer que tudo é uma mentira.

Só disse tudo isso para dizer uma palavrinha a respeito do tema do sigilo bancário.

O Dr. Osiris disse que conhecendo a correlação de forças etc., enfim, ele tem medo que até essa providência, que ele considera útil, seja aquele "bode" para ser negociado. Essa correlação de forças, hoje, no Brasil, é muito mais forte do que era no tempo do golpe. Na verdade, o poderio das forças conservadoras é muito maior que no tempo do golpe. Muito maior.

No tempo do golpe havia um partido que sustentava, digamos, as forças do golpe. Sustentava, digamos, na área Jurídica, fazia aquela figuração do Direito, aquele fingimento para dizer que tínhamos Parlamento, etc. Todo mundo sabe que esse partido era a Arena e todo mundo sabe que por cissiparidade esse partido virou PDS e PFL. Todos sabem disso. Todo mundo sabe quem fazia oposição a esse partido, a esse grupo: um partido chamado MDB, no início, que depois virou PMDB e que depois também se partiu e criou um PSDB e um PMDB. Todo mundo sabe que o Presidente do Senado Federal era o Presidente do partido do golpe. Todo mundo sabe que o Presidente da Câmara Federal era membro desse partido do golpe. Todo mundo sabe que esse partido, que era oposição, hoje é uma espécie de, enquanto ação política, dependência do PFL.

Todo mundo pode ver, então, que as mesmas forças que estavam no poder continuam no poder, só que tendo cooptado uma parte da oposição, os chamados intelectuais. Os intelectuais também entraram para esse governo.

Dentro dessa correlação de forças o tema do sigilo bancário tem de ser tratado também com muito cuidado em nome da segurança jurídica.

Artigo 5º da Constituição Federal

Não creio que o texto constitucional, no artigo 5º, ao estabelecer essa proteção da intimidade, da honra, da vida privada dos indivíduos, tenha um significado que impeça o poder público de obter as informações necessárias. Pelo contrário, se se desse a esse dispositivo significação tão desatada, o indivíduo, na intimidade da sua casa, espancaria bestialmente a mulher e os filhos e quando o Estado quisesse intervir diria: "Esta é a minha vida privada! É a minha intimidade. É o meu direito à intimidade".

É óbvio que eu não atribuo a esse dispositivo um alcance tão desatado. Mas eu também não consideraria compatível com esse dispositivo, que indivíduos, fosse do Fisco, fosse da polícia, estivesse ao seu talante ingressando na minha casa se eu ando batendo na minha mulher ou se não ando batendo, se eu jamais bati em mulher nenhuma. Ou fosse penetrando para ver se eu trato bem meus filhos ou se não trato bem meus filhos.

Então, *modus in rebus*.

Certamente o Poder Público deve poder obter informações em relação não apenas a instituições bancárias, mas a instituições financeiras em geral. Deve poder obter informações. Mas naquilo que existe na forma do Direito. Segundo o devido processo legal.

A grande garantia dos indivíduos no Estado contemporâneo — e não é de agora, é de há muito — ela não reside na delimitação dos fins do Estado. Os fins do Estado são unímodos. Ela reside na maneira pela qual se podem ir buscar estes fins. É isto. É no processo. É na forma pela qual o Estado atua.

Mas esta é uma coisa ignorada. Todos conhecem este fenômeno que invadiu o Direito Administrativo nos países civilizados — que não é o nosso caso, evidentemente — e que se chama a jurisdicionalização do processo administrativo. Recebeu esse nome até pelas cautelas que irão balizar o comportamento da administração, de tal sorte que você saiba que o fato ocorreu, como ocorreu, que direito teve alguém de acesso àquilo, como pôde se manifestar.

Isto na verdade é o devido processo legal. Sem o devido processo legal eu não poderia jamais concordar que estivéssemos — todos os indivíduos do país — sob uma suspeição geral, culpados de sermos violadores dos nossos deveres para com o Fisco, até prova em contrário. Não! Inocente, até prova em contrário.

De sorte que eu não sou, obviamente, contra a que o Fisco tenha o direito de obter essas informações. Isso é indispensável.

O Professor Osiris não precisaria ter demonstrado — e demonstrou de maneira abundante — que sem isto não é possível o controle, não é possível a alteração dessa situação — respeitado o devido processo. Isto é, desde que alguém haja levantado em relação a outrem, assim como a devolução deve ser identificada, da mesma maneira deve ser identificado aquele que em relação ao qual existem fatos imputáveis, suspeitas sérias. Existindo isto, sem a menor dúvida, penso eu, deve ser quebrado o sigilo.

Mas o que não se poderia jamais é admitir-se simplesmente a tese de que o Fisco tem o direito de exercer em relação ao indivíduo uma função inquisitorial, porque aí, sim, estaríamos tendo violação do texto que protege o direito à intimidade.

Isto é particularmente sério.

Eu não me impressiono muito com legislações de países civilizados. Não me impressiono nada. Porque nos países civilizados o comportamento do poder público não é o mesmo comportamento que existe nos países incivilizados. E se existir algum exemplo também em país incivilizado, também não vai me impressionar porque não devemos querer permanecer em estado de incivilização.

Teremos de ter um sistema que possa promover o contemperamento entre as duas coisas, tendo presente a realidade brasileira.

O Brasil, todos o sabemos, é um país repleto de marginais, de bandidos e assaltantes. Nós só não estamos, talvez, equivalentes à atual Rússia, que depois que o Gorbachev fez implodir a União Soviética, a Rússia vive numa espécie de Idade Média, com bandos de salteadores, agora com nome de máfia, nome mais atualizado, e que atacam as pessoas pelas estradas, cobram pedágio, etc. Isso é fato notório. Qualquer pessoa que acompanha o noticiário internacional sabe que é isso o que se está passando na ex-União Soviética.

Ora, nós não somos um país nessa situação. Mas entre esses bandidos, entre esses indivíduos desrespeitadores dos direitos humanos, da liberdade, da segurança e da tranqüilidade dos indivíduos, entre esses que são indivíduos de má-fé, eu colocaria como principal deles o Estado.

O Estado brasileiro é um bandido. O Estado brasileiro não tem o menor respeito pela outra parte, pelo cidadão. O Estado brasileiro atua com deslealdade e com má-fé, violando um dos primeiros e mais elementares princípios do Direito, que é o princípio da lealdade e da boa-fé. O Direito abomina a má-fé.

Mas o Estado brasileiro é isso. É claro que não é o Estado que desejamos. O Estado brasileiro é isto porque na verdade ele pertence a um grupo de saqueadores. Ele pertence a um grupo que, historicamente, está no poder — não começou hoje. Está historicamente no poder, e usa o poder em seu proveito, sem escrúpulo nenhum, sem escrúpulo de nenhuma espécie, que persegue, que ameaça, que chantageia.

Nesse Estado, que é o nosso, e que desgraçadamente não há indício de que vá mudar tão cedo, nesse Estado, no qual inclusive só se fala em modificação da Constituição, ninguém cumpre nada. Se cumprir, melhora. O Professor Osiris é a prova disso. Durante o tempo em que esteve como Secretário da Receita Federal, a arrecadação aumentou simplesmente. Combativo, com os instrumentos modestíssimos de que dispunha obteve resultados notáveis. Dirão: "mas que belo progresso!" E eu respondo que não, porque o Professor Osiris saiu de lá. Porque não pôde conviver, não se sentiu à vontade, diante de um evento público e notório, que não é senão um retrato do que é o Estado brasileiro.

Mas querem mudar a Constituição. Já tinham feito uma e agora querem mudar esta. E esta, daqui a uns tempos, vai ser mudada. E vão mudar. E vão mudar. E vão mudar *ad infinitum*, sem que jamais ela seja aplicada. Se aplicar, como fez o Professor Osiris, cumprindo simplesmente as suas obrigações, as coisas já se alteram.

Querem tirar a estabilidade dos servidores, como disse o Professor Osiris. Eu creio que a intenção é boa, mas o resultado vai ser péssimo. O mau servidor não precisa de estabilidade. A sua garantia de estabilidade é ser mau servidor. Ele não contraria o interesse dos poderosos. Ele não emite opiniões ou juízos adversos àqueles que comandam a máquina do Estado, que são os agentes políticos. Se ele não faz isso, está seguro. Mais: é um indivíduo necessário ao sistema, porque ele é que vai praticar o ato. Não é a autoridade superior.

No Brasil existe responsabilidade pelo ordenador da despesa. Quem é o ordenador da despesa? Quem é? É um pobre desgraçado lá em baixo. O ordenador da despesa é um modesto funcionário. Esse é que vai responder depois.

Se é um camarada que quer agir do modo que age, pode dizer: "Oh, agi na conformidade do parecer". Ou é o outro, que a final faz o contrato; mas a licitação foi feita por terceiros, lá embaixo. Estes homens, os que seguem a orientação de qualquer governo, em qualquer poder, estes são necessários, sim, e não podem ser postos fora do serviço público em nenhuma hipótese. Mas aqueles que cumprem o seu dever são criaturas incômodas, indesejáveis e que devem ser expulsas do serviço público, a bem da Nação.

Isto é o que vai acontecer.

Antes do malsinado governo desse cidadão que foi defenestrado, para felicidade nossa, da Presidência da República; antes do governo desse indivíduo, o Professor Osiris poderá dizer: mais de 90% dos servidores públicos da União, mais de 90% não estavam sob o regime do funcionário público. Ué! Por que não foram postos fora, se o que se quer é o regime que não é o do funcionário para poder pôr fora? Não foram postos fora.

E nesse malsinado governo todos eles foram, inconstitucionalmente, efetivados. Acaso foi movida ação direta de inconstitucionalidade contra essa efetivação? Não foi.

Este é o país. Estes são os governantes, que se perpetuam historicamente. São os mesmos. Muda a cara. Muda o nome. Mas eles são iguais, representantes dos mesmos interesses. Sempre. E esses continuarão governando e talvez sejam reeleitos até. Até a reeleição agora se quer.

Sem contar com esses governantes, há um governante. O Brasil tem um imperador. O Chefe do Poder Executivo é o imperador. Sempre. Esse imperador reencarna no seu sucessor, que reencarna no subseqüente. São sempre imperadores. O nosso sistema é algo teocrático. É uma espécie de deus, mais que imperador. É alguém que é respeitado de tal maneira que pode contravir, da maneira mais clara, mais violenta, o texto constitucional.

Sigilo bancário

Também não posso ser a favor de que o sigilo bancário possa ser rompido simplesmente por um desejo ou uma iniciativa do Fisco, sem um processo regular, sem um mínimo de providências que justifiquem objetivamente aquela conduta perante o atingido e perante terceiros. Enquanto não houver isto, expor-nos ainda mais às sanhas do Estado brasileiro é colocarmos a cabeça para que o carrasco possa decapitá-la.

Dir-se-á, como lembrou o Professor Osiris — não sei, exatamente qual é o pensamento do Professor Osiris a respeito de como se processaria esta quebra de sigilo — que essa medida não vai atingir o povão. Não vai atingir o povão, porque o povão não tem nada, ué! Não pode atingir desgraçados e miseráveis. Não pode atingir. Mas será isso justificativa para que aqueles que, por um acaso da sorte, não pertençam a essa legião, a essa coorte de miseráveis que são os brasileiros, porque o país está-se convertendo, inclusive por força do Plano Real, numa espécie de Bangladesh, onde aumentam os desgraçados que moram pelas ruas...?

Encerro com isto: uma pesquisa da *Folha de S.Paulo*, recentemente publicada, indicou que 38% dos moradores das ruas estão aí há menos de um ano e eram trabalhadores. Digamos que são os filhos do Plano Real.

Num país como este é preciso muita cautela contra o principal inimigo, o principal assaltante, o principal bandido, que é o Estado. Obrigado. (*Palmas prolongadas*)

PROF. GERALDO ATALIBA — Muito obrigado, Professor Celso Antônio Bandeira de Mello.

Tem a palavra agora o Professor Paulo Frontini.

PROF. PAULO FRONTINI — Professor Geraldo Ataliba, Presidente desta Mesa, em cuja pessoa faço uma saudação ao mesmo tempo formal e afetuosa; ilustres companheiros da Mesa; senhoras e senhores. É uma pena que a minha oportunidade de falar surja depois dos três ilustres expositores que me antecederam, primeiro porque eles realmente trouxeram uma contribuição tão valiosa, tão admirável, que fica praticamente impossível fazer algum acréscimo; e em segundo lugar porque não sendo constitucionalista, nem especialista em Direito Tributário, vim aqui mais para formular questionamentos.

Gostaria de fazer uma ressalva emocional, quando o Professor Celso Antônio Bandeira de Mello observou que o Brasil não tem Direito, que não há Direito no Brasil. Eu fiquei refletindo profundamente sobre essa frase, sobre o meu diploma de bacharel e estou propenso a modificá-lo para diploma de baixo réu (*risos*) porque, por muito tempo e por muitos anos ainda assim estou, sou um operador do Direito e tento aplicá-lo.

Acho que três questões da maior gravidade no plano jurídico foram levantadas aqui. É claro que tudo o que se disse aqui é importante. É claro que sentimos, nas colocações do Professor Osiris, a indignação dos justos, de tudo que S. Exa. viu, de tudo que enxergou e do que não pôde fazer. Não há um conceito aqui que se possa condenar ou discordar.

Mas colocando-me numa posição de questionamento, queria levantar três problemas que eu acho terríveis e em cuja resposta estou interessado.

Política econômica

Em relação à Professora Lúcia Valle, quando ela fala no planejamento, nas responsabilidades do Estado em relação às funções que exerce e aos atos administrativos que emanam da política econômica, das políticas públicas, eu me faço, e faço ao Plenário, a seguinte pergunta: até que ponto, num país que dá ao planejamento e à norma constitucional o tratamento já indicado, podem as autoridades, ou tributárias ou de política econômica, alterar preceitos administrativos ou tributários, como alíquota do imposto, quando se é possível fazê-lo unilateralmente, até que ponto podem fazê-lo de modo a inviabilizar a atividade econômica privada?

Formulo esta pergunta, porque ela me foi trazida por uma associação de empresários, literalmente impedidos de prosseguir nas atividades e, quem sabe, ao caminho da inviabilidade do seu negócio, à perspectiva de concordata, de falência, da desativação do negócio, quem sabe, pela súbita elevação, em menos de vinte dias, de alíquotas do imposto de importação.

Então, nos últimos anos um certo discurso e uma certa prática administrativa de política econômica, que já vinha de governo precedente, falava em abertura econômica, abertura de fronteiras, estimulava exportações e importações e, de repente, em questão de vinte dias um certo imposto, o de importação, sofreu, para uma vasta pauta de produtos, uma elevação brutal que chegou a coisa de 70%.

Isso significava a inviabilidade de negócios, não só em relação a operações pendentes, mas em relação ao futuro daqueles empreendimentos, que haviam demandado investimentos.

Ora, a Constituição permite realmente que o Poder Público altere essas alíquotas; mas pode fazê-lo assim? Pode. O texto permite. Na mais pobre das interpretações, que é a literal, pode essa competência federal de fazê-lo.

E responde o Estado por isso, pelos danos que causar, tendo em vista que ele estimulou investimentos, direcionou uma política e muda o rumo em cento e oitenta graus, de uma hora para outra?

Faço a pergunta, e não sei exatamente a resposta, porque isso leva a questão que eu acho fascinante — e o Professor Celso Antônio observou bem isso, a questão da responsabilidade pública — de saber até que ponto o Estado responde por atos lícitos que ele pratique. É uma *vexata quaestio*, o problema da responsabilidade do Estado. Que ele responde por atos ilícitos, não há dúvida nenhuma. Se ele responde por atos lícitos, responde nesse caso quando pratica uma alteração da legislação que inviabiliza um empreendimento comercial? Deixo essa questão formulada, colocada aqui, porque acho que é um problema que, olhado pelo ângulo dos empresários — e foi por esse ângulo que me foi trazido — é um problema da maior gravidade e, evidentemente, da maior repercussão na atividade econômica de qualquer setor.

Eu me lembro de um outro ato de império do Governo, dentro da política do Plano Real, que me chocou: do dia para a noite um determinado setor financeiro, que operava negócios de *leasing*, se viu inviabilizado, tendo em vista a proibição de realizar operações exatamente naquilo que se chama o nicho do mercado das empresas que trabalham nesse setor. Quando isso aconteceu eu tive, digamos, uma dúvida teórica. Mas quando me foi trazido o problema dos importadores, realmente a questão deve caminhar para uma solução em nível de responsabilidade de Estado. Deve. É uma suposição.

Controle jurisdicional da discricionariedade

A segunda colocação que me permito fazer é ainda em decorrência de posições colocadas pela Professora Lúcia Valle, tendo em vista a idéia do controle jurisdicional da discricionariedade dos atos administrativos e atos praticados pelo governo.

Ora, é o Professor Geraldo Ataliba, com muita saudade, que sempre diz que Miguel Seabra Fagundes foi o professor de todos nós, o professor dos professores, e que no seu clássico livro sobre o controle dos atos administrativos pelo Poder Judiciário desenvolve aquela tese, por tanto tempo aceita, de que o mérito dos atos administrativos não pode ser examinado e modificado pelo Poder Judiciário. Apenas o controle formal desses atos administrativos, portanto, a sua legalidade; mas naquilo que o ato administrativo diz respeito à conveniência e à oportunidade, isso é uma questão de governo, e tem implicações na teoria da separação dos Poderes, e todos os efeitos correlatos que daí decorrem.

Ora, eu acho que o Brasil está caminhando realmente para um rumo novo, que não sei bem qual é, nesse tema.

Vejam, por exemplo, na questão da ação civil pública envolvendo questões principalmente ambientais, questões do patrimônio público, num espaço dado à ação civil pública pela Constituição de 88, e a questão do consumidor. Certas colocações feitas nessas ações civis públicas levam à mesa do juiz o problema dele ao final decidir se foi certa, ou não, aquela decisão administrativa, que envolveu, por exemplo, a aprovação de um projeto de saneamento básico, que parcela da sociedade civil está questionando por uma ação civil pública, dizendo que ela é nociva ao meio ambiente.

Então, vemos uma Prefeitura construir um aterro sanitário assim, assado, e uma entidade ambientalista, um grupo de verdinhos (falo verdinho carinhosamente e verdão mais carinhosamente ainda) questiona o mérito desse aterro sanitário, absolutamente nocivo ao meio ambiente. Isto, se percebermos, é um posicionamento novo, que se faz em nível de Direito Processual, mas sem dúvida também em nível de Direito Administrativo e de Direito Constitucional — saber se o juiz pode ou não entrar no mérito disso.

Um Prefeito mandou um projeto. A Câmara aprovou. Ele vai construir um aterro sanitário, porque tem um estudo de engenharia sanitária a respeito. E aí vem a outra parte e diz que isso é danoso ao meio ambiente.

Tenho a impressão de que estamos vendo, por aí, uma colocação nova desse velho problema da análise do Poder Judiciário, da pertinência da apreciação do mérito do ato administrativo pelo Poder Judiciário.

Democracia dos juízes

Faço esta colocação, novamente provocando a questão — e já disse que deveria ter falado antes — porque entendo que estamos caminhando para, quem sabe chegar, dentro da figura do Estado de Direito (Estado democrático de Direito, como diz a Constituição, mas para mim Estado de Direito sempre teve de ser democrático, um Estado legitimamente de Direito, com leis legítimas), àquilo que os constitucionalistas americanos às vezes criticam, que é a democracia dos juízes. Afinal tudo se resolve em termos de Direito. A administração pública funciona sob os ditâmes do Direito.

Se o Judiciário vier a ter bem alargado o seu poder de exame do mérito dos atos administrativos, vamos chegar realmente à democracia dos juízes, o que, pelas demonstrações dadas pelo Executivo talvez fosse uma experiência que valesse ser tentada, não fora a demora com que o Judiciário, em sua última instância, se pronuncia.

Quero finalmente fazer uma terceira colocação, ora dizendo mais respeito ao Professor Osiris, em relação à questão do sigilo fiscal.

Sigilo fiscal

Em primeiro lugar nós sabemos que essa questão da privacidade e do segredo é um valor muito alto, porque diz respeito à dignidade humana, à dignidade das pessoas de não se verem devassadas, de não terem suas questões de foro íntimo expostas, e isto há muito tempo é tratado pela legislação ordinária de Direito comum de uma forma, digamos, mais ou menos difusa.

Se formos lá para o nosso velho Código Comercial de 1850, que se inspira no Código francês do começo do século passado e que repercutiu na Espanha e na França — dizem que o Código Comercial brasileiro se mantém até hoje em vigor, quase há 150 anos, porque ele foi feito por comerciantes, que sabiam como eram as coisas — na verdade (só para ficarmos na experiência brasileira) ele já estabelece o sigilo dos livros comerciais. Isso combinado com disposições do Código de Propriedade Industrial, etc., leva a admitirmos que é um direito da empresa o sigilo dos seus negócios, o sigilo das suas técnicas empresariais e, mesmo, da sua vida econômica, contábil, etc., contratual, portanto, jurídica.

Sabemos que o Direito do Trabalho encampou isso, de modo que o empregado é obrigado a guardar sigilo das coisas que ele sabe em razão do seu emprego. E o Direito Penal há muito tempo consagra o sigilo profissional. Quebrar o sigilo profissional é crime. Sempre me assustei — e já contei isso num Congresso destes — no serviço público com autoridades que tendo conhecimento de um caso saem fazendo declarações. Ou é um delegado de polícia, um promotor de justiça, eventualmente um magistrado, enfim qualquer agente público, que tem conhecimento de um fato em razão do seu ofício. Não tenho dúvida, ainda que não haja um preceito expresso na regulamentação daquele cargo, o Código Penal é suficiente: se o desrespeito ao segredo profissional envolve uma incriminação penal, uma tipificação de infração à norma penal, é claro que isso tem um caráter de ilicitude tão grave que se espraia pelos outros ramos do Direito.

Então, eu acho que a questão do sigilo tem todos esses desdobramentos.

O Professor Osiris, muito convincentemente, mostrou quanto são dramáticas para as autoridades que exercem a administração tributária as limitações decorrentes disso, e como seria justo, na perspectiva de um homem justo e de bem, que isso tivesse uma abertura maior, para que o sigilo não tivesse essas implicações.

Eu acho que o sigilo bancário tem uma fundamentação muito grave, muito lógica, no fato de que o banqueiro acaba sendo confidente do empresário, porque, para emprestar dinheiro, ele não vai emprestar dinheiro assim, assado, a descoberto; ele quer saber como está aquela empresa, aquele cliente, que quer um adiantamento, um empréstimo, um financiamento. Há aí alguma coisa de confidência sobre a situação da empresa, que leva à questão do sigilo bancário. É claro que isso se aplica também para as pessoas físicas.

Ora, para a administração tributária valeria a pena ter uma abertura maior nisso. Para as injustiças que foram, em tese, em abstrato, sem indicação de casos, levantadas aqui pelo Professor Osiris, isto parece cristalino.

Eu sempre, nessas questões, me lembro de um estudo feito pelo Professor Fábio Comparato, sobre o tema Direitos Humanos e Estado, em que ele primeiro mostra que o Estado sempre foi o grande vilão, o grande carrasco. O Professor Celso Antônio quase repetiu isso, falando que os imperadores se reencarnam e o Estado, pelo poder de opressão que exerceu no passado, gerou o constitucionalismo, os direitos individuais, as garantias, etc.

Sob esse aspecto, temos um plano de necessidade de proteção contra aquele que é — aqui os senhores e senhoras ouviram o Professor Celso Antônio dizer —, o maior vilão de todos, o maior bandalho: o Estado, a Administração Pública.

Ouvimos isso agora, há dez minutos, da boca do Professor Celso Antônio.

Por outro lado, nesse estudo de Fábio Comparato, que se chama "Direitos Humanos e Estado", e não se pode negar a esse ilustre jurista uma autoridade moral inquestionável, ele observa que há uma dificuldade nessas questões, porque o mecanismo do excercício de políticas públicas que contribuam para compensar as disparidades na sociedade é a atuação do Estado.

Então, os direitos humanos, na medida em que vemos injustiças sociais que devem ser consertadas pelo Estado, querem a ação do Estado e querem que o Estado não se omita. Ao mesmo tempo, a projeção da imagem dos direitos humanos, a repercussão disso no tempo mostra que o Estado sempre foi um grande carrasco.

Essa é a questão que se coloca.

Acho que o que o Governo da República está fazendo com essa proposta de emenda constitucional, é mais uma vez tentar empurrar o problema para a frente. Ele abre às autoridades federais a possibilidade de requisitar informações — não abre essa possibilidade às autoridades estaduais e municipais, quando eu acho que muitas vezes a grande manipulação de fortuna se faz em nível de lesões ao Fisco estadual, sonegação à circulação de mercadorias e por aí afora. Mas essa é uma outra questão. Ele abre essa possibilidade de requisição, dizendo que será na forma da lei. É facultado na forma da lei.

Ora, abriga então a efetivação desta garantia constitucional de uma proteção contra a arbitrariedade tributária — evidente que não estou personalizando nenhum caso, mas temos de imaginar isso.

A gente que acompanha um pouco a política internacional lembra que o ex-

Presidente Richard Nixon foi acusado de manipular o imposto de renda para perseguir adversários políticos, para fazer pressão política. Estou falando de coisa de há mais de vinte anos, nos Estados Unidos. Eu li esse texto, no meio de toda aquela problemática do *impeachment* de Nixon. Havia também esse desagrado político que ele havia causado.

Temos essa dificuldade: de um lado ouvimos aqui palavras convincentes de uma autoridade inquestionável no assunto, pelo seu saber técnico e pela sua idoneidade pessoal, mostrando como seria bom para as políticas públicas aquela vertente do Estado agir em favor de uma maior justiça social, em favor de políticas públicas, abrindo segredo, alargando o expectro do hoje terrível sigilo bancário.

Por outro lado, ouvimos nesta mesa, e invoco aqui o artigo de Fábio Comparato, e trago também uma preocupação minha, sobre a questão da prepotência, do abuso e da manipulação política de um instrumento dessa natureza por parte das autoridades tributárias, a mando da classe dominante, que sempre dominou, como foi dito aqui.

Tivemos até oportunidade de ouvir aqui quase que uma lição sociológica dos donos do poder no Brasil, trazido pelo Professor Celso Antônio, invocando o título da série de obras de Raimundo Faoro.

Ora, nessa questão eu me permito dizer que acho que o melhor caminho para a disciplina desse poder de requisição tem de ser via o Poder Judiciário.

O Professor Osiris talvez não se sensibilize por isso, mas o caminho, talvez, para viabilizar a operacionalização desse preceito seria mediante petição fundamentada das autoridades tributárias ao Poder Judiciário.

Vejam que há uma lei do ano passado, que permite a prisão dos sonegadores mediante mandado judicial. Essa lei deu uma solução. O Estado de São Paulo aplica muito isso em relação aos sonegadores do ICMS. Essa lei deu um caminho. É uma medida violenta. O Estado postula, apresenta em Juízo e o Juiz expede um mandado para pagamento em 24 horas, ou decreta a prisão, até que a dívida seja paga. Isso já está no Direito brasileiro. Já existe e talvez seja o caminho.

Era isto o que queria dizer a vocês. Muito obrigado. (*Palmas*)

PROF. GERALDO ATALIBA — Muito obrigado, Professor Paulo Frontini.

Todos os inscritos neste Congresso, durante os três dias deste Congresso, são segurados da Golden Cross, pelo simples fato de se terem inscrito. Está aqui, no primeiro andar, na Sala A, um médico de plantão, e na porta do hotel uma ambulância da Golden Cross para atender, durante esses três dias, pessoas que tenham qualquer problema de saúde ou que se envolvam nesses embates que podem ser um pouco violentos. (*Risos*)

Parece que está claro que todos os participantes, preenchendo estes bilhetes, podem entregá-los às assistentes nossas que estão percorrente o auditório, dirigindo questões à Mesa.

Debates

Sei do adiantado da hora. Pedindo aos Professores que sejam breves, vamos responder a estas perguntas. Em primeiro lugar, pediria à Professora Lúcia que respondesse.

PROFA. LÚCIA FIGUEIREDO — Aliás, a pergunta não foi a mim dirigida, mas ao Professor Celso Antônio, que me encarregou da resposta.

A pergunta é do Dr. José Carlos Poli: tendo em vista o caráter de inviolabilidade do direito de propriedade, conforme o *caput* do artigo 5º. da Constituição, o senhor entende que poderia ser argüida a inconstitucionalidade do sistema de precatórios judiciais do artigo 100 da mesma Constituição, na medida em que aquele princípio seria hierarquicamente superior e que esse sistema de recomposição de danos não repõe a propriedade em seu estado original? Creio que aqui se está falando da desapropriação, não é, dos precatórios na desapropriação?

Esse tema já foi muito discutido há anos. Recordo-me de um simpósio em que estiveram presentes o Ministro Seabra Fagundes, o Professor Sérgio Ferraz e o Professor Celso Antônio — e foi feita até uma publicação sobre isso — e na ocasião ficou dito, e às claras, que, realmente, o precatório não asseguraria a justa e prévia indenização como diz o texto constitucional.

Portanto, entendo que pode ser argüída. Se vai adiantar, de antemão digo que não vai adiantar, porque em caso também muito sério dos precatórios alimentares, o que a Suprema Corte decidiu é que seria uma outra ordem de precatórios, mas que não poderia ser requisitado de imediato o pagamento.

Portanto, acho que não.

Com isso, dou como respondida essa pergunta.

Eu só gostaria, Professor Geraldo Ataliba, em um minuto, se me permite, dizer o seguinte: compartilho das preocupações do Professor Paulo Frontini e do Professor Osiris, no que tange a que na verdade o sigilo bancário também não possa ser tão absoluto de forma a inviabilizar, realmente, o que se procura alcançar, que é a justiça distributiva e que efetivamente se possa conseguir que o Fisco atue e na verdade ele, assim fazendo, estará equalizando.

Mas me preocupa, é claro, o artigo do Professor Fábio Comparato e tudo aquilo que foi dito.

Agora, não compartilho também do pessimismo do Professor Celso Antônio. Compartilho do que ele disse. Ele fez um retrato histórico, mas acho que todos nós o que temos de fazer é lutar pela democracia, lutar pelo Estado de Direito, lutar pela cidadania, sem um pessimismo, porque senão não será possível. Temos de lutar pela cidadania. (*Palmas*) Não é com atitudes pessimistas que vamos chegar ao Estado democrático de Direito.

PROF. GERALDO ATALIBA — Tem a palavra o Professor Osiris.

PROF. OSIRIS AZEVEDO LOPES FILHO — Antes de ler as três perguntas — com relação ao que o Professor Paulo mencionou, dessa mudança nas alíquotas do Imposto de Importação, às vezes eu fico pensando que o Poder Público é o culpado pela criação daquele personagem de Mário de Andrade: Macunaíma — o herói sem nenhum caráter. A variação de alíquotas decorre de exceção ao princípio da legalidade. Fala o artigo 153, § 1º, que o Poder Executivo pode alterar as alíquotas nos limites e condições estabelecidas em lei. Qual lei? Uma Lei de 1957, n. 5.244, que dá cinco hipóteses para a alteração da alíquota.

Os decretos que alteraram as alíquotas do Imposto de Importação nunca fizeram motivação. Nunca se fundamentaram.

Mas o Poder Público deu uma indicação, pelo instrumento adequado, o decreto, de que haveria uma ligeira e gradativa redução das alíquotas. Quinze dias ou um mês depois, eleva para 70% a alíquota não só dos veículos, dos automóveis, como também dos eletroeletrônicos e eletrodomésticos. A Constituição determina não só a segurança jurídica, como grande princípio, mas a vinculação do Poder Público ao seu planejamento. E ele explicitou o planejamento, não mais com política, com formulação política, mas com o instrumento adequado, ali, que é o decreto.

Uma outra observação mencionada é a questão do sigilo fiscal: que dados pode a autoridade públicar divulgar a respeito do contribuinte?

Eu estou convencido de que o dado obtido na intimidade do contribuinte, principalmente da empresa, em função do problema da competição, não pode ser divulgado. Mas, por outro lado, o Poder Público tem mais que o poder, o dever-poder de divulgar alguns dados relativos a contribuintes inadimplentes. Porque o Poder Público está vinculado ao princípio da publicidade e ao princípio da prestação de contas. Se a maioria da população paga corretamente os tributos, aquelas pessoas que, tendo declarado que deviam, não pagam o tributo, têm de ser identificadas pela população. Isso ocorre na Espanha, ocorre na Itália, onde se publica, até para informar ao público, da honorabilidade ou não dos contribuintes.

O Professor Celso considerou que eu não esclareci adequadamente qual seria a minha idéia de como conduzir a quebra do sigilo bancário, do sigilo financeiro.

Na minha opinião se construiu, artificialmente, e com razões, todo esse problema do sigilo bancário. Mas uma coisa muito mais importante que o sigilo bancário, e que nunca foi muito questionada, é no Imposto de Renda — que é imposto sobre a renda — ter anexa a ele a declaração de bens. Não há nada mais global e mais vinculante, inclusive para efeito de imposto de renda, que a declaração de bens do cidadão, que abre a totalidade do patrimônio. Por que não o sigilo bancário?

Às vezes, quando eu queria brigar com os bancos, eu dizia: os bancos são os guarda-costas do sonegador. Eles ficaram muito ofendidos. Depois eu me penitenciei, porque estava mais influenciado pelo espírito cristão e disse: são os anjos-da-guarda dos sonegadores.

Ora, até 1990, como é que se tratava do sigilo bancário aqui? Na conjugação da lei das instituições financeiras com o Código Tributário. Existindo um caso contra um determinado contribuinte, um processo já com indícios e provas contra ele, o Fisco oficiava ao banco mencionando o caso já existente, e o banco, com alguma resistência, trocando pareceres, ao cabo de seis meses dava a informação.

Sinto que o Professor Ataliba dá muito valor à norma. Eu dou mais valor ao fato em relação à norma. Mudou a circunstância. São as aplicações que foram feitas. Aí conseguiram a decisão de três juízes do STJ e com base neles há toda uma resistência.

Então, o que eu penso a respeito é o que há na legislação americana: existindo um caso contra o contribuinte, bem marcado, com indício e prova, pronto, se tem o esclarecimento, requisitando a informação diretamente ao banco. Mas se tudo isso for muito difícil, faça-se através do juiz, mas crie-se um processo específico para a obtenção dessas informações. Porque está-se fazendo tudo "às galegas"? Tem de pedir ao juiz. Mas pedir ao juiz como? Não há na parte processual determinação nem de responsabilidade, como é pedido, o nível, recursos, etc. Agora, alguma ordem, algum disciplinamento tem de ter isso, e não haver todo esse movimento de resistência.

Agora, vou ler aqui as três perguntas.

M. Alice pergunta: Professor Osiris, qual o empecilho em se obter a quebra do sigilo bancário via mandado judicial? Não há forma de se evitar abusos? Vejo como disciplina a ordem de segurança jurídica, enfim.

Acho que é perfeitamente viável, que a disciplinação exige a determinação da autoridade judiciária, mas com o processo devido.

Paulo José Leite Farias, procurador do INSS em Brasília: além da quebra do sigilo bancário existiriam outros mecanismos que combateriam a evasão fiscal de forma efetiva?

Eu acho que o Brasil tem de desenvolver as chamadas presunções legais. Foi introduzido, até por inspiração minha, o ponto fixo. Num ponto fixo, num estabelecimento, que é evidentemente sonegador, põe lá um funcionário durante três dias, que sejam representativos do funcionamento do estabelecimento, e se projeta a receita do estabelecimento durante um mês. Pode fazer isso também no consultório médico, etc. De três meses assim se projeta a receita obtida em nível nacional.

Enfim, há uma série de instrumentos legais, especialmente das presunções jurídicas para efeito de provas, que não são utilizadas no Brasil.

Acho que para compensar a insuficiência de recursos humanos, tem de se avançar nessa área.

Agora, a minha experiência, como administrador tributário, é a seguinte: tem todas as justificativas para a evasão. O governo gasta mal, o governo é corrupto, o governo é elitista, concentrador de rendas, etc. Mas se evade brutalmente quando a taxa de risco de a pessoa ser apanhada é zero, tende a zero. Quando o evasor sabe que ele pode ser o próximo a ser apanhado, e quando a autoridade tributária consegue colocar em risco dois valores essenciais do evasor, o valor patrimônio, através da cobrança do tributo e acréscimos, multas, etc. e a liberdade dele, aí ele tende a pagar mais corretamente que anteriormente.

Como Secretário da Receita eu conheci esse negócio de administração tributária etc. e tal e disse: vou fazer o sujeito ficar sob tensão em relação ao patrimônio e principalmente em relação à liberdade. Ai aumentou-se a arrecadação fantasticamente.

Há uma teoria simplista pensando que o Estado pode controlar 10 milhões de contribuintes, individualmente. Isso é impossível. Então, é preciso jogar, às vezes, com certos sentimentos.

É isso.

Prof. Geraldo Ataliba — Muito bem.

Às 14 h começam os debates das teses, dos trabalhos, aqui, e às l7 h temos a conferência.

Obrigado aos participantes da Mesa e aos participantes do plenário.

Estão encerrados os trabalhos.

CONFERÊNCIA

O PRINCÍPIO DA MORALIDADE PÚBLICA E O DIREITO TRIBUTÁRIO

MARÇAL JUSTEN FILHO
Professor Titular de Direito Público da Universidade Federal do Paraná

1. Moralidade e controle da atividade estatal

A CF/88 consagrou, no art. 37, o princípio da moralidade pública como instrumento de controle da atividade administrativa do Estado. Adotou-se expressamente, desse modo, a concepção desenvolvida a partir da jurisprudência do Conselho de Estado francês (a propósito especialmente do instituto do desvio de poder). Com isso, consolidou-se entre nós a concepção de que a atividade administrativa, porque orientada à consecução do bem e do interesse públicos, não pode ser eticamente reprovável.[1]

No âmbito tributário, isso significa que a atuação administrativa do Fisco somente se configura válida quando compatível com os postulados da moralidade pública. No Brasil, esse tema não tem sido objeto de maiores cogitações, o que, talvez, possa ser explicado por duas distintas ordens de razões.

Em primeiro lugar, há íntima relação entre o princípio da moralidade pública e o exercício de competências discricionárias da Administração Pública. Dito princípio é tradicionalmente utilizado para delimitar a margem de liberdade do agente público no exercício de competências discricionárias. Como, no Brasil, o tributo é norteado pela estrita legalidade, com rigorosa vinculação do agente administrativo, acaba toldada a relevância do princípio da moralidade pública no âmbito da chamada "administração tributária".

Em segundo lugar, a Ciência do Direito Tributário centra sua atenção no momento legislativo do fenômeno tributário. Toda as atuações relacionadas com fiscalização e arredação — enfim, com a disciplina das chamadas "obrigações acessórias" — consideram-se, muitas vezes, como assujeitadas ao Direito Administrativo. Enfim, o âmbito de contacto entre o Direito Tributário e o Direito Administrativo resulta, muitas vezes, menos cuidado pelos cultores de ambos os ramos. E, nessa área, o princípio da moralidade pública apresenta grande relevância, nem sempre apreendida pelos aplicadores do Direito.

Mas o objeto deste estudo não se relaciona, diretamente, com a análise do princípio da moralidade pública como instrumento de controle da atividade administrativa (tributária ou não) do Estado. Muito mais, busca-se evidenciar a submissão da função legiferante ao princípio da moralidade pública.

2. Princípio jurídico da moralidade pública e Moral

Essa concepção não implica afirmar a identidade entre Direito e Moral. A tese

1. O tema propiciou, entre nós, estudo precursor de Manoel de Oliveira Franco Sobrinho, ora editado sob o título *O Princípio Constitucional da Moralidade Administrativa,* Genesis, 2ª ed., 1993.

envolve reconhecimento de que o ordenamento jurídico impõe a compatibilidade da conduta do agente público com determinados parâmetros éticos. A existência de um princípio jurídico da moralidade significa que algumas valorações morais do grupo são recepcionadas pelo Direito Público. Aliás, fenômeno similar se verifica tradicionalmente no Direito Penal — que se vale, largamente, nas normas penais em branco, das vivências morais da sociedade, transformadas em Direito por fenômeno similar à recepção. Afirmar a relevância jurídica do princípio da moralidade pública representa, por isso, reconhecer que a diferença entre Direito e Moral se mantém, com a peculiaridade de que o Direito como que "acolhe" algumas regras consagradas pela Moral. Os processos de formação de normas jurídicas e morais permanecem distintos e diferenciados. Mesmo os âmbitos de abrangência dessas duas ordens de controle de conduta seguem sendo diferentes e, sob certo ângulo, incomparáveis. Porém, o que não se admite é que as condutas relevantes para o Direito, praticadas por um agente público, possam ser válidas se desconformes com alguns ângulos da moralidade.

A existência de um princípio jurídico da moralidade pública não significa a incorporação da Moral pelo Direito. Os preceitos morais têm existência autônoma frente ao Direito, verificando-se, apenas, uma juridicização parcial deles.

Isso deriva, em primeiro lugar, de a Moral relacionar-se com a disciplina das condutas internas do sujeito, enquanto o Direito se orienta à conduta externa e intersubjetiva. Portanto, somente há relevância jurídica da moralidade quando haja manifestações externas de conduta humana. Quando se alude a um princípio jurídico da moralidade quer-se afirmar que a qualificação jurídica das condutas externas subordina-se aos parâmetros não só da lei jurídica como também da moralidade. Logo, todas as manifestações psíquicas meramente internas ou externas, que não possam afetar a terceiros, permanecem irrelevantes para o Direito, sujeitando-se estritamente a regras morais, religiosas etc.

Por outro lado, a "moralidade", referida pela Constituição a propósito do desempenho de função pública, não se confunde com a moralidade da conduta particular ou dos sujeitos enquanto particulares. Tem-se em vista a disciplina de conduta imputável ao Estado e assujeitada ao plano do Direito Público. Daí a utilização da expressão "moralidade pública", para restringir o âmbito do problema.

3. O problema da moralidade pública e da função legislativa

A Constituição referiu-se expressamente à submissão da atividade administrativa ao princípio da moralidade. Seria correto estender esse princípio aos atos legislativos? Ou seja, uma lei, para ser válida, teria de ser compatível não apenas com a ordem jurídica mas, também, com a moralidade pública? Responder afirmativamente a essa questão não conduziria a confundir Direito e Moral?

Parece-me que o sistema jurídico, em todos os seus capítulos, exige a submissão dos agentes públicos à moralidade pública. É o que se passará a evidenciar.

3.1 Extensão do princípio constitucional

Como dito, o princípio da moralidade não está previsto, no texto constitucional, a propósito da atividade legiferante. Poder-se-ia, então, argumentar que o campo da moralidade pública seria restrito aos atos administrativos. Como se nota, essa contraposição deriva de interpretação literal: a ausência de expressa referência da Constituição significaria inaplicabilidade do princípio da moralidade como instrumento condicionante da atuação estatal de natureza não administrativa.

Essas ponderações não podem ser aceitas, em face de sua flagrante incompatibilidade com a natureza sistemática da Constituição. Uma Constituição não é interpretada segundo sua letra, isolando-se cada dispositivo dentro do todo.[2] Como ensina García de Enterría, "la Constitución asegura una unidad del ordenamiento esencialmente sobre la base de un 'orden de valores' materiales y no sobre las simples reglas formales de producción de normas. La unidad del ordenamiento es, sobre todo, una unidad material de sentido...".[3]

Ademais, ter-se-ia de encampar e assumir um disparate: a atividade administrativa estaria sujeita ao princípio da moralidade pública, mas o ato legislativo, assim como o judicial, estariam autorizados a investir contra a moralidade pública. Restaria, no mínimo, uma indagação irrespondível, um problema sem solução: o que teria levado a Constituição a submeter apenas a Administração ao princípio da moralidade pública? Por que motivo a Constituição proscreveria apenas atos administrativos imorais e daria guarida a atos legislativos imorais? Não há argumento convincente para esclarecer essa variação de disciplina.

Por outro lado, a interpretação literal, ora combatida, não superaria um paradoxo invencível. É que uma lei ofensiva ao princípio da moralidade pública resultaria, ao ser aplicada, em atos administrativos afetados pelo mesmo vício. Por decorrência, a lei seria válida, embora imoral, já que a Constituição autorizaria leis ofensivas ao princípio da moralidade pública. No entanto, o ato administrativo destinado a executá-la seria inválido, pois a Constituição vedaria atos administrativos incompatíveis com aquele princípio. A única forma de superar o impasse seria catastrófica. Consistiria em afirmar que o ato administrativo não padeceria de vício quando rigorosamente compatível com a lei imoral. Esse raciocínio importaria desmerecer a Constituição, por pressupor que uma vedação constitucional ("é proibido praticar ato administrativo violador do princípio da moralidade pública") seria afastada por uma permissão infraconstitucional ("é permitido praticar ato administrativo violador do princípio da moralidade pública quando a lei assim o autorizar").

Para concluir, poder-se-ia recorrer à cláusula geral do art. 5º, § 2º, da CF/88, que reconhece a vigência de todos os demais direitos e garantias entranhados com a disciplina sistêmica consagrada. O princípio da moralidade pública, enquanto instrumento de repressão ao exercício do poder estatal, enquadra-se no âmbito de garantia individual (e coletiva),[4] ainda quando viabilizando o controle objetivo da regularidade dos atos estatais. Negar tal raciocínio conduziria, por dever de coerência, a desvestir a própria ação popular de sua qualidade de garantia individual. Tal resultado é inviabilizado pelo disposto no art. 5º, inc. LXXII, da CF/88. Esse dispositivo evidencia que a natureza objetiva do ins-

2. Sobre o tema, a bibliografia é vasta e pacífica. Consultem-se, por todos, Canotilho, *Direito Constitucional,* Almedina, 1991, pp. 203 e ss., e Pietro Merola Chierchia, *L'Interpretazione Sistematica della Costituzione,* Cedam, 1978. Relacionando interpretação sistemática e teleológica, Claus-Wilhelm Canaris, *Pensamento sistemático e conceito de sistema na ciência do direito,* Fund. Calouste Gulbenkian, 1989, pp. 161 e ss.

3. *La Constitución como norma y el Tribunal Constitucional,* Civitas, 3ª ed., 1991, p. 97.

4. Há forte tendência no sentido de distinguir "direitos" de "garantias". Como ensina Jorge Miranda, "as liberdades são formas de a pessoa agir, as garantias modos de organização ou de actuação do Estado" (*Manual de Direito Constitucional,* Coimbra Edit., 1988, t. IV, p. 89).

trumento de controle dos atos estatais não afeta sua natureza de direito individual ou coletivo. Então, o princípio da moralidade da atuação estatal teria de ser reconhecido como garantia individual, albergada na previsão ampla do art. 5º, § 2º.

Disso se conclui que não seria mero argumento extraído de interpretação literal que respaldaria a conclusão da inaplicabilidade do princípio da moralidade pública aos demais setores da atividade pública. Mas há outros tópicos que evidenciam a procedência da tese da submissão de toda atuação estatal ao princípio da moralidade.

3.2 República e função

Antes de tudo, deve considerar-se a existência de idênticos princípios constitutivos do regime jurídico da atividade administrativa e da atividade legislativa. Existem, por certo, diferenças qualitativas entre ato administrativo e ato legislativo. Mas tais diferenças não conduzem a imunizar as leis à submissão ao princípio da moralidade.

Característica fundamental da atividade administrativa relaciona-se com o princípio da República, do que deriva a natureza "funcional" que lhe dá identidade. É que o poder (qualquer poder) da Administração Pública se reporta ao povo, que é o titular da soberania (tal como previsto na CF/88, art. 1º, § 1º). Logo, o agente administrativo é, sempre, um "representante" do povo. Não é dono nem senhor da coisa pública. O agente administrativo exerce mera *função* — ou seja, como ensina C. A. Bandeira de Mello, um "dever-poder". A função se caracteriza quando o Direito atribui a um sujeito o dever de realizar certo fim, no interesse de terceiro. Como meio, veículo para tal, o Direito concede ao agente certos poderes instrumentais. O agente administrativo é, por isso, servidor do interesse público.

Não se passa diversamente com o agente que desempenha *função* legislativa. Legislar e administrar são conceitos distintos, mas isso não significa que não tenham ambas idêntica natureza de *função*.

Quando se subordina o ato administrativo ao parâmetro da moralidade pública, tem-se em mente essa submissão do titular do poder ao interesse público e coletivo. O conceito de função retrata, em última análise, a secundariedade do interesse particular e pessoal do agente ao interesse coletivo. *Função pública* significa que o exercício da competência se submete à persecução do interesse público. Logo, haverá vício na medida em que o ato estatal violentar concepções éticas consagradas pelo grupo. Muitas dessas concepções estão cristalizadas, expressamente, em normas jurídicas. Porém, também é relevante a compatibilidade entre a conduta do agente e a moralidade pública.

Assim sendo, é inegável a submissão do exercício da função legislativa ao mesmo condicionamento e às mesmas restrições que afetam, nesse ponto, a atividade administrativa.[5] Legislar é, sob um certo ângulo, "mais" do que administrar. Mas legislar, tanto quanto administrar, são funções públicas.[6] Bem por isso, a lei é instrumento de consecução do bem público, tanto quanto o ato administrativo. A lei não pode desvincular-

5. Por isso, Roque Carrazza assevera que "constitucionalmente, pois, um tributo não pode ter outro escopo que o de instrumentar o Estado a alcançar o bem comum" (*Curso de Direito Constitucional Tributário,* Malheiros Editores, 5ª ed., 1993, p. 49).

6. Na pena inigualável de Geraldo Ataliba: "não há princípio da licitude implícita no Direito Administrativo, nem no Direito Constitucional. Aquilo que o texto normativo, expresso ou implícito, não permite ou não consente, não é autorizado. A autoridade pública está inibida de fazer" ("Ação Popular na Constituição Brasileira", *RDP* 76/115).

se da realização do interesse público porque, do mesmo modo como ocorre com a atividade administrativa, o Legislativo é "servidor", é escravo do interesse público. Acima dos interesses pessoais e egoísticos dos eventuais ocupantes das casas legislativas, assoma o interesse público. A Lei não está acima ou além do interesse público, mais do que estaria o ato administrativo. Em suma, o vício de imoralidade que invalidaria um ato administrativo, não desaparece quando encampado por uma lei. Esta concepção vem sendo defendida por abalizados autores, tais como Caio Tácito,[7] Maria Sylvia Zanella Di Pietro[8] e Cármen Lúcia Antunes Rocha,[9] dentre outros.

3.3 Discricionariedade administrativa e liberdade legislativa

Há, então, certa similitude entre atividade administrativa e atividade legislativa, no tocante ao fenômeno que poderia ser identificado como "discricionariedade".

A atividade administrativa está sob o influxo das leis (inclusive da Constituição), enquanto o poder legiferante se vincula diretamente à Constituição. A natureza da atividade administrativa envolve a execução de atos concretos para atendimento imediato ao interesse público. A atividade legiferante significa, basicamente, produzir normas jurídicas (de usual, gerais e abstratas).

Mas em ambas as situações verifica-se a atribuição, pela norma superior, de uma competência para produzir e executar normas jurídicas. Essa competência comporta, inevitavelmente, certa margem de liberdade de atuação para a autoridade subordinada. Poderia reputar-se que a imagem de liberdade outorgada, pelo Direito, ao agente público, para escolher a melhor solução de atendimento ao interesse público caracterizaria uma espécie de "poder discricionário". Essa concepção seria aplicável tanto à Administração Pública como ao Poder Legislativo.[10] Se administrar diferencia-se de legislar, essa diversidade se mantém dentro dos quadros do Estado de Direito. O Estado, inclusive o Estado-Legislador, sujeita-se ao princípio da legalidade — no caso, à supremacia da Constituição. Quando, portanto, configura-se liberdade para o Poder Legislativo integrar a ordem jurídica, isso não caracteriza sua desvinculação do sistema constitucional, inclusive no tocante aos fins a serem buscados. A lei, tanto quanto o ato administrativo, é instrumento de realização dos princípios consagrados nos arts. 1º, 3º e 4º da CF/88. A incompatibilidade entre o princípio constitucional e o ato infraconstitucional resolve-se pela invalidade deste último, independente de sua natureza legislativa ou administrativa.[11]

Logo, "discricionariedade administrativa" e "liberdade legislativa" diferenciam-se entre si por questões quantitativas, muito mais do que por aspectos qualitativos. Como a Constituição é, necessariamente, mais abstrata e geral do que as leis, restam para o Poder Legislativo margens mais amplas de liberdade de atuação do que se passa com a Administração Pública. Esta última vê-se

7. Conforme bibliografia indicada na nota 25.

8. *Discricionariedade Administrativa na Constituição de 1988*, Atlas, 1991, p. 101.

9. *Princípios Constitucionais da Administração Pública*, Del Rey, 1994, p. 195.

10. Apontando a diferença qualitativa entre a discricionariedade administrativa e a legislativa, confira-se J. J. Gomes Canotilho, *Constituição dirigente e vinculação do legislador*, Coimbra Edit., 1994, reimp., pp. 226 e ss.

11. Como afirma Carlos Roberto de Siqueira Castro, "convém reparar que inexiste qualquer incompatibilidade intransponível entre *competência discricionária*, seja de natureza legislativa ou administrativa, e controle de constitucionalidade pela via jurisdicional, vez que toda espécie de exercício de poder *constituído* ou derivado da Constituição rígida, há de observar as condições ditadas pelo poder constituinte originário..." (*O devido processo legal e a razoabilidade das leis na nova Constituição do Brasil*, Forense, 2ª ed., 1989, p. 183).

constrangida tanto pelo texto da Constituição como pelo dos demais diplomas legislativos. Já o Legislativo encontra campos de liberdade mais extensos de atuação. Como é óbvio, a dimensão dessa liberdade é variável de Estado soberano para Estado soberano, como, também, dentro de um mesmo sistema constitucional, em cada subsistema constitucional.

A liberdade do legislador não é absoluta, nem se restringe ao condicionamento textual e explícito das regras constitucionais. O exercício de competência legislativa encontra delimitação na natureza pública da função desempenhada. Entre as barreiras que restringem o poder legiferante, encontra-se o princípio da moralidade. Estado de Direito significa não apenas a limitação das competências administrativas, mas de todos os poderes estatais. A discricionariedade administrativa é limitada pelo princípio da moralidade não em virtude de uma especial ou peculiar característica da função administrativa, mas porque se trata de uma função, sendo inconcebível que o administrador desnature os poderes recebidos. Pelos mesmos fundamentos, a atividade legislativa do Estado sujeita-se ao influxo do princípio da moralidade.

3.4 Outras regras constitucionais sobre moralidade pública no Legislativo

Não se olvide, ademais, que a CF/88 alude, em diversas passagens, à relevância da moralidade pública no desempenho da função legislativa.

Assim, o art. 14, § 9º., previu lei complementar para dispor sobre outras hipóteses de inelegibilidade, com o fim de proteger, inclusive, "a moralidade pública para o exercício do mandato". O dispositivo retrata, não apenas, preocupações com os requisitos de elegibilidade. Não se poderia supor que a imoralidade seria exigência imposta apenas ao candidato, propiciando resultado absurdo de que o cidadão cuja conduta fosse imoral seria inelegível, mas nenhuma conseqüência se daria quando a imoralidade atingisse a conduta do próprio parlamentar.

A questão da moralidade pública está implícita na disciplina da perda do mandato eletivo, tal como prevista nos arts. 54 e 55 da CF/88. Sublinhe-se a previsão do § 1º. do art. 55, quando classifica como infringente do decoro parlamentar também a conduta que caracterizar "abuso das prerrogativas asseguradas a membro do Congresso Nacional ou a percepção de vantagens indevidas". Esse dispositivo constitucional pressupõe, inclusive, a utilização do princípio da oralidade pública, hábil a fornecer critério para apuração da conduta abusiva ou indevida.[12]

4. Conteúdo jurídico do princípio da moralidade pública

O princípio da moralidade pública, como se passa com todos os demais princípios, não tem existência autônoma e desvinculada do todo da Constituição. Mas há peculiaridade que diferencia o princípio da moralidade pública frente à quase totalidade dos demais princípios jurídicos. Trata-se da referência às vivências éticas predominantes na sociedade. O princípio da moralidade pública é, por assim dizer, um princípio jurídico "em

12. Destaque-se que os dispositivos constitucionais indicados se referem à conduta do agente, não com o conteúdo propriamente da lei. Mas é pertinente a invocação dessas previsões porque demonstram, por um lado, a preocupação constitucional com a moralidade. Por outro ângulo, essa preocupação apenas se justifica na medida em que induz a possibilidade de o conteúdo das futuras leis ser afetado por desvios morais dos legisladores. Ou seja, não há sancionamento contra a imoralidade da conduta propriamente dita, mas essa imoralidade é tomada como indício de que o sujeito, no futuro exercício de função pública, poderá desmerecer o interesse público.

branco'', o que significa que seu conteúdo não se exaure em comandos concretos e definidos, explícita ou implicitamente previstos no Direito legislado. O princípio da moralidade pública contempla a determinação jurídica da observância de preceitos éticos produzidos pela sociedade, variáveis segundo as circunstâncias de cada caso.

O princípio da moralidade pública não possui conteúdo normativo perfeito e acabado.[13] Porém, isso não caracteriza defeito. Aliás, muito pelo contrário. Como todos os princípios jurídicos, a moralidade pública se destina a disciplinar uma série indeterminada de situações, o que seria inviabilizado por uma construção fechada e exaustiva. A apuração do conteúdo jurídico do princípio da moralidade pública envolve, por isso, uma aproximação e uma dinâmica. Há um núcelo axiológico que produz desdobramentos mais ou menos indefinidos.

4.1 Núcleo jurídico do princípio da moralidade pública

A essência do princípio da moralidade pública consiste na invalidade de todos os atos praticados pelo Estado incompatíveis com a interpretação *ética* do sistema e das normas jurídicas (constitucionais ou não).[14] Ou seja, as normas jurídicas (especialmente aquelas de hierarquia superior) apresentam abstração e generalidade que propicia incerteza quanto a seu conteúdo. Daí deriva a famosa consideração kelseniana, no sentido de que a norma jurídica é uma moldura a ser preenchida no momento de sua aplicação.[15] Essa pluralidade de significados potenciais da forma jurídica encontra limites no sistema jurídico. Entre nós, o sistema jurídico-constitucional incorporou o princípio jurídico da moralidade pública.[16] Por decorrência, o aplicador do Direito está obrigado a considerar também o fator ético — a moralidade pública — ao definir a interpretação cabível para determinado dispositivo normativo. Entre diversas interpretações possíveis — ou, mais precisamente, entre diversas condutas possíveis de ser validadas frente à Constituição —, o aplicador deverá optar por aquela conforme os princípios jurídicos (inclusive ao princípio da moralidade pública). Enfim, não se concebe, frente à CF/88, uma solução eticamente reprovável, cuja adoção se fundasse em argumentos de técnica jurídica.[17]

O conteúdo jurídico do princípio da moralidade pública resulta da conjugação de dois conceitos básicos, que são a supremacia do interesse público e a boa-fé. A partir desse núcleo, agregam-se outras vivências consagradas eticamente.

4.1.1 Interesse público

Deve-se distinguir e afastar, desde logo, o interesse público dos interesses privados do próprio sujeito que exerce função pública e de terceiros. Tenha-se

13. Poder-se-ia reconhecer à moralidade a natureza de ''tipo'', entendida a expressão segundo as ponderações de Misabel de Abreu Machado Derzi *(Direito Tributário, Direito Penal e Tipo,* Ed. RT, 1988, pp. 58 e ss.).

14. Embora elaborado a propósito da Constituição espanhola, há interessante estudo de García de Enterría, cujas conclusões são plenamente aplicáveis ao ordenamento jurídico brasileiro (''O princípio da legalidade na Constituição espanhola'', *RDP* 86/5-13).

15. ''A norma jurídica geral é sempre uma simples moldura dentro da qual há de ser produzida a norma jurídica individual'' *(Teoria Pura do Direito,* Armênio Amado, 3ª ed., p. 337).

16. Aplica-se o raciocínio de Paulo de Barros Carvalho, no sentido de que ''valores jurídicos'' são aqueles plasmados na linguagem do direito positivo, conforme ''Sobre os princípios constitucionais tributários'', *RDT* 55/149 e ss.

17. Como disse Celso Antônio Bandeira de Mello: ''... o Direito tem certos pressupostos implícitos (quando menos), sobre os quais se assentam as ordenações positivas. Entre esses pressupostos está a proscrição do enriquecimento sem causa, o respeito à boa-fé...'' (''Débito do Estado por serviços prestados'', *RDP* 76/48).

em vista que o exercício da função pública não elimina nem torna ilegítimos os interesses privados e egoísticos do agente. Mas permanecem sendo interesses privados, submetidos às regras comuns, que disciplinam a conduta da generalidade dos integrantes da comunidade. O problema não reside na existência de interesses privados, mas na utilização do poder para realizar não o interesse público e, sim, o privado. Assim, por exemplo, os direitos de propriedade privada de que um sujeito seja titular não se subordinam, de regra, a uma alteração de regime jurídico se dito sujeito passar à condição de agente público. Logo, não se poderia cogitar de um regime especial e diverso, por exemplo, para tributação sobre bens de agentes públicos.

Depois, deve-se excluir o interesse privado do sujeito enquanto exercente da função pública. Por exemplo, o governante pode ter interesse em evitar divulgação de notícias que possam prejudicar sua manutenção no cargo eletivo. Mas esse é um interesse privado e particular dele, inconfundível com o interesse público. Somente se poderia cogitar da aplicação do regime de direito público na medida em que estivesse em jogo o interesse público, tal como se daria quando estivesse em jogo a dignidade do cargo ou da função em si mesmas.

Esses dois ângulos da questão envolvem o que, normalmente, denomina-se "probidade". Trata-se da vedação à utilização do poder público para obtenção de vantagens indevidas para os ocupantes da função ou para outros terceiros. A probidade se relaciona diretamente com a República. Em suma, a República exige e implica a moralidade. A ordem jurídica impõe a impessoalidade no exercício do poder.

Em terceiro lugar, não se confunde interesse público com "interesse do aparato estatal". O Estado, como sujeito de direito, pode adquirir certas "conveniências", de modo similar ao que se passa com qualquer sujeito de direito. Não significa, porém, que tais circunstâncias se caracterizem como "interesses públicos", para os fins da aplicação dos princípios ora examinados. Configura-se aqui a distinção apontada por Renato Alessi entre "interesse público primário" e "interesse secundário", difundida entre nós por Celso Antônio Bandeira de Mello.[18] Enfim, como afirmou Gordillo, "o interesse público não é o interesse da Administração Pública".[19] Deve-se ter em vista que nenhum "interesse público" se configura como "conveniência egoística da Administração Pública". O chamado "interesse secundário" (Alessi) ou "interesse da Administração Pública" não são públicos. Aliás, nem ao menos são "interesses", na acepção jurídica do termo. São meras circunstâncias, alheias ao Direito. Ou seja, o Estado não possui "interesses" qualitativamente similares aos "interesses" dos particulares. O Estado não se encontra no mesmo plano dos particulares, mas não simplesmente por essa qualidade pessoal. É que a natureza dos interesses que titulariza é diversa dos interesses individuais, particulares, egoísticos. Quando atua na tutela desses interesses, não se pode cogitar de fenômeno similar ao que ocorre com os interesses particulares. Ao aludir-se a moralidade pública, nesse terceiro aspecto, cogita-se da perfeição ética do relacionamento entre o Estado e os cida-

18. Como ensina Bandeira de Mello, o Estado "poderia, portanto, ter o interesse secundário de resistir ao pagamento de indenizações, ainda que procedentes, ou de denegar pretensões bem fundadas que os administradores lhe fizessem, ou de cobrar tributos ou tarifas por valores exagerados. Estaria, por tal modo, defendendo interesses apenas 'seus', enquanto pessoa, enquanto entidade animada do propósito de despender o mínimo de recursos e abarrotar-se deles no máximo. Não estaria, entretanto, atendendo ao interesse público, da ordem jurídica estabelecida a título de bem curar o interesse de todos" (*Curso de Direito Administrativo,* Malheiros Editores, 6ª ed., 1995, p. 22).

19. *Tratado de Derecho Administrativo,* ed. Macchi, 1991, t. 2, p. XIII-17.

dãos. A moralidade significa que o Estado é instrumento de realização do bem público e, não, de opressão social. A concentração de poderes e a superioridade do interesse público retratam-na, por assim dizer, "servidão" do Estado em face da comunidade.

4.1.2 Moralidade pública e respeito ao interesse privado

O princípio da moralidade pressupõe a existência e o respeito aos interesses privados, mesmo que egoísticos, dos não exercentes do Poder Público.[20] Por isso, supremacia do interesse público não significa nem acarreta ilicitude dos interesses particulares: significa maior valoração, para fins de disciplina normativa, ao interesse público.[21] O Estado de Direito repeliu a concepção absolutista do Estado, com reconhecimento de que o interesse público não pode subsistir fora ou acima do Direito. O Estado de Direito democrático, tal como aquele consagrado pela CF/88, reconhece que a supremacia do interesse público não significa supressão de interesses privados. Um dos mais graves atentados à moralidade pública consiste no sacrifício prepotente, desnecessário ou desarrazoado de interesse privado. O Estado não existe *contra o* particular, mas *para* o particular. Mas, além disso, a supremacia do interesse público não conduz à supressão da pluralidade de interesses jurídicos tuteláveis.

4.1.3 Moralidade pública e boa-fé

A moralidade pública exclui não apenas os benefícios e vantagens indevidos para os particulares ocupantes da função pública. Exclui, também, a obtenção de vantagens reprováveis ou abusivas pelo Estado para si próprio. Não se torna válida a espoliação dos particulares como instrumento de enriquecimento público. O Estado não existe para buscar satisfações similares às que norteiam a vida dos particulares. A tentativa de obter a maior vantagem possível é válida e lícita, observados os limites do Direito, mas *apenas* para os sujeitos privados. Não é conduta admissível para o Estado, que somente está legitimado a atuar para realizar o bem comum e a satisfação geral. O Estado não pode ludibriar, espoliar ou prevalecer-se da fraqueza ou ignorância alheia. Não se admite que tal ocorra nem mesmo dentro dos limites em que seria lícito ao particular atuar.[22]

O princípio da moralidade indica, sob esse ângulo, lealdade do Estado frente aos cidadãos. A ação e a omissão do Estado devem ser cristalinas, inequívocas e destituídas de reservas, ressalvas ou segundas intenções. Não se legitima o ardil sob o argumento de que se destina a abarrotar de recursos os cofres públicos.

20. A expressão "interesse público" deve ser interpretada em consonância com os princípios norteadores de um Estado de Direito democrático, o que significa o reconhecimento da multiplicidade de interesses e a impossibilidade de eliminar sua contraposição.

21. Essa posição não configura um repúdio a concepções liberais. Não se pode discordar das palavras de Ortega y Gasset, no sentido de que "o liberalismo é o princípio de direito político segundo o qual o Poder Público, mesmo sendo onipotente, se limita a si mesmo, e procura, mesmo à eventual custa de sua existência, deixar lugar no Estado em que ele impera para que possam viver os que nem pensam nem sentem como ele, isto é, da mesma forma que os mais fortes e a maioria. O liberalismo, é conveniente que se recorde, é suprema generosidade; é o direito que a maioria outorgou à minoria e é, portanto, o grito mais nobre que já soou no planeta" (*A Rebelião das Massas*, Martins Fontes, 1987, p. 91).

22. Como asseverou José Eduardo Soares de Melo: "a tributação implica intromissão do governo nas atividades dos particulares, mediante substanciais desfalques em seus patrimônios. Assim, compreende-se que a participação financeira — pela via tributária — há que ser certa, precisa, previamente conhecida, como corolário dos princípios da boa-fé e lealdade, que devem presidir a atividade administrativa" (*ICMS — Teoria e Prática*, Dialética, 1995, p. 98).

Verifica-se aqui o campo para aquilo que Canotilho denomina de "fraude à Constituição através da lei", o que "impõe a reconstrução dos vícios substanciais da lei com base numa perspectiva que não seja apenas a da mera compatibilidade lógico-formal das normas legislativas com as normas constitucionais".[23] Na mesma linha, Miguel Reale acusou o vício legislativo "se a lei configurar o emprego malicioso de processos tendentes a camuflar a realidade, usando-se dos poderes inerentes ao 'processo legislativo' para atingir objetivos que não se compadecem com a ordem constitucional".[24]

A moralidade pública constitucional é incompatível com a duplicidade de intentos normativos. Não se concilia com a moralidade que a lei tenha duplo conteúdo: um texto aparente e formalmente compatível com a Constituição e uma efetiva e real *mens legis* inconciliável com ela.

4.2 Moralidade pública e dignidade da pessoa

O sistema constitucional assegura, por outro lado, a dignidade da pessoa humana (CF/88, art. 1º, inc. III), o que se revela também na impossibilidade da "instrumentalização" dos cidadãos. Ou seja, o Estado não pode transformar os particulares em meio para atingir seus fins. A dignidade significa o valor absoluto da pessoa e a impossibilidade de sua redução. O princípio da moralidade impõe ao Estado o respeito à dignidade da pessoa, inclusive para impedir a desvalorização de um ou mais dos cidadãos. Os particulares e seus interesses não podem ser eliminados, espoliados ou diminuídos em seu respeito.

23. *Constituição dirigente e vinculação do legislador*, cit., p. 262.

24. "Abuso do poder de legislar", *RDP* 39-40/77-78.

4.3 Moralidade pública, desvio de poder e devido processo legal

O princípio da moralidade pública se relaciona com outros instrumentos jurídicos de controle do poder público, notadamente com o desvio de poder com o devido processo legal (*due process of law*).

Tal como se passa com o desvio de poder, a moralidade pública reprova a desnaturação de potestades. O desvio de poder consiste, em última análise, na incompatibilidade entre a previsão abstrata normativa e a utilização concreta e efetiva de uma competência.[25] Deriva da dissociação entre o interesse público tal como definido abstratamente por ocasião da outorga de um poder jurídico e a efetiva atuação do agente público. O desvio de poder produz uma espécie de personalização da potestade, confundindo-se o interesse público propriamente dito com outros interesses, juridicamente reprováveis ou impertinentes. Celso Antônio Bandeira de Mello não hesitou em asseverar que o desvio de poder "também pode irromper em leis expedidas com burla aos fins que constitucionalmente deveriam prover".[26]

Já a garantia do *due process of law* adquiriu, nos Estados Unidos da América, contornos muito amplos. Ultrapassou os limites da pura questão processual

25. Os abalizados juristas Seabra Fagundes e Caio Tácito efetivaram incursões no exame do desvio de poder legislativo. Confira-se, quanto ao primeiro, trabalho na *Revista Forense* 145/146 e ss. Quanto a Caio Tácito, podem indicar-se os seguintes trabalhos: "Lei Municipal — Horário de Trabalho — Desvio de Poder", *RDA* 164/455-468; "Estado-Membro — Bloqueio de Contas Bancárias — Desvio de Poder Legislativo", *RDA* 172/239-252; "O desvio de poder no controle dos atos administrativos, legislativos e jurisdicionais", *RDA* 188/1-13; "Previdência Privada — Desvio de Poder e Ato Legislativo", *RDP* 100/5-17; "Desvio de Poder Legislativo", *RTDP* 1/62-68.

26. *Discricionariedade e Controle Jurisdicional*, Malheiros Editores, 2ª ed., 1993, p. 76.

para transformar-se em limite substancial ao exercício do poder público. Ao longo dos últimos duzentos anos, tem sido o principal instrumento utilizado pela Suprema Corte para fiscalização da constitucionalidade das leis.[27] O *due process of law*, no seu ângulo substancial, representa a garantia da razoabilidade da atuação estatal, reprimindo inclusive as hipóteses de excesso ou de abuso.[28] Não há possibilidade de paralelo preciso entre o princípio da moralidade pública e a cláusula do *due process of law*, diante da enorme distância entre o sistema jurídico brasileiro e o norte-americano. Neste último sistema, o *due process of law* tem abrangência muito mais ampla do que o princípio da moralidade entre nós. Mas há um núcleo comum entre os institutos. Ambos se desenvolvem como instrumento de limitação do poder, que não pode ser exercitado de modo prepotente ou personalista.[29]

5. Moralidade pública e elemento subjetivo

No ângulo legislativo, o princípio da moralidade pública se relaciona com o produto da atividade legislativa muito mais do que com o elemento subjetivo dos exercentes do poder. Isso deriva da própria natureza da atividade legiferante e não de alguma peculiaridade quanto ao próprio princípio da moralidade em si mesmo.

É que não se identificam *mens legislatoris* e *mens legis*. A intenção do legislador se esvai assim que a lei é promulgada. A *mens legis* não é condicionada pela vontade nem pela intenção do legislador. Em suma, a norma jurídica não se confunde com a lei nem é uma "manifestação de vontade", na acepção tradicional em que essa expressão é utilizada na teoria geral do ato jurídico elaborada pelo Direito Privado (e que influenciou fortemente o Direito Administrativo).

Por isso, os vícios de vontade (ainda que da maior gravidade) ou a reprobabilidade ética que possam inquinar a conduta do legislador são irrelevantes enquanto não se traduzam objetivamente no conteúdo da norma jurídica.[30] A norma jurídica se despreende do ato que lhe deu origem. Por isso, pode não ocorrer a contaminação da norma pelos defeitos éticos eventualmente existentes no plano da atividade legislativa.

Cabe, por isso, análise objetiva da norma jurídica em face do princípio da moralidade. O exame do processo legislativo e a reconstrução da vontade do legislador têm nenhuma relevância nesse ponto, identicamente ao que ocorre em qualquer processo hermenêutico. No campo dos atos legislativos, a infringência ao princípio da moralidade pública não consiste, então, em um defeito psicológico ou subjetivo. Trata-se da objetiva incompatibilidade entre o conteúdo da norma e a moralidade pública.

27. A sumariedade da Constituição americana conduziu a Suprema Corte a produzir interpretação ampliativa para essa garantia. De todo modo, Christopher Wolfe destaca que "Cómo llegó a interpretarse la cláusula del processo debido de la forma en que lo fue és uno de los grandes misterios de nuestro derecho constitucional" (*La transformación de la interpretación constitucional*, Civitas, 1991, p. 201).

28. Sobre a matéria, confiram-se as obras de Antonio Roberto Sampaio Dória, *Direito Constitucional Tributário e "Due Process of Law"*, Forense, 2ª ed., 1986; Juan Francisco Linares, *Razonabilidad de las leyes*, Astrea, 2ª ed., 1989; Carlos Roberto de Siqueira Castro, *O devido processo legal e a razoabilidade das leis na nova constituição do Brasil*, cit.; Alberto Nogueira, *O devido processo legal tributário*, Renovar, 1995.

29. Anote-se que a cláusula do *due process of law*, no seu ângulo material, foi utilizada amplamente pela Suprema Corte em matéria tributária, como ensinou Sampaio Dória (*Direito Constitucional Tributário e "Due Process of Law"*, cit., p. 35, nota 66).

30. Ou seja, não se nega a possibilidade de defeitos no processo legislativo, mas não é sobre isso que se discorre, no presente item. Enfoca-se o defeito de moralidade no tocante ao conteúdo da disciplina consagrada em uma determinada norma.

6. *Moralidade pública, outros princípios constitucionais e Direito Tributário*

Talvez a moralidade pública entranhe a disciplina do Direito Tributário mais do que qualquer outro ramo do Direito. A peculiaridade reside em que o Constituinte (e o próprio legislador complementar) deram formal acolhida aos postulados da moralidade, consagrando regras expressas. Afinal, nenhum outro ramo do Direito necessitaria de um dispositivo como aquele do art. 4º., inc. I, da Lei 5.172 (que determina que a natureza jurídica específica do tributo independe da "denominação e demais características formais adotadas pela lei"). O sistema tributário acaba resultando em um infindável elenco de limitações e restrições ao poder estatal, grande parte dele retratando imposições derivadas da moralidade. Essa opção constitucional apresenta enormes vantagens, por superar controvérsias acerca da efetiva consistência das limitações ao poder de tributar. Mas tal solução propicia o risco de identificar-se limitação do poder tributário com a previsão expressa e formalizada no texto constitucional. Poderia supor-se que a ausência de previsão expressa corresponderia a uma liberação para o Estado. Ou seja, a moralidade do Estado seria aquela constante das palavras da Constituição, sendo válida qualquer conduta incompatível com a moralidade pública na ausência de expressa reprovação legal. Deve-se acautelar contra esse equívoco. O legislador tributário (inclusive o constituinte) não hesita em transformar em texto expresso todos os postulados da moralidade pública que reputa necessários. A história do Direito Constitucional Tributário comprova a procedência da asserção, pois cada nova Constituição contém maior quantidade de preceitos tributários — parcela substancial dos quais destinada a proscrever os desvios éticos praticados sob a égide da Carta anterior. Isso não significa, porém, que toda a moralidade pública esteja contida no texto expresso da Constituição. O princípio da moralidade pública alcança todas as condutas estatais, ainda quando não exista disposição específica sobre o tema na Constituição. Assim se impõe, com maior nível de positividade, especialmente a partir da CF/88, em virtude dos argumentos acima indicados.

Por outro lado, a relação entre moralidade e os demais princípios constitucionais é inequívoca. Moralidade e República são indissociáveis, nos termos acima já destacados. Tal como esplendidamente exposto por Souto Maior Borges, verifica-se uma hierarquização constitucional de princípios. Dentre todos os princípios constitucionais, destaca-se o da igualdade. Lembrando Francisco Campos, o ilustre Souto Maior anotava que a isonomia era o protoprincípio.[31] A moralidade complementa a isonomia, similarmente a um tecido intersticial a revestir e proteger os órgãos nobres do corpo humano. Sob um certo ângulo, a moralidade é menos do que a isonomia, pois a vedação da discriminação desarrazoada elimina enorme quantidade de supostos aos quais se aplicaria o princípio da moralidade. Sob outros aspectos, a moralidade vai além da isonomia, pois há campos remanescentes para incidência exclusiva da moralidade, mormente quando não esteja em questão problema relacionado com o fenômeno da diferenciação.

Mas a moralidade se entranha com a isonomia propriamente dita em um momento específico. Como ensinou Celso Antônio Bandeira de Mello, a isonomia envolve diferenciações jurídicas compatíveis com os valores consagrados no ordenamento jurídico.[32] Nesse pon-

31. "A isonomia tributária na Constituição Federal de 1988", *RDT* 64/11.

32. Conforme *O Conteúdo Jurídico do Princípio da Igualdade*, 3ª ed., Malheiros Editores, 1993.

to, avulta a relevância da moralidade. São inválidas discriminações (ou ausências de discriminações) que atentem contra a moralidade. Ou seja, a moralidade pública é critério de incidência da isonomia. O tratamento discriminatório (ou não discriminatório) que infringir a moralidade será incompatível com o princípio da isonomia. Sob esse aspecto, a moralidade fornece o conteúdo para aplicação do princípio da isonomia.

A questão apresenta grande aplicação no Direito Tributário. A isonomia tributária se manifesta, nos impostos, como capacidade contributiva. A apuração da capacidade contributiva e as diferenciações e igualações da lei tributária têm de compatibilizar-se com a moralidade. Pode-se fornecer um exemplo prático consistente. Inúmeras leis previam substituição tributária para frente. Independentemente de outras considerações acerca da constitucionalidade do instituto era usual determinar que o substituto tributário manteria em seu poder o montante do tributo correspondente à substituição. Durante longo período, ignoraram-se os efeitos inflacionários sobre a moeda. Assim, o destinatário legal tributário era privado, antecipadamente, de certo valor, o qual seria recolhido aproximadamente trinta dias após aos cofres públicos. Durante esse período, o substituto apropriava-se dos benefícios econômicos da utilização do dinheiro. Ganhava o Estado porque reduzia custos de fiscalização e risco de sonegação. Ganhava o substituto, que utilizava para benefício próprio os recursos destinados à satisfação do tributo. Perdia o destinatário tributário. Essa situação gerava disputa enfocada sob o prisma de inúmeros princípios. Claramente, porém, havia um vício insuperável na solução adotada: ela ofendia o princípio da moralidade pública. A conveniência da arrecadação não autorizaria o Estado a privilegiar de determinadas categorias empresariais através do atrativo do enriquecimento sem causa. A solução consagrada legislativamente captava a simpatia e a adesão de determinadas categorias através de um prêmio indireto e dissimulado. Instituíam-se, na verdade, fiscais fazendários através do atrativo da apropriação de parcela da riqueza do destinatário tributário.

É que ofende o princípio da moralidade, no campo tributário, destinar qualquer verba proveniente de tributos para enriquecimento particular e egoístico de particulares. Qualquer lei que atribua o produto da receita tributária para um particular não relacionado com o desempenho da função pública será inconstitucional, por ofender ao princípio da moralidade (assim como a isonomia e a República). Tal resultado não pode ser atingido diretamente — nem indiretamente, como é lógico.

Fenômeno similar se põe com a utilização indevida pelo Estado da competência para instituir contribuições sociais. Quando a Constituição vinculou o exercício de certa competência tributária à realização de um certo fim, impôs vedação à utilização dessa competência como instrumento de realização de outros fins. O exemplo consubstancia clara situação de desvio de finalidade, tal como exaustivamente apreciada no Direito Administrativo. Manifesta-se como ofensiva à moralidade pública a desnaturação contida em norma superior.

A moralidade se relaciona, ademais, com a segurança jurídica. Ambos os princípios asseguram a previsibilidade da conduta estatal e a certeza sobre a disciplina normativa.[33] Mas a moralidade representa algo mais, por envolver um conteúdo ético para a disciplina jurídica. Ou seja, não é necessário apenas a seguran-

33. Nesse sentido, Sacha Calmon Navarro Coelho destacava que "o princípio da não-surpresa do contribuinte é de fundo axiológico" (*O Controle da Constitucionalidade das Leis e o poder de tributar na Constituição de 1988*, Del Rey, 1993, p. 347).

ça jurídica, mas se impõe que a disciplina jurídica (segura porque estável e previsível) seja também compatível com a moralidade. Podem-se invocar inúmeros exemplos a propósito do tema. Antes de 1988, houve diversos casos de alteração da legislação do imposto de renda, pretendendo-se sua aplicação para apuração do imposto referente ao ano-base em que editada a legislação inovadora. Verificaram-se infindáveis disputas administrativas e judiciais. Discutiu-se, então, a extensão da garantia constitucional da anterioridade, a natureza da hipótese de incidência do imposto de renda etc. Não se pôs em questão, porém, um tema fundamental: o princípio da moralidade. Os diplomas inovadores não poderiam ter validade porque, antes de tudo, infringiam a boa-fé e a lealdade que o Estado deve manter frente à sociedade. A interpretação do princípio da anterioridade exige conjugação com o da moralidade.

E o que dizer das práticas de fazer circular, nos primeiros dias de janeiro, o *Diário Oficial* com data de 31 de dezembro do ano anterior? Essa conduta estatal ofende completamente a ética que deve orientar a conduta de qualquer sujeito em sociedade.

O princípio da moralidade tem relevância para o Direito Tributário tanto para disciplina da atividade legislativa quanto para atuação administrativa. Deve-se ter em vista que o princípio da moralidade é limite intransponível para o Estado, mesmo em face dos fenômenos de *elisão* e *evasão fiscal*. É que o Estado produz normas e atos visando a apropriar-se, através do instrumento tributário, de determinada quantidade de riqueza privada. De outra parte, os particulares avaliam a legislação e determinam o próprio comportamento futuro de molde a reduzir o impacto do fenômeno tributário. A eficácia dos intentos dos particulares de evitar ou amortecer o fenômeno fiscal representa uma espécie de frustração para o Estado — que acaba arrecadando menos que era previsto. O particular não hesita em alterar seus procedimentos para evitar ou reduzir a carga fiscal. A propósito do tema, Antonio Roberto Sampaio Dória afirmava não estimar "realístico falar-se em Moral Tributária num setor em que o comportamento dos indivíduos é rigorosamente condicionado pela cogência das normas ... seria irrisório pretender-se generosidade por parte dos contribuintes, sendo a compulsoriedade, e não a adesão espontânea do indivíduo, a nota essencial da tributação".[34] A admissão da insujeição da conduta do contribuinte a um parâmetro ético rigoroso produz, em alguns, a idéia de que a moralidade também não necessita entranhar a conduta estatal. O Estado é tentado, muitas vezes, a olvidar os princípios que condicionam sua existência. Surge a concepção de que o Estado pode valer-se de expedientes similares aos utilizados pelos particulares. Ou seja, a "esperteza" (ou, mesmo, a desonestidade) dos particulares deveria ser combatida com a "esperteza" ou com a desonestidade estatal. No entanto, nem a Lei nem a Administração Pública dispõem de liberdade para infringir a moralidade pública. O Estado, ao produzir a norma tributária ou ao aplicá-la, não pode olvidar os princípios jurídicos nem atender apenas às palavras do texto legal, buscando respaldo em prodígios de raciocínio para justificar desvios éticos.[35] Nesse ponto preciso é que se avoluma a relevância do princípio da moralidade pública. Não permite

34. *Elisão e Evasão Fiscal*, Lael, 1971, p. 82.

35. Sob um certo ângulo, era também a isso que se referia Ataliba quando afirmava que "não é possível invocar razões extrafiscais para, com isso, amesquinhar quantos óbices e restrições colocou o poder constituinte ao poder de tributar, tendo em vista o resguardo de valores essenciais ao nosso estilo de vida e padrões ético-políticos, os quais não podem ficar à mercê de atentados eventuais, mesmo que partidos do legislador ordinário" (*Sistema Constitucional Tributário Brasileiro*, Ed. RT, 1968, p. 169).

ao Estado condutas viciadas por defeitos éticos. O Estado não está legitimado a produzir leis imorais nem a aplicar, de modo imoral, uma lei. A imoralidade não se torna válida nem mesmo diante do argumento de tratar-se de uma contrapartida, uma reação contra atuação imoral do particular. O sistema constitucional adotado após 1988 impôs limites rígidos ao Estado. Ficam excluídas soluções arbitrárias e prepotentes.

A riqueza do princípio da moralidade pública reside na possibilidade de submeter a atuação do Poder Público não apenas a um controle relacionado ao texto estrito da norma legal. Mormente no âmbito de poderes "discricionários", a validade do ato jurídico depende não só de titularidade da competência e de ausência de disciplina exaustiva no corpo da norma superior. O princípio da moralidade pública exige a compatibilidade entre a atuação estatal e o interesse coletivo. Não significa "moralismo", no sentido de obediência rigorosa a padrões conservadores de conduta. Não importa repressão a opções pessoais de conduta — asseguradas, por seu turno, pela própria Constituição. Enfim, o princípio jurídico da moralidade pública não é um contraponto ao princípio da liberdade de idéias, de opiniões, de credo etc.

Na verdade e escapando ao plano estritamente jurídico, deve-se concluir com o reconhecimento de que a moralidade pública é a única via de salvação do Estado e da sociedade brasileiros. Ao atuar imoralmente, o Estado dissemina, no meio social, a concepção de ser válida a imoralidade. Cada qual se reputa autorizado à imoralidade. A conduta imoral do Estado produz, enfim, imoralidade ainda mais intensa no âmbito privado, o que exigiria novas violações éticas por parte do Estado e assim por diante, em um processo infindável. O Estado não logrará vencer a imoralidade através da imoralidade. Aliás, Ripert já apontava que o Direito que olvida a moralidade deve preparar-se para ver generalizar-se a desobediência às leis, pois "... o particular prisioneiro das leis é sempre mais hábil que o legislador carcereiro".[36] O Estado não aumentará sua arrecadação se não atentar para o princípio da moralidade pública. Resta, de tudo, a certeza de que a tão propalada *Reforma* do Estado brasileiro não se fará através do câmbio da Constituição vigente. O caminho para a solução é o fiel cumprimento das regras constitucionais. E, quando se afirma "fiel cumprimento", não basta invocar o texto constitucional e preencher a "moldura" com o conteúdo que bem aprouver ao governante. Fiel cumprimento da Constituição significa, também e especialmente, executar as normas constitucionais com observância do princípio da moralidade.

36. *Les Forces Creatrices du Droit*, LGDJ, 2ª ed., 1994, p. 187.

MESA DE DEBATES (14.9.95)

TRIBUTOS FEDERAIS

Crédito do IPI na importação de bens de capital — Contribuições — Contribuições de intervenção no domínio econômico e IPI — IPI: seletividade e capacidade contributiva; características; alíquota — Finalidade constitucional do tributo — Contribuições corporativas — Judiciário e interpretação constitucional — Interpretação constitucional — Tratados internacionais — Tratado e legislação tributária estadual — Judiciário e criação do Direito — Normas constitucionais inconstitucionais? — ICMS: conceito de mercadoria — Debates

ANNAMARIA PIMENTEL
DIVA MALERBI
EDUARDO BOTTALLO (Presidente da Mesa)
FRANCISCO REZEK
OSIRIS AZEVEDO LOPES FILHO
TÉRCIO SAMPAIO FERRAZ JÚNIOR
WAGNER BALERA

PROF. EDUARDO BOTTALLO — Iniciando os debates, dou a palavra ao Prof. Osiris Azevedo Lopes Filho.

Crédito do IPI na importação de bens de capital

PROF. OSIRIS AZEVEDO LOPES FILHO — A primeira questão apresentada é a seguinte: "pode o contribuinte creditar-se de IPI na importação de bens de capital?"

Há que se fazer duas distinções: se é um mero importador, está importando bens de capital para realizar a venda no mercado interno desse bem, não há dúvida; entretanto, o problema surge quando o importador é, também, a empresa que vai incorporar o bem de capital ao seu ativo fixo.

A Constituição do País diz que tanto o IPI como o ICMS são impostos não cumulativos. Entretanto, a legislação ordinária admitiu, apenas, o que se chama crédito físico, isto é, possibilita o crédito na conta-corrente no caso do IPI, daqueles bens que vão integrar fisicamente o produto a ser produzido. Quer dizer, os bens que servem à fabricação ou os bens que são utilizados na fabricação, e que se consomem — como é o caso dessas palhas de aço para limpeza de panelas, que têm lâminas que às vezes duram... Não sei como é que está o avanço da tecnologia, mas há anos atrás elas duravam apenas três dias, as lâminas que vão cortando o aço, e não se permitiu o crédito exatamente porque elas se consumiam no processo produtivo mas não integravam o produto final.

Não tenho dúvida de que a dicção da Constituição foi no sentido de crédito absoluto, não apenas o crédito relativo ao que se integra no produto fabricado via transformação, mas também nas máquinas e equipamentos que servem essa produção. Entretanto, a legislação ordinária não consagra isso.

A confusão nessa área é tão grande que o Presidente Fernando Henrique, naquela livro que constitui o programa de ação governamental que ele propunha durante a eleição, "Mãos à obra, Brasil", propunha uma reforma constitucional para possibilitar o aproveitamento desses créditos relativos a bens de capital. Ora, não tem nada a ver com reforma constitucional! Se a própria Constituição diz que o tributo é não-cumulativo, o veículo para se estender a não-cumulatividade também aos bens de capital é fazer uma lei ordinária.

Acho temerária uma tentativa que está se fazendo — vi algumas empresas de auditoria aconselhando os contribuintes a realizarem esse crédito de bens de capital, para depois discutir na Justiça. Realmente a lei ordinária do país, só por exceção em relação à lista que se faz dos bens que seriam suscetíveis de gerarem crédito, só nessa hipótese autorizar o crédito; ficar submetido a autuações do Fisco não me parece a maneira mais adequada.

Concluindo, acho que para realmente ter direito a esse crédito, ainda que a Constituição fale em não-cumulatividade genérica, precisaria de alteração na lei ordinária para possibilitar esse crédito do IPI.

Com relação à contribuição de intervenção do domínio econômico poder ser substituída por IPI, acho que a melhor opinião a respeito deve ser do Ministro Rezek, tendo em vista que recentemente o Supremo Tribunal Federal julgou pela legalidade do adicional ao frete da Marinha Mercante, em que havia semelhanças entre a base de cálculo e o próprio fato gerador desse adicional ao frete e do ISS na parte que incide sobre serviços de transportes.

Com relação à terceira pergunta, podem as corporações profissionais exigir contribuição mediante resolução ou por ato interno seu, aí eu acho que vai ser uma matéria de grande debate aqui. É que o Direito Tributário Brasileiro adotou uma posição, na minha opinião, muito formalista; ao pegar os principais documentos da história constitucional moderna em matéria tributária, a Magna Carta da Inglaterra, o *Bill of Rights* da Inglaterra mesmo do século XVII, a Declaração dos Direitos do Homem e do Cidadão, a própria Declaração de Independência Americana, naquela frase-síntese *no taxation without representation*, optou pelo formalismo jurídico, o princípio da legalidade.

Na minha opinião o Sistema Tributário só funciona bem, não pelo princípio da legalidade, que é relativo à parte final do pronunciamento dos representantes do povo, e sim pelo princípio da legitimidade. Quer dizer, aquele *quantum* que é retirado do patrimônio do particular a título de tributo tem que ter o mínimo de consentimento do cidadão, e esse mínimo de consentimento não se dá tanto pela forma ou pela intensidade com que se retira o recurso, mas, essencialmente, pelo modo pelo qual o ente público gasta o seu recurso.

Se o Estado ao realizar a sua despesa pública, ao aplicar os seus recursos, o faz de uma maneira clientelista, concentradora de renda, elitista ou corrupta, é óbvio que a população não vai se identificar com o sistema tributário, com a captação dos recursos que vai dar sustentação ao Estado.

O princípio formal da legalidade sofreu adaptações de forma a permitir que, via decreto-lei, se instituísse tributo, e também via medida provisória, que é ainda mais ampla na sua área de abrangência — a própria denominação de provisória mostra que ela seria essencialmente transitiva, e hoje se possibilita a criação de tributos via medida provisória.

Então, a nova Constituição, na minha opinião, retornou à idéia de legitimidade, porque possibilitou que fosse criada uma contribuição, não pelo formalismo de previsão em lei, mas para financiar a forma de estruturação confederativa através do consentimento dos seus membros, quer dizer, voltou-se ao princípio da legitimidade. E há uma grande reação das pessoas que entendem que o Direito é só a norma jurídica, em relação a isso. Mas está lá na Constituição, nos Direitos Sociais do Trabalhador, a previsão de criação de um tributo sem a interferência da lei, quer dizer, sem esse resultado na lei.

Acho que pode se criar, não por mero ato interno, mas por decisão da Assembléia.

Muito obrigado.

PROF. EDUARDO BOTTALLO — Quero lembrar aos presentes que se quiserem encaminhar questões à Mesa, poderão fazê-lo por escrito, entregando às moças da organização do evento.

Passo a palavra agora à Professora Diva Malerbi.

Contribuição de intervenção no domínio econômico e IPI

PROFA. DIVA MALERBI — Em linhas gerais também concordo com o Prof. Osiris, mas gostaria de destacar aqui uma destas questões, que é a relativa à contribuição de intervenção no domínio econômico — se pode ser substituída por IPI? Me parece que esta questão, das colocadas neste temário dos tributos federais, é aquela que diz exatamente com a relação entre os meios e os fins que são veiculados através de uma outorga de competência.

Na verdade a Constituição, no art. 153, § 3º, inciso I, diz categoricamente que o IPI não pode ser modulado por razões outras que não a essencialidade do produto. Normalmente o que se tem visto nesta questão é o âmbito da limitação, esta regra da seletividade em função da essencialidade do produto como um limite à atuação do legislador. E aí se construíram, em torno da figura do IPI, todos esses limites, quer dizer, o conceito da essencialidade como critério de seleção e de modulação da intensidade do tributo em cada caso concreto.

Seletividade

Agora, esta preferência constitucional pela seletividade é em relação às outras alternativas de que disporia a União neste caso, para a instituição do IPI. De que forma? Nós sabemos que a alíquota é um elemento compositor da dívida tributária, esta é a sua função objetiva. Mas quando ela é expressiva de uma fração da base de cálculo, atua também como um elemento implementador da repartição da carga tributária.

O que nós temos para a repartição da carga tributária na Constituição? Temos o art. 145, § 1º, falando da capacidade econômica para modulação dos impostos. Nós temos, ainda, o art. 150, inciso II, prevendo tratamento igual a todas aquelas situações objeto do gravame, colocadas para um mesmo regime jurídico. Temos, também, a seletividade em função da essencialidade do produto, como um norte, uma orientação, para a repartição da carga tributária.

Ainda com relação aos tributos federais nós teríamos, também, o art. 151, inciso I, quando trata da uniformidade tributária nos tributos federais, ou seja, a diferenciação de alíquotas nestas hipóteses não poderá ter como causa, como razão, a origem, ou destino do próprio bem tributável.

Alíquota

Enfim, o que estou querendo dizer é que, tecnicamente, a alíquota pode diversificar-se; pode, para realizar o magno princípio da igualdade, em alguns casos ser seletiva ou ser uniforme, proporcional, e em outros casos progressiva, e até mesmo na Constituição há a possibilidade de ela ser regressiva. Não, porém, no caso do IPI, em que a Constituição privilegiou o caráter *seletivo* do imposto, considerada a essencialidade do produto.

Como se imprimir caráter seletivo a este imposto? O legislador, neste caso, segundo a Constituição, é obrigado a utilizar a essencialidade do produto como critério de seleção e modulação deste tributo. O meio jurídico para isso é a diferenciação de alíquotas, quando for uma fração da base de cálculo, na razão inversa da necessidade ou indispensabilidade do produto.

É, portanto, uma faculdade circunscrita do legislador, porque o conceito de essencialidade também encontra parâmetros constitucionais, pelo menos com relação à essencialidade àquele mínimo, o vitalmente necessário ao trabalhador, como faz o art. 7º., inciso IV, da Constituição, quando fala das parcelas que compõem o salário mínimo.

Também o legislador, ao diferenciar as alíquotas, está jungido ao magno princípio da igualdade.

Seletividade e capacidade contributiva

Enfim, a seletividade é uma atenuação ao chamado princípio da capacidade contributiva, na forma como exposto no art. 145, § 1º., porque nestes casos se diz que, na verdade, a Constituição, no caso do IPI e do ICMS, criou casos de tributação objetiva — nos chamados impostos indiretos o sujeito passivo, obrigado a recolher o tributo, transfere este encargo economicamente a terceiro, que é o próprio consumidor final.

Atenta a esta realidade econômica, a Constituição dá preferência à seletividade, obrigando, portanto, que o seu intérprete veja a capacidade contributiva no IPI que não é encontrada, portanto, na produção do próprio bem industrial, mas no consumo, isto é, na demonstração de riqueza demonstrada com a aquisição do produto.

A Constituição quis que os efeitos da seletividade, no IPI, ficassem circunscritos ao próprio consumidor deste bem.

Quanto à classificação dos produtos, considerada a essencialidade, nós podemos ao menos distinguí-los em necessários à sobrevivência; úteis, mas não necessários; e os de luxo.

Portanto, como a seletividade em função da essencialidade do produto é uma norma de competência, nós teremos sempre o caso de desvio de poder quando a União se utilizar desta competência em desacordo com a finalidade que lhe é apontada pela Constituição. Toda vez que o legislador do IPI desprezar esta diretriz da seletividade em função da essencialidade do produto nós estamos diante de um caso de desvio de poder. O meio IPI é instrumento, um poder jurídico da União para um cumprimento, implemento de uma determinada finalidade, que é a seletividade em função da essencialidade do produto.

Mas, também, nós teremos um desvio de poder com a utilização de uma competência em desacordo com a finalidade que lhe é apontada pela Constituição, mesmo quando o titular da competência a utiliza para uma outra finalidade, também consagrada pela Constituição. O que diz a Constituição? Intervir no domínio econômico; para que a União possa implementar esta finalidade de intervenção no domínio econômico o meio, o instrumento, para tanto, é a contribuição que está prevista no art. 149. Mesmo neste caso, se a Constituição apontou uma determinada finalidade específica para o IPI, ou seja, se a Constituição disse que o IPI não pode ser modulado por razões outras que não a essencialidade do produto, não é possível que haja esta troca dos meios para o implemento desta finalidade.

Enfim, assim me parece que não é possível intervir no domínio econômico via IPI. O instrumento, o meio consagrado pela Constituição para tanto é a contribuição prevista no art. 149. E mesmo, portanto — é o que eu estou afirmando —, que use no seu lugar uma outra finalidade, que seja constitucionalmente consentida.

Assim me parece que deva ser, porque temos a separação dos poderes exatamente para garantir a responsabilidade do poder, e temos esta tripartição das funções estatais para que haja em cada uma das funções exercidas pelo Estado a responsabilidade dos poderes, de uns perante os outros. E esta responsabilidade do poder nós tiramos da experiência americana que primeiro estabeleceu a responsabilidade política — ela varia conforme o regime político —, e no regime presidencialista nós temos a responsabilidade política, que é o impedimento do chefe do Estado, e a responsabilidade jurídica, que foi desenvolvida através de três pilares, que são o fato de a Constituição declarar os direitos fundamentais — quer dizer, aquele quadro de direitos fundamentais que são oponíveis ao próprio Estado — a função do Judiciário de, no controle da legalidade, examinar os meios e os fins consagrados por esta norma, e dirimir os conflitos que possam haver no uso destas competências dentro da própria Federação.

Finalidade

Enfim, o controle de constitucionalidade trouxe para o plano jurídico esta responsabilidade do Estado. Embora hoje possamos dizer que função tenha mil sentidos, há um deles que é nuclear, no caso aqui desta questão; que os poderes jurídicos que são entregues à União o são à conta de um dever, que é o da prossecução do interesse público, isto quando a Constituição não aponte uma específica finalidade. No caso do IPI a Constituição diz que esta é a finalidade, que só pode ser implementada através do meio IPI.

Intervir no domínio econômico é uma finalidade que só pode ser implementada via contribuição prevista no art. 149.

Enfim, por estas minhas considerações estou a responder a esta questão: que a contribuição de intervenção no domínio econômico não pode ser substituída por IPI, e este caso é um caso real. Foi o que pretendeu fazer a Lei 8.393/91; existia uma contribuição de intervenção no domínio econômico para custear a União em sua política de preços nacionais unificados para o açúcar e o álcool. Por se tratar de um alimento que já, desde 1939, era considerado como componente da cesta básica, dado o seu grau elevado de essencialidade, o açúcar, até então, não era tributado pela legislação do IPI, e nem poderia ser. O que fez esta lei? Extinguiu a contribuição e substituiu-a pelo IPI.

Eu até deixo as demais inconstitucionalidades desta lei para trás, porque ficaria só nesta questão. O que a Constituição diz é que o IPI só pode ser implementado pela legislação para cumprir esta finalidade; a modulação, a diferenciação das suas alíquotas só poderá se dar em razão da essencialidade do produto. Esta outra finalidade, embora consentida pela Constituição, deve ser utilizada por um meio chamado contribuição e não pelo IPI.

Como já me alongo e há demais participantes, eu ficaria nesta questão, em provocação para um debate posterior. Agradeço a todos. (*Palmas*)

PROF. EDUARDO BOTTALLO — Obrigado, Professora Diva.

Mais uma vez eu recordo que os participantes que quiserem encaminhar questões à Mesa poderão fazê-lo por escrito.

Passo a palavra agora ao Professor Wagner Balera.

Contribuições

PROF. WAGNER BALERA — Inicialmente quero cumprimentar a todos os senhores participantes deste nosso Congresso e especialmente ao meu Prof. Eduardo Bottallo, que tão bem preside estes trabalhos. Coincidentemente eu também quero falar sobre a mesma questão sobre a qual a Profa. Diva Malerbi desenvolveu a sua exposição, justamente esta de a contribuição de intervenção no domínio econômico poder ou não ser substituída pelo IPI. Vou falar sobre essa e sobre a seguinte, a contribuição das corporações.

Finalidade constitucional do tributo

Mas eu tomo o tema sob um outro ponto de vista. Enquanto a Profa. Diva o desenvolveu, olhando para o ângulo do IPI, vou olhar para o ângulo da contribuição. Aqui nós teríamos que, numa preliminar, esclarecer que no sistema da Constituição de 1988 os modelos jurídicos de tributação estão muito bem definidos. A verdade é que nesse modelo normativo constitucional brasileiro cada tributo cumpre uma finalidade bem específica, cada tributo tem uma missão constitucional no sistema da nossa Constituição, como procurei desenvolver um pouquinho nesse trabalho que está publicado no vol. 64 da *Revista de Direito Tributário*, feita para este Congresso. Então, há uma função constitucional para o imposto e há uma missão constitucional para a contribuição.

Contribuições interventivas

É nesse desiderato constitucional que se colocam as contribuições de intervenção, que têm uma missão constitucional muito significativa, a qual é até questionada neste momento, quando a feição do Estado passa a ser objeto de novas reflexões. O Estado modelado pelo sistema constitucional brasileiro é ainda um Estado intervencionista, é um Estado que detém o mando e o comando da vida econômica. É nesse particular que se justifica a existência, ainda, de certas modalidades de contribuições — contribuições que têm por finalidade incrementar algum setor da vida nacional que está precisando de um impulso que depende de iniciativa do Estado e não do mercado, como hoje já se quer configurar tudo a partir do mercado. No caso da Constituição brasileira ainda não é assim; pode ser que o seja no futuro, quando for modificada.

Então, a finalidade da contribuição de intervenção do domínio econômico é especificamente a de fomentar o setor da economia nacional. É por isso que ela só pode cumprir essa missão. Qualquer desvio da finalidade constitucional de uma contribuição acaba com o seu modelo jurídico; ela deixa de ser contribuição e passa a ser um imposto. Aí, como imposto, eu preciso ver se é ou não compatível com a Constituição — porque não é o nome, como já diz a velha lição do Código Tributário, que vai me dizer se algo é imposto ou é contribuição — qual o regime específico daquele tributo.

Então não é possível realmente que uma contribuição seja substituída pelo IPI, assim como não é possível que o IPI substitua uma contribuição. Nenhuma das duas pode se transmudar na outra, porque isto modificaria sua natureza jurídica.

Peguemos o caso da última hipótese, o IPI se transformando numa contribuição. Aconteceu, já; a Lei 6.950 instituiu um adicional do IPI para o financiamento da seguridade social, um adicional de 20% sobre os bens considerados supérfluos, em ato do Poder Executivo. Eu acho maravilhosa essa situação; só que é inconstitucional no sistema da Constituição de 1988. Não pode um imposto servir a uma destinação específica.

O oposto aconteceu — e aqui mais ou menos é o que se refere a pergunta — quando em um determinado momento da história do IPI, especificamente quando o Decreto-lei 1.712/79, mudou, modificou a hipótese de incidência desse imposto federal, transformando o IPI numa contribuição interventiva, o que obviamente é inconstitucional.

Então, nós não podemos mudar a natureza jurídica dos tributos. Eles têm uma finalidade constitucional bem definida — as contribuições são vinculadas, os impostos não são vinculados — cada um tem o seu papel.

Portanto, respondo que não é possível nem uma coisa nem outra, nem o IPI substituir a contribuição interventiva, nem a contribuição interventiva substituir o IPI. É assim porque a Constituição deu uma configuração formal a cada modelo tributário. Isso não pode ser modificado pelo talante do legislador ordinário.

Contribuições corporativas

A segunda questão com a qual vou me preocupar é a da outra contribuição. Podem as corporações profissionais exigir contribuição mediante resolução ou ato interno seu?

Na verdade, essas contribuições, chamadas corporativas, também fazem parte do modelo do Estado intervencionista, do Estado onde o corporativismo ocupou, e ocupa ainda, um papel. Notem que, de novo, estamos diante do problema do Estado, da missão do Estado. No modelo do Estado intervencionista, como é o caso do Estado brasileiro ainda hoje — apesar das ondas do liberalismo o Estado é intervencionista — as corporações têm uma missão importantíssima, elas têm um papel estrutural na vida do Estado. É por isso que a Constituição garante a participação de representantes das corporações em determinados organismos estatais, porque as corporações têm, sim, lugar constitucional; e elas têm também um atributo definido pela Constituição em benefício da sua organização: elas têm direito de vida constitucional. Por isso a Constituição lhes outorgou o poder de instituir contribuições.

Evidentemente que essas contribuições, para se atrelarem ao modelo jurídico de legalidade estrita, que é o da Constituição brasileira, só podem recair sobre os membros da corporação, e os membros da corporação ou são facultativos ou obrigatórios. Há certas corporações em cuja estrutura jurídica, em cujo regime jurídico a filiação é obrigação necessária para o exercício da atividade profissional, como é, exemplificativamente, o caso da Ordem dos Advogados do Brasil. Então, para os membros da corporação que só podem exercer regularmente a sua atividade profissional pela filiação à corporação respectiva, a contribuição pode, sim, ser instituída por ato da corporação, e é vinculada e obrigatória às finalidades da corporação e ao pagamento necessário pelo seu membro, pelo integrante daquela corporação.

Respondo, pois, que um ato da corporação como definido no seu regime jurídico, aliás, como bem lembrava o Prof. Osiris, isso no regime jurídico da maior parte das corporações é definido através de assembléia geral, é a assembléia geral quem define o montante da contribuição corporativa, através desse ato jurídico perfeito podem ser exigidas as contribuições compulsoriamente pela corporação respectiva.

Eram essas, Sr. Presidente, as considerações que eu queria fazer nessa preliminar. Muito obrigado. (*Palmas*)

PROF. EDUARDO BOTTALLO — Obrigado, Prof. Wagner.

O Ministro Francisco Rezek pediu para se manifestar mais adiante, de modo que, dando seqüência aos trabalhos, passo a palavra à Dra. Annamaria Pimentel.

PROFA. ANNAMARIA PIMENTEL — Senhores, eu estou absolutamente fora da minha ambiência, não por estar num Congresso, mas por estar num Congresso de Direito Tributário, matéria que realmente não está nas minhas cogitações permanentes; o meu tema é, justamente, processo. Portanto, vim para aprender, e fui guindada a esta Mesa por um gesto de gentileza do Sr. Presidente, Prof. Bottallo, e não me furtarei a fazer algumas ponderações, que serão tão genéricas quanto aquelas que são feitas pelos não-iniciados.

Eu tomaria em primeiro lugar o fato de ser verdadeiro o que disse o Prof. Osiris Lopes Filho a respeito do contribuinte creditar-se de IPI na importação de bens de capital. A certa altura o Prof. Osiris disse que pela Constituição era possível concluir-se pela resposta afirmativa, mas que a legislação ordinária estabeleceria limites a esta forma de creditar-se o IPI. Disse mais, que as pessoas que indagam se seria conveniente que o contribuinte assim agisse, para depois questionar perante o Poder Judiciário essa possibilidade, isso talvez fosse uma postura temerária porque poderia, ao cabo, não lograr êxito.

Se estou correta até agora, Prof. Osiris, eu gostaria de receber o seu sinal verde. (*Assentimento*) É justamente aí que me parece que as coisas passam a ficar interessantes. Tem-se cogitado, e tem-se dito com uma certa freqüência, que o Poder Judiciário está se politizando e que o juiz tem enveredado por atitudes e posturas interpretativas muito além da sua medida; e que o Poder Judiciário — e aqui estou ao lado de um Ministro do Supremo Tribunal Federal — de uma certa forma tem alargado o seu campo de atuação, não só em matéria tributária, mas em todas as outras, deixando de fazer aquela investigação legal, estreita, passando a outras cogitações e até criando direitos alternativos.

Judiciário e interpretação constitucional

A partir daqui penso que podemos fazer uma reflexão. Diante do texto constitucional o que faz o juiz? Dizem as mais recentes técnicas interpretativas, dá a ele a mais ampla interpretação e abarcamento possível. Por quê? Porque justamente o texto constitucional é que vai orientar e disciplinar a emissão de outras regras menores, e como baliza posta, o intérprete dará a elasticidade máxima que se possa dar ao texto.

Então os juízes, conscientes e cientes desse seu afazer, que perdem muito daquela postura mecânica de submeter o fato à lei — e, às vezes tenho dito de uma maneira meio desavisada, porque às vezes causa uma certa reação —, o fato jamais se submete à lei; se o fato está diante da lei, a lei vem do fato; portanto, não há uma submissão do fato à lei, há um processo comparativo do fato com a lei. Esse juiz hoje tem feito o seguinte (pelo menos aqueles mais próximos da nossa vivência): tem dado à interpretação constitucional a grandeza que ela possui.

Então, se é possível fazer isto, estará o juiz criando alguma norma, já que a postura do Poder Judiciário não é de criador de normas, pelo menos não por hora? Então, se estamos diante de uma omissão, a técnica permitiria aquinhoar aquele que pede jurisdição com uma resposta afirmativa? O Judiciário não pode deixar de julgar dizendo que a lei é omissa; o Judiciário não pode deixar de julgar, afastando o conflito como alguma coisa que lhe queimasse os dedos. A sua função é esta mesma, recolher o conflito que lhe é trazido e dar solução. E será assim porque a solução será: não contemplada a situação numa legislação infraconstitucional, não temos uma solução adequada para aquela situação? O Judiciário *dará* uma resposta afirmativa para os contribuintes? Não é isto; o que estou tentando dizer é que questões levadas ao Judiciário, às vezes, respondendo este, ésta resposta é que tem provocado a atuação legislativa do Estado no sentido de alargar determinadas portas que estavam abertas na Constituição e que foram estreitadas pela via da legislação infraconstitucional. Me parece que esta é uma missão grandiosa que o Judiciário hoje não se furta em cumprir.

Contribuição corporativa

Parece que as corporações podem ser, às vezes, mais severas e prepotentes do que o próprio Estado e a gestão corporativa, eu acho, não se desonera pelo fato de obedecer a determinados princípios que ficaram tão consagrados na textura da sociedade contemporânea, depois de todos os percalços devidos, até se chegar a este estágio. Assim eu ouso dissentir, pelo menos em princípio, da possibilidade de que estas contribuições venham a ser criadas sem uma previsão legal.

Pode parecer que estou fazendo um retrocesso do que disse do Poder Judiciário. Mas acho que não, e eu tomo de empréstimo alguns argumentos do meu ex-Professor Tércio Sampaio Ferraz Júnior: Direito é técnica de controle. É técnica, mas é lei, é a forma dessa técnica, de todas as formas que se imagine a lei. Embora hoje já se exija que a substância seja legitimidade, penso que não é possível que tenhamos superada esta fase da legalidade; ainda estou, em relação a isto, temerosa daquelas decisões que serão tomadas através de resolução e impondo àquele grupo uma contribuição, uma contraprestação; ainda penso que esta representação melhor se faria através de uma previsão legal. As amarras ainda não estão tão soltas, ao que penso, ao ponto de se permitir esta instituição de contribuições pela via mais singela, que seria a da resolução, ou de ato interno.

Senhores, estas são ponderações muito singelas, muito breves, que o improviso me faz trazer. Mas se não estou aqui para responder perguntas, estarei certamente para formulá-las. (*Palmas*)

PROF. EDUARDO BOTTALLO — Muito obrigado, Profa. Annamaria Pimentel.

Passo a palavra agora ao Professor (não só dela, mas meu também) Tércio Sampaio Ferraz Junior.

PROF. TÉRCIO SAMPAIO FERRAZ JÚNIOR — Senhor Presidente, meus companheiros de Mesa, minhas senhoras e meus senhores. Eu me lembro de uma antiga anedota, em que um indivíduo, muito parecido com o Frank Sinatra, via todos os dias, ao sair ou entrar num hotel, as suas roupas rasgadas pelas fãs, e ficava doente, gritando e dizendo: "Eu não sou Frank Sinatra"; até que um dia, quando ele entra num quarto do hotel, tem uma loura fantástica, e ele começa a cantar como o Frank Sinatra. (*Risos*) Faz anos que eu vinha dizendo ao meu amigo Geraldo Ataliba: "Agradeço o convite para participar de um Congresso de Direito Tributário, não me sinto um tributarista, sou um professor de Teoria Geral do Direito'', mas o encanto do convívio acho que acaba me fazendo cantar um pouco Direito Tributário aqui para todos. E, me permitam, se o faço com uma voz que não é de Frank Sinatra. (*Risos*)

Eu ousaria tocar em dois dos quatro temas aqui mencionados, praticamente os temas que foram talvez mais discutidos, e com um pouco de espírito polêmico — mesmo porque se trata de um painel, e eu tenho a impressão de que os painéis são para que os ouvintes possam sentir possíveis divergências, senão divergências de opinião, pelo menos divergências de teses — eu gostaria de mencionar algumas questões a respeito dos dois temas.

IPI e Contribuição

Quanto ao primeiro tema, a questão do IPI e da utilização do IPI no lugar de uma contribuição de intervenção no domínio econômico, gostaria de dizer que em princípio concordo com o que já foi dito anteriormente, concordo com o que disse o Prof. Balera, por exemplo. Acho conveniente e bastante adequada a interpretação que nós podemos ler, por exemplo, neste artigo publicado na *Revista* pela Profa. Misabel Derzi, a respeito, justamente, do uso do IPI no caso do açúcar, mas faria uma observação, apoiando-me um pouco no testemunho dado pela Dra. Pimentel a respeito da interpretação da Constituição, a melhor possível, a mais adequada possível, etc.

Interpretação constitucional

Existem, a meu ver, duas formas de interpretação da Constituição que merecem relevo; não são as únicas duas; mas eu acho que são dois enfoques interpretativos de uma Constituição que merecem relevo. A tradição do século XIX, principalmente em alguns pontos centrais, como esse do Sistema Tributário, emprestou à hermenêutica constitucional aquilo que eu chamaria de uma função de bloqueio. A interpretação constitucional é uma interpretação de bloqueio, na medida em que a Constituição é vista como um cerne, a partir do qual nós constituímos a cidadania *a contrario sensu*. Isto é, aquele cerne é um mínimo, o que é permitido dali para a frente, *a contrario sensu*, está no terreno da liberdade; mas este cerne mínimo tem que ser resguardado intensamente.

Isso faz da interpretação constitucional uma interpretação de bloqueio. Isto é, a tendência é ler os textos constitucionais na forma de bloqueio, ou seja, retirar dos textos constitucionais, principalmente, aquilo que não pode, não aquilo que pode. O que pode, vem *a contrario sensu*. É mais forte a idéia da proibição.

Pois bem, essa idéia se coaduna com o Estado mínimo e com o Estado de Direito, desde o século XIX. Mas ela entra em crise quando entra no Estado do bem estar social. Já nos anos 30 isso ficou patente e, hoje em dia, me parece que é inextirpável essa tendência para aquilo que também se pode chamar de uma interpretação por legitimação. E aí vem esse papel do Poder Judiciário em conformar a Constituição às necessidades da própria sociedade, tendo em vista que a Constituição não é apenas um mínimo jurídico para a conformação da cidadania, mas é um instrumento para a realização da cidadania.

Essa forma de interpretação é complicada quando nós olhamos para questões como o Sistema Tributário. Ela é complicada primeiro porque a tradição é toda de bloqueio e não de legitimação, e os juristas sentem arrepio quando falamos nessa possibilidade de ampliações, de olhar para as políticas e ver como funciona, quais são as conseqüências. Eu sei que isso é complicado. Mas é complicado também porque isso gera uma certa incerteza e, na ponta, uma certa insegurança, porque os tribunais têm que, de alguma forma, contornar, ao dar uma jurisprudência firme, mas que não os impeça de ser às vezes inovadores e tentar entender as realidades.

Esta preliminar é para os dois temas de certo modo, mas, principalmente agora, para o tema do IPI.

O uso do IPI no caso do açúcar, eu tenho uma notícia muito de perto dele. Eu era Procurador-Geral da Fazenda Nacional nessa ocasião e lembro quando isso foi proposto por uma bancada nordestina; me lembro de que a proposta foi de que se fizesse por um decreto. Lembro-me também, na mesa em que se discutia — era uma mesa enorme, ministerial —, de ter levantado a questão de que talvez o instrumento correto fosse o da contribuição para o desenvolvimento, e não o uso do IPI; de qualquer jeito, jamais por decreto, mas, pelo menos, por uma lei. Lembro-me que, de um ponto de vista político a opinião foi vencida por uma razão muito simples, mas que faz parte da realidade brasileira: os membros da bancada nordestina logo pensaram na frente e disseram "Contribuição? Mas isso vai ser pago à União e depois vai ser repassado, provavelmente". Não, a União não repassa nada do que ela recebe. "Assim não dá. Preferimos o IPI, que é um instrumento direto e funciona." As razões políticas são várias, não vamos entrar nos méritos dessas razões. O que me diziam era: "O desenvolvimento do Nordeste ..." (todo aquele negócio que a gente conhece) "... precisa disso, não há outro jeito, o nordestino vai ficar sem emprego, o açúcar em São Paulo é produzido de uma forma muito mais eficiente, nós reconhecemos, mas se não houver isso a indústria paulista acaba com a indústria nordestina. Como é que nós vamos ficar?"

Não vamos entrar no mérito social da questão, mas a questão política posta era essa, e a questão política tinha esse lado também, isto é, o instrumento que se poderia usar e que, de um ponto de vista de uma interpretação de bloqueio, eu diria que estava correto — a contribuição seria um instrumento correto — do ponto de vista político não funcionou, não foi aceito; e acabou saindo a lei do jeito que todos conhecem, com as ressalvas que eu pude fazer naquela ocasião, pensando na interpretação de bloqueio que acabou acontecendo — o assunto que eu saiba ainda está sendo discutido.

Isso foi antevisto, foi dito, foi informado aos interessados, mas todos disseram: "Nós enfrentamos todos os riscos, vamos para a frente". Está bom, não se pode dizer nada, a autoridade não pode ir além desse limite, que é o limite político, quando o próprio Congresso resolve nessa ou naquela direção. O problema fica realmente para o Poder Judiciário.

Características do IPI

A questão de se posso ou não usar o IPI, me parece — e a Dra. Diva colocou isso muito bem — tender para o modo como eu trabalho as questões relativas à essencialidade e à seletividade, no esboço do modelo do IPI. No entanto — e aqui é que precisamos, talvez, verificar a seguinte questão de um ponto de vista de hermenêutica de legitimação —, se nós trabalharmos em termos de bloqueio, de fato quando eu penso nestas características do IPI, voltadas especificamente para noções como as que a Constituição apresenta — a seletividade em função da essencialidade do produto — de fato a tendência é olhar a outra ponta; mas o conceito de seletividade e de essencialidade pode ter outras faces; afinal de contas, se todo o sistema tributário tem uma função de arrecadação de receita e de manutenção da máquina, é impossível nós deslocarmos esse sistema de outras funções que ele acaba exercendo na prática.

Acho que o Dr. Osiris, com mais facilidade do que eu, pode saber como vêm os industriais, os empresários, às vezes, pedir diferenças de alíquotas. É claro que a argumentação em relação ao IPI vai ser: "Mas veja, Sr. Secretário, a essencialidade, o produto é para a população mais carente e nós precisaríamos ter uma alíquota mais baixa. Isso é de justiça". Mas isso tem a outra ponta, que é o próprio processo produtivo e o incentivo ao processo produtivo. Não dá para olhar só de um lado.

O raciocínio, senão lógico, pelo menos o raciocínio lógico-retórico me leva a considerar os dois lados. Ou seja, inevitavelmente, na tributação existe um instrumento, também, globalmente, de intervenção do Estado no domínio econômico, nem que seja neste sentido lato de organizá-lo, ou de incentivá-lo, ou de direcioná-lo.

A possibilidade de eu jogar com imposição de imposto e estabelecimento simultâneo de certas isenções, no caso do IPI, conhece a meu ver outros exemplos, e exemplos importantíssimos, para os quais, que eu saiba, ninguém levantou problemas de inconstitucionalidade, embora em termos de uma interpretação de bloqueio talvez pudéssemos fazê-lo.

Lembro o caso da Lei 8.191, que concedia a isenção do IPI até 31 de março de 1993 para uma série de equipamentos, máquinas, aparelhos etc., incluindo entre eles os bens de informática. Pois bem, quando essa isenção foi renovada os bens de informática saíram dessa lista e, com base no Decreto 792/93, que regulamentou então a Lei 8.248, que tratava dos bens de informática, passamos a transformar as isenções para produtos, ou seja, isenções objetivas, em isenções subjetivas, em que a empresa leva o seu projeto de desenvolvimento e graças a esse projeto, se aprovado no Ministério da Ciência e Tecnologia, vai lhe ser dado o direito a usufruir das isenções de que fala a lei, inclusive no caso do IPI.

Eu vejo aqui uma forma de incentivo a um setor industrial e, mais do que isso, um incentivo subjetivo, porque não é ao produto, é à empresa. Podemos até questionar se a lei realmente fazia isso ou se o decreto não transformou uma isenção objetiva numa isenção subjetiva — eu acho que ele acabou fazendo isso. Mas independentemente desse problema, a verdade é que percebemos nesse caso a utilização de uma isenção de IPI transformada num decreto em isenção subjetiva, num instrumento visível de intervenção no domínio econômico e, de certo modo, num instrumento de planejamento, nos termos da Constituição, porque ele não é compulsório. Evidentemente todas as empresas que podem, e conseguem, entram dentro do regime, para usufruir dele.

Mas com isso nós procuramos incentivar desenvolvimentos na área de informática. E mais: na hora que eu vinculo não só a projetos, mas também a possibilidades de desenvolvimento, nas empresas ou em entidades de pesquisa, o desenvolvimento da informática, evidentemente estou usando a isenção em relação ao IPI para o produto da informática como um instrumento de intervenção no domínio econômico — a intervenção é em termos de promoção, mas não deixa de ser uma intervenção.

No caso do açúcar, o problema era de equalização, era trazer o preço do produto que, no Sul, pela eficiência das usinas paulistas, era muito menor, para um nível de igualdade, ou suportável equalização, em relação ao produtor nordestino — segundo eles, por razões de solo etc., a produção do açúcar lá é inferior. Mas o problema era não apenas das diferenças regionais, mas também o de propiciar um desenvolvimento desse setor, equânime entre os diferentes produtores de um mesmo produto.

Do ponto de vista de uma interpretação de bloqueio, acho que está perfeita a interpretação daqueles que antes me antecederam, ou da Prof. Misabel, conforme está aqui no seu texto; mas do ponto de vista de uma hermenêutica de legitimação, em que esses instrumentos são colocados na mão do Estado, vejo que as distinções propiciadas pela interpretação de bloqueio na consecução ou na avaliação do instrumento que se põe na mão do Estado, me levam, às vezes, a sutilezas que não correspondem à própria realidade, à necessidade política — isso nós entendemos.

Entendo o cuidado da Dra. Pimentel aqui, quando disse que ela não queria dizer, quando fala dessa possibilidade de o Judiciário conformar — não fazer leis; ela não queria abrir demais o leque. Mas entendo, também, que é impossível não olhar para essa realidade; nós não podemos olhar somente para o que está escrito e, o que é pior, lendo o que está escrito na forma de um bloqueio, a leitura bloqueada. É preciso nós termos essa flexibilidade. Provavelmente o Ministro Rezek vai falar dela agora, porque foi provocado em relação ao frete da Marinha Mercante.

Contribuições corporativas

O mesmo raciocínio se põe, só que aqui, curiosamente, talvez, a *contrario sensu,* em relação às contribuições das entidades ou das corporações. A Constituição em termos de bloqueio é clara: eu só tenho quatro poderes com competência tributante: a União, os Estados, o Distrito Federal e os Municípios. Ponto final. Poder tributante só existe para esses, para mais ninguém. Mas ela abre exceções. O que está realmente no art. 8º., inciso IV: "A Assembléia Geral fixará a contribuição, que em se tratando de categoria profissional será descontada em folha, para custeio do sistema confederativo" — a chamada contribuição confederativa, como ela é conhecida no jargão trabalhista. A Constituição abre essa exceção. Nós podemos nos perguntar se ela conferiu à assembléia geral dos sindicatos um poder tributante que, em princípio, pelo seu próprio texto, deveria estar reduzido à União, Estados, Distrito Federal e Municípios. Eu tenho a impressão de que ela abre.

Agora, como se trata de uma exceção a um poder tributante que, em princípio, está nas mãos do Estado ou dos seus entes fundamentais, dos entes federativos constitucionais, estas questões relativas a exceções, aqui, sim, nós deveríamos trabalhar na forma de bloqueio, e não na forma de legitimação.

Por quê? Agora, olhando também o outro lado, apenas quero jogar um pouquinho, para mostrar como é possível nós trabalharmos ora com uma hermenêutica, ora com outra, tendo em vista talvez as situações. No caso das contribuições para o sistema confederativo, a Constituição é expressa. Mas todos conhecem o problema — quem trabalha em empresa conhece o problema das chamadas contribuições assistenciais; é complicado. Isso vem de uma tradição antiga no Direito brasileiro, desde 1940, por aí, e quando os sindicatos tinham funções assistenciais expressas, mantinham creche, mantinham formas de assistência médica para os seus associados etc. Isso ficou.

O problema da contribuição assistencial é um problema complicado. Os sindicatos insistem em fazer esta cobrança em folha, é descontado em folha, e isso não se dá diretamente, mas via convenção coletiva. E se nós formos ao capítulo da justiça trabalhista, e olharmos o que se fala da convenção coletiva ou da sentença normativa, vamos perceber que, aqui, existe uma extensão complicada de ser manejada.

As contribuições assistenciais muitas vezes provocam reações dos membros da categoria, que não querem pagar. Lembro um problema que é grave em muitas empresas, que é o do sindicato das telefonistas; não há telefonista que não reclame dessa bendita contribuição assistencial do sindicato, pelo valor talvez absurdo que tenham estabelecido. Mas quando nós olhamos a própria jurisprudência, vemos que, se elas não quiserem podem se manifestar que não querem etc., etc. Mas a empresa chega e diz: "Mas eu firmei uma convenção, eu tenho que descontar na fonte. O que eu faço? Armo uma briga com o sindicato ou armo uma briga com a telefonista? Ou armo uma briga com a secretária?" Como é que se faz para resolver esse tipo de problema?

Aqui, tenho a impressão de que é o caso de uma interpretação de bloqueio; olhando para o problema social que surge — porque a briga que se instaura é: membros da categoria contra o seu próprio sindicato, e se voltando para a empresa, pedindo à empresa um auxílio para poder resolver a questão... Quando essa questão se instaura — existe enunciado do TST sobre o assunto, mas que na prática acaba não funcionando — quando vemos problemas desta ordem, talvez, nesse caso, tendo em vista a quebra do sistema em termos dos poderes tributantes, para esse tipo de contribuição acho que deve funcionar a interpretação de bloqueio. Por quê? Porque se ela não é empregada, gera problemas de justiça bastante complicados, ela cria conflitos.

O jogo da interpretação de bloqueio e da interpretação de legitimação não é um jogo que pode ser reduzido a regras gerais, o que faz da interpretação constitucional um processo de revelação do Direito — e o Direito não se revela nas normas gerais, se revela nos casos particulares. A Justiça geral tem uma função importante no exercício da judicatura, mas ela é um propósito que se coloca no futuro; só quando existe uma credibilidade da Justiça, no caso concreto, na hipótese de que a realização da justiça no caso concreto esteja contribuindo para a realização da paz social no futuro, só quando há congruência entre essas duas variáveis é que nós podemos dizer que o Poder Judiciário exerce uma função respaldada em legitimidade e credibilidade.

O jogo das hermenêuticas faz parte, portanto, da atividade judicial *lato sensu,* da qual participam os juízes, os advogados, os promotores, enfim, aqueles aos quais é atribuída essa missão de revelar o Direito.

Muito obrigado. (*Palmas*)

PROF. EDUARDO BOTTALLO — Para concluir essa fase inicial de apresentação dos membros da mesa expositora, passo agora a palavra ao Ministro Francisco Rezek.

MIN. FRANCISCO REZEK — Professor Bottallo, há um saudável equilíbrio na composição desta Mesa: o senhor tem à sua esquerda três tributaristas de grande peso que ascederam da sua própria voz as proposições da manhã de hoje e sobre elas se detiveram com grande esmero e grande acuidade. À sua direita, no lado não-fumante da Mesa (*risos*), o senhor tem três forasteiros aliás, três amigos de longa data — que ficam muito sensibilizados com a sua participação neste evento; mas tudo o que realmente esperam é não contribuir para a maior confusão de temas já bastante complexos e já bastante controvertidos.

Na trilha da Profa. Annamaria Pimentel e do Prof. Tércio Sampaio Ferraz Júnior, eu gostaria de fazer uma abordagem desse gênero. Observo que no último número disponível da *Revista de Direito Tributário*, e também nos papéis distribuídos para este Congresso, há uma referência repetida ao tema do Tratado Internacional e do seu eventual conflito com a legislação interna. É a questão de se saber se está bem posto o tema do primado e, em caso de resposta afirmativa, se o enfoque geral é o mesmo que se aplica ao Direito Tributário, com força no que diz o art. 98 do Código Tributário Nacional.

Tratados internacionais

Hão de lembrar todos, o Supremo o disse, ainda na década de 70, que a nossa solução para o tema do conflito é semelhante àquela dos Estados Unidos da América; nós somos um país cuja Constituição não estabelece — diferentemente, pois, do que fazem as Constituições francesa, alemã, holandesa, peruana, venezuelana e outras tantas — a nossa não estabelece o primado, em qualquer circunstância, independentemente do calendário, do tratado internacional sobre a lei de produção doméstica.

Sendo assim, não poderia o Judiciário, para render homenagem à doutrina, para prestigiar a tese dos internacionalistas, produzir de sua própria inventividade, uma regra de primado. Há que garantir autoridade à última palavra do Congresso. Se a última palavra do Congresso é a aprovação do tratado, não há a menor dúvida de que ele derroga, de que ele derruba qualquer legislação interna anterior. Se, entretanto, sucede o oposto, se, na hipótese de conflito, o texto mais recente é a lei doméstica, há que assegurar a sua aplicação, não obstante isso seja uma confissão pública, por ato judiciário, de que o país está em falta com as suas obrigações internacionais.

Não há solução não-traumática; garante-se o primado da última palavra do Congresso, quando esta é a lei interna, mediante a declaração pública de um ilícito internacional praticado pelo país, por desaviso dos poderes políticos, que não se deram conta — o Congresso ao votar, o Presidente da República ao sancionar uma lei — de que um compromisso externo não recomendava que se legislasse diversamente.

A esse propósito, a questão que se coloca é de saber se, no caso do Direito Tributário, por força do art. 98 do CTN, a solução é diversa ou não. O art. 98 recorda: "Os tratados e as convenções internacionais revogam ou modificam a legislação tributária interna, e serão observados pela que lhe sobrevenha". É esta mais uma regra de prevenção de conflitos, do que uma regra de solução do conflito uma vez consumado e, a esse respeito, a palavra do Supremo não ganhou, até agora, maior univocidade, não ganhou, até agora, maior consistência. A esse respeito me parece que o que temos é bem mais uma questão de Direito Público interno do que uma questão de Direito internacional.

Posto o tratado em confronto com uma lei que o hostiliza de algum modo, e que é de produção mais recente, a questão não é saber se o tratado, por sua própria qualidade, há de prevalecer assim mesmo — visto que a Constituição brasileira não diz isso; é de saber se a lei doméstica tem algum vício congênito, pelo fato de ter sido produzida em desobediência ao art. 98 da Lei Complementar, que diz que os tratados hão de ser observados na produção legislativa doméstica que viceja posteriormente. A esse respeito aguarda-se alguma produção doutrinária que oriente, de algum modo, os caminhos da jurisprudência.

O Supremo viveu poucos momentos da sua história numa situação de tamanha permeabilidade ao bom aviso doutrinário. Isso foi de um certo modo perigoso mas, por outro lado, ostenta uma grande fecundidade. É, como costuma acontecer em tantos domínios, talvez neste mais do que em qualquer outro, é um momento em que da Academia de São Paulo, dos profissionais de São Paulo, desta parte do país se espera uma inspiração mais transparente do que aquela que se espera da média do conjunto.

Tratado de legislação tributária estadual

A propósito da questão de saber se o Tratado Internacional tem primado, já que há uma certa insegurança quanto a sua preponderância sobre lei doméstica posterior (não se pode afirmar isso à luz do Direito Positivo brasileiro), há uma outra questão, que é a de saber se ele — e no contexto do Mercosul isso se lembra com freqüência — prima sobre legislação interna de nível estadual relacionada com tributos, instituindo ou, de algum modo, alterando a sistemática tributária, concedendo isenções ou lá o que seja. Valeria aí também, ou não, a regra do art. 98?

O fato é que, também nesse particular, nós não temos uma solução constitucional; assim como a Carta silencia sobre o tema do primado, no conflito do tratado e da lei doméstica, assim, também, ela se omite de dizer qualquer coisa sobre uma eventual prevalência do tratado, no que se refere a textos de nível que não aquele da Federação.

Nos Estados Unidos da América conhece-se uma regra dessa natureza — está dito na Carta, desde 1787, que o Tratado Internacional, celebrado pelo Presidente dos Estados Unidos e confirmado pela voz de dois terços do Senado, constitui o que lá chamam de Lei Suprema da Nação, isso significando que ele prevalece, como disse a Corte Suprema mais de uma vez, sobre a Constituição, a ordem pública e a legislação de qualquer Estado federado.

Não bastasse esse fato de solução de conflitos, sucede que o governo norte-americano, por especialmente cauteloso, adota nos tratados que celebra, sobre diversas matérias, a chamada cláusula federal, que dispõe, ao final do compromisso que, no que se refere à competência dos Estados federados, tudo aquilo que o governo da União promete a outras soberanias é empreender esforços no sentido de que a legislação de nível nacional se conforme com o compromisso, sem entretanto garantí-lo.

Aqui nos ressentimos da falta de uma norma que resolva conflitos dessa natureza, e não temos também uma tradição, pelo governo brasileiro, de procurar lançar a cláusula federal nos seus compromissos internacionais.

Volto a dizer: esse é um tema no qual estamos em fecundo processo de criação e, a propósito do qual, o debate acadêmico, o debate da natureza deste que aqui se processa, tem uma enorme serventia.

Judiciário e criação do Direito

Tenho que me referir àquilo que a Professora Annamaria Pimentel disse sobre a competência judiciária, já que falava agora mesmo de criação do Direito. Sempre me pareceu que nós, juízes, não tendo sido eleitos pelo povo para compor a ordem jurídica, não temos legitimidade para esse tipo de tarefa; não nos é dado, a nenhum pretexto, usurpar a função legislativa. Essa é a tese, e sobre ela não deve haver dúvida alguma.

Mas o fato é que, à margem dessa realidade, aquilo que se consente em matéria de criação ao Judiciário é inavaliável e, a cada dia que passa mais me convenço disso, por uma série de razões. Nós somos uma ordem jurídica federativa, e as ambigüidades e as inconsistências começam pelo texto gigantesco da Constituição Federal. Quando se promulgava a Carta de 88 alguém lembrava: onde é maior a competência do Poder Judiciário para criar, para arbitrar, para decidir realmente, para tomar decisões com alguma espécie de embasamento político, quem sabe? Num país como os Estados Unidos da América, onde a Carta é extremamente enxuta, concisa, e por causa disso, por falar de tão pouca coisa, abre espaço à criação, ou num país onde sucede o contrário, a Carta se derrama numa infinidade de miudezas, e tanta coisa diz que acaba não preservando a sua espinha dorsal, e é preciso identificá-la, é preciso dizer o que ela é, dada a sua dimensão e a sua inevitável zona cinzenta?

"Normas constitucionais inconstitucionais?"

Por conta disso, o Brasil é, mais que qualquer outro, talvez, um cenário para uma problemática jurídica teorizada no passado pelos alemães, o curioso tema da inconstitucionalidade da própria Constituição — não aquele da inconstitucionalidade por erro de liturgia de uma emenda constitucional que não tenha obedecido na sua gênese o ritual da Carta, mas no texto original, no nosso caso, no texto que se promulgou em 88; a questão é a de saber se poderia alguma norma ser vista como derrubável, por ferir, embora inscrita na própria Carta, uma parte mais eminente dela mesma.

É a proposta feita, há algum tempo atrás, pelo Governador do Rio Grande do Sul ao Supremo Tribunal Federal, num assunto que interessa aos Estados do Centro-Sul, e que tem a ver com a representação no Congresso Nacional. Há um momento em que a Carta diz que a representação na Câmara dos Deputados se faz por contingentes numéricos; e diz que nenhum Estado, por menor que seja o seu colégio eleitoral, estará representado por menos do que 8 deputados. O resultado dessa norma era, segundo o governador proponente, ferir de modo brutal o princípio da igualdade de todos perante a lei e, destacadamente, da igualdade da cidadania, da igualdade dos eleitores, porque transformava o voto de eleitores de determinadas partes do país em algo de valor 25 vezes superior ao voto de eleitores de outras partes do mesmo país. Seria levado o Judiciário a identificar na Carta um núcleo e uma periferia, e em nome dos princípios do núcleo, a desautorizar, porventura, alguma regra da periferia, alguma regra subalterna.

Não param na própria Constituição — pelo contrário, crescem na medida em que se desce de nível — os problemas de incongruência, de obscuridade que o Judiciário, ao compor, é levado a exercitar uma tarefa criativa de grande importância.

Tenho percebido também, cada vez com maior nitidez, à medida que o tempo passa, que a ambigüidade da lei permite, nas mais das vezes, que se tomem decisões em que colegiados se dividem, em que a história de cada um, o passado de cada um, a sua preferência ideológica, a sua formação, a sua concepção das pessoas, da sociedade, da história e do futuro, são fortemente determinantes da decisão.

Cada vez mais me parece verossímil a assertiva de que o juiz, primeiro, decide em função desses fatores; em seguida, valendo-se da sua habilidade técnica, fundamenta aquilo que já havia decidido. Não apenas os tribunais se dividem, mas essas divisões, em inúmeros casos, com maior conotação política, são de algum modo previsíveis por aqueles que acompanham o funcionamento das casas de Justiça. É possível prever para que lado propenderá este ou aquele magistrado, a depender da matéria de que se cuide.

Não faz muito tempo o Supremo Tribunal Federal esteve dividido sobre questões como a obrigatoriedade do exame DNA investigatório de paternidade, a questão de saber se prevalece o direito da pessoa a recusar-se à submissão a determinado exame, ou se prevalece o interesse do menor em ver afirmada a sua identidade à base da verdade material e não de presunções.

O Tribunal dividiu-se também sobre o tema da tortura à luz do Estatuto da Criança e do Adolescente, havendo prevalecido a corrente que entende que este crime já está bem identificado no Direito Positivo.

ICMS — Conceito de mercadoria

Sobre temas da área especificamente tributária temos enfrentado algumas divisões e temos, também, aberto espaço, mesmo quando unânimes, a alguma novidade. O Tribunal repetidamente discute o tema do imposto sobre circulação de mercadorias; e não me parece que esteja sozinho quando sustento que, à margem do fator circulação, é preciso que o bem que circula seja mercadoria — porque é essa a palavra usada no texto constitucional — e não entendo como mercadoria senão o bem que se faz objeto do ato de comércio. A coisa não se transforma em mercadoria senão quando circula mediante um ato mercantil de qualquer natureza.

Não faz muito tempo, também, o Supremo concedeu uma liminar a respeito desse mesmo imposto, que envolve serviços, às companhias aéreas, por estimar, à luz dos trabalhos preparatórios da Constituição de 1988, que, ao construir o novo ICMS, o constituinte de 1988 o fez à base da conjugação de algumas coisas velhas, de algumas coisas que já existiam, entre as quais não figura nada que indique deva se tributar esse gênero de transporte.

Não sei em que medida operou sobre a consciência dos 11 membros do Tribunal o fator político, que é a crise grave com que se defronta esse gênero de atividade econômica em todos os países. O fato é que percebe-se que os tribunais em geral, os juízes em geral, dão-se conta do momento histórico que o Brasil está vivendo e procuram, em maior ou menor medida, condizer com esse momento. Há na classe toda, há na sub-classe, que é aquela dos juízes, dentro da grande classe que somos, a dos profissionais entregues ao culto do Direito, dentro do Estado de Direito, um empenho conjunto em fazer evoluir, em fazer corresponder ao processo histórico a ciência que nós cultivamos.

Somos uma classe em crise, sem dúvida; sobretudo o escalão judiciário, dentro da seara do Direito, enfrenta, neste momento, uma crise grave, resultante de fatores alheios a sua culpa, como a má qualidade da ordem jurídica, do produto legislativo, conjugado com fatores inteiramente atrelados a sua própria culpa, a sua própria responsabilidade, como, entre outras coisas, uma metodologia de trabalho não condizente com o final do século.

Há, sim, uma consciência coletiva de que é preciso honrar determinados princípios, em nome dos quais a sociedade brasileira espera da nossa comunidade mais do que espera das outras, em matéria de compostura, de organização, de inteligência, de humanidade, de bom senso. O nosso compromisso social, aquela tônica das Faculdades de Direito, desde quando fundadas no Brasil, e que se acentuou nos períodos mais sombrios da nossa história, o nosso compromisso social existe e há de ser sempre valorizado; mas ele não é menor do que o nosso compromisso com a verdade e com a inteligência. Temos procurado honrá-lo, e penso que isso é o que, como classe que somos, redime as nossas culpas eventuais e previne a nossa decadência.

Muito obrigado. (*Palmas*)

Debates

PROF. EDUARDO BOTTALLO — Infelizmente nós sempre nesses painéis temos de conviver com esse perverso problema do tempo. Vou passar rapidamente a palavra à Profa. Diva Malerbi, para que possa responder a algumas das perguntas que lhe foram encaminhadas pelo plenário, e depois, na seqüência, passarei a palavra aos outros professores.

PROFA. DIVA MALERBI — Prometo, Sr. Presidente, que serei breve, porque sei que o número de perguntas é enorme.

Aqui uma pergunta de Júlio Oliveira, nos seguintes termos: "Atende o princípio da seletividade a tributação do IPI sobre produto essencial da cesta básica, como por exemplo o açúcar? De notar que foram estabelecidas alíquotas variadas para alguns Estados. O IPI comporta diversidades de alíquotas em decorrência do Estado em que produzido o bem?"

Eu responderia de uma forma rápida, dizendo que, entre outras, principalmente, aqui há um ferimento, há um agravo à igualdade formal, à igualdade diante da lei. Tanto as contribuições como o próprio IPI estão sujeitos à obediência ao magno princípio da igualdade no seu sentido formal, ou diante da lei. Esta lei estabeleceu três tratamentos jurídicos diferentes para a produção de um mesmo bem industrial, quer no território nacional ou quer se entenda como uma atividade incentivadora, os incentivos daquela exceção do art. 151, inciso I, da Constituição, para a uniformidade tributária. Quer dizer, estabeleceu três regimes jurídicos para a produção de um mesmo bem industrial, para uma mesma região do país.

Quer dizer, não pode. Esta é a minha resposta, e pretendi, pelo menos, ter colocado na parte que expus, que a seletividade em função da essencialidade é uma regra, um preceito constitucional, que acaba até se transformando numa cláusula restritiva do sentido e do alcance de outras prescrições constitucionais, como neste caso o art. 151, inciso I.

Uma outra pergunta feita por Leila Paiva diz que eu acabei me referindo à regressividade. A progressividade, no tempo, para o IPTU — Imposto sobre Propriedade Territorial Urbana, para aquela que não cumpre a função social da propriedade. Quer dizer, esta regressividade atinge a própria capacidade econômica do contribuinte.

Estou sendo rapidíssima porque há diversas perguntas para os demais.

Há uma outra pergunta com relação à seletividade do ICMS, se se aplica... Se aplica no contexto de todas aquelas considerações que fiz, quer dizer, a seletividade aqui com o mesmo regime, para o ICMS comportaria outras considerações à pergunta, que não seriam possíveis aqui. Em princípio eu daria as mesmas considerações para o ICMS.

PROF. EDUARDO BOTTALLO — Passo a palavra ao Prof. Osiris Azevedo Lopes Filho.

PROF. OSIRIS AZEVEDO LOPES FILHO — A minha opinião a respeito do IPI é mais de acordo com a opinião do Prof. Tércio, que é a seguinte: se o IPI incide sobre a industrialização, é óbvio que influencia a industrialização. Ora, se nós olharmos o marco constitucional do IPI, fora os princípios da não-cumulatividade e da seletividade, vamos ver que ele é exceção ao princípio da anterioridade e ao princípio da legalidade. Então, a possibilidade de variação das alíquotas é muito grande.

Por outro lado, falou-se muito, aqui, da seletividade, e na minha opinião muito unilateralmente. A seletividade pode ser aferida de duas formas: a social, que foi abordada, e a econômica.

A seletividade, sob o ponto de vista econômico, como se faz? É óbvio que os bens de capital, as máquinas, os equipamentos, as ferramentas, têm de ser baixamente tributados, senão comprometem o capital de investimento da empresa. É só olhar as alíquotas do IPI para ver que todos esses bens de capital têm alíquota baixa.

E com relação ao processo produtivo? Ora, a matéria-prima, material de embalagem, todo o produto, hoje, por questões até não só de segurança, mas de manuseio, de *marketing*, tem que ser embalados. Então plástico adquire relevância fundamental; tributação baixa, para não comprometer o capital de giro.

O grande problema surge nos produtos intermediários, que são componentes de determinados bens que vão ser produzidos e, por outro lado, são vendidos como produto final, caso típico do pneu, que entra no veículo automóvel, a ser produzido, mas que também é vendido nas lojas.

Então a seletividade tem que ser vista fundamentalmente nessas duas óticas, não só na ótica social — em que se tributam baixamente ou não se tributam os bens necessários, e de uma forma mediana de intensidade os bens úteis, e de uma forma elevadíssima os bens supérfluos, os de consumo conspícuo — mas também seletividade sob o ponto de vista econômico, porque a estrutura constitucional do IPI tem influenciado princípios não só no âmbito social mas, principalmente, na ótica econômica. Falar que ele é um tributo não-cumulativo é querer diminuir o custo do processo produtivo; obviamente não comprometer, apenas, o capital de risco, mas também não comprometer o capital de giro da empresa.

Como solucionar isso? Acho que o Prof. Tércio falou também numa questão da conjuntura. A importância do debate da política econômica e de industrialização da conjuntura é fundamental; por isso a Constituição dá a faculdade ao Poder Executivo de variar as alíquotas, e essa variação tem que produzir efeitos imediatos.

Outro grande problema: a questão do ouro e das pedras preciosas. Com o, então, imposto de consumo, logo depois da guerra, o Brasil foi perdulário. A guerra forçou os judeus europeus, que foram sempre especialistas nessa área de jóias e de pedras preciosas, a virem para os países não alcançados diretamente pela guerra. Vieram para o Brasil, e alguns permaneceram aqui. Mas uma política baseada na seletividade teórica levou-os de volta a transformar, por exemplo, Telaviv, que não produz nenhum metal precioso, nenhuma pedra preciosa, num grande centro da joalheria mundial. Por quê? Porque a política adotada no Brasil agravou, fantasticamente, o imposto de consumo, a tributação das jóias e metais preciosos.

Havendo a seletividade, qualquer política que agravar a tributação dos metais e pedras preciosas, evidentemente, vai favorecer a importação, porque a capacidade de transportar essas jóias é muito grande.

Ainda que adote a extremos essa idéia da seletividade, em relação a certos bens estratégicos de fácil manuseio no descaminho e no contrabando, eu acho que a tributação deve ser baixa, exatamente para atender à conjuntura do mercado internacional e do mercado nacional, proteger via não só imposto de importação, mas via IPI, a produção nacional, porque senão ela não emplaca. Se colocar alíquota de 50 a 70% para jóias, vai ter a circulação no mercado interno de jóias obtidas por importação irregular.

Obrigado.

PROF. EDUARDO BOTTALLO — Professor Wagner Balera.

PROF. WAGNER BALERA — A primeira e a segunda perguntas que me formularam estão mais ou menos coincidentes. A primeira é do Prof. Marçal Justen Filho, e de certo modo envolveria umas duas horas de conversa: "Considerando a irrelevância da denominação legal, não seria possível afirmar que o IPI com o fim vinculado seria, na verdade, uma contribuição? Logo, o problema estaria na hipótese de incidência e na base imponível, que poderia conflitar com a interpretação de que contribuição de intervenção pode ter qualquer materialidade e qualquer base".

O grande problema é o do conceito de contribuição. E, aqui, eu digo que, mais ou menos, nós não temos culpa sobre esse limbo em que se colocou o conceito de contribuição. Aliás, eu assisti Gilberto de Ulhôa Canto fazer um *mea culpa* de porquê eles não colocaram o conceito de contribuição no Código — porque no fundo nós somos positivistas e o projeto do Código dizia o seguinte: "Contribuição é o tributo que não é nem imposto e nem taxa". E nós ainda hoje enfrentamos essa ambigüidade. Só que me parece que não é assim; o conceito constitucional de contribuição é diferente — com relação àquilo que a Profa. Misabel Derzi tem sustentado, com seu brilhantismo costumeiro — a contribuição está envolvida por uma parafiscalidade necessária; só existe verdadeira contribuição nesses termos, em termos constitucionais. Então, não é a denominação, evidentemente, que interessa.

Claro que a consistência material de um tributo, o modelo jurídico do tributo, é dado pela hipótese de incidência e pela base de cálculo. Aí é que eu vou saber se estou diante de imposto ou diante de uma taxa ou de uma contribuição.

Então eu diria que essa definição jurídico-positiva de contribuição está implícita no sistema, embora não esteja expressa, como talvez alguns preferissem.

O Dr. Paulo José Leite Farias diz: "Além dessas características diferenciadoras de imposto e de contribuição, existem outras".

Bem, além dos princípios gerais próprios dos tributos, existem alguns princípios específicos das espécies tributárias de contribuição. Este é o caso, por exemplo, da contribuição de seguridade social, que tem um princípio próprio, peculiar a ela, que é o da eqüidade no custeio, do art. 194, inciso V. Por outro lado, a contribuição corporativa tem uma peculiaridade dela mesma, que é essa exceção específica ao princípio da estrita legalidade.

Aliás, aqui eu estou respondendo também ao professor do Pará, Fernando Scaff. Ele diz assim: "Como fica o princípio da reserva legal ou da estrita legalidade na definição do valor da contribuição?"

Na verdade a Constituição de 1988, no art. 8º, estabeleceu uma exceção ao princípio da legalidade. Essa exceção diz respeito, precisamente, à contribuição corporativa. Há duas contribuições referidas no art. 8º: uma é a contribuição legal, a chamada contribuição sindical, a outra é a contribuição corporativa — isso está no sistema, e não posso ignorar o que está escrito na Constituição. As duas são contribuições sociais, uma obedecendo ao princípio da estrita legalidade e a outra obedecendo ao modo jurídico de criação do tributo.

O que alguém pode questionar sobre isso?

Vem o Dr. Nelson Trombini e diz o seguinte: "A partir da sua exposição posso concluir que os trabalhadores não filiados aos respectivos sindicatos da categoria não estariam obrigados a recolher contribuição criada pela Assembléia Geral?"

Eu não disse isso na minha exposição! Eu digo que ele está, sim, obrigado. O que ele pode questionar é a forma pela qual foi criada a contribuição. Se houvesse na criação da contribuição aquilo que o Ministro Rezek chamou, elegantemente, de um erro de liturgia, posso deixar de pagar; do contrário eu tenho de pagar, mesmo não estando vinculado ao sindicato ou à corporação.

O Prof. Eugênio Doin Vieira me pergunta: "As contribuições corporativas são tributos?"

São duas contribuições corporativas: uma é aquela prevista na lei, a contribuição sindical, que não deixa de ser uma contribuição corporativa; e a outra também, a criada pela instituição sindical para o fomento do sistema confederativo, é também um tributo — na minha opinião.

PROF. EDUARDO BOTTALLO — Vou passar a palavra agora ao Ministro Francisco Rezek.

MIN. FRANCISCO REZEK — Tenho uma questão só e de rápida resposta. Apenas lembraria que eu ouvi há pouco tempo atrás a história de um magistrado de alta hierarquia que, na primeira metade do século, viajando por um dos Estados do norte do país, tinha ao seu lado um jovem estudante que lhe perguntou: "Ministro, o que é mesmo hermenêutica jurídica?" Foi respondido: "Eu não devo lhe responder isso, porque posso ter que me pronunciar a respeito num caso concreto". (*Risos*) Eu acho que há situações mais graves.

A pergunta do Dr. Antônio Sá, do Rio de Janeiro, é esta: "Na nova proposta de emenda constitucional tributária, apresentada pela União, os tratados internacionais poderão conceder isenção de tributos estaduais e municipais. Isso não fere o princípio federativo?"

Eu compartilho a sensibilidade do Dr. Antônio Sá em face do fato, da circunstância, de que, desde que fundada a república federativa, nada mais se fez do que solapar o princípio federativo. Essa história começa na grande reforma de 1926 e não sofre solução de continuidade. Nesse particular a Carta de 88, tão cheia de novidades em determinados domínios, foi absolutamente fiel ao que se fez em 26, nos anos 30 de triste memória, na reconstitucionalização de 46, nos textos militares. De modo que não há, aí, novidade; preservou-se a idéia de que somos uma federação onde a autonomia dos Estados federados serve pouco à boa causa de identificar em cada um deles o seu próprio perfil político e as suas macro-opções, e mais à causa bastarda de fomentar a multiplicação de despesas administrativas. É para o que há de menos bom que a autonomia tem servido, infelizmente.

Posta essa premissa, Dr. Antônio Sá, eu acho que não, acho que não feriria o princípio federativo, tal como ele se entende no Brasil, à luz da sua história constitucional e à luz do texto atual. Penso que deveríamos lembrar o fato de que a Constituição americana disciplina, desde o texto original, esse primado; algo que nela se escreve foi, desde o começo, interpretado pela Corte Suprema como significativo de que as constituições, as leis, a ordem jurídica, a ordem pública dos Estados federados hão de conformar-se com aquele pouco que constitui a ordem federal, mas também com os tratados passados em nome da União.

Há uma justificativa para isso, diziam, desde o final do século XVIII, os autores. Os tratados não se fazem pela singular vontade do chefe do governo, não obstante o fato de ele ser eleito por toda a cidadania; mas os tratados passam pelo crivo do Senado, que é representativo das unidades federadas. No Brasil os tratados passam pelo crivo duplo da Câmara dos Deputados e do Senado Federal, e não se confirmam pelo Poder Executivo senão depois deste aval dos órgãos de representação popular.

Nós estaríamos supervalorizando a construção brasileira do princípio federativo se o entendêssemos tão sensível, tão cristalino, no sentido do cristal vidro, a ponto de se ressentir de uma regra constitucional, ainda que não-original no texto, mas aí plantada por via de emenda, e que dissesse que tratados firmados pela União, mediante a composição das vontades do governo da República e do Congresso Nacional, podem conceder isenções tributárias, mesmo naquilo que não seja a faixa de competência tributária específica da União.

Obrigado.

PROF. EDUARDO BOTTALLO — Obrigado, Ministro.

Doutora Annamaria Pimentel.

PROFA. ANNAMARIA PIMENTEL — Tenho uma pergunta de Brasil Salomão, advogado, que é a seguinte: "Admitir a necessidade de lei para contribuições corporativas não poderá representar uma intervenção capaz de destruir a própria corporação?"

Prezado Dr. Brasil Salomão, nós temos uma crise mundial do Estado, não é propriedade nossa, nós temos uma crise permanente dos poderes do Estado, e temos uma crise localizada dos poderes do Estado no Brasil. Esta crise vem sendo fomentada pela produção legislativa fantástica, sobretudo na área tributária. Ao mesmo tempo que o Estado brasileiro apregoa que não vai ser intervencionista, ele estabelece novos tributos que irão ser cobrados. E agora já se começa a discutir quantas demandas nós teremos, futuramente, em relação a estas reformas e à criação desses novos tributos, levando o Poder Judiciário a uma quase paralisação e engessamento das suas atividades, porque é impossível resolver todas as questões que são trazidas. E, aí, nos acenam com um controle. Quem sabe bem controlado o Judiciário ficará mais calmo e contido na sua atuação. Perigo sempre há, mas ele sobreviverá a isto, como sobreviverá a outras crises futuras, porque todos nós dependeremos, sempre, deste Poder, e ainda não se encontrou uma fórmula fantástica de resolver isso.

Também as corporações; eu imagino que os seus gestores encontrarão uma fórmula legal de obter estas contribuições, e nos limites possíveis de serem satisfeitos por aqueles que são obrigados a prestá-las, sob pena — e isto é que imagino como um dado importante — de que não sabendo fazer conviver essa situação de necessidade da obtenção desse crédito e ao mesmo tempo a possibilidade do contribuinte de satisfazê-lo, nós cheguemos a um impasse de que estas corporações não consigam a sobrevivência. Haverá, sim, o instante, penso, em que os seus gestores encontrarão pela via legislativa o meio adequado a fazê-las sobreviver. Elas são essenciais à forma de atuação do próprio Estado e da vida em sociedade. Penso que há de se encontrar um meio para esta solução, e pela via legislativa.

PROF. EDUARDO BOTTALLO — Muito obrigado.

Professor Tércio.

PROF. TÉRCIO SAMPAIO FERRAZ JÚNIOR — Tenho quatro questões aqui; duas delas, do Dr. Campos e do Dr. Élcio Reis, se referem à questão das contribuições corporativas. Uma delas é mais simples: "Como é que se pode justificar a legitimidade de três indivíduos contratarem, via assembléia geral, uma obrigação que afete, isto é, obrigue outros pelo nosso sistema jurídico"; e a outra questão também vai um pouco na mesma direção, fazendo inclusive uma comparação entre a situação do condômino que, não comparecendo à assembléia, não obstante é obrigado a assumir as decisões da assembléia, com o caso das normas estatutárias no sindicato; assembléia realizada, isso vale, em termos de contribuição, para toda a categoria.

Eu diria que no que diz respeito à contribuição para as confederações, que está no art. 8º., aqui, por força do texto constitucional, não vejo dificuldade em que a obrigação daí resultante afete toda a categoria, isso conjugado, inclusive, com a representação que o sindicato tem da categoria e não apenas dos seus membros.

O problema a meu ver aparece com outras contribuições, como é o caso da contribuição assistencial, que não tem uma base direta na Constituição, mas que tem uma base simplesmente na própria manutenção dos serviços proporcionados pelo sindicato, e não necessariamente um serviço a todos.

Ou pelo menos, ainda que ele queira abrir a todos da categoria, pode ser apenas um serviço destinado a certos grupos, ou aqueles que realmente deles façam uso. Nestas contribuições é que me parece que a questão se torna complicada quando, por via da convenção, o sindicato obriga todos os membros da categoria a fazê-la, a prestá-la.

Como falei aqui, não discuti propriamente o art. 8º; ali, a base constitucional é mais clara. Eu me refiro a outras contribuições, como essa relativa à contribuição assistencial, que não tem uma base direta na Constituição, que vai me levar a uma análise das convenções coletivas e da sua força, inclusive da sua força em relação à própria lei.

Há discussões a respeito de se a convenção pode, até, derrogar, num certo sentido, a lei, porque ela teria um sentido de autonomia privada. Só que se ela é autonomia privada, o estabelecimento dessa contribuição para além dos membros é que gera o conflito, pelo menos. Aqui, eu tenho dúvidas se existe essa possibilidade. É o problema de interpretarmos corretamente qual é a representatividade que tem, a natureza dessa representação que tem, o sindicato, em face da categoria, e não apenas dos seus membros.

É evidente que dentro do nosso sistema o sindicato se aproxima de uma representação, algo como que um mandato quase político, e os fundamentos para nós estendermos pela categoria. Mas dado os conflitos que aparecem, no caso da contribuição assistencial, tenho minhas dúvidas se isso deveria ser levado nessa extensão.

Uma outra questão se refere ao problema por mim mencionado, ligado à interpretação de bloqueio. A pergunta é do Dr. Frederico Teófilo, e se refere à possibilidade de interpretação de normas constitucionais tributárias que não por interpretação de bloqueio, haja visto que a Constituição, no seu art. 5º, contém a garantia do direito à propriedade. Se existe essa garantia do direito à propriedade, se a expropriação só é possível em casos previstos na própria Constituição, seria possível nós interpretarmos normas constitucionais tributárias que não em termos de uma interpretação de bloqueio?

Eu acho que sim, eu acho que é possível. E é possível com base nos mesmos princípios. A Constituição, num inciso, fala: é garantido o direito de propriedade; no inciso seguinte fala: a propriedade atenderá a sua função social. Isso abre; é uma questão de interpretação, realmente; o intérprete tem que pesar as duas coisas, não dá para ficarmos na idéia da propriedade como a base única para levarmos ao bloqueio como técnica hermenêutica de todo o sistema tributário. Eu tenho que olhar todo o conjunto: é a arrecadação, é a forma do Estado atender às suas necessidades sociais, às necessidades sociais da população... Tudo isso tem que ser levado em consideração, não dá para nós nos fecharmos, por mais que queiramos ser positivistas na interpretação.

Aliás, o positivismo no Direito Tributário brasileiro é uma coisa curiosa, porque de um lado ele é afirmado como positivista; mas todos os positivistas que eu conheço são realistas, eles não são nominalistas — como é o positivismo contemporâneo. Quer dizer, todo mundo diz: "Não, não importa, contribuição é contribuição; se nós trocarmos o nome, continua sendo contribuição". Isso é de um realismo que fere todas as tendências positivistas modernas, mas todos continuam se dizendo positivistas. Há uma certa incongruência nos positivismos.

Mas se somos realistas, e não propriamente positivistas, nós temos de olhar essa realidade. É garantido o direito de propriedade? É. Mas a propriedade atenderá à sua função social. Isso tem que ter as suas implicações, não dá para nós deixarmos de olhar para um lado sem olharmos imediatamente para o outro.

Portanto, a possibilidade da interpretação por legitimação, no sistema tributário, me parece perfeitamente possível. Um caso expresso na Constituição diz respeito, por exemplo, às questões relativas ao IPTU. Não me lembro agora exatamente em que artigo está, senão poderia mostrar — e a hora não vai me permitir —, mas ali fica nítida a possibilidade de uma interpretação por legitimação, até para dizer em que sentido a propriedade urbana exerce uma função social. Quem diz isso é o legislador, não está escrito; isso é interpretação por legitimação. Quer dizer, dá, sim, para interpretar o sistema tributário também com o princípio técnico hermenêutico da legitimação, e não só pelo bloqueio.

A última questão, eu lamento, mas acho que tomaria todo um outro painel, porque se refere ao problema do princípio da não-cumulatividade abertamente relativa ao IPI, tendo em vista que no que se refere ao IPI o princípio não conhece nenhuma limitação, como acontece em relação ao ICMS. A pergunta é muito interessante, mas acho que não vai dar tempo para responder isso, e merece mais reflexão.

Muito obrigado.

PROF. EDUARDO BOTTALLO — Eu agradeço a brilhante contribuição, seja dos fumantes, seja da ala dos não-fumantes, como espirituosamente lembrou o Ministro Rezek, e a presença de todos os que participaram desse painel, e declaro encerrada a sessão. Muito obrigado a todos. (*Palmas*)

MESA DE DEBATES (14.9.95)

TRIBUTOS ESTADUAIS

Guerra fiscal — Caráter nacional do ICMS — Proposta de Emenda Constitucional — ICMS na importação — Destinatário constitucional — Base de cálculo na importação — Importação e "leasing" — Importação por pessoas físicas — Tratado e Constituição — Mercosul — Isenção de tributos estaduais — Créditos de ICMS: quando não cabem? Pode a Lei vedá-los?; histórico; aproveitamento de crédito — ICMS: proposta de reforma — ICMS na importação — Base de cálculo na importação — ICMS em Lei federal — Empréstimo Compulsório — Câmara de Compensação do ICMS — Debates:

ALCIDES JORGE COSTA
ESTEVÃO HORVATH
HERON ARZUA (Presidente da Mesa)
JOSÉ EDUARDO SOARES DE MELO
ROQUE ANTONIO CARRAZZA
SACHA CALMON NAVARRO COELHO

PROF. HERON ARZUA — Vamos dar início à primeira apresentação desta Mesa, passando a palavra ao Prof. Estevão Horvath.

PROF. ESTEVÃO HORVATH — Senhor Presidente, colegas da Mesa, colegas congressistas, eu vou me valer da palavra bastante brevemente porque outros professores falarão sobre coisas importantes também. Quer dizer, o assunto que vou falar eu reputo bastante importante; mas de qualquer forma, há outros assuntos mais importantes que serão tratados aqui.

Guerra fiscal

Vou insistir novamente no problema da chamada "guerra fiscal" e fazer como aquele mosquitinho que, não parando de zumbir, talvez um dia seja pego no ar. No ano passado já comecei a falar um pouco sobre isso e nada aconteceu desde então, ao que eu saiba, para procurar resolver essa situação, com relação, principalmente, ao ICMS. Aliás, é aí onde surgem esses problemas, principalmente a chamada guerra fiscal. No meu modo de ver é um problema mais político do que jurídico. De qualquer forma nós temos uma solução positivada na nossa Constituição.

Então eu venho, mais uma vez, mostrar a minha indignação com o descumprimento da Constituição. Descumprimento da Constituição pelo Poder Público, acho que estamos acostumados a ver diuturnamente, desde há muito; agora, quando o descumprimento também se dá entre as pessoas públicas, as pessoas políticas entre si, isso já me parece que ultrapassa o limite de qualquer criatividade, mesmo num país latino-americano em desenvolvimento, como é moda dizer hoje em dia.

Por exemplo, com relação ao ICMS, a Constituição diz, clarissimamente, que para serem concedidos quaisquer isenções, benefícios, incentivos, reduções, qualquer coisa que seja semelhante, tem de haver um consenso entre os Estados. Então, como o Prof. Alcides Jorge Costa dizia há poucos minutos (quando tomávamos um café) conhecer a história é muito importante — não que eu a conheça com a profundidade que o Prof. Alcides conhece, mas sem dúvida não preciso ir muito longe com relação a isso.

Por que será que o constituinte colocou isso no texto constitucional? Para justamente evitar que acontecesse o que está acontecendo agora, e que, há um mês e meio, dois meses atrás foi objeto de reiteradas páginas nos jornais, e até agora não vi um fim nisso. Vários Estados, cada um de uma maneira diferente, têm tomado medidas, individualmente, em detrimento de outros Estados. Alguns dirão: isso é por questão de pura sobrevivência; se assim não o fizerem esses Estados não poderão sobreviver na sua competitividade com relação aos demais Estados. Esse é o aspecto político.

Juridicamente falando, por que haveria o constituinte de pôr na Constituição, ao contrário do que fez com todos os demais tributos, que para serem concedidas isenções com relação ao ICMS tinha de haver um consenso entre os Estados? Alguma razão relevante ele deve ter imaginado para colocar isso.

O fato é o seguinte — historicamente as razões devem ter sido essas: o ICMS é um imposto que vai propiciar muita discussão, muito debate, e se cada Estado for fazer de um jeito, sem olhar o que o outro fizer antes ou depois, vai prejudicar o próprio esquema federativo, que acho que é onde desemboca a situação que temos hoje em dia, a situação presente. Então ele resolveu dizer, ao contrário de todos os demais tributos em relação aos quais a mesma pessoa que tributa é a pessoa competente para conceder isenções, benefícios etc. e tal, com relação ao ICMS: não, para que isso possa ser feito, precisa haver uma autorização dos demais Estados.

Como é feita essa autorização, se é da maneira mais correta ou menos correta, se é a mais apropriada ou não, o fato é que nós temos lei para isso; por enquanto é a Lei Complementar n. 24/75, que disciplina a forma pela qual os Estados se reunirão e elaborarão um convênio acertando essas diferenças. Desse convênio surgirá esta autorização para disciplinarem o seu ICMS em relação aos — eu chamarei em sentido amplo — benefícios fiscais.

Entretanto, não é isso o que vem acontecendo; quer dizer, há Estados que, reiteradamente, desobedecem esse preceito constitucional, estabelecendo regras — que ou reduzem a base de cálculo do imposto ou, mediante financiamento do imposto, este acaba, praticamente, inexistindo — em prejuízo de outros Estados da federação que não fazem isso; e, portanto, evidentemente aqueles vão atrair para os seus territórios empresas, que é a intenção de todo o mundo.

Caráter nacional do ICMS

Mas eu lembro, juridicamente ainda, interpretando as disposições referentes ao ICMS, nós verificamos claramente — no meu modo de ver —, que o ICMS, apesar de ser um imposto da competência dos Estados-membros da federação, tem um caráter marcadamente nacional. Talvez tenha sido essa a razão principal que fez o constituinte colocar esse dispositivo na Constituição, dizendo que os Estados não poderiam agir solitariamente, concedendo benefícios, isenções, ou outro tipo de tributo, sob pena de, dessa forma, quebrar o pacto federativo imaginado em matéria tributária.

Qual é a solução disso? Não sei. Acho, que o Judiciário já tinha de ter dado essa solução. A minha preocupação maior é a seguinte: ontem, ouvindo a palavra do Prof. Marçal Justen sobre a moralidade, a Profa. Lúcia Valle Figueiredo e o Prof. Celso Antônio Bandeira de Mello — eu vivo pensando também sobre isso: a boa-fé, a lealdade, a moralidade.

Acho que todos nós, aqui pelo menos, nos sentimos incomodados, violados, quando tomamos conhecimento de situações antiéticas praticadas por alguém que conheçamos ou de quem tenhamos ouvido falar. É uma coisa que choca, no mais das vezes — até ficarmos vacinados e, talvez, um dia, não nos importarmos mais com isso. Mas normalmente chocam essas atitudes antiéticas vindas de uma outra pessoa.

Agora, quando quem viola a lealdade, a boa-fé, o cumprimento à Lei das leis, é um próprio Estado-membro da Federação, acho que realmente todos os limites foram ultrapassados. E o pior é que não vejo providências concretas, de fato, imediatas — e para mim isso tinha que ser, por exemplo, decidido em uma semana — para que isso seja resolvido. A única esperança minha é que se isso não for resolvido judicialmente, e se prosperar o projeto de emenda de reforma constitucional, isto vá ser solucionado, se é que eu entendi bem — parece que o Prof. Alcides vai tocar também no assunto —, com a regulamentação do ICMS, tanto o federal como o estadual, por meio de uma lei complementar federal, o que, portanto, resolveria esses problemas, por exemplo de concessão de benefícios *lato sensu*.

Proposta de Emenda Constitucional

Aí existe um esquema imaginado para que na mudança do art. 155, no inciso I fique: "O imposto (que é esse ICMS da União e dos Estados) será administrado, arrecadado e fiscalizado no que lhes couber pela União, pelos Estados e pelo Distrito Federal, que celebrarão convênio na forma da lei para assegurar a uniformidade de procedimentos administrativos e interpretações". Então, em relação ao que eu estou procurando dizer sobre essa chamada guerra fiscal, talvez, se não for resolvido judicialmente, logo, essa solução seja superada pela mudança constitucional e legislativa.

Só mais uma razão de cunho jurídico que eu me esqueci de acrescentar, e é a seguinte: com relação ao ICMS, como já disse, apesar de ser estadual, tem uma feição nitidamente federal, nacional, e além de tudo quanto ao problema da competência, apesar de ser de competência dos Estados, esta competência não é facultativa, segundo nos ensinam alguns autores da maior suposição, como o Prof. Paulo de Barros Carvalho, o Prof. Roque Carrazza, por exemplo, que com relação a todos os demais tributos, quando discorrem sobre a competência tributária, dizem: é ela, entre outras coisas, indelegável, incaducável, intransferível e facultativa, a não ser no caso do ICMS, que, justamente para que seja mantido esse pacto federativo imaginado pela Constituição, não pode ser facultativo; quer dizer, os Estados seriam obrigados, querendo ou não, a instituírem o seu ICMS.

Bom, é mais um ingrediente que eu jogo para os senhores, para meditarem e verem se encontram alguma alternativa, que me digam também se eu estou sendo exagerado nessa preocupação, ou se realmente é um problema bastante grave, ao qual não se tem dado muita atenção ultimamente.

Muito obrigado. (*Palmas*)

PROF. HERON ARZUA — Professor José Eduardo.

PROF. JOSÉ EDUARDO SOARES DE MELO — Também não mais do que 15 minutos, para dar oportunidade aos ilustres membros desta Mesa.

ICMS na importação

Vou tratar com vocês, colocar aqui à meditação e à reflexão, alguns pontos do ICMS na importação. Embora alguns deles já estejam, até, meio surrados pela jurisprudência, eu acho que isso não deve nos incomodar porque, até, ontem mesmo à tarde, um que nós chamamos "tesista", fez uma abordagem a respeito da substituição tributária e trouxe, aqui, a conhecimento, uma nova postura do Superior Tribunal de Justiça com relação à substituição tributária, entendendo-a legítima, sendo que há uns três meses atrás, em embargos de divergência, teria sido inquinada de ilegítima.

Então me parece que repensar a jurisprudência, nesses casos do ICMS na importação, é sempre muito oportuno, mesmo porque, em muitos casos, muitas questões não foram, ainda, apreciadas pelo Supremo.

Destinatário constitucional

O ponto que chama a atenção é aquele que trata da conceituação, ou do alcance, ou da abrangência, da expressão "destinatário" na norma constitucional, quando trata do ICMS na importação, dizendo que o ICMS será devido ao Estado "onde estiver situado o estabelecimento destinatário". Sem usar a expressão guerra fiscal — e eu sei que isto tem redundado numa guerra fiscal —, coloco a seguinte situação... (É claro que esta discussão não existirá na medida em que a importação se processe num determinado Estado, os fatos físicos ocorram nesse mesmo Estado, o destinatário da mercadoria também esteja situado no mesmo Estado; então não haverá guerra com ninguém, não haverá problema nenhum, e o alcance da Constituição será o estabelecimento do destinatário em um Estado só). O problema surge na medida em que se envolvam dois ou mais Estados, o que eu chamo de Estado *A*, que importa uma mercadoria, obtém a guia de importação, promove o desembaraço aduaneiro, ou seja, o chamado "contribuinte de direito", e logo após essa mercadoria se destina a um contribuinte situado em outro Estado *B*. Ou seja, os fatos físicos, a questão territorial é ligada ao Estado *B* e não ao Estado *A*.

Então aqui se discute o seguinte: qual é o Estado que pode cobrar o ICMS? Aquele Estado em que o contribuinte promoveu a importação ou é aquele a que realmente se destinou a mercadoria?

Eu tenho o ponto de vista seguinte: se nós estamos cansados de saber que o ICMS incide sobre operações jurídicas, e não meramente sobre fatos físicos, à medida em que o importador promove a importação e realizou o negócio jurídico-mercantil, negócio internacional, e sendo que ele é o destinatário da mercadoria, o fato de essa mercadoria, numa operação jurídica subseqüente, se destinar a um Estado *B* ou a um Estado *C*, seria irrelevante para os desígnios constitucionais.

Eu sei que muitos podem objetar a essa postura, alegando que no caso se trataria de uma simulação, porque adredemente já se sabe quem vai ser o destinatário da mercadoria. O fato também é que não se tem segurança alguma que esse Estado *B* — não estou aqui nominando para não criar problemas nem polêmicas — receba a mercadoria, e pode, num outro momento, repassar para um Estado *C* ou um Estado *D*. Enfim, não haveria, nesses casos, segurança e certeza quanto ao chamado destinatário.

A Constituição não usa — me parece, não tenho certeza — a expressão destinatário final.

No ano de 1994 os governadores de Estados celebraram o Convênio 394 (me parece), dizendo que o ICMS seria devido ao destinatário final. Esse Convênio veio a ser rejeitado em 1995, por um Convênio de abril, n. 2/95. E o Estado de São Paulo — aqui eu tenho que nominar — editou uma norma interna, administrativa, dizendo que esse fato era irrelevante e continuaria cobrando o ICMS, porque os fatos físicos ocorreram em São Paulo.

Trago aqui uma notícia, talvez não seja do conhecimento de todos: o Tribunal de Impostos e Taxas, da Secretaria da Fazenda de São Paulo, por suas Câmaras Reunidas, há cerca de 8 ou 10 meses atrás, decidiu que, embora se pudesse entender que esse ICMS, no caso de os fatos físicos ocorrerem em São Paulo, seria devido em São Paulo, na verdade a Lei paulista 6.374 não havia contemplado como contribuinte o destinatário da importação. Ou seja, naquele elenco imenso, naquele rol incomensurável de contribuintes não se encontra a figura do destinatário da importação.

Base de cálculo na importação

Outra questão é a da base de cálculo do ICMS na importação. O Decreto-lei 406, muito claramente, diz que a base de cálculo do ICMS é o valor da mercadoria, acrescido do imposto de importação, IPI, e demais despesas aduaneiras. O que me parece que deveremos analisar e meditar é se, realmente, esses tributos — imposto de importação, IPI e as despesas aduaneiras — deveriam ser considerados na base de cálculo.

O meu pensamento é o seguinte: se o importador está realizando um negócio jurídico-mercantil, compra e venda internacional, na medida em que essa mercadoria chega ao país — e não vou discutir aqui se o fato gerador é a entrada no estabelecimento ou a entrada na alfândega, que isso já também é muito surrado — é devido o imposto, ou na entrada ou no registro da DI. E esses tributos, imposto de importação e IPI, são fatos que ocorrem depois do negócio jurídico-mercantil. Não obstante nós tenhamos arraigado o entendimento de que é um valor de operação, me parece, até dentro de uma postura fiscal, a nossa legislação de São Paulo diz que o fato imponível, o fato gerador — entrada da mercadoria — é no território nacional.

Então, com mais forte razão eu não veria fundamento, ou sentido jurídico algum, de incluir na base de cálculo esses dois outros tributos. Gostaria que depois o Plenário ou, até, a Mesa, se manifestasse a respeito, para ouvir opiniões, não digo favoráveis, mas que pudessem contestar essa assertiva.

Importação e "leasing"

Dentro ainda desse rápido tempo que me resta, gostaria também de abordar a questão das importações sob regime de locação, regime de *leasing* — arrendamento mercantil.

Quando a Constituição diz que é devido o ICMS relativamente a mercadorias ou bens destinados a consumo ou ativo fixo do estabelecimento, o que se tem colocado na jurisprudência, com alguma divergência entre o Tribunal de São Paulo e o STJ, é se aqueles bens que ingressaram no país a título de locação ou arrendamento mercantil — *leasing* — poderiam, também, ser erigidos em fato imponível de ICMS.

Dentro dos apertados conceitos, ou dos critérios, contidos na Constituição é evidente que a locação não teria esta fisionomia jurídica, ou seja, não se trataria um bem de ativo; embora seja um conceito contábil ele é captado pelo mundo jurídico, pela lei de sociedades anônimas: ele não será escriturado, contabilizado, ou não integrará o patrimônio daquele contribuinte. Então, evidentemente, esta situação estaria fora da hipótese de incidência do ICMS.

A questão do *leasing* é um pouco mais tormentosa porque, como nós sabemos, a Lei Complementar 56/87, que elenca os fatos, as figuras, enfim, os negócios jurídicos suscetíveis de incidência do ISS, indica, expressamente, a figura do arrendamento mercantil. É claro que isto dentro de uma operação no território nacional; aquele que promove este negócio jurídico só recolherá o ISS e não o ICMS.

Na importação a situação fica um pouco diferente porque só estamos tratando do adquirente, e se houver uma interpretação literal do texto — no sentido de que se deva pagar o ICMS, ou é devido o ICMS, porque haverá integração no ativo fixo — ficaríamos com a incidência. Realmente essa é uma questão que eu, embora conheça a jurisprudência do STJ no sentido — não sei se unânime, mas ela existe — de que não há incidência, é uma questão que, para mim, continua em aberto e não tem uma solução definitiva.

Importação por pessoas físicas

Como arremate das minhas palavras, lembro, ainda, a tormentosa questão da importação pelas pessoas físicas; o Superior Tribunal de Justiça, pelas suas duas turmas — a não ser que ocorra alguma mudança — tem entendido que as pessoas físicas são contribuintes do ICMS na importação e, não obstante a própria Constituição fale em mercadorias, que é um ato de mercancia afeto ao Direito Comercial, e fale em ativo fixo — consumo, pertinente ao estabelecimento, nós todos sabemos que estabelecimento é um conceito de Direito Mercantil Empresarial, ao passo que a pessoa física está vinculada ou adstrita ao conceito de residência do Direito Civil.

A respeito existe até um acórdão muito interessante do Tribunal de Justiça de São Paulo — não digo que seja um acórdão irônico e nem mordaz, mas muito pertintente — que diz o seguinte: se se puder exigir ICMS na importação por pessoa física, então, amanhã, um turista eventual, que trouxer ao país uma barra de chocolate, ou o seu vestuário, ou passar aqui pelo país, deveria se inscrever no cadastro do ICMS, para pagar o ICMS sobre o que trouxer.

Nós sabemos que até 500 dólares nós não pagamos nada de tributação; mas esta voracidade de se exigir o ICMS poderia ter se elevado a este ponto. E apenas lembro, não sei nas legislações dos outros Estados, mas na legislação de São Paulo há um item curioso dizendo que para efeito do ICMS na importação — que procura alcançar as pessoas físicas — não é necessário o requisito da habitualidade, nas outras exigências ou na conceituação da pessoa física a lei paulista diz que é necessário.

Era isso que eu queria colocar a vocês. (*Palmas*)

PROF. HERON ARZUA — Prof. Roque.

PROF. ROQUE CARRAZZA — Senhor Presidente e colegas congressistas. Inicialmente, quero dizer da grande satisfação que sinto em estar aqui, participando deste IX Congresso Brasileiro de Direito Tributário, que está sendo promovido pelo prestigioso Instituto Internacional de Direito Público e Empresarial — IDEPE. E minha satisfação é tanto maior, por integrar esta Mesa de Debates, ao lado de juristas tão eminentes. Permitam-me, também, os colegas congressistas, felicitar, de público, o Prof. Eduardo Bottallo, Presidente do Congresso, e o Prof. Geraldo Ataliba, Presidente do IDEPE, por mais esse empreendimento vitorioso.

Tratado internacional e tributos estaduais

Nesse painel, que gira em torno dos tributos estaduais, versarei um tema a um tempo atual e pouco estudado pela doutrina: o Tratado Internacional, afinal, pode, ou não, conceder isenções de tributos estaduais, municipais e distritais? Ou, em linguagem mais técnica: é possível haver uma exoneração tributária, de tributos estaduais, municipais ou distritais, através de Tratado Internacional?

Só para nos situarmos no assunto, o Brasil, enquanto Nação soberana, pode firmar — e freqüentes vezes firma — tratados internacionais com outras nações soberanas. Esses tratados internacionais, também conhecidos como convênios internacionais, atos internacionais, convenções internacionais, podem girar em torno dos mais variegados assuntos, nada impedindo girarem em torno de assuntos tributários. São os Tratados Internacionais Tributários.

Digamos que uma empresa remeta seus dividendos para o exterior, para a empresa-sede. Em tese, essa empresa poderia ser obrigada a pagar imposto sobre a renda no Brasil, onde os rendimentos foram obtidos, e no exterior, para onde os rendimentos estão sendo enviados. São duas nações soberanas, que tributam de acordo com suas próprias leis; não há aí nenhuma injuridicidade.

Só que, para evitar tal sobrecarga tributária, é comum os dois países interessados firmarem entre si um tratado estipulando que o imposto sobre a renda será devido apenas no país de origem, ou então que o imposto sobre a renda será devido apenas no país de destino, ou, ainda, que o imposto sobre a renda será rateado, ficando parte com o país de origem, parte com o de destino. Tudo vai depender do que for avençado pelas altas partes contratantes.

Enfim, são muito comuns os tratados internacionais tributários. Todavia, para que o tratado internacional se incorpore ao direito interno do país (ou, usando de uma expressão muito do agrado dos internacionalistas, para que ele valha *in foro domestico*), ele precisa ser ratificado (confirmado, aprovado) pelo Congresso Nacional, por meio de uma lei em sentido material, uma lei sem sanção, como a chamava Pontes de Miranda, que há nome *decreto legislativo*.

Teorizando um pouco mais, tem competência para firmar tratados internacionais a República Federativa do Brasil, por intermédio da União, esta representada pelo Presidente da República, na qualidade de Chefe de Estado brasileiro. Para que o tratado internacional produza efeitos no âmbito interno ele precisa, repito, passar pelo crivo do Congresso Nacional. Melhor explicitando, há necessidade de o Estado brasileiro manifestar sua vontade de inovar a ordem jurídica por meio de tratado internacional.

Ora, de que modo o Estado brasileiro manifesta sua vontade? Por meio da conjugação de vontades de dois de seus poderes: o Poder Executivo, que firma o tratado, e o Poder Legislativo, que o ratifica, por meio, insisto, de decreto legislativo.

Estamos, pois, percebendo que a fonte primária do Direito Tributário não é, propriamente, o Tratado Internacional, como estipula o art. 98, do Código Tributário Nacional, mas o decreto legislativo que o ratifica.

Ao contrário do que pensam alguns, o Estado brasileiro não é apenas o Executivo. O Estado brasileiro se representa, no concerto das Nações, pelo Executivo, mas delibera mediante harmônica atuação deste com o Legislativo.

Sustentar o contrário é o mesmo que reconhecer que cabe ao Direito Internacional Público solucionar problemas de exegese constitucional. De fato, se o tratado internacional, assim que firmado, revogasse o direito interno, o controle de sua constitucionalidade sairia da esfera do Congresso.

Ademais — e aqui invoco as lições de Francisco Rezek — no atual estágio de desenvolvimento das relações internacionais, é inconcebível que uma norma jurídica se imponha à revelia do Estado soberano.

Assentada esta premissa, acrescentamos que, para que o Tratado Internacional seja válido, é preciso que uma série de requisitos e de princípios venham observados. Em primeiro lugar, o Tratado Internacional deve obedecer ao disposto no art. 4º, da Constituição Federal: "A República Federativa do Brasil rege-se nas suas relações internacionais pelos seguintes princípios: independência nacional, prevalência dos direitos humanos, autodeterminação dos povos, não-intervenção, igualdade entre os Estados" etc. Assim, por exemplo, se um tratado internacional negar a igualdade entre os Estados, ele será inconstitucional, e essa inconstitucionalidade não poderá ser resgatada, nem mesmo por meio do decreto legislativo que vier a ratificá-lo.

Também o Tratado Internacional deve respeitar os direitos individuais e sociais, e suas garantias, bem como as competências, inclusive tributárias, dos Estados, dos Municípios e do Distrito Federal. Se o Tratado Internacional atropelar esses princípios será inconstitucional, ainda que, eventualmente, acabe ratificado pelo Congresso Nacional.

Tratado e Constituição

Por muito maior razão, o Tratado Internacional não pode derrogar norma constitucional. Realmente, o Tratado Internacional não pode prevalecer contra o texto da Constituição nem, muito menos, contra os grandes princípios que ela alberga. Então, o Tratado Internacional — isso me parece evidente — não pode violar as autonomias tributárias dos Estados, dos Municípios e do Distrito Federal.

Em suma, o Tratado Internacional não pode conceder isenções de tributos estaduais, municipais ou distritais. Mais especificamente, será nulo, ao meu ver, o Tratado Internacional, ainda que ratificado pelo Congresso por meio de decreto legislativo, que conceder isenções de ICMS ou de outros tributos estaduais (já que o tema desse painel é Tributos Estaduais).

Vejam que, ao contrário do que dispõem as Cartas norte-americana, argentina e mexicana (dentre outras), a Carta brasileira não contém nenhuma cláusula pela qual os tratados internacionais prevalecem sobre as leis estaduais, municipais ou distritais. Aquilo que o Congresso Nacional não pode fazer nem por meio de lei complementar, nem de lei ordinária, nem mesmo de emenda constitucional, é óbvio que não pode fazer por meio de decreto legislativo que ratifica tratado internacional.

Mercosul

Mas, para não ficarmos só na aridez da teoria, vamos ser um pouco mais práticos. Vamos descer ao campo real, ao campo dos fatos. Os colegas não ignoram que o Brasil é signatário do "Tratado de Assunção", celebrado em 26 de março de 1991, mais conhecido como "Tratado do Mercosul — Mercado Comum do Sul". Pelo *Tratado do Merco-*

sul, várias barreiras alfandegárias foram eliminadas entre o Brasil, a Argentina, o Paraguai e o Uruguai. É possível que, a breve trecho, também façam parte do grupo o Chile, o Peru e a Bolívia e, a longo prazo, todos os países da América Latina.

O Tratado do Mercosul foi recebido com alegria, com entusiasmo até, na medida em que quebrou uma série de barreiras alfandegárias e vai permitir o intercâmbio comercial entre os países do Hemisfério Sul; só que esse entusiasmo não pode, a meu ver, ofuscar a visualização de outras barreiras, estas de natureza jurídica.

Ainda que, por um lado, o Tratado do Mercosul mereça aplausos, justamente porque facilita o intercâmbio comercial entre países, ele, em alguns pontos, é inconstitucional.

Vejamos: o art. 7º, do tratado em questão, estabelece que, em matéria de impostos, taxas e outros gravames internos, os produtos originários do Estado-parte gozarão, nos outros Estados-partes, do mesmo tratamento que se aplique ao produto nacional. Portanto, em relação aos tributos federais, é inegável que existem isenções entre as mercadorias que circulam do Brasil para a Argentina, do Brasil para o Uruguai, do Brasil para o Paraguai e assim avante.

Isenções de tributos estaduais

Mas, em relação aos tributos estaduais, municipais, e distritais, será que as preditas isenções valem? Tenho para mim que não. Apesar dos elevados objetivos deste Tratado, os Estados-membros da República Federativa do Brasil, a meu ver, não estão obrigados a respeitar o que, neste particular, foi pactuado pela União e referendado pelo Congresso Nacional. Destarte, as operações mercantis que se dêem do Brasil para a Argentina poderão, creio eu, continuar a ser tributadas pelo Estado-membro de onde a operação mercantil é originária.

Não vamos fazer como na época do Presidente Collor, em que o Plano Brasil-Novo acabou sendo aceito por alguns segmentos da sociedade (inclusive do mundo jurídico), sob o argumento — a meu ver falacioso — de que, se era para o bem do Brasil, não custava uma vez mais atropelar a Constituição. Deu no que deu; não vamos percutir essa tecla, que, felizmente, já vai ficando esquecida.

Enfatizo que o Tratado do Mercosul tem qualidades, mas, nestes pontos, precisa ser corrigido, ajustando-se à Constituição Federal.

Vejam os colegas congressistas que o próprio Governo, inspirado por juristas de altos predicados, num certo sentido, está encampando minha tese. Por quê? Porque o Projeto de Reforma Fiscal propõe uma nova redação para o art. 151, III, da Constituição, que estabelece: "É vedado à União conceder isenções de tributos estaduais, municipais e distritais". Pela proposta do Governo, o art. 151, III, da Constituição, passaria a ter a seguinte redação: "É vedado à União conceder isenção de tributo da competência dos Estados, do Distrito Federal ou dos Municípios, salvo quando previsto em tratado, convenção ou ato internacional do qual o Brasil seja signatário". Enquanto não se alterar o texto da Constituição, parece-me que nenhum tratado internacional poderá conceder isenções de tributos estaduais, municipais e distritais.

Aliás, eu tenho minhas dúvidas — é uma questão que talvez mereça ser meditada depois — sobre a constitucionalidade desta alteração, porque todos nós sabemos que há alguns pontos da Constituição que não podem ser mudados, nem mesmo por meio de emenda constitucional; são as chamadas "cláusulas pétreas", de pedra, irremovíveis por meio de emenda constitucional.

Ora, uma das cláusulas pétreas é, justamente, aquela que impede que seja sequer objeto de deliberação a proposta de emenda constitucional tendente a abolir a forma federativa de Estado (art. 60, § 4º, inciso I, do Texto Supremo).

Penso, pelo menos num primeiro momento, que esse dispositivo de algum modo amesquinha a autonomia tributária dos Estados, dos Municípios e do Distrito Federal: é algo tendente a abolir a forma federativa de Estado. Mas essa, enfim, é uma questão paralela, que, eventualmente, se houver interesse, poderemos aprofundá-la nos debates.

Como eu sei que esse assunto é polêmico vou, dentro do tempo que me foi assinalado, ficando por aqui, ao mesmo tempo em que agradeço a todos a atenção que me dispensaram. Muito obrigado. (*Palmas*)

PROF. HERON ARZUA — Meus colegas, embora presidente nesta Sessão eu fiz um trabalho a pedido do Congresso, respondendo duas perguntas do temário: Em que caso não cabe crédito de ICMS? Pode a lei vedar créditos de ICMS? O trabalho está estampado aí na *RDT* 64 e eu, apenas, queria dizer pouca coisa sobre o assunto, que é um assunto de magna relevância até hoje.

Créditos de ICMS: quando não caber? Pode a lei vedá-los?

Na realidade eu sempre me preocupei por que as leis ordinárias, que vieram logo ao depois da reforma tributária de 1965, fizeram limitações ao direito de crédito, tanto do IPI como do ICMS, principalmente com referência aos bens de capital. O fato é que essas legislações trouxeram essas vedações, como fazem até hoje, e o mundo jurídico, o mundo acadêmico brasileiro, num primeiro instante, passou a acatá-las com total religiosidade, sem questioná-las ou confrontá-las com o Texto Magno.

Eu comecei a me preocupar com esse assunto procurando a origem, o porquê, por exemplo, de que tanto na área do IPI como do ICMS, a principal mercadoria, que eram os bens de produção, as máquinas, a mãe de todas as mercadorias, não geravam direito a crédito; se havia a incidência por ocasião do negócio jurídico, da transmissão da propriedade, havia a incidência do IPI, havia a incidência do ICMS, mas o crédito respectivo do comprador não era autorizado.

Histórico

Fui buscar na história a legislação do IPI e encontrei a Lei 3.520, de 1958, que os economistas gostam de dizer que foi a primeira atitude legislativa contra o efeito cascata do imposto sobre consumo, hoje IPI. Então dizia assim, lá no art. 5º: "Quando num mesmo estabelecimento produtor se fabricarem artigos sujeitos ao imposto de consumo que, sem sairem desse estabelecimento, forem utilizados na fabricação ou no acondicionamento de outros tributados, o imposto incide somente sobre o produto final, facultada ao fabricante a dedução dos impostos pagos sobre as matérias-primas que concorrerem para a sua produção".

Aí a primeira manifestação legislativa da dedução. Esse artigo foi copiado de uma lei francesa de 1954-55. Ocorre que essa técnica foi constitucionalizada em 1965, tanto no IPI como no ICMS, a técnica da incumulatividade. E já nessa mesma lei se dispôs, no próprio § 2º, o seguinte: "Os fabricantes pagarão imposto com base nas vendas de mercadorias tributadas, apuradas quinzenalmente, deduzido no mesmo período o valor do imposto relativo às matérias-primas e outros produtos adquiridos a fabricantes ou importadores, ou importados diretamente para emprego na fabricação e acondicionamento de artigos ou produtos tributados''.

A técnica da incumulatividade veio para o IPI, e passou a ser constitucionalizada em 1965. E todas as leis federais relacionadas ao IPI — a 4.502 — e as leis dos Estados, passaram a repetir essas redações; trouxeram para o Brasil a teoria francesa, que todos nós conhecemos, mas que não está escrita em lugar nenhum — concebida pelos financistas franceses e alemães — do problema do crédito físico e do crédito financeiro, isto é, só dá direito a crédito o bem ou insumo que entra e que sai depois do estabelecimento; só dá direito a crédito a mercadoria que nós compramos e que seja objeto de nosso negócio. Essa foi a concepção da lei francesa de 1954-55, que o Brasil copiou e trouxe para o nosso sistema legislativo, através da Lei 3.520, em 1958.

Só que nós, apegados ao princípio da legalidade, em 1965, não tínhamos o hábito de estudar a Constituição — os senhores sabem que os estudos constitucionais em matéria de Direito Tributário começaram, praticamente, em São Paulo com o Prof. Geraldo Ataliba. Antes do mestre da PUC-SP ninguém se preocupava com a Constituição. Precisou Geraldo Ataliba para que os estudos de direito tributário tivessem dignidade constitucional. O brocardo de que a lei gozava da presunção de constitucionalidade ficou definitivamente abalado com Geraldo Ataliba.

Daí que começamos a estudar e ver que essa história, que repetimos até hoje nos livros, de crédito físico e de crédito financeiro, não é uma criação do direito brasileiro. Nós fomos copiar da teoria francesa e da teoria alemã. A Constituição dizia, desde 1965, o que diz hoje, tanto com relação ao IPI como com relação ao ICMS.

Para ser breve vou só lembrar: o imposto sobre operações relativas à circulação de mercadoria será não-cumulativo, compensando-se o que for devido em cada operação relativa à circulação de mercadorias ou prestação de serviços com o montante cobrado nas anteriores pelo mesmo ou por outro Estado.

Pois bem, na Emenda n. 1 da Constituição de 1967 ainda tinha uma expressão que falava, em vez de ''compensar'', em ''abatimento'', e tinha outra expressão, ''nos termos da lei''. A Constituição de 1988 tirou o ''nos termos da lei'', remeteu lá para um inciso posterior, dizendo que o regime jurídico da compensação seria disciplinado por lei complementar.

Mas o fato é que duas interpretações são tiradas deste texto, como está aqui, tanto em relação com o IPI como em relação ao ICMS; e uma é a tradicional, é a que vem dessa história legislativa, que restringe o direito do crédito do comprador.

Eu diria que, com relação ao IPI, não há nem a questão da controvérsia do conceito de mercadorias. Nós tivemos pareceres belíssimos sobre o conceito de mercadoria na questão da tributação dos bens do ativo fixo importado. Tem até uma revista, a *Revista Forense* se eu não me engano de n. 250, que traz belíssimos artigos do Prof. Alcides Jorge Costa, do Prof. Geraldo Ataliba, do Prof. Aliomar Baleeiro, do Prof. Souto Maior Borges, inclusive discordando entre si, sobre o conceito de mercadoria. Mas no IPI não havia por quê a legislação ordinária negar direito a crédito.

Com relação ao ICMS, na Constituição de 88, ainda houve mais esse gravame, de se falar quando não poderia o crédito ser aproveitado. Os senhores conhecem, na hipótese de isenção ou não-incidência, que não implica crédito para compensação, ainda com aquela ressalva ''salvo determinação em lei contrária''.

O Prof. Sacha Calmon, nos seus comentários à Constituição, faz críticas a esse dispositivo, porque ele é uma exceção infame ao princípio da não-cumulatividade, e diz que foi salvo aqui por esse final, "salvo determinação em lei contrária".

Aproveitamento do crédito

Mas o fato é que nós podemos tirar legitimamente da interpretação — quer seja pela interpretação do bloqueio, quer seja pela interpretação da legitimação — que, tanto no ICMS como no IPI, tudo que se comprar, que vier com o imposto nas operações anteriores, pode-se aproveitar o crédito. Não há vinculação entre as operações antecedentes e conseqüentes.

Embora a nossa concepção originária econômica do imposto, o Prof. Rubens Gomes de Sousa dizia, lá em 68, que o fato gerador do ICM era a circulação, desde o estágio inicial ao estágio final da mercadoria, e que a base de cálculo era o valor agregado. Isso certíssimo, mas numa ótica puramente econômica. Os estudos de Geraldo Ataliba e Cléber Giardino vieram a mostrar que não era assim; cada operação mercantil relativa à circulação de mercadorias é uma operação isolada e que só tem vinculação com a mercadoria anterior em função do crédito (foi chamado assim) relativo ao imposto pago nas operações anteriores.

Sacha Calmon diz que são faces da mesma moeda o crédito e o débito, mas o fato é que não há ligação entre as operações que ensejam o aparecimento de um e de outro.

O conceito de mercadoria, se o bem do ativo fixo era mercadoria ou não, impressionava porque do ponto de vista do vendedor o bem era mercadoria e do comprador não. O Ministro Rezek ainda confirmou isso, aqui, de manhã, que o conceito de mercadoria é um conceito subjetivo, vale do ponto de vista de quem está vendendo, por isso pagava o ICMS; o fabricante do bem de capital paga ICMS porque para ele é uma mercadoria. Agora, o comprador não tem de estar se preocupando se para ele isso é mercadoria ou não, porque a Constituição não vincula aquela mercadoria que entrou com aquela que tem de sair. Isso não está em lugar nenhum da Constituição, e nem dela se deduz. Isso, além da monstruosidade desses dois impostos tributarem investimentos, coisa que jamais se cogitou, nem na França e nem na Comunidade Econômica Européia e, me parece claro, nem no texto constitucional brasileiro.

Bom, eu já estou com o meu tempo encerrado. Apenas então respondendo a essas duas perguntas e pondo mais uma indagação para vocês: no projeto do Executivo Federal, na parte que vai vigorar permanentemente — se for aprovado, evidente — não há qualquer menção ao crédito de bem de capital. Repete-se o que está escrito hoje. Mas na parte das disposições que vigoram transitoriamente, até 31 de dezembro de 1997, diz lá: "será não-cumulativo, compensando-se o que for devido em cada operação ... ainda quando o crédito do imposto se refira a bem destinado ao ativo imobilizado.

O que significa essa expressão? Significa que no regime anterior não dava direito a crédito ou significa que dava direito a crédito? E mais ainda, isso se verifica também na importação de bens por pessoa física, de bens do exterior, em que aqui o projeto diz que incide. Eu só lembro que nós temos aí, em matéria de jurisprudência, dois exemplos anteriores, do conhecimento de todos nós: o Superior Tribunal de Justiça disse que o *leasing* não era tributado pelo ISS porque ele não estava na lista do Decreto-lei 406, depois 834 e, portanto, era uma hipótese não prevista na lei. A lista é fechada — então o ISS não podia ser cobrado. Mas podia, a partir da Lei Complementar 56, porque aí veio prevista expressamente a tributação do *leasing*.

O Supremo diz que não; o Supremo mandou tributar a locação de bem móvel, entendendo que o arrendamento mercantil estava contido nessa expressão, e o fato de a lei posterior ter especificado isso não significava nada.

Estou colocando essa questão para mostrar a impertinência desse raciocínio, de que se esta emenda vier dizendo que "ainda que se refira a bem do ativo fixo", não quer, necessariamente, significar que, antes, não havia o direito ao crédito.

Eu já estou abusando do meu tempo, porque sou presidente da Mesa, mas respondendo às duas perguntas que estão aqui — em que casos não cabe créditos do ICMS, eu diria que só não cabe crédito do ICMS se não vier com imposto pago. Pode a lei vedar crédito de ICMS? Nunca; a lei só pode vedar nos dois casos previstos na Constituição.

Era essa a minha participação. Muito obrigado. (*Palmas*)

PROF. HERON ARZUA — Então, com muita honra, passo a palavra ao nosso mestre, professor de todos nós, Alcides Jorge Costa.

PROF. ALCIDES JORGE COSTA — Senhor Presidente e Srs. Congressistas, vou falar um pouco misturando o passado, o presente e o futuro. Nós temos já, apresentada pelo governo, uma emenda constitucional em que se prevê uma alteração do ICMS, que passaria a ser cobrado pela União e pelos Estados, e regulado exclusivamente por lei federal. Se se lê o projeto, vai se verificar que uma série de problemas hoje existentes ficaria resolvida; mas também uma série de problemas hoje existentes pode ser resolvida através de lei complementar. E nesse sentido vai ser discutida no Congresso uma lei complementar para o ICMS, que vigoraria até a entrada em vigor do novo texto constitucional — se for aprovada, evidentemente. E ambas no mesmo sentido.

ICMS: proposta de reforma

Qual é esse sentido? Eu começo pela não-cumulatividade. Nenhum país do mundo tem, na Constituição, que o imposto deve ser não-cumulativo; eles têm o bom-senso de não cobrar impostos cumulativos. É uma matéria-prima um pouco escassa no Brasil, mas existe o bom-senso e, aqui então, é necessário pôr na Constituição que o imposto é não-cumulativo.

Mas a própria Constituição logo em seguida, atende aos desejos cumulativos dos Estados, e logo cria uma antinomia, dizendo que faz-se o crédito etc., mas, depois, que quando houver uma isenção no meio do caminho, cancela os créditos anteriores. Bom, isto é absolutamente inadmissível, porque isto torna, claramente, o imposto cumulativo. Aí nós ficamos com uma declaração de princípios — ou ficamos com uma declaração, eu diria, de falta de princípios. De qualquer forma este problema deve ser solucionado já a partir de aprovação dessa lei complementar — pelo menos o projeto manda que se faça o crédito de tudo.

Eu queria só adicionar umas duas ou três coisas ao que disse o Prof. Heron Arzua, que é o seguinte: como sempre nós estamos um pouco no parque jurássico. Essa história do crédito físico e do crédito financeiro é do parque jurássico desse imposto. Esse tipo de imposto nasceu na França, de uma mistura de prática e de teoria. Havia um imposto, chamado imposto sobre a produção, que era cobrado só no ciclo da produção, não se estendia ao varejo nem nada. Havia um sistema, isso já produto de uma evolução, que começou a partir do imposto criado durante a primeira guerra mundial. O imposto era cobrado com suspensão, de modo que só o último na cadeia da produção ia pagar o imposto. Mas um dia o fisco, necessitado de dinheiro, achou que podia cobrar um imposto em cada operação; mas ao mesmo tempo não queria que se tornasse um imposto cumulativo. E aí nasceu o sistema do crédito e do débito, foi só isto.

No entanto, era um imposto sobre a produção, não nos esqueçamos disso — portanto, um imposto muito localizado — e permitia-se o crédito daquilo que fosse diretamente utilizado na produção. Aí vem a conversa do crédito físico.

No entanto, quando este imposto se transformou, posteriormente, num imposto como *taxe sur la valeur ajouté,* já foi concedido o crédito e tudo — e essa história de crédito físico e crédito financeiro, repito, é coisa aí de uns 35 anos atrás, da qual não se fala mais; e nós estamos, simplesmente, um pouco defasados, ligeiramente defasados.

Realmente se não damos o crédito, o que também não é tão simples assim, nós vamos ter um imposto com efeitos cumulativos. Por quê? Agora vou me referir a um imposto sobre o valor agregado, abrangendo tudo, bens e serviços, um imposto geral, como existe naqueles países europeus, que pega imóveis, operações financeiras, tudo, o que no Brasil seria impossível, por outras razões que não há tempo para explicar.

Mas se pegamos tudo, nós temos, basicamente, três tipos de imposto, afora o crédito relativo àquilo que vai ser utilizado etc., os bens do ativo fixo é que vão dar a nota distintiva. Ou dou o crédito imediato, e então eu tenho um imposto chamado tipo consumo. Por quê? Porque, macroeconomicamente, o imposto cobrado nessas condições vai ser igual ao imposto cobrado do consumo total do país num determinado período. Ou eu permito que o crédito destes bens se faça à medida que ocorre a depreciação, e vou ter um imposto tipo renda — porque vai ser um imposto, macroeconomicamente, igual ao imposto sobre a renda do mesmo período. Ou eu não dou crédito, que é o que acontece aqui; então tenho um imposto sobre o produto bruto, ou seja, um imposto sobre o produto bruto do país no período considerado. Só que este tipo produto bruto tem efeitos cumulativos e, portanto, é incompatível com a Constituição.

Vejam bem, eu aqui estou pegando o molde geral e trazendo para o nosso ICMS, razoavelmente diferente, porque é muito mais restrito — restringe-se a bens e não abrange serviços nem nada; estou trazendo para este campo para dar uma idéia de que isto produz um efeito cumulativo e, portanto, não é desejável.

Então, o que acontece? Acontece que, realmente, tudo deve dar crédito. Este projeto que vai entrar em discussão muito brevemente já prevê o crédito de tudo. E aqui tem um problema: vai prever o crédito dos bens do ativo à medida que depreciam, ou tudo de uma vez? Isto é um problema. À medida que depreciam, dá uma complicação muito maior na aplicação prática. E se se fizer o crédito todo de uma vez é um indutor muito mais poderoso a investimentos.

Para que colocar, agora, na parte transitória aquele final? Eu estou em desacordo, inclusive é totalmente desnecessário. A Constituição, hoje, já permite que seja feito assim. E não é assim na nossa lei que ficou lá para trás, porque começamos copiando, via velho imposto de consumo, que copiou a primeira técnica francesa; depois ficou um pouco, mais ou menos, como esse carro russo, Lada, que foi produto de uma fábrica que a Fiat instalou na Rússia, a pedido do governo soviético — um daqueles contratos *turn key,* porque fez a fábrica, pôs as máquinas, entregou a tecnologia e até logo. E até hoje eles não mudaram a tecnologia. Esse é o problema; por isso nós vemos o carro na rua, um carro antiquado, inclusive quanto a parte mecânica. Nós, mais ou menos, compramos um imposto no contrato *turn key* e, depois, esquecemos de atualizá-lo, o que está na hora de fazer. Este é o primeiro ponto.

ICMS na importação

O segundo ponto que eu gostaria de abordar é o das importações. Parece claro — e aqui eu vou tomar a liberdade de discordar — que as importações feitas por particulares devem ser tributadas, o que acontece aliás na Europa inteira, porque se não fizermos assim daqui a pouco não tem mais ninguém, por exemplo, importando automóveis para revender. Todas as importações serão diretas, disso não tenham dúvida.

É desnecessário dizer que cobrar da barra de chocolate eu discordaria, porque basta dar uma mordida no chocolate, no avião, para descaracterizar. Então, já não haveria mais a necessidade de ir atrás da barra de chocolate. Na verdade é claro que esse imposto não pode atingir a bagagem, porque bagagens são bens pessoais, não se trata de mercadoria, não se trata de coisíssima nenhuma. Mas se eu trago algum bem, e as discussões que houve foram em torno da importação de aviões — nada mais nada menos do que aviões para particulares —, e de automóveis, isto é absolutamente necessário, porque, se não, estou colocando todos os produtores nacionais numa situação absolutamente desvantajosa.

Base de cálculo na importação

Aqui eu chego no ponto também de incluir na base de cálculo do imposto na importação o IPI e o imposto de importação que são pagos. Por que isto é feito? Em primeiro lugar, do ponto de vista econômico, é irrelevante, porque se isso não é incluído na base de cálculo na alfândega, eu vou ter um crédito menor e, quando vender para diante, vou pagar mais imposto; então fica tudo igualado, porque é evidente que o importador vai pôr o IPI e o imposto de importação dentro do preço. Então do ponto de vista econômico é irrelevante.

Por que do ponto de vista financeiro deve ser assim? Porque evidentemente eu preciso dar um pé de igualdade ao produtor nacional. Quando eu vou comprar alguma coisa na fábrica, já vem com IPI; se eu importo sem o IPI, eu estou dando uma vantagem financeira, e é esta a razão pela qual o imposto vai recair sobre o IPI e sobre o imposto de importação, o que é também, mais ou menos, o modelo universal. Isto aqui já está sendo objeto de cogitação nestas mudanças.

Uma coisa me preocupa, agora do ponto de vista político. Creio que deveria haver algum dispositivo no seguinte sentido: o que passou passou, e não é possível mais pedir o crédito do que ficou para trás. Por quê? Isto parece evidente que, politicamente, é inviável, porque se todo o mundo pedir e obtiver (e eu pessoalmente diria, baseado nas minhas convicções, que isso deve dar direito a crédito), se no Brasil inteiro houvesse o crédito de todos os bens do ativo fixo comprados nos últimos cinco anos, os Estados todos desmontavam, e o Governador Mário Covas, que já está abarbado com uma dívida imensa, esse então se suicidava, coitado. Quer dizer, o Estado de São Paulo ia ficar aí um ano sem arrecadar um tostão.

Então, é uma situação de fato, que deve ser objeto de alguma regulação legislativa. Talvez alguém tenha tido a idéia — eu não tenho — porque foi acrescentado isso aqui nesta parte: eu ponho agora, porque assim tudo bem; mas não se pode cobrar do passado. Se eu ponho "agora" é porque não existia no passado. Talvez seja isso; mas é uma situação de fato que claramente não se pode desconsiderar.

São estas as alterações sobre as quais parece que há um consenso — ou seja, finalmente atualizar este tipo de imposto, trazer o Brasil um pouco mais para o presente e não ficar com o pé fincado no passado, e atualizar em todos os sentidos, dando estes créditos etc. Obviamente cuidando também do problema das importações e assegurando que as importações, sejam elas quais forem, serão tributadas, isto é um imperativo da economia nacional. Não vamos reproduzir o padrão de quando este imposto foi criado, que as exportações eram tributadas e as importações não. Por incrível que pareça isso era assim em 1967, e custou um pouco para ser arrumado. Isso veio sendo remendado, remendado, até chegar ao ponto atual. Então essas modificações já estão em vias de ser feitas.

ICMS em lei federal

A modificação mais evidente vai ser no imposto regulado por lei federal. No fundo a alteração também não vai ser muito grande. Por quê? Porque se nós abrirmos a Constituição hoje e olharmos o art. 146, que diz que cabe à lei complementar regular o fato gerador, a base de cálculo, o sujeito passivo, e se formos ao art. 155, § 2º, inciso XII, tudo aquilo que cabe à lei complementar fazer especificamente em matéria de ICMS, vamos verificar que o dia em que a União fizer a lei complementar vai sobrar quase nada para as legislações estaduais.

Aliás, se vocês querem ter uma idéia, peguem o famoso Convênio 66, que a boa educação me impede de discutir aqui (*Risos*) e vocês vejam a extensão daquilo e vejam o que sobra para as leis estaduais. É muito pouco. Agora, a meu ver não é nada mau que isto se faça e, também, não fere a sacrossanta autonomia estadual.

Na Alemanha existe um grau bastante grande de autonomia dos Estados, autonomia essa que foi imposta na Constituição, pelas tropas de ocupação, porque entendiam que, descentralizando, a Alemanha teria muito mais dificuldade em repetir a proesa e, por isto, foi descentralizado. Na Alemanha, onde existe até uma descentralização e autonomia que veio de cima para baixo — e quando eu digo de cima para baixo, era do general comandante mesmo para todos —, lá este imposto é totalmente regulado por lei federal e cobrado pelos Estados. De modo que isso não é novidade. Por quê? Trata-se de um imposto tipicamente nacional.

O Brasil é um mercado comum e não vamos transformá-lo em mercados separados. O Brasil é um mercado comum. A Europa está fazendo um esforço gigantesco para ter um mercado comum e nós vamos nos entender aqui com os países vizinhos, para termos o nosso mercado comum; mas não vamos acabar com o mercado comum natural que já temos. Então eu acho que é natural que assim seja.

É claro que a implantação constitucional, tal como está, deve ser bem examinada por todos nós. Todos nós temos alguma contribuição a dar para melhorar tudo isto, ainda certamente há muita imperfeição. Mas a regulamentação por lei federal é uma coisa que me parece bastante razoável, a meu ver é bastante razoável.

Guerra fiscal

Aqui chegamos a um outro ponto, que é o da chamada guerra fiscal. Para escândalo do Prof. Estevão, eu vou dizer que a guerra fiscal é até saudável; o que não pode existir é uma guerra suja. Esta guerra fiscal deve ter a sua "Convenção de Genebra".

O que eu chamo de guerra suja? É a concessão de incentivos que vão interferir diretamente e imediatamente na formação do preço, e que, na verdade, são totalmente equiparáveis a um *dumping*. Se o Brasil, ou se todos os países do mundo acham o *dumping* inaceitável e tomam medidas para combatê-lo, nós não podemos aceitar um *dumping* interno. Se há um *dumping*, se há incentivos que vão influenciar direta e imediatamente a formação do preço criando — e aí sim é um problema grave, como o do *dumping*, situações de desigualdade na concorrência — então este tipo de guerra deve ser evitado, mesmo porque tudo isso é inconstitucional.

Se a Constituição consagra a livre concorrência, os Estados não podem criar mecanismos que são altamente condenáveis no exercício da livre concorrência. Isto me parece bastante claro. É possível que isto possa ser evitado, em grande parte, se a legislação for federal. Hoje a lei já tem mecanismos para que seja evitado este tipo de guerra. Esses mecanismos estão na Lei Complementar n. 24, de 1975, a guerra instalou-se.

Eu entendo que no momento a palavra cabe ao Judiciário. Há, pendente de julgamento no Supremo Tribunal Federal, uma disputa entre São Paulo e Espírito Santo, uma ação proposta pelo Espírito Santo contra São Paulo e a decisão, por exemplo, se favorável a São Paulo, vai liquidar este problema, deste tipo de guerra. Agora, quanto à outra, que os Estados queiram atrair, e que dêem outros tipos de vantagem, eu acho isso muito saudável; deixe que façam, não há a menor importância, isso é extremamente comum nos EUA, os Estados dando vantagem (não deste tipo), os poderes locais dando vantagem, treinamento de empregados etc. etc.

Na Europa, se formos olhar um exemplo imediato de incentivos, quando Portugal se juntou à Comunidade Européia, a Comunidade deixou à disposição de Portugal uma quantia respeitabilíssima para modernizar a infra-estrutura, o que ele fez pegando aquelas estradinhas, deixando de parte, e fazendo boas estradas, e ao mesmo tempo para incentivar a industrialização.

Quais eram esses incentivos? Era treinamento de pessoal, de certo uma isenção do imposto de renda por um período x, e mais não sei o quê. Nunca seria possível um tipo de incentivo que fosse influir, direta e imediatamente, na formação de preços, porque isso seria considerado um capítulo de uma concorrência absolutamente desleal, que é também condenada, aqui, pela Constituição e, lá, pelas normas da Comunidade Européia.

Então eu entendo que é muito saudável que se promova uma reforma deste imposto. Acho que chegou o momento, a coisa está amadurecida para que ele seja colocado num trilho melhor, que seja modernizado, e que esta modernização possa ter uma influência muito benéfica na economia, porque não há nada mais infeliz para uma economia do que a cumulatividade.

É claro que nesse sentido nós temos essas contribuições ditas sociais, que são uma dor de cabeça permanente porque são arrecadadas num volume muito grande e têm um efeito cumulativo fortíssimo dentro da economia nacional. E esse efeito cumulativo devia ser liquidado de uma forma ou de outra, mesmo porque essas contribuições, como eu disse, têm um caráter regressivo muito forte. Como elas são a fonte de financiamento da seguridade social, nós temos de certa forma o pobre auto-financiando a seguridade dele e mais a do miserável, o que, evidentemente, não está no desejo de ninguém, além de ser um impedimento à criação de empregos — enfim, todos os efeitos de um imposto cumulativo.

Tratado internacional

Acho que já falei tempo excessivo. Haveria outras considerações a fazer, mas só queria fazer uma referência ao

Tratado. Creio que isto foi colocado aqui para que se evitasse qualquer discussão. O meu ponto de vista pessoal, confesso que depois da Constituição, logo em seguida, estava pensando que o tratado não poderia dar isenção de imposto. Depois pensei mais maduramente e concluí que pode, porque o Tratado não é um tratado do Governo Federal, é um tratado do Estado Brasileiro. E se nós entendermos que o Estado Brasileiro não pode celebrar tratados que vão mexer em qualquer tipo de tributação estadual, estamos dizendo que o Brasil jamais poderá celebrar tratados para evitar a bitributação no caso do imposto de sucessão *causa mortis*. Por quê? Porque esse imposto é estadual e porque os Estados não podem celebrar tratados. Então, seria um impedimento.

Eu entendo que é um tratado do Estado Brasileiro — portanto, atinge a todos, está nos poderes explícitos da União e, mais ainda, é assim que tem sido aplicado. Está cheio de decisões nos tribunais em que o Gatt, ou o tratado da falecida Alalc, que hoje é substituída pelo Mercosul, são invocados para que não se pague imposto estadual. Tem uma montanha de decisões, com maçãs argentinas etc. etc., dizendo que se havia uma isenção interna para produtos nacionais, o produto importado, por causa desses tratados, deveria receber o mesmo tratamento. Esse já é um exemplo prático de que na verdade o Tratado está sendo aplicado.

Eu disse que tinha falado demais e ainda acrescentei mais alguma coisa. Vou parar por aqui. Creio que estas perspectivas de uma remodelação do ICMS são bastante promissoras, e que é uma tarefa de todos nós dar uma contribuição para que isto saia o mais aperfeiçoado possível. (*Palmas*)

PROF. HERON ARZUA — Tenho a satisfação de passar a palavra ao Prof. Sacha Calmon.

PROF. SACHA CALMON — Eu vou me cingir a fazer algumas observações sobre a proposta de reforma constitucional enviada pelo governo ao Congresso Nacional, ligadas principalmente ao ICMS. Mas não me furtarei de fazer outras não ligadas ao ICMS.

Proposta de reforma tributária. Observações

Em homenagem às mulheres, me causou espécie a manutenção no texto da Constituição de uma excrescência, de uma hipocrisia fantástica, que é a chamada imunidade do Jeca Tatu, que imuniza o pequeno produtor rural que tenha uma gleba não superior a 25 hectares — que era o sistema anterior a 88 —, que cultive a terra sozinho ou com a ajuda de sua família, isto é, da mulher e dos filhos. Num país tão marcado pela guerra em torno da propriedade, os sem-terra invadindo fazendas e sendo mortos impiedosamente, a Constituição brasileira parece que resolveu proteger o pequeno proprietário, o minifundiário, e deixa esta imunidade na Constituição, quando na verdade não deveria estar lá.

Primeiro, o cidadão tem que ter um único imóvel; se ele produzir e quiser crescer, perde a imunidade. Segundo, ele tem que cultivar sozinho ou com a ajuda de sua família; quer dizer, não pode haver o regime de assalariado no campo. Se ele assalariar, der um emprego, perde a imunidade. Terceiro, a mulher do campo, já tão sacrificada em todos os sentidos, na procriação, na cozinha, na educação dos filhos, na satisfação do marido, tem que trabalhar também com ele, ajudá-lo na dura faina do campo; e os filhos não podem ir para a escola, porque tem que ajudar o pai. Quer dizer: é o tipo da imunidade imbecil, cretina, hipócrita, porque não protege ninguém — até porque o ITR não é cobrado dos ricos e muito menos poderá ser dos pobres.

Então esses penduricalhos, esse excesso quilométrico-normativo da Constituição brasileira poderia ter sido enxugado. Pelo contrário, aumentou-se a normatividade constitucional em terrenos que não eram para ser tangidos em texto constitucional.

Eu fico indignado com essa imunidade do Jeca Tatu, porque é a obra-prima do caricativismo pequeno-burguês da sociedade brasileira.

Empréstimo compulsório

A segunda observação é o empréstimo compulsório para retirar o excesso de poder aquisitivo.

É claro, isso é um instrumento de política anti-cíclica, sempre foi. E, aqui, eu quero homenagear o Prof. Marçal Justen Filho, que fez tão bela exposição ontem, mostrando que esse novo empréstimo compulsório não passa pelo Congresso Nacional, exatamente porque o governo brasileiro tem sido absolutamente imoral e amoral na instituição e na devolução dos empréstimos compulsórios. Quer dizer, é um governo que não se pauta pelo princípio da moralidade, não protege a confiança do cidadão na lei fiscal. Estão bem recentes, os empréstimos compulsórios sobre aquisição de gasolina e automóveis que não foram restituídos.

Então, evidentemente, é uma audácia tentar introduzir mais um motivo para a instituição de empréstimos compulsórios.

ICMS

Relativamente ao ICMS eu estou cheio de perplexidade. Estou certo de que o Prof. Alcides Jorge Costa deve ter contribuído com o melhor para esta reforma, e não é de sua autoria o pior — porque tem muita coisa ruim nesse projeto de Emenda à Constituição. Eu acho que realmente algumas coisas tinham de ser feitas em três pontos fundamentais: primeiro, retirar o peso da tributação sobre a mão-de-obra. Não é menos do que por isso que nós temos hoje cerca, penso eu, de 22 a 24 milhões de pessoas no mercado informal; porque é muito difícil contratar, manter o empregado e mandá-lo embora. Há um enxame de tributações e de encargos em torno da relação empregatícia, de tal maneira que desincentiva o mercado formal, incentiva o informal e prejudica, fundamentalmente, o financiamento da Previdência Social, é óbvio, gerando terceirizações espertas, além do trabalho informal.

Isso não foi feito. Mas foi retirada a tributação sobre as exportações de quaisquer bens, acabou-se o famigerado conceito de produtos semi-industrializados, que fazia Minas Gerais tributar os seus aços finos produzidos pela Acesita, considerado um produto semi-elaborado. Acabou-se o conceito de semi-elaborado; até as mercadorias, os produtos da agricultura, estão desonerados. Isso foi algo realmente importante para incentivar o *export drive,* o esforço de exportação, e o Brasil é medíocre, em relação ao seu PIB, no que exporta. A nossa exportação precisa duplicar, triplicar, quadruplicar. Foi muito boa a retirada do ICMS sobre as exportações, muito bom também que os produtos da agricultura tivessem sido, como foram, aquinhoados com uma tributação menor, com uma alíquota menor; e os bens de capital, também — foi retirada a tributação sobre bens de capital.

Agora, o que me espanta é uma certa dissintonia nos mecanismos que foram utilizados nessa reforma constitucional. Por exemplo: São Paulo, que concentra 80% do parque de bens de capital do país, a ele dá-se a tributação sobre os bens de capital com direito a crédito. Equivale dizer que o resto do Brasil vai financiar o fisco de São Paulo, relativamente aos bens de capital. Lógico, porque se o bem de capital é tributado em São Paulo, o é pelo fisco paulista; mas esse crédito vai ser transferido aos adquirentes fora do Estado de São Paulo, aqueles que o adquiriram fora do Estado de São Paulo. Esse crédito vai ser tomado e oposto ao Estado do destino do bem de capital.

Nesse caso o fisco de São Paulo não perde porque tributa o bem de capital, e o Estado do adquirente financia São Paulo. Já no caso das máquinas e implementos agrícolas, aos quais também conferiram crédito, adotou-se uma política diferente, prejudicando, talvez, o Rio Grande do Sul, o Paraná, porque aí dá-se a isenção. Por que não se deu a isenção para os bens de capital? Dê-se a isenção, quer dizer, não incidência — já sai mais barato o produto, desde a fábrica.

Foram duas incentivações para a modernização do parque industrial com duas regras diferentes. Deveria ser uma regra só, ou dá isenção — não-incidência — desde a origem, ou dá-se o crédito. Não quero dizer que se privilegiou São Paulo, mas me parece que foi uma dissintonia na solução desses dois problemas.

O discurso da exposição de motivos é de que o Brasil é o primeiro país do mundo, à frente da Comunidade Econômica Européia a instituir, com competência concorrente, dois impostos sobre valor agregado, e cobrá-lo no destino. A Europa, que é um mercado comum, cobra no destino, vai passar para a origem, não passou. Não é uma solução perfeita.

Câmara de compensação para o ICMS

A solução perfeita é a preconizada pela Profa. Misabel Derzi, que é uma câmara de compensação para dividir o IVA interestadual; mas o que se vê no texto do projeto é o contrário, é o ICMS na origem, podendo ser no destino, a cargo de uma regulamentação a ser feita pelo Senado Federal. Porém, com um *quorum* muito superior ao da reforma da Constituição, é um *quorum* de três quartos do Senado Federal. Ora, três quartos do Senado Federal o norte, o nordeste e o centro-oeste não têm, não conseguirão atribuir ao Piauí, ao Maranhão, a Rondônia, a Pernambuco e a Sergipe o ICMS que lhe cabe no destino. A regra é na origem, podendo ser no destino. Ora, esse *quorum* esses Estados não têm; e se eles não têm esse *quorum,* não vão concordar, porque vão perder receita.

Então, é uma bomba fiscal colocada dentro do projeto. Vai implodir, porque o sistema de hoje é muito mais interessante para o Piauí; sai o automóvel de São Paulo, paga 7% (é a operação interestadual) o Piauí assume os 7% e cobra 18% na operação de revenda. Hoje se divide assim, alíquotas diferentes nas operações internas e interestaduais. O projeto acaba com isso e implanta uma alíquota única, tanto faz ser alíquota interna quanto a interestadual. Mas se cobra na origem. O que vai caber ao Estado de destino foi entregue ao Senado Federal, que pode adotar duas técnicas: acrescer o ICMS federal, diminuindo a alíquota da operação, no Estado de origem e depois repassará para o Estado do destino, ou então criando uma espécie de câmara de compensação que os burros da Comunidade Econômica Européia ainda não conseguiram fazer, mas nós vamos fazer. Duvido muito que façam.

Acontece que o norte, o nordeste e o centro-oeste, dominam o *quorum* da reforma constitucional (60% dos votos do Congresso Nacional). Esse *quorum* eles têm, e é uma tolice supor que José Sarney, que o Vice-Presidente, que é o mais mineiro dos pernambucanos, o Dr. Maciel, que o Dr. ACM, vão aceitar esse tipo de ICMS com alíquota única, sem que haja a proteção das receitas desses Estados mais pobres. Eu não acredito que isso seja possível.

PROF. ALCIDES JORGE COSTA — Eu só queria dar um esclarecimento, que é o seguinte: não estou falando da parte transitória, estou falando da proposta definitiva, porque a proposta definitiva tem já, bem embutida nela, o princípio do destino, que se for implantado elimina todas as objeções levantadas pelo Prof. Sacha, e que está aqui: "As alíquotas dos Estados ... poderá reduzir gradualmente a alíquota estadual e distrital federal, hipótese em que a alíquota da União será ... Poderá estabelecer procedimentos que atribuam gradualmente o produto da arrecadação da alíquota estadual, parcial ou totalmente ao Estado de localização do destinatário da mercadoria".

Então nós devemos entender isto aqui num conjunto, quer dizer, não se pode interpretar a lei *nisi tota legi perspecta*. Se eu interpretar tudo junto, a implantação do princípio de destino elimina completamente essas objeções. Além do que a isenção tem o efeito econômico diferente do crédito. Por quê? Porque se eu dou uma isenção, o que está do outro lado não vai creditar-se.

Vou fazer nascer um pequeno efeito cumulativo. Por quê? Porque a isenção, de acordo com essa mecânica, ainda que aqui conserve os créditos, vai ser relativa só ao valor acrescido naquela operação do produtor para o adquirente do equipamento. Não vai haver imposto ali, não vai haver crédito. Então vou ter, de certa forma, um efeito cumulativo sobre todo o imposto que ficou para trás, ou seja, os efeitos econômicos são diferentes e, provavelmente, foi nisto que se pensou; mas tudo isto conjugado com a implantação do princípio de destino.

Implantado o princípio de destino, essas objeções desaparecem completamente. E me parece que foi este realmente o espírito.

Desculpe o aparte, era só um esclarecimento.

PROF. SACHA CALMON — O aparte é extremamente esclarecedor. Eu estou de acordo, inclusive sobre a neutralidade do ICMS. Acho que ele deveria ser absolutamente neutro, não comportar nenhuma isenção, como eu aprendi com a Profa. Misabel, que lê os alemães na origem, não é de segunda mão. Todos os europeus que trabalham sobre o IVA, Klaus Tipke, são unânimes em dizer que os agentes econômicos apenas antecipam o pagamento e repassam o imposto para o consumidor final, porque, afinal de contas, é um imposto sobre o consumo, é classificado como um imposto sobre o consumo. Então, não compete dar isenção num imposto não cumulativo porque o efeito imediato é a acumulação.

Agora, o que eu achei interessante foi dar uma solução de não-incidência para um caso e de isenção para o outro. O que me pareceu é que se promete um ICMS no destino mas se defere ao Senado, gradualmente, fazer isso; então, na verdade, está na origem, ele parte da origem caminhando para o destino. E quem vai tomar a decisão de gradualmente passar ao Estado do destino é o Senado. Por qual *quorum*? Três quartos, que é maior do que o *quorum* de reforma da Constituição!

Temeu-se, na verdade, a hegemonia política do Nordeste no Congresso Nacional, e se criou um *quorum* que vai inviabilizar esse princípio tão importante de se passar para o IVA no destino, ou para uma câmara de compensação, que é a solução ideal. O que eu estou dizendo é que há um empecilho político, pelo caminho adotado, pelo fator da reforma à Constituição.

Eu já fiz a conta na ponta do lápis, e todos os congressistas já fizeram: o Centro-Oeste, o Nordeste e o Norte não têm o *quorum* de três quartos do Congresso Nacional, e ninguém troca o certo pelo duvidoso. Se eu hoje tenho uma diferença de alíquotas que me garante uma parcela do ICMS interestadual, quer dizer, dos produtos que vêm principalmente do Sudeste, principalmente de São Paulo, eu tenho que ter regras ou garantias de que o IVA vai ser, no destino, partilhado adequadamente, como o deve ser numa federação responsável, porque a federação tem que ser equilibrada — é mandamento da Constituição o combate aos desequilíbrios regionais e não o seu acirramento, quer do ponto de vista político, quer do ponto de vista econômico.

Temos que pensar nos brasileiros e na federação, temos que pensar principalmente nos brasileiros pobres, temos que fazer um país justo, um país equânime; e me parece que essa sistemática é complexa e gera objeções políticas. Já gerou: o Senador Sarney já se pronunciou ... E isso virá à tona. Parece um detalhe, mas não é.

Eu estou de acordo com o Prof. Alcides Jorge Costa, absolutamente de acordo. Mas se compete ao Senado estipular que, gradualmente, se vai atribuir ao Estado de destino uma parte da alíquota do ICMS, se é dado um *quorum* para fazer isso, é porque no ponto de partida — agora vamos ter a competência concorrente ICMS federal e o ICMS estadual — o ICMS estadual começa na origem. Hoje ele não é nem origem nem destino, ele é partilhado por alíquotas diferenciadas. Acabou a alíquota diferenciada, ele fica na origem, tanto fica na origem que, gradualmente, vai ser passado para o destino. E aí é que está o problema, um problema político.

Há um outro ponto, que é a proibição de favores fiscais e financeiros, incentivos financeiros pelo Estado. Acho que se lançou o dardo além da meta. Estou absolutamente de acordo em que o ICMS tem que ser um imposto neutro, ele foi criado com essa inspiração; mas se tornou um imposto altamente extrafiscal, e isso precisa acabar. Agora, é óbvio que a fórmula constitucional foi muito ampla, porque é lógico que não se deve fazer alterações de preço, dar vantagens alocacionais, atuando com o ICMS. Ele não se compadece com essa política, ele não foi tramado para isso, o seu feitio não é esse.

Portanto, é justo que não haja isenções, reduções de base de cálculo, concessão de créditos presumidos. Agora, impedir os Estados-membros de tomar o ICMS como parâmetro para dar outros incentivos, com a sua despesa e não com a receita, sem deformações na estrutura do ICMS, aí já é demais!

É demais por duas razões. Primeiro, porque é inconstitucional — o país sendo uma federação tem que respeitar a autonomia do Estado federado, e os mais pobres não querem permanecer pobres para sempre; podem renunciar, não à receita do ICMS, mas podem dedicar recursos do seu Tesouro para incentivar a industrialização e o crescimento econômico. É até um mandamento constitucional.

Então, vai ser muito fácil aos Estados do Sul alegarem que este ou aquele incentivo, afinal de contas, é uma maneira indireta, pela fórmula que está no texto, de se fazer política locacional, que vai deformar a concorrência, que vai prejudicar o mercado comum brasileiro, simplesmente porque alguns Estados já têm toda a infra-estrutura armada, toda a mão-de-obra preparada, aliás, que veio de outros lugares menos desenvolvidos...

E vamos agravar o problema. Vejam o que está acontecendo agora com os ricos e bem postos de São Paulo, que moram nos Alphavilles, e que estão querendo um trenzinho só para eles, particular, para que eles possam vir do seu sonho dourado de morar num país não terceiro-mundista, que são os condomínios de Alphaville, para o centro da grande metrópole sul-americana que é São Paulo. Não! Eles estão na periferia da periferia, e têm de sofrer os males terceiro-mundistas, porque nós somos um país pobre do Terceiro Mundo. Então temos que enfrentar essa realidade.

A guerra fiscal pelo crescimento econômico e pela igualdade social é saudável; o que não é saudável é favorecer uns para prejudicar outros. E, evidentemente, com a dimensão com que o artigo foi posto no texto da reforma, ele dá azo a interpretações que podem nulificar por inteiro os esforços de alguns Estados para atrair investimentos e crescer economicamente, como é o caso do Fundap do Espírito Santo, que São Paulo sente-se prejudicado pelos incentivos do pobre Estado do Espírito Santo.

Aliás, eu acho que o Fundap realmente distorce um pouco; mas só porque é muito mais saudável, do ponto de vista econômico, importar pelo porto de Vitória do que pelo porto de Santos — a começar que o porto de Santos está sempre em greve, o custo é muito maior. O Governador Covas não deixa que se mexa no porto de Santos de forma alguma, porque é sua base política. Então é mais fácil importar pelo Espírito Santo, quanto mais tendo incentivos, eu pago imposto três meses depois.

Então me parece que essa proposta não passa, nem com água benta, pelo Congresso Nacional. E vamos perder o bom que essa reforma trouxe, a desoneração das exportações, o incentivo à agricultura, a destruição do conceito de semi-elaborado, a destruição do Confaz, esse monstrengo que legisla sobre o ICMS sem ter competência legislativa para tanto.

Eu temo muito por esse projeto, Prof. Alcides Jorge Costa. O anteprojeto de revisão constitucional vai ser discutido; mas com todas essas armadilhas que estão lá postas, a sua viabilidade política é muito difícil, porque tínhamos que partir inicialmente de uma constatação: o país é desigual, o país é dividido em classes, a renda está muito mal dividida em termos de classe e de regiões, e temos que fazer uma política que contrarie tudo isso, que renove o país, e não jogue uma região contra outra.

Acho que já passei dos meus minutos, mas pelo menos apimentei a discussão, de tal maneira que vamos ver agora nos debates como ficaremos. Obrigado. (*Palmas*)

Debates

Prof. Heron Arzua — Vou pedir aos debatedores um segundo para cada pergunta, resposta telegráfica. O que não for possível responder, ficamos depois à disposição, para um debate no salão ali ao lado.

Prof. Roque Carrazza — Várias perguntas foram-me encaminhadas acerca exatamente da questão da possibilidade de o Tratado Internacional isentar impostos estaduais, municipais e distritais. Eu tomarei a liberdade de ler a pergunta que me foi endereçada pelo Dr. Antônio Sá, do Rio de Janeiro: "Seria bom que o senhor colocasse os seus argumentos com relação à inconstitucionalidade da proposta de emenda constitucional que altera o art. 151, III. O tema é atual e na parte da manhã o Dr. Rezek opinou pela constitucionalidade dessa emenda. Destaco que existem tratados internacionais que concedem a isenção de todos os impostos. Dessa forma, o Tratado poderá conceder isenção de IPTU, ITBI, TR e IPVA. Com a desculpa do Mercosul poderemos dar um poder inconstitucional à União?".

Há poucos instantes, o Prof. Alcides Jorge Costa honrou-me com algumas observações — observações amáveis porque se trata de um *gentleman* — levantando a tese, de todo respeitável, de que, quando a União firma um tratado internacional, não é a pessoa política União que está firmando o tratado, mas o Estado Brasileiro a ordem jurídica global, a que aludia Hans Kelsen.

É uma tese respeitável. Eu acho que ninguém aqui deve ter a tola pretensão de monopolizar a verdade. Estamos aqui para discutir e meditar, devendo cada um chegar às suas próprias conclusões, que não precisam, necessariamente, coincidir com as do expositor. Aliás, é justamente do entrechoque de opiniões que, mais das vezes, faísca a verdade.

Muito bem, feito esse rápido intróito, e tentando ser breve na resposta, eu diria o seguinte: o Estado tributa, não para agulhar a carne dos contribuintes, mas para abastecer de dinheiro seus cofres, isto é, para ter os meios financeiros necessários ao atingimento dos fins que lhe são assinalados, seja pela Constituição, seja pelas leis. O Estado tributa — e quando eu falo Estado, estou me referindo à União, aos Estados-membros, aos Municípios e ao Distrito Federal — para, com o dinheiro arrecadado, poder custear os serviços públicos, as obras públicas, a folha de pagamento de seus servidores e, assim por diante.

Portanto, a tributação é um instrumento de autonomia financeira das pessoas políticas. Autonomia financeira, que é o pressuposto inafastável, seja da autonomia administrativa, seja da autonomia jurídica.

Isenções heterônomas

Muito bem, em função disso, a Constituição Federal de 88 afastou, quase que totalmente, a possibilidade das isenções heterônomas, das isenções concedidas por pessoa política diferente daquela que tributou. Antes, sob a égide da Constituição de 67/69, era possível à União, tendo em vista o interesse nacional, conceder isenções de impostos estaduais, municipais ou distritais. Agora, a União só pode, por meio de lei complementar, conceder isenções de dois tributos alheios: de ICMS sobre exportações de mercadorias que não forem produtos industrializados e de ISS sobre exportações de serviços. Todas as outras isenções já não podem ser concedidas pela União, em relação, claro, a tributos que não lhe sejam próprios.

Alguém poderia afirmar: mas, nesse caso, a União age na qualidade de representante, não da ordem jurídica parcial central mas do Estado brasileiro. É um argumento ponderável. Há, porém, um aspecto que não pode ser ignorado: a Constituição brasileira não declara a supremacia do Tratado sobre a legislação interna, ou seja, a legislação dos Estados, dos Municípios e do Distrito Federal, ao contrário do que faz, por exemplo, a Constituição argentina, na qual efetivamente está estatuído que o Tratado Internacional revoga o direito interno das Províncias. No Brasil vigora, sem ressalvas, o princípio federativo, o princípio da autonomia municipal, e agora também o princípio da autonomia distrital.

Confesso que estou tendo uma certa dificuldade para aceitar que a União "faça caridade com chapéu alheio", vale dizer, assuma compromissos tributários em nome dos Estados, dos Municípios, ou do Distrito Federal. Senão chegaremos, penso eu, a esse descalabro apontado pelo colega Antônio Sá, de um Tratado Internacional conceder, a torto e a direito, isenções de ISS, de IPTU, de IPVA, de ICMS, num total desprezo pela autonomia das pessoas políticas — Estados, Municípios e Distrito Federal.

Mas, enfim, em virtude do adiantado da hora limito-me a lançar a idéia. Aos demais colegas que me honraram com perguntas (foram realmente muitos), digo, de público, que estou pronto a debater com eles as questões levantadas, assim que for encerrada esta sessão.

Muito obrigado.

PROF. HERON ARZUA — Eu vou fazer a arbitrariedade de encerrar esta sessão sem a resposta das outras perguntas porque não dá mais tempo. Tem muitas perguntas, nós já avançamos na hora, a meia hora que nós tínhamos já passou. Peço desculpas por isso ao Plenário, mas todos aqui os integrantes da Mesa estão à disposição para conversar com todos aqueles que fizeram as perguntas.

Muito obrigado, e daqui a 15 minutos começa a Mesa de Debates Municipal.

MESA DE DEBATES

TRIBUTOS MUNICIPAIS

O ISS no projeto de reforma — Alíquota — Local da prestação do serviço — Franquia, "factoring, merchandising" e ISS — Momento do fato imponível do ISS — Debates

AIRES BARRETO
ANNA EMÍLIA CORDELLI ALVES
EDUARDO BOTTALLO (Presidente da Mesa)
EUGÊNIO DOIN VIEIRA
MARÇAL JUSTEN FILHO
SIDNEY SARAIVA APOCALIPSE

PROF. EDUARDO BOTTALLO — Integram a Mesa, a partir da minha esquerda, o Prof. Sidney Saraiva Apocalipse, o Prof. Marçal Justen Filho, o Prof. Eugênio Doin Vieira, o Prof. Aires Barreto e a Profa. Anna Emília Cordelli Alves. A Profa. Elizabeth Nazar, que também estava convidada para participar desse painel, teve algumas dificuldades de última hora, mas é possível que apareça ainda.

Como tem sido a prática já desses painéis, o que se pretende é, a partir da discussão de determinadas questões concretas, questões práticas, analisar os principais fundamentos dos tributos das diferentes competências, no caso específico da competência dos Municípios. E a seleção dos temas que são levados a debate, a exemplo do entendimento de uma determinada corrente doutrinária sobre a lista de serviços, é meramente sugestiva, não é taxativa, o que vai dizer que as questões colocadas são questões atuais, questões que devam ser discutidas, debatidas nos tribunais, e que permitem, sem perder a sua importância prática, também, que se reflita a respeito de questões teóricas ligadas a esses tributos.

De modo que dentro dessa proposta, as questões que foram sugeridas aos componentes da Mesa de debates são as seguintes: 1º) Incide o imposto sobre serviços, sobre operações de *franchising*, *factoring* e *merchandising*? 2º) Em que momento ocorre o fato imponível do ISS? 3º) Algumas questões ligadas à propriedade, posse e imposto predial e territorial urbano (Ex.: se esse imposto incide na situação de um imóvel invadido).

Sobre a ordem em que os palestrantes se manifestariam, por unanimidade decidiram escolher o Prof. Aires Barreto como sendo o primeiro palestrante, porque ele não estava presente na hora da escolha. De modo que, obedecendo a vontade da maioria, eu passo a palavra ao meu querido amigo Prof. Aires Barreto.

O ISS no projeto de reforma

PROF. AIRES BARRETO — Agradecemos ao Presidente Prof. Eduardo Bottallo; saudamos os demais componentes da Mesa. Senhores Congressistas: talvez a expectativa dos senhores seja no sentido de que os nossos comentários versem a incidência ou não de ISS no caso de franquia. Todavia, não vamos discorrer sobre esse tema, uma vez que sobre ele escrevemos, a *RDT* está em poder dos senhores, e sei que o Prof. Marçal Justen Filho vai abordar o tema. Preferimos cuidar de algumas questões que, de uma ou outra forma, estão ligadas ao projeto de reforma tributária. Cuidemos primeiro daquilo que o projeto de reforma disse. Dele consta a pretensão de que, aos Municípios, caiba o imposto sobre serviços de qualquer natureza, ressalvados os não compreendidos no art. 155, da CF, especificados em lei complementar. Já não mais se fala, como na Constituição atual, em "definidos em lei complementar". Pretende-se substituir essa expressão por outra: "especificados em lei complementar".

Qual é o propósito dessa substituição, dessa troca de expressões? Evidentemente é caminhar no sentido de reforçar a tese da taxatividade da lista. Não nos parece, todavia — sem embargo da existência de jurisprudência nesse sentido — que isto seja suficiente para atingir esse objetivo. Admitir que o imposto sobre serviços de qualquer natureza só possa incidir sobre aqueles serviços que forem especificados (listados) em lei complementar é atentar contra princípios constitucionais: é atentar contra o princípio federativo, inscrito no art. 1º do Excelso Texto; é atentar contra o princípio da autonomia municipal (a que se referem os arts. 29 e 30 do texto constitucional). Além disso, é supor que a nossa Constituição não é rígida; é admitir que a nossa Constituição é flexível, e que pode ser modificada por norma infraconstitucional. Se é a lei complementar quem especifica ou lista os serviços tributáveis, teremos que admitir que ela pode listar 100 serviços — como faz a Lei Complementar 56/87 — ou ampliar esta lista para 200 ou reduzí-la para 50, para 20, 10, 5, 1 ou nenhum serviço. Em outras palavras, é dizer: o que a Constituição deu com a mão direita retirou com a esquerda. É pôr às avessas a lição de Rui Barbosa porque a lei complementar teria o condão não apenas de reduzir, mas até de suprimir a competência municipal para instituir o imposto sobre serviços de qualquer natureza. Isto, da minha perspectiva, é um monumental absurdo.

Se, efetivamente, se pretende que o ISS só seja exigido em função de uma lista, então vamos reformular a Constituição para dizer que o Município não é mais autônomo, que o nosso princípio federativo não é mais esse que está inscrito no art. 1º, mas um outro, dele diverso, e canhestro; vamos dizer, com todas as letras, que o imposto sobre serviços não é de qualquer natureza, e muito menos invocar o absurdo de que só não compreende os serviços referidos no art. 155-I, da Constituição. Vamos dizer, clara e incisivamente, que o ISS é um imposto incidente sobre serviços de *determinada natureza*, mais do que isso, apenas sobre serviços de determinada natureza, *que forem listados pela lei complementar*. Nesse caso, teremos inaugurado uma nova e horrenda ordem jurídica-tributária, mas justificar-se-ia a exegese que hoje predomina.

Como, no entanto, não nos parece seja esse o desejo dos que tem a seu cargo emendar a CF, prosseguimos entendendo que ao Município caberá exigir ISS sobre *todo* e *qualquer serviço*, exceto os do art. 155.

Para usar uma expressão bem a gosto do Prof. Geraldo Ataliba, os contínuos do Planalto que redigiram essa excrescência (*Risos*) temiam que as reações fossem mais ferozes do que aquelas mencionadas há pouco pelo Prof. Alcides Jorge Costa, mas a boa educação nos impede de dizer quais seriam. (*Risos*)

Alíquotas

O segundo equívoco consiste em fixar em relação ao ISS alíquotas máximas e mínimas. Diz a exposição de motivos, no que se refere à competência tributária municipal, que são propostas duas alterações: a primeira, aperfeiçoa dispositivo do IPTU e a segunda atribui à lei complementar a fixação de alíquotas máximas e mínimas do imposto sobre serviços, a fim de se evitar conflitos entre jurisdições e fortalecer a receita nacional daquele imposto.

Com essa medida não se atingirá nem uma coisa nem outra. Não é estabelecendo as alíquotas máximas e alíquotas mínimas que se vai evitar a chamada guerra fiscal. Dizer que a alíquota máxima por hipótese é 10% e que a alíquota mínima é 1%, primeiro não vai ensejar que Municípios como Rio, São Paulo, Belo Horizonte, Porto Alegre, enfim, as capitais e outros grandes Municípios, reduzam as suas alíquotas, que hoje são 3%, 4% e 5%, para 1%. Esses Municípios vão mantê-las em 3, 4 e 5%, e com isso continuará o êxodo para os Municípios limítrofes, nos quais, para as mesmas atividades, as alíquotas serão as mínimas (de 1 ou de 0,5%), enfim, aquelas que forem estipuladas por lei complementar.

Só existe um caminho para evitar a guerra fiscal: dizer que a alíquota do ISS é uniforme, porque sendo uniforme, aí sim, não haverá guerra fiscal, porque os caminhos da isenção ou da não-incidência — que poderiam, em princípio, levar empresas a se deslocarem dos grandes Municípios para Municípios vizinhos — não se efetivará porque, concretamente, nesses casos esses Municípios não obterão *nenhuma* arrecadação (caso concedam isenção ou a lei preveja a não-incidência). Em suma, a fixação de alíquotas máximas e mínimas é caminho absolutamente equivocado para atingir os fins a que se refere a exposição de motivos da proposta de reforma constitucional. Para alcançar esse fim, só com alíquotas uniformes.

Cuidar dessas duas questões, no nível desses dois impostos — IPTU e ISS —, é cuidar da parte versada pela reforma. Mas a reforma também deve ser vista em função daquilo que não disse, daquilo que não versou, daquilo que deveria dizer mas não disse.

O Prof. Alcides Jorge Costa numa reunião do IDEPE, há pouco realizada, lembrou uma história — que eu não vou saber reproduzir fielmente, mas ainda assim vou contá-la. Queixava-se o Rei português do seguinte: tinha informações de que saíam do Brasil quantidades imensas de ouro, sendo que a ele, porém, só chegava um punhadinho. Pediu o Rei que o seu primeiro-ministro explicasse o fenômeno. O primeiro-ministro respondeu que a explicação era fácil e óbvia: o senhor Rei que reúna o ministério e vamos demonstrar isso. Reunido o ministério, ele, que era o primeiro no rol de ministros, entregou um grande punhado de areia ao Ministro sentado à sua direita pedindo que esse punhado de areia fosse passado ao Ministro que se sentava a seguir e assim por diante. A areia foi passada de mão em mão até o último Ministro que, a seu turno, passou o que restava ao Rei. O que chegou ao Rei foi apenas um punhadinho. Disse então o primeiro-ministro: eis a explicação. E tome em conta, meu Rei, que, na verdade, o ouro se agarra muito mais às mãos do que a areia. (*Risos*)

A reforma proposta cuidou daquele punhadinho, perdendo-se ao meio do caminho uma série de alterações, de modificações, de inovações de que carecia uma reforma constitucional digna de ser apreciada por tantos quantos se dedicam ao estudo do Direito Tributário. Tanto havia que cuidar, que dizer, que explicitar, que inovar, que modernizar. Mas esses ansiados preceitos dela não constam. Foram prometidos mas não vieram.

Exemplificativamente: por que é que não se diz "competir aos Municípios o imposto sobre serviços de qualquer natureza cuja base de cálculo será o preço dos serviços sem quaisquer deduções", e com isso eliminar-se toda a discussão que se trava em torno da possibilidade de ocorrer dedução da base de cálculo em relação a tais ou quais atividades? Poderíamos mencionar o chamado trabalho pessoal do próprio contribuinte e a tributação da sociedade de profissionais, mas vamos referir questão mais atual: recentemente a *Gazeta Mercantil* publicou a seguinte notícia: "Rio perde ação de ISS". O Município do Rio de Janeiro pretendia tributar as empresas de construção civil tendo por base de cálculo o preço dos serviços, sem a dedução do valor dos materiais empregados e sem a dedução das subempreitadas já tributadas pelo imposto, a pretexto de que estas deduções configuravam isenções parciais e portanto não podiam mais prevalecer, porque o art. 11 do Decreto-lei 406, que estabelece essa possibilidade de dedução dos materiais empregados e das subempreitadas já tributadas pelo imposto, não teria sido recebido pela Constituição de 88, em virtude do disposto no art. 151-III, que diz ser vedado à União instituir isenção de tributos da competência dos Estados, do Distrito Federal e dos Municípios.

O Município do Rio perdeu a ação. Claro, é uma decisão de primeira instância, mas o que está subjacente a essa perda, pensamos nós, decorre de um equívoco manifesto: não há aí, segundo nos parece, isenção parcial. Posicionamo-nos entre aqueles que defendem que não existe a figura da isenção parcial em Direito Tributário — ou há isenção, ou não há isenção.

Isso é demonstrado numa tese, que acolhemos, do Prof. Paulo de Barros Carvalho, quando explica que as isenções, na verdade, refletem mutilações a um ou mais dos critérios, ou da hipótese, ou do conseqüente. Isto é, a norma de isenção atinge a regra matriz do tributo de que se cuida, ou pela hipótese, atingindo o critério material (ou pelo verbo ou pelo complemento), ou atingindo o critério temporal, ou aniquilando o critério espacial, ou pelo conseqüente, em razão do sujeito ativo, ou do sujeito passivo, ou do critério quantificativo, pela base de cálculo ou pela alíquota, mas sempre mutilando um desses critérios.

Os exemplos seriam os seguintes: quando a lei do IPI diz que não se considera industrialização a fabricação de óculos sob receita, há uma descaracterização do verbo *industrializar*; ao não se considerar industrialização, atinge-se o critério material pelo verbo; quando a mesma legislação do IPI diz que está isenta do IPI a fabricação de queijo tipo Minas, está atingindo o critério material pelo complemento; quando a legislação do IPI diz que são isentos os produtos industrializados na Zona Franca de Manaus, está mutilando o critério espacial; quando fala que tal ou qual produto sai com suspensão do imposto, está é deslocando o critério temporal, é dizer, está impedindo que nasça a obrigação tributária por força da deslocação do critério temporal (embora a terminologia utilizada seja suspensão, concretamente o que se tem é isenção). E assim, também, quando se inviabiliza a base de cálculo, ou quando se reduz a alíquota a zero. Todavia, quando se tem uma base de cálculo menor, mas ela continua existindo, não se pode falar em isenção e muito menos em isenção parcial, que é figura inexistente entre nós. Questões como essa, e como tantas outras, deveriam ter sido cuidadas pela Reforma, mas não o foram. Perdeu-se com isso rara oportunidade para aprimorar o Sistema.

A Constituição deveria ser aditada para, exemplificativamente, dizer que o imposto sobre serviços de competência dos Municípios atinge as prestações de serviço como fim, e não as pseudo-prestações de serviço, é dizer, as atividades-meio.

Explicitemos melhor essa questão: quando os senhores, nos seus escritórios, para redigirem as suas petições, para elaborarem os seus pareceres, valem-se de um computador ou de uma máquina de datilografia, não estão prestando serviços de datilografia, ou serviços de digitação, ou serviços de computação. Na verdade essas tarefas são meros meios, instrumentos, requisitos ou condições para a prestação de serviço; tributável é o fim, no caso o serviço advocatício, e nunca aqueles "serviços" que são meros meios para a obtenção desse fim.

É comum, todavia, disputas judiciais de expressão tendo por cerne atividade-meio e atividade-fim.

Deixando de lado o ISS, poderia a Constituição dizer que a base de cálculo das taxas é o custo da atividade estatal, a fim de superar a confusão reinante em torno do § 2º do art. 145 do texto constitucional, que diz que as taxas não terão base de cálculo própria de impostos. É preciso dizer que base de cálculo das taxas é o custo da atividade estatal. É preciso deixar claro que unidades de medida como metro quadrado, alqueire e testada, não são bases de cálculo das taxas, são alíquotas das taxas.

É preciso que uma reforma constitucional diga, claramente, que contribuição de melhoria é tributo, cuja hipótese de incidência é a valorização imobiliária causada por obra pública e que diga, claramente, que o custo da obra pública é irrelevante para a dimensão do fato tributário.

Enfim, Sr. Presidente, o tempo é escasso, mas preocupa-me essa reforma constitucional, muito menos por aquilo que nela se disse e muito mais pelas coisas que nela não se disse. Obrigado. (*Palmas*)

PROF. EDUARDO BOTTALLO — Quero lembrar aos participantes que poderão encaminhar perguntas escritas à mesa, valendo-se para tanto das moças que estão à disposição para esse fim.

Pela ordem de escolha vou passar a palavra ao Prof. Marçal Justen Filho, da Universidade Federal do Paraná.

PROF. MARÇAL JUSTEN FILHO — Ilustres integrantes desta Mesa, minhas senhoras e meus senhores, o tema que foi objeto de minha escolha é o da figura da franquia e sua submissão ao regime tributário no tópico do ISS. O trabalho está transcrito na *Revista de Direito Tributário* 64, motivo pelo qual eu, até em homenagem à urgência, farei uma análise bastante simples e sintética da questão.

A idéia básica que nos passa à mente é a que o Prof. e Ministro Francisco Rezek destacou hoje de manhã: a perspectiva atual de uma permeabilidade do Poder Judiciário a novas interpretações e novas teses no Plano Tributário. O Ministro aludiu a questões específicas, mas me parece que há uma generalidade dessa postura por parte do Poder Judiciário.

Isso tende a se manifestar em eventual modificação de teses tradicionais que vinham sendo trilhadas pelo Poder Judiciário nos últimos 20 anos, quer no tocante a ICMS, mas também, eventualmente, no tocante ao próprio ISS, o que se retrata em duas decisões recentes, que são inovadoras no sentido de retratarem uma certa alteração de postura do Poder Judiciário relativamente à jurisprudência anterior.

ISS — Local da prestação do serviço

Há uma decisão afirmando que o local da prestação do serviço não pode ser definido nos termos do Decreto-lei 406, identificando, portanto, a competência tributária pela efetividade da prestação do serviço e não por aquele dado que tinha sido objeto de críticas tão intensas por parte de toda a doutrina, que era a regra do Decreto-lei 406, que atribuía competência, em última análise, ao Município onde estava sediado o prestador de serviço, o que produzia uma enorme simulação e uma guerra fiscal, para utilizar uma expressão tão em uso aqui também neste Congresso.

A outra decisão reputou que, em última análise, a figura da incorporação de imóveis se sujeitava a ISS, numa interpretação bastante ampliativa do que pode ser empreitada, o que põe sob um certo ângulo, também, uma nova postura relativamente à lista de serviços. Ou seja, a lista de serviços não teria uma natureza exaustiva (alterando-se a idéia básica consagrada na postura jurisprudencial). A concepção fundamental adotada há quase 30 anos atrás, pelo Supremo Tribunal, era a de que nem a lista era exemplificativa, nem comportava interpretação ampliativa.

Esta postura está em xeque, e há uma tendência do Poder Judiciário de rever, ao que me parece, concepções tradicionais, o que no plano do ISS pode ser extremamente significativo, porque no plano do ISS, mais talvez do que no tocante a quaisquer outros tributos, há uma divergência fundamental entre a doutrina e a jurisprudência.

Há 20 anos a doutrina majoritária acerca de ISS vem se opondo aos caminhos que são seguidos por parte da jurisprudência. Portanto, nós podemos eventualmente até, em virtude desse desespero dos Municípios, nos depararmos com uma ampliação enorme de intensidade de natureza quantitativa e qualitativa relativamente à figura do ISS.

Franquia e ISS

E aí vem a figura da franquia. Ou seja, independentemente de nós considerarmos se a lista é ou não taxativa (se abrange ou não abrange a figura da franquia), podemos nos deparar, em curto espaço de tempo — mesmo que não haja uma lei complementar aludindo expressamente à franquia, e até se houver uma lei complementar aludindo à franquia como sujeitada à tributação pelo ISS — nós nos depararemos com uma disputa sobre o tema, mormente em face da relevância econômica da figura da franquia.

Ora, a franquia corresponde a uma prestação de serviços tal como o tema está na Constituição Federal? A primeira ponderação que eu faria a vocês é de que a pergunta, sob um certo ângulo, é irrespondível, porque não há "a" franquia. A expressão "franquia", cunhada basicamente a propósito de práticas contratuais desenvolvidas nos Estados Unidos da América, semelhantemente aos preceitos que norteiam a filosofia própria norte-americana, não compreende um modelo perfeito e acabado. Não existe um modelo "fechado" de franquia, e toda a doutrina norte-americana e comercialista no Brasil ressalta esta peculiaridade.

Os próprios doutrinadores não conseguem definir precisamente o que seja franquia, que é uma espécie de tipo que tem um mínimo, mas que não comporta uma definição exaustiva ou fechada. Pode assemelhar-se a um sistema de distribuição aos moldes de representação comercial, embora com diferenças características, já que na representação comercial o representante não participa do negócio, não atua no relacionamento direto para fechar o contrato. Quando o faz, adota condição de mandatário. Já na franquia, o franqueado atua, pessoalmente, em nome próprio.

Mas nós poderíamos admitir como franquia, também, o contrato onde o franqueado não recebesse nenhum bem material do franqueador, mas apenas a transferência de uma experiência.

Essa ausência de padronização do contrato de "franquia" não é afetada pela legislação brasileira, que resolveu disciplinar — e o fez em termos extremamente sumários, sintéticos e insatisfatórios — o instituto. A definição de franquia que foi dada pela Lei permite a mais ampla variação de figuras.

Portanto, dizer se é possível caracterizar franquia como prestação de serviços envolve uma indagação prévia: de qual franquia se trata? Estamos tratando de franquia como transferência de experiência? Como transferência de experiência e de marca? Como transferência de experiência, de marca e de processos de fabricação? Como transferência inclusive de bens do franqueador para o franqueado?

Essa amplitude e essa multiplicidade de figuras impedem uma resposta objetiva — mas nos dão, por outro lado, uma constatação de que franquia é algo que tem um ponto que peculiariza o contrato. E isto nos leva a reconhecer que franquia é uma figura contratual própria, que não se identifica como uma soma parcial de contratos. Ou seja, não é possível dizer que franquia é um contrato onde se soma cessão de direito de uso de marca com o dever de prestar assistência técnica. Eu posso ter uma cessão de uso de marca com o dever de prestar assistência técnica e não ter uma franquia.

Mais do que tudo isso, na verdade, o que põe em destaque, o que dá identidade à franquia, é uma natureza associativa. Franquia — e os comercialistas destacam o assunto — é uma figura contratual que não se insere no âmbito dos chamados contratos bilaterais, aqueles contratos moldados pela idéia de compra e venda, contratos de permuta, onde há interesses contrapostos e onde a satisfação de uma parte se dá com a prestação imediata que a outra está obrigada a executar.

A idéia da compra e venda é o padrão de contrato bilateral ou comutativo. Ao contrário, há contratos como o de sociedade, que é o primeiro que nos vem à cabeça como exemplo, onde há interesses comuns que se atingem através da conjugação de esforços para a realização de um fim (que é de interesse de todos os partícipes). A idéia da franquia passa não pela figura da compra e venda ou da mera cessão da marca, mas pela integração em um sistema, onde uma pluralidade de sujeitos comprometem-se a unir recursos e atuar harmonicamente para a realização de um fim. Em contrapartida, os associados se beneficiam, todos, da conjugação de esforços, da realização, afinal, do funcionamento desse sistema empresarial.

É possível imaginar que a sociedade é uma forma de prestação de serviços? Alguém poderia pretender tributar, por via do ISS, o valor que um sócio aporta para participar de uma sociedade? E não precisamos ir ao ponto das sociedades mercantis; mesmo no sistema de franquia, é usual a cobrança de um montante inicial, que é o instrumento pelo qual se admite o franqueado ao sistema de franquia.

Se se pretender, por exemplo, associar-se a um clube, a uma associação civil, e se for cobrada uma importância para o sujeito ter acesso a essa sociedade (uma ''jóia'', como se costuma utilizar na linguagem vulgar) será que se poderia imaginar que esta ''jóia'' seria tributável por via do ISS?

Se se responder que o valor que o particular paga para associar-se ao sistema de franquia é uma importância que se sujeita ao ISS, então teria de afirmar-se que, quando alguém se associa a uma sociedade civil, a importância que paga também pode ser tributada por via de ISS.

Ou seja, no instante em que se pretender fracionar o contrato de franquia, fatiar o contrato de franquia em diversas figuras isoladas, desnaturar-se-á o contrato de franquia. Deixará de haver franquia, para existir uma outra figura. E o grande problema que surgirá — se eventualmente a lei deliberar nesse sentido, se porventura a jurisprudência se encaminhar nessa via — será efetivamente a definição da base de cálculo, porque há um plexo de deveres de cada parte, há um conjunto de obrigações contratuais para franqueador e para franqueados.

Este conjunto de deveres se apresenta como juridicamente relevante justamente nesse conjunto, ou seja, não interessa para o franqueado, por exemplo, simplesmente, ter acesso ao uso da marca "MacDonald's"; o que interessa ao franqueado é dispor de toda a estrutura de atividade empresarial. Ele não "compra" apenas o direito de usar a marca nem adquire tão só o direito de usar temporariamente a marca. Ele adquire toda a estrutura empresarial, que vai desde padrões visuais de cor, de configuração, de uniformes, de construção do estabelecimento comercial, de prestação de serviços, de padrão de prestação de serviços ao consumidor final, até, efetivamente, uma eventual participação nos resultados, dando claramente o tom da natureza associativa do empreendimento.

Pois bem, se se pretender isolar a cessão do uso de marca, qual o valor a ser considerado para este fim, na medida em que o franqueado paga um conjunto de valores, paga uma importância global, que corresponde ao acesso global dele aos benefícios? Por decorrência, não será possível definir a base de cálculo, ainda se se considerar incidente o ISS.

Enfim, a conclusão é de que a franquia é uma figura que deve ser examinada caso a caso, para fins de verificação da natureza específica de cada contrato, tentando definir se há, ou não, prestação de serviço a partir desse contrato principal e fundamental. Se for possível um fracionamento de diversos contratos, aí então será também possível chegar-se ao reconhecimento da existência de uma situação subsumível ao conceito de prestação de serviços.

O que não é possível, porém, é, simplesmente, ignorar a natureza do vínculo pactuado entre as partes (que é um vínculo complexo) para, seccionando dentro desse vínculo algo que parece ser prestação de serviços, eleger isso de um modo arbitrário, e até ficcionista, como sendo fato imponível de ISS e, pior, impor de um modo totalmente não-fundado no princípio da capacidade contributiva, um valor para ser tomado como base de cálculo.

Muito obrigado. (*Palmas*)

PROF. EDUARDO BOTTALLO — Obrigado, Prof. Marçal.

Passo a palavra agora à Profa. Anna Emília Cordelli Alves, Profa. da PUC de São Paulo e Procuradora do Município de São Paulo.

PROFA. ANNA EMÍLIA CORDELLI ALVES — Senhores professores componentes da Mesa, senhores congressistas, gostaria de fazer, num primeiro momento, algumas observações sobre as primeiras colocações do Prof. Aires a respeito da lista de serviços que veicula os serviços tributáveis pelo Município.

Eu concordo com o Prof. Aires que, na verdade, não é possível se admitir que uma lei complementar veicule uma lista de serviços a serem tributados pelo Município sem negar o princípio federativo e sem negar o princípio da autonomia municipal. Essa cláusula, definida em lei complementar constante do inciso III do art. 156, não se compadece com o restante do sistema, com os princípios jurídicos e basilares básicos que regem o sistema constitucional tributário.

Mas na verdade nós não podemos duvidar que toda essa discussão, que boa parte da doutrina faz, de que, na verdade, é indesejável essa lista de serviços em termos de Constituição Federal, tem sido, em termos de discussão jurídica, o que o Prof. Celso Antônio Bandeira de Mello colocou ontem: uma discussão lúdica, porque o Poder Judiciário tem fechado os seus ouvidos a essa discussão, da absoluta desnecessidade ou da indesejabilidade da lista desta lei complementar.

Então me parece que nós deveríamos, num Congresso como este — eu proponho aos professores e proponho ao Plenário também — dar um passo maior, no sentido de fazer uma proposta, nos termos do art. 9º do Regimento Interno do Congresso, no sentido de fazermos uma moção e propormos a exclusão dessa cláusula final — "definidos em lei complementar" — do inciso III do art. 156. Porque, como o Prof. Aires disse, isso, agora, já vem reforçado pela nova proposta de reforma tributária, onde se pretende deixar mais claro que esses serviços devem estar especificados numa lei complementar. Ou seja, nos dizem: se vocês não entenderam bem nós queremos uma lei complementar definindo os serviços, sim.

Então me parece que nós deveríamos, nos termos do art. 9º do nosso Regimento, propormos para a sessão plenária final uma moção no sentido de encaminharmos ao Congresso Nacional uma proposta para a exclusão da cláusula "definidos em lei complementar". Só assim, efetivamente, nós estaríamos salvando, completamente, o princípio federativo e o princípio da autonomia municipal. Isso com relação à questão da lista.

Com relação à questão abordada pelo Prof. Marçal, da tributação ou não do *franchising*, na verdade, pelo que eu depreendi da leitura do trabalho do professor, e mesmo pelas colocações que ele fez aqui, agora, ele não se contrapõe a uma tributação da franquia, desde que seja possível identificar, no contrato de franquia, uma efetiva prestação de serviços, e que seja possível o destaque da base de cálculo, ou seja, a medida dessa prestação de serviço.

Franquia

Na verdade o que o Prof. Marçal coloca é que, hoje, a doutrina ainda não definiu um tipo definido de contrato de franquia. Mas me parece que se tem, em quase todos os contratos de franquia, pela própria natureza do contrato, uma prestação de serviço; é possível identificar essa prestação de serviço. Não sei, na prática, como é que vamos identificar a base de cálculo; mas gostaria de lembrar que o conceito constitucional de serviço, defendido pela doutrina, defendida pelo Prof. Aires, defendida pelo Prof. Marçal — inclusive nos trabalhos publicados na *Revista de Direito Tributário* —, que é o conceito clássico, que é a prestação de esforço humano a terceiros com conteúdo econômico, em caráter negocial, sob regime de Direito Privado, tendente à obtenção de um bem material ou imaterial.

O Prof. Marçal coloca que o contrato de franquia abrange obrigações de fazer, de não fazer e de dar. Nesta medida nós teríamos um contrato complexo, abrangente, portanto, de todas essas obrigações. No entanto, o Prof. Aires, no trabalho também publicado na mesma *Revista*, vislumbra, nesse contrato de franquia, uma cessão de direitos, caracterizando a assistência técnica prestada pelo franqueador como mera atividade-meio e não atividade-fim. Então me parece que o Prof. Aires afasta, sim, a incidência sobre o contrato de franquia, caracterizando a assistência técnica que tipifica, eu diria, a maior parte dos contratos de franquia — na medida em que o franqueador, quando cede o uso de uma marca, por exemplo — na verdade é típico do contrato de franquia — garante a manutenção da utilização daquela marca de uma forma homogênea. Então o franqueador só tem interesse na manutenção da franquia desde que ele mantenha o controle da utilização daquela marca.

Nesse sentido me parece que essa assistência técnica é vital para quase todo tipo de contrato de franquia. Se não houver uma assistência técnica, vamos imaginar um exemplo — MacDonald's, Pizza Hutt — realmente se perderá a qualidade; se o franqueador, permanentemente, não fornecer essa assistência técnica que configura uma prestação de serviço, na verdade o contrato de franquia, de certa forma, acaba se desnaturando.

Então me parece que nem em todos, mas em grande parte — pelo menos os mais modernos — dos contratos de franquia temos, sim, a presença da assistência técnica, e aí há prestação de serviço. E se não importa para o ISS o contrato, porque o fato gerador não consiste necessariamente num ato jurídico — como diz Geraldo Ataliba, o fato gerador não é ato jurídico, mas é fato jurígeno —, então, não importa que não tenhamos um contrato definido; importa se está ou não presente o conceito de serviço, que eu acabei de mencionar. E, no caso de assistência técnica, necessariamente está presente esse conceito de serviço; portanto, tributável. Como aí vamos poder identificar a base de cálculo, é alguma coisa para ser discutida, temos que nos deter um pouco mais.

Finalmente, gostaria de fazer aqui uma observação a respeito de uma classificação utilizada na doutrina, e que foi utilizada pelo Prof. Aires no seu trabalho e aqui, também, agora na Mesa, a respeito das tais atividades-meio e atividades-fim. Esta distinção de atividade-meio e de atividade-fim não me parece que seja autorizada pela Constituição. Na verdade, a Constituição não está preocupada com a atividade-meio ou com a atividade-fim; ela está preocupada — como disse o próprio Prof. Aires — com a identificação do serviço, há que haver um serviço.

Na verdade existem alguns trabalhos em que nós temos uma atividade-meio. No exemplo dado pelo Prof. Aires, no nosso escritório, quando temos o nosso serviço de datilografia ou de digitação de um texto, na verdade não cobramos por isso, isso faz parte do nosso trabalho. Agora, vamos imaginar uma situação em que nós tenhamos um determinado contrato no nosso micro e que um determinado cliente modifique "n" vezes aquele contrato; o que nós poderíamos fazer, então: a primeira via do contrato não será cobrada; a partir da segunda via nós poderemos cobrar. Não é usual isso, no serviço de advocacia — eu estou dando um exemplo apenas para tornar a coisa mais palpável. Mas vamos imaginar que isto fosse possível, eu, como advogada, estaria transformando uma atividade que era uma atividade-meio numa atividade-fim; e se eu transformei aquilo numa atividade-fim, e tenho uma remuneração específica advinda daquela atividade, ela deixa de ser atividade-meio e passa a ser atividade-fim e, portanto, passa a ser tributada pelo ISS.

O exemplo é absurdo, mas nós temos alguns exemplos, e gostaria de deixar consignado que grande parte da evasão fiscal de ISS se deve a essa classificação de atividade-meio e de atividade-fim; porque, na verdade, não é a costureira ou o alfaiate, o técnico que vai consertar a nossa máquina de lavar louça, ou nós advogados que deixamos de pagar o ISS; quem deixa de pagar o ISS é a empresa que comercializa planos de saúde, porque ela diz que a atividade-fim é colocar à disposição do cliente o serviço de saúde. Portanto, é mera atividade-meio toda a administração do plano de saúde.

É mera atividade-meio fornecer um extrato bancário e cobrar pelo extrato bancário, fornecer um cartão do banco e cobrar pelo cartão do banco; no entanto, o banco não se remunera da taxa de juro que ele cobra, ele cobra por isso; eu solicito o extrato, recebo o extrato e pago pelo extrato, não é mais uma atividade-meio, passa a ser uma atividade-fim e, portanto, tributável, sim.

No caso das bolsas de mercadoria e futuro dizem: não, a operação bursátil não é tributável, porque, na verdade, é uma operação tributada exclusivamente pelo IOF. Mas a intermediação, a prestação de serviço, a corretagem, é considerada como uma mera atividade-meio.

Faço essas colocações — não que não existam atividades-meio não-tributadas; existem, e muitas, na medida em que elas são só necessárias para a prestação da atividade-fim. Mas nós precisamos tomar cuidado com essa classificação na medida em que isto tem servido como escusas para uma evasão fiscal acentuada do ISS em termos de Municípios.

Era o que eu gostaria de colocar. Obrigada. (*Palmas*)

PROF. EDUARDO BOTTALLO — Embora a minha função aqui seja pura e simplesmente de conduzir os trabalhos, vou me permitir uma pequena observação com relação a uma afirmação que a Profa. Anna Emília fez e me parece que, depois, ela própria se encarregou de restabelecer o seu verdadeiro sentido. A Profa. Anna Emília é Procuradora do Município de São Paulo, de modo que é natural que ela sustente posições que favorecem a arrecadação da Fazenda Municipal.

A Profa. Anna Emília disse que a Constituição não prestigiaria, ou não contemplaria, a possibilidade da distinção entre atividade-meio e atividade-fim. Posteriormente ela própria se encarregou de reconhecer que existem determinadas atividades que são tipicamente atividades-meio. E os exemplos que citou, do plano de saúde, do banco etc., na verdade não são atividades-meio, são atividades-fim, o que mostra que o que a Constituição não prestigia é a sonegação, mas não repele a atividade-meio, que não tem nada de inconstitucional, desde que ela assim o seja efetivamente.

Eu cito, como exemplo, um caso muito conhecido na jurisprudência: é a questão que envolve entidades imunes, sem fins lucrativos, tipo Sesi e Senai, que cobram ingressos pelas promoções culturais que realizam. Na verdade, esses espetáculos são tipicamente atividades-meio para que se alcance a atividade-fim dessas entidades, que é promover o desenvolvimento cultural, artístico, lazer etc. Essa é uma atividade-meio a meu ver absolutamente legítima, e que, realmente, encontra respaldo na Constituição.

PROF. AIRES BARRETO — Eu também pediria licença para um pequeno parênteses: só para dizer que na hora dos debates pretendo demonstrar que plano de saúde não é uma questão de atividade-meio ou de atividade-fim, mas sim que plano de saúde não é serviço, mas sim uma atividade securitária. Isso nós vamos ver depois.

PROF. EDUARDO BOTTALLO — Passo a palavra agora para o Prof. Sidney Saraiva Apocalipse.

PROF. SIDNEY SARAIVA APOCALIPSE — Eu diria mais, o Congresso é patrocinado por uma instituição do gênero. (*Risos*) Aliás, há uma ambulância à nossa disposição; espero que não precise ser usada.

Aliás, neste debate que é interessante, porque demonstra bem a função do advogado, a Dra. Anna Emília se coloca na posição da advogada, defendendo a verdade do cliente dela, ainda que no seu íntimo, com a mesma não concorde.

Também toda essa discussão me fez vir uma idéia de uma nova categoria tributária. Nós conhecemos a evasão fiscal a que a Dra. Anna Emília se referiu, conhecemos a elisão fiscal, e agora podemos categorizar uma outra situação; esta que me parece estar presente na questão da ampliação do campo de incidência pretensamente autorizado pela Constituição: seria o caso da ilusão fiscal. Quer dizer, o Poder Público muitas vezes se vê diante da possibilidade de ter um universo muito maior do que aquele que o constituinte lhe outorgou.

A minha intervenção diz respeito àquela notícia que a *Gazeta Mercantil* publicou, para afirmar que o Município do Rio de Janeiro havia perdido a tal ação, que buscava cobrar ISS calculado sobre uma base que incluísse as importâncias correspondentes a materiais empregados na prestação dos serviços, assim como os valores de subempreitada já tributados pelo mesmo imposto, sob o fundamento de que tal dispositivo — que tinha origem no Decreto-lei 406 — instituía uma isenção.

A *Gazeta Mercantil* também é um jornal interessante, porque ele só publica o êxito. Me faz também lembrar um outro dito popular, comum na imprensa: a imprensa só publica os tombos que a gente leva, mas não publica as pingas que a gente toma.

O que fez então o Decreto-lei 406, que é a regra que acabou levando a essa discussão, se não instituiu essa isenção?

No meu modo de ver, de uma maneira bem simples, para atender também ao prazo que já se escoa, ele apenas aclarou aquilo que já está na Constituição. A pretexto até mesmo de dar eficácia à sua idéia de lei complementar, ele veio aclarar, determinando que se excluísse da base de cálculo do ISS importâncias correspondentes a materiais empregados na prestação de serviços, porque, evidentemente, os valores referentes a esses materiais não significam a realização da hipótese tributária do ISS, que é a prestação do serviço.

De outro lado, esse argumento do Poder Público no sentido de que por ser isenção não mais teria sobrevivido, ou teria sido revogada pela Constituição, em face da proibição de instituição de isenção por lei complementar, no meu modo de ver peca por essa base, porque essa figura que ali se encontrava não é, efetivamente, uma isenção. Infelizmente estava numa lei complementar. Mas eu entendo que, mesmo que lá não se encontrasse tal preceito, o Município não seria competente para tributar os valores referentes a esses materiais empregados na prestação do serviço.

Era só o que eu tinha para comentar. (*Palmas*)

PROF. EDUARDO BOTTALLO — Para encerrar essa fase inicial dos nossos debates vou passar a palavra ao Prof. Eugênio Doin Vieira, da Universidade Federal de Santa Catarina.

PROF. EUGÊNIO DOIN VIEIRA — Boa tarde, colegas. Coerente com os oradores que me antecederam, nós vamos relegar para as calendas gregas os problemas do IPTU. Fico então com a questão que está formulada em inglês aqui no nosso questionário: Incide ISS sobre *franchising*, *factoring*, *merchandising*? Para facilidade do nosso entendimento, peço permissão para falar mesmo em português. (*Risos*)

Sobre alguns aspectos desse tema, já houve apreciações bastante interessantes e profundas dos Profs. Barreto e Marçal Justen, os quais, aliás, têm duas contribuições muito preciosas publicadas na *Revista de Direito Tributário* que foi distribuída. O que nós sentimos é aquela preocupação dos juristas e dos estudiosos quanto ao zelo pela autonomia municipal.

Sabemos que essa autonomia tem evoluído através dos tempos e das Constituições. O nosso sistema federativo não se armou, como se menciona sempre, à forma do norte-americano, pela aglutinação de Estados que abriram mão de sua autonomia para formar uma federação, mas sim pela irradiação de um poder central para Estados que dele já eram parte integrante.

Na última Constituição, o Município merece a prerrogativa de ser mencionado na organização política e administrativa do País, no seu art. 18, que diz: "A organização político-administrativa da República Federativa do Brasil compreende a União, os Estados, o Distrito Federal (*e se adita agora*) e os Municípios, todos autônomos, nos termos desta Constituição".

Ora, essa presença da expressão "os Municípios" já tem sido inclusive comentada e debatida; para alguns não passa de uma figura de retórica, e para outros significa, sim, que a autonomia municipal ganha foros mais aprofundados, que se alicerçam e se baseiam na própria Constituição.

Nós sabemos que autonomia jurídica só existe quando existe autonomia financeira. De outra forma, aí sim, ela passa a ser uma mera figura de retórica, com os administradores, municipais ou estaduais, de pires na mão, comparecendo perante o poder central e, evidentemente, abdicando de sua autoridade e de sua autonomia. Por isso mesmo a Carta Constitucional buscou distribuir as competências tributárias de tal forma que essa dependência e essa submissão não estivessem presentes, a fim de ser coerente com o dispositivo fundamental que diz que estes entes são autônomos entre si.

Além da distribuição das competências tributárias, tivemos ainda o rateio das receitas tributárias, a fim de complementar, pela transferência de recursos, os quadros estaduais e municipais cujos tributos não lhes dessem o ingresso financeiro suficiente. Assim, nós temos as transferências de imposto de renda, de ICM etc.

A Constituição Federal atribui aos Municípios, isto é sabido, e desde há muito, aquele tributo que antigamente se chamava "imposto sobre indústrias e profissões", e hoje é conhecido como ISS ou ISQN, ou seja, Imposto Sobre Serviços de Qualquer Natureza. É o que diz o art. 156, inciso IV: "serviços de qualquer natureza não compreendidos no art. 155, I, "b", definidos em lei complementar".

Temos aqui a referência excludente daqueles serviços de transporte e comunicações que estão na competência dos Estados, e temos, então, uma ampliação do conceito de serviços, mas que serão "definidos em lei complementar". Este "definidos" deu azo a muitas discussões em torno da lista de serviços divulgada com o Decreto-lei 406, de 31 de dezembro de 1968.

Já ressaltou o Prof. Aires, com muita oportunidade, que, na emenda constitucional que tramita, pretende-se substituir essa palavra pela expressão "especificados", de tal forma que não seriam definidos — porque, se se fala em "definidos", pressupõe-se uma definição do que sejam os serviços e nunca uma especificação taxativa, exaustiva, excludente de qualquer outra. Com a nova redação, se aprovada, nós teremos, aí sim, uma lista de serviços que não admitirá acréscimos nem supressões, a não ser por força da autonomia da legislação municipal.

É evidente que esses dispositivos só se tornam lei e só obrigam o contribuinte depois de transformados em norma legal pelas Câmaras Municipais, que então, através de leis, instituirão esses tributos que a Constituição lhes permite.

No que se refere à questão proposta — e nós falamos agora em *factoring*, ou seja, a chamada faturização, falamos em *franchising* e em *merchandising*. Sobre o *franchising*, regulado no Brasil, bem recentemente, pela Lei 8.955, de 15 de dezembro de 1994, já se estendeu, com muita proficiência, o Prof. Marçal, e nós estamos, penso eu, inteiramente de acordo com ele.

O que é preciso desde logo notar, é que estes institutos são muito novos na economia do Brasil, e não estão, assim, configurados, definidos, delineados, tipificados, emoldurados, de tal forma que se possa dizer: "isto é um *franchising*, um *factoring*, um *merchandising*". Estão ainda em um processo de ebulição e apresentam, quase, nós diríamos, como ele, aliás, disse: cada contrato é um contrato, cada acerto é um acerto, envolvendo cláusulas e questões bastante diferenciadas, envolvendo, em muitos casos, obrigações de dar, cessões de direito, obrigações de fazer e obrigações de não fazer.

No que se refere ao *factoring*, ou seja, à faturização, como a chama o Prof. Bittar, ou a *faturação*, sabem os colegas que se caracteriza pela prestação cumulativa e contínua de serviços de assessoria creditícia, mercadológica, gestão de crédito, seleção e riscos, administração de contas a pagar e a receber e compras e direitos creditórios resultantes de vendas mercantis a prazo ou de prestação de serviços. Isto é o *factoring*.

Em verdade, o que a lei procura destacar são os aspectos que, aqui, o Prof. Aires chamou de atividades-meio, porque o grande centro, o fulcro, o cerne, o motivo do *factoring* é a transferência de recursos por aquele que compra os créditos, para aquele que produz e quer os recursos para o prosseguimento das suas atividades.

Diferentemente do desconto bancário, no caso do *factoring* não há o direito de regresso, os títulos são transferidos com aquilo que em Direito Comercial se chama "endosso em preto", regulado inclusive pela Lei Uniforme de Genebra: os créditos, o financiador os compra com os riscos inerentes a eventuais insolvências.

Eu me fundamento inclusive em estudo do Prof. Fernando Albino de Oliveira, que deverá estar conosco em seguida para uma palestra, estudo esse em colaboração com Marcello Klug Vieira, onde se destaca que, de acordo com a Convenção Diplomática de Otawa, no Canadá, de 1988, é fundamental que no *factoring* existam pelo menos dois serviços: gestão de crédito, ou administração de contas a receber, ou cobrança, ou proteção contra riscos de crédito, ou fornecimento de recursos, a fim de que se caracterize essa figura jurídica. A regulamentação que se fez, bem recente, tenta dar a esse instituto enquadramentos adequados.

No que se refere à incidência do ISQN, sabem os colegas que nos ouvem que no Decreto-lei 406, na lista exaustiva — ou exemplificativa? — consta, no item 48, a redação seguinte: "Agenciamento, corretagem ou intermediação de contratos de franquia (*franchising*) ou de faturação (*factoring*). Excetuam-se os serviços prestados por instituições autorizadas a funcionar pelo Banco Central".

Eu apenas destacaria que, com essa redação, não se está pretendendo tributar nem a franquia, nem a faturação, e sim o agenciamento, a corretagem ou a intermediação (para chegar a esses contratos de terceiros, que coloque em contato o financiador com o financiado).

De qualquer forma, entendemos que, havendo, como há, e desde que o haja, nestes contratos de *factoring*, prestação de serviços permanente, continuada, há sempre a possibilidade da incidência do ISS, porque é veso nosso, dos juristas, defender com muito empenho a autonomia e a autoridade dos Municípios e, em seguida, defender com o mesmo empenho, a inviabilidade de eles pretenderem tributar certas operações. Os Municípios são sagrados, são intocáveis, e têm muito poder legislativo, desde que não pretendam chegar lá onde nós entendemos que não devem chegar.

Parece-nos, portanto, ainda uma vez, que, se a legislação disser que serviços vinculados ao *factoring* são tributáveis, não vemos como inquinar de inconstitucional essa afirmação. Nós poderemos é provar, na prática, que determinado serviço ou contrato não caracteriza essa prestação de fazer e, conseqüentemente, não estaria sujeito ao ISS.

No que se refere ao *franchising*, eu vou me dispensar de considerações, já mesmo em homenagem à exposição que fez o colega que me antecedeu e que discorreu minuciosamente sobre ele.

No que diz respeito ao *merchandising*, como sabem os colegas, ele é uma atividade hoje cada vez mais divulgada e que consiste exatamente na cessão do direito de utilização por terceiro de imagens, marcas, figuras, legendas, *slogans*, desenhos, obras de arte, que caracterizem uma *griffe*, uma marca, um produto, para que este terceiro, que produz um determinado bem, os utilize para promover a venda do bem de produção própria.

A exemplificação talvez seja melhor do que a explicação. Vamos a um caso nacional: temos imagens conhecidas de todos, a figura da Mônica, do elefante Jotalhão, e outras. O proprietário intelectual destas criações autoriza terceiros, vende a terceiros o direito de utilizar estas figuras, estas imagens, estas criações artísticas, em produtos que este cessionário vai produzir, e as coloca então nas mais variadas linhas de produção, usando a figura que é conhecida, como meio de divulgação e de venda. Ele a coloca em pasta de dentes, em extrato de tomate, em sabonetes, em toalhas etc., em produtos os mais diversos, que são produtos da linha industrial do cessionário a quem o cedente autoriza o uso dessas criações artísticas, porque elas ajudam a veicular o produto e, conseqüentemente, ampliam seu mercado de venda.

Ainda aí nós temos uma cessão de uso, uma cessão de direito, que muitas vezes vem com conotação de prestação de serviços, assistência técnica, assistência artística permanente, mas que na sua essência não contém uma obrigação de fazer e sim uma obrigação de dar, de transferir direitos, de permitir a utilização de criações daquele que é o cedente.

Entendemos, por isso, que nesse caso é mais difícil a caracterização do ISQN ou do ISS, pela limitação da presença da figura jurídica da obrigação de fazer.

De qualquer forma, o tema é muito novo. Vejam os senhores que nós falamos em um Código Comercial que tem 150 anos e acabamos de mencionar duas leis que regulam respectivamente o *factoring* e o *merchandising*, leis essas que têm, a mais velha delas, apenas 10 meses.

Vejam os senhores que estamos trabalhando em cima de uma realidade muito atual, muito candente, muito cambiante, muito mutável, e por isso precisamos acompanhá-la com empenho, com interesse, para apreciarmos a sua evolução e vermos para onde ela caminha.

Nessas considerações referentes a esses três institutos tão novos, nós fizemos questão, inclusive, de uma pequena digressão na área do Direito Comercial, para explicar cada um deles, a fim de que pudéssemos rememorar aos colegas as suas características e tentar ajustá-los à legislação do ISQN.

Debates

PROF. EDUARDO BOTTALLO — Nós vamos agora passar à segunda parte do painel, que corresponde à resposta às perguntas que foram encaminhadas pela platéia. Neste momento, com todo o constrangimento eu sou obrigado a pedir aos professores componentes da Mesa que, por favor, procurem responder da forma mais sintética possível, porque como bem lembrou o Prof. Eugênio, nós ainda temos a conferência do Professor Fernando Albino, e já estamos quase meia hora dentro daquilo que era programado para o seu início. Então, peço desculpas por fazer esse pedido, mas me vejo forçado a fazê-lo.

As perguntas que foram encaminhadas pela platéia aqui à Mesa, eu as distribuí aos conferencistas, com exceção de três, porque na verdade não são propriamente perguntas.

O colega Antônio Sá, do Rio de Janeiro, me mandou um bilhete pedindo que se esclareça que a decisão sobre o ISS dos materiais da construção civil no Rio de Janeiro é de primeira instância, e, além disso, existe outra decisão de primeira instância favorável ao Município. Ele informa também que em Belo Horizonte já existe decisão favorável quanto a essa questão.

Eu agradeço a informação e fica consignada.

O colega Raimundo Gomes, de Salvador, encaminhou quatro perguntas. Duas delas foram distribuídas à Mesa, mas as outras duas, na verdade, não são perguntas, por isso eu apenas faço o registro das mesmas.

Na primeira delas ele manifesta o seu entendimento, segundo o qual a Petrobrás deveria pagar também o ICMS no Município de onde extrai as suas matérias-primas, e não apenas os *royalties*. Eu concordo, acho que tudo o que a Petrobrás tem de pagar, deve pagar mesmo. (*Risos*)

O segundo ponto que ele levanta aqui é uma sugestão para que seja revogado o que consta do inciso X, alínea "b", do art. 155 da Constituição, que diz que a tributação de combustíveis, energia etc. destinados a outro Estado se fará no Estado de destino. Diz ele que esse preceito traz muito prejuízo aos Estados produtores e que deveria haver, portanto, a eliminação desse preceito. Fica também consignado.

Seguindo a mesma ordem da primeira parte dos trabalhos, passo agora a palavra ao Prof. Aires Barreto.

PROF. AIRES BARRETO — Gostaria de, rapidamente, justificar o nosso entendimento no sentido de que, relativamente aos planos de saúde, não há prestação de serviços. A própria redação do item da lista que versa essa matéria — a Lei Complementar 56/87 — fala de serviços de planos de saúde que são realizados por terceiros. Vejam, são serviços que terceiros realizam, "que se cumprem através de terceiros", diz o texto, a demonstrar a própria impossibilidade de conseguir uma redação que transforme os "planos de saúde" em prestação de serviço; que transforme em serviço aquilo que serviço não é.

O que ocorre com os chamados planos de saúde? O que ocorre com essa atividade? As entidades que se dedicam a essa atividade se propõem a ressarcir, a indenizar seus associados das despesas médico-hospitalares que estes, eventualmente, tenham com terceiros, na ocorrência de eventos futuros e incertos, de natureza mórbida. O que é isto senão a celebração de um contrato de seguro? Veja-se que seu timbre é a álea, onde está presente o risco segurável, onde está presente a indenização, onde não há nenhuma comutatividade. É claro que não podemos comparar seres humanos com bens móveis; mas, fundamentalmente, o que ocorre em relação aos seguros de automóveis? Nós pagamos um prêmio para, na hipótese da ocorrência de um sinistro, sermos ressarcidos. Não há nenhuma comutatividade, podemos pagar o prêmio, durante 10 anos a uma empresa seguradora e nunca nos valermos da indenização, do ressarcimento, à mingua de ocorrência de qualquer sinistro. Ou, inversamente, pode ser que paguemos apenas a primeira parcela do prêmio e, imediatamente, tenhamos que receber uma indenização, de vulto extraordinário, absolutamente incompatível com o valor do prêmio pago, por termos nos envolvido num sinistro de consideráveis proporções.

Que "planos de saúde" nada mais são do que contratos de seguro, não é simplesmente o nosso ponto de vista. Isto está dito num parecer do notável Prof. Orlando Gomes; isso também foi dito pelo não menos notável Prof. Souto Maior Borges, em parecer publicado na *Revista de Direito Tributário*. Isso está dito, por fim, em várias decisões judiciais. Dizer que incide ISS sobre serviços que terceiros prestam é a negação da própria ocorrência (do fato tributável) da prestação de serviços.

Então eminente mestre Botallo, independentemente da circunstância de termos ou não um cliente, não haver prestação de serviços nas típica atividade securitária é a conclusão que se colhe nos ensinamentos dos mestres mais conspícuos, como é o caso de Orlando Gomes, de Souto Borges, de Xavier de Albuquerque. São igualmente as lições que colhemos em pelo menos uma dezena de decisões judiciais, inclusive do Supremo Tribunal Federal.

PROF. EDUARDO BOTTALLO — Agora que o professor já defendeu as empresas de saúde, ele vai responder as perguntas. (*Risos*)

PROF. AIRES BARRETO — Diz o congressista Aderbal Rego: "Vossa Sa. manifesta a sua repulsa à expressão "especificadas em lei complementar". Comungamos com a sua opinião. No entanto, V.Sa. não acha que se aprovada for a emenda estar-se-á tornando mais elástica a lista de serviços? Veja-se serviço bancário, prevalecendo tal expressão, desnecessário será enumerá-lo, tal como hoje se vê".

Nós entendemos que "especificados" é vocábulo muito mais próximo de listados do que "definidos" em lei complementar. Definição pode ser um conceito teórico, pode ser apenas a descrição do perfil de uma entidade e não a sua inclusão em uma lista. Definição pode ser isso e deveria ser isso. Não afastamos a possibilidade de a lei complementar definir serviço, isto é, de conceituar, dar as notas típicas de serviço, dizer que serviço é prestação de esforço humano a terceiro, que é um *fazer* para terceiros, com conteúdo econômico, sob regime de direito privado, tendente a produzir um bem material ou imaterial. O que descartamos é a listagem dos serviços, a não ser que essa listagem fosse meramente didática; fosse meramente indicativa de alguns dos possíveis serviços tributáveis.

Enfim, a lei complementar poderia dizer que serviço envolveria sempre uma obrigação de fazer, excetuando a industrialização etc.. Falar em "especificados" é referir exatamente o sinônimo de "listados".

A segunda pergunta, ainda do mesmo congressista, tem por ponto de partida a nossa afirmação de o ISS só incide sobre atividades-fim. Diante disso, diz ele: "Vejam-se os serviços médicos, eles são indiscutivelmente serviços-fim; todavia, para chegar a tal fim, os profissionais médicos valem-se de serviços-meios de análises clínicas etc. Ora, esses serviços também devem ser tributáveis. Como ficamos, então?".

O serviço laboratorial é um serviço-fim. Qual é o objetivo do contrato dele com o paciente? É prestar serviço laboratorial, portanto, serviço-fim, que ficará sujeito ao ISS. De sorte que o que não se pode tributar é aquela atividade que, rigorosamente, é feita para o próprio prestador, não é feita para terceiros. Quer dizer, ele desenvolve aquela tarefa em seu próprio favor para viabilizar o objeto do contrato, para viabilizar o serviço que se comprometeu a prestar. Note-se que uma mesma atividade pode ser meio ou fim, dependendo de qual for a obrigação de fazer assumida com o tomador do serviço. Isto é, se a minha atividade-fim for limpar terrenos, promover a destoca de árvores será meu objetivo, o fim da minha atividade. Ao realizar essa atividade eu estou prestando serviços, porque o meu fim é este: "limpar terrenos para terceiros". Todavia, se a minha atividade for a de reflorestamento, para reflorestar eu preciso previamente limpar o terreno, destocá-lo. Neste caso, a limpeza do terreno é atividade-meio. A prova de que é atividade-meio é o fato de que se eu não fizer o reflorestamento não haverá o adimplemento da obrigação de fazer que contratei com terceiros.

Em resumo: é preciso distinguir essas duas situações: quando o esforço é desenvolvido *em favor do próprio prestador*, tem-se *atividade-meio*; quando o *esforço é desenvolvido em favor de terceiros, atividade-fim*.

A outra pergunta: estando a lista de serviços tributáveis hospedada na Lei Complementar 56/87 e não sendo a norma objeto de votação em plenário, não se terá discutido com base em lei não cogente?

Nós não desconhecemos que a Lei Complementar 56 foi aprovada por voto de liderança, em descompasso com as normas constitucionais que disciplinam a votação dessa matéria. Infelizmente, porém, o Poder Judiciário não viu, aí, vício invalidante dessa LC.

São as questões que tínhamos a responder.

PROF. EDUARDO BOTTALLO — Eu agradeço ao Prof. Aires e passo a palavra na ordem ao Prof. Marçal Justen Filho.

PROF. MARÇAL JUSTEN FILHO — Rapidamente, o Dr. Raimundo Gomes formula uma indagação acerca da situação do ISS se cobrado do local da prestação de serviço, independentemente de se tratar de serviço de construção civil, engenharia etc. Indaga se é necessária a criação de uma filial para prestação e execução do serviço em outro Município.

Eu diria que essa é uma questão que não se subordina exatamente à disciplina da Lei Tributária, por ser matéria de Direito Comercial, e não há regra no Direito Comercial que obrigue a existência de uma filial no local da prestação de serviço. A filial é uma faculdade organizacional interna do comerciante, que cria ou não cria filiais, como melhor lhe aprouver.

Outra seria a questão de estar ele obrigado a inscrever-se no cadastro municipal de cada município onde prestar serviço, o que eventualmente será necessário acontecer. Cada prestador de serviço terá de cadastrar-se, não apenas no Município onde tem sede, mas onde vier a prestar serviços. E, quando for o caso de firma individual, a situação não se altera, porque firma individual não é pessoa jurídica, é o comerciante pessoa física, e depende da disciplina de cada Município acerca do seu Cadastro Municipal.

A pergunta relaciona-se com a possibilidade de prevalecer a posição de que todo o serviço será tributado no local da sua prestação.

Marilene Ferreira de Moraes formula uma indagação acerca da solidariedade para fins de ISS. A pergunta é meio comprida e eu simplifico a indagação dela, que tem a ver com o problema de uma determinada empresa, dona da obra, contratar terceiro para prestar o serviço. O serviço, portanto, seria tributável no tocante ao prestador. Seria possível a caracterização de solidariedade entre o dono da obra e o prestador do serviço?

A solução se faz à vista da lei municipal de cada Município. Ou seja, cada Município deverá, valendo-se da sua competência legislativa e dentro dos limites do que, sobre o tema, foi estabelecido pelo Código Tributário Nacional, definir quem é o responsável pelo pagamento — e aí a expressão "responsável" se subordina àquela regra do art. 135 do

CTN, inclusive na imposição de eventuais deveres acessórios, para aquele que efetiva o pagamento relativamente ao sujeito passivo tributário. É possível que a lei tributária municipal diga: é dever do dono da obra exigir que o empreiteiro comprove o recolhimento do ISS, sob pena de, não o fazendo, transformar-se em devedor solidário. Depende da existência de uma lei municipal nesse sentido, porque se não houver, não é possível, simplesmente, extrair do texto do Código Tributário (ou da Constituição muito menos), a existência de alguma solidariedade entre o dono da obra e o prestador de serviço. Aliás, a maior parte dos Municípios estabelece isso, inclusive prevendo a necessidade, até para fins, por exemplo, de pagamento para serviços de advocacia etc., da comprovação da regularidade fiscal.

Por fim, uma indagação acerca da dificuldade que poderá produzir-se a partir da tributação de franquia, através de diversas figuras tributárias. Ou seja, é possível a tributação por ISS sob um ângulo; sob outro ângulo é possível a tributação por ICMS; há cabimento da tributação por imposto de renda etc. Indaga-se se isso não criaria uma carga fiscal muito elevada.

Sim, sem dúvida. Mas este é um problema cuja solução não se faz através de uma definição legal. Não seria, talvez — a indagação pressupõe isso — mais barato tributar tudo por ISS e pronto? Para o contribuinte não é mais fácil pagar ISS sobre o valor integral, do que ficar pagando imposto disso, imposto daquilo? Eventualmente sim, mas esse não é o critério da resposta. O critério é saber o que é prestação de serviço, o que não é, o que é operação relativa a circulação de mercadorias.

Para completar, me permito uma última ponderação acerca do que foi dito. A minha opinião pessoal sobre o art. 9º., § 2º., que tem a ver com a questão de dedução de valor de materiais e subempreitada. A meu ver o caso claramente não é de isenção. Trata-se de definição de base de cálculo e de regulamentação acerca de conflitos de competência. Portanto, a questão não é de isenção e o dispositivo não teve afastada a sua vigência pela nova Constituição.

PROF. EDUARDO BOTTALLO — Obrigado, Prof. Marçal.

Professora Anna Emília.

PROFA. ANNA EMÍLIA CORDELLI ALVES — Uma questão do Dr. Líbero Cristiano Leal da Rocha, de Minas Gerais: "É devido o ISS por entidade civil sem fins lucrativos, de utilidade pública, cuja receita é proveniente de mensalidades, quando de consulta junto ao SPC-Serviço de Proteção ao Crédito, já que o SPC, por força da Lei 8.078/90, Código de Defesa e Proteção do Consumidor, em seu art. 43, é órgão da Câmara de Dirigentes Lojistas de Minas Gerais e também fôra declarado de caráter público".

Bem, aqui a pergunta refere-se a entidade civil sem fins lucrativos. Na verdade me parece que isso nos remete ao problema da imunidade que está prevista no art. 150, inciso VI, letra "c", onde as entidades sem fins lucrativos, na verdade, desde que atendidos os requisitos da lei, possuem a imunidade constitucional. Então, me parece que não seria devido o ISS no caso.

PROF. EDUARDO BOTTALLO — Dado o adiantado da hora, vamos ter que encerrar esta sessão.

Agradeço, de coração, os trabalhos da Mesa. Muito obrigado. (*Palmas*)

CONFERÊNCIA

REFORMA TRIBUTÁRIA

FERNANDO ALBINO DE OLIVEIRA

PROF. FERNANDO ALBINO DE OLIVEIRA — Sobre Reforma Tibutária fala o político, fala o economista. E eu diria, até, que o tema está a tal ponto vulgarizado, que até leigos se sentem autorizados a sobre ele discorrer.

É muito comum, nas épocas em que a reforma fiscal está em moda, que os radialistas a misturem com noticiários de tempo, de esportes. Enfim, todos falam a respeito da reforma fiscal. Esta vulgarização do tema de certa maneira decorre de um fenômeno do mundo de hoje, que é a vulgarização da maioria dos temas através da mídia. A nossa civilização cria o que determinados especialistas em linguagem e em comunicação chamam de simulacro da realidade. Ou seja, a reiteração incessante a respeito de um determinado tema faz com que esse tema se transforme em uma necessidade, quando na realidade, muitas vezes, ele é mero simulacro daquilo que efetivamente a realidade é.

De forma que hoje, novamente, se coloca o tema. E é colocado com a mesma dramaticidade dos anos anteriores: nós vamos fazer um divisor de águas entre o Brasil viável e o Brasil inviável, no momento em que o Congresso Nacional aprovar a reforma fiscal.

Então eu gostaria de procurar identificar quais são os desejos ou, se quisermos, dar algum conteúdo de materialidade a este desejo, para que isto não seja uma palavra pejorativa: quais seriam os objetivos que estão por trás da tão propalada reforma fiscal?

Redução do número de tributos

Existe, pairando no ar, um número cabalístico de que o Brasil possui 58 tributos e que portanto o número de tributos deve ser substancialmente reduzido. Portanto, este é um primeiro desejo, um primeiro objetivo. Vamos reduzir o número de tributos.

Um segundo objetivo, que também é muito mencionado, é o objetivo da chamada redução da carga tributária. Diz-se, como verdade absoluta, que a carga tributária no Brasil é uma das maiores do mundo, e por sermos campeões mundiais de carga tributária, essa carga tributária deve ser substancialmente reduzida.

Terceiro objetivo: existe também a afirmativa de que nós precisamos de uma desburocratização dos controles fiscais ou, numa linguagem muito a gosto do Prof. Paulo de Barros Carvalho, nós deveremos simplificar os deveres acessórios em matéria tributária, pois é impossível aos empresários continuar na gestão de seus negócios com tamanha complexidade operacional.

O quarto objetivo, muito defendido, sobretudo por aqueles que integram cada governo, é a famosa redução do déficit público — isto é, enquanto nós tivermos um déficit público nós seremos um país cronicamente inflacionário e, portanto, a redução, e mesmo a eliminação, do déficit público se torna absolutamente indispensável, como condição primeira e inicial de um desenvolvimento autosustentado. Portanto, a reforma fiscal visaria a redução do déficit público.

O quinto objetivo desta reforma fiscal é a volta da capacidade do Estado de investir. Dizem, os que assim analisam o problema, que não só é necessária a redução do déficit fiscal, como também se torna imperiosa a existência de um superávit fiscal, de tal maneira que o Estado não só possa custear as suas despesas, fazer face aos seus encargos, como também investir aquilo que sobrar do que foi gasto. Portanto, a volta da capacidade do Estado de investir.

O sexto objetivo, que também se identifica neste debate, é a ocorrência de uma melhor distribuição de receitas entre a União, os Estados-membros e os Municípios. Fala-se muito que a Constituição de 1988 ao dar a Estados e Municípios um certo privilegiamento na receita fiscal não exonerou a União Federal de determinados encargos, portanto, desequilibrando a repartição das receitas tributárias.

E finalmente um sétimo e último objetivo é aquele da redução, para não dizer eliminação, dos índices de sonegação fiscal que, segundo estas análises, são excessivamente elevados, fazendo com que haja a absoluta necessidade de que, hoje, cada um pague mais; de tal forma que todos paguem e cada um pague menos.

Muito bem, dentro destes sete objetivos, ou desejos que se manifestam nestes debates, vamos imaginar quais são as soluções, ou pelo menos as tentativas de solução, que também são muitas vezes apresentadas. Aqui eu procurarei imaginar uma solução para cada um dos (entre aspas) "problemas".

Fala-se, em função do excessivo número de tributos, que nós temos de ter, no máximo, cinco impostos. Então surge novamente um número cabalístico, em várias propostas, de que existam apenas cinco impostos. Para a redução da carga tributária existe a solução de fazer alíquotas únicas e razoavelmente reduzidas, de tal maneira que todos se sintam incentivados a pagar, em função de uma redução de carga tributária. E mais, que estes recursos adicionais, gerados por esta redução de carga tributária, iriam ativar a atividade econômica.

Imposto único

Para os problemas da desburocratização dos controles fiscais e redução dos índices de sonegação fiscal agita-se a solução do imposto único. O imposto único, então, seria aquele tributo que conseguiria trazer para a economia formal a informalidade econômica e que, além disso, propiciaria uma completa desburocratização fiscal.

Para a redução do déficit público e a retomada da capacidade de investimento do Estado sugere-se um aumento da carga tributária líquida, numa linguagem de economista; isto é, é necessário que a carga tributária líquida aumente, para que haja o propalado equilíbrio fiscal.

E para a melhor distribuição das receitas entre União, Estados e Municípios, é necessário reduzir a participação de Estados e Municípios que foram, segundo este posicionamento, excessivamente privilegiados pela Constituição de 1988.

Muito bem, diante deste quadro, diante deste debate, parece-me que a nós, estudiosos do Direito, cultores de uma tradição jurídica, é chegado o momento de distinguir entre o que eu chamaria de uma reforma teórica e uma reforma possível. Existe uma grande abstração neste reformismo fiscal. Um sistema jurídico — e todos os seus subsistemas — é, e contém, necessariamente um comprometimento histórico. Não existe um sistema tributário em abstrato. Mesmo se formos defensores de uma formulação estritamente kelseniana do Direito, de uma formulação estritamente (não gosto do termo, mas aplico) formalista do

Direito, ainda assim, este formalismo e este abstracionismo na realidade — e isto está na própria teoria de Kelsen — não ocorre na vida prática; ele é um pressuposto metodológico de raciocínio, para que nós possamos interpretar um determinado sistema jurídico posto.

No momento em que falamos de um sistema jurídico posto, estamos querendo dizer um sistema jurídico histórico, um sistema jurídico temporalmente localizado, geograficamente posicionado. Ou seja, a reforma fiscal não pode ser tratada como algo abstrato; ela deve ser encarada como algo absolutamente concreto. Sendo assim, não pode ela violar o precedente judicial, por exemplo.

Aqui está um dos mais brilhantes membros da Suprema Corte brasileira, e que, portanto, sabe, pelo exercício do seu mister, que a interpretação da Constituição se faz através do precedente judicial. Mesmo que não estejamos num sistema anglosaxão, onde o precedente é vinculante e mandatório, mesmo no sistema continental, parafraseando um jurista norte-americano, nós vivemos sob a égide de uma Constituição, mas é a Suprema Corte que irá dizer o que é a Constituição. Portanto, o precedente judicial não pode ser ignorado numa reforma fiscal.

Não pode ser ignorada, também, a tradição jurídica brasileira. Nós temos uma tradição de república que data de 1891, ainda que dois anos antes tivesse sido proclamada; portanto, nós estamos há mais de um século numa experiência republicana. Nós optamos por continuar na república, haja visto o plebiscito recentemente ocorrido. Portanto, essa tradição jurídica é absolutamente indispensável no momento em que se pensa em uma reforma fiscal.

Além disso, nós não podemos ignorar o condicionamento político. Não estou aqui me referindo ao condicionamento político, entendido político aqui como a negociação política que se opera no Congresso Nacional, mas estou me referindo ao condicionamento político-legislativo, isto é: quando se faz uma Constituição, quando se inaugura uma ordem jurídica, e, portanto, quando se modifica esta Constituição, existe um condicionamento político-jurídico. Ao se jurisdicizar determinados fatos — usando de uma linguagem de Pontes de Miranda —, nós estamos fazendo o quê? Estamos fazendo uma opção político-jurídica.

Portanto, salvo na hipótese de uma total ruptura institucional, de uma disrupção do nosso sistema atual, teremos que reformar o sistema existente com os precedentes existentes, considerada a tradição jurídica brasileira, e considerado o condicionamento político-legislativo.

Se é assim, e creio que não pode deixar de ser, nós teremos que examinar, antes de mais nada, para chegarmos a uma reforma fiscal possível, qual é o sistema tributário sob o qual vivemos, e quando esse sistema tributário é inaugurado no nosso ordenamento jurídico. E acho que a todos ocorre que a inauguração desse sistema se dá com a Emenda Constitucional n. 18, de 1965. Portanto, vejam bem, há 30 anos nós vivemos sob a égide de um sistema tributário nacional, com pequenas refrações e alterações, sobre as quais teremos a oportunidade de falar a seguir.

Quais foram estas linhas mestras da Emenda Constitucional n. 18? Quais são os pilares, quais são os fundamentos desse Sistema Tributário Nacional?

Sistema constitucional tributário

Naquela oportunidade buscava-se um sistema tributário que privilegiasse a escolha de hipóteses de incidência — para usar a terminologia do Prof. Geraldo Ataliba — que fossem manifestadoras de riqueza. Acusava-se, naquela época, o sistema da Constituição de 1946, de ser extremamente (agora sim, com uma palavra bem utilizada) formalista; isto é, ele privilegiava a existência de fatos jurídicos e não de fatos que tivessem substrato econômico.

Vejam bem que o fato (com o perdão da repetição) de haver um ato-negócio, não significa que este ato, fato ou negócio não tenha fundamento econômico. Nós estamos, na Constituição de 1946, diante de um sistema tributário, por exemplo, que privilegiava a formalização do negócio jurídico, por exemplo, o imposto do selo, e não a materialidade econômica do fato exteriorizador da riqueza; por exemplo, imposto de operação sobre circulação de mercadorias. Este, vejam bem, foi um dos grandes fundamentos da reforma constitucional que então se fazia.

O segundo fundamento é que haveria necessidade — e nós estávamos, vejam bem, num governo centralizador e autocrático àquela ocasião — de aumentar o poder da União. Por que se dizia isto, por que a União precisava ser privilegiada nesse novo sistema? Porque ela era, na concepção desses reformadores, o instrumento pelo qual se podia equalizar a riqueza em um país com evidentes desigualdades regionais. Se privilegiássemos Estados e Municípios, estas desigualdades iriam se perpetuar. Se, entretanto, privilegiássemos a União Federal, estas desigualdades iriam desaparecer ao longo do tempo, porque a União Federal seria o grande indutor desta equalização econômica.

Então, em função disso aumentouse o poder tributário da União, reduziuse o poder tributário dos Estados e Municípios.

Eu me recordo aqui de um ensinamento de um velho mestre, Prof. Teotônio Monteiro de Barros Filho, dizendo que aumentar o poder de Estados e Municípios era perpetuar as desigualdades brasileiras.

Mas havia uma terceira idéia nesses reformadores. Eles queriam, na realidade, engendrar um sistema tributário que pudesse, de forma duradoura, embasar o que se antevia como um novo ciclo de desenvolvimento econômico. Se nós lermos o Código Tributário Nacional, que foi editado em 1966, um ano após, veremos que ele é quase que uma obra didática. Ele repete o velho compêndio do Prof. Rubens Gomes de Souza, quase que a aclarar o leitor sobre o que é o Direito Tributário, quais são os institutos do Direito Tributário, o que é esta ciência nova que, naquele momento, despontava. Portanto, procurava-se estabelecer um sistema que se perpetuasse ao longo dos tempos; e ele se perpetua por três décadas, o que não é pouco no Brasil.

Havia uma quarta idéia também, muito importante, a de que deveria se evitar acumulação tributária através da eliminação dos tributos em cascata. Falava-se muito contra o imposto de vendas e consignações, que era um imposto em cascata, diferentemente do imposto de operação sobre circulação de mercadorias, que então se inaugurava, este sim um imposto não-cumulativo. Portanto, este era um ponto fundamental do reformador de 1965.

E finalmente o último, mas não menos importante, falava-se a respeito do reconhecimento dos propósitos extrafiscais da tributação, ou seja, o tributo não existe apenas para arrecadar, mas existe também para finalidades extra-fiscais.

Portanto, para a Emenda Constitucional de 1965, tratava-se de identificar hipóteses de incidência de conteúdo econômico, escolher aquelas que pareciam ao legislador constituinte as mais adequadas, e atribuí-las aos entes tributantes de molde a evitar bitributações e a atender aos objetivos do Estado e da Nação naquele momento.

Esta escolha, me parece, foi extremamente feliz. Existe um economista norte-americano que, em trabalho célebre, citado pelo Prof. José Luiz Bulhões Pedreira, afirma, com muita propriedade, que, se nós pensarmos bem, sob o ponto de vista econômico, qualquer imposto é imposto sempre sobre a renda — ou sobre a renda consumida ou sobre a renda poupada ou sobre a renda investida. Portanto, por mais que o constituinte possa ter imaginação criadora ao formular um sistema tributário, ele não poderá se afastar deste fato: de que os fatos de conteúdo econômico, que podem ser jurisdicizados pelo sistema, são muito limitados.

O constituinte, ou pelo menos o reformador da Constituição de 1965, parece-me, foi extremamente feliz aos escolher estes fatos. Ele escolheu o primeiro deles, que foi o rendimento pago aos fatores da produção, isto é, a renda percebida, fruto do trabalho, do capital, ou da conjugação de ambos, ou seja, o imposto sobre a renda; ele depois pegou o fato da produção dos bens, e instituiu o IPI. Ele pegou a circulação das mercadorias, e instituiu o ICM; ele alcançou a prestação de serviços, e instituiu o ISS; e como não poderia deixar de ser, ele escolheu o comércio exterior, fazendo com que houvesse o imposto de importação e o imposto de exportação; e mais ainda, ele criou o imposto, naquele momento extremamente moderno, que era o imposto de negociação com ativos financeiros, alcançando a atividade financeira, que é o IOF. Pensemos bem, haverão outros fatos evidenciadores de renda mais completos do que esses? E os distribuiu através de uma competência rígida, de uma discriminação rígida de competências. (Aqui eu me recordo de um grande trabalho do Prof. Antônio Roberto Sampaio Dória, sobre discriminação das rendas tributárias, onde ele mostra que, pela primeira vez, se inaugurava aquilo que ele chamou de federalismo de integração, ou seja, não só se arrecada tributo, como se redistribui receita através desta integração federativa.) Ele distribuiu esses tributos entre as três esferas de poder — União, Estados e Municípios — outorgando à União determinados impostos, aos Estados outros e aos Municípios outros. Ou seja, estava atendido o princípio federativo.

Durante 30 anos esse sistema vigorou, com pequenas alterações. E se nós pensarmos bem — e aqui está o Ministro Francisco Rezek que pode me corrigir se eu estiver equivocado — as grandes discussões judiciais que se travaram a respeito do Sistema Tributário Nacional, não se travaram em função desta discriminação de rendas, não se travaram em função dos grandes princípios instituídos pela Emenda Constitucional n. 18, mas sim pelas desvirtuações do sistema, em função da necessidade premente, crônica, e eu diria quase que desesperadora, de receita tributária por parte da União Federal.

Quais foram os grandes debates que se travaram nesses 30 anos? O uso inadequado da faculdade excepcional do empréstimo compulsório — dois empréstimos compulsórios foram instituídos, para não contar aquele que foi recepcionado, que era o da Eletrobrás; ofensas reiteradas e repetidas ao princípio da anualidade; créditos de ICM, discussões infindáveis sobre crédito de ICM, em função de criação de isenções, diferimentos e outros benefícios fiscais que a sistemática de valor agregado, criada pelo constituinte de 1965, a rigor não previa; definição de áreas limítrofes entre IPI e ISS (eu me lembro da longa discussão dos serviços gráficos, por exemplo); definição de áreas limítrofes entre ISS e ICM (eu me lembro da longa discussão a respeito de alimentação); o funcionamento operacional de ICM e IPI, a inclusão ou não de um ou de outro na base de cálculo.

Vejam bem, são discussões que já terminaram, são discussões já assentadas, em que a Suprema Corte, basicamente, já interpretou a Constituição. E a rigor, se nós pensarmos bem, não há hipótese de disputa nisto; o que há é uma falta de conhecimento científico do intérprete para estabelecer, com rigor, estas regras de delimitação entre um e outro tributo, até porque, nos exemplos mencionados, são tributos de entes tributantes diferentes. Portanto, qualquer tentativa de tributação de fato equivocado opera uma inconstitucionalidade por invasão de competência.

Mas existem outras discussões ainda: cobrança de imposto de importação e de imposto de exportação, ao arrepio dos tratados internacionais, grande parte de discussão a respeito disso. E esta, principalmente, a extensão indevida e o uso inadequado das contribuições: Pis, Finsocial, INSS. Ou seja, não se pode dizer, de sã consciência, que o Sistema Tributário Nacional implantado pela Emenda Constitucional n. 18, de 1965, seja um sistema ruim, seja um sistema equivocado, seja um sistema inadequado. Durante esses 30 anos, em que o país conviveu com 10 anos de prosperidade econômica e com 20 anos de crise econômica, foram as crises econômicas que fizeram com que a União Federal e muitos Estados e Municípios se utilizassem de expedientes inconstitucionais, na tentativa de aumentar a sua receita tributária.

O sistema não é mau; o uso do sistema pelo ente tributante pode ter sido.

Portanto, se é assim, eu gostaria de chegar à parte final desta exposição — que já se alonga mais do que deveria — para falar a respeito dos limites de uma reforma fiscal, dado o condicionamento histórico a que estamos submetidos.

Princípio federativo

Em primeiro lugar nós deveremos respeitar o princípio federativo. Não existe, depois de mais de um século de experiência federativa, a hipótese de ignorar o princípio federativo. O princípio federativo contém, em si, esta infindável discussão entre Estados-membros e União Federal. Isto é verdade na federação típica norte-americana e isto é verdade em qualquer federação. Se nós formos verificar os debates da Constituição de 1891, o problema ocorre. E, pasmem os senhores, à União Federal foi dada, pela Constituição de 1891, o imposto de importação e de exportação — éramos basicamente um país agrícola — e uma competência residual. Com base na competência residual é que se estabelece o imposto de consumo, com base na competência residual é que se estabelece muitas vezes o imposto sobre a renda.

Portanto, esta discussão é uma discussão infindável, e se nós somos uma federação, conviveremos com ela até que esta federação seja abolida — mas seja abolida através de uma ruptura constitucional. E é cláusula pétrea a existência do princípio federativo.

Autonomia dos municípios

O segundo limite, que me parece fundamental, é a autonomia dos Municípios — não porque estejamos numa federação, mas porque é uma tradição brasileira, que data da tradição portuguesa, privilegiar as comunidades locais.

Portanto, me parece absolutamente impossível de se vislumbrar um sistema tributário que não dê autonomia aos Municípios — usando de uma linguagem já consagrada no texto constitucional — naquilo que for de seu peculiar interesse.

Extrafiscalidade

O terceiro aspecto, que me parece inafastável, é a necessidade do uso da tributação para fins extrafiscais. Estão aí os impostos de comércio exterior, de importação e de exportação, cuja finalidade não é a de receita, mas cuja finalidade é de parafiscalidade ou de extrafiscalidade. Está aí o imposto de operações financeiras na formulação de uma adequada política monetária, que me parece inafastável num Estado moderno. Está aí o imposto de renda, a conceder determinados incentivos a determinadas atividades e, portanto, a induzir segmentos produtivos a fazerem, a exercitarem essas atividades. Portanto, esta utilização do imposto com fins extrafiscais me parece absolutamente indispensável.

Tratados

Existe um quarto compromisso, compromisso este que cada vez mais se faz presente, e mais uma vez me louvo na presença do Prof. Francisco Rezek, que, evidentemente, jamais será responsabilizado pelos meus erros — mas é pelo menos um apoio que eu tenho na Mesa e que eu sempre cito — ex-Ministro das Relações Exteriores e que sabe, como ninguém, dos compromissos internacionais, cada vez mais presentes e vinculantes, que o Brasil está a concordar. Isto é, nós vivemos num mundo onde os compromissos internacionais são inafastáveis.

Está aí o Mercosul, e antes do Mercosul, está aí a Aladi, está aí agora a Organização Mundial do Comércio. O nosso presidente, o Chefe do Poder Executivo, Presidente Fernando Henrique Cardoso, está neste momento na capital da Bélgica, em Bruxelas, explicando à Comunidade Econômica Européia a suposta violação de determinados compromissos internacionais, com a criação de alíquotas de imposto excedentes a determinados limites. São estes compromissos internacionais que são inafastáveis em qualquer sistema tributário nacional.

Capacidade contributiva

Mas existe um quinto limite, o cumprimento estrito do princípio da capacidade contributiva, que esta Constituição chama de capacidade econômica e que na de 46, de forma muito mais didática, estava a capacidade contributiva no art. 202 (se eu não estou equivocado). Ou seja, não há a possibilidade da instituição de impostos sobre fatos que não denotem capacidade contributiva. O princípio da capacidade contributiva — no dizer de um grande jurista, Carlos Palao Taboada — não é simplesmente o princípio da igualdade; é mais do que isso, ele é um princípio de controle do ente tributante; ele controla o ente tributante no sentido de fazer com que ele não possa instituir imposto sobre algo que não tenha substrato econômico.

Parece-me muito mais importante que o Estado se reorganize, que haja um redirecionamento do Estado, e que o Estado reduza as suas despesas, do que nós alterarmos o nosso Sistema Constitucional Tributário.

Se nós pensarmos bem, o Estado brasileiro, hoje, tem quatro problemas: primeiro, uma Previdência absolutamente deficitária a longo prazo, cujas verbas precisam ser supridas; ele tem ainda resquícios, dívidas antigas de um Sistema Financeiro de Habitação que hoje está terminado, ou praticamente terminado; ele tem uma dívida interna que é a grande responsável pela alta taxa de juros; e tem uma dívida externa que está hoje praticamente renegociada, em patamares absolutamente razoáveis com o tamanho da economia.

Portanto, no momento em que nós pagarmos a dívida do Sistema Financeiro de Habitação, no momento em que nós privatizarmos a Previdência e no momento em que o Estado recuperar o equilíbrio das suas contas, esse Sistema Tributário que aí está atenderá a todos os demais desejos que hoje se manifestam como uma infindável discussão.

Estabilidade jurídica

Aqui, eu gostaria de terminar dizendo o seguinte: não existe a possibilidade de uma estabilidade econômica se nós não tivermos uma estabilidade jurídica.

Existe um trabalho extremamente interessante do Prof. José Eduardo Faria, recente, que procura analisar os vários planos econômicos pelos quais o Brasil passou, e que, nesta reflexão extremamente criadora, joga dois princípios e os opõem: o princípio da racionalidade econômica e o princípio da segurança ou da certeza jurídica. Dizendo o seguinte: o que aconteceu com o país em função da crise econômica pela qual ele passou foi que a suposta racionalidade econômica, supostamente melhor, acabou por se privilegiar diante do princípio da segurança e da certeza jurídica. E coube a nós, advogados, a nós juristas, estudiosos do Direito, e sobretudo ao Poder Judiciário, restabelecer a igualdade das partes, restabelecer o equilíbrio perdido.

Durante anos nós assistimos a tentativa de privilégio da suposta racionalidade econômica sob o princípio da segurança e da certeza jurídica. Então eu gostaria de trazer não um autor de Direito, mas um autor de Economia — com o perdão do Prof. Geraldo Ataliba. (*Risos*) Porém, ainda que economista, professor de uma Faculdade de Direito, da Faculdade de Direito da Universidade de Chicago, e prêmio Nobel de 1991. É o Prof. Ronald Coease. Eu gostaria de citar alguns trechos de sua obra, que é uma obra antiga, e que deu a ele o prêmio Nobel, em que ele diz o seguinte: "As trocas no sistema econômico existem a rigor sem nenhum sistema. As trocas entre os consumidores, a organização de uma atividade empresarial, a rigor, não pressupõe a existência de uma norma. Entretanto, eu gostaria de introduzir um conceito que os economistas pouco estudam, que é o conceito de custo de um mercado institucionalizado. Será mais custoso à Economia (não ao Direito) viver e progredir num mercado não-institucionalizado ou num mercado institucionalizado?" E diz ele: "Nós, economistas, não estamos muito acostumados a falar do custo de usar o mecanismo de preço, do custo de fazer uma transação num mercado aberto" (o que ele chama de custos de *marketing — marketing costs*). Então diz ele: "O limite de crescimento de uma atividade econômica está no limite de institucionalização do mercado. Uma empresa não pode ser maior do que um mercado institucionalizado, na qual ela exerce a sua atividade". Diz então este professor: "A institucionalização do mercado, longe de dificultar a atividade econômica, é absolutamente necessária para o exercício desta atividade econômica". Finaliza ele, de forma a agradar a todos nós juristas: "Não pode haver desenvolvimento econômico em um mercado desorganizado. A inter-relação entre o sistema econômico e o sistema jurídico é extremamente complexa e nós, economistas, conhecemos muito pouco a respeito disto. Exatamente por isto nós precisamos cada vez mais respeitar o mercado institucionalizado, como condição de crescimento da atividade econômica".

Portanto — e com isso termino — eu gostaria de trazer o testemunho de um prêmio Nobel de Economia de 1991, portanto recente, ainda que idoso, para dizer o seguinte: não tenhamos a tentação do reformismo fácil, não tenhamos a tentação de que a reforma do sistema através, simplesmente, de uma emenda constitucional, irá resolver os nossos problemas. Ao contrário, a estabilidade econômica só pode existir se nós tivermos a estabilidade jurídica. Portanto, deixemos o reformismo fácil, fiquemos com o princípio da segurança e da certeza jurídica e deixemos aos nossos tribunais uma interpretação ponderada, justa e equilibrada dos dispositivos constitucionais.

Muito obrigado. (*Palmas prolongadas*)

PROF. EDUARDO BOTTALLO — Essa manifestação da platéia é o mais importante reconhecimento que todos nós poderíamos prestar ao Prof. Fernando Albino de Oliveira, em face da sua magnífica exposição. Na verdade ela, com todo o brilhantismo que a cercou, reflete o pensamento de grande parte da comunidade jurídica, especialmente voltada para o estudo de Direito Tributário. Nós precisamos fugir ao modismo das reformas. Parabéns, Prof. Fernando Albino.

Com estas palavras eu agradeço a participação na Mesa, muito honrosa, do Ministro Francisco Rezek e da Profa. Misabel Derzi. Agradeço a presença dos colegas e declaro encerrada a presente sessão. Até amanhã e muito obrigado. (*Palmas*)

MESA DE DEBATES (15.9.95)

TEMAS GERAIS

Sigilo bancário — Federação — Guerra fiscal — Empréstimo compulsório na reforma tributária — Medidas provisórias: motivação — Entendimento da Constituição — Direito à segurança jurídica — Valores — Confaz — Debates

FERNANDO ALBINO DE OLIVEIRA
HERON ARZUA
LÚCIA VALLE FIGUEIREDO
PAULO DE BARROS CARVALHO (Presidente da Mesa)

PROF. PAULO DE BARROS CARVALHO — Cada expositor terá 15 minutos para apresentar as suas idéias, após o que nós colheremos, através das moças que integram aqui esta sala, as perguntas que forem dirigidas à Mesa.

Inicialmente passo a palavra ao Prof. Fernando Albino de Oliveira.

Sigilo bancário

PROF. FERNANDO ALBINO DE OLIVEIRA — Bom dia a todos.

Senhor Presidente Paulo de Barros Carvalho, o tema sobre o qual eu gostaria de, rapidamente, fazer algumas observações no sentido de levá-lo a debate, é o sigilo bancário, que é um tema que nos dias atuais está tendo um tratamento extremamente candente, está sendo objeto de inúmeros artigos, está sendo alvo de um intenso noticiário, sempre na linha de que a suposta facilitação de informações às autoridades fiscais daria a elas um poder adicional para bem examinar as contas dos contribuintes.

Em tema de tal paixão muitas vezes se perdem os argumentos, exatamente por ficarem eles no campo de um debate que acaba se transformando num debate político, e não num tratamento mais técnico, mais jurídico do tema. De modo que gostaria de oferecer aos senhores algumas reflexões a respeito do tema, considerando uma emenda constitucional que está atualmente perante o Congresso Nacional e levando em consideração os dispositivos constitucionais e legais atualmente existentes.

Antes disso, entretanto, parece-me que numa pincelada extremamente rápida nós devemos ir um pouco atrás na história e verificar como surge a idéia do sigilo bancário. Na realidade o sigilo bancário data da formação dos bancos no período de pré-renascença das cidades italianas, que foram o berço das atividades bancárias, tal como hoje entendidas. E ele acaba se incorporando, por ocasião da Revolução Francesa, já alguns séculos depois, como um dos direitos e garantias individuais. Então, ele acaba integrando um elenco de garantias individuais que tem a ver com a intimidade do cidadão.

Nós não devemos nunca nos esquecer que, mesmo mais de dois séculos depois, vivemos sob a égide da Revolução Francesa, dos princípios liberais da Revolução Francesa.

E o direito do homem, do cidadão, a intimidade pessoal, a inviolabilidade do seu domicílio, o direito à sua privacidade, portanto, a inviolabilidade de determinados assuntos, que na sua vida particular lhe são próprios, se reflete no campo da atividade econômica na inviolabilidade das suas atividades negociais.

A idéia é tão forte, a idéia é tão arraigada — e não só no Brasil, mas em todo o mundo considerado capitalista ou considerado civilizado — que o sigilo bancário se transformou em obrigação, não das autoridades públicas, mas em obrigação das autoridades financeiras. E note-se que dentre as atividades negociais existem as atividades negociais típicas, que são as atividades comerciais, as atividades industriais, as atividades de prestação de serviços, as atividades agropastoris, e existe uma atividade, que é a atividade financeira, que se, de um lado, é privada, de outro lado tem reconhecido interesse público — tanto assim que em todo o mundo atual o exercício da atividade financeira pressupõe uma autorização especial por parte da autoridade pública.

De forma que o sigilo bancário se insere num universo muito mais amplo do que aquele universo, ou aquele aspecto que nós estamos tratando, que é o sigilo bancário para fins fiscais.

Portanto, não se pode dar a uma autoridade pública, qualquer que ela seja, a absoluta discricionariedade — evidente, não superaria a discricionariedade —, não se pode dar a discricionariedade de lidar com esta parcela da intimidade do cidadão, porque não está se lidando com um problema tributário, está se lidando com um problema basicamente que inclui o elenco de direitos e garantias individuais.

Dentro desta ótica, dentro desta visão histórica, dentro deste contexto que me parece absolutamente indispensável para que o tema seja tratado de uma forma rigorosa, de uma forma científica, de uma forma séria, é que nós deveremos, então, procurar estudar a sugestão, hoje no Congresso Nacional, de alteração, no sentido de "ser facultado (eu estou lendo) na forma da lei à autoridade tributária federal (e não sei porque apenas federal) requisitar informações sobre as operações financeiras dos contribuintes".

Este texto, que faz parte da proposta de emenda constitucional que altera o Capítulo Do Sistema Tributário Nacional, foi enviado no dia 23 de agosto de 1995 ao Congresso Nacional e, segundo a Exposição de Motivos que o acompanha, que os senhores têm e podem consultar, este dispositivo foi aí inserido para possibilitar a requisição de dados bancários (é o texto da Exposição de Motivos), respeitadas as condições estabelecidas em lei, a fim de tornar mais eficazes a fiscalização e a identificação das atividades informais e ilegais. E aí, como que uma frase *en passant* mas de extrema importância, "como aliás ocorre nos países desenvolvidos", — o que, a rigor, não é verdade, pelo menos da forma como está aqui posto.

O Ministro da Justiça, Nelson Jobim, explicou que as autoridades precisam de instrumentos adequados para lidar com o crime organizado, para investigar a lavagem do dinheiro feita pelos narcotraficantes. E, segundo ele, pela legislação atual, o governo é obrigado a mover uma ação criminal contra o narcotraficante para, só então, ter autorização do juiz para ter acesso às suas contas bancárias.

O Ministro da Fazenda, Pedro Malan, por sua vez, argumentou que quase todos os países do mundo contam com legislação que permite acesso a dados bancários dos suspeitos de sonegação.

O Ministro do Planejamento, José Serra, disse que estamos — numa linguagem extremamente infeliz — desconstitucionalizando o sigilo bancário; ao contrário, ele está propondo uma reforma da Constituição, portanto, ele está mantendo o assunto em nível constitucional.

Legislação

Diante deste quadro, vamos estudar um pouco o que diz a legislação atual.

O art. 5º, inciso XII, da Constituição, que é hoje o parâmetro constitucional que garante ao cidadão esta esfera de intimidade negocial, diz o seguinte: "É inviolável o sigilo da correspondência e das comunicações telegráficas de dados e das comunicações telefônicas, salvo, no último caso, por ordem judicial, nas hipóteses e na forma que a lei estabelecer para fins de investigação criminal ou instrução processual penal".

Por outro lado, existe uma lei em vigor, que é a Lei 4.595, de 31 de dezembro de 1964, que é a chamada Lei de Reforma Bancária, que estabelece no seu art. 38 o seguinte (eu não vou ler todo o art. 38, porque ele tem vários parágrafos, mas vou procurar resumir aquilo que interessa): As instituições financeiras conservarão sigilo em suas operações ativas e passivas e serviços prestados. Ou seja, a obrigatoriedade é das instituições financeiras. "§ 1º — As informações e esclarecimentos ordenados pelo Poder Judiciário, prestados pelo Banco Central do Brasil ou pelas instituições financeiras, e a exibição de livros e documentos em juízo se revestirão sempre do mesmo caráter sigiloso, só podendo a eles ter acesso as partes legítimas na causa, que deles não poderão servir-se para fins estranhos à mesma". E, finalmente, os §§ 2º, 3º e 4º, concedem ao Banco Central, às Comissões Parlamentares de Inquérito e aos Agentes Fiscais Tributários do Ministério da Fazenda e dos Estados a possibilidade de acesso a estas informações, sendo que para estes últimos, Agentes Fiscais Tributários, somente para proceder a exames de documentos, livros e registros de contas de depósitos quando houver processo instaurado e os mesmos forem considerados indispensáveis pela autoridade competente. E mais, diz o mesmo dispositivo — e isto evidentemente se aplica às instituições financeiras e, portanto, aos seus diretores pessoas físicas — que a quebra do sigilo de que trata este artigo constitui crime e sujeita os responsáveis à pena de reclusão de um a quatro anos, aplicando-se no que couber o Código Penal e o Código de Processo Penal, sem prejuízo de outras sanções cabíveis.

Ora, a Lei 4.595 foi recepcionada pela atual Constituição, que previu uma lei complementar para regulamentar o art. 192 da Constituição, artigo este que, pela primeira vez em nível constitucional, tratou do sistema financeiro. Até então o sistema financeiro jamais houvera sido tratado em nível constitucional com esta amplitude, com esta sistematização.

Portanto, na falta de uma lei complementar que regulamente o art. 192, parece-me que a Lei 4.595 — que à época, sob a égide ainda da Constituição de 1946, constituiu uma lei, digamos assim, compreensiva, uma lei que regulou todo o sistema financeiro nacional — foi recepcionada pela atual Constituição como lei complementar, já que a lei do art. 192 prevista é uma lei complementar.

Nós temos hoje o art. 5º, inciso XII da Constituição, a proteger o cidadão, e temos o art. 38 da Lei 4.595, a obrigar as instituições financeiras ao sigilo bancário, sob pena de cometerem crime —, e um crime que me parece extremamente grave, na medida em que prevê a reclusão de um a quatro anos.

Esta alteração da Constituição prevista — e vamos lê-la novamente — de que haveria no art. 145, § 2º, a inclusão, para se dizer que "é facultado, na forma da lei, à autoridade tributária federal, requisitar informações sobre as operações financeiras dos contribuintes'', se este dispositivo for aprovado, a lei aqui referida ainda será a Lei 4.595, o que significa que se outra lei vier a regular deverá ser ela lei complementar.

A simples inclusão desse dispositivo na Constituição — que o Ministro do Planejamento chamou de desconstitucionalização do sigilo bancário — não fará com que perca a eficácia a Lei 4.595 atualmente vigente. Portanto, haverá de existir uma nova lei com natureza de lei complementar, para que isto possa ocorrer.

Mas o que me parece interessante — e com isto eu encerraria esta primeira parte da minha intervenção e poderíamos voltar a discutir o tema mais amiúde no próximo bloco — é que a inclusão desse dispositivo constitucional, a rigor, não altera em nada aquilo que já existe, no sentido de conceder mais poder às autoridades públicas, porque o art. 5º, inciso XII, da Constituição, também prevê a possibilidade de abertura deste dever de sigilo *na forma e nas hipóteses que a lei determinar*.

Então, mais uma vez me parece que estamos mudando a Constituição sem necessidade de fazê-lo. Ou seja, as autoridades públicas, mediante uma simples alteração da lei, poderão ter um acesso, talvez, mais fácil, um acesso mais intenso a determinadas informações dos contribuintes.

Portanto, me parece que é uma emenda infeliz, mal redigida e desnecessária.

Agora — e com isto eu termino — vamos verificar se no atual quadro, isto é, sem esta alteração da Constituição Federal, a situação é tão grave assim para as autoridades fazendárias. Parece-me que não (está aqui o Prof. Heron Arzua que já exerceu cargos no Poder Executivo, especificamente na Secretaria da Fazenda do Estado do Paraná). Parece-me que no momento em que a autoridade pública se sente desguarnecida de maiores informações e, portanto, precisando entrar no mérito de determinadas transações efetuadas pelo contribuinte, é perfeitamente possível a ela estabelecer o início de um procedimento administrativo e solicitar a quebra desse sigilo bancário.

Portanto, alterar a Constituição em nome de se ampliar esta esfera de competência pública, alterar a Constituição para, supostamente, inibir, reduzir ou diminuir a sonegação fiscal parece-me que é medida absolutamente desnecessária e desarrazoada. Entretanto, como se trata de uma Mesa de Debates, eu deixo aqui estas primeiras observações, estes primeiros comentários, para que nós possamos debater mais profundamente o assunto. (*Palmas*)

PROF. PAULO DE BARROS CARVALHO — Agradeço a participação aqui do Prof. Fernando Albino de Oliveira e passo a palavra ao ilustre Prof. Heron Arzua.

PROF. HERON ARZUA — Senhor Presidente, membros da Mesa, caros colegas, eu, rapidamente, queria fazer algumas observações sobre a proposta do Governo Federal de reforma tributária, porque me parece que certos aspectos não foram examinados aqui neste Congresso.

Eu me reportaria, inicialmente, a uma mudança de redação do art. 154 da Constituição atual, que me parece o mais sério de todos eles em termos de segurança jurídica. O art. 154, com a redação atual, diz o seguinte: "A União poderá instituir: I — mediante lei complementar, impostos não previstos no artigo anterior, desde que sejam não-cumulativos e não tenham fato gerador ou base de cálculo próprios dos discriminados nesta Constituição". Redação proposta: "A União poderá instituir: I — impostos não previstos nos artigos 153 e 155, desde que não compreendidos na competência dos Estados, Distrito Federal e Municípios".

O que significa essa mudança, principalmente em função do art. 195 atual, § 4º., que trata das contribuições sociais. Esse artigo diz o seguinte: "A lei poderá instituir outras fontes destinadas a garantir a manutenção e a expansão da seguridade social, obedecido o disposto no art. 154".

A proposta significa o seguinte: o governo poderá criar o IPMF ou a contribuição sobre movimentação financeira por medida provisória. É isso que está escrito no art. 154-I. Você amplia incrivelmente o poder tributário da União, sem quaisquer limitações, não só com relação à lei complementar, como ao não-respeito da não-cumulatividade. Com isso você, outra vez, dá à União aquele poder que ela tinha, subseqüente à reforma de 65, anterior a 88, de criar contribuições sob qualquer pretexto.

Esse artigo me parece que é um dos mais sérios da proposta e, no contexto da Reforma, ele passa absolutamente despercebido. Na realidade, aprovado isso o governo no dia seguinte cria qualquer contribuição, até esse IPMF "provisório", por medida provisória.

A segunda observação: nos estudos que tínhamos aqui na PUC, na escola, sempre falávamos que a lei complementar à Constituição tinha um caráter nacional, ela não era nem uma lei federal, nem estadual, nem municipal. A lei complementar tinha um *status* superior.

O art. 155 fala em lei complementar federal, naturalmente para dizer que não é lei complementar estadual, já que os Estados e até os Municípios também criaram esta categoria. Mas então aqui nós temos já um atentado, pelo menos a essa doutrina que tentou categorizar, classificar, as espécies de lei no sistema constitucional brasileiro.

Isso é apenas uma observação, claro, *en passant*.

Federação

A outra que eu queria mostrar a vocês seria em relação a que se está, efetivamente, infirmando o princípio da federação com essa proposta tributária. Não que eu seja um fanático ou um amante da federação, dos Estados, da autonomia aos Municípios... Essa, que o Prof. Aires, ontem, quase teve um chilique porque a lei troca de "definidos" para "especificados". Não, não é isso.

Mas, vejam o tratamento que se dá ao ICMS estadual e ao ICMS federal. No ICMS estadual as alíquotas são fixadas pelo Senado Federal, por iniciativa do Presidente da República, inciso XI do art. 155 na nova redação, e essas alíquotas têm de ser aprovadas por três quartos de seus membros.

Ontem foi ressaltada aqui a dificuldade desta aprovação, até porque a composição do Senado é paritária. Nós temos três senadores por Estado, mas é evidente que os Estados do Sul, por exemplo (Paraná, Santa Catarina e Rio Grande do Sul), têm nove senadores. E essa emenda atinge profundamente os Estados produtores.

Logo antes, no inciso VIII, o que é que diz a Emenda quanto à alíquota da União, do ICMS federal? Diz o seguinte: as alíquotas da União serão fixadas em lei, vedada a edição de medida provisória (aqui eles foram magnânimos), admitida a faculdade de que trata o art. 153, § 1º., que diz: pode-se aumentar a alíquota por decreto, na sistemática do imposto de importação, de exportação, do IPI atual, dentro dos limites da lei. Quer dizer — um rigor extremo com relação a um imposto estadual e uma liberalidade inadmissível em termos de ICMS federal. Você aumenta a alíquota e ela entra em vigor no dia seguinte, como proposto nesta reforma.

Aí vocês percebem a natureza, a intenção dessa proposta.

Quero só ressaltar que no art. 10, quando trata do IPI provisório, eles também reconhecem o crédito pelos bens destinados ao ativo fixo.

Essa reforma se preocupa, basicamente, além dessas medidas pequenas que passam desapercebidas, pelo menos inicialmente, em dar maior poder de tributação à União Federal. E eu digo a vocês que a União Federal não é confiável em matéria de tributação. Quem desorganizou o sistema tributário brasileiro, concebido pela reforma de 1965, que mal ou bem foi uma grande reforma, quem infirmou suas premissas foi, efetivamente, o governo federal. Basta ver o número de questões tributárias em matéria de União, Estados e Municípios, até porque os Municípios e os Estados nunca legislaram por decreto-lei ou por intermédio de medida provisória.

Mas eu queria, na linha do que o Prof. Albino disse ontem, mostrar a vocês que, em matéria de ICMS, tudo que eles querem, e que puseram aqui, não precisava ser feito; isso poderia ser realizado diante da Constituição Federal atual, que é extremamente flexível. Ela só não foi regulada nem aplicada até agora.

Se os senhores pegarem o art. 155 da atual redação do ICMS, vêem o quê? Que podem, por intermédio de lei complementar ou de legislação ordinária, ou até mesmo sem lei, desonerar os investimentos. Isso me parece pacífico. Você pode construir uma interpretação de que os bens de capital dão direito a crédito. E não precisa dizer isso da parte da Constituição nova, nem na parte transitória. Essa é uma das metas da reforma, está aqui escrito na Exposição de Motivos: desonerar investimentos. Não precisa, se é para isso não precisa, nem IPI e nem ICMS. Ambos com uma interpretação, que eu diria honesta, do texto constitucional, redundaria nisso.

A segunda idéia da reforma é não tributar os produtos primários e semi-elaborados na exportação. Isso está aqui escrito: estender essa imunidade. Na lei complementar atual o texto diz o seguinte, no inciso XII, art. 155: cabe à lei complementar excluir da incidência do imposto nas exportações para o exterior serviços e outros produtos além dos mencionados no inciso X. Quer dizer, você pode, por lei complementar, dar isenção absoluta na exportação de produtos primários e semi-elaborados sem mexer na Constituição.

Guerra fiscal

Há outro problema, como alguns de nós temos posto aqui: o problema da guerra fiscal, que ontem aqui foi tratado. Eu, que exerci o cargo de Secretário da Fazenda, estou absolutamente convencido de que é impossível coibir-se a atração de investimentos. Pode-se pôr qualquer vedação que quiser, em nível constitucional ou infraconstitucional, que não se acaba com a guerra fiscal. Isso ocorre em todos os países do mundo; ocorre entre o Brasil e a Argentina, entre o Brasil e o Uruguai; ocorre entre Paraná e São Paulo, entre Paraná e Goiás... Atração de investimentos é uma coisa natural! Não adianta querer, num texto constitucional, ficar proibindo, quando hoje a Constituição dá aos Estados mecanismos de infirmar tais dispositivos.

Dou um exemplo: São Paulo deu uma redução para os bens de informática, os produtos da informática, porque o Amazonas deu isenção total dentro daquele sistema da Zona Franca de Manaus. Nós do Paraná temos uma indústria nascente de informática, na cidade industrial de Curitiba; fomos ao Confaz e propusemos uma uniformidade. O Amazonas rejeitou. Muito bem, o Paraná ficou tributando os bens de informática a 17%, São Paulo a 7% e Amazonas a zero. Então as empresas me avisaram que elas iam embora de Curitiba, porque não é possível sustentar a diferença.

Eu, sendo do ramo, peguei a Lei Complementar 24 e a Constituição e fui ao Supremo contra o decreto de São Paulo. O Supremo me deu a liminar — foi 11 a zero, até foi levado ao Plenário. E suspendeu o decreto de São Paulo.

O que eu quero mostrar é que a Constituição, hoje, dá os mecanismos de defesa dos Estados. São Paulo não gostou do que o Rio de Janeiro fez com a fábrica, é só ir ao Supremo que obterá a liminar na hora que você demonstrar. Por quê? Porque dentro do sistema da Constituição atual toda questão da outorga de isenções, favores fiscais, redução de base de cálculo, tem que ser regulado pelo Confaz.

Então o que eu quero é reafirmar a posição do Prof. Albino, de que não se precisa fazer nenhuma modificação. Vocês viram ontem o negócio do Estado de destino e Estado de origem: a Constituição atual diz que o Senado pode, aos pouquinhos, ir transferindo para o Estado destinatário.

Aliás, desde 1959, desde o Tratado de Roma, que os técnicos da Europa estão discutindo se o imposto deve ficar na origem ou ir para o destino. Parece-me que os europeus chegaram à conclusão, em 1992, de que o ideal seria arrecadação pertencente ao Estado ou ao país de destino, portanto, tributação no consumo; mas cobrança na origem.

O Brasil é a mais bela demonstração que nós temos disso. Nós temos uma experiência em matéria de mercado comum, em matéria de imposto de valor agregado, que nenhum país tem no mundo. Nós temos um país federativo, com 26 Estados e um Distrito Federal, que já vem há 25 ou 30 anos tentando acertar o problema de destino e origem, e nós concebemos um sistema que os estrangeiros consideram uma maravilha. Não é tanto assim, mas eles consideram uma maravilha porque o nosso sistema é misto: um pouco para o Estado de origem e um pouco para o Estado de destino. Por intermédio de que instrumento? Por via da fixação de alíquotas diferenciadas nas operações internas e interestaduais.

Acontece que isso propicia a evasão fiscal, a sonegação. Os industriais e os comerciantes do Paraná, de São Paulo, de Minas Gerais, faturam tudo para o Piauí — e a mercadoria acaba ficando no próprio Estado. Mas esse é um defeito que não é do sistema. O sistema é generoso, porque ele dá um pouco para o Estado que produz e dá um pouco para o Estado de destino.

Só para encerrar: o problema de, por exemplo, se fixar alíquota zero — já se pensou nisso — para que tudo fosse tributado no destino; no Brasil, sem controle rígido de fronteiras, seria impossível, o que não nos interessa — e é até proibido pela Constituição. Mas o fato é o seguinte: há a questão da imunidade dos combustíveis e da energia elétrica, que veio nesta Constituição — que diz que todos os produtos são divididos entre a origem e o destino menos a energia elétrica e os combustíveis, que nas relações interestaduais são todas tributadas no destino —, provou a impossibilidade de uma cobrança no Estado do destino, e alíquota zero nas operações interestaduais.

Os senhores sabem que a sonegação dos combustíveis é um negócio inimaginável; puramente não se pagou o imposto. Era a venda de São Paulo para consumidor final no Paraná, do Paraná para São Paulo, e a evasão...

Outro dia São Paulo estava falando que perdeu um bilhão de reais de ICMS. Não acredito que seja tanto, mas falava-se nisso. Como Secretário eu aprendi que todas essas estatísticas são, todas, imaginação nossa. A evasão é 1 por 1,20, por PIB... É tudo inventado. Quando nós falávamos em perdas dos

Estados, em qualquer reforma, o Rio Grande do Sul apresenta perdas tão grandes que eu tenho impressão até de que ele não está cobrando nada. Nós temos gente aqui do Rio Grande, mas é impressionante a habilidade dos economistas gaúchos e paranaenses de mostrarem perdas que jamais existiram.

Então, quero dizer o seguinte: a Constituição atual oferece ao Poder Legislativo todas as condições de atingir aquilo que se quer hoje com a reforma. Vocês vão dizer: "mas o IPI, eles estão acabando com o IPI". Na verdade, com a faculdade que o governo federal tem de manusear as alíquotas, pode pura e simplesmente dizer o seguinte: a partir de amanhã só serão tributados pelo IPI os veículos, o fumo, as bebidas, os eletrodomésticos e os eletroeletrônicos. Ponto final. O resto é alíquota zero, está livre do IPI, ninguém mais precisa pagar IPI. Quer dizer, até para acabar com o IPI não é preciso fazer uma reforma constitucional.

Na verdade o que o governo federal quer, com o ICMS federal, é tributar energia elétrica, combustíveis, basicamente, e serviços de comunicação, que hoje se constituem numa grande fonte de produção de receita tributária. Por trás dessa proposta de simplificação, que não simplifica nada, tem isso. Agora, se quiser acabar com o IPI, pode.

Estou encerrando, só para reforçar com casos concretos a tese ontem esposada pelo Prof. Albino, de que para atingirmos os objetivos que estão postos na Exposição de Motivos da proposta de emenda do Executivo Federal, não precisaríamos mexer na Constituição atual.

Muito obrigado. (*Palmas*)

PROF. PAULO DE BARROS CARVALHO — Agradecendo a participação do Prof. Heron Arzua, passo a palavra à ilustre Profa. Lúcia Valle Figueiredo.

Empréstimo compulsório na emenda sobre a reforma tributária

PROFA. LÚCIA VALLE FIGUEIREDO — Começo pela frase do Prof. Heron Arzua, que a União não é confiável em matéria de tributação. Esta é uma frase lapidar, é uma frase que deveria encimar qualquer consideração sob o ponto de vista da tributação. A União não é confiável. Além do que as estatísticas também não são confiáveis.

Interessante que a proposta envolvendo o sigilo bancário continua assustando todo mundo. Quanto ao empréstimo compulsório parece que todos já estão acalmados, entendo que esta será, exatamente, a matéria de transação; inclusive o Executivo acaba de expedir um Decreto n. 1.601, há 15 ou 20 dias, autorizando a Fazenda a não recorrer mais, dentre outras matérias, de alguns daqueles empréstimos que o Supremo já definitivamente julgou.

Muito bem, todos os empréstimos compulsórios, instituídos pela União, foram inquinados de inconstitucionais. Vejam, pois, o perigo de que se reveste esta proposta, como tive oportunidade de falar na minha intervenção anterior sobre o planejamento e responsabilidade, a falta de controle dos atos políticos do Executivo, do controle desses atos que têm, exatamente, conceitos vagos, conceitos indeterminados, mas que, nem por isso, não poderiam ser determinados no caso concreto.

Neste país, chamado de "país da modernidade", interessa, agora, "flexibilizar"; "flexibilizar" toda a Constituição, não é só flexibilizar a tributação. Então, quer-se flexibilizar a Administração do Estado; tudo o que foi evolução na Constituição de 88 passará a ser involução nesta nova Emenda. E será involução, passando-se, ainda, por cima de garantias fundamentais, algumas delas já reconhecidas pelo Supremo como cláusulas pétreas ou cerne fixo da Constituição, conforme preferirem.

Mas vejam que, na proposta de emenda, no art. 148, temos: A União poderá instituir empréstimos compulsórios.

O art. 148 da Constituição atual diz: "A União, *mediante lei complementar...*" Vale dizer, está admitida a medida provisória mesmo para a instituição do empréstimo compulsório.

A medida provisória está de tal forma desmoralizada e, diria, desmoralizada no sentido de que passou, sim, a ser a forma normal de se legislar. A legislação brasileira é toda constituída de medidas provisórias. Para mim, uma ótima emenda constitucional seria a retirada da medida provisória, ainda que voltassem os famigerados decretos-lei.

O decreto-lei, apesar de também conter conceitos vagos como *interesse público, relevância da matéria* etc., conceitos esses que não vinham sendo controlados pelo Judiciário, apesar disso, o decreto-lei não fez o mal que está fazendo a medida provisória, porque o Executivo assenhorou-se da competência e legisla, mas legisla com incontinência, que, diria, chega às raias da irresponsabilidade.

A segurança jurídica é fundamental para o Estado Democrático de Direito. Não existe Estado Democrático de Direito sem *segurança jurídica*. Só que entendo que não devemos desistir, mas cada qual dos operadores do Direito, no seu campo, deve tentar, cada vez mais, voltar-se contra esse estado de coisas e instigar o controle judicial .

Sei que é demorada a evolução, sei que o controle judicial é algo que vai muito lentamente evoluindo, mas também, vejam, a imprensa na verdade também hoje cobra do Poder Público. Portanto, sempre que houver provocação, a tendência é de evolução.

Tenho para mim que é extremamente importante esse tipo de reação. Vemos, pois, de início, o perigo de que tudo seja feito por medida provisória. Ademais disso, no inciso II, do mencionado artigo 148, exatamente criação nova, pois, *afirmada a possibilidade em razão de conjuntura* a exigir *absorção temporária do poder aquisitivo,* poder ser editada uma *medida provisória.* Na prática, poderíamos ter uma com o seguinte teor:

"Tendo em vista o art. 148, inciso II, a conjuntura econômica brasileira, no momento, exige absorção temporária do poder aquisitivo. Portanto, diante dessa exigência de absorção temporária do poder aquisitivo, fica instituído o empréstimo compulsório tal e qual"

Na verdade, de empréstimo não teria nada, considerando-se a existência da compulsoriedade; então, na verdade, não se trata de empréstimo no sentido da palavra, pois será devolvido, se for, a perder de vista, no dia em que o Estado tiver disposição de devolver, com alíquota tal ou qual.

Medida provisória — motivação

Em qualquer medida provisória devemos ter *motivação,* e motivação minimamente razoável. Se for lida a Exposição de Motivos dessa proposta de Emenda Constitucional vemos exatamente isso: a motivação sequer leva, como já assinalado aqui, às conseqüências pleiteadas.

Querem, pois, flexibilizar — a palavra de ordem é flexibilização, não importa com isso que se suprimam as garantias constitucionais —, para financiar investimentos públicos de relevante interesse nacional. Vejam que isto já há no art. 148, mas no inciso II, a hipótese de *investimento público de caráter urgente de relevante interesse nacional* está sujeita à anterioridade; agora, pretende-se eliminar esta garantia, e, também, passaria a independer de lei complementar.

Só isso já bastaria para o repúdio desse empréstimo compulsório. O pior que vejo nisso tudo, e não é só na reforma tributária, mas também na reforma administrativa, é a incoerência, é dizer: o silogismo deixou de existir, pelo menos não se verifica na proposta premissa maior, premissa menor e conclusão.

A reforma administrativa também contém falácias. É afirmado não ter o governo condições de agir como está. Se for modificado o capítulo referente aos servidores, por que terá o governo condições de agir? No caso, somente para dar exemplo sumário, tal seja, a *estabilidade do funcionário*. Atualmente, pode-se perfeitamente demitir funcionários mediante processo administrativo. Porém, como a reforma administrativa não é o tema, apenas pretendi fazer comparações a fim de demonstrar que não serão as mudanças constitucionais, pelo menos não muitas delas, que farão a governabilidade do país, porém, sim, a mudança de mentalidade e de extremo cuidado com a "coisa pública". Não me alongarei no tema.

O Dr. Fernando Albino já falou hoje também sobre o sigilo, e aqui, faço breve comentário para dizer que concordo inteiramente com as suas colocações, sobremodo didáticas, em que equacionou todos os problemas do sigilo bancário.

Claro que não sou contra a que se introduza mecanismo mais próprio para resguardar-se também, já não diria os interesses do Fisco, mas os interesses da sociedade como um todo; mas de maneira que não se quebre a espinha dorsal da Constituição.

Entendimento da Constituição

Tenho andado muito preocupada com isso. Até que ponto determinadas emendas ou determinados atos do Poder Executivo — muito embora, muita vez, aparentemente fincados na Constituição — mas até que ponto, mercê de interpretação sistemática mais acurada do contexto constitucional, determinado dispositivo constitucional, introduzido por emenda, pode acabar por quebrar toda a espinha dorsal da própria Constituição?

Não estou falando aqui de normas constitucionais inconstitucionais, mas estou falando, sim, de se entender a Constituição dentro do seu contexto sistemático, dentro de análise sistemática, dentro de análise da principiologia constitucional e, sobretudo, pensando estarmos no Estado de Direito, em Constituição materialmente democrática, instituidora do Estado Democrático de Direito.

Na verdade temos, em decorrência da instituição do Estado Democrático de Direito, toda uma série de conseqüências. Ainda que se cumprindo determinada norma constitucional, pode-se violar toda a coluna vertebral, toda a estrutura da Constituição, estar-se agredindo — de forma não diretíssima, por não se ver de imediato qual é o artigo violado — mas agredir-se, de um modo geral, toda a Constituição e derrubar-se o próprio Estado Democrático de Direito.

Temos uma Constituição para vivermos num Estado Democrático de Direito; todavia, não temos vivido esse Estado Democrático de Direito. Ao invés de se implementar a Constituição, de se legislar naquilo que falta para integrar a Constituição, a preocupação, a tônica, é sua reforma.

Abro um parênteses: afirmar-se, por exemplo, que *o direito de greve* — somente para dar outro exemplo, muito discutido no Congresso de Direito Administrativo em Foz do Iguaçu — porque não foi legislado para os funcionários, para os servidores, não teria eficácia, não teria qualquer efetividade; acho que é desbordar-se de interpretação razoável de se atribuir máxima eficácia à norma constitucional.

Claro está que não defendo, como não poderia defender, que o direito de greve viole serviços essenciais, e isso, até mesmo na iniciativa privada. Claro que o direito de greve, também na iniciativa privada, não poderia existir em serviços considerados essenciais. Portanto, haveria paralelo e parâmetro para se entender o direito de greve já eficaz com os próprios temperamentos constitucionais.

Então, parece-me que toda essa febre de reforma constitucional, sem que haja adequada discussão — e, na verdade, o país parou para fazer a revisão constitucional — não leva ao aprimoramento da democracia.

Vejam, durante muito tempo tudo o que o governo não fazia, não fazia porque o país era ingovernável.

Há necessidade de transparência. Relembremos passado não tão longínquo, quando vimos o seguinte quadro: o Presidente Collor não queria pagar os 147% dos aposentados, aumento esse determinado pela justiça. O que ocorreu? A Previdência não tinha dinheiro — era o que era dito —, descumpria-se ordem judicial. O Judiciário estaria extrapolando, o Judiciário estaria se metendo no Executivo. Todavia, tão-logo entrou o Ministro Brito, o dinheiro apareceu — de um momento para outro apareceu. Então, na verdade, os dados não são confiáveis, pois, ou existia o dinheiro, antes, ou não existia. Milagres não ocorrem.

Vejam o problema da anterioridade. No dia 31 de dezembro, às 22 horas, publicam-se medidas provisórias para vigerem a partir do próximo ano. Tais medidas circulam, chegam ao conhecimento, apenas no dia 3, 4, 5. Verifique-se: se a anterioridade das contribuições para a seguridade social são exceções ao sistema constitucional, pois sua vigência somente pode ocorrer 90 dias após, que se dirá de outros tributos para os quais existe o princípio da anterioridade?

O princípio da anterioridade, na verdade, para todos os outros tributos, normalmente, não chega nem a uma semana, porque são todos editados nos dias 30 ou 31 do ano.

Com isso queria, somente, salientar o risco que se corre em examinar-se qualquer proposta de Emenda, seja administrativa, seja tributária, que é objeto deste Congresso, de maneira açodada, sem maior discussão com a sociedade, sem maior ponderação de todas as conseqüências. Verificamos que, cada vez mais, tomam-se nas mãos, exatamente, aqueles conceitos mais vagos possíveis. Não que entenda poder a legislação prescindir de tais conceitos; é claro que não pode. Porém, é bom relembrarmos que não estamos, infelizmente, em país de primeiro mundo, de uma Constituição que não muda, como a Constituição Americana que evolui mercê da interpretação da Suprema Corte, com a evolução que recebeu da Suprema Corte Americana.

A mudança da Constituição é algo que efetivamente causa receio, porque a interpretação — e toda técnica interpretativa, sobretudo a evolução jurisprudencial, é lenta, vai de degrau em degrau, avança de degrau em degrau — nos leva, portanto, a pensar o seguinte: os intérpretes são seres humanos e como seres humanos não podem, de repente, introjetarem as emendas e devolverem-nas interpretadas, como se computadores fossem, da melhor forma possível. É uma evolução lenta! E isto faz parte da segurança jurídica, de uma legislação que permaneça.

Direito à segurança jurídica

Claro que ninguém tem direito adquirido à legislação vigente ou à Constituição vigente, intocável. Mas acho que tem, sim, direito a que haja um mínimo de segurança jurídica, um mínimo de possibilidade de o cidadão planejar a sua vida, o mínimo de possibilidade de a iniciativa privada não quebrar do dia para a noite, simplesmente porque acenaram-se promessas — promessas essas que foram descumpridas, ou promessas essas que não interessam mais ao governante do momento.

Estamos em permanente laboratório de experiência; tenta-se algo para ver o que acontece. O que interessa é, na verdade, segurar de qualquer forma a inflação. Muito bem, não estou sendo apologista aqui do déficit. Todavia, a que preço? Ao preço do desemprego? Ao preço da dignidade da pessoa humana, etc.?

Afirma-se que o país está ingovernável, precisa de novo sistema tributário. Com isso dá-se a Lei na mão do Executivo, para que ele faça dela o que quiser; para que, na verdade, com medidas provisórias, admitidas pelo Congresso e pelo Judiciário, seja desvirtuada a Constituição; para que, de repente, diga-se, invocando-se o art. 148, inciso II, que há conjuntura a exigir absorção temporária do poder aquisitivo, situação suficiente para indicar novo empréstimo compulsório.

Evidentemente — e sou das que mais têm batalhado nesse sentido — isso não é motivação de nada. Esta foi uma jurisprudência que felizmente conseguimos mudar no Tribunal Federal de São Paulo. Havia uma lei que dizia: havendo motivos relevantes, de ordem global, a alíquota do Conselho de Política Aduaneira poderá ser mudada. Motivos econômicos de ordem global. O Estado simplesmente invocava a existência de motivos econômicos de ordem global, e o Judiciário concordava. Como é que vamos controlar o interesse público? Estávamos diante de palavra oca. Interesse público, todavia, comportava o que se quisesse.

Aqui "conjuntura que exija e absorção temporária do poder aquisitivo", como também "financiar investimentos públicos de relevante interesse", são conceitos passíveis a abrigar tudo, pelo intérprete mais desavisado. O relevante interesse vai exercer exatamente o mesmo papel que exerce "interesse público"; será um abre-te sésamo para tudo que o Executivo quiser financiar.

Portanto, creio que todos os operadores de Direito devem efetivamente lutar e discutir, até a exaustão, essas reformas, para que tenham limite, porque, se não, viveremos evidentemente na instabilidade, na insegurança jurídica.

Assim, apesar de nominalmente estarmos no Estado Democrático de Direito, viveremos em Estado não democrático de Direito.

Muito obrigada.

PROF. PAULO DE BARROS CARVALHO — Agradeço à Profa. Lúcia Valle Figueiredo, pela sua brilhante exposição, e gostaria de aproveitar para dizer que quero expor algumas idéias também, num pequeno intervalo de tempo, relativamente a essa temática.

Fiquei vivamente impressionado ontem com a exposição do Prof. Fernando Albino que, com toda a clareza, com toda a didática, com toda a força da sua expressão, transmitiu uma mensagem que vem sendo retrilhada em outros congressos da nossa escola. Enfim, ontem foi retomada essa idéia, com muita força, com muito brilho, pelo Prof. Fernando Albino, mostrando que não basta esse esforço de elaboração da norma nos gabinetes, não basta comissões de notáveis ou de pessoas, inclusive de outras áreas, de outros segmentos, compondo textos de lei. Por quê? Porque tudo depende da experiência social.

O Direito existe para regular as condutas inter-subjetivas no contexto social, usando os seus modais característicos: proibido, permitido e obrigatório. Com isso ele rege todas as condutas. Ora, no momento em que o Direito fere essas condutas surgem os aspectos, surgem os valores, surgem os grandes problemas da realização do Direito. E é exatamente nesse instante que a prática brasileira tem demonstrado que, ao invés de enfrentar esses problemas indo ao Judiciário, postulando, discutindo, vivendo, curtindo o problema, o brasileiro tende a iniciativas de reforma.

Isto nos sugere uma meditação que sempre me pareceu muito útil, porque aproxima aquilo que nós chamamos de teoria da prática, essa dualidade insustentável hoje em todos os grandes centros científicos e filosóficos.

Esse tem sido o grande desafio de todos os legisladores na história da humanidade. Como? Nós sabemos que a norma jurídica expressa um dever-ser e é recebida pelo seu destinatário na representação mental. Ele entende o que diz a norma etc.; mas será que ele vai cumprir a conduta? Esse é o outro problema.

Nós sabemos que reside aí, aliás, a grande questão dos legisladores em qualquer lugar no mundo; ele vai cumprir a conduta na medida em que forem acionados certos valores, que ele se sentir motivado, seja pelo temor da sanção, como aconteceu aqui em São Paulo com o cinto de segurança, seja por outras razões.

Valores

Ora, quem é que vai nos apontar para esses valores, para esses temores, para esses dados tão relevantes no sentido da eficácia social da norma? É exatamente a experiência jurídica, a experiência que vai montando, que vai compondo, a experiência que leva em conta a mutação semântica das palavras.

Nós sabemos que "tributo" teve uma acepção altamente pejorativa no passado, foi melhorando, melhorando, e hoje é um dever social; e todos nós temos essa imagem do tributo como dever social. Tanto assim que as legislações já tipificam, de há muito, o desrespeito à instituição do tributo como um crime. E todo o mundo está empenhado — América Latina, Europa — em consolidar os crimes tributários, porque tributo tem um valor semântico hoje bem positivo.

Vejam os senhores, ninguém discutia, há 20 ou 30 anos, o significado do matrimônio, que era bem determinado. Hoje já se discute a possibilidade do casamento de homosexuais. Então vejam como, sem se mexer no Direito, o Direito vai se mexendo. É a experiência social que nos aponta para isso.

Nesse sentido eu gostaria de dizer que o IPI é um imposto que vem sendo trabalhado há muito tempo por essa experiência, seja enquanto imposto de consumo, seja depois, com a nova sigla IPI — nova sigla, sistemática diferente etc. Tudo isso tem nos mostrado uma série de pontos que vêm sendo aproveitados.

Eu diria: esse estudo a que se referiu o Prof. Heron Arzua, e que hoje está sendo tão falado, da redução do impacto tributário no caso do IPI a meia dúzia de produtos, primeiro não afetaria praticamente a arrecadação federal em termos substanciais, traria uma simplificação muito grande e é um estudo que a Fundação Getúlio Vargas fez para o Ministério da Fazenda e que já tem, tranqüilamente, de 15 a 20 anos. Por que o legislador da União, legislador infraconstitucional, portanto, não aproveita esses estudos e opera uma simplificação drástica no IPI?

Vejam: ontem eu ouvi a palestra do Prof. Aires Barreto, quando ele tratava um caso de isenção, e diz com muita propriedade que a alíquota zero realiza a fenomenologia das isenções — a chamada suspensão do imposto é, tipicamente, um fenômeno de isenção. No entanto, por comodidades políticas, para atender a certos problemas que a ordem jurídica impõe, o legislador da União, ou a Administração Pública, trata como se não fosse isenção e inventa um nome — alíquota zero ou, então, suspensão do imposto, definição negativa da incidência nos casos a que ele se referiu, até como exemplo — não se considerar industrialização a fabricação de óculos mediante receita, etc.

Pois bem, com pequenos ajustes infraconstitucionais o Brasil pode ter no IPI um imposto que aproveite a sua tradição histórica, aproveite toda essa experiência tão rica, e atualize o imposto, sem pensar nessas mudanças e nessas utopias que a reforma representa em tempos como o de hoje, em tempos de crise.

A Profa. Lúcia disse, com muita propriedade, que estava com saudades do decreto-lei. Eu devo dizer que também sinto saudades do decreto-lei. Por quê? A medida provisória foi habilmente manipulada pelo Executivo, de tal modo que ela é um instrumento para todos os fins e para todos os meios. Vejam o seguinte: o decreto-lei tinha um prazo para ser apreciado pelo Congresso Nacional; se não fosse apreciado nesse prazo seria tido como aprovado, era aprovação tácita. Com a introdução da medida provisória, realmente, um dos pontos importantíssimos que se procurou afastar foi exatamente isto, invertendo-se a situação: o Executivo manda a medida provisória e o Poder Legislativo decide, em 30 dias, se vai apreciar ou se não vai apreciar; não apreciando, perde a eficácia a medida provisória. Muito bem, o Executivo o que faz? Reedita a medida e vai a números até inacreditáveis esse processo de reedição. E fica governando, e fica decidindo. O pior é que o Congresso aceita.

Eu tive a oportunidade de fazer uma palestra na Câmara dos Deputados a respeito desse ponto e alguns deputados até balançavam com a cabeça — porque seria um instrumento de pressão política que os parlamentares teriam com o Executivo. Nós sabemos que a Constituição brasileira trata restritivamente as matérias rejeitadas, seja em termos de emenda constitucional, seja em termos de iniciativas de lei. Por que não aplicar esse princípio ao estudo das medidas provisórias? Os deputados não têm interesse nisso.

Eu não sei se por não atinarem a esse ponto — quem sabe uma série de discursos nesse sentido tivessem a força de trazer essa motivação, de acionar esses valores no seio do Parlamento brasileiro — mas a verdade é que a medida provisória, do jeito que está, não está cumprindo o seu papel.

Nós temos aí *relevante interesse*, como bem salientou a Profa. Lúcia Valle Figueiredo, como uma expressão que se foi degradando semanticamente e, hoje, não quer dizer nada. O que é *relevante interesse?* Serve para tudo. É como *democracia.* Quando Geisel fechou o Congresso em nome da democracia brasileira, processou Ulysses Guimarães em nome da democracia brasileira e cassou Alencar Furtado em nome da democracia brasileira. E, indo mais adiante, o golpe de 64 foi em homenagem à democracia, aos ideais democráticos do povo brasileiro. Quer dizer, tudo se faz em nome da democracia.

Democracia foi uma palavra que foi se desgastando com uma violência tão grande que, hoje, todos se dizem democratas. O horário político é uma confirmação disso, Fidel Castro fuzilava no ''paredón'', em nome da democracia. E assim por diante.

De modo que, assim como *democracia,* nós temos *relevante interesse. Relevante interesse* não quer dizer absolutamente nada; em nenhum momento é óbice para que o governo federal deixe ou protele a edição de uma medida provisória. Nós sabemos muito bem disso, a experiência social é que nos dá conta. Então, vamos aproveitar essa experiência social e, nesse momento, introduzir algumas modificações como essa.

Quero dizer também, aproveitando a frase, que eu em parte concordo com o Prof. Heron Arzua, que a União Federal não é confiável; mas se nós pensarmos na mesma experiência social brasileira no campo do Direito, e no campo do Direito Tributário mais especificamente, vamos ver que quem é confiável? Será que os empresários o são? Não está aqui o Prof. Osiris, mas ele diria da forte sonegação.

E aí fica o problema de saber quem nasceu primeiro, a galinha ou o ovo, porque o contribuinte disse: eu não pago, não estou estimulado a pagar porque o Estado não administra bem esse dinheiro; e o Estado diz: eu não administro bem porque eu recebo quase a metade daquilo que teria de receber, então, já estou fazendo muito. Fica aquele problema, quem é quem.

De modo que eu quero salientar aos senhores o seguinte: esse é um excelente momento não só para pensarmos numa reforma, mas numa autêntica revolução. E essa revolução seria a de cumprir os valores constitucionais, cumprir os preceitos constitucionais, para que nós não tenhamos, amanhã, o remorso de pensar que não testamos o texto constitucional.

Nós sabemos que esses grandes princípios, esses grandes valores, não são concebidos para serem experimentados em cinco anos, em dois anos, em dez anos; é obra no mínimo de uma a duas gerações, em termos atuais. Nós temos o exemplo dos EUA, que construíram a sua democracia, aqui no velho sentido da palavra, que construíram o ambiente de respeito à Constituição exatamente nessa atinência à experiência jurídico-social.

Pois bem, neste momento o que eu poderia dizer aos senhores, nessa breve locução, é que penso que é um momento de grande importância em termos de implementarmos não uma reforma, mas uma verdadeira revolução; cumprir primeiro esses preceitos que estão aí no texto constitucional; e em termos de legislação infraconstitucional fazer esses ajustes, que estão aí, também, que estão previstos, estão já depurados em várias discussões etc.

Com isto, e para não roubar aos senhores a possibilidade de ouvir os debatedores com relação às perguntas que foram formuladas, eu agradeço a atenção de todos. Muito obrigado. (*Palmas*)

Pela ordem eu peço então ao Prof. Heron Arzua que responda às perguntas, enfatizando que seja bem objetivo, como aliás ele sabe ser.

Debates

PROF. HERON ARZUA — A primeira pergunta é do Dr. Paulo César Andrade Siqueira, Prof. de Direito Tributário da Universidade Federal de Pernambuco, a respeito de que uma das virtudes do anteprojeto do Executivo seria ter eliminado o Confaz.

Confaz

Eu digo aos senhores que nós não precisaríamos de uma emenda constitucional para eliminar o Confaz. Eu, que já participei do Confaz, quer na sua origem, em 1967, como assessor da Secretaria da Fazenda, quer como Secretário da Fazenda, recentemente, não enxergo todos esses danos, essa ojeriza que se tem contra o Confaz.

O Confaz, que é uma reunião de secretários da Fazenda, foi deturpado pelo art. 34, § 8º., do Ato das Disposições Constitucionais Transitórias, que dizia que, enquanto não houvesse a lei complementar que teria de regulamentar o

ICMS, ele poderia, por convênio, disciplinar a matéria. Aí vieram não só o Convênio 66, que é uma excrescência absoluta, como depois inúmeros outros convênios em nome disso.

Até, no ano passado, aqui, o Dr. José Eduardo disse que o Confaz nunca foi criado, é de geração espontânea. Na realidade o Ministro Delfim Netto, à época, quando nós introduzimos o ICM, notou que nós tínhamos entregue um imposto tipicamente nacional à competência dos Estados Federados, e que alguém tinha que tomar conta da gerência desse imposto. Daí os técnicos pátrios foram ao Mercado Comum Europeu e verificaram lá que tem um conselho. São quatro os órgãos do Mercado Comum Europeu e um deles desempenha o papel exercido pelo Confaz no Brasil.

É evidente que se nós, numa reunião, resolvermos dar uma isenção do ICMS aos minerais, por exemplo, nós quebramos o Estado do Pará. Ou se nós tiramos a exportação dos produtos primários do Paraná, 15% de sua receita vai embora. Isso tudo tem que ser medido.

O Confaz foi copiado (não era ditadura, não era nada disso) para que aqueles que tinham o poder de legislar sobre este assunto, que eram os Estados Federados, dissessem se as coisas podiam ou não ser feitas, sem afetar todos os Estados. Esse mecanismo, que no Mercado Comum Europeu exige unanimidade de decisões, é que foi trazido para o Brasil. E ele foi, ao longo de sua história, pela inatividade do Poder Legislativo, principalmente do Congresso Nacional — que até hoje não editou a lei complementar do ICMS e que o Decreto-lei 406 foi decreto-lei, tanto é que as modificações foram muito difíceis de ocorrer a nível da legislação federal — os Estados passaram a legislar. Com um erro elementar, que o Prof. Sacha já mostrou, de que os convênios assinados pelos secretários teriam de ser ratificados pelas Assembléias Legislativas.

O único Estado que faz isso é o Rio Grande do Sul; mas o faz com a mesma sem-cerimônia com que os outros Estados o fazem por decreto. Eles mandam para a Assembléia e a Assembléia aprova.

Então não é preciso você mudar a Constituição para acabar com o Confaz, basta que se cumpra a Constituição atual. Lá, num dos itens da lei complementar, diz como os Estados vão resolver problemas de isenções.

E eu quero dizer para vocês o seguinte: como Secretário da Fazenda, cada reunião do Confaz era um prejuízo para o Estado. Se os senhores listarem as reuniões do Confaz, ele só outorga benefícios. A única maldade que o Confaz fez foi quanto à substituição tributária para frente, e outras mais. Mas o que eu quero dizer é o seguinte: tem que haver um órgão, em nível nacional, que gerencie um imposto de caráter nacional e que tenha efeitos em cada Estado. Se não for o Confaz, que seja o Senado, que é o órgão representativo dos Estados. O fato é que tem de ter alguém. Ou faríamos como Gerson Augusto da Silva disse: o preferível era não ter ICMS, o preferível era continuar sempre com o IPI.

Desculpe, agora eu vou realmente ser rápido. O Dr. Walmor pergunta: "A evasão decorrente da diferença de alíquotas praticadas não é culpa dos sistemas; é culpa, na verdade, dos Estados, ao não reconhecerem a integralidade dos créditos do ICM... dar direito ao crédito. Se isto houvesse, não haveria evasão. O senhor concorda?".

Eu concordo em parte. O problema é que nós não temos controle para ver se a mercadoria foi para o Estado de destino ou não.

Quanto a questão dos créditos, é uma questão complicada. Vejam os senhores a questão de Minas Gerais e da Fiat. A Fiat foi um bruto prejuízo para o Estado de Minas Gerais, em termos de Tesouro de Minas Gerais. Por quê? Porque a Fiat compra todos os insumos, todas as matérias-primas, para montar os seus automóveis, do Estado de São Paulo; e exporta os automóveis — grande parte dessa fabricação é exportada. Então Minas garante o imposto que foi pago ao Estado de São Paulo. É um negócio complicado. Mas os Estados, pela Constituição, teriam efetivamente que reconhecer o crédito do ICM.

Alguns querem acabar com o ICM justamente por causa do crédito, porque o brasileiro inventou coisa que os europeus jamais imaginaram; agora os italianos, os espanhóis e os portugueses já estão mostrando para os alemães como é que se faz. É a operação só com nota, sem mercadoria, sem operação física. É um título de crédito autônomo, que nós temos hoje no país, que é a nota fiscal, que só dá crédito de ICM. Esse é um problema concreto do imposto.

O Dr. Antônio Sá, do Rio de Janeiro: "Nos debates de ontem o Dr. Aires comentou que esse projeto teria sido elaborado pelos contínuos do Planalto. Lendo o art. 7º do projeto podemos perceber que ele está certo. Segundo esse artigo, lei complementar vai regular a não-incidência do ITBI; é a famosa desconstitucionalização proposta pelo Dr. Jobim"

Os contínuos que elaboraram esse projeto não leram o art. 131, III, da Constituição Federal, que não permite a isenção, por parte da União, dos tributos municipais. Portanto, a imunidade de ITBI não pode ser transformada em isenção através de lei complementar.

Eu não tenho nenhum comentário; só queria dizer, em defesa dos contínuos do Planalto, que é muito difícil se fazer legislação. Nós mesmos, aqui, neste Congresso, tentamos fazer um projeto de lei complementar de ICMS e de contribuições sociais e não conseguimos. As coisas não são tão fáceis de fazer. Por isso que acontece o que vem acontecendo, o Judiciário entulhado com medidas provisórias etc., uma corrigindo outra.

Finalmente, o Dr. Jair Ortolani: "Concordo plenamente com o senhor, relativamente ao IPI, e acrescento que o disposto constitucional relativo à seletividade do IPI em função da essencialidade é confundido, pelo legislador ordinário, com progressividade. Ou seja, seletividade a meu ver nada mais é do que uma escolha de alguns produtos para tributá-los diferenciadamente".

Tenho a impressão de que não há nenhuma objeção a isso, a não ser a questão do conceito de essencialidade que nós temos, como ontem foi mostrado no debate; é uma palavra que tem mais do que um significado — como todas as palavras têm, como ensina o Prof. Paulo de Barros Carvalho. Mas o que quero dizer é que se é essencialidade em função dos produtos, que essencialidade é essa? É econômica? É social? Os senhores viram aqui o debate, a jóia, que todos nós concordamos que é um produto supérfluo, não pode ser tributado violentamente, porque senão ela desaparece do país. É incentivo à exportação. Portanto, o problema da essencialidade também é uma questão controvertida.

O ideal — Gerson Augusto da Silva disse isso em 65 — era nós ficarmos com o IPI e acabarmos com o ICMS. O IPI é um imposto tipicamente nacional e cumpre, inclusive, algumas funções que o ICMS não vem cumprindo. Lembro, por exemplo, o problema do cálculo da alíquota. Penso que a lei atual do ICMS, no § 7º do art. 2º do Decreto-lei 406, descumpre o art. 150, § 7º, da Constituição Federal, ao mandar que o montante do imposto faça parte da própria base de cálculo.

A sistemática do IPI, em que a alíquota é acrescida ao preço — os economistas falam em alíquota por fora e por dentro — é condizente com o sistema constitucional. E a alíquota do ICMS não é condizente com isso. Mas isso não é culpa da Constituição. Falta a lei complementar, que a Constituição atribuiu ao Congresso Nacional fazer, dizer isso.

Muito obrigado. (*Palmas*)

PROF. PAULO DE BARROS CARVALHO — Tem a palavra o Prof. Fernando Albino.

PROF. FERNANDO ALBINO DE OLIVEIRA — Existem aqui três questões. Uma delas, na realidade, não é propriamente uma questão. É do advogado João Batista, informando que muitas vezes existe o fornecimento, por parte dos bancos, de informações a respeito de contas para a Secretaria da Receita Federal, evidentemente com isso infringindo a regra do sigilo bancário. É lamentável que isto ocorra, e se as instituições financeiras assim agirem poderão ser gravemente responsabilizadas.

Uma outra indagação é do Dr. Élcio Reis, Procurador da Fazenda Estadual de Minas Gerais, indagando a respeito da informação se o devedor tem ou não conta bancária, se isto poderia ser entendido como violação de sigilo bancário.

De certa maneira a pergunta se liga com outra, do Dr. Paulo César Siqueira, de Pernambuco, que indaga se a exigência das autoridades tributárias federais de declaração de bens não estaria, da mesma forma, vedada pelas mesmas regras que regulam o sigilo bancário.

Acho que aí cabe um breve conceito a respeito do sigilo bancário. O que se pretende com o sigilo bancário não é, propriamente, deixar de informar a existência de uma conta ou deixar, mesmo, de informar a existência de determinados bens. Então, quando se declara na declaração de imposto de renda que o contribuinte tem determinados bens, ou mesmo que tem um saldo numa determinada conta bancária, parece-me que isto não viola o sigilo.

Acho que as autoridades têm a possibilidade de receber informações a respeito da situação negocial do contribuinte, informações essas que possibilitam a elas, exatamente, um início de procedimento, pelo menos no cruzamento dessas informações, no estudo melhor, no aprofundamento dessas informações.

É, mais ou menos, semelhante com as pessoas jurídicas, quando apresentam o seu balanço; as demonstrações contábeis têm a finalidade não só de atender a aspectos societários, de pagamento de lucros, a aspectos de, eventualmente, informação ao mercado, no caso das companhias abertas, mas, também, às autoridades fiscais no sentido de serem elas informadas a respeito do andamento dos negócios do contribuinte.

De modo que essas informações — que, de resto, são prestadas pelo próprio contribuinte (portanto, existe, nesse momento, absoluto grau de liberdade de prestar as informações que ele entenda devam ser prestadas — é claro que a lei fixa quais devam ser prestadas mas, enfim, o julgamento se a informação está ou não abrangida pela lei num primeiro momento é o julgamento do próprio contribuinte) — são diferentes da violação do sigilo bancário.

Então, quando se informa que alguém tem uma conta bancária no estabelecimento, desde que a pessoa que assim pergunte esteja autorizada a fazê-lo, evidentemente, isso não atinge o sigilo bancário; o que atinge o sigilo bancário é, exatamente, as informações a respeito da movimentação dessas contas no estabelecimento financeiro, porque a movimentação dessas contas equivale ao contribuinte revelar as suas manifestações de vontade, os seus negócios, o que seria o mesmo que requerer do contribuinte, por exemplo, que ele informe com quem ele está comercializando, qual é a estrutura do seu custo de produção, quais são os processos de fabricação que ele emprega na sua indústria. Ou seja, são informações absolutamente sigilosas.

Recapitulando: a informação da declaração de bens e a informação a determinadas pessoas, desde que para isso autorizadas, da existência de uma conta bancária no estabelecimento, por si só, não violam regras de sigilo bancário. O que me parece violar regras de sigilo bancário, realmente, é um *disclosure* exatamente do conjunto de operações que, no fundo, no fundo, constitui o aspecto monetário, simplesmente o aspecto financeiro das suas negociações no dia-a-dia.

Então, quando eu vendo algo, o produto desta venda normalmente está em minha conta bancária; quando eu empresto alguma coisa, a saída desses recursos estão em minha conta bancária. É exatamente por isso que um imposto como o IPMF, na realidade, é um imposto que viola a capacidade contributiva, porque este movimento monetário, na realidade, não pressupõe, a rigor, nenhuma mudança de patrimônio, necessariamente; ou não constitui a demonstração de nenhuma relação de direito patrimonial mais funda, ou fundada nos institutos jurídicos.

De modo que, com isso, em função do adiantado da hora — já temos um recado dos organizadores do Congresso — eu encerro por aqui e faço votos que esses debates se prolonguem ao longo do tempo. (*Palmas*)

Prof. Paulo de Barros Carvalho — Muito obrigado, Prof. Fernando Albino.

Tem a palavra a Profa. Lúcia, para responder as perguntas que lhe foram dirigidas.

Profa. Lúcia Valle Figueiredo — Uma pergunta do Dr. Antônio de Sá; aliás, não é bem uma pergunta, é um comentário: "Outro detalhe maquiavélico do novo empréstimo compulsório é a revogação do parágrafo único do art. 148. Segundo esse parágrafo, atualmente existente, os recursos oriundos do empréstimo compulsório devem ser utilizados no pagamento das despesas que fundamentam a sua criação. Assim, a União poderá criar um empréstimo compulsório para atender despesas de um investimento público (148-III da proposta) e aplicar esse dinheiro na compra de goiabada". Está se referindo, evidentemente, ao Fundo Social de Emergência.

Eu acho que, efetivamente, esta é uma outra característica, também muito perigosa, dessa nova tentativa de empréstimo compulsório. Na verdade, eu já falei, acho que esta é uma tentativa, mas, também, acho que não irá para a frente.

A outra questão é do Dr. Alpiano Lopes, advogado da ECT: "Cabe lembrar que a última emenda à Constituição acrescentou o art. 246, que proíbe sejam as matérias constitucionais processadas a partir de 1995, regulamentadas por medida provisória". Então ele diz: "Não haverá perigo de se instituir empréstimo por medida provisória. Da mesma forma, também não se poderá criar imposto previsto na proposta do art. 154, inciso I".

Eu diria apenas o seguinte: o art. 154, inciso I, já estabelece que é vedado à União, Estados, Distrito Federal e Municípios, exigir ou aumentar tributos sem lei que o estabeleça. A meu ver a medida provisória não poderia criar tributo. No entanto, ela tem criado. Não há, de qualquer forma, resistência a essa criação de tributo por medida provisória. Ela aumenta o tributo, ela faz, enfim, o que quiser, não tem uma área específica.

Então, o que eu tenho é de enfatizar que acho que uma reforma constitucional deveria prever, e rapidamente, a suspensão total da medida provisória, porque a palavra já se desgastou, como aqui também falou o Prof. Paulo de Barros Carvalho. Não se reagiu a tempo e hora contra a medida provisória e hoje se entende que essa medida provisória pode ser reeditada à exaustão, pode ser reproposta; enfim, por medida provisória pode-se fazer qualquer ato legislativo, e inclusive isso representa, sem sombra de dúvida, o que se diz, que o Congresso não legisla. Estou de pleno acordo, o Congresso no ano passado, por exemplo, se mostrou imensamente lento. Todavia, na verdade, o Congresso tem sofrido um rolo compressor; ele tem um número enorme de medidas provisórias para avaliar e, além disso, se propõe também emendas constitucionais que deveriam merecer reflexão, debate com a sociedade, exatamente para a transparência e para se saber o que a sociedade deseja. E, no entanto, essas emendas à Constituição (já estava dizendo que essas emendas são medidas provisórias, mas talvez seja o que eu sinta) quer que se passe de qualquer jeito, de qualquer forma, num prazo x de tempo.

É impossível se pensar que uma Constituição como foi discutida a de 88, por meio dessas emendas que são passadas com rolo compressor, com trator, possam efetivamente melhorar a Constituição que nós temos.

Muito obrigada. (*Palmas*)

PROF. PAULO DE BARROS CARVALHO — Com essa intervenção, eu agradeço a atenção de todos os senhores e declaro encerrada esta sessão.

MESA DE DEBATES (15.9.95)

DIREITO PENAL TRIBUTÁRIO

Ilícito tributário e ilícito penal — Denúncia espontânea — Fraude — Presunção de inocência — Indiciamento como forma de coação — É crime deixar de pagar tributo inconstitucional? — Depositário infiel — Debates

ARNALDO MALHEIROS FILHO
CARLOS MÁRIO VELLOSO — (Presidente da mesa)
GERALDO ATABILIBA
JOSÉ CARLOS DIAS
MISABEL ABREU MACHADO DERZI

MIN. CARLOS MÁRIO VELLOSO — O tema que a Mesa vai versar será Direito Penal Tributário. A Mesa se compõe do Prof. Arnaldo Malheiros Filho, do Prof. José Carlos Dias, da Profa. Misabel Derzi, do Prof. Geraldo Ataliba e de mim próprio.

Ressalto que este é o IX Congresso Brasileiro de Direito Tributário. Temos que felicitar os organizadores deste evento. Realizar nove Congressos de Direito Tributário é uma tarefa difícil, mas que foi realizada, que foi tornada efetiva. Nossos cumprimentos, portanto, aos seus organizadores.

Vamos dar início, então, aos nossos trabalhos. Cada um dos painelistas, dos conferencistas, dos expositores, falará durante 15 minutos. Peço a todos que observem o tempo, porque há compromissos, inclusive de outros membros da Mesa, para logo em seguida, às 12h00.

Começo concedendo a palavra ao Prof. Arnaldo Malheiros.

PROF. ARNALDO MALHEIROS FILHO — Meu querido Ministro Carlos Mário Velloso, que preside esta sessão, prezados amigos Geraldo Ataliba, Misabel Derzi, José Carlos Dias, colegas: o tema Direito Penal Tributário se reveste de um relevo muito grande dentro do quadro do ordenamento jurídico, porque ele conjuga, simultaneamente, os dois maiores poderes que o Estado tem frente ao indivíduo, que são o poder de tributar e o poder de suprimir a liberdade física da pessoa. De modo que, quando se fala em matéria penal tributária, nós temos o poder estatal se exercendo sobre o indivíduo da maneira mais violenta que o ordenamento constitucional permite, ou seja, aquela que atinge o patrimônio da pessoa e aquela que atinge a própria liberdade individual, a própria integridade física, que compreende o direito natural de ir e vir.

Direito Penal Tributário

Até por isso, por essa relevância, essa importância, nós temos que tirar como primeira conclusão o fato de que a legislação não pode ter a pretensão de cobrir uma gama muito grande de condutas através dessa dupla incidência do poder estatal sobre o indivíduo.

Em matéria de Direito Penal os juristas ressaltam aquilo que chamam de caráter fragmentário do Direito Penal. O que isso quer dizer? Isso significa que o Direito Penal, como o direito da sanção máxima, ou seja, o ramo do Direito onde está prevista a maior violência que o ordenamento permite seja praticada contra o indivíduo, só pode incidir sobre fragmentos da desorganização da vida social. Ou seja, somente aquelas condutas que tenham especialíssima gravidade é que estão sujeitas ao Direito Penal. É totalmente errônea, até por ser pela base totalmente ineficaz, uma idéia de um Direito Penal que cubra toda a esfera do ilícito, ou seja, que puna criminalmente toda e qualquer transgressão de toda e qualquer lei. Isso é uma aberração que não se compreende.

O Direito Penal está reservado, apenas e tão-somente, para aqueles fatos pertencentes ao mínimo ético, cuja violação acarreta um desarranjo social de tal maneira relevante que justifique a intervenção do poder estatal através da sanção máxima, que é, no nosso sistema jurídico, a privação da liberdade individual.

Até por esta razão, até por este chamado caráter fragmentário, o Direito Penal tem, também, uma característica de subsidiariedade — ou seja, o Direito Penal, na realidade, não é um direito preceptivo; ele não é criador de normas de conduta, mas é sancionador de violações àquilo que foi estabelecido por outros ramos do Direito.

Se isso pode ser nebuloso com relação aos crimes do Direito Penal Natural — ou seja, o exemplo clássico do homicídio: o homicídio seria proibido ainda que não houvesse lei nenhuma dizendo que ele é proibido; isso é inerente ao ser humano, pois não se dá, a ninguém, o direito de tirar a vida alheia — no entanto, em certos temas, como especificamente em matéria de Direito Penal Tributário, é facílimo de se perceber. Seu caráter subsidiário, ou seja, qual a esfera de incidência da norma penal tributária: ela se aplica a um certo número, a um fragmento, de ilícitos fiscais. Portanto, nem todo ilícito fiscal é crime; porém, absolutamente, todo crime tributário tem que, necessariamente, envolver um ilícito fiscal.

Daí se afirmar que, quando desaparece a ilicitude fiscal, não existe, de maneira alguma, possibilidade de se discutir o eventual enquadramento criminal daquela conduta.

Denúncia espontânea

O caso mais clássico a respeito desse assunto é aquele do agente que, através de denúncia espontânea à autoridade fiscal, retifica declarações que prestara anteriormente, situação em que, perante o Código Tributário Nacional, não subsiste a infração fiscal. Portanto, não se trata de extinção da punibilidade penal; não se trata de dizer que a retificação espontânea, feita antes de iniciada a atividade fiscal, seja uma causa extintiva da punibilidade. Na realidade ela é uma excludente da tipicidade do delito, porque, se não existe o ilícito fiscal, não pode sobrevir a subsidiariedade do Direito Penal. Desaparecido o principal, evidentemente que desaparece com ele o subsidiário.

Dentro dessa linha de consideração seria de toda conveniência que, *de lege ferenda*, se modificasse a situação que permite, hoje, uma total independência da ação penal em relação à apuração fiscal administrativa do ilícito. É jurisprudência consagrada, de muitos anos, a partir da Suprema Corte, a de que a inscrição do crédito tributário, absolutamente, não constitui condição de procedibilidade para o exercício da ação penal por crime de sonegação fiscal ou pelos hoje chamados crimes contra a ordem tributária. De fato o ordenamento jurídico o permite, não condicionando, de maneira nenhuma, a propositura de ação penal a uma decisão administrativa.

Mas o que nós temos hoje, a situação absurda, seria a do contribuinte que é autuado sob a alegação de que ele deve ao Fisco por algum título. Em razão desse autuação ele vem a ser denunciado.

Como, pelo menos aqui no Estado de São Paulo, a Justiça Criminal Federal tem sido muito mais rápida do que o contencioso administrativo tributário, é possível que esse cidadão seja condenado criminalmente e, é possível até, que ele tenha cumprido a pena quando o Conselho de Contribuintes, apreciando um recurso administrativo, diga, em nome do Fisco: "Não, este cidadão não deve nada ao Fisco". Como ficaria a situação desse indivíduo? Se há esta independência total da jurisdição penal em relação à própria apuração pelo Estado — ou seja, a decisão do Conselho de Contribuintes significa o próprio Fisco dizendo: "Este contribuinte não deve" — e esse contribuinte, pela autonomia total da ação penal, pode até vir a ter sido condenado, por ter praticado algum tipo de fraude para se eximir do pagamento de uma quantia que, segundo o credor, ele não devia?

De modo que seria de toda a conveniência, até por uma questão de segurança jurídica, que para certo tipo de crime — e o crime contra a ordem tributária é clássico nesse sentido, é o mais característico — se exigisse o pronunciamento administrativo como condição de procedibilidade; que não fosse possível o oferecimento da denúncia, sem que houvesse a palavra definitiva do Fisco no sentido "este contribuinte deve a mim". E sobre isso se exerceria a atividade jurisdicional, podendo, obviamente, o juiz dizer "não deve" ou "deve" ou "se eximiu por fraude" ou "não se eximiu por fraude".

A segunda decorrência dessa subsidiariedade e desse caráter fragmentário do Direito Penal é a de que nem todo o ilícito fiscal é ilícito penal fiscal; porque, se o Direito Penal só incide sobre fragmentos, evidentemente, há uma série de fatos cobertos pela ilicitude fiscal, mas que não ostentam a condição de ilicitude penal — especialmente o inadimplemento.

Fraude

A essência do crime tributário é a fraude, e a essência da fraude, nesses casos, é a ocultação. Basicamente é uma conduta, seja ela comissiva, seja ela omissiva, mas que leva ao acobertamento de algum fato ao conhecimento da autoridade fiscal, que significaria a incidência de um tributo ou o aumento do seu valor.

Quanto a isso, surge o problema da figura do inciso II do art. 2º da Lei 8.137, que é o famoso crime de deixar de recolher, no prazo legal, valor de tributo ou contribuição social, descontado ou cobrado, na qualidade de sujeito passivo da obrigação, e que deveria recolher aos cofres públicos.

Há várias hipóteses a distinguir, com relação a esse tipo penal.

A primeira é a seguinte: este tipo é uma derivação de uma apropriação indébita qualificada pelo interesse fiscal da matéria. Trata-se do apropriar-se, do deixar de recolher um valor descontado ou cobrado, ou seja, o valor que recebeu. Portanto, é fundamental que se impute ao acusado, pela prática desse crime, o fato de dispor do dinheiro respectivo no momento da inversão do título de domínio sobre ele, ou seja, no momento que ele deixa de recolher, deixa de cumprir a sua obrigação.

O caso de contribuição social é conhecido. A empresa tem uma folha de 100, sobre a qual ela deve entregar 80 a seus funcionários e recolher 20. Acontece o seguinte: no dia do pagamento a empresa tem 78 em caixa, ela paga, e ainda atrasa um ou outro funcionário mais graduado; mas ela entrega aos empregados aquilo que é dos empregados. Mas ela não dispõe do valor para recolher. Evidentemente ninguém pode ser denunciado, ou muito menos condenado, por ter se apropriado daquilo que nunca teve.

De modo que, na interpretação desse artigo, é preciso muito cuidado para que não se entenda que o simples inadimplemento da obrigação de recolher possa configurar um crime.

A situação mais evidente da incidência desse artigo é a do IPI, que é um imposto destacado na nota, e que o vendedor recebe, do comprador na qualidade de mero depositário, com o dever de repassar esse valor aos cofres públicos.

A constitucionalidade desse dispositivo está sendo questionada em duas esferas. Em primeiro lugar nós temos a célebre discussão sobre o dispositivo do art. 5º da Constituição, que diz que os direitos e garantias individuais ali descritos não excluem outros previstos na própria Constituição ou nos tratados internacionais que o Brasil tenha se obrigado a cumprir. E o Pacto de San Jose, da Convenção Latino-americana de Direitos Humanos, estabelece que a vedação à prisão por dívida só pode sofrer exceção no caso de obrigação alimentícia.

Portanto, cai a possibilidade de prisão, ou de incriminação penal, do depositário infiel. A discussão constitucional é de fôlego. Há opiniões divergentes na Suprema Corte. Recentemente se encerrou o julgamento de outra questão, mas que envolvia o Pacto de San Jose, com uma votação de seis a cinco; de modo que é meio temerário afirmar que isso seja uma orientação segura da Suprema Corte. Mas o que se pode dizer é que, se o Pacto de San Jose tem *status* constitucional, este dispositivo seria inconstitucional.

Em outro nível de argumentação nós temos a recente decisão do Superior Tribunal de Justiça, de que foi relator o Ministro Ademar Maciel, entendendo inconstitucional a prisão do depositário infiel, que assumiu esta condição em contrato de financiamento com alienação fiduciária. A decisão do Superior Tribunal de Justiça é no sentido de que o depositário infiel que a Constituição admite que seja sujeito à prisão, seria o depositário judicial somente, e que o depositário por contrato, na realidade, seria uma espécie de faz-de-conta.

O que é o contrato de financiamento com alienação fiduciária? Na realidade é um contrato de compra e venda a prazo, no qual há uma cláusula de faz-de-conta dizendo: faz-de-conta que o vendedor continua dono, e faz- de-conta que o comprador é depositário. Apenas com o objetivo de permitir essa ameaça extrema da prisão em benefício do direito do credor.

Essa decisão recente do Superior Tribunal de Justiça entendeu, apesar de o Decreto-lei 911 ter quase 30 anos de idade, que à luz da nova Constituição seria ele inconstitucional por esse fundamento.

Presunção de inocência

Eu teria outros tópicos a falar, mas o meu tempo está quase no final. Eu apenas gostaria de tocar em mais um aspecto, que é o princípio da presunção de inocência — uma garantia constitucional que se aplica a todo o processo penal e que veda, em matéria penal, aquilo que em matéria tributária já não se admite, mas que, mesmo assim, tem dado ensejo a inúmeras denúncias, que é a afirmação de omissão de informações da receita por presunção.

É a hipótese da empresa que é autuada por uma distribuição disfarçada de lucros, por exemplo, porque o Fisco entende que uma determinada despesa não era do interesse da atividade econômica da empresa, embora ela tenha sido feita; mas ela não seria dedutível. Por exemplo, se uma empresa escritura uma dedução de uma contribuição de campanha eleitoral fora dos limites permitidos, a despesa não é dedutível, mas ela foi realizada. No entanto, a tributação da empresa é no sentido de que ela tenha distribuído esse lucro. Perfeito. Mas o Fisco vai além, tentando autuar o cotista pelo presumido recebimento desse lucro que a empresa distribuiu.

Existem denúncias oferecidas em São Paulo, e ações penais em andamento, acusando o réu de ter omitido na sua declaração de rendas valores que ele, presumivelmente, teria recebido, relativos a distribuição de lucros, o que é um absurdo.

Os demais temas, que eu havia selecionado, deixaria para uma rodada de debates, se houver tempo. Muito obrigado. (*Palmas*)

MIN. CARLOS MÁRIO VELLOSO — Muito obrigado ao Prof. Arnaldo Malheiros Filho, um dos maiores penalistas deste país.

Concedo agora a palavra ao Prof. José Carlos Dias.

PROF. JOSÉ CARLOS DIAS — Meu querido Ministro Carlos Mário Velloso, queridos Geraldo Ataliba, Misabel Derzi e Arnaldo Malheiros Filho. O Arnaldo, com essa capacidade de síntese que tem, e de articular com precisão e conceituar da maneira como faz — eu o conheço de longa data — começou por enfrentar essa questão que me parece fundamental, e que tem sido, assim, a preocupação maior dos nossos juristas na área tributária, e também daqueles que, como advogados criminais, têm tido a responsabilidade de atuar em causas que teriam a característica do chamado Direito Penal Tributário: esta absoluta falta de respeito à coerência do ordenamento jurídico, que tem caracterizado ações por parte do Fisco, e que foram relatadas aqui pelo Arnaldo. Na verdade é indispensável que nós tenhamos como necessária a presunção de que só pode ser considerado — com afirmação categórica — de que *só pode ser considerado* ilícito penal aquele ato ou aquela conduta que tenha as características de ilícito na órbita do Direito Administrativo, no caso do Direito Tributário. Não existindo o ilícito tributário, não é possível cogitarmos do ilícito penal.

Na verdade este princípio tem sido desrespeitado, sistematicamente, como também tem sido desrespeitado, sistematicamente, quando nós tratamos do Direito Financeiro, do Direito Bancário. O Banco Central instaura processos administrativos por condutas consideradas irregulares no âmbito do mercado financeiro, e que teriam adequação na lei penal: e, ao mesmo tempo, os processos criminais são instaurados antes do término dos processos administrativos do Banco Central. São questões muito paralelas na maneira de ver.

Denúncia espontânea

Esta aplicação do art. 138 do Código Tributário Nacional, que permite a denúncia espontânea, começou, na realidade, a ser enfrentada com vigor pelos nossos tributaristas — e aqui gostaria de citar dois participantes da Mesa, o Prof. Geraldo Ataliba e a Profa. Misabel — em trabalhos, em pareceres, em artigos, mostrando, realmente, aquilo que o Arnaldo dizia; que no momento em que, espontaneamente, o contribuinte se apresenta e afirma o seu débito, afirma a sua conduta ilícita, reconhece essa conduta ilícita, recolhendo o imposto, extinguindo a obrigação tributária, não se pode falar em tipicidade, não se pode falar em delito. Isto não é um derivativo do art. 14 da Lei 8.137, que foi revogada em 31 de dezembro de 1991; não se usa o art. 138, do CTN, porque foi revogado o art. 14 que permitia a extinção da punibilidade antes de instaurada a ação penal. É coisa completamente distinta, vai além.

O art. 138 do Código Tributário Nacional diz que a responsabilidade é excluída pela denúncia espontânea da infração, acompanhada, se for o caso, do pagamento do tributo devido e dos juros de mora, do depósito da importância arbitrada pela autoridade administrativa.

Portanto, está absolutamente claro que a responsabilidade está excluída — a responsabilidade não envolve somente a responsabilidade tributária, mas é a responsabilidade penal, sim. Se for o caso, a denúncia virá acompanhada do pagamento do tributo, porque a denúncia pode ser feita e, na realidade, não haver tributo a ser recolhido.

Diríamos, até, que faria parte de uma interpretação harmônica, do que pretenderia o legislador quando revogou o art. 14, em limitar a possibilidade de se evitar o processo com a espontânea apresentação do contribuinte ao Fisco. Isto deveria ficar mais explicitado numa lei ordinária? Seria útil que assim fosse feito, seria útil, até, para o estímulo do recolhimento de impostos. E que, é claro, é preciso ficar dito que a falsidade, a fraude, é elemento que integra o tipo do crime contra a ordem tributária.

Indiciamento como forma de coação

Outro despautério, que nós estamos presenciando, é o indiciamento, é o oferecimento de denúncia até, no concurso absurdo com falsidade, com o crime de falso — quando o falso está embutido no tipo do crime fiscal. E como, no nosso país, o indiciamento é um poderoso instrumento de coação contra a cidadania, na realidade o indiciamento pelo crime de falsidade material, falsidade ideológica — pela inclusão de documento, de uma nota fria, de uma nota comprada — isto caracterizaria, aos olhos da autoridade policial e também de alguns representantes do Ministério Público, um crime autônomo, em concurso com o crime da ordem tributária.

Então, o que nós vemos é que existe, na realidade, uma pressão imensa por absoluta falta de clareza, de uma exegese que deveria estar traduzida não só através do nosso Direito pretoriano, mas através da clareza da própria lei.

Eu gostaria de citar o Prof. Geraldo Ataliba, quando diz que o fato penalmente punível é qualificado por lei tributária anterior; só esta poderá dizer o que é tributo, quando surge e quando se extingue; só esta pode estabelecer quando há dever de informação ou declaração, definir o que é autoridade fazendária, elementos inexatos, operação, que livros fiscais, com quais formalidades podem ser exigidos, o que é nota fiscal... e por aí vai. Quer dizer, o Direito Penal pressupõe estes conceitos, que estão estabelecidos no Direito Especial, que é o Direito Tributário. Ontologicamente os ilícitos não se distinguem, é Cernicchiaro quem nos ensina. A distinção é dogmática, residindo, unicamente, nas sanções.

É neste momento que nós devemos ver a situação que hoje está sendo enfrentada, em processos criminais, por dirigentes de empresas, que são denunciados pelo simples fato de ocuparem funções de direção, sem nenhuma preocupação, por parte do Ministério Público, em respeitar os princípios da individualização da conduta de cada um dos autores. Há denúncias que são apresentadas pressupondo-se a participação na corrente causal, apenas pelo fato de exercerem cargo de diretoria.

Presunção de inocência

Desrespeitam o art. 41 do Código de Processo Penal, desrespeitam a Constituição, quando estabelece o princípio da presunção de inocência, desrespeitam a

Constituição, que garante o exercício do direito de defesa. Por quê? Porque há necessidade de se apurar um crime, uma conduta que tem tipicidade, mesmo não se sabendo a autoria.

Não se estabelece a possibilidade de encontrar a participação de cada um em inquérito policial. O Ministério Público julga dispensável a instauração de inquérito policial e, por ilação, aceita o princípio da responsabilidade objetiva, e oferece a denúncia. E, o que é mais grave, é o número de casos em que o Poder Judiciário tem reconhecido que é admissível que prosperem estas ações penais.

Isto desperta em nós uma dúvida muito grande, uma inquietação, que deve estar presente nos nossos espíritos quando analisamos o dever que temos de prestar contas e de pagar os nossos impostos, e o dever do Estado de exigir que o façamos. Qual é a maneira melhor e mais adequada? Deverá o Direito Penal estar presente para punir efetivamente os faltosos? O que mais nós estamos vendo em nossos escritórios é o desespero das pessoas, de diretores que, na realidade, são contratados para serem réus de plantão de crimes tributários. Como acontece também no sistema financeiro. Temos agora um diretor que presume-se ser o responsável por co-autoria em todas as contas fantasmas que aconteceram na instituição financeira da qual é diretor, porque ele foi aquele diretor escalado para ser o responsável pelas contas bancárias, pela fidedignidade das contas bancárias.

Isto nos leva a uma questão que me parece sedutora, e que tem sido debatida pelo mundo afora, e aceita em muitos países, que é a questão da responsabilidade penal da pessoa jurídica, quando não se está indagando, não se está discutindo a participação individual de cada um dos integrantes da diretoria ou dos sócios-gerentes de uma firma, mas se está analisando o comportamento da empresa, o comportamento de ilegalidade da empresa, caracterizado por esta ou por aquela infração à lei.

Não poderia eu me alargar neste tema. Gostaria que este assunto eventualmente voltasse a ser discutido — porque a verdade é que nós não podemos mais suportar as violações aos direitos do cidadão que, sistematicamente, vêm sendo praticadas com estas denúncias que são oferecidas, sem respeito ao direito de defesa, sem respeito aos princípios fundamentais da nossa Constituição e que são reproduzidos no nosso Código de Processo Penal. (*Palmas*)

MIN. CARLOS MÁRIO VELLOSO — Muito obrigado ao Prof. José Carlos Dias, que é, também, dos maiores penalistas deste país. Muito obrigado por suas lições.

Vamos ouvir agora a Profa. Misabel Derzi, que seguramente tem a melhor obra sobre o tema.

PROFA. MISABEL DERZI — Caro Ministro Velloso, colegas da Mesa, amigos e colegas presentes, nada vou lhes dizer de novo. Acho que os nossos professores penalistas presentes já nos ofereceram o retrato profundo e fiel da problemática que os delitos contra a ordem tributária engendram.

Eu só gostaria de responder diretamente a uma pergunta que consta do temário deste IX Congresso Brasileiro de Direito Tributário. O Dr. Arnaldo Malheiros e o Dr. José Carlos já o fizeram, mas eu gostaria que a resposta fosse direta. A pergunta é a seguinte: "É crime deixar de pagar tributo inconstitucional?"

É crime deixar de pagar tributo inconstitucional?

Nós não podemos perder de vista que não é crime deixar de pagar tributo, mesmo constitucional. Então, a pergunta não tem sentido, porque, graças a Deus, não temos prisão por dívida. Então, isto tem de ficar claro: entre nós, não importa que o tributo seja constitucional ou não, ou seja inconstitucional, não é crime deixar de pagar tributo. Esse é o teor do ilícito tributário.

Quem quer que leia a Lei 8.137, de 1990, que define os crimes contra a ordem tributária, tem de se fazer — para conhecer os elementos, as características do conceito desse crime — duas perguntas fundamentais: primeiro, existe tributo a pagar ou tributo devido que é suprimido ou reduzido pelo contribuinte? Segunda pergunta necessária: o contribuinte usou de um meio fraudulento, de ludíbrio, de engodo, de documento falso, de escrituração falsa, de omissão, como meio necessário para obter esse resultado? E apenas se a resposta for positiva a essas duas indagações é que nós estaremos diante da possibilidade de um delito. Isto é fundamental, isto é prévio.

Conseqüência número 1: não há tributo a pagar. Por quê? Porque não ocorreu a hipótese de incidência tributária, porque o contribuinte é imune, porque o contribuinte é isento. Então, não se cogita, mesmo que a escrita esteja em atraso, que tenha havido erro na escrituração do contribuinte, emissão de nota fiscal equivocada. Não há dolo — o delito é eminentemente doloso — ele não tem nem sequer a intenção de suprimir tributo, exatamente porque não deve tributo. Então, fica afastada, de plano, a possibilidade de delito.

O contribuinte deve tributo, há tributo a pagar; entretanto, ele não se omite, a escrituração é fiel, e a documentação; ou seja, há o cumprimento perfeito dos seus deveres acessórios. Não há possibilidade de constatarmos a hipótese de delito; simplesmente inexiste o delito. Então, se o contribuinte diz "devo, não nego, a minha escrita é fiel, informo; porém, não quero pagar. Não quero pagar porque não desejo pagar, simplesmente por isso; ou não quero pagar porque o tributo é inconstitucional". Ele não pratica delito.

Então, é um absurdo que as Fazendas de alguns Estados estejam a perseguir contribuintes que ingressam em juízo para buscar o abrigo do Poder Judiciário, para se protegerem de uma cobrança baseada em uma lei que consideram inconstitucional. São honestos, não fraudam, confessam a realidade dos fatos, estão em juízo e são perseguidos criminalmente. Isso é a própria inversão da ordem jurídica brasileira!

O que a nossa lei penal quer não é perseguir um devedor, mesmo porque a Constituição o proíbe. O que a nossa ordem jurídica pune é a desonestidade, é a fraude, é isto que ela pune, porque exatamente a fraude e a desonestidade é que levam a Fazenda ao engodo, ao ludíbrio, impedem ou dificultam extremamente a cobrança do crédito tributário. Se o devedor, aquele contribuinte que está em juízo, perde a ação, a execução é certa, é tranqüila, não há nenhum problema para a Fazenda Pública. E isso a nossa ordem jurídica não pune.

Então, não há que perguntar se é crime deixar de pagar tributo inconstitucional; não é crime deixar de pagar um tributo, ainda que constitucional. Essa deve ser a nossa resposta imediata. E o Brasil também não pune descumprimento de obrigação acessória, isoladamente — ou seja, se não há tributo a pagar, existem legislações, nós sabemos disso, que contemplam uma figura penal chamada de risco, colocar em risco a administração dos tributos e a fiscalização, por escrita equivocada ou por descumprimento de obrigações acessórias. Seria isto. Mas nós não conhecemos essa figura.

O descumprimento de obrigação acessória só leva à configuração do delito se se tratar de um meio utilizado, dolosamente, pelo contribuinte, para suprimir ou reduzir tributo devido. Então não temos nem incriminação do descumprimento do dever de pagar o tributo propriamente dito, nem incriminação do descumprimento das obrigações ou dos deveres acessórios.

Esta é a primeira colocação que eu gostaria de fazer.

Depois, relembrar aqui aquilo que o Prof. Arnaldo Malheiros e o Prof. José Carlos Dias já disseram, já lembraram: a questão da unidade do injusto no nosso ordenamento jurídico; e lhes dar uma boa notícia: o trabalho desses professores, do Prof. Geraldo Ataliba, desses grandes advogados e juristas, Dr. José Carlos Dias e Dr. Arnaldo Malheiros, tem encontrado resposta satisfatória em alguns Estados do Brasil.

O Estado de Minas Gerais se prepara agora para aplicar a lei que pune os crimes contra a ordem tributária e a Secretaria da Fazenda Estadual mandou elaborar um manual de rotinas, endereçado a todos os seus agentes, para auto de notícia crime. Nesse auto de notícia crime se respeita a unidade do injusto. Nesse auto de notícia crime, estas lições foram incorporadas por uma interpretação da Administração da Secretaria da Fazenda do Estado de Minas Gerais, sem necessidade de nenhuma lei nova nesse sentido.

Então, imbuído dessa idéia, diz esse manual — alertando o agente fiscal, alertando o agente administrativo — que a punibilidade do delito contra a ordem tributária estará extinta nos casos previstos na parte geral do Código Penal — quer dizer, Direito Penal Tributário nada mais é do que Direito Penal, é claro — mas também haverá a extinção da punibilidade — que nós podemos discutir se é realmente extinção da punibilidade, ou atipicidade, ou exclusão da antijuridicidade... isso não importa, os resultados serão idênticos... — com a denúncia espontânea, prevista no art. 138 do CTN.

Se antes do início da ação fiscal, pela denúncia espontânea, conforme art. 138 do Código Tributário Nacional, o contribuinte se denunciar e recolher, se for o caso, o que ele deve aos cofres públicos, não há delito. Então, isto será em Minas automatizado. E mais, aqui se responde àquela indagação que nos fez o Prof. José Carlos Dias: será que tendo definido especificamente os crimes contra a ordem tributária é possível, além de imputar a alguém esses crimes, imputar a ele também crimes de documento falso, estelionato, emissão de fatura equivocada? No manual já se informa ao fiscal que não, que isso se chama concurso de normas, e quando uma norma é específica, ou há um concurso, porque se usa um outro delito para obter um outro resultado, permanece a norma específica sobre a genérica. Então, prevalece a configuração do crime contra a ordem tributária, com absorção do crime do falso.

Isso já será automatizado dentro do Estado de Minas Gerais. E mais, apropria-se, necessaria e corretamente, da idéia de que a unidade do injusto não decorre do Direito Penal; o injusto decorre da totalidade do ordenamento jurídico. É uma regra quanto à qual não há nenhuma exceção.

Então, os percalços pelos quais passa o crédito tributário dentro do Direito Tributário vão ter uma relação lógica com o tratamento do delito no âmbito penal, e já alerta para isso esse manual de rotinas. É inacreditável, senhores! Eu vou ler essa parte, vejam bem: "Ação fiscal e ação penal são autônomas ..." — diz o Manual de Rotinas da Secretaria da Fazenda, Súmula 609 do Supremo Tribunal Federal — "... mas só poderá haver condenação na esfera penal se houver na administrativa ou civil. Assim, todos os eventos que suspendem a exigibilidade do crédito tributário, art. 151 do Código Tributário Nacional, ou que extinguem o crédito, art. 156 do Código

Tributário Nacional, ou anistia, art. 180 do Código Tributário Nacional, produzem efeitos na área penal".

Então, pelo menos no meio de nossas queixas tão grandes (e isso não significa que eu esteja a concordar com tudo o que está dentro desse manual de rotinas, há pontos dos quais nós nos permitimos dissentir) o tratamento em geral dado ao tema é um tratamento respeitoso, em geral, a princípios básicos e fundamentais do Direito.

Terminando, só gostaria de questionar, de solicitar aos ilustres penalistas presentes aqui neste momento que refletissem sobre uma questão que foi posta pelo Prof. Luciano da Silva Amaro, no sentido de que, tendo havido após a Lei 8.137, de 1990, que define os crimes contra a ordem tributária, uma outra lei, a 8.866, de 1994, que redefiniu, por equiparação a depositário infiel, o fato de o contribuinte descontar tributo devido por terceiro e não recolher a importância aos cofres públicos, como um fenômeno de prisão por dívida civil, isso não teria sido uma desclassificação legal, uma descriminalização do fenômeno na área penal para uma prisão específica restrita ao Direito Civil?

Eu entendo que é princípio fundamental do Direito que não pode haver *bis in idem*; seria o mesmo que depois de decretada a prisão civil do alimentante, ou do depositário infiel, e paga a dívida por ele, se viesse a condená-lo na esfera penal. O problema foi que o legislador decidiu isso, ele reclassificou; é um fenômeno de reclassificação legal.

Então, é uma questão que eu peço que sobre ela se medite. Penso, dessa forma, que agora não considero, mais, crime específico contra a ordem tributária, descrito no art. 2º da Lei 8.137, de 1990, os antigos crimes de apropriação indébita, ou seja, aqueles em que o contribuinte retém o desconto de tributo devido, de terceiro, sem recolher a importância aos cofres públicos.

Muito obrigada. (*Palmas*)

PROF. CARLOS MÁRIO VELLOSO — Muito obrigado, Profa. Misabel Derzi, por sua magnífica aula, por sua magnífica lição.

A esta altura eu penso que não haveria considerações outras a serem feitas, depois que ouvimos os notáveis especialistas no tema, o Prof. Arnaldo Malheiros Filho, o Prof. José Carlos Dias e a Profa. Misabel Derzi.

O tema está, na verdade, exaustivamente tratado.

Permito-me, entretanto, apenas duas palavras a respeito daquilo que foi dito nesta manhã pelos expositores.

Depositário infiel

Gostaria de visualizar, por primeiro, a questão do vendedor depositário e do depositário infiel. Na verdade, esta questão não está esgotada nos tribunais. Diplomas legais estendem a certas condutas do contribuinte a figura do depositário infiel. A Constituição, na verdade, admite a prisão civil em duas hipóteses: a do depositário infiel e aquele que é inadimplente de pensão alimentícia, que não paga pensão alimentícia que tem o dever de fazer.

A primeira questão a indagar, que ponho à reflexão dos eminentes professores e dos participantes deste evento, é esta: a Constituição não define o que seja depositário infiel. Ela permitiria que o legislador ordinário o fizesse, fazendo-o para o fim de estender a certas condutas a condição de depositário infiel e, assim, autorizar a prisão.

O Supremo Tribunal Federal enfrentou a questão, quando decidiu *habeas corpus* de uma pessoa, cuja prisão fora decretata em razão de contrato de alienação fiduciária. O que o STF acabou entendendo foi mesmo isto. Não é ainda, eu penso, decisão definitiva, apesar de já existir decisão do Plenário (decisão de mais de dez anos) e decisão recente da Turma.

Decisão de mais de dez anos, e não obstante a Constituição não ter sido alterada no ponto — a Constituição de 1988 repete *ipsis litteris* a disposição posta pela Constituição de 67, com ou sem a Emenda Constitucional n. 1, de 1969.

Então, dir-se-á, a decisão de dez anos, do Plenário, e a decisão da Turma, seriam definitivas.

Penso que não.

Na verdade, não obstante as disposições, em termos literais, serem idênticas, o que não pode ser perdido de vista, o que tem de ser tomado em linha de conta é que o espírito da Constituição de 1988 é diverso do espírito da Constituição pretérita. A Constituição de 1988 é muito mais democrática. O simples fato de a Constituição colocar em primeiro lugar os direitos do homem, e não somente os direitos individuais, os direitos sociais, mas também os direitos atinentes à nacionalidade, os direitos políticos, anteriormente à definição do Estado, penso que isto é muito importante na interpretação por parte dos juízes e, principalmente, da Corte constitucional, a respeito das questões que se relacionam aos direitos humanos e, diretamente, aos direitos do homem.

O que o STF entendeu nessa decisão, que eu penso não é ainda definitiva, é que a Constituição estabeleceu que é possível a prisão civil do depositário infiel e não estabeceu o conceito de depositário infiel. Este conceito caberia ao legislador ordinário. Se o legislador ordinário, no Decreto-lei 911, de 1969, se não me engano, estendeu à alienação fiduciária a mesma conduta do depositário infiel, aí seria possível permitir a prisão.

Penso que a decisão não é definitiva, porque se se raciocinar, também neste tema, com esta amplitude, amanhã o legislador poderia imaginar condutas que nem de longe poderiam dizer respeito a uma conduta de depositário infiel para submeter o praticante dessa conduta à prisão civil.

De modo que eu penso que a questão não é ainda definitiva.

Denúncia espontânea

No que toca à denúncia espontânea, tão bem posta pelo Prof. José Carlos Dias, na verdade a grande pergunta que deve ser feita é esta: a denúncia espontânea exclui a responsabilidade tributária apenas ou ela abrange responsabilidade penal?

Penso que aqueles que são favoráveis às penas corporais, à prisão, enfim, esses responderão pela negativa.

Acho que o crime tributário é um crime econômico, diz respeito à economia. Penso que o entendimento que conduz à abrangência da exclusão da responsabilidade tributária, no caso da denúncia espontânea, é melhor. Não deixou de existir pena, dado que confessando a sua conduta ilícita sob o ponto de vista tributário e, muita vez, com repercussão no campo penal, pagando os tributos com todas as multas que a lei tributária impõe, não deixou de haver pena.

Penso que a cadeia, as prisões, as penitenciárias, elas devem ser reservadas para aqueles criminosos que na verdade oferecem perigo. Os latrocidas oferecem perigo, e a sociedade brasileira reclama segurança. Outro dia, na Suprema Corte, no Supremo Tribunal Federal, decidiu-se uma questão que dizia respeito a esse tipo de criminoso, e eu fiz estas mesmas considerações.

Penso que as penitenciárias, as cadeias, enfim, as penas de prisão, devem ser reservadas para os criminosos perigosos, que oferecem perigo às pessoas, às crianças, às mulheres, enfim, à sociedade.

Penso que é hora de o Brasil se tornar mais pragmático, o legislador brasileiro tornar-se mais pragmático, como fazem os norte-americanos. Precisamos é estabelecer penas de multas, penas pecuniárias severas, que, bem aplicadas, vão bulir, vão tocar naquilo que os norte-americanos costumam dizer que é o órgão mais sensível do homem, que é o bolso.

De sorte que eu comungo do entendimento do Prof. José Carlos Dias nesse ponto.

Não pagamento de imposto inconstitucional

Finalmente, aquela questão posta pela Profa. Misabel Derzi, com toda propriedade. Não recolher o imposto inconstitucional é crime? É claro que não! Deixar de pagar imposto que é constitucional, não é crime? Claro que não é crime.

Essas atitudes com ranço de perseguição atrasada de alguns agentes do Fisco, de perseguirem contribuintes que estão até discutindo em Juízo, implicaria trazer ao debate a lei de responsabilidade por abuso de poder.

A essência — bem o disse o Prof. Arnaldo Malheiros Filho — do crime tributário, é a fraude. A essência da fraude é a ocultação.

A grande pergunta que deve ser feita é esta: e se tiver havido fraude, se tiver havido aquilo que é a essência da fraude, que é a ocultação, e se se tratar de um imposto inconstitucional, terá havido crime? Esta que me parece a grande colocação. É inconstitucional. Mas houve a fraude. A fraude subsistiria autonomamente diante do tributo, mesmo inconstitucional?

Eu ponho à reflexão da Mesa e dos senhores.

Sigilo bancário

Meus senhores, há uma pergunta que é posta aqui a respeito de até onde vão os limites do sigilo fiscal. Eu indagaria também algo que está muito relacionado com a disciplina do Direito Penal Tributário, porque conduz à revelação de conduta, muita vez ilícita, sob o ponto de vista tributário e penal: até onde vão os limites do sigilo bancário, que o Fisco sustenta que lhe deve ser concedida a faculdade de quebrar esse sigilo.

O STF, numa sessão muito recente, apreciou a questão, não sob o ponto de vista da quebra do sigilo pelo Fisco, mas sim sob o ponto de vista da quebra do sigilo pelo Ministério Público, dado que a Lei Orgânica do Ministério Público Federal, num dos seus artigos, autoriza a requisição, por parte do agente do Ministério Público, de documento e de dados às autoridades administrativas.

No STF, na sessão em que se discutiu, tivemos votos esplêndidos.

Acho que aqueles eminentes colegas que votaram no sentido da quebra, eles têm presente um dado: tratar-se de Ministério Público. Não sei se os argumentos seriam mantidos, em se tratando de agentes fiscais.

O que na verdade eu penso a respeito, e assim me manifestei, é que esse sigilo bancário, que é espécie, ou que se contém no direito fundamental maior, que é o direito à privacidade, que a Constituição consagra no artigo 5º., X, penso que esse direito ao sigilo bancário, ao segredo bancário, que é uma espécie de direito à privacidade, não é na verdade um direito absoluto.

Aliás, não sei se há direitos absolutos. Não há.

Agora, isto quer dizer que é possível esse sigilo bancário ser quebrado no interesse público, no interesse da Justiça, no interesse da sociedade — o sigilo bancário pode ser quebrado.

Agora, quem pode autorizar a quebra? Na minha opinião, somente o Poder Judiciário.

É que a Magistratura tem certas virtudes — ou deve ter. O juiz que não tem, por exemplo, a virtude da prudência, o juiz que não é capaz de distinguir aquilo que é posto para fazer dele, simplemente, um instrumento, ou aquilo que é posto diante dele, motivadamente, para realizar um interesse público, o juiz que não é capaz de fazer essa distinção, não é juiz.

Mas isto não é a regra. De regra, a Magistratura é prudente, tem a virtude da prudência, de modo que penso que somente o juiz pode autorizar a quebra do sigilo bancário.

Vejam os senhores no que tange ao Ministério Público. O Ministério Público evoluiu muito. Hoje é uma instituição respeitável, independente; mas mesmo assim o Ministério Público é parte, é parcial — e se ficar no seu exato papel ele tem de ser parcial. Quem tem a obrigação de ser imparcial é o juiz. Então, não se pode conceder, a quem não tem a obrigação de ser imparcial, a faculdade de quebrar o sigilo bancário de qualquer cidadão.

Não devo falar mais nada. Devo apenas repetir aquilo que disse no início: tudo o que na verdade era necessário dizer foi dito pelos eminentes professores, especialistas na matéria, que me antecederam.

Estas minhas palavras foram ditas mais como instigação, mas para fazer com que os senhores refletissem mais sobre esses temas.

Vamos iniciar agora os debates. Muito obrigado. (*Palmas*)

Vamos conceder a palavra, em primeiro lugar, ao Prof. José Carlos Dias, que vai responder às perguntas que lhe foram postas.

PROF. JOSÉ CARLOS DIAS — Algumas perguntas eu até passei para a Profa. Misabel, porque são perguntas mais técnicas, da área de Direito Tributário, que, portanto, eu não sei responder direito. Eu até assino embaixo para que ela esclareça a mim também.

Quando há denúncia espontânea seguida de parcelamento do débito, ocorre também a exclusão da responsabilidade, ou somente o pagamento a exclui?

Parece-me que quando há o parcelamento, há uma novação. O Estado aceitou uma forma de pagamento. Houve o parcelamento. Aceitou-se o parcelamento. A dúvida ocorreria se houvesse amanhã a interrupção do pagamento das prestações. É óbvio que não podemos admitir o uso da analogia para se dizer: bem, isto foi uma simulação e neste caso fica sem valer a denúncia espontânea. Isso não está previsto. Estaríamos violando o princípio da reserva legal, se achássemos que por esse fato houve crime, porque foi um ato de simulação. Se o legislador pretende incriminar esta artimanha, de se fazer o parcelamento para depois deixar de pagar, como delito, essa é outra questão; mas não existe essa previsão.

Aí permanece, sim, é claro, a obrigação tributária, mas não poderíamos, por isso, ressuscitar um crime que deixou de existir no momento em que houve o acordo com o Estado.

O que precisa ficar claro, ainda no campo da denúncia espontânea, é que o Estado é um só. Imagina-se que tenha uma cabeça única e duas mãos. Não é possível que com uma mão ele receba o imposto, faça o acordo, aceite a denúncia do contribuinte e com a outra mão, valendo-se desta "confissão" — entre aspas — use esta outra mão para prender.

A coerência está aí, que as duas mãos têm de, obviamente, fazer o mesmo gesto, o gesto de coerência, de acertar com o contribuinte; porque o objetivo, o bem jurídico tutelado é o erário, é a proteção, é recolher o imposto. Então, alcança o objetivo com a denúncia espontânea.

A outra pergunta: "O art. 138 do CTN possui um parágrafo único que define o que é a denúncia espontânea. O senhor argumentou que esse artigo manteria a possibilidade da exclusão do ilícito penal com o pagamento do tributo. Essa sua interpretação se aplica a qualquer caso — se o contribuinte paga após o início ou término do procedimento fiscal, ele também tem a sua responsabilidade penal suprimida?"

Não. Se se iniciou o processo fiscal, obviamente, não se pode falar em denuncia espontânea. Se o fato ocorreu referente ao período após 1º de janeiro de 1992, quando já revogado o artigo 14 da Lei 8.137, o processo criminal é válido.

"Na sua opinião, tratando-se de pessoas jurídicas, qual seria o momento em que o crime de sonegação fiscal se consuma. Na inserção do elemento inexato na contabilidade ou no momento do uso desse elemento na declaração de rendimentos?"

Já tive ocasião até de pedir orientação ao Prof. Geraldo Ataliba sobre essa questão tormentosa. A minha opinião é que no caso típico, o exemplo mais comum da nota fria, a contabilização de uma despesa que não tem sustentação na realidade, o simples fato de estar contabilizada ainda não consumou o delito, uma vez que a contabilidade ainda não ganhou forma definitiva. Isso ocorre, a meu ver, só por ocasião do balanço.

Até na declaração de rendimentos pode haver uma retificação. A declaração de rendimentos deve espelhar a realidade contábil e a realidade contábil deve estar presente no balanço.

Peço perdão aos nossos grandes especialistas se estou cometendo alguma heresia, mas me parece que é assim que se imaginaria em termos do momento de consumação. Agora, claro está, retificando-se declaração do imposto de renda — é uma retificação que a qualquer momento pode ocorrer, como se pode fazer no ano seguinte a retificação do ano anterior — alcança-se o mesmo objetivo.

A posição mais liberal, que teria como elemento de consumação o momento da contabilização — e digo mais liberal porque isso muitas vezes é vantagem para o contribuinte — parece-me que não guarda sustentação maior.

Estas são as perguntas que me tocam. Passei uma para o Arnaldo, porque, especificamente, sobre uma questão que ele havia enfrentado, com o seu talento inigualável, e outras para a Profa. Misabel.

PROF. CARLOS MÁRIO VELLOSO — Eu vou pedir licença aos participantes. Tenho de me retirar porque viajo às 14 horas para Florianópolis para atender a um outro compromisso atinente ao Tribunal Superior Eleitoral. Eu estou levando as perguntas que me foram dirigidas e vou respondê-las, encaminhando as respostas ao IDEPE.

De modo que eu me despeço de todos, solicitando ao Prof. Geraldo Ataliba que assuma a Presidência dos trabalhos. (*Palmas*)

PROF. JOSÉ CARLOS DIAS — Eu peço licença para solicitar carona ao nosso Ministro e sair junto com ele, porque tenho um compromisso, conforme informei, uma audiência à qual não posso deixar de comparecer.

Peço perdão ao meu fraterno amigo Geraldo.

PROF. GERALDO ATALIBA — Eu assumo a palavra agora na qualidade de Presidente do IDEPE e, com a autoridade que o estatuto me confere, e as leis do país, para, improvisadamente — porque esta viagem do Ministro Velloso nos surpreende, ela não era esperada — então algo que estava para se realizar na sessão de encerramento vamos rapidamente — embora sem a perda daquele mínimo de solenidade condizente com o significado do ato — vamos antecipar um gesto público que o IDEPE há muito deve praticar.

Dizem os seus estatutos que o IDEPE deverá promover, ao lado do reconhecimento dos trabalhos que se fazem, do incentivo à pesquisa, à discussão, ao debate, ao Congresso, ao ensino, à divulgação de idéias em matéria de ciência jurídica, que o IDEPE deve, na medida do possível, promover o reconhecimento público das pessoas que mais tenham contribuído para a ciência do Direito.

Há tempos que a Diretoria do IDEPE resolveu declarar, e não criar direito, algo que todos já sabem e reconhecem, que o professor de Direito Constitucional da Faculdade de Direito da Universidade Católica de Minas Gerais, da Faculdade de Direito da Universidade Federal de Minas Gerais e da Faculdade de Direito da Universidade de Brasília, Ministro do Supremo Tribunal Federal, Carlos Velloso, deu uma contribuição notável à ciência do Direito no Brasil.

É por isso que ele recebe, em reconhecimento a isso, o título de sócio honorário do IDEPE. O Diretor do IDEPE, Prof. Estevão Horvath, fará a entrega do título ao Ministro Carlos Velloso.

— É feita a entrega do título. (*Palmas*)

PROF. CARLOS MÁRIO VELLOSO — Apenas uma palavra. Agradeço profundamente ao IDEPE pelo título honroso que me acaba de conferir. Agradeço especialmente ao seu Presidente, esse notável jurista, nosso mestre, que é o Prof. Geraldo Ataliba.

Muito obrigado ao IDEPE. Muito obrigado ao Mestre Ataliba. (*Palmas*)

Debates

PROF. EDUARDO BOTTALLO — Por determinação do Prof. Geraldo Ataliba assumo a Presidência dos trabalhos e passo a palavra ao Prof. Arnaldo Malheiros Filho, para que responda às perguntas que lhe foram endereçadas.

PROF. ARNALDO MALHEIROS FILHO — Antes de responder especificamente às perguntas eu queria pedir licença para tentar responder à pergunta que foi, oportunamente, colocada pelo Ministro Velloso sobre se haveria crime no emprego comprovado de fraude para que alguém se furtasse ao pagamento de tributo inconstitucional.

Eu me permitiria, antes de responder, contar um fato da minha vida profissional: representei alguns clientes acusados de terem se valido de fraude, inclusive de falsidade material, para liberar cruzados novos bloqueados pelo Plano Collor. Eu peticionei nos próprios inquéritos dizendo que se o confisco dos cruzados era inconstitucional, evidentemente que não podia haver crime no emprego de fraude para se proteger de uma medida inconstitucional.

Os inquéritos foram todos arquivados, porém, por motivos diversos. O Ministério Público Federal não invocou essa tese como fundamento, mas alegou que não havia fundamento para oferecimento de denúncia e pediu o arquivamento.

Na realidade, a situação se assemelha à do indivíduo que emprega artifício ou ardil para induzir alguém em erro e com isso obter vantagem devida — ou seja, parece que é um estelionato, mas não é, porque a vantagem é devida. Por exemplo, alguém deve e se recusa a pagar ao credor. O credor, em lugar de ajuizar o crédito, se fantasia de freira, toca a campainha da casa e diz que o orfanato mandou buscar a doação.(*Risos*) Com isso ele consegue receber o que lhe era devido. Isso não é estelionato, de modo algum, porque a vantagem é devida.

Da mesma forma a fraude que se destina a suprimir a efetiva incidência de um tributo inconstitucional é um meio de defesa do cidadão contra uma violência à ordem jurídica. O injusto — e o injusto unitário de que nos falou a Profa. Misabel — no caso é o tributo. A criação desse tributo é um ilícito, na medida em que é uma violação à Constituição. De modo que não pode haver crime na conduta de quem usa os recursos que precisa usar, dos meios necessários para se proteger de um ilícito.

Esse seria o meu entendimento sobre a questão do Ministro Carlos Mário.

Acho que isso, parcialmente, responde a uma das questões, que indaga se seria preciso, ou não, ampliar a abrangência da tipicidade do crime de apropriação indébita do Código Penal para que viesse a ser possível enquadrar o contribuinte do ICMS, que deve e deixou de recolher.

Ora, como já foi enfatizado aqui, ao simples fato de o sujeito deixar de recolher só se aplica o artigo 2º, II, da Lei 8.137, quando se caracteriza a situação de depositário e, mesmo assim, se se caracterizar.

O Ministro Velloso, acho, fez a ressalva da opinião dele, divergente da maioria do Supremo nesse julgamento relativo à alienação fiduciária, no sentido de que não é possível à lei criar, ao seu talante, definições de depositário infiel, só porque a Constituição não definiu. Por exemplo, se uma lei dissesse: considera-se depositário infiel aquele que fez compras com o seu cartão de crédito e no final do mês não pagou o cartão de crédito. O fato de a lei dizer, com isso está suprida a exigência constitucional que só permite a prisão por dívida no caso de depositário infiel? Parece-me que não.

E no caso do recolhimento do tributo, na realidade, além de ser necessária a prova de que havia a posse do dinheiro, seria necessário que existisse a condição plena de ser satisfeita a obrigação tributária e a frustração disso por intenção manifesta do agente.

Acho que com isso responderia a essa questão.

Aqui me foi transferido pelo José Carlos Dias pergunta que diz o seguinte: "Como compatibiliza as críticas à feitura de denúncias pelo Ministério Público, independentemente do processo fiscal, diante da jurisprudência dos tribunais superiores que admitem serem diversas as instâncias administrativas e penal nos crimes contra a ordem tributária e, também, diante do dispositivo da Lei 8.137, de que qualquer pessoa do povo pode encaminhar provas de delito fiscal ao Ministério Público?"

Eu compatibilizo as críticas da seguinte forma: em primeiro lugar, estendo essa crítica à jurisprudência dos tribunais. Ainda que se entenda que a legislação vigente permite essa interpretação, acho que ela não é a melhor e, seguramente, não é a mais conveniente, como demonstrou, também, a Profa. Misabel quando nos trouxe ao conhecimento a regulamentação que está sendo feita em Minas Gerais sobre o assunto, que é muito mais perfeita em matéria de respeito ao cidadão.

Quanto ao direito que tem qualquer pessoa do povo de encaminhar provas ao Ministério Público, não corresponde a um dever do Ministério Público de, imediatamente, oferecer denúncia. O Ministério Público, diante das provas, pode convocar a autoridade fiscal e pode tentar obter, pelo menos, o pronunciamento formal e definitivo da administração, respondendo afirmativamente à primeira daquelas questões, para se caracterizar a existência do crime tributário — ou seja, existe débito?

Se o próprio Fisco não respondeu, ainda, a essa questão, ou, pior ainda, se ele termina respondendo negativamente, dizendo que não existe débito, entendo que não há como se sujeitar alguém ao constrangimento do processo penal diante disso.

Seriam essas as minhas respostas. Obrigado.

PROF. EDUARDO BOTTALLO — Eu passo a palavra à Profa. Misabel Derzi.

PROFA. MISABEL DERZI — Como eu tenho uma série de questões, serei telegráfica nas respostas.

A primeira delas me foi transferida pelo Prof. José Carlos Dias e é de Alcides Sampaio: "Havendo previsão na lei tributária da cobrança cumulativa de multa moratória e de juros de mora, a denúncia espontânea (art. 138 do CTN) exclui o pagamento da primeira? Em caso afirmativo, a resposta seria a mesma se a lei estabelecesse que a denúncia espontânea não elidiria o pagamento da multa moratória?"

Eu vou responder a essa pergunta com uma outra pergunta formulada pelo Prof. Sacha Calmon. Em vez de pergunta, eu vou transformar a pergunta que ele formulou numa afirmação: "havendo denúncia espontânea, e pagamento do tributo devido, não é possível cobrar multa alguma, pois a responsabilidade elidida é justamente a da autoria do ilícito fiscal". Certo?

Quer dizer, o Código Tributário Nacional é expresso no sentido de que a denúncia espontânea exclui a responsabilidade por infração, e a multa é uma sanção. É um problema legal.

"Se a administração tributária cobra tributo já declarado inconstitucional pelo Supremo Tribunal, que possui a inteligência última da Constituição, não deveria haver ato ilícito e merecer, o fato, uma sanção pecuniária, ao menos, cujos efeitos financeiros revertessem em favor do contribuinte lesado?". Antônio Souza Prudente, juiz federal.

Aqui, certamente, o Dr. Antônio Prudente está-se referindo a uma lei declarada inconstitucional pelo STF, no caso em controle difuso. Porque se se tratar de uma lei declarada inconstitucional pelo STF numa ação declaratória de constitucionalidade ou inconstitucionalidade, isso é vinculante. De modo que se o fiscal exige tributo que sabe ser indevido, porque já o foi numa ação declaratória, que tem efeito *erga omnes*, assim declarado pelo Supremo, há um crime de excesso de exação. Isso está tipificado pela lei penal.

Agora, a questão pode se colocar tratando-se, apenas, de inconstitucionalidade em controle difuso. Nesse caso deveria haver uma sanção específica para a cobrança.

Esta pergunta já foi respondida: "A Constituição veda prisão civil por dívida tributária. Veda também a prisão penal?". Evidentemente. Ela veda o menos grave e, está claro, se a prisão civil está vedada, qualquer outra pena privativa de liberdade, com muita mais razão, estará vedada. Isso está implícito.

O Sr. Paulo Roque pergunta: "A senhora não acha que a Lei 8.137, de 1990, é inconstitucional por ferir o princípio da razoabilidade, porque não é razoável que o contribuinte, já penalizado via auto de infração o seja, de novo, pelo mesmo fato por essa lei penal?"

Quer dizer, aqui temos o verdadeiro espírito daquele princípio de que nos falou ontem o nosso conferencista Prof. Marçal, o princípio da odiosidade à cobrança tributária. A pergunta do Sr. Paulo Roque é mais ou menos nesse sentido: o contribuinte já é tão penalizado, ainda o legislador resolve incriminar?

Essa não é uma questão de inconstitucionalidade. O Direito Penal guarda realmente as sanções mais graves ao descumprimento dos deveres nas outras ordens jurídicas — por isso mesmo é que o Direito Penal é cercado de princípios específicos, especiais, a partir da Constituição.

Com isso respondemos também a uma outra questão, do Sr. Natanael

Martins, que pergunta se é cabível, em nosso sistema jurídico, multa de valor equivalente a 300% do valor comercial da mercadoria ao comerciante que deixou de emitir nota fiscal ou documento equivalente.

Há um estudo nesse sentido, e o Prof. Geraldo Ataliba é um dos autores desse estudo, que com toda a razão diz que nesses casos, quando o legislador prevê esse tipo de multa, na verdade ele não prevê uma multa no sentido do Direito Civil, ressarcitória, compensatória, ao dano provocado ao credor. Trata-se de uma verdadeira penalidade, impondo um castigo específico ao patrimônio do agente para que ele não repita a infração.

Neste caso temos aquilo que o CTN chama de penalidade específica — não sanção no sentido genérico, mas penalidade tributária. E a configuração de uma penalidade tributária acarreta, atrai, todos os princípios inerentes ao Direito Penal. Isso é muito importante. O devido processo legal, a ampla defesa e a questão da culpabilidade. Isso é que é fundamental: a atração dos princípios inerentes ao Direito Penal para esse tipo de multa. Não acho que esse tipo de multa seja inconstitucional. Na verdade ele configura uma pena, e deve ser tratado como uma pena imposta pelo legislador, dentro dos princípios clássicos do Direito Penal.

Acho que as demais perguntas já foram genericamente respondidas.

Agradeço aos presentes pela oportunidade. Se esqueci de responder a alguma pergunta, estou à disposição para a solução de qualquer dúvida. Obrigada. (*Palmas*)

PROF. EDUARDO BOTTALLO — Agradecendo a presença dos participantes, lembro que a conferência de encerramento, no período da tarde, será proferida pelo Prof. Alcides Jorge Costa, professor titular de Direito Tributário da Faculdade de Direito da Universidade de São Paulo. Muito obrigado a todos.

Está encerrada a sessão. (*Palmas*)

SESSÃO SOLENE DE ENCERRAMENTO

PROF. EDUARDO BOTTALLO — Peço ao ilustre conferencista, Prof. Alcides Jorge Costa, que tome assento à Mesa; e convido o Ministro Francisco Rezek; o Dr. Pedro Gordilho; o Prof. Wagner Balera, professor de Direito Previdenciário da Universidade Católica de São Paulo; o Prof. Sacha Calmon Navarro Coelho, da Universidade Federal de Minas Gerais; o Prof. Paulo de Barros Carvalho, da PUC de São Paulo; o Prof. Pedro Luciano Marrey Jr.; a Profa. Diva Malerbi e o Dr. Antônio Prudente, juiz federal em Brasília, para tomarem assento à Mesa.

Meus colegas, esta sessão será realizada conjugadamente com a Sessão de Encerramento deste Congresso, de modo que a nossa programação, sem qualquer solução de continuidade, será desenvolvida em duas etapas.

Na primeira parte, composta a Mesa, o que já ocorreu, vamos ter a satisfação de ouvir a conferência de encerramento, a cargo do Prof. Alcides Jorge Costa, professor titular de Direito Tributário da Faculdade de Direito da USP.

Na segunda parte, sem qualquer solução de continuidade, faremos a Sessão de Encerramento, com o que as Jornadas, que se iniciaram na quarta-feira, estarão chegando ao seu término.

Os senhores se recordam que na quarta-feira, uma vez encerrada a sessão de trabalhos, tivemos oportunidade de oferecer um coquetel aos presentes. O coquetel de encerramento será oferecido no ano que vem, por ocasião da abertura do X Congresso Brasileiro de Direito Tributário, uma vez que temos a certeza de poder continuar contando com a participação e o prestígio que, nesses nove anos, nunca foram negadas a esta iniciativa do IDEPE.

Dando início à primeira parte desta sessão, iremos ouvir a palestra a cargo do Prof. Alcides Jorge Costa, que tratará do tema que ele próprio pediu que fosse anunciado como sendo ''Idéias em torno de uma reforma''.

Fosse o Prof. Alcides pessoa desconhecida dos presentes, talvez existisse um certo protocolo que nos levasse a fazer a sua apresentação. Mas acredito, nestas circunstâncias, que descrever a condição científico-profissional do Prof. Alcides seria, no mínimo, total desnecessidade.

De modo que, em nome de todos os presentes, saudando o Prof. Alcides, pessoa não só respeitada mas muito querida por todos que têm o privilégio de o conhecer, convido-o para que faça a sua conferência.

CONFERÊNCIA

IDÉIAS EM TORNO DE UMA REFORMA

ALCIDES JORGE COSTA
Professor Titular de Direito Tributário da Faculdade de Direito da Universidade de São Paulo

PROF. ALCIDES JORGE COSTA — Excelentíssimos Senhores Membros da Mesa; Srs. Congressistas.

É uma satisfação pronunciar o que é menos que uma conferência, nome exagerado para o que eu vou dizer, mas pronunciar algumas palavras na sessão de encerramento deste Congresso.

Ocorreu-me a idéia de expender algumas considerações, porque no momento trata-se de fazer no Brasil uma reforma tributária, que é objeto de aguda discussão. Ocorreu-me trazer algumas considerações a respeito.

Sabemos que valor fundamental do homem, direito fundamental, é a liberdade. Não é o único dos direitos humanos. Temos direitos humanos de primeira geração, de segunda geração e de terceira geração. Mas este é claramente um direito fundamental.

A liberdade não se alcança sem que se pague um certo preço. Um preço que se paga pelo gozo da liberdade é, certamente, o pagamento dos impostos, ou seja, desistimos de um pedacinho para termos o pleno gozo de uma liberdade ampla.

Este é o primeiro aspecto que chama a atenção quando se cuida de um sistema tributário, sobretudo tendo em vista uma reforma. Porque os direitos humanos abrangem uma gama muito grande.

É claro que sendo um preço, deve ele ser pago por todos, dentro das características da tributação, de acordo com a sua capacidade contributiva.

Mas é claro, também, que existirão, sempre, aqueles que quererão evadir-se do pagamento do imposto, furtar-se à sua parcela de contribuição. Isto suscita alguns problemas no campo dos direitos fundamentais.

É evidente que cabe ao Estado cobrar o imposto de todos aqueles que devem pagar. Seria profundamenta injusto que uns pagassem e outros não, e compete ao Estado efetuar a cobrança. Isto exige a tomada de certas medidas para evitar a chamada sonegação.

Até que ponto podem ir estas medidas? Até que ponto pode a liberdade do cidadão sofrer certa coerção, tendo em vista a arrecadação do imposto — não nos esquecendo de que o imposto é por sua vez o preço da liberdade.

Isto vem a propósito de um problema que está sendo muito discutido hoje, que é o problema do sigilo bancário.

A privacidade é um direito. E até que ponto a privacidade deve ser respeitada, ou dentro de que limites ela pode ser violada, para que o imposto seja pago com exatidão.

Vejo que, de certa forma, trata-se de uma coisa paradoxal. Pagamos o imposto como preço da liberdade. Pagamos o imposto como preço do pleno uso dos nossos direitos individuais ou direitos humanos — as expressões são intercambiáveis.

É possível que para pagar esse preço — um desses impostos cujo produto vai proporcionar ao Estado, exatamente, o direito de defender esses direitos —

para pagar isso é possível que um desses direitos deva sofrer alguma diminuição.

Então, o nosso problema aqui é o problema do limite. O problema de limite existe não só quanto ao volume do imposto a arrecadar, e para isto temos a capacidade contributiva; mas existe, também, quanto à perda da liberdade, do direito de privacidade e de outros, tendo em vista uma boa arrecadação.

É um problema um pouco paradoxal.

Hoje se desenvolve uma grande discussão, em que poderíamos situar, de um lado, aqueles que entendem que deve ser um direito preservado a todo custo. De outro lado, temos outros entendendo que este direito pode, de certa forma, ser reduzido, tendo enfim uma boa arrecadação, tendo enfim, em última análise, a defesa do direito de todos.

E é um paradoxo. E o problema é realmente de limite.

Não se pode nem admitir que exista um sigilo absoluto, inviolável, em qualquer hipótese; nem admitir que esse sigilo, que essa privacidade, sejam invadidos sem mais aquela.

Uma das tarefas, quando se elabora um sistema tributário, quando se pensa num sistema tributário, é a do estabelecimento desses limites à observância dos direitos individuais. Eles devem ser observados, e em que limite podem deixar de ser observados, tendo em vista exatamente a sua preservação?

Esta é uma tarefa extremamente importante. Dei o exemplo do sigilo, o direito à privacidade, o que envolveria, por exemplo, a escuta telefônica, e poderia dar outros exemplos. Claro que não haveria aqui tempo suficiente para um exame completo nesse sentido.

Mas é mais ou menos um problema de limite, um problema de equilíbrio.

Dizia aquele Ministro da Corte Suprema, Holmes, que quando pagava imposto estava comprando civilização. Havia um outro Ministro que dizia que o poder de tributar envolve o poder de destruir. Isso quem dizia era Marshall.

Estamos nestes dois extremos.

Podemos ter a compra de civilização, aí abrangida, claro, a observância dos direitos fundamentais etc. etc., como podemos ter o direito de destruir. Temos de achar o exato ponto de equilíbrio, não nos colocando nem num extremo, nem no outro extremo. O problema é realmente o ponto de equilíbrio.

Mas quando pensamos num sistema tributário não podemos nos esquecer, ainda, em relação ao contribuinte, que a sua liberdade exige que ele tenha certeza daquilo que vai pagar. Que ele pague com a maior liberdade possível — isso já dizia o velho Adam Smith — e até agora parece difícil atingir esse objetivo.

É preciso, portanto, que num sistema tributário as leis transmitam, no grau máximo possível, a certeza ao contribuinte, e que lhe dêem comodidade no pagamento do imposto.

É neste caminho que segue a chamada simplificação.

É evidente que a simplificação extrema poderia corresponder a uma tirania extrema. O tirano que manda os seus esbirros, de casa em casa, a arrecadarem o que for possível, tem um sistema tributário extremamente simplificado.

Um sistema tributário é parte da vida econômica de um país. Então, um sistema tributário acompanha um pouco, ou muito, a complexidade da vida econômica do país. É claro que o sistema tributário do Zaire, me parece, pode ser muito mais simples que o sistema tributário norte-americano ou alemão, e assim por diante.

Dentro de tudo isso não podemos nos esquecer da simplificação em nome da comodidade do contribuinte. E a simplificação também traz a certeza — e isso talvez seja até mais importante que a comodidade — e, se não há certeza, o contribuinte terá os seus direitos feridos; e isso não se pode aceitar.

No entanto, não se pode também pensar num sistema tributário, apenas, em termos de simplificação. Mais que isso, não se deve pensar que a simplificação é resolvida com mera reforma constitucional.

A simplificação resulta de uma batalha contínua, porque eu posso ter um sistema tributário com quatro impostos e ao mesmo tempo ter um sistema tributário de enorme complexidade.

Afinal, a Constituição menciona apenas imposto sobre a renda e proventos de qualquer natureza. E a lei ordinária pode dar-me alguma coisa extremamente complexa ou alguma coisa mais simples — simplicidade, é claro, que se coadune com a complexidade da vida econômica do país.

Portanto, este é um segundo aspecto a observar.

O terceiro aspecto a observar é o de uma tributação que esteja de acordo com a capacidade econômica de cada um. Este é um ponto que, na prática, é difícil de determinar; mas esforços devem ser feitos nesse sentido.

Agora, ao conceber um sistema tributário eu não posso esquecer de que certos impostos são, por natureza, regressivos e, naturalmente, não posso jamais esquecer do problema da repercussão dos impostos, não posso esquecer que os impostos não recaem, exatamente, sobre aqueles que os recolhem aos cofres públicos.

Preciso lembrar que os impostos são repercutíveis — e hoje entendo que todos os impostos são praticamente repercutíveis, uns mais, outros muito menos, como, por exemplo, o imposto sobre o salário; mas de uma forma ou de outra pode haver repercussão em todos.

Devo levar isto em conta ao conceber e ao pôr em prática um sistema tributário, tudo isso tendo em vista a relação do contribuinte com o Estado, a relação do povo com o Estado.

Mas esse não é o único aspecto a considerar. Bem examinado este lado da relação do Estado e do contribuinte, que é bastante complexo, e que envolve todos aqueles direitos que estão na Constituição, e aos quais eu fiz apenas uma ligeira referência, não posso esquecer que a tributação é um elemento da vida econômica.

Até entendo que a expressão tributo extrafiscal não é a mais feliz possível, porque não há nenhum tributo que não tenha algum efeito além daquele da mera arrecadação, e esses efeitos variam de imposto para imposto, de tributo para tributo. Parece-me mais apropriado falar, em vez de efeitos extrafiscais, em efeitos dirigistas. Quando um tributo é criado visando a encaminhar um certo comportamento, a induzir um certo comportamento, há aí um dirigismo, via tributação.

Mas um sistema tributário deve ser adequado ao progresso econômico, não deve perturbar a economia.

Aqui aparece um outro problema: não existe imposto neutro. O imposto pode ser neutro sob certos aspectos, mas não sob todos os aspectos, porque é dinheiro tirado do setor privado, levado ao setor público, que vai, por sua vez, aplicá-lo. Nesta aplicação vai incentivar ou mover certos setores.

Isto leva a uma outra consideração: a de que, no exame de um sistema tributário, não devemos esquecer que a arrecadação e a despesa são as duas faces da mesma moeda. Não existe um imposto que, sozinho, seja progressivo. A progressividade pode não estar no imposto e estar na despesa ou pode estar dos dois lados.

É evidente, num exemplo muito elementar, que se numa cidade é criado imposto predial urbano altamente progressivo e, depois, se todo o produto da arrecadação é utilizado no aformoseamento, no melhoramento, dos lugares onde residem as pessoas de maiores posses, não houve progressividade nenhuma aí. Posso ter um imposto meramente proporcional, mas se eu encaminhar todo o produto para melhorar os lugares onde moram as pessoas de renda mais baixa, estou fazendo uma redistribuição de renda.

Então, não podemos nunca nos esquecer de que a receita e a despesa são duas faces de uma mesma moeda, de tal forma que só se pode verificar se existe real progressividade de um imposto qualquer, comparando a despesa daquele ano com a despesa do ano anterior — a despesa pública, bem entendido.

Este é outro fator que deve ser considerado. Repito que o imposto não deve perturbar a vida econômica. Por isso, devem ser evitados impostos cumulativos e, na medida do possível, impostos regressivos. Mas sobretudo cumulativos, que são desastrosos do ponto de vista econômico.

Nesse sentido, o Brasil, agora, está enfrentando o problema das chamadas contribuições sociais. Sabemos que essas contribuições, tal como existem hoje, são altamente cumulativas, e que isso é muito perturbador da vida econômica do país.

Isto posto, há um outro aspecto de um sistema tributário que deve ser também considerado. E, agora, refiro-me, especificamente, aos países organizados sob a forma federativa e, mais especificamente ainda, ao Brasil.

Este é um ponto bastante delicado. Se há a União, o Poder Central, e há os Estados, é claro que uma grande parte da autonomia dos Estados ou do poder da União vai depender dos meios de que a União e os Estados, respectivamente, disponham. Afinal, atrás do dinheiro vai o poder.

O poder é exercido através da arrecadação, mas muito mais através da despesa. Encargos representam poder. Quem vai ter estes encargos? Quem vai tê-los precisa ter também os meios necessários para financiá-los.

Aqui aparece o problema da partilha de receitas entre a União e os Estados.

No Brasil há uma complexidade adicional. Os Municípios comparecem também, na Constituição, com rendas próprias, que lhe são atribuídas diretamente pela Lei básica.

Na Constituição de 1891 as fontes de receita tributária dos Municípios iam depender das Constituições estaduais. A partir da Constituição de 1934 os Municípios passaram a ter as suas fontes de receita própria.

Como fazer essa distribuição? Este é um problema extremamente agudo.

A meu ver o Brasil ainda não resolveu satisfatoriamente este problema, que pré-existia à República. Já no tempo do Império havia enormes reclamações das províncias a respeito da escassez de meios. As províncias sequer tinham fontes próprias de arrecadação, o que lhes foi dado, apenas, pelo Ato Adicional de 1834 — o que não resultou praticamente em nada, porque podiam cobrar quaisquer impostos que não estivessem compreendidos entre os impostos gerais, isto é, aqueles que pertenciam ao Império. E a Lei 99 fez a lista dos impostos gerais. Mas era uma lista tão grande que sobrou muito pouco para as províncias.

Já naquele tempo havia esta disputa.

Na Constituinte, que levou à Constituição de 1891, travou-se um enorme debate a respeito — houve várias propostas — mas, basicamente, entre a proposta de Rui Barbosa e a de Júlio de Castilho. Rui Barbosa dizia que não há Federação forte se a União não for forte. O ponto de vista de Rui Barbosa foi vencedor. Os Estados, por seu turno, não pararam de reclamar, nem os Municípios. A discussão repetiu-se a cada assembléia constituinte que foi sendo realizada. Discutia-se, sempre, o problema da autonomia. Discutia-se sempre, em conseqüência, o problema dos meios destinados a cada um.

Aconteceu uma coisa curiosa: os Municípios tiveram, gradativamente, aumentada a sua disponibilidade de receita tributária, ou através de arrecadação própria ou através de transferências automáticas feitas pelos Estados a cada um dos seus Municípios, e pela União. Isto veio progressivamente.

As transferências não começaram com os Fundos de Participação, tal como existem hoje, e que são produto da reforma de 1965. Mas já existiam formas de participação. Na Constituição de 1946 a União já distribuía uma parcela do imposto de renda aos Municípios. Já havia uma distribuição do produto da arrecadação do imposto único sobre energia elétrica e sobre combustíveis, e assim por diante.

Hoje os Municípios têm uma posição como jamais tiveram na História do Brasil, em matéria de arrecadação. Os Estados permaneceram mais ou menos onde estavam e a União teve a sua arrecadação reduzida.

Isso levou ao problema que enfrentamos hoje, o problema dos déficits. Não é a única causa. A União empenhou-se demais na vida econômica, passou a exercer atividades excessivas, e esta, também, é uma das causas.

Mas a partir de 88 ela teve as suas fontes diminuídas e, sobretudo, essas transferências aumentadas; e os encargos não foram transferidos na mesma proporção. Agora, é preciso notar que a transferência de encargos não se faz na Constituição.

Tenho repetido várias vezes que é impossível, é utópico, dizer que a Constituição deve repartir primeiro os encargos e depois dar a cada um o seu poder tributário correspondente. É impossível separar os encargos em gavetinhas devidamente etiquetadas.

Primeiro, todas as Federações têm uma certa superposição de encargos. Segundo, o Brasil é um país com diferenças regionais acentuadas, de tal forma que em certos Estados a União tem uma presença muitíssimo maior, às vezes até avassaladora, enquanto que noutros Estados essa presença é quase uma ausência.

O que vou tomar por modelo para fazer essa distribuição de encargos, se é que quero fazer isso na Constituição?

É, portanto, impossível.

Essa é uma ação política permanente. A União já podia ter-se desfeito de encargos que tinha antes da Constituição de 88. No entanto, encargo é poder — como eu disse antes — e ninguém gosta de perder o poder. Mas ela está-se desfazendo de alguns. Li, há pouco tempo, nos jornais, que a União está transferindo cerca de 30 mil quilômetros de estradas para os Estados. Os Estados vão cuidar disso, não mais a União. Há outras transferências a serem feitas, mas, repito, essa é uma ação política permanente, para que se chegue a um equilíbrio. Certamente essas transferências não serão feitas de maneira uniforme através do país.

Ainda no campo da atuação econômica de um sistema tributário, é preciso verificar quais são as permanências indesejáveis e eliminá-las. Por exemplo, este problema da tributação da exportação dos semi-elaborados. Isso não passa de uma manifestação do Brasil Colônia, porque, como se sabe, quando Thomé de Souza chegou ao Brasil, trouxe o regimento real e o regimento da Fazenda e já se criava, àquela altura, a décima, ou seja, 10% sobre a exportação e sobre a importação. Durante o Império, o imposto de exportação foi muito importante, o que é típico de país de economia colonial.

Já proclamada a República, e na Constituinte, houve enorme discussão sobre o imposto de exportação. Alguns, mais esclarecidos, pregando a sua extinção; mas, de modo geral, uma disputa feroz para saber se esse imposto ficava com a União ou se ficava com os Estados. Acabou ficando com os Estados. E veio sendo cobrado, até que foi, finalmente, abolido pela reforma de 1965.

No entanto, ele ressurgiu, porque se eu cobro ICMS na exportação, estou claramente cobrando, do ponto de vista econômico, um imposto de exportação.

Houve uma imunidade para os produtos industrializados, mas não para os produtos primários. Os Estados, depois, desenvolveram uma luta para que os créditos relativos aos insumos dos produtos exportados fossem estornados, o que significa que não haveria uma imunidade completa, mas só do valor agregado na última operação.

Na Constituição atualmente em vigor criou-se esta figura estapafúrdia dos semi-elaborados, que é apenas o renascimento do velho imposto de exportação. Precisamos acabar com esta reminiscência colonial na fiscalidade brasileira.

É claro que isto tem outras repercussões, e não vou demorar-me nelas.

Ao mesmo tempo em que a grande maioria dos Estados tinha no imposto de exportação uma excelente fonte de arrecadação, o imposto sobre a propriedade rural não era cobrado. Durante todo o Brasil Colônia não foi cobrado. Durante todo o Império não foi cobrado. Apareceu na Constituição de 1891, e tem sido mal cobrado até hoje — e todos sabemos disso.

Isso era feito conscientemente. Também não vou relatar isso tudo, mas se percorrermos certas coisas que aconteceram a partir da proclamação da República e no começo deste século, que já está findando, vamos ver que já havia gente pregando que se cobrasse o imposto territorial e se abolisse o imposto de exportação, como havia gente dizendo que no Brasil o imposto de exportação jamais poderia ser substituído pelo imposto territorial rural.

Havia, portanto, perfeita consciência das implicações de tudo isso.

A verdade é que esse imposto é cobrado até hoje. Quando se quer eliminá-lo, os Estados pedem compensações. Não lhes ocorre cobrar aquilo que devem cobrar. Este é outro problema a ser enfrentado.

Nestas relações todas da Federação — e me perdoem este hiato para falar do imposto de exportação — aparece um outro problema de enorme sensibilidade, que são as disparidades regionais. Isto tem causado, tradicionalmente, problemas. Estes problemas já existiam ao tempo do velho imposto de vendas e consignações, que era estadual, e se manifestava no Decreto-lei 915, de 1938, alterado, depois, pelo Decreto-lei 1.061, com um sistema que, mesmo durante a Constituição de 46, foi julgado constitucional pelo Supremo Tribunal Federal, mas que depois, já às vésperas da renovação do sistema tributário, foi substituído por outro sistema.

Com a instituição do ICMS, com a adoção do princípio da origem, apareceu a possibilidade, clara e patente, da chamada guerra fiscal, o que é péssimo. Temos um mercado comum. Vários países lutam para ter um mercado comum. Não devemos permitir que esse mercado comum se esfacele, e que cada Estado se feche em suas fronteiras — estaríamos caminhando para o passado.

Mas temos a guerra fiscal, que é produto destas diferenças. Quando há uniformidade de desenvolvimento econômico, cobrar um imposto pelo princípio da origem ou pelo princípio do destino é, mais ou menos, irrelevante. Mas quando há disparidades, não é irrelevante.

Esse é outro problema que deve ser enfrentado agora. Deve ser discutido e enfrentado.

Há inúmeras propostas para se resolverem esses problemas, mas devem ser obviamente examinadas, e deve-se levar em conta que esse tipo de guerra fiscal é altamente prejudicial para todos. A prazo curto pode dar a impressão de que confere vantagens a este ou àquele. A prazo médio e a prazo longo é uma espécie de suicídio coletivo.

Temos, ainda, outro problema envolvido, que é o dos Municípios. A maior parte das fontes tributárias dos Municípios, hoje, resultam da transferência de uma parcela da arrecadação do ICMS e dos fundos de participação. Eles têm sua arrecadação própria. Cabe-lhes, entre outros, o imposto sobre serviços de qualquer natureza.

É claro que eu não vou entrar na discussão pormenorizada deste imposto.

Tem-se pregado a substituição do ICMS pelo que é chamado de IVA — imposto sobre o valor acrescido, que seria cobrado à maneira européia ou à maneira habitual, digamos assim, seria cobrado de acordo com o modelo clássico, de acordo com o modelo teórico.

Os Municípios se opõem, porque não querem abrir mão do imposto sobre serviços. E este imposto — criado na reforma de 65 por uma necessidade política de atender aos Municípios, que estavam perdendo o imposto de indústria e profissões, imposto arcaico, que foi uma bênção eliminar — foi criado o ISS e entregue aos Municípios. No começo foi mal arrecadado e poucos Municípios o arrecadavam. Mas hoje está aumentando a arrecadação do ISS, que representa já parcela considerável dos meios disponíveis para muitos e muitos Municípios. É claro que vai haver, sempre, desigualdades, porque um Município essencialmente agrícola não tem uma gama de serviços que lhe permita uma grande arrecadação. Mas para cidades maiores está-se tornando, ou já é, um imposto muito importante.

Aqui cabe mais uma consideração.

Sabemos que o setor terciário da economia está aumentando. O exemplo típico é São Paulo, que é uma cidade que está de certa forma se desindustrializando e se transformando numa cidade de prestação de serviços. É um imposto muito importante para esta cidade, como para outras no Brasil. Este imposto, se não estou enganado, representa hoje cerca de 26% da arrecadação do Município de São Paulo, e com tendência a crescer.

Isso também provoca problemas de relações intermunicipais, de solução extremamente mais fácil que o das relações entre os Estados.

Todos estes fatores, portanto, da partilha do bolo tributário, devem ser considerados numa Federação: o que queremos — privilegiar a União, privilegiar os Estados ou privilegiar os Municípios?

Isto vai levar a uma redistribuição dos encargos, que, repito, é mais um problema de ação política, que de formular regrinhas numa Constituição; é mais uma função que exige um estudo cuidadoso, que ainda não foi feito, e que não é fácil — e uma ação contínua.

Por outro lado, precisamos de um sistema tributário que seja dotado de uma certa flexibilidade.

Explico porque; há uma tendência entre nós, pelos abusos, pelos exageros que têm sido cometidos pelo Poder Público nos últimos tempos — quando falo últimos tempos, digo de vinte anos para cá — de engessar o sistema tributário. Torná-lo de uma rigidez incomum. Agora mesmo vejo a grita que se levanta contra a proposta de se permitir, na Constituição, a criação do imposto compulsório para absorver o excesso de poder aquisitivo. Isto é trauma do passado, porque foram criados empréstimos compulsórios que eram verdadeiros despautérios. Foram criados empréstimos compulsórios que não se destinavam a nada, senão a fornecer dinheiro para os cofres públicos. Isto é um erro terrível. No entanto, eliminar o uso em nome do combate ao abuso pode não ser a melhor política. Afinal, se deixamos de aceitar isto ou aquilo porque foi mal utilizado no passado, devíamos quase eliminar o governo no Brasil, porque tem sido mal utilizado.

Este tipo de empréstimo pode ser um instrumento econômico muito mais saudável que este juro estratosférico de que o Governo lança mão, hoje, para conter o consumo. O empréstimo compulsório é um instrumento mais saudável. Agora, claro, que, como tudo, deve ser usado com bom-senso e com parcimônia. Ao tempo do Governo Sarney foi criado um chamado empréstimo compulsório, até hoje denominado assim, que, no entanto, na origem era, na verdade, um investimento compulsório, porque cada um que pagava ia receber em troca não a promessa de devolução do dinheiro, mas as cotas de um Fundo Nacional de Desenvolvimento, que também acabaram não sendo distribuídas; e, aí, veio a promessa da devolução do dinheiro. Até hoje não aconteceu nem uma coisa, nem outra.

Tudo isso traumatiza. Mas esses traumas não devem nos deixar perder de vista o bom-senso.

Há também o medo da Medida Provisória. Este é um problema maior, que não se localiza apenas no campo tributário. Lembro que uma das emendas recentemente aprovadas no Congresso diz que tudo o que for aprovado daquela emenda para a frente não pode ser objeto de Medida Provisória.

De modo que a criação, na Constituição, da possibilidade de um empréstimo dessa natureza levaria a sê-lo, necessariamente, por lei ordinária.

A rigidez pode sempre levar a maus resultados.

Mais um exemplo: não podemos nos esquecer do meio ambiente, que hoje é um assunto que está no foco das discussões. E não podemos nos esquecer de uma possível eficiência do instrumento tributário na regulação do meio ambiente.

Já existem, em vários países, os chamados impostos ambientais, porque preservar o ambiente pode ser feito ou com regulamentos estritos, imposição de multas, ou com incentivos ou via tributação.

Se tivermos uma Constituição completamente rígida, jamais poderemos lançar mão desse tipo de imposto, que seria destinado a preservar um dos direitos fundamentais, que é o direito de viver num ambiente sadio, ou pelo menos não inteiramente deteriorado, que cada um de nós tem.

Não podemos levar a extremos a rigidez.

Vejo, por exemplo, a emenda do Deputado Ponte, que eu não trouxe aqui — e agora vou falar de memória e posso estar equivocado — que impõe um tanto por cento do PIB para as despesas, se não me engano, com aposentadoria.

O perfil demográfico de qualquer país muda, e o do Brasil está mudando rapidamente. A diminuição da taxa de natalidade e o aumento da vida média estão levando ao chamado envelhecimento da população. Obviamente, vai haver um número crescente de aposentados.

Se houver uma limitação de tantos por cento do PIB, pergunto: o dia em que for atingido esse limite, o que vamos fazer, reduzir as aposentadorias ou matar os aposentados, para observar a Constituição? Ou a sobrevivência dos aposentados será inconstitucional?

É impossível criar rigidez deste tipo e aqui, agora, e já tendo em vista as últimas palavras, que não quero cansá-los, vou falar de um problema extremamente delicado e que está agora, também, no centro das discussões, que é o financiamento da saúde ou da seguridade em geral que é feito através de contribuições, que eu já disse, há pouco, que têm efeito econômico desastroso, são altamente regressivas, de modo que caem com mais peso sobre quem ganha menos.

Tudo isto deve ser repensado. Além de que deve ser repensado mais o problema da centralização da arrecadação para a distribuição, depois, aos Municípios. Uma vez que se está tentando municipalizar o atendimento à saúde, seria interessante pensar, também, se a arrecadação não deve caber aos Municípios, para que cada um empregue o que arrecadou dentro dos seus limites.

É claro que deveria haver, por parte da União e dos Estados, algum tipo de fundo para aqueles Municípios mais pobres, e que não tivessem a possibilidade de ter um atendimento decente à saúde.

Creio que isto deveria ser pensado, como deveria ser pensada a mudança deste tipo de tributo para financiar a saúde.

O volume dessa arrecadação, hoje, é tão grande, que não se pode pensar em substituí-la por um aumento do imposto de renda. É impossível pensar-se nisso, tal o seu volume. Mas pode pensar-se num sistema que não seja tão danoso à economia. Pode pensar-se, por exemplo, num tributo também sobre o valor acrescido, que elimina uma boa parte dos inconvenientes de um tributo cumulativo.

É claro que não seria mera reprodução do atual ICMS, porque o imposto sobre o valor acrescido admite várias modalidades de cobrança, não necessariamente este tipo, mas alguma coisa diferente e, vamos dizer, mais simples. É possível fazer isso, e se deveria pensar nessa direção.

Entretanto, vemos, já agora, o Ministro Jatene desesperado, pedindo a criação de uma contribuição, que é mais um tributo dessa ordem, altamente cumulativo, altamente regressivo.

Entendo o desespero dele. É trágica a situação do atendimento à saúde por parte do Poder Público. Mas eu me pergunto se não é uma forma errada de fazer esse atendimento, lançando mão desse tipo de arrecadação.

Todos estes fatores devem ser considerados quando se pensa num sistema tributário. Mas deve pensar-se num sistema tributário não apenas quando se formula a Constituição. Aí se resolvem vários problemas, mas há outros que são do dia-a-dia, há outros que são de uma ação política permanente; e esses devem ser cuidados, por isso mesmo, permanentemente.

Creio que precisamos parar de pensar exclusivamente no mito da simplificação, que nos leva a alguns extremos, que reputo ridículos. Quer-se reduzir o número de impostos e, em lugar de se falar em imposto de exportação e em imposto de importação, fala-se em imposto sobre o comércio exterior — como se não continuassem sendo dois impostos completamente diferentes.

Não adianta. Eu posso ter até uma lei só, mas é claro, para qualquer um, que as regras aplicáveis ao imposto de exportação não têm nada com as regras aplicáveis ao imposto de importação.

É claro que a simplificação, repito, não deve ser um mito como está sendo pregado.

O Dr. Ives Gandra Martins disse uma vez que o Brasil tinha 58 tributos. Não são, mas 101, se não me falha a memória. Mas ele nunca falou em 58 impostos, ele falou tributos. Ele falou em 57, mas daí já se passou para 58 impostos. E daí veio-se discutindo, e ninguém sabia quais eram esses 58 — o que é mais curioso.

Então, pede-se a redução do número de impostos. Na verdade, o Brasil tem 4 impostos que representam a grande soma da arrecadação.

Quanto às taxas, aqueles que pregam sua diminuição, eu sempre pergunto se a pessoa já pagou a sua taxa de faróis do ano. E aí ninguém sabe o que é. É um dos 101. Se não pagou a taxa de farol, nunca vai ser incomodado. Então, ficam só 100. Não tem importância.

A simplificação deve ser procurada, mas não este tipo de simplificação. E eu acrescendo, só para terminar, que a extrema simplificação pode representar também a extrema injustiça.

A justiça tributária pode levar a um certo grau de complexidade. Dou um exemplo de extrema simplificação: cobrar X% do imposto de renda sobre o rendimento bruto de todo mundo. A declaração teria uma linha só: ganhei tanto, multiplicado por X% dá tanto de imposto. Acabou. Ficaria todo mundo felicíssimo com a simplicidade disso. Mas ninguém aceitaria, porque vai querer deduzir as despesas que teve com isto, com aquilo, e com aquilo outro, e vai querer um mínimo de isenção, e assim por diante.

A simplificação extrema pode levar, também, a uma injustiça muito grande — e deve-se procurar o meio termo em tudo isso.

A simplificação é possível? Claro que é. Uma grande parte dela está no campo da lei ordinária.

Simplificação é possível? É. Se a inflação acabar teremos liquidados aí uns 80% da complexidade do sistema. Não andaremos mais correndo atrás de Ufires, Ufesps, e mais não-sei-o-quê, corrigindo tudo e transformando isto naquilo; não teremos mais de lidar com três ou quatro unidades de conta diferentes. Isso vai dar uma grande simplificação.

São estas as idéias que eu queria transmitir-lhes — reconheço um tanto descosidas, mas que tentaram representar um universo que deve ser considerado, quando se examina um sistema tributário.

Se agora o país está querendo promover uma reforma tributária é bom que pense em termos globais, é bom que considere todos esses aspectos e é bom que não esqueça que um sistema tributário e, conseqüentemente, uma reforma desse sistema, não se esgota no texto constitucional. Pelo contrário, de certa forma ali começa. Muito obrigado. (*Palmas prolongadas*)

PROF. EDUARDO BOTTALLO — Muito obrigado, Prof. Alcides. Ficamos encantados, como sempre, com as suas palestras.

Eu queria anunciar a presença na Mesa do nosso amigo Professor de Direito Constitucional da PUC, membro e colaborador do IDEPE, também deputado federal, Prof. Michel Temer.

Quero também consignar a presença na mesa dos Professores Roque Carrazza, Estevão Horvath, Misabel Derzi e, também, pedir que os demais professores que colaboraram com o desenvolvimento deste Congresso, Prof. Aires, Prof. Sidney, Prof. Marçal, que se considerem também integrando a nossa Mesa.

Quero consignar, ainda, a presença entre nós, para nossa honra e satisfação, do Juiz Régis Castilho Barbosa, que é Vice-Presidente do Primeiro Tribunal de Alçada de São Paulo.

Meus colegas, vamos aproveitar esta sessão de encerramento e aproveitar a presença do nosso colega, e também deputado federal, Prof. Michel Temer, para que o IDEPE possa, no coroamento destes nossos trabalhos, oferecer a sua contribuição concreta para esse tema, cuja importância ninguém desconhece — e, inclusive, ontem foi enfatizado naquela brilhante palestra do Prof. Fernando Albino e que, hoje, com não menor brilhantismo, foi também enfatizado, em seus diferentes aspectos, pelo Prof. Alcides Jorge Costa — que é o tema da reforma tributária. É um tema que está em evidência. O Prof. Albino, ontem, destacou, com certa ironia, a sua recorrência. Mas ele existe, na verdade, está aí, está posto para a discussão da sociedade. E nós, que somos especialistas da área, somos todos operadores profissionais do Direito, particularmente do Direito Tributário, não poderíamos deixar de nos furtar de oferecer uma colaboração para que, na medida em que essa reforma deva ser discutida no Congresso, que o seja dentro de sugestões, propostas e critérios que representem o fruto do trabalho e da meditação dos especialistas na matéria.

De modo que aproveitando, repito, a presença do Professor e deputado federal Michel Temer, vou pedir ao Prof. Geraldo Ataliba que passe às mãos do Prof. Michel Temer a nossa contribuição para a reforma tributária.

PROF. GERALDO ATALIBA — Senhor Presidente, Prof. Eduardo Bottallo, eu queria subverter um pouquinho a sua condução dos trabalhos, não me prevalecendo da circunstância de ser o Presidente do IDEPE, mas cumprindo o dever de porta-voz e executor das decisões tomadas pela Diretoria do IDEPE.

Para cumprir essa decisão, queria pedir ao Prof. Aires Barreto, diretor científico do IDEPE, que subisse até a Mesa, porque cumprindo uma missão da Diretoria do IDEPE, vamos entregar a duas personalidades os títulos de sócios honorários do Instituto.

Quero comunicar oficialmente que o IDEPE resolveu, na linha do que todos sabem que é sua previsão estatutária, conceder ao Prof. Eduardo Bottallo o título de seu sócio honorário e o Prof. Aires fará a entrega do título

— É feita a entrega do título. (*Palmas*)

PROF. EDUARDO BOTTALLO — Nós vamos ter de fazer uma pequena reformulação na composição da Mesa.

Infelizmente para nós o Ministro Francisco Rezek vai ter de se retirar por um compromisso inadiável e nessa retirada dele, a quem presto as homenagens de todos os membros da Mesa, convido o Juiz Régis Castilho Barbosa para que passe a ocupar um lugar na Mesa. (*Palmas*)

Queria manifestar ao IDEPE, na pessoa da sua alma e inspiração, que é o Prof. Geraldo Ataliba, o meu mais profundo reconhecimento. Aliás, devo dizer aos presentes que a homenagem que o IDEPE me prestou, convidando-me para presidir este Congresso, já seria mais do que eu poderia esperar. Agora, ela é complementada com a entrega desse título, que me deixa bastante comovido e perturbado.

Agora, voltando ao que estava dizendo antes, quero convidar o Prof. Geraldo Ataliba para que entregue ao Prof. Michel Temer a contribuição do IDEPE, deste Congresso, para as reformas tributárias que estão em curso no Congresso Nacional.

PROF. GERALDO ATALIBA — Ilustre Presidente, Prof. Eduardo Bottallo; Colegas de Diretoria; Colegas participantes do Congresso, neste rápido encerramento, muito rapidamente, quis o IDEPE convidar o ilustre Prof. Michel Temer, professor de Direito Constitucional da Faculdade de Direito da PUC de São Paulo e, felizmente para nós, colega nosso, de renome em todo o país. E o convidamos nessa dupla qualidade, de professor de Direito Constitucional e de representante do povo no Congresso.

Vou sublinhar uma coisa: ele não é mais representante de São Paulo no Congresso. Como líder do maior partido que tem sede no Congresso, que ocupa o Congresso, que tem lugar no Congresso, que é o seu partido, o PMDB, o Prof. Michel deixou de ser representante de São Paulo e passa a ser um representante do Brasil. E compõe um organismo informal, que é o colégio de líderes, que na verdade assessora, com caráter decisivo, a Mesa da Câmara dos Deputados e a própria Mesa do Congresso, na condução dos negócios principais do Congresso e, sobretudo, na elaboração de suas pautas.

Outro dia este líder entre os líderes, que é o Prof. Michel Temer, conversava com uma roda de professores ligados ao IDEPE, especialmente da nossa área tributária, preocupado com o debate que estamos desenvolvendo no Brasil a respeito desses temas. Como resultado compusemos uma comissão integrada pelos professores Alcides Jorge Costa, Aires Barreto, Wagner Balera, Eduardo Bottallo, Misabel Derzi, Osiris Azevedo Lopes Filho, Paulo de Barros Carvalho, Roque Carrazza, Heron Arzua e Sacha Calmon Navarro Coelho.

Durante alguns dias nos dedicamos a formular uma proposta, que está muito na linha do que foi dito aqui, por alguns dos professores que nos deram aula neste Congresso, e que é o pensamento quase oficial do IDEPE — embora o IDEPE não conheça essa forma de eleição ou plebiscito interno para certas decisões. Mas é a idéia de que o Brasil precisa parar de falar em reformar a Constituição e precisa, isto sim, colocá-la em vigor, dar-lhe eficácia. (*Palmas*)

É nossa convicção de que nós — nós, o Governo brasileiro — só vamos fazer o bem para o Brasil no instante em que pararmos com essa história de reforma, de mudar, e começarmos a trabalhar, a construir o país, para fazer o país funcionar.

Muito convictamente, essa Comissão chegou a um projeto de lei complementar para mudar alguma coisa do Código Tributário Nacional e, até para ampliar alguma coisa do que atualmente consta, para mostrar que é possível incentivar a criação de empregos, incentivar as exportações, incentivar o investimento em capital produtivo, aumentar a produção nacional, sem mexer na Constituição e simplesmente fazendo uma legislação complementar adequada, equilibrada, simples e que promova todas essas finalidades.

Chegamos, também, à conclusão de que limpando e simplificando essa legislação, tirando muitos deveres acessórios em excesso e algumas outras medidas — que o tempo não permitiu uma parada para, ponderadamente, se fazer uma simplificação — porque com a eliminação disso tudo as empresas podem reduzir parte de suas despesas e pode-se criar um clima que permita então realizar a grande verdade: a inflação, ao ver nosso, de leigos em economia — graças a Deus — a idéia de que a inflação se combate aumentando a produção e a oferta e não provocando recessão e redução da produção.

Mas, uma idéia, Professor, Deputado e Líder Michel Temer, queríamos, com muito empenho, que V.Exa. levasse ao Colégio de Líderes e à Câmara dos Deputados: a idéia de que quando a Constituição prevê, no artigo 195, I, a contribuição das empresas para a previdência social e a seguridade social, quando a Constituição prevê, enunciando as três idéias, faturamento, lucro e folha de salários, ela não está fazendo referência — vejam só, a título de contribuição — a três impostos: um imposto sobre o lucro, um imposto sobre folha de salários e um imposto sobre faturamento, que é a concepção atualmente dominante.

Preocupados com isto, mas querendo ser construtivos e não só críticos para dizer: "isso está errado, chamar de contribuição a três impostos é uma coisa despropositada", não queríamos ficar nessa crítica.

Então, trabalhamos na idéia da formulação de diretrizes a constarem de lei complementar — e o Prof. Michel Temer dirá como isso será conduzido —

que será uma contribuição que permitiria a revogação de toda a legislação de contribuições; portanto, uma contribuição que teria de render mais de 55% de toda arrecadação federal, de qualquer tributo federal — 55%!

Essa diretriz, constante de lei complementar, depois seria objeto de uma lei ordinária, que dependeria muito dos técnicos em finanças, de levantamentos e de debates, para que ela pudesse ser adequadamente modulada.

A idéia, a constar da lei complementar, e que resulta dos trabalhos desta Comissão, é a seguinte: haveria uma contribuição, que é o que prevê o artigo 195, I, da Constituição, que seria estabelecida para cada contribuinte com base no seguinte roteiro: toma-se o faturamento da empresa. A esse faturamento aplica-se uma tabela de alíquotas decrescentes, na razão inversa do capital invertido, quer dizer, quanto mais capital a empresa inverteu, menor será a alíquota a ser aplicada sobre o faturamento.

Com isso, cada empresa terá um número, um número estimulante ao investimento, a que se tenha capital aplicado na produção, na criação de empregos, no desenvolvimento nacional. E sobre esse número daí resultante aplicar-se-ia uma outra tabela de alíquotas crescentes em função do número de empregos criados. Quanto mais emprego uma empresa tenha, menor será a alíquota a ser aplicada sobre esta segunda base.

Então, esta contribuição levaria em consideração o lucro, o faturamento e a folha de salário, mas estimularia a inversão de capital, estimularia a criação de empregos.

Veja, Deputado, a idéia que V.Exa. vai levar por escrito, não é a folha de salários, exatamente, mas o número de empregos, a criação de empregos, porque não adianta uma empresa ter dez empregados, muito bem pagos, regiamente pagos — até os diretores vão querer aparecer como empregados para ter uma grande folha de salário — e na verdade criar poucos empregos.

O que o Brasil precisa é que se criem empregos, esta é uma realidade nacional há muitos anos. É o contrário da realidade do Japão, da Alemanha e de muitos outros países. A nossa é que precisamos dar empregos. Até porque não ter emprego num país desenvolvido é estar condenado a viver da seguridade social durante algum tempo, por três anos ou talvez mais. Nos Estados Unidos, um coitado desses, só ganha 600 dólares por mês enquanto está desempregado. No Brasil, o desempregado está condenado a morrer de fome. Esta é a nosa causa. (*Palmas*)

PROF. EDUARDO BOTTALLO — Não é necessário, mas eu passo a palavra ao Prof. Michel Temer.

PROF. MICHEL TEMER — Eminente Prof. Bottallo; prezado amigo Prof. Geraldo Ataliba; meus colegas advogados; Srs. Membros da Magistratura e do Ministério Público aqui presentes.

Quero, em rápidas palavras, dizer que recebo com extraordinária satisfação esta contribuição científica deste Congresso promovido pelo IDEPE.

Quando conversei com o Prof. Geraldo Ataliba e vários colegas a respeito da chamada reforma tributária, eu registrava que o tema reforma tributária estava se transformando no Congresso e no país num verdadeiro mito. Mito de alguns que o conheciam e o sabiam como tal, e mito para outros que falam, inclusive no Congresso, da reforma tributária, sem ter idéia sequer daquilo que o Prof. Alcides Jorge Costa dizia, de quantos são os tributos no país, confundindo, naturalmente, o número de impostos com o número de contribuições.

E quando se alude ao número, seja de 57 ou de 101, o de que se está falando é exatamente do número excessivo de contribuições que fazem com que o país — dizia eu ao Prof. Ataliba — seja um país da transitoriedade, da provisoriedade, um país que ao invés de ter um sistema tributário estável, um país em que se deva ter uma política determinada de saúde, uma política determinada para transporte, uma política determinada para a agricultura, com as respectivas fontes de custeio e, portanto, previsão orçamentária, vai administrando de acordo com as necessidades. E quando surgem as necessidades administrativas, a fórmula mágica é solicitar as chamadas contribuições sociais.

Por isso, o Ministro Jatene sai — exemplificado que foi aqui — numa verdadeira batalha pessoal, nem diria do Governo, embora hoje apoiada pelo Governo, para resolver um problema de uma área específica do Governo Federal, que é a área da saúde; como há pouco tempo veio a mim, na liderança do meu Partido, o Ministro Odacyr Klein para pedir uma contribuição para que cogitássemos, já que cogitava ele, no momento, de uma fórmula contributiva que pudesse resolver os problemas de transportes no nosso país.

E isto, digo eu, coloca o país numa permanente provisoriedade, quando queremos tirá-lo da transitoriedade para a definitividade. A própria idéia da revisão constitucional, já sepultada nesta altura, criou na consciência brasileira esta idéia de que tudo o que se fez — e aqui lembra o Prof. Geraldo Ataliba — em 1988 era algo para vigorar durante um certo e determinado período. Lamentavelmente não estamos conseguindo sair, Prof. Bottallo, desta provisoriedade.

Por isso, dizia eu, recebo como colega, episodicamente, circunstancialmente, como deputado e líder de uma bancada na Câmara Federal, esta contribuição científica do IDEPE, que eu verifico, pelas palavras do Prof. Geraldo, não altera o sistema tributário nacional, mas o tornará operativo, que é exatamente o que se pretende fazer.

O grande problema no país foi que, até hoje, não se tornou operativa a Constituição de 88. Nós aqui sabemos quantos e quantos se reportam à Constituição, sem sequer ter se detido na leitura, sequer, do seu artigo 1º..

De modo que ao receber esta contribuição, Prof. Geraldo, o que vou fazer é levar, em primeiro lugar, para o chamado colégio de líderes, mas ao mesmo tempo quero levar esta matéria para os setores do Executivo também encarregados dela. Temos várias propostas sobre a chamada reforma tributária — e eu sempre me indago se reforma tributária significa reforma do sistema constitucional tributário ou se pode ser uma reforma tributária exatamente pela implementação do desejo do constituinte originário em matéria do sistema tributário.

O que farei será levar ao colégio de líderes, será levar aos setores competentes do Poder Executivo, será reunir a minha bancada de 104 deputados e discutir esta matéria na minha bancada e, se ali prevalecer essa idéia — devo apenas registrar que há na bancada uma emenda constitucional já em tramitação, e aqui já mencionada, a emenda do deputado Luiz Roberto Ponte, de modo que precisamos equacionar, porque aquela é uma Casa de diálogos, é um parlamento, onde se conversa, de modo que nesse diálogo, que espero seja produtivo — possamos fazer prevalecer a idéia de que a reforma tributária deverá cingir-se, disse eu, à implementação daquilo que já existe no texto constitucional.

Se fizermos isso, Prof. Bottallo, Prof. Geraldo, Prof. Sacha, Prof. Wagner Balera, Prof. Aires, Prof. Paulo, Prof. Estevão, Profa. Diva, Profa. Misabel e professores amigos que aqui se acham, se conseguirmos fazer isso creio que o Brasil deverá ao IDEPE, como já deveu em tantos outros temas, uma grande vitória, e terá sido o IDEPE o formulador de uma idéia de desenvolvimento, de pleno emprego, como disse o Prof. Geraldo Ataliba, que não terá saído, não terá nascido nas hostes oficiais, nem do Executivo, nem do Legislativo, mas de uma plêiade, de um grupo de juristas que anualmente se reúne para debater os grandes temas constitucionais e tributários.

Muito obrigado aos senhores e muito sucesso ao Congresso. (*Palmas*)

PROF. EDUARDO BOTTALLO — Temos ainda duas homenagens a serem prestadas com a outorga do título de sócio honorário do IDEPE.

A contribuição às ciências jurídicas, desses dois homenageados, se revelará automaticamente pelo simples enunciado dos seus nomes.

Convidaria o Prof. Wagner Balera para que fizesse a entrega do título ao Prof. Pedro Luciano Marrey Jr.

— É feita a entrega do título. (*Palmas*)

PROF. EDUARDO BOTTALLO — Convido o Prof. Geraldo Ataliba para que entregue o título ao Prof. Michel Temer.

— É feita a entrega do título. (*Palmas*)

PROF. EDUARDO BOTTALLO — Meus senhores e minhas senhoras, creio que tudo que podia, que deveria ser dito, já o foi. De modo que apenas me resta convidá-los, como disse no início desta sessão, para o coquetel de abertura do X Congresso Brasileiro de Direito Tributário, a realizar-se daqui a um ano, e declarar encerrado o IX Congresso Brasileiro de Direito Tributário.

Muito obrigado a todos. (*Palmas*)

CONCLUSÕES DO PLENÁRIO DO IX CONGRESSO BRASILEIRO DE DIREITO TRIBUTÁRIO

ICMS: isenções de serviços e produtos destinados ao exterior

1. A tributação dos serviços e produtos destinados ao exterior desfruta de tratamento especial na Constituição Federal de 1988.

No art. 155, § 2º, inciso XII, alínea "e", da Constituição Federal, há somente uma aparente autorização ilimitada para a concessão de isenção do ICMS incidente nas operações que destinem ao exterior serviços e outros produtos, além dos mencionados no inciso X, alínea "a", do mesmo artigo (aprovada por maioria).

2. O Congresso Nacional pode, mediante lei complementar, conceder isenções de ICMS, incidente nas operações com serviços e outros produtos destinados ao exterior, além dos mencionados no art. 155, § 2º, inciso X, alínea "a", da Constituição Federal, desde que a isenção seja *específica* em relação a determinados serviços ou produtos e atenda, fundamentalmente, a *premente e relevante interesse nacional* (aprovada por maioria).

3. A lei complementar, a que alude o art. 155, § 2º, inciso XII, alínea "e", da Constituição Federal, deverá conter taxativamente os motivos que deram ensejo à concessão da aludida isenção (aprovada por maioria).

Os direitos fundamentais e o fato gerador da obrigação tributária — Majoração do imposto de importação — Princípios ético-jurídicos da Constituição Federal e a responsabilidade sem culpa do Estado

1. Os princípios da anterioridade e o da irretroatividade da lei tributária são garantias mínimas do contribuinte, que absolutamente não excluem a aplicação dos direitos fundamentais, tais como a proteção ao ato jurídico perfeito e ao direito adquirido (aprovada por maioria).

2. O direito de o Estado instituir ou majorar imposto sobre a importação de produtos estrangeiros não está consagrado na Constituição Federal como um direito fundamental. Embora de relevância econômica e jurídica notória — como explicitação da sua soberania no plano interno e internacional — não se sobrepõe a qualquer direito fundamental (aprovada por maioria).

3. A irretroatividade da lei tributária disposta no art. 150, III, alínea "a", da Constituição Federal de 1988 é garantia mínima que não anula ou se sobrepõe à garantia fundamental da proteção ao ato jurídico perfeito e ao direito adquirido, não se lhe aplicando os arts. 105 e 144 do CTN (aprovada por maioria).

4. O IPI, o IOF, o Imposto de Importação e de Exportação, embora não sujeitos ao princípio da anterioridade, não podem ser majorados e aplicados imediatamente aos contratos em curso, cujo desfazimento seja oneroso às partes envolvidas, em função dos princípios da moralidade administrativa, da boa-fé, da proteção ao ato jurídico e o da não surpresa.

A responsabilidade objetiva do Estado não fica afastada, se houver dano ao particular (aprovada por maioria).

A estrutura lógica do direito ao crédito de ICMS

1. O direito ao crédito do ICMS surge no mesmo instante em que se verifica o fato jurídico-tributário deste imposto, não podendo ser restringido nem pela lei ordinária, nem pelos atos administrativos da Fazenda Pública, ressalvando-se, exclusivamente, as exceções consubstancias no Estatuto Supremo — isenção e não incidência (art. 155, § 2º, I e II) (aprovada por maioria).

2. As restrições ao direito do abatimento do ICMS contidas em leis ou atos normativos infralegais são inconstitucionais (aprovada por maioria).

Prevalência dos tratados internacionais visando à união econômica em face das leis estaduais

1. A isenção de tributos estaduais por tratados internacionais, aprovados pelo Congresso Nacional, é admitida no ordenamento jurídico brasileiro (aprovada por maioria).

2. A proibição de outorga de isenção heterônoma, contemplada no inciso III do art. 151 da Constituição Federal, relativamente à ordem interna, não impede que a União — enquanto Pessoa Jurídica de Direito Público externo — conceda isenção de tributos estaduais (aprovada por maioria).

Substituição "para a frente"

1. A eleição do substituto tributário está jungida aos limites impostos pela própria natureza da estrutura de incidência tributária, impossibilitando que o legislador estabeleça como responsável pessoa física ou jurídica que não tenha contribuído, ainda que indiretamente, para a concretização do fato jurídico descrito no antecedente da norma. A eleição do responsável fora destes parâmetros viola a referida estrutura normativa e, por conseqüência, o princípio da legalidade e o da capacidade contributiva (aprovada por maioria).

2. É inconstitucional a Emenda Constitucional n. 3 na parte em que introduziu o § 7º ao artigo 150 da Carta de 1988, por afrontar o inciso III (Direitos e Garantias Individuais) do artigo 60, do mesmo texto. Ofende esta Emenda, simultaneamente, os princípios da estrita legalidade, da tipicidade e da capacidade contributiva (aprovada por maioria).

Certidão negativa

1. Recusar a expedição de qualquer *certidão negativa ou certidão positiva* é forma de coagir a cobrança de tributo sem o devido processo legal, configurando prática inconstitucional, violadora do disposto no art. 5º, inciso XXXIV, letra "b", da CF, repudiada pelos Tribunais pátrios (aprovada por maioria).

A prescrição da devolução dos empréstimos compulsórios

1. A relação jurídica dos empréstimos compulsórios é de duas naturezas, uma tributária e outra não tributária (administrativa ou financeira). A tributária se refere à cobrança deste tributo, sua instituição e toda a composição anterior à sua extinção pelo recolhimento. A não tributária refere-se a sua devolução (aprovada por maioria).

2. A prescrição para as ações de devolução de empréstimos compulsórios não possui a mesma sistemática das ações de repetição do indébito, por existir um termo legal para a restituição, que varia, dependendo da previsão de devolução. Apenas decorrido este termo inicia-se a contagem da prescrição (aprovada por maioria).

3. Lei posterior, que dilate o prazo para devolução do empréstimo compulsório, tem o condão de dilatar o início do prazo de prescrição para a ação do contribuinte que exija a devolução dos valores cobrados a esse título (aprovada por maioria).

O conceito jurídico de renda e proventos de qualquer natureza — Adições e exclusões ao lucro real

1. O conceito de renda é o de acréscimo patrimonial, nele estando incluídos os ganhos de capital (aprovada por maioria).

2. Uma vez que a teoria legalista da renda está superada, à vista da teoria do acréscimo patrimonial, devem ser dedutíveis, *integralmente*, a remuneração dos dirigentes, a participação dos empregados nos lucros das empresas e as próprias multas punitivas impostas à empresa (aprovada por maioria).

3. Todas as despesas dedutíveis estão submetidas ao conceito jurídico-constitucional de renda.

Quaisquer limitações às dedutibilidades deverão guardar estreita correlação com a teoria do acréscimo patrimonial e com as despesas relacionadas com a atividade do contribuinte (aprovada por maioria).

Mesa do plenário

AIRES FERNANDINO BARRETO
ESTEVÃO HORVATH (Presidente)
MIN. FRANCISCO REZEK
MARIA LEONOR LEITE VIEIRA
PAULO AIRES BARRETO
SIDNEY SARAIVA APOCALIPSE

TRABALHOS DO IX CONGRESSO BRASILEIRO DE DIREITO TRIBUTÁRIO APROVADOS COM MENÇÃO HONROSA

O CONCEITO JURÍDICO DE RENDA E PROVENTOS DE QUALQUER NATUREZA

Alguns casos concretos — Adições e exclusões ao lucro real

JOÃO DÁCIO ROLIM

Professor de Direito Tributário do Curso de Pós-Graduação em Direito da Economia e da Empresa da FGV, Especialista em Direito Constitucional pela USP, Doutorando em Direito Tributário pela UFMG

1. Introdução. 2. As três correntes predominantes sobre a concepção de renda. 3. A distinção entre renda e capital. 4. Conclusões. 5. Referências bibliográficas

1. Introdução

O presente trabalho tem por objetivo o estudo das principais concepções de renda para efeito de sua determinação como base imponível do imposto, analisando-se até que ponto seria possível ao legislador ordinário estabelecer restrições ou limites para determinadas despesas ou provisões no tocante à sua dedução para a apuração da renda tributável.

O conceito de renda tem desafiado inúmeros juristas e economistas e não há um consenso doutrinário nem jurisprudencial a respeito da sua definição, principalmente quando se questiona a própria concepção explicitada pelo legislador complementar no art. 43 do aderindo à corrente da renda como acréscimo patrimonial. Sem elaborar uma teoria definitiva e sem aderir a uma delas de modo cabal, tem-se como objetivo a discussão do assunto não só de modo acadêmico, mas também prático, uma vez que inúmeras questões no balanço diário da vida dos contribuintes ainda não estão solucionadas e afetam sua capacidade contributiva. Das três correntes predominantes, qual é a que é mais adequável ao sistema constitucional brasileiro e qual delas é a menos adequada? Poderia, se for o caso, esta menos adequada ser absolutamente descartada, sendo menos compatível com o nosso sistema? Note-se que a incursão pelo Direito comparado, que será efetuada, será útil apenas para auxiliar na caracterização da natureza jurídica de alguns institutos ou conceitos de Direito Tributário, mas não será determinante na conclusão, em face do ordenamento jurídico constitucional brasileiro. Por outro lado, a análise de um caso concreto (compensação de prejuízos) não será o pressuposto da conclusão sobre a adoção de uma outra corrente a respeito da concepção de renda, mas apenas servirá para ilustrar a temática e ajudar a precisar conceitos, reforçar idéias, analisando a finalidade colimada pelo legislador ordinário, complementar e pelo constituinte, quando utilizou expressões ou termos tais como "renda", "propriedade", "prejuízos", "ganhos e perdas de capital", "acréscimo patrimonial", "lucro real", "despesas dedutíveis e indedutíveis" etc.

Portanto, não se terá a pretensão de alcançar um único conceito válido de renda, mas talvez o mais adequado em face do nosso sistema constitucional, e, portanto, aquele que deverá informar o intérprete e o próprio legislador quando disciplinar seu regime jurídico ordinário de apuração.[1]

2. *As três correntes predominantes sobre a concepção de renda*

Horacio García Belsunce[2] relata as três grandes correntes, classificando diversos autores segundo as suas definições tributárias de renda.

A primeira delas, denominada como "teoria da fonte", significa que a renda é o produto periódico de uma fonte permanente. Nesta acepção, exige-se que haja uma riqueza nova (produto) derivada de uma fonte produtiva durável, devendo esta subsistir ao ato de produção. Neste conceito, os ganhos de capital não constituem renda, uma vez que não se enquadram nos requisitos da fonte produtiva, a qual é formada de capital, invertido em bens, por exemplo, mas que, alienados, mesmo que seja apurado um ganho, não constituirão base imponível do Imposto sobre a Renda, já que não constitui objeto social a atividade do contribuinte de alienar bens de capital. É lógico que, como se verá mais adiante, a dedução ou não das perdas de capital será desnecessária para esta corrente, já que o imposto não grava o pressuposto lógico da sua ocorrência. Se um médico apurou ganho de sua atividade correspondente a um valor *x* e teve uma perda no mercado de ações de *y*, lógico que de sua renda tributável não poderá deduzir esta perda, pois a hipótese de incidência do Imposto de Renda para a teoria da fonte não leva em consideração qualquer ato que não esteja relacionado com a aplicação em sua atividade operacional ou existencial.

Por outro lado, o ganho na alienação de bens de capital poderia ser gravável somente por outro imposto que não o de Renda. Doações e heranças também ficariam fora do campo de incidência do imposto, uma vez que constituem transferências de capital.

Pela segunda teoria, a do "acréscimo patrimonial", renda é todo ingresso líquido em bens materiais, imateriais ou serviços avaliáveis em dinheiro, periódico, transitório ou acidental, de caráter oneroso ou gratuito, que importe um incremento líquido do patrimônio de um indivíduo num período determinado de tempo, esteja acumulado ou tenha sido consumido e que se expresse em termos monetários.[3] Segundo esta corrente, adotada expressamente pelo Código Tributário Nacional,[4] todos os ganhos de capital e demais acréscimos dos ativos num determinado período-tempo são

1. José Luís Bulhões Pedreira, *Imposto de Renda*, Rio de Janeiro, Justec, pp. 2-3: "Mas a lei ordinária, ao definir os rendimentos ou a renda sujeitos ao tributo, não é livre para escolher qualquer base imponível, e há de respeitar o conceito de 'renda e proventos de qualquer natureza' constante da Constituição: as definições adotadas pela lei ordinária devem ser construídas e interpretadas tendo em vista a discriminação constitucional de competências tributárias, e estão sujeitas ao teste de constitucionalidade em função de sua compatibilidade com essa discriminação". "(...) nem o legislador nem o intérprete é livre para adotar o conceito de renda de sua preferência: deve procurar aquele que melhor se ajuste ao sistema de distribuição de competências tributárias constante da Constituição".

2. *El Concepto de Rédito en la Doctrina y en el Derecho Tributario*, Buenos Aires, Depalma, 1967.

3. Horacio Belsunce, ob. cit., p. 186.

4. "Art. 43 (Imposto Sobre Renda e Proventos de Qualquer Natureza — Fato gerador). O imposto, de competência da União, sobre a renda e proventos de qualquer natureza, tem como fato gerador a aquisição da disponibilidade econômica ou jurídica:

"I — de renda, assim entendido o produto do capital do trabalho ou da combinação de ambos;

"II — de proventos de qualquer natureza, assim entendidos os acréscimos patrimoniais não compreendidos no inciso anterior."

tributáveis, compondo o crescimento líquido do patrimônio do contribuinte em dado período. As transferências de capital também seriam colhidas pelo imposto numa definição ampla, mas as doações e heranças, por serem apanhadas por um outro imposto específico, segundo a discriminação rígida de competência tributária estabelecida em nível constitucional (art. 155, I, "a", da CF/88, que prevê um imposto estadual sobre a transmissão *causa mortis* e doação de bens ou direitos), não seriam tributadas como renda num primeiro momento. Após integrarem o patrimônio do destinatário e com posterior alienação, aí, sim, estariam tais bens submetidos ao Imposto sobre a Renda, mas somente sobre a parcela que representasse efetivo acréscimo de valor entre o recebimento dos bens por doação ou herança e a sua alienação. Tecnicamente, não seria caso de isenção de Imposto de Renda o recebimento de bens e direitos por doações e heranças pelo contribuinte, mas assim vem tratado pela legislação ordinária. Como visto, seria hipótese de não incidência, somente sendo possível a tributação do ganho futuro. Bulhões Pedreira[5] entende que o conceito de renda pressupõe a idéia de fluxo, de algo que é recebido, e a considera como a concepção de renda que melhor se ajusta constitucionalmente, rejeitando a adoção da teoria do acréscimo patrimonial, a qual compreende não só os fluxos de renda, mas também as transferências de capital.

A terceira corrente é a denominada de "conceito legalista de renda", segundo a qual é renda aquilo que a lei estabelecer que é. Vê-se, portanto, que se adota uma definição estipulativa[6] muito perigosa, e, a meu ver, absolutamente inconstitucional a sua concepção, malgrado a opinião de alguns doutos que a defendem.[7] Igualmente, Henry Tilbery atribui preponderância à lei, ao menos com realidade objetiva, para os efeitos econômicos e fiscais, admitindo uma modificação temporal do conceito clássico do rendimento tributável.[8] Se a Constituição estabele-

5. Esclarece o autor: "O Código Tributário Nacional definiu 'proventos de qualquer natureza' como acréscimos patrimoniais que não resultam de pagamentos de renda. Na verdade, acréscimo patrimonial é efeito de qualquer modalidade de renda financeira, que é repartida mediante dinheiro e outros direitos patrimoniais que fluem para o patrimônio da pessoa, aumentando o valor de patrimônio líquido (sobre o conceito de patrimônio, v. obs. 2 ao n. 132).

"A renda não é, porém, a única fonte de acréscimo ao patrimônio líquido, que pode resultar também de transferências de capital (doações, heranças, subscrição de capital social ou de valores mobiliários emitidos pela companhia e subvenções para investimento). A intenção dos redatores do Código Tributário Nacional parece ter sido ampliar o conceito constitucional de 'renda e proventos de qualquer natureza', para nele incluir as transferências de capital. A nosso ver, o Código Tributário Nacional não define o conceito constitucional, mas conceito diferente — de 'acréscimo de poder econômico'. A constitucionalidade dessa definição ainda não foi submetida a qualquer teste" (ob. cit., p. 176).

6. Eros Grau, sobre o conceito estipulativo, assim se expressa: "Os conceitos jurídicos, como vimos, são signos de significações. São expressados — os conceitos jurídicos — através de termos: o termo é o signo do conceito.

"Esses termos são colhidos na linguagem natural, que é virtualmente ambígua e imprecisa.

"Por isso que, inúmeras vezes, a norma jurídica opera a enunciação estipulativa do conceito, ou seja, define o termo do conceito. O que se tem referido por 'conceito estipulativo' corresponde em regra a uma definição, que a norma jurídica contempla visando a superar a ambigüidade ou imprecisão do termo do conceito.

"A definição jurídica, pois — 'Para os efeitos desta lei entende-se por (...) — é a explicitação do termo do conceito e não deve ser confundida com o conceito jurídico. Este é o signo de uma significação, expressado pela mediação do termo. A definição jurídica está referida ao termo e não diretamente ao conceito; consubstancia — repita-se — uma explicitação do termo do conceito" (*Direito, Conceitos e Normas Jurídicas*, Ed. RT, 1988, pp. 70-71).

7. Rubens Gomes de Souza, Dino Jarach e Giuliani Fonrouge são citados por H. Belsunce como pertencentes à concepção legalista (ob. cit., pp. 186-194).

8. Opina o mencionado autor: "Achamos que, do ponto de vista de Direito Tributário, o con-

ce uma rígida discriminação de competência tributária, em função da forma de Estado Federativo em que se constituiu a República brasileira, consagrando a autonomia financeira para evitar conflitos de competência entre os entes federativos e para delimitar o próprio poder de tributar — estatuindo aos Municípios impostos sobre serviços e propriedade urbana, aos Estados impostos sobre circulação de mercadorias e prestação de serviços de comunicações e transportes interestaduais e de propriedade sobre veículos automotores, à União impostos sobre a renda, produtos industrializados, operações financeiras, propriedade rural —, não tem como o legislador ordinário confundir renda com propriedade rural ou territorial, prestação de serviços com operações financeiras, circulação de mercadorias com transmissão de bens imóveis, sob pena de se fazer tábula rasa às limitações constitucionais ao poder de tributar e tornar tênue, enfraquecida, para não dizer arruinada, a Federação. Nesta matéria devemos estar no campo das palavras precisas, rígidas, ainda que às vezes complexas, difíceis de serem determinadas conceitualmente, e não daquelas ambíguas, vagas, de que nos fala Genaro Carrió,[9] devendo haver, por opção do legislador constituinte, umbrais claros entre a competência tributária de cada ente federativo.

Aliomar Baleeiro, interpretando Rubens Gomes de Souza, parece entender que ao legislador ordinário restaria apenas a opção por uma ou outra das duas grandes teorias sobre o conceito de renda.[10] Este entendimento não chega a formar uma quarta corrente e nem se aproxima da concepção legalista, segundo a qual, como visto, não está limitada ou condicionada a qualquer conceito prévio de renda, seja ele puramente econômico ou jurídico, uma vez adotado pela Constituição.

Outros dos grandes mestres do Direito Tributário brasileiro, Gilberto de Ulhôa Canto,[11] chega ao ponto de afirmar que não há conceito jurídico específico de renda e proventos, talvez com razão na especificação, mas não com relação ao conceito jurídico de renda, o qual existe e o Código segue uma das correntes conceituais predominantes. Se o termo específico foi empregado no sentido lógico-filosófico, a diferenciar uma espécie de outra, ousamos discordar, uma vez que renda é inconfundível com patrimônio, por exemplo, embora possa ser difícil e laboriosa a tarefa de empreender a diferenciação específica. Por outro lado, caso a corrente legalista prevalecesse, o Código a resolveu de forma relativamente satisfatória, optando expressamente por uma das concepções predominantes, a do acréscimo patrimonial, sen-

ceito da renda, constante da lei, é a realidade objetiva para todos os efeitos. Na verdade, os doutrinadores em diversos países e em vários momentos da História apenas procuraram desenvolver as bases teóricas adequadas para fundamentar aquela sistemática da tributação de renda que melhor se ajuste ao regime vigente, às condições sócio-econômicas, aos postulados da justiça fiscal e às necessidades da arrecadação. Por isso não é de estranhar que o conceito clássico do rendimento tributável modificou-se nos tempos modernos, sob o impacto do desenvolvimento econômico e social" (*A Tributação dos Ganhos de Capital*, São Paulo, Resenha Tributária, 1977, p. 12).

9. *Notas sobre Derecho y Lenguaje,* 2ª ed., Buenos Aires, Abeledo Perrot, 1979.

10. "Como pondera Rubens Gomes de Souza, se a Economia Política depende do Direito para impor praticamente suas conclusões, o Direito não depende da Economia, nem de qualquer ciência, para se tornar obrigatório: o conceito de renda é fixado livremente pelo legislador segundo considerações pragmáticas, em função da capacidade contributiva e da comodidade técnica de arrecadação. Serve-se ora de um, ora de outro, dos dois conceitos teóricos para fixar o fato gerador ("Évolution de la notion de revenu", *A. F.,* 1951, v. II/119)" *(Direito Tributário Brasileiro,* Forense, 1981, pp. 183-184).

11. "A aquisição de disponibilidade e o acréscimo patrimonial no Imposto sobre a Renda", in *Estudos sobre o Imposto de Renda,* Resenha Tributária, 1994, pp. 33-40.

do vedado ao legislador ordinário, sob o pálio da teoria legalista, estipular qualquer outro conceito, mesmo indiretamente, via restrições de deduções de despesa ou mediante adições para determinação de renda tributável, que não se enquadrem estritamente no conceito de acréscimo patrimonial.

Alberto Xavier, em parecer datado de 1980, esposa a corrente da teoria da fonte que informou o próprio legislador complementar, ressaltando que a expressão "proventos" se refere a ganho de capital, mas necessariamente provenientes de uma fonte preexistente no patrimônio do contribuinte, afastando a possibilidade da tributação pelo Imposto de Renda das doações e heranças.[12]

Embora do ponto de vista doutrinário o entendimento de Bulhões Pedreira seja bastante interessante e do ponto de vista científico-constitucional o mais adequado à ordem constitucional pretérita, entendo que, com o advento da Constituição Federal de 1988, o legislador constituinte ampliou ou adotou outra concepção de renda, ao estabelecer a competência dos Estados para instituir *adicional do Imposto de Renda incidente sobre lucros, ganhos e rendimentos de capital* (art. 155, II, da CF/88, eliminado pela EC 3/93). Ora, se o imposto estadual era um mero adicional do Imposto de Renda federal pago sobre lucros, ganhos e rendimentos de capital, não há como deixar de dizer que tais ganhos e rendimentos de capital não estavam abrangidos na competência do imposto federal (art. 153, III, da CF/88). O fato gerador do adicional estadual era o fato gerador do Imposto de Renda federal, na lição praticamente unânime da melhor doutrina, em linha com a de Sacha Calmon.[13]

Se antes discutia-se a impropriedade do art. 43 do CTN ao dispor que proventos de qualquer natureza são os acréscimos patrimoniais não compreendidos

12. "No que se refere ao Imposto de Renda pode dizer-se que, ao menos no que tange às pessoas físicas, tem-se entre nós relutado em considerar as doações, seja na pessoa do doador, seja no donatário, como fatos geradores deste tributo. Tal fato deve-se ao legislador ter adotado essencialmente a chamada "teoria da fonte" para a conceituação da renda, segundo a qual esta é um fluxo periódico de riqueza, proveniente de fonte patrimonial permanente ou durável integrada no patrimônio do titular (cf. Rubens Gomes de Souza, *Compêndio de Legislação Tributária,* 2ª ed., 1954; "A evolução do conceito de rendimento tributável", in *RDP* 44/345, 1972). E daí que no conceito puro de renda não caibam os acréscimos patrimoniais gratuitos e fortuitos, tais como mais-valias, e a entrada no patrimônio de novos bens a título gratuito, por ganhos de loteria, apostas, prêmios de sorte etc., ou heranças ou doações.

"Temos sérias reservas a colocar a esta orientação. Por um lado, entendemos que o próprio art. 43 do CTN, que tem a natureza jurídica de lei complementar, nem permite esta solução, pois que autoriza a lei ordinária a criar imposto de renda e 'proventos de qualquer natureza'. Segundo a interpretação correta deste dispositivo, a expressão 'proventos' refere-se aos ganhos de capital, pois estes são 'provenientes' de uma riqueza preexistente no patrimônio do seu titular, mas não abrange os acréscimos patrimonias, a título gratuito, como as heranças e doações. Por outro lado, entendemos que as heranças e doações podem (e devem) ser tributadas por um imposto específico que tenha em vista as implicações familiares da transmissão de propriedade, como sucede na generalidade dos países europeus, mas pensamos inadequada a sua taxação a título de Imposto de Renda junto do donatário, herdeiro ou legatário" ("Transmissão de imóvel situado na França por residentes no Brasil", in *Direito Tributário e Empresarial — Pareceres,* Forense, 1982, pp. 148 e 153).

13. *Comentários à Constituição de 1988 — Sistema Tributário,* pp. 241 e 244: "O Estado não legisla sobre o IR, nem nas incidências em que lhe foi permitido cobrar o seu adicional. Legisla sobre o adicional em si. Aí justamente o ponto que pode suscitar questionamentos. É bem possível que os Estados queiram listar todos os ganhos de capital tributáveis, porém não tributados pela União. Ao nosso sentir, isto não será possível. O adicional pressupõe necessariamente, como um *prius,* a tributação federal. É adicional de imposto e de imposto devido à União, ainda que não pago.

"O item II do art. 155 da Constituição refere-se a adicional de até 5% do que for pago à União. Que se considerem como fato gerador desse adicional os eventos definidos na legislação da União como sujeitos à incidência do imposto de renda sobre lucros, ganhos e rendimentos de capital."

como renda (produto de capital, do trabalho ou da combinação de ambos),[14] após a Constituição Federal de 1988, com o esclarecimento ou a inovação do adicional estadual do Imposto de Renda federal sobre lucros, ganhos e rendimentos de capital, a discussão perde sentido perante o ordenamento constitucional, no sentido de que ganhos de capital não eram renda nem proventos. Entretanto, a questão poderá ser suscitada novamente com a extinção da competência atribuída aos Estados para instituírem aquele adicional de Imposto de Renda, após a Emenda Constitucional 3/93, mas sem muito vigor, a nosso ver, em virtude da finalidade da eliminação da competência adicional, que foi precisamente esta, a de restringir a tributação pelos Estados, e em função da complexidade da sua arrecadação (exigia lei complementar para dirimir conflitos de competência entre os Estados) e seu relativo nível inferior de arrecadação, o que não teria o condão de acarretar a mudança da concepção, da idéia ou do conceito de renda e proventos de qualquer natureza.

Portanto, em face da nova ordem constitucional, ao menos sob a ótica dos ganhos e rendimentos de capital, não há muito o que discutir: passaram a compor a base imponível da renda, aproximando o conceito constitucional de renda ao de acréscimo patrimonial, como explicitado no Código Tributário Nacional. Isto não impede que se discuta, por exemplo, o princípio da realização do ganho ou do rendimento para ocorrer a tributação da renda, o que se coloca mais no âmbito da aquisição da disponibilidade jurídica ou econômica, ponto para outras incursões doutrinárias, tal como a realizada no 11º Simpósio Nacional de Direito Tributário.[15]

Sobre o conceito de renda, interessante o entendimento da Suprema Corte dos Estados Unidos da América, o qual inspirou o Código Tributário brasileiro, no seguinte sentido: "o ganho derivado do capital, do trabalho ou de ambos combinados, sempre que se entenda incluído o benefício ganho através da venda ou conversão do capital".[16]

A Emenda 16 da Constituição americana igualmente não definiu renda, dispondo somente o seguinte: "O Congresso terá o poder de aplicar e cobrar imposto sobre rendas (*income*), de qualquer fonte que derivem, sem dividi-los entre os distintos Estados e sem relacioná-los com qualquer censo ou lista".

A concepção da renda como acréscimo patrimonial preponderou nos Estados Unidos e a jurisprudência tem apreciado casos sobre a necessidade ou não da realização do ganho, ou da separação da renda da sua fonte, para ocorrer a tributação, tal como no célebre caso "Eisner *vs.* Macomber".[17] Voltar-se-á ao Di-

14. Modesto Carvalhosa ("Imposto de Renda — Conceituação no sistema tributário da Carta Constitucional", *RDP* I/193, 1967), Fábio Fanucchi (*Curso de Direito Tributário Brasileiro,* v. II/67, Resenha Tributária, 1971) e Bulhões Pedreira (ob. cit., pp. 2-24) entendem que a expressão "proventos" significava aposentadoria, pensões, demais benefícios previdenciários ou os de jogos, perdão de dívida ou, ainda, nas palavras do último autor, pensão, crédito, proveito ou lucro. Geraldo Ataliba, sendo mais enfático e preciso, entende que a expresão "proventos" não é simplesmente uma expressão comum, pois possui um sentido técnico-jurídico do Direito Administrativo, o qual passou a ser constitucional, correspondendo ao "dinheiro recebido por uma pessoa em razão do trabalho, mas depois que ela já deixou de trabalhar, por motivo de idade ou de doença" ("Periodicidade do Imposto de Renda II" — Mesa de Debates, *RDT* 63/58, Malheiros Editores, 1993).

15. Nesse Simpósio discutiu-se o tema do fato gerador do IR, como aquisição da disponibilidade jurídica ou econômica da renda, e não propriamente o conceito de renda (*O Fato Gerador do IR,* Resenha Tributária, 1984).

16. Horacio Belsunce, ob. cit., p. 196.

17. Cf. comentários a respeito: Horacio Belsunce (ob. cit., pp. 89-92), Edvaldo Brito ("O excesso de retirada tributável como acréscimo patrimonial", in *Estudos sobre o IR,* Resenha Tributária, 1994, pp. 125-144) e Brandão Machado ("Breve exame crítico do artigo 43 do CTN", in *Estudos*

reito comparado para a distinção entre renda e capital.

3. *A distinção entre renda e capital*

A distinção entre renda e patrimônio é corolário essencial da discriminação de competência tributária, das limitações ao poder de tributar e da regulação dos conflitos entre os entes tributantes. Poder-se-ia também esclarecer que o princípio da capacidade contributiva, que informa a base imponível de todos os impostos, de acordo com a capacidade econômica dos contribuintes, exige a perfeita consonância entre a hipótese prevista na Constituição e o fato concreto, real, que exterioriza o fato gerador do tributo. Se a Constituição estabeleceu que o Estado pode instituir imposto sobre veículo, não pode ser tributada, como tal, máquina; ou, ainda, se a hipótese de incidência é a renda, não pode a União, no caso, tributar somente receitas sem dedução de quaisquer despesas, pois presumiu o constituinte que há capacidade econômica somente naquelas hipóteses estritas: renda, veículo etc., e não outras.

Tanto na concepção da renda na teoria da fonte-produto quanto na de acréscimo patrimonial, a distinção entre capital e renda é muito nítida. Edgard Allix e Marcel Lecercle,[18] que seguem a primeira teoria, criticam a teoria subjetiva da renda como critério para distinguir a renda do capital. Nem a vontade humana nem a lei podem considerar a fonte da renda (capital) como renda, ou vice-versa, o produto periódico de uma fonte durável (renda) como capital, ou seja, fonte e seu produto periódico são inconfundíveis.

O que a lei pode reconhecer como papel fundamental da vontade humana é a transformação da renda em capital, conforme a aplicação que dela se faça. Distinguem, portanto, Allix e Lecercle o momento inicial para apreciar a natureza de um ingresso como capital ou renda, devendo ser aquele momento em que o ingresso é realizado, e não aquele em que é utilizado. Então, relevante é o momento em que é gerado o ingresso. E citam o seguinte exemplo: não se pode considerar que um bosque seja uma renda e não capital, uma vez que é necessariamente capital em razão de seu caráter de fonte durável, e da mesma forma os produtos deste bosque não podem ser considerados como capital, pois constituem renda, pelo seu caráter de frutos periódicos daquela fonte.

Charles Ambroise Colin[19] distingue capital e renda nos seguintes termos: capital é o conjunto das riquezas que um homem possui e que deve conservar em sua integridade para obter anualmente uma constante de bens necessários para o seu consumo, e renda são os produtos que derivam da colocação em funcionamento das riquezas das quais ele dispõe e que podem consagrar-se a seu consumo sem diminuição do seu capital. Nesse sentido, o trabalho humano (aptidão intelectual e manual do homem) pode ser considerado uma riqueza material, da qual se obtêm produtos ou bens (salários) que serão destinados à sua poupança ou consumo, mas sem diminuir o seu capital (energias físicas, psíquicas e mentais, devendo ser dedutíveis todos os gastos para a manutenção ou conservação, o máximo possível, da fonte).

Portanto, na teoria da fonte-produto há necessidade de recomposição do patrimônio como fonte periódica da renda e de eventuais reconstruções do capital

sobre o IR, Resenha Tributária, 1994, pp. 107-124).

18. *L'Impôt sur le Revenue*, Paris, ed. Rousseau y Cie., 1926, cit. por Horacio Belsunce *(El Concepto de Rédito en la Doctrina y en el Derecho Tributario*, Buenos Aires, Depalma, p. 197).

19. *La Notion du Revenue en matière de Législation Fiscale*, Paris, ed. Librairie Dalloz, 1924, cit. por Horacio Belsunce (ob. cit., p. 94).

uma vez que a fonte produtiva é durável e sofre desgastes.

O mesmo ocorre com a teoria do acréscimo patrimonial, uma vez que não há acréscimo por riqueza nova quando se trata só de recuperação de uma perda sofrida ou de um dano ocorrido. Giannini,[20] por exemplo, considera que os juros de mora têm natureza de renda, pois correspondem aos frutos do capital indevidamente retido pelo devedor, não os juros compensatórios, que servem ou concorrem apenas para reintegrar uma diminuição patrimonial. Do mesmo modo, não é gravável pelo Imposto de Renda o valor que compensa o dano emergente pelo não cumprimento de uma obrigação, mas o é no que tange à compensação do lucro cessante.

Apesar da clara distinção entre capital e renda em ambas as teorias (do acréscimo patrimonial e da fonte-produto), a legislação de alguns países não a reconhece com precisão conceitual, pela falta de um imposto específico sobre patrimônio em paralelo a um imposto sobre a renda e em função dos interesses arrecadatórios do Fisco, como bem ressalta Horacio Belsunce.[21]

20. *Instituciones de Derecho Tributario*, Editorial de Derecho Financiero, 1957, cit. por Horacio Belsunce (ob. cit., p. 155).

21. Ob. cit., p. 114: "El ex-profesor de finanzas de la Facultad de Derecho de París sostiene que el Derecho Fiscal, en oposición a las nociones más elementales de la Economía Política y del Derecho Civil, llama renta a lo que es capital (Henry Laufenburger, *Traité de Économie et Législation Financières. Revenue, Capital et Impôt*, 4ª ed., Paris, Recueil Sirey, 1950, pp. 33-36).

"Esta extensión de la noción de renta no responde a ningún fundamento jurídico, sino a un oportunismo práctico, que se dá en todos los países donde no existe um impuesto periódico sobre el capital al lado del impuesto sobre la renta anual. Como los gastos crecen, los Estados buscam recurrir a las fuentes de todo orden, y hostiles a los impuestos sobre el capital, se tientan en estirar el concepto de renta, particularmente por la interpretación de la noción del mayor valor de los bienes activos, de manera tal que alcance al capita."

Portanto, independentemente dos argumentos de ordem constitucional e da legislação complementar que se possam invocar, encontramos no Direito legislador de diversos países uma clara diferenciação entre capital e renda e que, por força da natureza das coisas, deve se impor perante a ordem tributária, para a segurança jurídica e para graduar a carga tributária em função da capacidade econômica dos contribuintes, à luz da justa e razoável fixação da sua base imponível, que deve ser a mais adequada possível aos princípios retores da tributação: justiça, igualdade e segurança. Seria razoável instituir-se um imposto sobre ganhos de capital ou sobre o produto do trabalho, para depois se tributar o próprio capital ou o próprio trabalho como se renda fossem?

A distinção, por fim, entre renda e patrimônio é relevante a inúmeros casos práticos tratados pela legislação ordinária do Imposto sobre a Renda, dentre os quais ressaltam as limitações a certas despesas pelos contribuintes pessoas físicas (despesas com instrução, perdas de capital não compensáveis com outros ganhos, despesas com aluguel, alimentação, vestuário, funcionando a faixa de isenção do imposto como um número para cobrir com tais gastos necessários e relacionados direta ou indiretamente com a vida e a atividade principal do contribuinte) e pessoas jurídicas (limites para a dedução das despesas com remuneração e gratificação dos administradores, multas punitivas previstas na legislação tributária exigidas por auto de infração, restrição a dedução da provisão de obrigações tributárias depositadas em juízo, condições quantitativas e qualitativas para a dedução de provisões para devedores duvidosos e para contingências, dentre outras), que se justificam somente na hipótese de não afetar os seus respectivos patrimônios, informados pelo princípio da preservação do capital para a apuração do seu acréscimo e pelos princípios da necessidade da despesa e da sua relação direta ou indireta com as suas atividades.

4. *Conclusões*

1ª O conceito jurídico mais adequado de renda é o de acréscimo patrimonial, englobando os ganhos de capital, exceto as transferências de renda, tais como doações e heranças, segundo o ordenamento jurídico constitucional de 1988.

2ª O conceito legalista (fiscalista) de renda, no sentido de ser considerado renda aquilo que a lei ordinária do imposto estabelecer que é, está ultrapassado e superado pela jurisprudência do STF, como nos *leading cases* de desapropriação (não incidência do imposto), da não-tributação das variações monetárias (ganho nominal e não real) e da não-tributação adicional pelo Imposto de Renda com relação aos lucros distribuídos (art. 38 da Lei 4.506/64).[22]

3ª Todas as adições ao lucro real (despesas indedutíveis na determinação da renda tributável), conforme estabelece a legislação ordinária do imposto, estão sujeitas ao teste, à bitola da constitucionalidade, de acordo com o conceito jurídico-constitucional de renda.

4ª As exclusões ao lucro real (base de cálculo do imposto) ou são simplesmente hipóteses de não-incidência, de

22. *Ementa* — n. 89.791-7: "Na verdade, por mais variado que seja o conceito de renda, todos os economistas, financistas e juristas se unem em um ponto: renda é sempre um ganho ou acréscimo de patrimônio.

"(...)

"Ora, a correção monetária, realmente, não constitui rendimento, porque lhe faltam elementos constitutivos deste, principalmente a reprodutividade. A renda se destaca da fonte sem empobrecê-la. Tal não ocorre na correção monetária, onde o capital continua o mesmo; apenas é atualizado para o valor do dia do pagamento. Sem ela, haveria uma diminuição do capital. Procura-se, com a correção monetária, apenas dar ao capital o mesmo valor que tinha quando do negócio. Nada se lhe acrescenta; portanto, nenhuma renda há. A correção monetária, portanto, não é renda, mas simples restauração do valor primitivo do capital. Trata-se de mera alteração nominal, e não real. Mera substituição do desfalque do valor, e não acréscimo do valor. E note-se que, no caso *sub judice*, as partes estabeleceram a correção monetária tomando por base as ORTN e todos sabem que estes índices não acompanham os da inflação, sendo-lhes inferiores. Há, pois, mesmo com a correção monetária, nos termos em que é posta no contrato, um decréscimo no capital, e não é lícito ao legislador dizer que a diminuição do patrimônio constitui renda, pois o conceito dela, além de estar consubstanciado no art. 43 do CTN, existe no Direito Privado, quer no Código Comercial (lucros etc. — arts. 302, 288), seja no Código Civil (frutos, produtos, rendimentos, renda etc. — arts. 60; 178, § 10; 674, VI; 749 etc.)."

"*Ementa*: Representação — Argüição de inconstitucionalidade parcial do inciso II do § 2º do art. 1º do Decreto-lei federal n. 1.641, de 7.12.78, que inclui a desapropriação entre modalidades de alienação de imóveis suscetíveis de gerar lucro à pessoa física, e, assim, rendimento tributável pelo Imposto de Renda. Não há, na desapropriação, transferência da propriedade, por qualquer negócio jurídico de direito privado. Não sucede, aí, venda do bem ao Poder expropriante. Não se configura, outrossim, a noção de preço, como contraprestação pretendida pelo proprietário, *modo privato*. O *quantum* auferido pelo titular da propriedade expropriada é, tão-só, forma de reposição, em seu patrimônio, do justo valor do bem, que perdeu, por necessidade ou utilidade pública ou interesse social. Tal o sentido da 'justa indenização' prevista na Constituição (art. 153, § 22). Não pode, assim, ser reduzida a justa indenização pela incidência do Imposto de Renda. Representação procedente, para declarar a inconstitucionalidade da expressão 'desapropriação', contida no art. 1º, § 2º, inciso II, do Decreto-lei n. 1.641/78" (Tribunal Pleno, Representação 1.260-3-DF, *DJU* 18.11.88, unânime, *Lex-JSTF* 124/234).

Ementa do acórdão do Plenário do STF: "Constitucional — Tributário — Imposto de Renda — Renda — Conceito — Lei n. 4.506, de 30.11.64, art. 38, CF/46, art. 15, CF/67, art. 22, IV, EC 1/69, art. 21, IV, CTN, art. 43.

"I — Rendas e proventos de qualquer natureza: o conceito implica reconhecer a existência da receita, lucro, proveito, ganho, acréscimo patrimonial que ocorrem mediante o ingresso ou auferimento de algo, a título oneroso (CF/46, art. 15, IV; CF/67, art. 21, IV; CTN, art. 43).

"II — Inconstitucionalidade do art. 38 da Lei n. 4.506/64, que institui adicional de 7% de Imposto de Renda sobre lucros distribuídos (...)" (RE 117.887-6-SP, rel. Min. Carlos Velloso, unânime, *DJU* 23.4.93).

acordo com o conceito jurídico de renda, ou ajustes temporais para apuração de acréscimo patrimonial, ou são isenções típicas concedidas pelo legislador ordinário, ou, ainda, simples ajustes de adições temporárias anteriores.

5ª. A exclusão de provisões indedutíveis adicionadas anteriormente significa um ajuste ao lucro líquido contábil, tendo-se em vista a razoabilidade dos limites fiscais para certas provisões (provisão para devedores duvidosos, provisões para contingências), as quais os sócios ou acionistas da empresa têm boa margem discricionária (conveniência e oportunidade) estabelecida pela lei societária, que poderia eventualmente esvaziar o lucro real tributável. Embora, do ponto de vista contábil e comercial, possam se apresentar justificativas plausíveis para a constituição daquelas provisões sem limites, a lei societária não é rígida e não se poderia deixar ao contribuinte, à sua disposição, o montante do imposto a pagar, mas nem ao Fisco e ao legislador ordinário, em obediência ao conceito de acréscimo patrimonial, especialmente quando aquelas provisões são obrigatórias, com regras pré-definidas, rígidas e impositivas.

6ª. Rejeitada a teoria legalista da concepção de renda, aceitando-se como mais adequada a teoria do acréscimo patrimonial, devem ser integralmente dedutíveis na determinação do lucro real tributável pelo Imposto de Renda: a remuneração de administradores, a participação nos lucros de empregados e administradores, a gratificação aos dirigentes, as multas punitivas relacionadas à atividade da empresa e aos tributos a que está sujeita, haja ou não auto de infração, a provisão para devedores duvidosos das instituições financeiras fiscalizadas pelo Banco Central, assim como toda e qualquer despesa necessária, relacionada direta ou indiretamente à atividade do contribuinte, podendo-se ainda recorrer à razoabilidade para se aferir os limites às deduções de despesas, tais como contribuições e doações.

7ª. Quaisquer limitações temporais ou quantitativas com relação às despesas e provisões devem guardar estrita compatibilidade com a teoria do acréscimo patrimonial e com a atividade do contribuinte, sob pena de serem inconstitucionais, por violarem o conceito jurídico de renda, por implicarem tributação direta ou indireta do capital e não do seu efetivo acréscimo e por afrontarem a capacidade contributiva do sujeito passivo da obrigação tributária, além de mitigarem ou anularem a rígida discriminação da competência tributária entre União, Estados e Municípios.

5. Referências bibliográficas

ATALIBA, Geraldo. "Periodicidade do Imposto de Renda II", Mesa de Debates. *RDT* 63/58. Malheiros Editores, 1993.

BALEEIRO, Aliomar. *Direito Tributário Brasileiro*. Forense, 1981.

BELSUNCE, Horacio García. *El Concepto de Rédito en la Doctrina y en el Derecho Tributario*. Buenos Aires, Ediciones Depalma, 1967.

BRITO, Edvaldo. "O excesso de retirada tributável como acréscimo patrimonial". *Estudos sobre o IR*. Resenha Tributária, 1994.

CANTO, Gilberto de Ulhôa. "A aquisição de disponibilidade e o acréscimo patrimonial no Imposto sobre a Renda". *Estudos sobre IR*. Resenha Tributária, 1994.

CARRIÓ, Genaro. *Notas sobre Derecho y Lenguaje*. 2ª ed. Buenos Aires, Abeledo-Perrot, 1979.

CARVALHOSA, Modesto de Souza Barros. "Imposto de Renda — Conceituação no sistema tributário da Carta Constitucional". *RDP* I, 1967.

COELHO, Sacha Calmon Navarro. *Comentários à Constituição de 1988 — Sistema Tributário*. 5ª ed. Forense.

FANUCCHI, Fábio. *Curso de Direito Tributário Brasileiro*. v. II. Resenha Tributária, 1971.

GRAU, Eros Roberto. *Direito, Conceitos e Normas Jurídicas*. Ed. RT, 1988.

MACHADO, Brandão. "Breve exame crítico do artigo 43 do CTN". *Estudos sobre o IR*. Resenha Tributária, 1994.

PEDREIRA, José Luiz Bulhões. *Imposto de Renda da Pessoa Jurídica.* Rio de Janeiro, Justec Editora, 1979.

_____________ *Finanças e Demonstrações Financeiras da Companhia — Conceitos Fundamentais.* Forense, 1989.

SOUZA, Rubens Gomes de. *Compêndio de Legislação Tributária*. 2ª ed. 1954.

_____________ *Pareceres-1 — Imposto de Renda.* Resenha Tributária.

TILBERY, Henry. *A Tributação dos Ganhos de Capital*. São Paulo, Resenha Tributária, 1977.

XAVIER, Alberto. "Transmissão de imóvel situado na França por residentes no Brasil". *Direito Tributário e Empresarial — Pareceres.* Forense, 1982.

ICMS: ISENÇÕES DE SERVIÇOS E PRODUTOS DESTINADOS AO EXTERIOR

CLÉLIO CHIESA
Mestrando da Pontifícia Universidade Católica de São Paulo

1. Considerações preliminares. 2. A tributação e o princípio federativo. 3. Rigidez na repartição de competências. 4. Isonomia das pessoas constitucionais. 5. A tributação do comércio exterior no contexto da Federação. 6. As isenções do ICMS e o comércio exterior. 7. Aspectos semânticos dos incisos X, "a", e XII, "e", do artigo 155, § 2º da Constituição Federal. 8. A lei complementar prevista no artigo 155, § 2º, XII, "e", da Constituição Federal. 9. Conflito aparente de normas. 10. A concessão de isenção do ICMS dos serviços e produtos destinados ao Exterior. 11. Conclusões.

1. Considerações preliminares

A Constituição Federal de 1967 prescrevia, no art. 19, § 2º, que: "A União, mediante lei complementar e atendendo a relevante interesse social ou econômico nacional, poderá conceder isenções de impostos estaduais e municipais".

Tratava-se das denominadas "isenções heterônomas", ou seja, aquelas concedidas pelo Poder Legislativo de uma pessoa de direito público diversa daquela que instituiu o tributo.

Essa figura não mais existe no ordenamento jurídico positivo. Hodiernamente, as isenções somente podem ser concedidas pelas pessoas políticas competentes para instituir os respectivos tributos.

Todavia, instituiu-se tratamento especial para a tributação dos serviços e produtos destinados ao Exterior.

Em face disso, a questão que pretendemos abordar neste trabalho é acerca da possibilidade de o Congresso Nacional expedir lei instituindo isenção do ICMS dos serviços e produtos destinados ao Exterior.

2. A tributação e o princípio federativo

O princípio federativo deflui da forma que está estruturado um determinado Estado, da maneira como ele se organiza.

Um Estado Federal pressupõe a descentralização político-administrativa, uma rígida repartição de competências, um órgão que represente os membros da Federação, autonomia financeira dos entes federados e um órgão encarregado do controle da constitucionalidade das leis.

Essas são as características necessárias para que um determinado Estado seja considerado Estado Federal.

O Estado brasileiro é um Estado Federal, pois os Estados-membros desfrutam de autonomia nas relações internas, conquanto não tenham representação internacional. Equivale dizer, não podem manter relações diplomáticas com Estados estrangeiros, não são soberanos, não têm representação internacional.

No Brasil, convivem harmonicamente a *ordem jurídica global* (o Estado brasileiro) e as *ordens jurídicas parciais*, *central* (a União) e *periféricas* (os Estados-membros). Além dessas ordens jurídicas, embora não integrem a Federação, existem também os Municípios, que dispõem de autonomia política e financeira.

A Federação brasileira é indissolúvel. Não há possibilidade de eliminar-se as ordens jurídicas parciais, fazendo desaparecer os Estados-membros ou retirar a autonomia para assuntos internos, atribuídas pela Constituição Federal.

A sua indissolubilidade é assegurada no art. 1º, *caput*, e fortificada no art. 60, § 4º, I, da CF, pois é vedada qualquer proposta tendente a abolir a forma federativa de Estado. Conseqüentemente, o princípio federativo somente poderá ser revogado se houver uma desconstituição do Estado atual, formando-se um novo Estado.

Nos estritos limites estabelecidos pelo Texto Constitucional, a União, os Estados-membros, o Distrito Federal e os Municípios elaboram suas próprias leis; por conseguinte, não há hierarquia entre elas, mas campos próprios de atuação.

Vale dizer, *o Estado brasileiro está estruturado de tal forma que não há hierarquia entre as várias ordens jurídicas que o compõem, todas haurem sua competência diretamente da Constituição Federal. Portanto, não existe subordinação de um ente político ao outro.*

Dentro desta composição, a União não pode imiscuir-se em matéria reservada aos Estados, nem estes tratar de assuntos reservados à União ou aos Municípios.

Em matéria tributária não é diferente; cada ente tributante tem campo próprio de atuação e extrai sua competência diretamente da Constituição. É vedada toda e qualquer interferência de uma pessoa constitucional no plexo de competências da outra.

Vê-se, portanto, que o princípio federativo compõe uma das pilastras que sustentam o edifício jurídico nacional.

3. Rigidez na repartição de competências

O constituinte, ao tratar do campo de atuação de cada uma das pessoas políticas, foi bastante minucioso, descreveu detalhadamente o que cada uma pode disciplinar.

Em matéria de competência, aliás, a Constituição é exaustiva, não possibilitando qualquer alteração por intermédio de leis infraconstitucionais. O legislador ordinário está jungido aos estritos limites impostos pelo Texto Constitucional; qualquer desbordamento será considerado inconstitucional.

Em matéria tributária, então, a Constituição foi tão exaustiva que eliminou qualquer possibilidade de conflito. Delineou de forma precisa quais os fatos que podem ser eleitos pelas pessoas constitucionais para a instituição de tributos.

Mas não é só: também atribui, exclusivamente, a cada uma das pessoas políticas a competência para legislar sobre seus tributos, eliminando qualquer possibilidade, conforme já afirmado, de interferência de um ente político no outro.

É facultado ao Congresso Nacional somente estabelecer, mediante lei complementar, normas gerais de Direito Tributário, as quais, porém, não poderão violar o princípio da autonomia dos entes federativos.

4. Isonomia das pessoas constitucionais

Na Federação brasileira, conforme já aduzido, não há hierarquia entre as unidades federadas, assim como entre elas e a União. Todas desfrutam de autonomia política, administrativa e financeira concedidas pela própria Carta Magna. *As entidades federadas encontram na Constituição Federal a fonte de suas prerrogativas e limitações.*

A União não pode intervir nos Estados e no Distrito Federal exceto nas hipóteses previstas no art. 34 da CF. O Estado, por sua vez, somente pode intervir nos Municípios quando ocorrer uma das situações contempladas no art. 35 da Carta Magna.

Esta é uma demonstração clara da igualdade entre Estados, Distrito Federal e Municípios, pois, caso fossem desiguais, não haveria necessidade dessa autorização, que é bastante restrita, pois somente em situações excepcionais, necessárias para manter o pacto federativo, é que surge a possibilidade de intervenção.

No que tange aos Municípios, embora não integrem a Federação, possuem personalidade política e autonomia, como podemos vislumbrar dos arts. 18, 29 e 30 da CF:

"Art. 18. A organização político-administrativa da República Federativa do Brasil compreende a União, os Estados, o Distrito Federal e os Municípios, todos autônomos, nos termos desta Constituição".

"Art. 29. O Município reger-se-á por lei orgânica, votada em dois turnos, com o interstício mínimo de 10 dias, e aprovada por 2/3 dos membros da Câmara Municipal, que a promulgará, atendidos os princípios estabelecidos nesta Constituição, na Constituição do respectivo Estado e os seguintes preceitos (...)".

"Art. 30. Compete aos Municípios: (...)."

Portanto, da coalescência do princípio federativo e da autonomia dos Municípios, pode-se constatar, com hialina clareza, a consagração do princípio da isonomia das pessoas constitucionais.

Conseqüentemente, *podemos deduzir, com segurança, que em matéria tributária não há hierarquia da União em relação aos Estados e nem destes em relação aos Municípios.*

Com isso, é afastada, definitivamente, qualquer possibilidade de subordinação do Estado em relação à União no que tange à tributação.

Repisa-se, o que a Constituição Federal autoriza é a edição de normas gerais de Direito Tributário, expedidas pelo Congresso Nacional, respeitando-se sempre a autonomia dos entes federativos.

5. A tributação do comércio exterior no contexto da Federação

A Constituição Federal estabelece que o relacionamento do Brasil com países estrangeiros compete exclusivamente à União (art. 21, I). Não há neste dispositivo qualquer ofensa ao princípio federativo, pois os Estados-membros têm sua autonomia interna assegurada; apenas nas relações internacionais a representação é feita por uma única ordem jurídica, qual seja, a União.

Essa estruturação decorre da necessidade de uma política unificada nas relações internacionais. Com a formação dos grandes "blocos econômicos" e a "queda das fronteiras" tem aumentado a importância das relações econômicas internacionais, pois o comércio exterior tem intensificado a interferência do desenvolvimento interno.

Por isso, a União foi encarregada de gerir a política econômica, incumbindo-lhe a elaboração e execução dos planos nacionais e regionais de ordenação do território e de desenvolvimento econômico e social (art. 21, XI, da CF).

No contexto das relações econômicas internacionais a carga tributária exerce papel de fundamental importância, pois é instrumento importante no controle das importações e exportações.

A tributação do comércio exterior tem um caráter eminentemente extrafiscal, pois não tem como objetivo último arrecadar dinheiro aos cofres públicos, mas direcionar a política econômica. Como exemplo pode ser citado o aumento da tributação dos automóveis importados do Exterior, desestimulando a importação, para impulsionar a indústria automobilística nacional.

Portanto, *esse importante instrumento direcionador de condutas, que é a tributação do comércio exterior* não poderia ser atribuído aos Estados-membros mas à União, que, com uma visão que transcende os interesses regionais localizados, tem o encargo de velar pelos interesses nacionais.

Analisando a Constituição, nota-se que a possibilidade de os Estados interferirem na tributação do comércio exterior é quase nenhuma, pois estão destituídos dos instrumentos necessários para tanto. Esta assertiva é confirmada pelos arts. 21, I e VIII; 22, I; 146, I, II e III; 153, I, II e IV, e outros que atribuem à União a competência para tratar de questões atinentes às relações internacionais.

Deste modo, no que tange à tributação do comércio exterior, compete à União condicioná-la à política econômica do País, observado o interesse nacional.

6. As isenções do ICMS e o comércio exterior

Prescreve o art. 151, III, da CF que é vedado à União instituir isenções de tributos da competência dos Estados, do Distrito Federal ou dos Municípios. Consoante este preceito constitucional, somente os Estados podem conceder isenções de tributos de sua competência.

Portanto, desapareceu aquela possibilidade que existia na Constituição anterior de a União instituir isenções de impostos de competência dos Estados e Municípios.

Todavia, a questão não é tão singela. Estatui a Constituição no art. 155, § 2º., X, "a", que o ICMS não incidirá sobre operações que destinem ao Exterior produtos industrializados, excluídos os semi-elaborados definidos em lei complementar.

Mais adiante, no inciso XII, "e", do mesmo artigo, prescreve que cabe à lei complementar excluir da incidência do imposto, nas exportações para o Exterior, serviços ou outros produtos além dos mencionados no inciso X, "a", do art. 155, § 2º.

Procedendo-se a uma interpretação literal, ao exegeta mais afoito parecerá que há uma antinomia entre o que está disposto nos arts. 151, III, e 155, § 2º., XII, "e", da CF. Mais do que isso, que se teria outorgado uma "carta em branco", uma autorização ilimitada em favor do Congresso Nacional, para proceder, mediante lei complementar, a isenção de serviços e outros produtos além dos mencionados no inciso X, "a", tornando sem sentido este último dispositivo, já que a lei complementar poderia isentar a todos.

Antes, porém, de tentarmos apresentar uma solução interpretativa para a aparente contradição, entendemos necessário tecer algumas considerações de ordem semântica, bem como acerca da lei complementar mencionada no art. 155, § 2º., XII, "e", da CF.

7. Aspectos semânticos dos incisos X, "a", e XII, "e", do artigo 155, § 2º da Constituição Federal

A Constituição Federal, no art. 155, § 2º., X, "a", quando utiliza a expressão "não incidirá", está prevendo uma imunidade, pois cria norma estabelecendo a incompetência dos Estados para tributar as operações que destinem produtos industrializados ao Exterior.

No plano constitucional, o legislador define os campos de competências das entidades tributantes. Não trata do fenômeno da incidência ou da não-incidência, que somente irá surgir no momento em que forem criados, em nível infraconstitucional, os tributos autorizados pela Constituição.

Às veras, pode-se, seguramente, afirmar que o constituinte, ao usar o termo "não incidirá", pretendeu delinear o campo de atuação das pessoas políticas, criando uma imunidade. Já, no art. 155, § 2º, XII, "e", ao fazer uso da expressão "excluir da incidência", quis prever a possibilidade da instituição de uma isenção. Essa interpretação é mais consentânea com o ordenamento jurídico como um todo.

A impropriedade que se registra na utilização dessa expressão é no sentido de que *nas isenções não há uma norma que incide e, posteriormente, uma outra que exclui a hipótese subsumida.* Vale dizer, não existe cronologia na incidência das normas, ambas incidem no mesmo instante.

Veja-se que as duas normas se coalescem, a norma que institui o tributo e a que cria a isenção, para delinear o campo de incidência. Assim, a hipótese de incidência é constituída da seguinte forma: fato tributáveis - (fatos imunes + fatos isentos).

Nota-se, portanto, que *o constituinte utiliza, impropriamente, os termos "não-incidência" e "excluir da incidência" para se referir a fenômenos distintos, quais seja, o da imunidade e o da isenção.*

8. A lei complementar prevista no artigo 155, § 2º, XII, "e", da Constituição Federal

O Direito Positivo brasileiro compreende quatro plexos normativos: leis nacionais, leis federais, estaduais e municipais. Quanto aos três últimos é fácil perceber as suas diferenças, pois suas normas são dirigidas às pessoas na qualidade de administrados da União, Estados e Municípios e emanadas dos Poderes Legislativos dessas pessoas constitucionais, respectivamente.

Já, as leis nacionais são dirigidas a todos os brasileiros. São destinadas a regular as relações do Estado brasileiro com os países estrangeiros e das ordens jurídicas parciais entre si e as destas com a União.

As leis nacionais e federais emanam de um mesmo órgão legislativo: o Congresso Nacional, que tem a dupla função de editar leis destinadas a todos os brasileiros e leis dirigidas aos administrados da União.

A edição da lei complementar prevista do art. 155, § 2º, XII, "e", da CF é de competência do Congresso Nacional, como órgão do Estado brasileiro, que irá, portanto, editar lei nacional, conforme será melhor demonstrado no decorrer deste trabalho.

9. Conflito aparente de normas

Confrontando o art. 151, III, com o art. 155, § 2º, XII, "e", ambos da CF, tem-se a impressão de que há contradição entre os dois dispositivos. O primeiro prescreve que a União não pode instituir isenções de tributos da competência dos Estados, do Distrito Federal ou dos Municípios; já, o segundo autoriza o Congresso Nacional, mediante lei complementar, a conceder isenções do ICMS incidente nos serviços e produtos destinados ao Exterior.

Parecerá ao estudioso desatento que há uma norma ordenando "vá para a direita" e outra, "vá para a esquerda". Essa conclusão, entretanto, somente será extraída de uma interpretação literal do Texto Constitucional. Todavia, essa conclusão sucumbe diante de uma interpretação sistemática da Constituição.

O que existe é apenas uma *antinomia aparente. No art. 151, III, da CF a vedação para a instituição de isenções é dirigida à União* enquanto pessoa constitucional, ordem jurídica central, integrante do Estado brasileiro.

Com efeito, *a regra prevista no art. 155, § 2º, XII, "e", da Carta Magna, possibilitando, mediante lei complementar, a isenção* do ICMS incidente sobre operações com serviços e produtos destinados ao Exterior, além dos mencionados no inciso X, "a", do mesmo artigo, *é atribuída ao Congresso Nacional como órgão legislativo do Estado brasileiro, e não da União*.

Logo, inexiste antinomia real entre os artigos mencionados. O que existe é um tratamento especial para os serviços e produtos destinados ao Exterior, para atender a contingências da política econômica.

Com efeito, essa regulamentação não conflita com a regra prevista no art. 151, III, da CF. É um tratamento diferençado que tem por finalidade prestigiar outros valores também relevantes para a sociedade brasileira, como o incentivo às exportações para um determinado tipo de produto, controle da balança comercial — enfim, interesses da política econômica do País. São valores que transcendem os interesses regionais.

10. A concessão de isenção do ICMS dos serviços e produtos destinados ao Exterior

Firmadas as premissas de que o Estado brasileiro é formado por ordens jurídicas parciais autônomas, que não há hierarquia entre elas, que elas desfrutam de campo próprio de atuação e haurem suas competências diretamente da Constituição Federal, podemos avançar no tema e propor uma solução ao problema formulado.

Cumpre, inicialmente, assinalar que uma norma jurídica isoladamente considerada não existe, só tem sentido e conteúdo quando inserida num determinado sistema. É o sistema jurídico no qual está posta que vai permitir o desvendamento do seu sentido e alcance.

É dentro desta perspectiva que deve ser analisado o dispositivo que prevê a possibilidade de a lei complementar conceder isenções do ICMS incidente sobre os serviços e produtos destinados ao Exterior, além dos mencionados no inciso X, "a", do art. 155, § 2º, da CF.

Primeiramente, é preciso observar que não se trata de uma isenção concedida pela União sobre impostos de competência dos Estados e Distrito Federal, mas de isenção que pode ser concedida por lei complementar de caráter nacional. Vale dizer, lei editada pelo Congresso Nacional como órgão do Estado brasileiro.

Não há uma interferência da União na esfera de competência reservada aos Estados. Trata-se do Congresso Nacional atuando como representante da ordem jurídica global (o Estado brasileiro).

Segundo, não se trata da possibilidade de conceder-se isenção geral e irrestrita do ICMS incidente sobre os serviços e produtos destinados ao Exterior. *Os produtos e serviços destinados ao Exterior podem ser objeto de lei complementar isentiva do ICMS, desde que ela seja específica a determinados produtos ou serviços e que a isenção seja para atender ao interesse nacional.*

Logo, não pode a lei conceder uma isenção genérica, abrangendo todos os produtos agrícolas, mas deve especificá-los — por exemplo, arroz, batata, cebola, soja etc. —, em virtude do interesse, fundamentado, do Estado brasileiro de os isentar, em quais situações e como.

Cumpre assinalar que os produtos industrializados destinados ao Exterior estão afastados desta questão, pois a Constituição lhes assegura a imunidade.

É importante, também, frisar que *não há violação ao princípio federativo e à rígida discriminação de competências, pois existem outros valores (princípios) que interagem nesta regra que possibilita a concessão desta espécie de isenção.*

São valores que dizem respeito ao Estado brasileiro, como o controle do comércio exterior, o desenvolvimento de uma determinada região através do incentivo à exportação — enfim, ao desenvolvimento nacional e à condução da política econômica.

Por isso, esse dispositivo somente pode ser interpretado dentro deste contexto: uma faculdade concedida à ordem jurídica global para conceder isenções do ICMS naqueles casos em que houver interesse nacional em que certos serviços ou produtos não sejam tributados.

Conseqüentemente, *o "relevante interesse nacional" (que, em última instância, será determinado pelo Poder Judiciário) invocado em cada caso é que vai orientar a interpretação no sentido de desvendar se determinada isenção concedida pelo Congresso Nacional é ou não consentânea com os valores prestigiados pelo Texto Constitucional.*

O princípio federativo, a rígida discriminação de competências e a isonomia das pessoas constitucionais serão os vetores que auxiliarão na averiguação da legitimidade da instituição de isenção em cada caso concreto.

Vê-se, portanto, que *a faculdade prevista no art. 155, § 2º, XII, "e", não é uma regra irrestrita, livre, uma "porta aberta" para se conceder isenção geral de todo e qualquer serviço ou produto destinado ao Exterior*, mas somente àqueles que de algum modo atingem interesses da ordem jurídica nacional.

Interpretar de outro modo a regra do art. 155, § 2º, XII, "e", da CF é acutilar o princípio da autonomia dos Estados e Distrito Federal.

Vale insistir em que, muito embora uma interpretação literal possa levar a pensar que se trata de faculdade irrestrita do Congresso Nacional, não é este o resultado que deflui do cotejo desta regra com princípios constitucionalmente consagrados.

Repisa-se: não podemos olvidar que o Direito deve ser interpretado sistematicamente; todo dispositivo deve ser interpretado no bojo do contexto normativo, nunca isolado. A interpretação mais adequada é aquela que melhor se harmoniza com o sistema considerado no seu todo. *Norma isolada é norma sem sentido, sempre.*

11. Conclusões

1ª. A tribução dos serviços e produtos destinados ao Exterior desfruta de tratamento especial na Constituição Federal de 1988.

2ª. Como decorrência da aplicação do princípio federativo na tributação, tem-se a mais ampla autonomia jamais concedida aos entes federados em matéria tributária.

3ª. A rígida repartição da competência tributária eliminou a possibilidade de conflito entre os entes tributantes, pois o constituinte gizou de maneira clara e precisa o campo de atuação de cada um deles.

4ª. Os efeitos do princípio da isonomia na tributação vislumbram-se na impossibilidade de interferência no plexo de competências outorgadas pela Constituição Federal, especialmente no campo tributário, de um ente no outro.

5ª. A tributação do comércio exterior tem caráter eminentemente extrafiscal, prestando-se para alcançar outros objetivos que não só o de arrecadar dinheiro aos cofres públicos. É um importante instrumento de gerenciamento da política econômica, permitindo o controle das exportações e importações, visando ao interesse nacional.

6ª. No art. 155, § 2º, XII, "e", da CF há, somente, uma *aparente autorização ilimitada* para a concessão de isenções do ICMS incidente nas operações que destinem ao Exterior serviços e outros produtos além dos mencionados no inciso X, "a", do mesmo artigo.

7ª. O constituinte utilizou, impropriamente, a expressão "não incidirá" no art. 155 da CF, para referir-se a imunidade, pois o fenômeno da incidência só pode ser cogitado quando houver a instituição do tributo pela pessoa constitucionalmente autorizada, nunca no plano constitucional, na carta de outorga de competências.

Revela-se inadequado também o emprego da expressão "excluir da incidência", no art. 155, § 2º, XII, "e", da CF, para a hipótese de isenção. No fenômeno das isenções não há uma norma que incide para outra, em momento posterior, excluir a incidência, pois não há cronologia na aplicação das normas. A hipótese de incidência de um tributo é formada pelos fatos tributáveis menos os fatos imunes e os fatos isentos.

8ª. A lei complementar exigida no art. 155, § 2º, XII, "e", da CF é lei de caráter nacional, expedida pelo Congresso Nacional como órgão legislativo do Estado brasileiro, não da União.

9ª. Inexiste o aparente conflito de normas entre a regra prevista no art. 151, III, e a prevista no art. 155, XII, "e", pois a vedação constante da primeira é dirigida à União (ente federativo), enquanto a faculdade concedida na segunda é atribuída ao Congresso Nacional como órgão legislativo do Estado brasileiro.

10ª. O Congresso Nacional pode, mediante lei complementar, conceder isenções do ICMS incidente nas operações com serviços e outros produtos destinados ao Exterior, além dos mencionados no art. 155, § 2º, X, "a", da CF, desde que a isenção seja *específica,* a determinados serviços ou produtos, e atenda, fundamentadamente, a *premente e relevante interesse nacional.*

X CONGRESSO BRASILEIRO
DE DIREITO TRIBUTÁRIO

(EM HOMENAGEM A GERALDO ATALIBA)

O PRINCÍPIO DA IRRETROATIVIDADE DO DIREITO NA CONSTITUIÇÃO E NO CÓDIGO TRIBUTÁRIO NACIONAL

MISABEL ABREU MACHADO DERZI
Professora dos Cursos de Graduação e Pós-Graduação
da Faculdade de Direito da Universidade Federal de Minas Gerais

O art. 144 do CTN regula a aplicação da lei no tempo pelo lançamento, resolvendo os conflitos intertemporais que podem surgir na matéria. Para isso se utiliza, mais uma vez, da expressão *lançamento* quer na acepção de ato, quer de procedimento administrativo. O art. 144 contém tanto um quanto outro sentido. O primeiro, como *ato administrativo*, está empregado no seu *caput*; o segundo, como *procedimento*, é encontrado em seus parágrafos. Em conseqüência, o *caput* do art. 144 põe regra de direito material, que regula o ato administrativo do lançamento em seu conteúdo substancial, enquanto os parágrafos do art. 144 contêm uma solução aplicável ao procedimento, processo ou aspecto formal do lançamento. Esse também é o pensamento doutrinário e jurisprudencial (v. Aliomar Baleeiro, *Direito Tributário Brasileiro*, 1ª ed. atualizada por Flávio Bauer Novelli, Rio de Janeiro, Forense, 1991, p. 506; Souto Maior Borges, "Do lançamento", in *Tratado Brasileiro de Direito Tributário,* Rio de Janeiro, Forense, p. 262; Paulo de Barros Carvalho, *Curso de Direito Tributário*, 4ª ed., Saraiva; Hugo de Brito Machado, *Curso de Direito Tributário*, 11ª ed., Malheiros Editores, 1996, p. 119).

Sendo, pois, distintos os ângulos do problema, diferentes são as regras de solução intertemporal estabelecidas no art. 144 e que necessariamente devem estar conformes à Constituição de 1988. Se não, vejamos:

1. Regras intertemporais de Direito Tributário material e o lançamento (arts. 5º, XXXVI, 150, III, "a" e "b", e 146, § 1º, da CF e 144, "caput", do CTN)

Que lei o lançamento aplica, como ato administrativo que põe uma norma individual e concreta? O art. 144, *caput*, responde a essa questão estabelecendo que o lançamento reporta-se à data da ocorrência do fato gerador da obrigação e rege-se pela lei então vigente, ainda que posteriormente modificada ou revogada. É que entre a data da ocorrência do fato jurídico e o lançamento há decurso de tempo mais ou menos longo, dentro do qual pode surgir lei nova, a modificar a estrutura básica do tributo a ser lançado. O art. 144 dispõe que o ato administrativo do lançamento deve buscar os critérios normativos estabelecidos na lei vigente à época da realização do fato jurídico, para

— verificar a sua ocorrência, quanto aos aspectos materiais, temporais e espaciais;

— identificar o sujeito passivo, contribuintes e responsáveis, natureza e extensão da responsabilidade;

— encontrar os valores inerentes à base de cálculo e a ela sobrepor a alíquota;

— apurar o montante do tributo a pagar, com a utilização de deduções, compensações ou outros benefícios fiscais, inclusive a atualização monetária de seu valor;

— fixar os termos da exigibilidade, condições e formas de pagamento.

Os arts. 143 e 144 do CTN partem do pressuposto de que o lançamento não cria a obrigação tributária. Portanto, o direito de crédito da Fazenda Púbica, ao qual acresce liquidez e exigibilidade, lhe é preexistente. O lançamento, sob esse prisma, tem efeitos meramente declaratórios, devendo aplicar a norma legal em vigor no momento do real nascimento da obrigação (que, aliás, coincide com o momento da criação do direito de crédito da Fazenda Pública).

A regra do art. 144, *caput*, que é regra de Direito Material, regente do conteúdo substancial do lançamento, e que deve refletir a estrutura fundamental do tributo, *não encontra nenhuma exceção*, nem mesmo, como reiteradamente vem decidindo o STF, em relação à correção monetária. E nem poderia, uma vez que é simples desdobramento, no Direito Tributário, do princípio da irretroatividade das leis, tão insistentemente consagrado na Constituição de 1988. Assim, mesmo que, à época da efetuação do lançamento, estiver totalmente revogada a lei vigente na data do fato jurídico, dar-se-à a ultratividade plena da lei ab-rogada, não se podendo aplicar lei nova, de vigência posterior à ocorrência do fato jurídico.

A Constituição de 1988 consagra o princípio da irretroatividade, de forma ampla, como direito fundamental do cidadão (art. 5º, XXXVI), e, de forma específica, como direito fundamental do cidadão-contribuinte (art. 150, III, "a"). Mas a Constituição brasileira ainda consagra o princípio da anterioridade (art. 150, III, "b") e, em seu art. 145, § 1º, a pessoalidade e o caráter gradualístico da imposição, segundo a capacidade econômica do sujeito passivo.

Muitas Cartas Constitucionais não consagram nenhum dos citados princípios expressamente (Espanha), havendo, não obstante, algumas que elegem a irretroatividade apenas para os delitos e as penas (Constituição da República Federal Alemã e dos Estados Unidos) e outras que estabelecem a irretroatividade só para as leis sancionatórias, além do princípio da capacidade contributiva (Constituição da Itália). Essa forma de se tratar o tema, no Direito Positivo interno, de modo tão radicalmente diferente do nosso traz conseqüências práticas de suma relevância. Os germânicos, por exemplo, extraem a irretroatividade do Direito (não apenas das leis, mas também dos atos administrativos e da jurisprudência) do princípio do Estado de Direito. Mas a maioria dos textos doutrinários italianos, calcados na jurisprudência daquele país, extrai os fundamentos da irretroatividade tributária do princípio da capacidade contributiva, o qual apenas pode ser concebido, de forma concreta e atual, se existente no momento da ocorrência do fato jurídico.

Já tivemos, em textos constitucionais anteriores, o princípio da capacidade contributiva expresso ao lado do princípio da autorização orçamentária e do princípio da irretroatividade das leis (Constituição de 1946). Mas não tínhamos tido antes, ao mesmo tempo, como na Constituição de 1988, o estabelecimento da irretroatividade da lei em geral (art. 5º, XXXVI), da lei penal, por duas vezes (art. 5º, XXXIX e XL), e da lei tributária especificamente (art. 150, III, "a"), além da consagração do princípio da capacidade econômica (art. 145, § 1º) e da anterioridade do art. 150, III.

Essa peculiar insistência da Constituição brasileira na segurança jurídica, na previsibilidade, na "não-surpresa", deve bastar para se construir uma ordem jurídica voltada à proteção da confiança na lei, diferente do passado, assim como para afastar posições teóricas ou jurisprudenciais estrangeiras inconciliáveis com nosso Direito Positivo. Portanto, se a doutrina estruturada no século passado por Gabba (*Teoria della Retroatività delle Leggi*), posteriormente revista e desdobrada por Paul Roubier, Planiol, Ferrara, Josserand, von Thur e outros, foi decisiva para a sedimentação do tema, hoje demanda visão própria e reclama tratamento peculiar, que o enfoque à luz da Constituição de 1988, especialmente no campo do Direito Público.

Muitos doutrinadores — como Geraldo Ataliba ("O princípio da irretroatividade das leis em matéria tributária. O caso do imposto sobre a renda", *RDM* 56 (5-24); Carlos Mário Velloso, (*Temas de Direito Público*, Belo Horizonte, Del Rey, 1994, pp. 293-313); Roque Antonio Carrazza, (*Princípios Constitucionais Tributários e Competência Tributária*, São Paulo, Ed. RT, 1986); Luciano da Silva Amaro ("O imposto de renda e os princípios da irretroatividade e da anterioridade", *RDT* 25-26, 140-154); Sacha Calmon Navarro Coelho (*Comentários à Constituição de 1988 — Sistema Tributário*, 3ª ed., Rio de Janeiro, Forense, 1991); Ives Gandra da Silva Martins ("O fato gerador do imposto de renda e proventos de qualquer natureza", *Caderno de Pesquisas Tributárias*, 11) e outros — têm procurado tratar o assunto com os cuidados especiais que merece no Direito Tributário, mas o tema está longe de ser pacificado.

Cumpre, de plano, afastar algumas colocações nascidas em outros países e moldadas à luz de ordenamento jurídico estranho, diferente do nosso. Vejamos algumas dessas posições inadequadas à nossa realidade.

2. *A distinção entre a retroatividade propriamente dita (ou autêntica) e a retroatividade imprópria (ou retrospectiva)*

No sistema jurídico de diferentes países, com ausência de norma constitucional sobre o princípio da irretroatividade, ficou o legislador bem mais livre para alcançar certos fatos pretéritos ou para atingir-lhes os efeitos. Constituiu-se, então, uma distinção entre retroatividade própria e imprópria. A retroatividade própria ou autêntica apresenta-se quando a lei alcança fatos e relações jurídicas inteiramente ocorridos no passado, ou seja, anteriormente à sua vigência. Ela está vedada porque a segurança jurídica e a confiança na lei são limitações para o legislador alemão, decorrentes do Estado de Direito. Segundo a jurisprudência do Tribunal Constitucional tedesco, admite-se a retroatividade autêntica apenas naquelas circunstâncias em que o Direito vigente à época da ocorrência do fato era lacunoso ou tão obscuro que nenhuma situação de confiança se criava com base nele; a confiança não seria digna de proteção, pois, de acordo com a situação jurídica existente à época da mudança da lei, o cidadão deveria esperar a nova regra; finalmente, razões de extrema gravidade, decorrentes do bem geral ou coletivo, podem se sobrepor ao mandamento da irretroatividade (Hans Spanner, *Rückwirkung in Handwörterbuch des Steuerrechts in der Steuerwissenschaften*, 2 A.C.H. Beck, 1981, p. 1.161).

O princípio da irretroatividade no Direito Tributário em outros países cuja Constituição não o menciona expressamente costuma ser deduzido da capacidade contributiva, quando ela é norma explícita no Texto Magno. Assentada nessas premissas, a Corte Constitucional da Itália exige que a capacidade contributiva do art. 53 da Constituição daquele país seja aferida de forma concreta e atual, razão pela qual a lei não pode retroagir para atingir fatos pretéritos (cf. Augusto Fantozzi, *Diritto Tributario*, Turim, UTET, 1991, p. 151). É que na Itália, à teoria de Manzoni ("Sul problema della costituzionalità delle leggi tributarie retroattive", *Rev. Dir. Fin. Sc. Fin.*, 1963, I, pp. 532-539), que repele, vigorosamente, a retroatividade das leis, baseada na simples presunção de que a capacidade contributiva estaria ainda mantida no presente em decorrência de fato ocorrido no passado, opôs-se a posição intermediária de Giardina, que se utiliza do critério da "normalidade dos casos". Como nos relata Palao Taboada ("Apogeo y crisis del principio de capacidad contributiva", in *Estudios en Homenaje a Federico de Castro*, Madri, 1976, p. 835), segundo Giardina, uma lei retroativa não é, *ipso fato*, inconstitucional, "só o sendo quando não se apresentar a capacidade contributiva para a normalidade dos casos" (v. Carlos Palao Taboada, loc. cit).

Portanto, a inexistência do princípio da irretroatividade consagrado em Constituição para o Direito em geral, pois os textos constitucionais, via de regra, são silentes, ou restringem o princípio ao Direito Penal (Estados Unidos, Alemanha e Itália), acarreta uma fragilidade da garantia em relação ao Direito Tributário. Surgem, então, teorias como a da retroatividade imprópria. A retroatividade será imprópria ou "retrospectiva" se a lei não atuar nem sobre o passado nem também sobre o futuro, mas "em um presente ainda não concluído, porém em vias de formar o fato jurídico e as relações jurídicas (...) no caso dos impostos periódicos, ela é editada no curso do ano, antes do termo final do nascimento do direito. Na verdade, isso foi deduzido da técnica do § 38 AO e não da realidade dos fatos. Aumentos do imposto de renda e das sociedades para o ano de 1980 são admitidos também ainda em 20 de dezembro de 1980" (Klaus Tipke, *Steuerrecht*, Köln, Otto Schmidt KG, 1983, p. 46).

Essa diferenciação entre retroatividade autêntica e imprópria ou "retrospectiva" é aceita pelo Tribunal Constitucional alemão, sob as críticas de grande parte da doutrina, porque, como diz Tipke, ela não convence, especialmente se considerarmos que o princípio da irretroatividade visa à proteção da confiança (cf. ob. cit., p. 47).

Pode-se dizer que, na ausência de disposição constitucional, os citados países, quer se utilizando do princípio do Estado de Direito, quer da capacidade contributiva, chegam a juízos mais adequados do que aquele mencionado na Súmula 584 do STF:

"Ao imposto de renda calculado sobre os rendimentos do ano-base, aplica-se a lei vigente no exercício financeiro em que deve ser apresentada a declaração."

É preciso lembrar, ainda, que na Constituição alemã inexistem os princípios da irretroatividade, da anterioridade e da capacidade econômica de contribuir, os quais se põem como normas fundamentais entre nós.

Ora, a anterioridade, que leva ao adiamento da eficácia da norma tributária modificadora do imposto sobre a renda para o exercício financeiro subseqüente, por si só, impede, em qualquer circunstância, a adoção da tese que permite a retrospectiva ou retroatividade imprópria ao legislador. Não há possibilidade de uma lei nova, majoradora do tributo, sendo publicada no curso do período, desencadear efeitos no mesmo ano, graças ao citado princípio da anterioridade. Pode-se afirmar que, do ponto de vista da irretroatividade, se se aceitasse como correta a majoração do imposto sobre a renda por lei publicada no final do ano-base, mesmo assim, a lei não haveria de ser aplicada, pois, estando seus efeitos necessariamente procrastinados para o exercício financeiro seguinte, somente a lei velha e anterior estaria a reger os fatos ao encerramento do período. Nem, tampouco, se há de supor que os chamados fatos geradores pendentes, a que se refere o Código Tributário Nacional, abrangem os impostos de período. Fato gerador pendente é fato gerador futuro, cuja concretização depende do implemento de uma condição suspensiva.

Ainda mais. Como veremos, o princípio não deve ser limitado às leis, mas estendido às normas e atos administrativos ou judiciais. O que vale para o legislador precisa valer para a Administração e os Tribunais. O que significa que a Administração e o Poder Judiciário não podem tratar os casos que estão no passado de modo a que se desviem da prática até então utilizada, na qual o contribuinte tinha confiado.

3. A irretroativiade na Constituição de 1988 repele a retroação da lei nova quanto aos fatos e quanto a seus efeitos

O art. 150, III "a", veda "cobrar tributos em relação a fatos geradores ocorridos antes do início da vigência da lei que os houver instituído ou aumentado".

A digressão que fizemos a respeito desse importante princípio constitucional serve para realçar o fato de que, no Direito Positivo brasileiro, a irretroatividade não é relativa (como em outros países, em que não obteve consagração constitucional), mas princípio absoluto e insistentemente repetido nos Textos Magnos nacionais. As teses estrangeiras que falam de retrospectiva — ou retroação imprópria da lei nova — assim como aquelas que cindem o fato de seus efeitos são inaceitáveis.

Mesmo antes da Constituição de 1988, na qual, pela primeira vez, o princípio da irretroatividade foi especificamente expresso para o Direito Tributário, o STF acolheu esse entendimento, repelindo empréstimos compulsórios retroativos embora criados em situações excepcionais de calamidade pública ou urgente absorção temporária do poder aquisitivo (com base na Constituição de 1967/69). Ainda antes da Constituição de 1988, em casos mais sutis, em que a lei nova não atingiu diretamente o fato jurídico pretérito e sua base de cálculo, mas só indiretamente, por meio de seus efeitos já desencadeados, a mais alta Corte do País vinha também reconhecendo a inconstitucionalidade por retroação. É memorável o voto do Min. Moreira Alves, como relator, no julgamento da ReprInconst 1.451-7, do art. 18 do Decreto-lei 2.323/87.

O art. 18, supra-referido, determinou a transformação em OTN do montante do imposto de renda a pagar pelas pessoas jurídicas apurado em 31 de dezembro do ano anterior. Portanto, esse dispositivo, declarado inconstitucional pelo STF, não atingiu diretamente o fato gerador ou a base de cálculo do imposto, mas apenas indiretamente, porque mandou atualizar o débito em situação jurídica já consolidada. Escreveu Moreira Alves, em voto unanimemente adotado por seus pares:

"A questão é a de se saber se, no caso, ocorre direito adquirido ou ato jurídico perfeito em favor do contribuinte, porque, em representação de inconstitucionalidade em tese, não há que se tratar de irretroatividade em decorrência de coisa julgada que haja ocorrido concretamente nesse ou naquele caso.

"Sendo o contribuinte o devedor do imposto, para verificar-se a ocorrência, ou não, de direito adquirido, seria mister, preliminarmente, dilucidar a questão relativa a ter ele, ou não, o denominado direito à liberação do débito, matéria controvertida, em que se contrapõem duas correntes radicalmente antagônicas: a que sustenta a existência de um direito do devedor à liberação (e seus adeptos não são acordes quanto à natureza desse direito — se subjetivo, com caráter afim aos dos direitos reais, ou se potestativo extintivo, como defendem, entre outros, von Thur, *Der Allgemeine Teil des Deutschen Bürgerlichenrechts*, v. I, § 10, p. 196, e Andreoli, *Contributo alla Teoria dell'Adempimento*, n. 564, pp. 88-90) e a que nega ocorrência desse direito à liberação (entendendo vários seguidores, entre os quais Molitor, *Schuldrecht*, v. I, § 14, p. 77, que nesse caso, não há dever ou sujeição do credor, mas tem estes apenas um ônus para não sofrer as desvantagens da *mora creditoris*).

"Para o problema posto nesta representação, não há necessidade de enfrentar-se essa questão, que é mais delicada do que pode parecer à primeira vista.

"E não há necessidade de enfrentá-la porque o fato gerador já ocorrido se enquadra na noção ampla de ato jurídico perfeito, como decorre inequivocamente dos arts. 105, 116 e 144 do CTN, os quais, interpretando o alcance do art. 153, § 3º., da Carta Magna no terreno tributário, se adstringem a esse aspecto. Como bem acentua Pontes de Miranda (*Comentários à Constituição de 1967 com a Emenda n. 1 de 1969*, t. V, n. 139, pp. 67-68), esse texto constitucional alcança, indubitavelmente, o fato jurídico já ocorrido no passado:

"O ato jurídico perfeito é fato jurídico, que tem o seu momento-ponto, no espaço-tempo: entrou em algum sistema jurídico, em dado lugar e data... Em verdade, a lei nova não incide sobre fatos pretéritos, sejam eles, ou não, atos, e — por conseguinte — não pode prejudicar os direitos adquiridos, isto é, os direitos já irradiados e os que terão de irradiar-se... É claro que o art. 153, § 3º., poderia ter dito que a lei nova não incide sobre o ato jurídico perfeito ou outro fato jurídico já ocorrido. Não nos disse por influência histórica e, antes de se referir ao ato jurídico perfeito, referiu-se à eficácia dos fatos jurídicos em geral: 'não prejudicará o direito adquirido, o ato jurídico perfeito (...)'. Melhor teria dito: não incidirá sobre os fatos jurídicos pretéritos, inclusive atos jurídicos perfeitos'.

"Ora, no caso, é indiscutível que se consumaram em momento anterior ao do início da vigência do art. 18 do Decreto-lei 2.323/87 não só o fato gerador do imposto de renda relativo ao exercício financeiro de 1987 (fato, esse, que se produziu em 31.12.86), mas também seu efeito imediato que foi a relação obrigacional tributária nesse instante nascida...

"Se o fato gerador dava nascimento — como deu — a obrigação de uma natureza, não pode a lei nova transformá-la em obrigação de natureza diversa, porquanto a modificação do efeito alcança, prejudicando-o, o fato jurídico consumado de que ele resultou" (STF, Plenário, 25.5.88).

Ora, a afronta ao fato jurídico perfeito, segundo o entendimento do STF, se deu por meio da modificação dos efeitos já desencadeados pelo fato, atingindo-o de forma indireta. É inequívoca a correção desse pensamento, do ponto de vista lógico-jurídico.

Sempre entendemos, e já o sustentamos (v. Misabel Derzi, *Direito Tributário, Direito Penal e Tipo*, São Paulo, Ed. RT, 1988, pp. 230-231), que o fato gerador não é uma categoria ontológica, que subsiste *per se*. É uma categoria funcional que se explica na medida em que produza efeitos jurídicos. Mudados os efeitos a serem desencadeados pelo fato jurídico (nascimento de uma obrigação em dinheiro, pelo seu valor nominal, ou seja, sem correção monetária), ou já desencadeados (retroativamente), altera-se o próprio fato, pois a relação de implicação lógica entre hipótese e conseqüência — segundo a qual, dado um fato "A", será a conseqüência (então, deve ser "C") — é recíproca e intensiva. Isso significa que, se não é "C" (se não ocorrem os mesmos efeitos anteriores da conseqüência), então não "A", o fato gerador será outro, alterado.

A Constituição Federal brasileira, por meio da irretroatividade, protege tanto os efeitos irradiados pelo fato como o próprio fato, o que está de acordo não apenas com a lógica jurídica mas, sobretudo com os valores que o princípio abriga. O art. 5º, XXXVI, por tradição histórica, refere os efeitos, mas o art. 150, III, "a", destaca o fato jurídico, vedando a retroação da lei. Em um ou outro caso, as conseqüências são as mesmas, porque, alterando-se os efeitos jurídicos já desencadeados, a lei nova terá modificado fato pretérito. São inaproveitáveis, entre nós, aquelas teorias desenvolvidas em ordens jurídicas que não dão ao princípio da irretroatividade a projeção e a importância que merecem na nossa, especialmente a chamada irretroatividade imprópria ou retrospectiva. Também não pode ter acolhida entre nós aquela teoria que distingue, indevidamente, entre fato jurídico e seus efeitos, permitindo uma cisão profunda entre a hipótese e a conseqüência da norma. Essa última teoria não desatende apenas à proteção da confiança no Direito, mas ofende à lógica e se assenta na falsa premissa de que os fatos, independentemente de seus efeitos, são bastantes em si, em sua faticidade pura. Ao contrário, como alertava Pontes de Miranda, e como ratificou, em seus julgados, o Min. Moreira Alves, um fato só é jurídico porque a lei atribui o desencadeamento de determinados efeitos à sua ocorrência. Anulados, por lei nova, esses efeitos, ou modificados tais efeitos, já nascidos no passado, será necessariamente atingido o fato jurídico pretérito, em ação retroativa.

Questão muito interessante, que propiciou novo pronunciamento do STF sobre o princípio da irretroatividade, já à luz da Constituição de 1988, refere-se à ADInconst 5.138/600, julgada em 14.6.91, conforme *DJU* de 30.10.92, Ementário 1.682-1, em que se reconheceu a inconstitucionalidade do parágrafo único do art. 11 da Lei 8.134/90, publicada em 27.12.90. A norma legal dessa citada lei impôs que o saldo do imposto de renda a pagar ou restituir na declaração anual das pessoas físicas deveria ser apurado de acordo com um coeficiente de correção monetária correspondente a "1/12 (um doze avos) da soma das variações do valor do Bônus do Tesouro Nacional — BTN, apuradas entre o mês de janeiro do exercício financeiro e cada um dos meses do ano-base (...)".

Observe-se que, até a data da publicação da Lei 8.139/90 — 27 de dezembro — portanto, antes do encerramento do período, estavam os rendimentos do contribuinte que optasse pelo pagamento do imposto mês a mês sob a égide da Lei 7.713/88, a qual estabelecia um coeficiente diferente, ou seja, determinava que as diferenças relativas aos meses de janeiro, fevereiro e março seriam atualizadas com base na variação do BTN considerando-se o valor deste no mês seguinte ao da diferença; as diferenças dos demais meses, de abril a dezembro, deveriam ser quitadas pelo índice do BTN Fiscal, em relação ao seu valor no "primeiro dia útil do mês subseqüente ao da diferença".

O STF já estabeleceu, conforme noticiou em seu voto o Min. Célio Borja, o entendimento de que:

"(...) a moeda do pagamento de uma obrigação tributária é a do dia em que é efetuado, não havendo direito adquirido a um determinado padrão monetário (*RTJ* 115/379).

"Esse brocardo aplica-se ao índice de correção monetária, que é moeda, segundo alguns precedentes desta Corte. O índice é o BTN, não o coeficiente. O primeiro é *economicamente neutro*, como assinalou o Min. Octávio Gallotti no julgamento da ADInconst 493-DF; não o é o coeficiente, como demonstrou o requerente, porque, com base nos mesmos índices (BTN), formam-se coeficientes diversos e apuram-se saldos devedores disparatados."

Assim, demonstrado que a forma de calcular o coeficiente de correção monetária (média imposta de 3,70 TR) traz alterações de monta no aspecto quantitativo do tributo a pagar, no caso *sub iudice* majorando-o, o Min. Célio Borja, como relator, centra o ponto decisivo da questão em uma indagação que enfrenta diretamente o princípio da irretroatividade: "A pergunta que resta é: qual a lei aplicável à base de cálculo que resulta de diferenças de valor apuradas posteriormente ao fato gerador? A lei contemporânea desse fato gerador ou a que vige no momento da apuração da diferença".

E conclui o Min. Célio Borja, em voto exemplar:

"O que se argúi é o fato de a mudança da forma de calcular o coeficiente de correção monetária, determinada pela lei nova, importar acréscimo real do valor atualizado do imposto. Não estão em causa nem o índice de correção, nem o padrão monetário, nem o BTN, mas, sim, a forma de utilizá-los, em suma, a disciplina normativa de sua aplicação. Tanto assim é que o mesmo índice produz diversos coeficientes e valores absolutos diferentes, dependendo do emprego que dele — índice — se faça. Ter-se-ia, na verdade, uma forma anômala de aumento do *quantum* do imposto, não mera atualização do seu valor.

"Por essa razão não é aplicável à espécie o *leading case* citado, nem os julgados que, na mesma linha, equiparam o índice de correção monetária à moeda. Isto porque o coeficiente adotado pela Lei n. 8.134/90 — que não é índice de atualização monetária — aumenta o *quantum* do imposto a pagar. Há, pois, de prevalecer a norma da Constituição que não concede eficácia à lei de aumento de imposto sobre fato gerador ocorrido antes de sua vigência (art. 150, III, "a", da Constituição)" (do voto do Min. Relator proferido quando do deferimento da liminar em ação cautelar da ADInconst 5.138/600, já citada, 29.5.91, unânime).

Como se pode observar, a lei nova impugnada foi publicada antes do final do ano-base, e ela não interferiu diretamente no conceito de renda ou de rendimentos tributáveis, nem tampouco na base de cálculo, mas tão-só nos coeficientes de atualização até então vigorantes. Portanto, o fenômeno é basicamente idêntico ao descrito anteriormente na ADInconst 1.451-7, em que o STF declarou inconstitucional o art. 18 do Decreto 2.323/87, com a só peculiaridade de que, no caso mais recente, em que se discutiu a singela alteração de coeficientes, ainda não se tinha encerrado o período que encerra os marcos delimitativos do fato jurídico relativo ao imposto de renda. Mas o que mais uma vez fica patenteado é que os efeitos já desencadeados por fato jurídico pretérito não podem ser modificados por lei nova posterior. Repetimos tais conclusões jurisprudenciais estão em consonância com os mais precisos conceitos de irretroatividade, são ratificadas pela lógica jurídica e, sobretudo, pelos princípios da segurança e previsibilidade.

Da ementa da decisão mencionada, na ADInconst 5.138/600, sendo relator o Min. Célio Borja, consta:

"(...) II — O parágrafo único, art. 11, da Lei n. 8.134/90 institui coeficiente de aumento do imposto de renda, e não índice neutro de atualização da moeda. Por isso, ele não pode incidir em fatos ocorridos antes de sua vigência, nem no mesmo exercício em que editado, sob pena de afrontar as cláusulas vedatórias do art. 150, inciso III, alíneas "a" e "b", da Constituição Federal. Assim é porque a obrigação tributária regula-se pela lei anterior ao fato que a gerou, mesmo no sistema de bases correntes da Lei n. 7.713/88 (imposto devido mensalmente, à medida em que percebidos rendimentos e ganhos de capital, não no último dia do ano), em vigor quando da norma impugnada. Ainda quando a execução da obrigação tributária se projeta no tempo, ela surge, também nesse sistema, contemporaneamente ao seu fato gerador'' (STF, Plenário, por unanimidade).

Portanto, não é admissível, no Direito Tributário brasileiro, pelo menos enquanto persistir a Constituição de 1988, como pretende Souto Maior, ''que uma obrigação surja num determinado momento e seu conteúdo se defina com relação a um anterior estado de coisas (...). O nascimento de uma obrigação com referência a circunstâncias não coevas à sua constituição, mas antecedentes, é fenômeno absolutamente normal'' (v. ''Lançamento'' cit., p. 256) — pois os efeitos desencadeados pelo fato jurídico e seu conteúdo são inseparáveis em sistemas jurídicos como o nosso, que adotam, em plenitude, o princípio da irretroatividade das leis.

4. As Súmulas 112 e 113 do Supremo Tribunal Federal

Enquanto a Súmula 112 do STF — vazada nos seguintes termos: ''O imposto de transmissão *causa mortis* é devido pela alíquota vigente ao tempo da abertura da sucessão'' — é respeitosa do princípio da irretroatividade das leis, a Súmula 113 adota regra oposta, inconciliável com o texto da Constituição de 1988 e com o art. 144, *caput*, do CTN. Reza a Súmula 113: ''O imposto de transmissão *causa mortis* é calculado sobre o valor dos bens na data da avaliação''.

Explica Aliomar Baleeiro que a Súmula 113 foi adotada para atenuar os efeitos de uma inflação vertiginosa, aliada à protelação corrente nos inventários e partilhas, por 10 anos ou mais, sem qualquer inércia da Administração fazendária, uma vez que o imposto *causa mortis* é processado pela autoridade judicial do inventário (cf. *Direito Tributário Brasileiro* cit., p. 506).

Não obstante, o fato de o juiz processar o inventário e a partilha não justifica a quebra do princípio da irretroatividade, que se aplica, indistintamente, a atos judiciais e administrativos. O correto seria calcular o valor dos bens à época da abertura da sucessão e atualizá-lo monetariamente. Caberia à lei da pessoa competente disciplinar corretamente a questão.

5. A lei aplicável às penalidades e a retroação benigna

O art. 144, *caput*, disciplina os critérios que devem nortear a realização do lançamento, como ato de formalização do crédito tributário, mandando aplicar a lei vigente à época da ocorrência do fato jurídico, sem exceções. É que a obrigação tributária, como distingue o art. 3º do CTN, não é sanção de ato ilícito, sendo juridicamente inconfundível com penalidade.

Outra é a regra, não obstante, a reger os autos de infração na parte em que aplicam penalidades. Nesse caso, prevalece o critério disciplinado no art. 106 do CTN, com as alterações trazidas pela Constituição de 1988, de modo que a lei nova será aplicável sempre que seja mais favorável ao infrator, a saber, se ela deixa de definir o ato como infração ou lhe comina penalidade menos severa do que a prevista pela lei vigente ao tempo de sua prática.

6. Regras intertemporais de Direito procedimental Tributário e o lançamento

O § 1º do art. 144 regula matéria diferente da de seu *caput*. Ele disciplina a lei aplicável ao procedimento de lançar, aos aspectos formais e às garantias e privilégios do crédito tributário, consagrando outra regra, qual seja, a da aplicação imediata da legislação vigente ao tempo do lançamento. Como dispõe o Código de Processo Civil, as normas processuais (ou procedimentais) têm imediata executoriedade e aplicação aos processos pendentes. Assim, o lançamento será regido pela legislação nova, posterior à data da ocorrência do fato jurídico que:

— instituir novos critérios de apuração ou de fiscalização;

— ampliar os poderes de investigação das autoridades administrativas; ou

— outorgar maiores garantias ou privilégios ao crédito tributário, exceto para o efeito de atribuir responsabilidade tributária a terceiros.

A ressalva em relação à responsabilidade de terceiros não significa diferença de tratamento jurídico em relação ao contribuinte. É que a expressão *garantia* é muito ampla, incluindo até mesmo as distintas espécies de reforço do crédito com a responsabilidade de terceiro, os quais não são partícipes do pressuposto. E como a sujeição passiva — contribuintes e responsáveis tributários, natureza e extensão da responsabilidade — compõe a estrutura fundamental do tributo e conteúdo substancial do lançamento, era necessário fazer a ressalva no final do § 1º do art. 144. Assim, a questão da sujeição passiva — contribuintes e responsáveis — continua disciplinada pelo *caput* do art. 144, e regida pela lei em vigor no momento da ocorrência do fato gerador da obrigação tributária.

7. A ressalva do § 2º do artigo 144. A irretroatividade nos impostos de período e a jurisprudência do STF

A doutrina tem interpretado o § 2º do art. 144 como uma ressalva ao § 1º, somente abrangente dos impostos lançados por períodos certos de tempo, desde que a lei fixe a data em que se considere ocorrido o fato jurídico (cf. Aliomar Baleeiro, ob. cit., p. 507; Paulo de Barros Carvalho, ob. cit., p. 285). Assim, em relação aos impostos de período (especialmente aqueles incidentes sobre a renda e o patrimônio), prevalece a regra do *caput* do art. 144 mesmo com referência aos aspectos formais ou procedimentais, não se lhes aplicando de imediato a legislação nova.

A exigência, constante *in fine* do § 2º do art. 144, no sentido de a lei fixar a data em que se considera ocorrido o fato jurídico, como observa Paulo de Barros Carvalho, é injustificável: "Toda lei tributária deve dizer o momento em que o evento típico se realiza, estipulando seu critério temporal. Se não o fizer, não terá descrito o fato concreto que tem a força de fazer brotar a relação jurídica correspondente. Aquilo que muitas vezes se dá é o legislador chamar por outro nome o instante da ocorrência fáctica, como, por exemplo, no caso do ICMS, em que diz ser a saída das mercadorias do estabelecimento. Cremos que o entendimento correto do art. 144, § 2º, deve ser no sentido de excluir, pura e simplesmente, os impostos lançados por períodos certos de tempo".

Pois bem, o § 2º do art. 144 cria regra especial exatamente porque os impostos de período são especiais, peculiares. Mas a regra do *caput* do art. 144 diz pouco, em razão da complexidade inerente aos impostos de período, como, por exemplo, sobre a renda e a contribuição social sobre o lucro. Assim se explica a ressalva do § 2º do art. 144.

Como vimos, nos impostos de período, o § 2º do art. 144 manda que o lançamento aplique a lei (material ou processual), em vigor no momento da ocorrência do fato jurídico, e não aquela vigorante no momento da prática do lançamento. Coisa diversa dispõe a Súmula 584 do STF, que assim versa: "Ao imposto de renda calculado sobre os rendimentos do ano-base, aplica-se a lei vigente no exercício financeiro em que deve ser apresentada a declaração".

A doutrina e a jurisprudência, que já não vinham aceitando a Súmula 584 do STF, tomaram novo alento com a Constituição de 1988. Ao mencionar o princípio da irretroatividade de forma específica para o Direito Tributário, a nova Carta aperfeiçoou a redação tradicional, na linha apontada por Pontes de Miranda, referindo-se a fato jurídico pretérito no art. 150, III, "a", embora genericamente já o tivesse consagrado por meio da vedação histórica de ofensa ao direito adquirido, ao ato jurídico perfeito e à coisa julgada, no art. 5º., XXXVI.

Descabe entre nós a chamada "retrospectiva ou retroatividade imprópria, mesmo para os impostos por período (v. Sacha C. N. Coelho, *Comentários à Constituição de 1988 — Sistema Tributário*, 3ª. ed., Rio de Janeiro, Forense, 1991; Alberto Xavier, *Imposto de Renda Estudos n. 20*, São Paulo, Resenha Tributária, junho/91; Carlos Mário Velloso, *Revista Jurídica* 133, ano XXXVI, novembro/1988; Luciano da Silva Amaro, *O Imposto de Renda e os Princípios da Irretroatividade e da Anterioridade*, São Paulo, Resenha Tributária, Seção 1.3, n. 27, p. 83).

Sabe-se que o princípio da anualidade não persiste na Constituição de 1988, no sentido de autorização orçamentária anual, necessária à eficácia das leis tributárias, mas como marco temporal imposto ao legislador para a periodização dos impostos incidentes sobre a renda e o patrimônio.

Portanto, assim como o legislador municipal não é absolutamente livre para periodizar o imposto sobre o patrimônio imobiliário urbano, nem o estadual, no caso do imposto sobre a propriedade de veículos automotores, também o legislador federal, que se encontra diante de um fenômeno rigorosamente contínuo — a renda —, não pode criar qualquer ficção estranha aos parâmetros constitucionais. O período será sempre ânuo, mesmo que o exercício financeiro não mais coincida com o ano civil.

Ora, esses tributos estão presos a um período anual, o qual terá conseqüências em relação ao princípio da irretroatividade. De maneira perfeita explica a questão Sacha Calmon, conjugando, ao mesmo tempo, a periodicidade anual de certos fatos gerados (renda e patrimônio) aos princípios da irretroatividade e da anterioridade:

"Em quaisquer das hipóteses, o princípio da anterioridade predica que a lei eficaz, a incidível, deve ser sempre a que estiver em vigor no último segundo do ano anterior ao ano em que se iniciarem os fatos geradores da obrigação tributária, irrelevante o dia do pagamento, igualmente matéria indelegável de lei (legalidade).

"A função dos princípios da anterioridade e da irretroatividade, referido o último aos fatos geradores, recoloca a questão de maneira correta e suplanta a Súmula 584 do STF, de forma inquestionável, ao nosso sentir, com vantagens para os contribuintes, armados agora de mais certeza e segurança perante o poder de tributar. O constituinte de 1988, neste ponto, merece encômios" (*Comentários à Constituição de 1988*, p. 327).

Luciano da Silva Amaro talvez seja o jurista que mais venha escrevendo e registrando sua oposição à retroatividade consentida da Súmula 584 do STF (hoje superada) e ao conformismo da doutrina tradicional. Há 10 anos já fizera aprovar tese nas XI Jornadas Latino-Americanas de Direito Tributário, em que se decidiu que "a aquisição da disponibilidade de renda resulta de fatos (voluntários ou não) que se produzem ao longo do período, e que são fatos jurídicos relevantes para efeito da lei tributária. Por isso e em face dos princípios da anterioridade, da irretroatividade e da segurança do direito (a não-surpresa, a evitação do arbítrio), bem como as demais implicações do Estado de Direito, é vedada a alteração da lei, para criar ou aumentar o imposto, após iniciado o período".

Notável o voto do Min. Relator Carlos Mário Velloso, no STF, RE 138.284-8-CE, em que, por unanimidade, se declarou inconstitucional o art. 8º da Lei 7.689, de 15.12.88, por ofensa ao princípio da irretroatividade (em 1.7.92, *DJU* 28.8.92).

"*Ementa*: Constitucional — Tributário — Contribuições sociais — Contribuições incidentes sobre o lucro das pessoas jurídicas — Lei 7.689, de 15.12.88.

"I — Contribuições parafiscais: contribuições sociais, contribuições de intervenção e contribuições corporativas — CF, art. 149 — Contribuições sociais de seguridade social — CF, arts. 149 e 195 — As diversas espécies de contribuições sociais.

"II — A contribuição da Lei 7.689, de 15.12.88, é uma contribuição social instituída com base no art. 195, I, da Constituição. As contribuições do art. 195, I, da Constituição não exigem, para a sua instituição, lei complementar. Apenas a contribuição do § 4º do mesmo art. 195 é que exige, para a sua instituição, lei complementar, dado que essa instituição deverá observar a técnica da competência residual da União (CF, art. 195, § 4º; CF, art. 154, I). Posto estarem sujeitas à lei complementar do art. 146, III, da Constituição, porque não são impostos, não há necessidade de que a lei complementar defina o seu fato gerador, base de cálculo e contribuintes (CF, art. 146, III, "a").

"III — Adicional ao imposto de renda: classificação desarrazoada.

"IV — Irrelevância do fato de a receita integrar o orçamento fiscal da União. O que importa é que ela se destina ao financiamento da seguridade social (Lei 7.689/88, art. 1º).

"V — *Inconstitucionalidade do art. 8º da Lei 7.689/88, por ofender o princípio da irretroatividade (CF, art. 150, III, "a"), qualificado pela inexigibilidade da contribuição dentro do prazo de 90 dias da publicação da lei (CF, art. 195, § 6º) — Vigência e eficácia da lei: distinção.*

"VI — Recurso extraordinário conhecido mas improvido, declarada a inconstitucionalidade apenas do art. 8º da Lei 7.689, de 1988."

Por si só, o princípio da anterioridade, que adia a eficácia (ou vigência, segundo certa corrente doutrinária) das leis instituidoras de tributo ou majoradoras de tributo já existente para o exercício subseqüente ao de sua publicação, impede a aplicação da norma nova, ainda que ela seja editada antes do encerramento do ano-base. Isso porque, ao desencadear seus efeitos apenas no exercício financeiro seguinte, por força do princípio da anterioridade, a lei nova encontrará totalmente fechado o período relevante para a determinação da renda (ano-base anterior), configurando-se a sua retroação sobre fato pretérito. A jurisprudência colhida, tanto na hipótese do reconhecimento da inconstitucionalidade da contribuição social sobre o lucro, criada por lei editada antes do final do ano-base, como no caso da alteração dos coeficientes majoradores do imposto a pagar por lei, também publicada antes do final do encerramento do período, invoca tanto o princípio da anterioridade como aquele da irretroatividade, em sua fundamentação. Para o STF parece assentado, por conseguinte que:

— o princípio da anterioridade do art. 150, III, "b", da CF tem o condão de adiar a eficácia (ou vigência) da lei que cria tributo novo ou majora um já existente, sendo inoperante antes do exercício financeiro seguinte ao de sua publicação; fenômeno similar se passa com o princípio da espera nonagesimal do art. 195 § 6º, segundo o qual as leis que instituem ou majoram as contribuições sociais, de custeio da Seguridade Social, somente são eficazes após o decurso do prazo de 90 dias contado da data de sua publicação. Está, pois, totalmente afastada a tese de que tais princípios não impediriam desde logo a eficácia ou a vigência da lei tributária, ficando apenas adiada a cobrança do tributo, mas, ao contrário, fixou-se a inteligência de que tais normas basilares somente protegem o contribuinte contra a improvisação, a surpresa e a insegurança quando atuam como postergadoras da eficácia da lei nova;

— quando, nos impostos de período, de que é exemplo o imposto sobre a renda, advém lei nova, majoradora, *mesmo antes do encerramento do ano-base*, a conjugação dos princípios da anterioridade e da irretroatividade obstaculiza totalmente a sua aplicação.

Como já remarcamos, a Constituição brasileira não ampara, de modo algum, a doutrina da retrospectiva ou da irretroatividade imprópria a que se referem os alemães, os italianos e os norte-americanos, os quais não têm uma Carta de princípios que declare a irretroatividade da lei tributária, ou do Direito em geral, atrelada à garantia fundamental da anterioridade. É inexplicável que, entre nós, mesmo antes da promulgação da Constituição de 1988, se tenha por tanto tempo adotado o teor da Súmula 584.

Portanto, cabe, agora, fazer um reparo. Se antes da Constituição de 1988 era possível afirmar que ainda vigorava parcialmente a Súmula 584 do STF, como o faziam diversos Ministros do antigo TFR, hoje *não é tecnicamente correto* inferir tal posição do STF. É que, como observamos, o princípio da irretroatividade está conjugado ao da anterioridade. E a anterioridade, segundo o STF, adia a eficácia (ou a vigência) da lei para exercício financeiro subseqüente àquele em que foi publicada. Portanto, lei nova majorada do imposto de renda da pessoa física ou jurídica publicada antes do encerramento do ano-base somente será vigente e eficaz no exercício financeiro seguinte, quando encontrará o fato gerador do ano anterior inteiramente consumado. Atual continua sendo a posição defendida pelo Min. Sebastião Alves dos Reis no TFR, quando então, proferiu votos em que considerava inaplicável a Súmula 584 da Corte Suprema, por ofensa aos princípios da irretroatividade e anterioridade (v. ac. 82.686-PR, de 26.3.84, *DJU* 3.5.84).

8. Inexistem fatos geradores pendentes

Coube a Sacha Calmon afastar a idéia generalizada de que o Código Tributário Nacional autoriza aplicar a lei nova imediata e retroativamente aos impostos lançados por período certo de tempo. Explica da seguinte maneira os arts. 105, 116 e 117 do CTN:

"Fácil de ver que o contrato condicional, se a condição for suspensiva, somente se perfaz, torna-se perfeito e acabado, acontece, gerando efeitos jurídicos, se a condição que era incerta se tornar efetiva, certa. Neste momento, o negócio está perfeito, e, neste exato momento, ocorre o fato gerador tributário que tinha por suporte a realização do referido contrato (negócio jurídico). Ao contrário, se a condição é resolutória, o negócio ocorre, e, com ele, o fato gerador. Mais tarde, ocorrente a condição, o negócio se resolve, se desfaz. Mas, para que ocorra o desfazimento, é necessário ter sido feito o negócio. O desfazimento é irrelevante para o Direito Tributário. A condição resolutória, por não impedir o negócio jurídico, não impede, de igual forma, o fato gerador nele substanciado. Podem, assim, as partes contratar uma compra e venda de imóvel sujeita a condição resolutória. Feito o negócio e logo registrado, dá-se o fato gerador do imposto sobre transmissão de bens imóveis por ato *inter vivos*, pois ocorreu a transmissão da propriedade.

Se, depois, o negócio é desfeito pela ocorrência da condição resolutiva, para o Direito Tributário é irrelevante. O fato gerador já terá ocorrido nos termos do Direito aplicável à espécie. Agora, se um negócio de compra e venda de bezerros ou de cereais fica a depender de uma condição suspensiva — evento futuro e incerto —, enquanto esta se não verificar, não há negócio jurídico (que se iniciou, é verdade, mas não está perfeito nem acabado). Para tanto, depende de vir a acontecer a condição, por isso mesmo chamada de suspensiva. Um imposto sobre vendas não incidiria, pois ainda não haveria fato gerador, já que o negócio jurídico estaria a depender de condição (ainda não ocorrida). Ora, não ocorrida a tradição da coisa móvel, não houve negócio, e fato gerador também não houve. *É precisamente esta singular circunstância que permite entender o significado do art. 105 do CTN, cuja redação é péssima e imprecisa. Alude este artigo a um 'fato gerador pendente', assim entendendo aquele cuja ocorrência tenha tido início, mas não esteja completa nos termos do art. 116, ora sob comentários. A bem dizer, inexiste fato gerador pendente. O que existe é fato gerador consistente em negócio jurídico sujeito a condição suspensiva. Pendente está o negócio jurídico, e não o fato gerador. Este ocorre ou não. E, portanto, a lei tributária só se aplica mesmo a fatos geradores futuros, pois o tal fato gerador pendente nada mais é do que uma possibilidade jurídica. Na espécie, se a condição jamais ocorrer, nunca haverá negócio jurídico e, conseqüentemente, inexistirá fato gerador. Admitir a idéia de fato gerador pendente é como aceitar algo que teve início e poderá jamais ter fim. Pendência permanente. A idéia é absurda. Trata-se, apenas, de uma frase tentando dizer que os fatos geradores de impostos montados sobre contratos sujeitos a condições suspensivas somente ocorrem quando as condições se efetivam tornando os negócios perfeitos e acabados 'nos termos do Direito aplicável'*'' (cf. *Comentários ao Código Tributário Nacional*, obra coletiva, no prelo, ed. Forense).

9. Conclusões

O lançamento, ato administrativo, e a sentença, ato judicial, que aplicam norma geral abstrata, densificando-a, e, ao mesmo tempo, criam norma individual e concreta, regem-se sempre pela lei vigente ao tempo da ocorrência do fato jurídico e de seus efeitos. A criação da norma individual é limitada, vinculada e presa aos critérios da lei. Em conseqüência, a aplicação de lei nova, vigente à época da efetuação do lançamento, a um fato jurídico pretérito seria ofensa grave ao princípio da irretroatividade, inconciliável com a Constituição e com o próprio art. 144, *caput*, do CTN. Nem, tampouco, como fartamente já decidiu o STF, pode o fato jurídico ser apartado de seus efeitos. A mesma lei que rege o fato é também a única apta a reger os efeitos que ele desencadeia (como sujeição passiva, extensão da responsabilidade, base de cálculo, alíquotas, deduções, compensações, correção monetária etc.).

Existem peculiaridades em relação aos impostos de período como são o imposto de renda e a contribuição social sobre o lucro. A eles consagra o Código Tributário Nacional regra especial, criando exceção no § 2º do art. 144. A exceção não rompe, nem poderia romper, com o princípio da irretroatividade. Ao contrário. Conjugado o princípio da irretroatividade ao da anterioridade, a aplicação da lei nova ficará adiada. Como já dissemos, para o STF parece assentado, por conseguinte, que:

— o princípio da anterioridade do art. 150, III, "b", da CF tem o condão de adiar a eficácia (ou vigência) da lei que cria tributo novo ou majora um já existente, sendo inoperante antes do exercício financeiro seguinte ao de sua publicação; fenômeno similar se passa com o princípio da espera nonagesimal do art. 195, § 6º, segundo o qual as leis que instituem ou majoram as contribuições sociais, de custeio da Seguridade Social, somente são eficazes após o decurso do prazo de 90 dias contado da data de sua publicação;

— quando, nos impostos de período, de que é exemplo o imposto sobre a renda, advém lei nova, majoradora, *mesmo antes do encerramento do ano-base*, a conjugação dos princípios da anterioridade e da irretroatividade obstaculiza totalmente a sua aplicação. Ao imposto de renda somente será aplicável a lei em vigor no primeiro dia do exercício-base (e não a do exercício do lançamento). Igualmente, na contribuição social sobre o lucro, advindo lei nova *antes do encerramento do ano-base*, ela somente será aplicável na apuração do lucro contado a partir do período que se iniciar após o decurso do prazo de 90 dias.

A consideração integral dos princípios constitucionais, de maneira sistemática, e o seu balanceamento demonstram que a segurança, a previsibilidade, a proteção da confiança e o conhecimento antecipado e antecipatório são o suporte profundo dos princípios da irretroatividade e anterioridade, marcos do Estado Democrático de Direito. Dessa forma, deverá prevalecer a interpretação, já delineada pela jurisprudência mais recente do STF, de que a lei a reger os impostos de período deverá ser aquela em vigor e eficaz no primeiro dia do ano-base, ou seja, do período determinante para delimitação temporal do fato jurídico.

Belo Horizonte, janeiro de 1996.

A REFORMA TRIBUTÁRIA E AS "CLÁUSULAS PÉTREAS"

ROQUE ANTONIO CARRAZZA
Professor Titular da Cadeira de Direito Tributário da
Faculdade de Direito da Pontifícia Universidade Católica de São Paulo

1. Uma das características da mentalidade brasileira é o encantamento retórico. Aqui, as pessoas tendem a empolgar-se com expressões mágicas. A atual é: *reforma tributária*.

De fato, o Governo Federal está usando de toda a sorte de artifícios e pressões para que ainda neste ano de 1996 seja aprovada, pelo Congresso Nacional, sua *Proposta de Emenda Constitucional* que altera substancialmente o Sistema Tributário Nacional.

Para tanto, conta, inclusive, com os meios de comunicação, que, devidamente cooptados, divulgam a idéia de que, sem a reforma tributária, o Brasil é ingovernável. Mais e mais o povo, em sua boa-fé, acredita que a própria sobrevivência do decantado Plano Real depende de radicais mudanças em nosso modo de tributar.

Ainda que navegando contra a corrente, julgamos de bom alvitre, enquanto estudiosos da Ciência Jurídica, vir em defesa da Constituição e dos direitos e garantias dos contribuintes, que nenhuma emenda constitucional pode amesquinhar.

Estamos conscientes, pois, de que vamos falar *in partibus infidelium* (em território dos infiéis). Mas isto não nos intimida nem um pouco, até porque a preocupação patriótica com a estabilidade de nossa Economia não significa a exaltação cega das idéias governamentais.

2. Começamos, pois, por lembrar que o Congresso Nacional não se encontra investido do *poder constituinte originário* (que lhe permitiria, sem nenhuma peia, alterar a Constituição). Continua, sim, com o normal *poder constituinte derivado*: pode emendar a Constituição (como lhe faculta o art. 60 deste mesmo Diploma Fundamental), respeitados, porém, o *quorum* de reforma constitucional (3/5 dos congressistas), o sistema de votação bicameral e em dois turnos e, acima de tudo, as *cláusulas pétreas*, máxime as adnumeradas no § 4º do art. 60 da Constituição da República.

Assim, afigura-se-nos insofismável que, para elaborar-se uma nova Constituição (ainda que só na parte tributária), seria preciso eleger — por sufrágio universal, direto e secreto — outra *Assembléia Nacional Constituinte*. Os atuais deputados e senadores, absolutamente, não possuem poderes para operar uma ruptura com a ordem constitucional, alterando os alicerces de nosso *edifício jurídico*. Poderiam, apenas, sanar-lhe alguns defeitos, por meio de emendas constitucionais.

Realmente, o que alguns membros do Governo — especialmente de sua *equipe econômica* — relutam em entender é que o Congresso Nacional que aí está não se encontra investido do chamado *poder constituinte originário*. Quem detinha o *poder constituinte originário* era a *Assembléia Nacional Constituinte*: ela fora eleita para elaborar soberanamente — isto é, sem nenhum embaraço jurídico — a Constituição do Brasil. De revés, o atual Congresso Nacional possui apenas o *poder constituinte derivado*, que lhe permite emendar a Constituição desde que não toque nas *cláusulas pétreas* (de pedra, irremovíveis por meio de emenda constitucional).

Teorizando um pouco, o Congresso Nacional, enquanto elabora emendas constitucionais, encontra limites na própria Carta Magna. Vai daí que seu poder constituinte é subordinado à Constituição (por isso mesmo, *poder constituinte derivado*).

Há limitações, formais e materiais, expressas e implícitas, à competência que o Congresso Nacional possui para emendar a Constituição. Tais limitações são entre nós conhecidas como *cláusulas pétreas*.

Dentre estas *cláusulas pétreas* figuram, sem dúvida, os princípios da legalidade, da anterioridade, da segurança jurídica, da não-confiscatoriedade etc., que veiculam direitos e garantias dos contribuintes contra a sanha do Fisco.

E é justamente a sanha do Fisco que move o Governo a lutar pela reforma tributária.

3. Deveras, quem proclamar que a proposta de emenda constitucional que ora tramita no Congresso visando à alteração do sistema tributário brasileiro é motivada pela preocupação com o bem-estar e a segurança dos contribuintes é, *data venia*, desinformado. A proposta visa, sim, a aumentar a arrecadação tributária, custe o que custar.

Noutros termos, não foram os apregoados defeitos do nosso sistema tributário que levaram o Governo a empenhar-se nesta luta. Até porque a correção de tais defeitos — como veremos um pouco mais adiante — não depende de emenda constitucional.

Foi, sim, o objetivo de abastecer ao máximo os cofres públicos com o dinheiro dos tributos.

4. Tanto isto procede que no *Projeto de Emenda Constitucional Tributária* (apresentado pelo Governo em 23.8.95) notam-se duas preocupações básicas: a de *desconstitucionalizar as garantias* dos contribuintes e a de *constitucionalizar as incidências* tributárias.

Sem a pretensão de sermos exaustivos, vamos analisar algumas idéias governamentais contidas no aludido *Projeto*.

4.1 Pela proposta governamental, os arts. 148 e 154, I, da CF passariam a ter as seguintes redações:

"Art. 148. A União poderá instituir empréstimos compulsórios:

"I — para atender a despesas extraordinárias, decorrentes de calamidade pública, de guerra externa ou sua iminência;

"II — em razão de conjuntura que exija a absorção temporária de poder aquisitivo;

"III — para financiar investimentos públicos de relevante interesse social."

"Art. 154. A União poderá instituir:

"I — os impostos não previstos nos arts. 153 e 155, desde que não compreendidos na competência dos Estados, Distrito Federal e Municípios.

"(...)."

Percebemos imediatamente que, a prevalecer a vontade governamental, os *empréstimos compulsórios* não seriam mais, como agora, instituídos por meio de lei complementar, mas de lei ordinária.

Também os *impostos residuais* viriam a ser criados por meio de lei ordinária (e não mais de lei complementar).

Ora, a atual exigência de lei complementar visa a dificultar a proliferação de *empréstimos compulsórios* e de *impostos residuais*. Convenhamos: é muito mais fácil inovar a ordem jurídica por meio de lei ordinária do que de lei complementar. Esta, como reza o art. 69 da CF, exige *quorum* qualificado de aprovação (maioria absoluta dos legisladores), ao passo que, aquela, *quorum* simples (maioria dos legisladores presentes à sessão legislativa regularmente instalada).

A inovação pretendida, justamente por facilitar a tributação, cria uma situação de permanente incerteza junto aos contribuintes, ferindo-lhes o direito constitucional à segurança jurídica (cláusula pétrea).

No que toca aos empréstimos compulsórios, quer o Governo alargar desmesuradamente as possibilidades de sua criação. A tal ponto que qualquer investimento público de relevante interesse nacional (e haveria investimento público de *irrelevante* interesse nacional?) abriria espaço a tal tributação.

4.2 Almeja o Governo, por outro lado, dar nova redação ao art. 150, § 1º, da CF, que passaria a dispor:

"Art. 150. (...)

"§ 1º. A vedação do inciso III, "b", não se aplica aos empréstimos compulsórios e aos impostos previstos nos arts. 153, I, II e IV, 154, II, e 155, apenas no que for cobrado pela União."

Novas exceções ao *princípio da anterioridade* seriam, pois, criadas por intermédio de emenda constitucional (*todos* os empréstimos compulsórios e o *ICMS* federal passariam ao largo deste princípio).

Ora, o princípio da anterioridade tributária é um direito individual do contribuinte. Tanto é, que a lei que lhe concede uma vantagem fiscal (*v. g.*, que lhe reduz a carga tributária ou que lhe confere uma isenção) pode incidir imediatamente ou, até, retroagir: não precisa obedecer ao princípio da anterioridade, *que só opera em seu favor*, isto é, quando a lei cria ou aumenta um tributo. Logo, o princípio da anterioridade não pode ser amesquinhado por emenda constitucional.

Nem se diga que, havendo exceções ao princípio da anterioridade, nada impede que seu rol venha ampliado por emenda constitucional. É que tais exceções brotaram diretamente da Constituição de 1988, ou seja, do exercício do *poder constituinte originário*. O *poder constituinte derivado* (único que resta ao Congresso Nacional) não pode criar novas exceções ao princípio.

Aliás, se admitirmos o contrário, vale dizer, que emenda constitucional pode criar novas exceções ao princípio da anterioridade, estaremos, por via oblíqua, aceitando que ela pode até eliminá-lo de vez. Realmente, admitida a possibilidade de ampliação das exceções, o que impediria que sucessivas emendas constitucionais acabassem por reduzi-lo a pó?

A condução da idéia às últimas conseqüências exibe todo o desconcerto da tese dos que não vislumbram inconstitucionalidade na ampliação por meio de emenda constitucional do rol de tributos que não precisam obedecer ao princípio da anterioridade.

4.3 Deseja igualmente o Governo inserir um inciso III ao art. 153, § 2º, da CF:

"Art. 153. (...)

"(...)

"§ 2º. O imposto previsto no inciso III (imposto sobre a renda):

"(...)

"III — poderá ser exigido, antecipadamente, dentro do período de apuração, nos termos da lei, sem prejuízo da compensação ou restituição do valor que exceder ao efetivamente devido no encerramento do mesmo período" (esclarecemos no segundo parêntese).

Com tal inciso, o Governo *criará* a possibilidade de o contribuinte pagar imposto sobre a renda antes da ocorrência do fato imponível, acomodando, destarte, uma situação (inconstitucional) que na prática vem ocorrendo.

Em outras palavras, o supracitado dispositivo autorizará a lei a fazer nascer imposto sobre renda ainda não auferida.

É flagrantemente inconstitucional, porque passa por cima do princípio da segurança jurídica da tributação, que, dentre outras coisas, exige que o tributo só nasça após a ocorrência real do fato imponível. No caso, após a efetiva obtenção dos rendimentos líquidos.

Notamos que a inconstitucionalidade perdura, apesar da ressalva "sem prejuízo da compensação ou restituição do valor que exceder ao efetivamente devido no encerramento do mesmo período". De fato, a eventual compensação do dano não restabelece o primado da segurança jurídica, que, aliás, resta irremediavelmente esmagado apenas com a tributação de fato que ainda não aconteceu (ainda que, depois, ele efetivamente aconteça).

4.4 Quer, ainda, o Governo que, a partir de 1º de janeiro de 1998, a União passe a instituir, cobrar e fiscalizar o *ICMS federal* (que englobaria o atual *IPI*). Nesse sentido a longa redação proposta ao art. 155 da CF.

Este artigo, se aprovado, agredirá frontalmente o princípio federativo (e, só por isso, entremostra-se improsperável).

Com efeito, ele retira dos Estados-membros boa parte de suas autonomias financeiras e, por via de conseqüência, também boa parte de suas autonomias política e jurídica.

Com isso, os Estados ver-se-ão, na prática, reduzidos à condição de meras *satrapias*, obrigados que serão a pedinchar as benesses federais. É razoável supor que os que não rezem pela *cartilha federal* serão boicotados. Isto acabará, por via reflexa, com o *princípio federativo*, *cláusula pétrea* importantíssima.

O princípio federativo é tão marcante que lei alguma, nenhum poder, nenhuma autoridade, poderá, direta ou indiretamente, às claras ou de modo sub-reptício, derrogá-lo ou, de algum modo, amesquinhá-lo.

A pujança deste princípio vem proclamada no art. 1º da CF ("a República Federativa do Brasil, formada pela união indissolúvel dos Estados (...)" e reiterada no art. 25 do mesmo Texto Supremo, que estabelece que os Estados "organizam-se e regem-se pelas Constituições e leis que adotarem".

Os arts. 1º e 25 da Lei das Leis, na medida em que possuem um conteúdo mínimo que lhes permite atuar, ainda que à falta de outros atos normativos que lhes explicitem o conteúdo, encerram normas constitucionais de eficácia plena e aplicabilidade imediata, de acordo com a monumental classificação de José Afonso da Silva, que acolhemos. Normas deste tipo atuam de pronto, assim que postas no sistema jurídico. Independem da edição de quaisquer normas inferiores para que possam produzir todos os efeitos que lhes são próprios.

Aliás, o princípio federativo é dos mais relevantes de quantos nosso ordenamento jurídico alberga. Com efeito, Kelsen observa — com inteira razão — que a importância de uma norma jurídica pode ser aferida pela intensidade da sanção que acarreta, acaso descumprida. Ora, está proclamado no art. 60, § 4º, da Carta Fundamental que "não será objeto de deliberação a proposta de emenda constitucional tendente a abolir a forma federativa de Estado".

Pretendendo diminuir a arrecadação estadual, obrigando os Estados a pautarem seus ICMS ao modelo federal, a *Proposta* revela toda sua inconstitucionalidade.

5. Acerca da idéia, há pouco lançada (item 4), de que o Governo, com sua *Proposta*, quer constitucionalizar incidências tributárias, sirva-nos de exemplo o art. 11, IX, "a" que estatui:

"IX — incidirá também (o ICMS):

"a) sobre a entrada de mercadoria importada do Exterior, por ocasião do do desembaraço aduaneiro, *ainda quando se tratar de bem adquirido por pessoa física* ou destinado a consumo ou ativo permanente do estabelecimento ou para uso do importador, assim como sobre serviço prestado no Exterior, cabendo o imposto ao Estado de destino físico da mercadoria ou da prestação de serviços" (esclarecemos no parênteses e grifamos).

Ora, o atual inciso IX, "a", do § 2º do art. 155 da CF (o ICMS "incidirá também sobre a entrada de mercadoria importada do Exterior, ainda quando se tratar de bem destinado a consumo ou ativo fixo do estabelecimento, assim como sobre serviço prestado no Exterior, cabendo o imposto ao Estado onde estiver situado o estabelecimento destinatário da mercadoria ou do serviço") tem levado o Poder Judiciário a decidir que o particular que importa, regular e licitamente, bens para uso próprio, sem caráter de habitualidade, não exercendo o comércio, nem possuindo estabelecimento, é inalcançável pelo ICMS.

Exatamente neste momento, o Governo, marotamente, insere o tópico "ainda quando se tratar de bem adquirido por pessoa física", cortando asas a uma jurisprudência que começa a seguir na traça da melhor doutrina.

Isto se ajusta ao objetivo confessado na *Exposição de Motivos*, de, com a *Proposta*, "evitar (...) *dificuldades judiciais* em torno das (...) importações" (p. 5 — *sic*). Ainda mal.

6. Observe-se, por outro lado, que, mesmo quando a *Proposta* quer "atenuar imperfeições, como a taxação das exportações, investimentos e alimentos da cesta básica" (*Exposição de Motivos*, p. 2), ela se revela inócua.

De fato, a atual Constituição, com a simples edição de leis (ordinárias ou complementares), permite que esses objetivos venham plenamente alcançados.

Para tanto, bastaria, dentre outras coisas, que:

I — lei complementar explicitasse que todos quantos contribuem para o produto industrializado seja exportado (o fabricante dos componentes, o montador, o atacadista etc.) seriam, tanto quanto o exportador, alcançados pelas imunidades ao IPI e ao ICMS, a que aludem, respectivamente, os arts. 153, § 3º, III, e 155, § 2º, X, "a", da CF;

II — lei complementar estabelecesse que os produtos da *cesta básica* seriam isentos de ICMS, justamente para que se cumpra o disposto no art. 155, § 2º, III, da CF;

III — lei complementar decretasse que todos quantos contribuíssem para que produtos hortifrutigranjeiros fossem exportados seriam isentos de ICMS (art. 155, § 2º, XII, "e", da CF);

IV — lei ordinária federal eliminasse ou reduzisse tributos federais relacionados com a atividade de exportação;

V — lei ordinária federal assegurasse a manutenção de crédito de IPI na compra de bens de capital; e

VI — lei ordinária federal atenuasse o IOF sobre operações relativas a exportações, de modo a estimulá-las.

7. No entanto, na área das chamadas *contribuições sociais*, o Governo não teve a capacidade de apontar sequer uma proposta que, sem espoliar os contribuintes (aqui incluídas as empresas), pudesse efetivamente amparar a saúde, a previdência e a assistência social do povo. Lembramos que o pranteado mestre Geraldo Ataliba estava empenhado, em seus últimos dias, por uma tributação mais justa, voltada para os interesses das empresas produtivas, geradoras de empregos.

8. Nem se alegue, neste ponto de nossa exposição, que, como *todos* (pessoas políticas, empresas, pessoas físicas etc.) querem a *reforma tributária*, estariam legitimados os referidos atropelos a *cláusulas pétreas*.

Nada menos exato. Na verdade, a *reforma tributária* ansiada por uns conflita abertamente com a *reforma tributária* desejada por outros.

Com efeito, para a União, a reforma tributária ideal é a que aumenta sua arrecadação, ainda que em detrimento dos Estados e Municípios. Estes, de seu turno, almejam, com ela, obter mais recursos, ainda que em prejuízo da União. Os contribuintes também a desejam, mas para pagar menos tributos. As empresas dela são adeptas fervorosas, na esperança de serem liberadas da carga tributária, que reputam excessiva.

Há, neste particular, um nítido entrechoque de interesses: de um lado, o Poder Público, que quer arrecadar ao máximo; de outro, o contribuinte (pessoa física ou jurídica), que quer pagar o mínimo possível de tributos.

Este conflito de interesses só não esmagará a parte mais fraca (o contribuinte) se a Constituição não for alterada em suas vigas mestras. Bem cumprida, é ela que vai permitir que os tributos venham instituídos e arrecadados ''sem lesionar a harmonia entre os direitos do Estado e os direitos do particular'', na feliz expressão de Hector Villegas.

Em síntese, só o respeito à Constituição pode impedir a *guerra fiscal* que se prenuncia.

9. Defeitos, evidentemente, a tributação brasileira tem. Mas defeitos que resultam, a nosso ver, do descumprimento da Constituição.

Ninguém desconhece que há um divórcio muito grande entre o que determina a Constituição, em matéria tributária, e o que acontece na prática.

É chegado o instante de revertermos este quadro. Vamos conjugar esforços para que as inconstitucionalidades tributárias (mesmo as que o Governo justifica, invocando os superiores interesses nacionais) deixem de existir.

Quando isto acontecer, veremos que não há necessidade de nenhuma reforma constitucional tributária.

O melhor a fazer é aproveitar a Constituição que aí está e, por meio de uma legislação adequada, corrigir injustiças que existem no campo do imposto sobre a renda, do ICMS, do IPI etc. Mas, para isso, não é preciso mudar a Constituição: basta mudar as leis.

O Brasil — como vimos sustentando desde que se falou na *Revisão de 1993* — não carece de novas normas constitucionais tributárias. As que existem são, de um modo geral, de excelente nível. Para que o sistema tributário nacional, que é intrinsecamente bom, funcionasse a contento, bastaria que a Constituição fosse conhecida e bem cumprida.

Mas, infelizmente, não é isso que acontece.

Se forem necessárias algumas reformas constitucionais tributárias, que sejam feitas. Mas com moderação, sem atropelar *cláusulas pétreas*, especialmente as que veiculam direitos dos contribuintes e suas garantias.

10. Façamos votos no sentido de que o Congresso Nacional tenha um lampejo de lucidez e adie indefinidamente a *reforma tributária*, que, se aprovada tal como pretende o Governo, desfechará um *golpe* contra as mais caras conquistas do contribuinte brasileiro.

E se, malgrado tudo, o Congresso Nacional curvar novamente a cerviz e, obedecendo a *determinações superiores*, levar a cabo a *reforma tributária* que se prenuncia, o STF, quando provocado (e fatalmente será), não permita tamanha violência às *cláusulas pétreas* da Constituição. Assim procedendo, continuará a merecer o respeito de todo o mundo jurídico nacional. Cedendo a pressões (o que não acreditamos acontecerá), terá renunciado, de uma vez por todas, ao seu papel histórico e jurídico de guardião supremo da Lei Maior do País.

OPERAÇÕES DE BANCOS ESTADUAIS COM SEUS CONTROLADORES: UM CASO DE ANTINOMIA APARENTE

TÉRCIO SAMPAIO FERRAZ JÚNIOR
Professor Titular da Faculdade de Direito da Universidade de São Paulo

No dia 6 de dezembro de 1990, o CMN editou a Res. 1.775, proibindo, sem prévia autorização do BACEN, as operações que "acarretem aumento de excesso" com relação aos índices previstos na Res. CMN-1.559/88, *bem como vedando, nos termos do art. 34 da Lei 4.595/64, operações dos bancos estaduais com seus controladores, cuja renovação também dependeria da anuência da autoridade monetária.* A Res. 1.775 foi publicada no *Diário Oficial* no dia 10.12.90.

Não obstante a proibição legal da Lei 4.595/64, foram inúmeras as operações ARO com as fazendas estaduais, realizadas com base na Res. 346/75 e, mais tarde, também na Res. 1.718/90 do CMN, as quais *regulavam* as ditas operações.

O fato de que, no tocante especificamente a operações ARO entre bancos oficiais estaduais e o seu acionista controlador, não devessem prevalecer diante do disposto no art. 34, III, da Lei 4.595/64, que as invalidaria, em virtude do princípio da *lex superior*, coloca, portanto, um interessante caso de antinomia que vale a pena ser examinado.

Discute-se, primeiramente, a questão da validade normativa. De um ponto de vista analítico, à Dogmática Jurídica interessa saber em que condições uma norma é reconhecida como válida para o ordenamento, quando, isto é, a partir de que momento passa a valer e, depois, deixa de valer, quais os efeitos que produz, quando e até quando os produz, se os produz mesmo quando não possa ser reconhecida como válida.

Para que se reconheça a validade de uma norma é preciso, de princípio, que a norma esteja integrada no ordenamento, o que supõe terem sido obedecidas as condições formais e materiais de sua produção. Costuma-se indicar as seguintes condições: que a norma tenha sido criada pelo órgão previsto pela ordem jurídica; que a criação tenha sido realizada conforme um procedimento previsto pela mesma ordem; que não haja sido revogada; que a ordem jurídica seja suficientemente eficaz; que, do ponto de vista do seu conteúdo, tendo-se em conta o seu âmbito, a conduta proibida, obrigada ou facultada seja conforme ao disposto pela norma que preside sua criação.

Quanto a esse último ponto, tenha-se em conta que normas conferem a acontecimentos um sentido jurídico enquanto aludem materialmente a eles. Esta referência efetua-se por meio de seus conteúdos, o que nos conduz aos seguintes elementos da circunstância em que uma conduta se desenvolva: a classe de ação, o agente que a executa e o agente destinatário da execução, a localização temporal e a localização espacial. Uma norma contém necessariamente a designação de uma conduta específica. Os demais elementos podem estar implícitos ou estar contidos em outras normas. A correta avaliação destes elementos tem a ver com a força de incidência ou impositividade da norma e com a questão da revogação.

Quanto às relações de subordinação entre as normas, distinga-se entre validade condicional e finalística. Uma norma vale condicionalmente quando sua norma subordinante lhe prescreve as condições de validade, mas não solidariza essas condições a um fim a ser atingido pela norma subordinada. Respeitadas as condições, a norma é válida mesmo que os fins não sejam atingidos. Por exemplo, normas que estabelecem atos vinculados privilegiam condições. Uma norma vela finalisticamente quando sua norma subordinante solidariza as condições a um fim a ser atingido. Se o fim não é atingido, a norma não vale, responsabilizando-se o agente pela escolha dos meios que lhe impediu o atingimento dos fins. É o caso de normas que estatuem atos discricionários. Na prática, as duas formas de validade tendem a se combinar, embora haja casos em que uma seja privilegiada em face da outra. Esta distinção tem a ver com o controle da validade (retrospectivo, na condicional e prospectivo, na finalística) e com a responsabilização de agentes normativos por seus atos em termos de sua validade (pelo respeito aos meios, na condicional, e pela solidariedade meio/fim, na finalística).

Quanto à impositividade, distinga-se entre validade e imperatividade das normas. A prática nos ensina que, para que uma ordem jurídica se mantenha globalmente eficaz, é preciso admitir a possibilidade de uma norma ser válida e, não obstante, não ter império e vice-versa, ter império e não ser válida. Uma norma tem imperatividade à medida que se lhe garante a possibilidade de impor um comportamento independentemente do concurso ou da colaboração do destinatário, portanto, a possibilidade de produzir efeitos imediatos e de ter esses efeitos mantidos, inclusive sem que a verificação de sua validade o impeça. Nesse sentido fala-se na força vinculante da norma (vigor). Para que isto ocorra, o sistema normativo vale-se de *regras de ajustamento* (calibração do sistema), como é o caso da regra que autoriza o reconhecimento implícito de situações não agasalhadas por norma válida e que são, num sentido meramente efetivo, "convalidadas". Veja-se, por exemplo, as inúmeras situações provocadas pela omissão do Congresso Nacional de regulá-las, ao teor do art. 62, parágrafo único, da CF, no caso de medida provisória que tenha perdido sua eficácia *ex tunc*, e que acabam por aceitar-se como se reguladas estivessem, nos termos da medida provisória tornada ineficaz. Sem esses ajustamentos, o sistema implodiria, trazendo para a ordem jurídica um descontrolado risco de ineficácia global. Por exemplo, uma das mais importantes e conhecidas regras de ajustamento é a chamada *lex specialis*, que permite ao intérprete excepcionar uma disposição que lhe é anterior, a fim de garantir a imperatividade de ambas na mesma ordem jurídica ou, sendo elas incompatíveis, excluir parte da anterior por força da excepcionalidade da posterior. Regras de ajustamento ou de calibração são, nesse sentido, responsáveis pelo funcionamento coeso dos sistemas normativos. Não são normas, embora possam vir a ser conteúdo de normas. Sua força vinculante repousa na força social do reconhecimento doutrinário.

A eficácia global tem a ver não necessariamente com toda a ordem normativa, mas se aplica também a partes do ordenamento como subconjuntos normativos. Esta eficácia não se confunde com obediência. Existem casos em que, no conjunto, normas não chegam a ser obedecidas e, não obstante, dentro dele, não podem ser consideradas ineficazes. Trata-se de normas que, se aplicadas na sua literalidade, produziriam um insuportável tumulto. Não se reduzindo à obediência, sua eficácia tem antes o sentido de sucesso normativo, o qual pode ou não exigir obediência. Veja-se, por exemplo, o caso da norma constitucional sobre o salário mínimo, cuja regulamentação legal não atende a todos os valores exigidos por sua letra mas que, apesar disso, produz um efeito social de satisfação ideológica.

Postas estas premissas (para elas, v. Ferraz Jr., *Introdução ao Estudo do Direito*, 2ª ed., São Paulo, 1994, pp. 179 e ss.), passo ao exame de uma suposta antinomia entre os apontados dispositivos legais e resoluções do BACEN. O art. 34 da Lei 4.595/64, ao normatizar a realização de empréstimos ou adiantamentos pelas instituições financeiras, em seu inciso III, veda a sua concessão "às pessoas físicas ou jurídicas que participem de seu capital, com mais de 10% (dez por cento), salvo autorização específica do Banco Central do Brasil, em cada caso, quando se tratar de operações lastreadas por efeitos comerciais resultantes de transações de compra e venda ou penhor de mercadorias, em limites que forem fixados pelo Conselho Monetário Nacional em caráter geral". Por sua vez, a Res. BACEN-346/75, no seu item III, dispunha: "Além das condições estabelecidas nesta Resolução, as instituições financeiras deverão observar as normas específicas que regem suas atividades, *facultando-se aos bancos oficiais* a realização das operações previstas nos itens I e II, *inclusive com Estados* que *participem de seu capital social*, desde que autorizados, em cada caso, pelo Banco Central" (grifei). Aparentemente, o conflito entre as duas normas, uma de ordem superior e outra de ordem inferior, tornaria inválida a segunda e, conseqüentemente, não só operações ARO imediatamente anteriores à Res. 1.775/90 (que passou a vedá-las), mas todas as que ocorreram, desde 13.11.75, ao arrepio da norma superior. O bom senso jurídico, no entanto, faz ver que, tendo em vista a eficácia global do subconjunto normativo, esta conclusão é insustentável. Não basta, porém, o argumento do bom senso, é preciso mostrar, por regras de ajustamento, como aquela insustentabilidade se fundamenta.

O dispositivo do art. 34, *caput* e seu inciso III, contém uma norma de proibição — uma vedação —, cujo destinatário é "instituições financeiras" e cuja conduta específica (a conduta proibida) é "conceder empréstimos ou adiantamentos a pessoas físicas ou jurídicas que participem de seu capital com mais de 10%"; contém, ademais, uma norma de competência — uma facultação —, cujo destinatário é o Banco Central e cuja conduta específica é "autorizar, em cada caso, aqueles empréstimos e adiantamentos, quando se tratar de operações lastreadas por efeitos comerciais resultantes de transações de compra e venda", e por fim, mais uma norma de competência, cujo destinatário é o Conselho Monetário Nacional e cuja conduta específica é "estabelecer limites de caráter geral para as autorizações antes mencionadas". Dentre as instituições financeiras, às quais o art. 24 da Lei 4.595/64 manda aplicar as "disposições relativas às instituições financeiras privadas". Qual é o sentido deste mandamento, tendo-se em conta que o art. 173, § 1º, da CF, sem qualquer discriminação, sujeita a sociedade de economia mista ao regime jurídico próprio das empresas privadas?

A prática constitucional, mesmo em Constituições anteriores, tem demonstrado que dispositivo desta natureza, que consta também do art. 24 da Lei 4.595/64, nunca serviu para que sociedades de economia mista ficassem efetivamente adstritas ao regime do direito privado. Na verdade, expressões como "sociedade de economia mista" e "instituições financeiras oficiais não federais", como aparecem na legislação, não são conceitos submetidos a definições lexicais (constatativas, sujeitas à alternativa verdadeiro/falso), mas estipulativas (sujeitas ao critério da funcionalidade, dependentes dos objetivos a que visam). Esta importante distinção da lógica jurídica (cf. Lantella, Belvedre, Iori, *La*

Definizione Giuridica, Milão, 1973, p.33) nos faz ver que, assim como "sociedade de economia mista" é expressão que não prescinde das funções que exerce a sociedade para captar-lhe o sentido (sob pena de se introduzir no mandamento constitucional e na legislação decorrente insuportáveis contradições — cf. Newton de Lucca, *Regime Jurídico da Empresa Estatal no Brasil*, São Paulo, 1986, pp. 119 e ss.), do mesmo modo não se pode ignorar as funções da chamada instituição financeira oficial não federal, dentre as quais está, por força de mandamento constitucional, a de depositária das disponibilidades de caixa dos Estados, do Distrito Federal, dos Municípios e dos órgãos ou entidades do Poder Público e das empresas por ele controladas (art. 164, § 3º).

Ora, já por essa razão parece inevitável reconhecer que instituições financeiras oficiais não federais (como sucedera, em 1990, com operações ARO realizadas pelo Banespa e que provocaram farta discussão jurídica), embora sujeitas às disposições relativas às instituições financeiras privadas, não deixam, no exercício de funções peculiares, de atuar como agente financeiro da Fazenda estadual, podendo, nesse sentido, receber de seu controlador — não obstante sua sujeição, em princípio, aos ditames dos arts. 116 e 117 da Lei 6.404/76 — orientação de suas atividades de modo a atender ao interesse público que justifica sua criação (art. 238 da mesma lei). Ademais, o depósito do imposto na instituição financeira oficial é compatível com uma proibição genérica de o banco oficial contratar com o seu controlador, pois essa interpretação de exclusão "legalizaria" uma apropriação do bem público no interesse e para benefício de particulares. Com esta regra de ajustamento ou regra de calibração do sistema normativo torna-se claro que, inobstante uma literal contradição entre as normas do art. 34, III, da Lei 4.595/64 e as da Res. 346/76, estamos diante de mera antinomia aparente, que não obsta à autorização de sua expedição nos termos do art. 4º, VI, combinado com o art. 9º, ambos da mesma lei. Ou seja, a vedação constante do art. 34, III, da Lei 4.595/64, dirigida às instituições financeiras privadas e relativa a empréstimos e adiantamentos, não obsta ao exercício pelo CMN de competência para disciplinar os empréstimos por antecipação de receita orçamentária, mormente quando esta envolve uma peculiar relação funcional entre a sociedade e o controlador.

Na verdade, se, de um lado, é evidente que o legislador está preocupado em coibir o desvirtuamento do crédito no que se refere a instituições financeiras privadas, de outro, não poderia ignorar as peculiaridades daquelas instituições financeiras oficiais não federais quando realizam operações de crédito com o próprio Estado-controlador. Embora privadas na sua forma, estas têm inevitavelmente uma dimensão pública. Seu caráter de direito privado lhes é reconhecido por se tratar de um centro objetivo de relações privadas. Trazem, porém, em si a originalidade de ser um meio de ação do Poder Público, exigindo regras que têm a marca do interesse governamental que nelas se insculpe. Não é outra a razão de sua submissão a resoluções do Senado Federal e à aprovação dos Tribunais de Contas. Tais operações se peculiarizam precisamente por não terem uma natureza privada comum, o que explica o alcance da competência reguladora do CMN. Nesse sentido não se confundem legalidade estrita com interpretação literal da lei. Para o seu correto entendimento é preciso ter em conta a mencionada distinção entre validade condicional e finalística. A submissão a condições não pode estar totalmente "dessolidarizada" dos objetivos a atingir. Ou, como leciona Celso Antônio Bandeira de Mello (*Curso de Direito Administrativo*, 4ª ed., São Paulo, 1993, p. 26): "Encarta-se no princípio da legalidade o princípio da finalidade. Não se compreende uma lei, não se entende uma norma, sem entender qual o seu objetivo. Donde, também não se aplica uma lei corretamente se o ato de aplicação carecer de sintonia com o escopo por ela visado. Implementar uma regra de Direito não é homenagear exteriormente sua dicção, mas dar satisfação a seus propósitos. Logo, só se cumpre a legalidade quando se atende sua finalidade".

Por esses motivos, entende-se que o CMN, no uso de sua competência dada pelo art. 4º, VI da Lei 4.595/64, tivesse legitimamente expedido as Res. 346/75 e 1.718/90, disciplinando operações ARO com instituições financeiras oficiais não federais, e, depois, com o mesmo fundamento, entendendo serem outras as circunstâncias econômicas e financeiras do País, tenha resolvido aplicar o art. 34 da referida lei. Aliás, ao fazê-lo, no art. 5º da Res. 1.775/90, admite, acertadamente, as "operações eventualmente contratadas", determinando que devessem ser liquidadas no vencimento ou até 31.12.94, o que ocorresse primeiro, e proibindo sua renovação sem prévia autorização do BACEN. Note-se que não se trata de convalidação, que teria de ser expressamente pronunciada, mas de reconhecimento de validade dos atos anteriores. Ao dispor, portanto, sobre elas, admite a autoridade, claramente, a sua legitimidade, ao teor da revogada Res. 346/75 e da Res. 1.718/90, que não revoga. Que estas resoluções são admitidas como válidas é evidente, primeiro porque a primeira é revogada e não se revoga o que era inválido, e segundo porque faz depender a renovação de operações contratadas de prévia autorização do BACEN, o que não faria sentido se fossem operações efetuadas sob uma normatização inválida.

Esclarecida a aparente oposição antinômica entre as normas da Lei 4.595/64 e a Res. CMN-346/75, o que vale também para a Res. 1.718/90, no contexto do ordenamento financeiro, gostaríamos de examinar as conseqüências de sua impositividade, tendo em vista operações ARO como as mencionadas, especialmente referentes ao caso Banespa, em 1990. Estas conseqüências trazem um outro exemplo de colisão normativa que vale a pena conhecer.

Tomando-as como exemplo, diga-se, inicialmente, que as mencionadas operações ARO (a primeira é de 6.7.90), à época de sua contratação, regiam-se pela Res. do Senado 94/89 e pelas Res. CMN-346/75 e 1.718/90. Além disso, foram realizadas dentro dos parâmetros estabelecidos pela Lei estadual 626/89 (art. 5º). Pela Res. 1.718 de 29.5.90, as operações ARO teriam sido excluídas dos limites estabelecidos nas Res. CMN-1.559/88 e 1.687/90. Admitindo-se que estes limites estivessem ultrapassados, quando da contratação das operações, indaga-se: teria a Res. CMN-1.718/90, ao regulamentar, de forma nova e incompatível com ela, as disposições da Res. CMN-1.559/88, revogado esta, permitindo, com isso, nos seus termos, a realização das operações?

O item I da Res. CMN-1.559/89 fixava em 30% do respectivo patrimônio líquido da instituição financeira o limite de diversificação de risco por cliente na realização de operações ativas e de prestação de garantias. E no item XI determinava que as instituições que, na data da publicação da resolução, ainda apresentassem excesso em face dos limites estabelecidos deveriam eliminá-lo até 31.12.89 (prazo posteriormente prorrogado para 31.12.90 pela Res. CMN-1.687/90), ficando impedidas de realizar novas operações até o seu efetivo enquadramento. A Res. CMN-1.687/90 não só prorrogou o referido prazo, como alterou o impedimento para novas operações, ao restringi-lo a operações que acarretassem aumento do excesso verificado em 31.12.89 (art 2º). Esta alteração, que representava uma intenção da *voluntas legislatoris* de amenizar aquele impedimento, foi uma derrogação daquela vedação geral.

Os sujeitos daquelas normas eram, de um lado, instituições financeiras e, de outro, seus clientes. Estes, conforme a Circular 1.470/89 do BACEN, incluíam no seu rol de abrangência a União, o Estado e o Município, bem como entidades direta ou indiretamente a eles vinculadas. Ora, justamente este rol de abrangência ficava restringido com o advento da Res. 1.718/90, que, no seu art. 1º passava a regular as operações de empréstimo e financiamento, títulos descontados, adiantamentos (exceto os de câmbio), arrendamento mercantil e garantias de qualquer natureza, realizadas pelas instituições financeiras e sociedades de arrendamento mercantil com a Administração direta da União, empresas estatais, com a Administração direta dos Estados, Municípios e Distrito Federal e respectivas empresas estatais. Para estes clientes, o limite para as operações passava a ser o saldo existente em 31.12.89, corrigido mensalmente pelo BTN. Ademais, do limite estabelecido ficavam excluídas, entre outras, as operações por antecipação de receita orçamentária realizadas pelos Estados, Municípios e Distrito Federal (art. 3º, III), sendo que, tratando-se de instituições financeiras oficiais estaduais, a exceção só beneficiaria aquelas centralizadoras do ICMS do respectivo Estado e Distrito Federal e desde que não ultrapassassem 50% do limite fixado pela Res. 94/89 do Senado Federal, observando-se também o dispêndio mensal médio fixado por aquela resolução.

A Res. CMN-1.718/90, com o objetivo de limitar empréstimos ao setor público e disciplinar o endividamento público, a toda evidência, alterou, quanto aos clientes públicos, os limites para as operações mencionadas pela Res. CMN-1.559/88, além de excluir, desses novos limites, as operações ARO nos termos em que dispunha. Quanto a essa exclusão, obviamente, excepcionava aqueles novos limites e cuidava de cercar tipificadamente a exceção (eram claros, nesse sentido, os termos do art. 3º, III), deixando evidente que aquelas operações deveriam ser consideradas como não sujeitas à limitação do art. 1º.

Como se sabe, uma norma pode ser revogada por outra expressamente ou tacitamente. A revogação expressa exige uma norma revogadora manifesta que faz cessar a validade da norma revogada. A revogação tácita ocorre quando a norma revogadora é implícita, resultando a revogação da incompatibilidade entre a matéria regulada e as disposições antes vigentes ou de uma disciplina integral da matéria — revogação global — que não exige incompatibilidade, pois apenas se substitui um ordenamento, parcial ou total, por outro. No caso em tela, tínhamos uma disposição geral e uma disposição especial mutuamente incompatíveis. Por essa razão, a segunda revogava a primeira (cf. Vicente Rao, *O Direito e a Vida dos Direitos*, v. 1º/392, São Paulo, 1960). Assim, a norma da Res. 1.559/88, sinteticamente, estabelecia: para *todos* os clientes e para *todas* as operações ficam *proibidas* novas operações se o limite de 30% por cliente está ultrapassado; já, a norma na Res. 1.718/90 passou a estabelecer: para *alguns* clientes e para *algumas* operações (pois ressalvadas as do art. 3º que não se submetem a limites), ficam *permitidas* novas operações mesmo se o limite for diferente de 30% mas inferior ao saldo em BTN de 31.12.89. Tenha-se em conta que, estruturalmente, a *fattispecie* normativa é composta da descrição da ação (ato ou omissão) e das condições da ação, sendo que, logicamente, a alteração nas condições da ação não significa que tenhamos outra ação (exemplo: é proibido matar, mas é permitido matar em legítima defesa — a ação *matar* é a mesma, o que se altera é a condição em *legítima defesa*). Ora, como se sabe, se uma norma proíbe um ato e outra permite o mesmo ato (Vp e Pp), elas são incompatíveis por contraditoriedade (cf. Roberto José Vernengo, *Curso de Teoría General del Derecho*, Buenos Aires, 1976, p. 104). Havendo incompatibilidade, a Lei de Introdução ao Código Civil é clara a respeito: a norma posterior revoga a anterior (art. 2º., §1º.). Por outro lado, as operações ARO mencionadas, por força do art. 3º., III, da própria Res. 1.718/90, não estavam sujeitas à limitação referida no art. 1º.. Note-se que o texto normativo falava em limitação, e não em limites, tornando o seu sentido inequívoco, ao reconhecer que o art. 1º. estabelece uma limitação e o art. 3º. exclui certas operações da limitação, mas não de limites, que, no caso de instituições financeiras oficiais estaduais, passa a ser de 50% do limite fixado pela Res. 94/89 do Senado Federal.

Em conclusão, as mencionadas operações ARO, no que se refere a limitações, a partir de 30.5.90, passaram a reger-se pela Res. 1.718/90, e não pela Res. 1.559/89, por aquela revogada no que se refere a clientes públicos. Obedecidos os dispositivos daquela, nada haveria a opor à sua legitimidade.*

* Com base na suposta ilegitimidade, no entanto, decorria uma forte presunção de gestão temerária. Contudo, admitida a legitimidade das operações ARO mencionadas, excluía-se essa suposta gestão temerária por parte dos dirigentes das instituições oficiais, que tinha por fundamento um eventual desrespeito às resoluções do CMN vigentes à época, e por se as considerar inválidas em face da Lei 4.595/64, por desrespeito à própria lei.

Mas haveria um outro motivo para uma gestão temerária no fato de os dirigentes não terem levado em conta diligentemente a situação e o comportamento do controlador, ao realizar as operações. Sobre o argumento tenho a considerar o seguinte.

Embora o parágrafo único do art. 239 da Lei 6.404/76 estabeleça que os deveres e as responsabilidades dos administradores das sociedades de economia mista sejam os mesmos dos administradores das companhias abertas, fazendo supor que sua situação jurídica seja a mesma, a relação peculiar de direito público que os coloca em face do acionista controlador não pode ser olvidada. Tanto que o art. 238 da mesma lei prescreve que a pessoa jurídica que controla a sociedade de economia mista, embora tenha os deveres e responsabilidades referidos nos arts. 116 e 117, "poderá orientar as atividades da companhia de modo a atender o interesse público que justificou a sua criação". Nessa hipótese, é perfeitamente possível ocorrer que o interesse da sociedade de economia mista, isoladamente tomado, passe a ser considerado "em harmonia com a política e a programação do Governo no setor de atuação da entidade" (Decreto-lei 200, art. 26, II), por força da supervisão do respectivo Secretário a que é submetida (cf. arts. 25 a 28, e Lei Complementar 20/74, em virtude do que a organização administrativa dos Estados é idêntica, em suas linhas mestras, à prevista para a União).

Embora a sociedade de economia mista seja apenas vinculada à respectiva Secretaria, o que lhe dá a correspondente autonomia, os meios pelos quais se exerce a supervisão (nomeação de dirigentes, exoneráveis *ad nutum*, fixação de despesas e aprovação de orçamento-programa, programação financeira) sujeitam a entidade a um tal controle que aquela supervisão "caracteriza verdadeira subordinação", como observa Hely Lopes Meirelles (*Direito Administrativo Brasileiro*, 19ª. ed., São Paulo, 1994, p. 634). Nesse sentido, rigorosamente correta a conclusão de Newton de Lucca em sua tese sobre o regime jurídico da empresa estatal no Brasil, de que, havendo diferença entre o interesse da sociedade e aquele que o Governo possua, em vista de seu plano global de atuação, em tal caso "descaberá qualquer dúvida quanto à atitude a ser tomada pelo administrador da sociedade de economia mista: deverá ele abandonar o interesse específico da sociedade por ele administrada em favor da orientação do acionista controlador no sentido de ser preferencialmente atendido o interesse público que justificou a criação da sociedade" (ob. cit., p. 158).

Do exposto, pode-se concluir que a análise das antinomias é, seguramente, um dos temas mais importantes da concepção dogmática do ordenamento como um sistema. Dada a profusão de normas positivadas nos ordenamentos contemporâneos, pode-se até dizer que a ocorrência simultânea de normas válidas que se excluem mutuamente é, antes, quase uma regra, e não uma exceção. E, para a manutenção do ordenamento como um conjunto coeso e consistente, o seu correto entendimento hermenêutico é uma prática decisiva. Isto não quer dizer que qualquer antinomia possa ser extirpada, genericamente, do sistema. Sempre haverá aquelas (antinomias *reais*) para as quais será possível encontrar uma solução no *caso concreto* mas que, por isso mesmo, não poderá ser generalizada. Quando, no entanto, por via de regras interpretativas for possível encontrar soluções que podem ser estendidas para outros casos, a antinomia se revela como *aparente*. E isto é o que ocorria, a meu ver, no caso analisado.

São Paulo, 12 de fevereiro de 1996.

O que se sublinha, nesse caso, é que o Estado, ao atuar nas sociedades de economia mista, continua agindo como Poder Público, e não simplesmente como acionista controlador. Isto não significa, obviamente, uma carta de alforria para o Estado-acionista em face do direito privado, mas o exercício de sua competência nos termos que lhe confira a lei. Por exemplo: no caso Banespa não se podia ignorar que o Secretário da Fazenda, na última operação ARO, tendo em vista a urgência de recursos para o pagamento do funcionalismo público, às vésperas do Natal, determinara a formalização do contrato, assumindo a responsabilidade pela celebração da operação nos termos do § 1º do art. 5º da Res. 94/89 do Senado Federal. Assumida legitimamente a responsabilidade pelo Secretário, como lhe facultava a resolução, e observando a operação os limites e condições por ela estabelecidos, não restava ao administrador outra coisa senão cumprir a determinação, não lhe cabendo discutir a prevalência do interesse público decisoriamente interpretado pela autoridade para esse fim competente. Também deste ângulo, portanto, não havia que se falar em gestão temerária.

Indaga-se, por fim, se os dirigentes poderiam ser responsabilizados, por gestão temerária, pelo fato de não terem mandado excutir as garantias em face de uma eventual inadimplência no cumprimento das dívidas contraídas.

Em primeiro lugar, parece-me que se trata, em relação aos administradores, de responsabilidade de meios, e não de resultados. Aquilo a que eles se obrigam é ao diligente cuidado na utilização dos meios à sua disposição. A Res. CMN-1.775/90, que entrara em vigor após a celebração do último dos contratos, ordenava a inscrição em créditos em liquidação se as operações não estivessem extintas nos 60 dias subseqüentes ao seu vencimento. No exemplo do Banespa, contudo, antes daquele vencimento, o Estado pagara, embora em proporção ínfima, o seu débito, tendo informado o Governo ao Banco que estava em tratativas com o Ministério da Economia com o objetivo de prorrogar o vencimento do saldo de operações, o que de fato ocorreu em março de 1991. Ora, sabedores de que, tecnicamente, ainda que por um pagamento ínfimo, não estaria ocorrendo inadimplência, de que, inobstante isso, no caso de excussão das garantias, teriam de levar em conta os dispositivos dos arts. 765 e 774 do CC e o art. 730 do CPC, cientes ainda de que o BACEN, mesmo após a edição da Res. 1.775/90, não tomara nenhuma medida para reversão e desclassificação das operações, mas que, ao contrário, participava ativamente das negociações no Ministério da Economia, e, por último, mas não menos relevante, tendo em vista a especial relação entre o Estado-acionista-controlador e o Estado-poder-público que mencionei anteriormente, os administradores agiam dentro da razoabilidade que se esperaria do administrador.

CONCEITO DE ESTABELECIMENTO INDUSTRIAL POR EQUIPARAÇÃO

ALCIDES JORGE COSTA
Advogado e Professor Titular de Direito Tributário da Faculdade de Direito da Universidade de São Paulo

A consulente recebe de seus clientes, empresas conhecidas como gravadoras, que são editoras de CDs, fitas digitais (DAT — *Digital Audio Tape)* ou CDs graváveis (CDR — CD *Recordable)* para gravação se seu conteúdo em CDs que serão colocados no mercado.

De posse deste material onde estão gravadas músicas, a consulente submete-o à chamada pré-masterização, que consiste na codificação dos sons e sua transposição, já codificados, para outra fita. Em primeiro lugar, uma placa de vidro especial é recoberta por uma resina e depois submetida a metalização por um processo de eletrodeposição.

A seguir, em outro aparelho, o conteúdo da fita codificada é transferido para esta placa de vidro recoberta com resina e metalizada.

Com outras operações complementares, que incluem remoção de excesso de resina e outra metalização, está pronto o produto, um disco *master*, utilizado na produção dos CDs vendidos no comércio. Estes, depois da gravação, têm uma das faces submetida à impressão de dizeres e imagens pelo processo *silk-screen*, após o que estão prontos para ser embalados e remetidos à empresa gravadora que remeteu a fita digital ou CDR acima referidos e que encomendou a fabricação dos CDs.

À vista do exposto, a consulente pergunta se os fatos descritos conduzem ou não a concluir que a gravadora autora da encomenda é equiparada a estabelecimento industrial para efeito do IPI.

O Regulamento do IPI, aprovado pelo Decreto 8.789, de 23.12.82, e daqui em diante denominado RIPI, estabelece três categorias de estabelecimentos industriais, a saber, o que podem chamar de estabelecimento industrial por natureza, ou seja, os que executam operações de industrialização definidas no art. 3º do RIPI; o estabelecimento industrial por equiparação, que existe quando ocorrem os pressupostos expressos no art. 9º do RIPI, e, por fim, o estabelecimento industrial por opção, isto é, aquele que pode optar por sua equiparação a estabelecimento industrial quando ocorram as circunstâncias previstas no art. 10 do RIPI.

Entre os estabelecimentos industriais por equiparação encontram-se: "os estabelecimentos comerciais de produtos cuja industrialização haja sido realizada por outro estabelecimento da mesma firma ou de terceiro, mediante a remessa, por ele efetuada, de matérias-primas, produtos intermediários, embalagens, recipientes, molde, matrizes ou modelos" (RIPI, art. 9º, IV).

As demais hipóteses de equiparação previstas no art. 9º do RIPI certamente não se aplicam aos fatos que envolvem a consulente, pelo que a análise aqui feita limita-se ao inciso IV, acima transcrito.

Na operação realizada pela consulente, a gravadora autora da encomenda fornece apenas a fita digitalizada —

DAT ou o CDR. Não há fornecimento de matérias-primas, produtos intermediários, embalagens, recipientes, molde ou modelos. Desta maneira, resta examinar se a gravadora fornece a matriz dos CDs produzidos pela consulente. Por outras palavras, resta examinar se a fita digitalizada — DAT ou o CDR são matriz dos CDs produzidos pela consulente. Matriz na acepção empregada no texto legal, é a fôrma que, depois de ter recebido a marca de uma punção, a transmite aos objetos submetidos à sua ação (cf. Laudelino Freire, *Grande e Novíssimo Dicionário da Língua Portuguesa*, verbete "Matriz", 2ª ed., Rio de Janeiro, Livraria José Olympio Editora, 1954, acepção 5).

Neste sentido, a fita digitalizada — DAT ou o CDR não são utilizados como matriz na produção dos CDs. Matriz é sempre uma coisa corpórea usada na produção de outras. Como se lê no Parecer Normativo CST 202/70: "Preliminarmente, torna-se necessário estabelecer o exato alcance de 'moldes, matrizes ou modelos', de que fala a parte final do dispositivo acima transcrito. Entendemos, em princípio, que os vocábulos em questão guardam uma relação de semelhança com os seus antecedentes (matérias-primas, embalagens, recipientes) no sentido de se referirem a coisas corpóreas, não abrangendo, pois, meras especificações, ainda que por escrito, referentes a determinada marca ou tipo do produto a ser industrializado".

O que deve ser salientado no trecho acima transcrito é que matrizes se referem sempre a coisas corpóreas. Naturalmente, coisas corpóreas utilizadas no processo de fabricação de outras, o que, de resto, resulta também do significado usual da palavra, como se viu pela transcrição acima do verbete extraído de dicionário autorizado.

Nestas condições, a fita digitalizada — DAT ou o CDR, fornecidos pela gravadora, não são matriz dos CDs que são fabricados, isto, sim, a partir de matriz que a própria consulente produz, conforme acima descrito. Esta matriz, ou seja, o disco para o qual se transfere um conteúdo, é que se utiliza no processo de fabricação dos CDs, não servindo para outro propósito. Na verdade, a fita digitalizada ou o CDR entregues pela gravadora não são usados no processo industrial de fabricação dos CDs. Chamá-los de matriz seria o mesmo que dizer que os originais enviados por um autor são a matriz do livro, ou que a orquestra é a matriz dos discos, ou, ainda, que o desenho de um molde a ser fabricado é o próprio molde. Não é também modelo, porque o que se vai reproduzir é o disco *master*, e não o material que a gravadora enviou. Ainda aqui, se este material fosse considerado o modelo a reproduzir, uma orquestra seria o modelo de discos. E, de resto, na produção há matriz e não há modelo porque, no sentido da legislação aplicável, este também é o que se usa diretamente no processo de produção.

Não se pode, também, dizer que a fita digitalizada ou o CDR são matéria-prima que se emprega para compor a matriz. Qualquer matéria-prima é transformada no processo de produção e integra o produto final, ao passo que a fita DAT e o CDR, depois da codificação, permanecem exatamente como eram e podem ser, ou são, devolvidos à gravadora.

O que acima foi dito aplica-se a qualquer objeto (fita, CDR, CD comum, disco) que a gravadora envie à produtora para, a partir daí, iniciar o processo de fabricação de CDs, que começa exatamente pela produção da matriz.

Em suma, segundo os fatos descritos no início, a gravadora que encomenda os CDs não remete à consulente matérias-primas, produtos intermediários, embalagens, recipientes, moldes, matrizes ou modelos. Portanto, não se inclui na hipótese prevista no art. 9º, IV do RIPI e, em conseqüência não é equiparada a estabelecimento industrial.

São Paulo, 23 de janeiro de 1996.

ESTUDO SOBRE A SUJEIÇÃO PASSIVA DIRETA E INDIRETA NO DIREITO BRASILEIRO — ESCÓLIOS PARA UMA FUTURA MODIFICAÇÃO DO CÓDIGO TRIBUTÁRIO NACIONAL — EM HOMENAGEM A GERALDO ATALIBA

SACHA CALMON NAVARRO COELHO
Advogado, Professor da Universidade Federal de Minas Gerais e Magistrado Federal

Quando o fato gerador descrito hipoteticamente na norma de tributação ocorre no mundo, dá-se a instauração da relação jurídico-tributária entre o ente titular da capacidade para receber o tributo (sujeito ativo) e o sujeito passivo, obrigado a satisfazer a prestação pecuniária, o chamado *crédito tributário*, correspondente ao *tributo devido*. O sujeito passivo é denominado pelo Código Tributário Nacional de contribuinte quando realiza, ele próprio, o fato gerador da obrigação, e de responsável quando, não realizando o fato gerador da obrigação, a lei lhe imputa o dever de satisfazer o crédito tributário em prol do sujeito ativo. Pelo sistema do Código Tributário Nacional, o responsável tributário assume esta condição por dois modos: a) substituindo aquele que deveria ser naturalmente o contribuinte, por multivários motivos previstos em lei, e b) recebendo *por transferência* o dever de pagar o tributo antes atribuído ao contribuinte, o qual, por motivos diversos, não pode ou não deve satisfazer a prestação. O responsável tributário, pois, o é por *transferência do dever* ou por *substituição da pessoa* que deveria ser o sujeito passivo, precisamente porque realizou o fato gerador. Aqui, mais uma vez, apropositase a crítica feita ao professor Paulo de Barros Carvalho, que não admite na *hipótese de incidência* da norma tributária a autonomia do *aspecto pessoal*. Ora, o fenômeno da *substituição tributária* bem demonstra que a pessoa obrigada a pagar o tributo, por expressa determinação do comando da norma, é *diferente* da que, na hipótese de incidência dessa mesma norma, pratica o fato eleito como jurígeno (o fato gerador). Então, é absolutamente necessário destacar na hipótese de incidência da norma, não apenas a materialidade do fato e as coordenadas de tempo e lugar, mas também a pessoa envolvida com o fato jurígeno, mormente tratando-se de impostos cujos fatos geradores são fatos atinentes ao estado das pessoas: um ser, estar ou fazer. Há um sujeito, o verbo e o complemento: "alguém ser proprietário de imóvel rural"; "alguém ter renda acima de X em dado exercício"; "alguém importar mercadoria"; "ser empregador" etc. Nas taxas e contribuições de melhoria, o fato gerador é sempre uma atuação estatal da União, do Estado ou do Município, ou de suas instrumentalidades. Nem por isso é despiciendo o realce do aspecto pessoal. O sujeito passivo é sempre *destinatário dessas atuações*, seja porque serviços são prestados especificamente à sua pessoa (taxas), seja porque imóvel de sua propriedade obteve benefícios decorrentes de obra pública (contribuição de melhoria). Isto posto, cabe frisar que, nos casos de *responsabilidade tributária por transferência*, existe uma cláusula jurídica que imputa ao responsável o dever de pagar o tributo em lugar do contribuinte. O que se transfere é o *dever jurídico*, que migra total ou parcialmente do contribuinte para o responsável. Diferentemente, nos casos de *substituição tributária*, a pessoa que pratica o fato gerador não chega a ser contribuinte. A lei imputa diretamente o dever de pagar o tributo ao responsável tributário. O que se substitui, portanto, é a pessoa que, tendo praticado o fato gerador, *deveria ser o sujeito passivo* (o substituto legal tributário, como diria Héctor Villegas, não substitui o contribuinte, mas a pessoa que deveria sê-lo). O estudo da substituição é normativo, e não econômico. Está na estrutura da norma. Por isso, sem razão Paulo de Barros Carvalho quando, ao propósito da *substituição tributária*, põe-se a criticar Rubens Gomes de Souza (*Curso de Direito Tributário*, 4ª ed., São Paulo, Saraiva, p. 205). Increpa a visão de Rubens de *econômica*. O texto de Barros Carvalho, o damos transcrito: "Sustentou Rubens Gomes de Souza que se dava o fenômeno quando, em virtude de uma disposição expressa de lei a obrigação tributária surge desde logo contra uma pessoa diferente daquela que esteja em relação econômica com o ato ou negócio tributado: nesse caso, é a própria lei que substitui o sujeito passivo por outro indireto". Em seguida, arremata Barros Carvalho: "Está bem claro que, na hipótese, o legislador nada substitui, somente institui". Substitui, sim (a quem devia ser o sujeito passivo da obrigação). Aquele que, como, de resto, predica Barros Carvalho ao negar a autonomia do aspecto pessoal da hipótese, realizou o fato gerador. O legislador, sabendo que a pessoa envolvida economicamente com o ato ou negócio tributado seria, naturalmente, o sujeito passivo, *o substitui*, *instituindo* um responsável (o substituto legal tributário). A não ser assim, como explicar o fenômeno da substituição tributária? Não menos do que por isso, o substituto deve estar *em relação* com o substituído, para que possa forrar-se do ônus econômico acarretado pelo fato de ser *responsável pelo pagamento de um tributo* (art. 128 do CTN) cujo fato gerador não realizou. Rigorosamente, ele é devedor de tributo por fato de terceiro. Não poderá, pois, sofrer o ônus econômico; basta-lhe o dever jurídico. Se o aspecto material da hipótese de incidência fosse suficiente para indicar o sujeito passivo, eu estaria errado. Como não é, a doutrina contrária é que está.

Figuremos a hipótese do frigorífico que é responsável pelo ICMS devido pelos proprietários dos bois que lhe são vendidos. É necessária a *relação econômica* do frigorífico (substituto) com os vendedores do gado (os substituídos). Graças a ela, o frigorífico, em lugar dos vendedores, *paga* o ICMS que seria devido por estes. E o faz obrigado pela lei. Mas desconta no valor que paga pelos bois o montante do tributo por ele recolhido em lugar dos substituídos. Recupera, assim, o dinheiro do tributo pelo qual — e por pura conveniência da Administração Fiscal — é responsável por substituição, mas cujo fato gerador não praticou.

Dispõe o Código Tributário Nacional: "Art. 128. Sem prejuízo do disposto neste capítulo a lei pode atribuir de modo expresso a responsabilidade pelo crédito tributário a terceira pessoa, vinculada ao fato gerador da respectiva obrigação, excluindo a responsabilidade do contribuinte ou atribuindo-a a este em caráter supletivo do cumprimento total ou parcial da referida obrigação".

O art. 128 reporta-se aos dois tipos de responsabilidade conhecidos pelo Código Tributário Nacional:

a) a responsabilidade superveniente de terceira pessoa por fato gerador alheio (a chamada responsabilidade por transferência noticiada por Rubens Gomes de Souza);

b) a responsabilidade por substituição, quando o dever de contribuir é imputado diretamente pela lei a uma pessoa não envolvida com o fato gerador, mas que mantém com o "substituído" relações que lhe permitem ressarcir-se da substituição. Tirante uma única hipótese regida pelo Código Tributário Nacional, como veremos adiante, a responsabilidade por substituição é mais encontradiça nas leis federais, estaduais e municipais, observados os requisitos do art. 128 do CTN. Ao revés, as diversas modalidades de responsabilidade por transferência encontram no Código Tributário Nacional descrição mais minudente, merecendo todo um capítulo do Código.

O art. 128, quando cuida da responsabilidade por substituição, põe requisitos inarredáveis, os quais devem ser necessariamente observados pelos legisladores das três ordens de Governo que convivem na Federação brasileira. Tratemos o tema entretanto, com a minúcia e a profundidade que lhe são devidas. É preciso distinguir bem os casos de *responsabilidade direta e indireta*, que Rubens Gomes de Souza propagou em toda a doutrina pátria. O notável Mestre de todos os tributaristas brasileiros, cuja memória cultuamos com respeito e admiração, dividia as hipóteses de *sujeição passiva indireta*, em tema de tributação, em duas chaves:

Sujeição passiva indireta

- Por substituição
- Por transferência
  - Solidariedade
  - Sucessão
  - Responsabilidade de terceiros

Dizia o inolvidável Mestre: a transferência "ocorre quando a obrigação tributária depois de ter surgido contra uma pessoa determinada (que seria o sujeito passivo direto), entretanto, *em virtude de um fato posterior*, transfere-se para outra pessoa diferente (...)".

E a substituição "ocorre quando, em virtude de uma disposição expressa de lei, a obrigação tributária *surge desde logo contra uma pessoa diferente* daquela que esteja em relação econômica com o ato, o fato ou negócio tributado. Nesse caso é a própria lei que substitui o sujeito passivo direto por outro indireto" (*Compêndio de Legislação Tributária*, 3ª ed., Rio de Janeiro, Financeiras, 1960, pp. 71-72).

A chamada "sujeição passiva indireta", "*por substituição*", na acepção de Rubens Gomes de Souza, existe juridicamente. Sim, porque a lei, de saída, já diz: "Se *A* praticar o fato gerador, *B* deve pagar". *B* desde logo é o sujeito passivo direto, *de jure*. Em termos de proposição jurídica, temos o desenho que se segue:

NORMA

Hipótese de incidência tendo no aspecto pessoal *A*	Conseqüência jurídica tendo por sujeito passivo *B*

De ver, e isso é fundamental, que a pessoa designada na lei como "realizadora" da hipótese de incidência (fato gerador) é diversa da que, na conseqüência da norma, aparece designada como sujeito passivo da obrigação. Então, juridicamente, *B* é *sujeito passivo direto*. Ele não paga dívida alheia. Paga dívida própria. Apenas não realizou o fato gerador. Todavia, ninguém antes dele esteve jamais na condição de sujeito passivo. E todo substituto pressupõe um substituído. Dita substituição é jurídica e decorreria de um raciocínio pré-jurídico, qual seja: quem realiza o fato gerador é que *deve pagar* o tributo. A substituição seria, assim, prevista. Rubens decalca a tese com muita clareza: "O tributo *deve ser cobrado* da pessoa que esteja em relação econômica com o fato, ato ou negócio que *dá origem* à tributação. Por outras palavras, o tributo deve ser cobrado da pessoa que *tira vantagem econômica do ato, fato ou negócio tributado* (...). Entretanto, pode acontecer que em certos casos o Estado tenha interesse ou necessidade de cobrar o tributo de *pessoa diferente*: dá-se a sujeição passiva indireta'' (idem, p. 71). A expressão ''indireta'' só pode ser entendida à luz dessas explicações inexatas.

Paulo de Barros Carvalho, ao negar na hipótese da norma o aspecto pessoal, não pôde compreender Rubens Gomes de Souza. Nós, ao revés, operamos uma alteração no entendimento da ''sujeição passiva indireta'', tributária, vincando a idéia de que a *substituição tributária* não implica, em momento algum, *substituição de sujeitos passivos*, categoria estritamente jurídica, mas a substituição de pessoas que *deveriam ser*, isto sim, diretamente sujeitos passivos, pela simples razão de, ''economicamente'', estarem no cerne das situações eleitas como jurígenas.

Casos de transferência de responsabilidade:

I — *A* pratica o fato gerador e deve pagar o imposto.

II — Em virtude de fato posterior (morte, negócio jurídico, falência, inadimplemento ou insolvência etc.), a lei determina que a um terceiro seja *transferido* o dever de pagar. Este terceiro, que podemos chamar de *B*, torna-se *''ex lege'' responsável pelo tributo*, originariamente devido por *A*. Dá-se uma alteração na conseqüência da norma jurídica, no plano do sujeito passivo. O responsável *sub-roga-se* na obrigação.

Casos de substituição:

I — *A* pratica o fato gerador e *B*, por isso, deve pagar o tributo.

II — Inexiste sub-rogação. A norma não é alterada. A lei prevê desde logo que, se *A* pratica um fato jurígeno *B* deve pagar. Em termos jurídicos, não há transferência de dever entre sujeitos passivos.

Em suma, a sujeição passiva indireta dá-se apenas nos casos de transferência, com alteração de obrigados. Somente nestes casos paga-se dívida alheia. Nas hipóteses de substituição não há pagamento de dívida alheia. Ao contrário, há pagamento de dívida própria, embora decorrente de fato gerador de terceiro. A substituição só pode ser vista *economicamente*, e, nesse plano, é desnubladamente visível, iluminando a instância jurídica.

Tanto a *substituição* quanto a *transferência* são admitidas pela doutrina. Obras de renomados tributaristas daqui e de alhures comprovam a assertiva (Albert Hensel, *Diritto Tributario*, trad. de Dino Jarach, Milão, Giuffrè, 1956, pp. 94-95; A. D. Giannini, *Il Rapporto Giuridico d'Imposta*, Milão, Giuffrè, 1937, p. 134; Giuliani Fonrouge, *Derecho Financiero*, 2ª ed., Buenos Aires, Depalma, 1970, p. 386; Aliomar Baleeiro, *Uma Introdução à Ciência das Finanças*, 6ª ed., Rio de Janeiro, Forense, 1969, p. 225; Ruy Barbosa Nogueira, *Direito Financeiro*, 3ª ed., São Paulo, José Bushatsky, 1971, p. 117).

O legislador pode, sob condicionantes, escolher o ''substituto'' jurídico daquele que *deveria*, pela lógica e por motivos econômicos (capacidade contributiva), ser o sujeito passivo da obrigação (por ter praticado o fato gerador).

O Código Tributário Nacional no art. 121, parágrafo único não distingue sujeito passivo por ''transferência'' do sujeito passivo por ''substituição''. Dita divisão é doutrinária. O Código Tributário Nacional apenas distingue o ''contribuinte'' e o ''responsável'':

''Art. 121. Sujeito passivo da obrigação principal é a pessoa obrigada ao pagamento de tributo ou penalidade pecuniária.

''Parágrafo único. O sujeito passivo da obrigação principal diz-se:

''I — *contribuinte*, quando tenha relação pessoal e direta com a situação que constitua o respectivo fator gerador;

"II — *responsável*, quando sem revestir a condição de contribuinte, sua obrigação decorra de disposição expressa de lei."

Logo mais à frente, o Código Tributário Nacional, no Título II, Capítulo V, versa sobre a *responsabilidade tributária* em quatro seções: Seção I — Disposição Geral (art. 128); Seção II — Responsabilidade dos sucessores (arts. 129- 133); Seção III — Responsabilidade de terceiros (arts. 134-135); Seção IV — Responsabilidade por infrações (arts. 136-138).

Na sistemática do *Digesto* Tributário, o termo *responsabilidade* abarca as hipóteses de *transferência* e *substituição*, sujeitadas a idênticos critérios de permissividade jurídica.

A primeira conclusão a tirar é a de que o Código Tributário Nacional não esgotou o assunto. Os arts. 129 a 138 tratam dos grupos mais importantes da responsabilidade por "transferência" (sucessão, terceiros etc.). As palavras inaugurais do art. 128 — "Sem prejuízo do disposto neste capítulo, a lei pode atribuir (...)" — evidenciam que outras espécies, principalmente as de *substituição*, podem ser instituídas pela legislação ordinária das pessoas políticas da Federação. A lei a que se refere o Código Tributário Nacional no art. 128 será federal, estadual ou municipal, conforme sejam o caso e o interesse.

Aliás, nenhum artigo do Código Tributário Nacional se presta tanto como este ao conceito de *lex legum*, ou lei sobre como fazer leis, como dizia Pontes de Miranda. Com efeito, pode o legislador ordinário estabelecer casos de responsabilidade "por substituição", desde que observados os preceitos condicionantes do art. 128: a) que a responsabilidade decorra de lei (lei estrita); b) que seja expressa; c) que envolva pessoa ligada obrigatoriamente ao fato jurígeno do "substituído" (liame jurídico ou econômico).

A observância da condicionante referida na letra "c" leva-nos diretamente para o campo do princípio da capacidade contributiva.

Por qual razão teria o legislador do Código Tributário Nacional inserido tal disposição no *Digesto*?

A indagação é profundamente ética, sobre ser jurídica.

No Anteprojeto do Código (1953), de autoria de Rubens Gomes de Souza, a questão estava posta no art. 163: "Sem prejuízo do disposto no Capítulo V do Título VI do Livro V, a lei tributária poderá atribuir de modo expresso a responsabilidade pela obrigação tributária principal a terceira pessoa, expressamente definida, com exclusão da responsabilidade do sujeito passivo, ou em caráter supletivo do cumprimento total ou parcial da referida obrigação por parte deste".

Na Comissão do IBDF (Instituto Brasileiro de Direito Financeiro), hoje ABDF (Associação Brasileira de Direito Financeiro), por inspiração do notável tributarista carioca Dr. Gilberto de Ulhôa Canto (in *Codificação do Direito Tributário*, Rio de Janeiro, Instituto Brasileiro de Direito Tributário, 1955, p. 39), foi formulada uma modificação no corpo do artigo, ao argumento de que "como está redigido não nos parece que possa subsistir. Permitiria a transferência do ônus tributário a *qualquer terceiro sem nenhuma justificativa*, e facultaria a discriminação. É mister, para que se torne razoável, condicionar-lhe a aplicação aos casos em que o terceiro tenha alguma vinculação ao fato gerador ou aos atos, negócios ou relações que lhe dão origem. Acrescente-se: (...) desde que seja parte interveniente na situação ou ato definidos como fato gerador da obrigação".

Ora, com exigir a vinculação do "responsável" ao fato gerador, Gilberto de Ulhôa Canto, bem interpretando a cultura justributária — e sua sugestão foi aceita e aprovada por unanimidade —, quis assegurar àquele a possibilidade econômica ou jurídica de recuperar-se do ônibus tributário.

A emenda proposta, adiante-se, foi acolhida pelo Governo, embora com outra redação (Projeto Osvaldo Aranha, 1954). Passou-se a dizer que a responsabilidade seria de "terceira pessoa vinculada *de fato* ou *de direito* ao respectivo fato gerador".

A redação atual do Código Tributário Nacional — compare-se — incorpora os escrúpulos da doutrina expressados na emenda proposta pelo IBDF e cristaliza a evolução da espécie. Vale dizer, a "vinculação ao fato gerador", no que tange ao "responsável", é para garantir-lhe o ressarcimento do ônus tributário.

De um lado, asseguram-se ao Fisco, ao *jus tributandi* do Estado, condições de eficácia e funcionalidade. De outro, garante-se ao cidadão-contribuinte o direito de ressarcimento, de modo a evitar desfalque em seu patrimônio econômico e jurídico.

O art. 128 é uma restrição ao poder de tributar. O destinatário da regra é o legislador. O intento é proteger o contribuinte sem estorvar, contudo, a ação do Estado. O legislador, assim, não é livre na estatuição dos casos de responsabilidade tributária. Nessa área não se permite alvedrio, que poderia redundar em arbítrio e opressão.

A capacidade contributiva que deve ser atingida é a da pessoa que pratica o fato gerador, e não a do "substituto". Aqui está o coração do problema.

Ruy Barbosa Nogueira, reportando-se ao termo *Zurechnung* utilizado por Hensel (e pela literatura tributária tedesca) e traduzindo-o para o vernáculo pela palavra *atributividade*, leciona, com propriedade: "Se pensarmos no aspecto econômico da tributação, é fácil compreendermos a razão ou necessidade desta vinculação do contribuinte ou responsável ao *fato econômico tributado*, não só porque a vantagem ou resultado dele decorrente é que vai possibilitar o pagamento do tributo ao Fisco, mais ainda porque assim a lei atenderá ao princípio fundamental de justiça tributária, segundo o qual se deve atingir a *capacidade econômica* do contribuinte — capacidade contributiva" (*Apud* Henry Tilbery, *Direito Tributário 2 — Responsabilidade Tributária*, São Paulo, José Bushatsky, 1972, p. 78).

No mesmo sentido a doutrina pátria.

Entre nós Alfredo Augusto Becker, original pensador, renovador dos estudos tributários no Brasil, com sua linguagem peculiar, ensina: "Existe substituto legal tributário toda vez que o legislador escolher para sujeito passivo da relação jurídica tributária um outro qualquer indivíduo, em *substituição daquele determinado indivíduo de cuja renda ou capital a hipótese de incidência é fato-signo presuntivo* (*Teoria Geral do Direito Tributário*, São Paulo, Saraiva, 1972, p. 503).

Notável como Becker demonstra o "aspecto econômico" (e não jurídico) da *substituição tributária* versando o princípio da capacidade contributiva, afinado com a nossa posição.

A possibilidade de o "substituto" recuperar o ônus que lhe é imposto é estudada na *teoria do regresso*, conhecida tanto no Direito Privado como no Direito Público. Na área do Direito Tributário, o *direito do regresso* comporta inúmeras diferenças terminológicas. Cada autor elege denominações próprias que não vem ao caso descalvar nem citar, pois seria lance de pura erudição. É preferível apenas mencioná-las e sistematizar o assunto para melhor compreendê-lo.

Na doutrina européia, avultam as classificações: "regresso tributário interno" e "regresso tributário externo", "regresso tributário" e "regresso civil". A. D. Giannini fala em regresso *in sensu lato*, compreendendo o processo de repercussão, e, regresso *in sensu proprio*, regulado pelo Direito Civil. Há referências a uma translação manifesta e a outra, esta "oculta", e assim por diante.

Pensamos que, em tema de *substituição tributária,* não se deve cogitar da chamada sub-rogação legal do art. 985 do CC, pressuposto da ação de ressarcimento, ou, para efeito de direito de retenção, amputação no preço a pagar ou acréscimo no preço a receber: "Art. 985. A sub-rogação opera-se, de pleno direito, em favor: (...) III — Do terceiro interessado que paga dívida pela qual era ou podia ser obrigado, no todo ou em parte".

O "substituto" não paga dívida de outrem. Paga *tributo* do qual ele próprio é *sujeito passivo* (o substituído é que deveria ser sujeito passivo, mas não é! Apenas detém a capacidade contributiva).

O regresso é econômico e deve darse de imediato (o laticinista pagando ao produtor de leite o preço do mesmo diminuído do imposto, que pagará como *substituto*, só para exemplificar). O tema é *tributário*. Está no Código Tributário Nacional.

Por isso mesmo é que se exigiu a *vinculação do substituto ao fato gerador* (art. 128 do CTN). Se assim não fosse, tal ligame não teria efeitos práticos, nem precisaria ser cogitado, já que a solução do assunto já se encontraria regulada no Código Civil...

O "direito de regresso" é exigência que promana do princípio da capacidade contributiva, explícita no sistema jurídico nacional e, aqui e acolá, nas dobras da legislação: na isenção do mínimo vital no imposto de renda, na seletividade, do IPI, nas isenções do ITBI e dos impostos prediais, na remissão em razão de calamidade pública.

Noutro giro, diante de cada caso concreto de substituição tributária, mormente na área do ICMS, a jurisprudência deveria, a nosso ver, preocupar-se fundamentalmente com esta questão: verificar se o *substituto* tem condições efetivas, através do mecanismo dos negócios, de se *ressarcir* financeiramente do ônus tributário.

O *substituto é um sujeito passivo direto*. Pensamos que esta afirmativa, sobremais lógica e singela, não transita com tranqüilidade nos arraiais do Direito Tributário brasileiro, em razão de três fatos: pela insuficiência teórica de nossa tributarística, pela incompreensão jurídica da única teoria sobre o assunto em curso no País, a de Rubens Gomes de Souza, e, finalmente, pela incipiente caracterização jurídica positiva da responsabilidade tributária no Código Tributário Nacional, cuja elaboração fundou-se nos escólios de Gomes de Souza.

Aliás, os equívocos começam com a expressão *substituto tributário*, que juridicamente, *não substitui* ninguém. Allorio (*Diritto Processuale Tributario*, Turim, 1969, p. 139), com razão, dizia, candente: "o substituto não existe. O que a doutrina chama de substituto é na realidade o único contribuinte do tributo" (o fenômeno da "substituição" começa em momento pré-jurídico, o da escolha pelo legislador do obrigado legal, em substituição ao que demonstra capacidade contributiva, por razões de eficácia e comodidade).

Por isso mesmo, Víctor Uckmar chama o substituto de *representante "ex lege"*, e Zelmo Denari (*Elementos de Direito Tributário*, São Paulo, Juriscredi, 1973, p. 245) considera que a sujeição *passiva direta* engloba a figura do *contribuinte* e a do *substituto*, enquanto a sujeição *passiva indireta* congloba o *responsável e o sucessor*, "*inter vivos*" ou "*causa mortis*".

Pensamos que o problema, tirantes as denominações legais em voga e a própria terminologia do Código Tributário Nacional, poderia ser extremamente simplificado se considerássemos a questão à luz da teoria da norma jurídica e de sua técnica de *imputação* (o próprio do Direito é ser uma técnica que imputa a determinados fatos precisas conseqüências).

NORMA JURÍDICA-TRIBUTÁRIA

Fato jurígeno

Fato *X*, praticado por *Y*, em dado tempo e lugar

Imperativo legal

Y (ou *Z*) pagar tributo a *F*, montante *K*

Quando o fato *X* é realizado por *Y*, o imperativo legal determina que esta mesma pessoa deve pagar o tributo a *F*, que é o sujeito ativo da obrigação, estamos em face de *sujeição passiva direta*.

O detentor da capacidade contributiva que figura na hipótese de incidência da norma é o mesmo que figura no imperativo, como *sujeito passivo*. O nosso Direito chama a tal pessoa de *contribuinte* porque "tem relação pessoal e direta com a situação que constitui o *fato gerador da obrigação*". Pode ocorrer, entretanto, que outra pessoa, por razões de comodidade, ou para evitar o *periculum in mora*, ou para simplificar o mecanismo de fiscalização/arrecadação, venha a ocupar no comando normativo a condição de "sujeito passivo". O art. 128 do CTN permite possa ocorrer este fenômeno. Nesse caso, o fato *X* é realizado por *Y*, mas é *Z* que aparece como "sujeito passivo".

O nosso Direito chama a tal tipo de sujeito passivo de *responsável* (por substituição de *Y*).

Melhor seria chamá-lo de "destinatário legal tributário", para estremá-lo do "contribuinte", e considerar a ambos "sujeitos passivos diretos". Assim, a sujeição passiva direta comportaria dois tipos de obrigados: a) o "contribuinte", que paga dívida tributária própria *por fato gerador próprio*, e b) o "destinatário legal tributário", que paga dívida tributária própria por *fato gerador alheio* (de terceiro), assegurando-se-lhe, em nome da justiça, a possibilidade de *recuperar*, contra quem praticou ou esteve envolvido com o fato gerador, o dispêndio fiscal que a *lei lhe imputou diretamente*, através da criação do *vinculum juris* obrigacional.

Este tipo de situação, como visto na parte em que tratamos dos *aspectos da hipótese de incidência das normas tributárias*, é possível em virtude de *variação no âmbito de validade pessoal da hipótese de incidência da norma*, em que pese a opinião de Barros Carvalho.

O nosso direito (CTN), contudo, iguala o substituto, ou seja, o sujeito passivo direto por fato gerador alheio, aos demais "responsáveis por transferência" (art. 128 do *Digesto* Tributário). A falta de técnica provoca uma enorme confusão na doutrina e na jurisprudência.

Está claro que o sujeito passivo direto por *fato gerador alheio* ostenta um *status* jurídico diverso dos demais responsáveis que são sujeitos passivos indiretos, por isso que são responsáveis pelo pagamento de *tributo alheio*. No caso desses responsáveis, a obrigação é de pagar tributo *de outrem*. Ocorre assim, que a lei *transfere preexistente obrigação* em razão de fatos diversos (cláusulas legais de sub-rogação passiva). Dá-se uma sucessão, *mortis causa* ou *inter vivos*, decreta-se uma falência, obrigando a massa falida, imputa-se ao tutor, curador, tabelião, pai, representante legal, *em caso de omissão*, o dever de pagar tributo alheio (do tutelado, curatelado, filho ou representado).

Em todas estas hipóteses, existem duas normas jurídicas, *sucessivas*, a saber:

NORMA A

- (*Hipótese*)
  A pratica o fato gerador
- (*Conseqüência*)
  A é sujeito passivo

NORMA B

- (*Hipótese*)
  Em virtude de um fato previsto em lei, *A* fica desobrigado
- (*Conseqüência*)
  B fica responsável total ou parcialmente pelo tributo de *A*

→ Transferência de dever tributário de *A* para *B*

A sujeição passiva indireta ou, o que dá na mesma, as modalidades de transferência de responsabilidade no Direito Tributário brasileiro são por demais conhecidas e estão sistematizadas como transferências ou sub-rogações passivas de obrigação de dar (CTN, arts. 129-135). Vejamos:

1. Sucessão *causa mortis* — o espólio e os herdeiros respondem pelo *de cujus*.

2. Sucessão *inter vivos* — respondem por "transferência do dever tributário":

2.1 o sucessor na aquisição imobiliária;

2.2 a pessoa jurídica adquirente de outra;

2.3 a pessoa jurídica que surge em razão de fusão, cisão, incorporação ou transformação;

2.4 a massa falida;

2.5 o acervo na concordata, na pessoa do concordatário.

3. Responsabilidade legal *stricto sensu*, em caso de *mala fides*, omissão, inadimplemento:

3.1 o pai, pelos filhos menores;

3.2 os tutores e curadores, pelos tutelados e curatelados;

3.3 o síndico, pela massa;

3.4 o comissário, pelo concordatário;

3.5 os tabeliães e demais oficiais, pelos atos praticados perante eles, jurígenos, propiciadores de inadimplemento;

3.6 o inventariante, pelo espólio;

3.7 os sócios, na liquidação de sociedades de pessoas;

3.8 os administradores de bens de terceiros, em lugar destes;

3.9 os mandatários, pelos mandantes; os prepostos, diretores, gerentes e representantes de pessoas jurídicas de direito privado, quando tenham agido com *abuso de poder* ou infração de contrato social, estatuto ou lei.

Bem lançada a crítica de Johnson Barbosa Nogueira, professor de Direito Processual Civil da Universidade Federal da Bahia, advogado e procurador do mesmo Estado, no seu *O Contribuinte Substituto do ICM*, tese aprovada no I Congresso Internacional de Direito Tributário, realizado em São Paulo em 1981:

"A introdução acrítica de certas noções dogmatizadas a respeito do substituto tributário, por força principalmente do prestígio da doutrina italiana, permitiu que se aceitassem, sem maior indagação sobre a natureza jurídica da substituição tributária, certos equívocos em sede doutrinária, já agora a grassar no Direito Positivo.

"O primeiro desses enganos é considerar o contribuinte substituto dentro da categoria dos responsáveis, como uma modalidade de sujeito passivo indireto. Este é um erro muito arraigado na doutrina pátria, que transbordou para o Código Tributário Nacional, pelo menos segundo a intenção e o depoimento dos seus inspiradores. Deste modo, o substituto estaria previsto no art. 121, parágrafo único, II, como um tipo de responsável.

"O segundo desses desvios é representado pela concepção da tributação na fonte como exemplo típico de substituição tributária. Na verdade, se fosse melhor analisada nossa tributação do imposto de renda na fonte, verificaríamos que o tributo sempre foi retido e recolhido em nome do beneficiário, ou seja, do contribuinte, cabendo à fonte pagadora e retentora mero dever acessório (obrigação de fazer). Só mais recentemente, na área da tributação dos rendimentos auferidos por estrangeiro, é que se vem utilizando a figura do contribuinte substituto do imposto de renda.

"O terceiro erro consiste em atribuir responsabilidade subsidiária ao substituído, em caso de não pagamento do tributo pelo substituto. Apesar de ser pacífica a noção de que não se estabelece nenhuma relação jurídica entre o substituído e o Estado, contraditoriamente se afirma que o substituído responde em caso de não cumprimento da obrigação tributária por parte do substituto. O mais pasmante é que a legislação do ICM na totalidade, talvez, dos Estados vem estatuindo esta responsabilidade do substituído, o que é impraticável e injusto, pois ele já sofreu a repercussão do tributo. Ora, ao instituir o substituto tributário, a lei há de excluir o substituído de qualquer responsabilidade. Assim, é inconcebível a responsabilidade subsidiária do substituído no esquema doutrinário da categoria de substituição tributária. Este vezo parece decorrer da redução a certos casos de tributação na fonte, em que a figura do contribuinte não desaparece, como exemplo de substituição tributária."

O fenômeno da sujeição passiva em Direito Tributário admite duas categorias: a) sujeição passiva direta; b) sujeição passiva indireta.

Dá-se a sujeição passiva direta quando a pessoa que paga está indicada no mandamento da mesma norma cuja hipótese descreve o fato gerador. Assim, o contribuinte é quem pratica o fato gerador ou quem, mesmo não praticando o fato gerador, está, pelo mandamento da norma, obrigado ao pagamento do tributo. A este último tipo de contribuinte as legislações chamam comumente de "responsável por substituição" ou "substituto legal tributário" (mas é preciso notar que não é "responsável" por obrigação alheia, mas por fato gerador de "terceiro"). Somente ele é o *obrigado jurídico*.

TIPOS DE SUJEIÇÃO PASSIVA DIRETA (POR FATO GERADOR PRÓPRIO OU DE TERCEIRO)

1º tipo:

- *Hipótese*

  A pratica o fato gerador
- *Conseqüência*

  A lei manda *A* pagar

2º tipo:

- *Hipótese*

  A pratica o fato gerador
- *Conseqüência*

  A lei determina a *B* pagar o tributo sem nunca ter atribuído a *A* o dever de pagá-lo

Ora, se assim é, tanto o "contribuinte" quanto o "substituto" são, originalmente, nos termos da lei, sujeitos passivos diretos. Nunca, antes desses, alguém esteve na condição de obrigado. No caso da "substituição", dá-se uma dissociação entre a pessoa que figura na hipótese da norma e a que figura na conseqüência.

Na sujeição passiva indireta, ao revés, a obrigação de pagar é, originalmente, necessariamente, do sujeito passivo direto. Ocorre que a lei, a partir de certos pressupostos, transfere a terceiros o dever de pagar. Há, portanto, alteração no esquema dos obrigados (o que não ocorre na sujeição passiva direta dita "por substituição"). Todos os "responsáveis" — na sujeição passiva indireta — ficam obrigados a um dever de pagar tributo que, originalmente, por força de lei, era do sujeito passivo direto. A este tipo de sujeição passiva indireta a doutrina denomina sujeição passiva por transferência (por isso que se dá uma "transferência" de responsabilidade).

O presente estudo tinha o apoio doutrinário de Geraldo Ataliba, em seu núcleo básico, o que me deixa honrado e seguro, que forte era o pensamento desse Mestre inolvidável.

A CLÁUSULA PÉTREA DA LEGALIDADE TRIBUTÁRIA E O INSTITUTO DA COMPENSAÇÃO

DIVA MALERBI
Juíza do Tribunal Regional Federal da 3ª Região

Com Geraldo Ataliba aprendi que o critério de delimitação da extensão material do Direito Tributário é dado pelo conceito de tributo, e este só é possível obter como conclusão de alentado estudo do Direito Constitucional Positivo. Qualquer questão jurídica que se ponha ao estudioso do Direito Tributário só pode conter acomodação na lei, mas sua resolução depende, essencialmente, da iluminação que lhe dêem os princípios constitucionais. Eis aqui, no direito à compensação dos pagamentos indevidos a título de tributos federais, autorizado pela lei (Lei 8.383/91, com a modificação dada pela Lei 9.032/95), oportunidade para requerer, uma vez mais, a plena eficácia do princípio da legalidade em matéria de tributos.

1. A possibilidade jurídica de se compensar os excessos exigidos pelas pessoas públicas a título de tributos encontra no Direito brasileiro regime constitucional e legal. Entre as várias acepções que a palavra comporta, "compensação" é expressão consagrada pelo Direito para designar um instituto ligado ao Direito das Obrigações. Esta figura jurídica traduz vínculo jurídico que possui caráter transitório e natureza patrimonial. Como relação jurídica é laço que une dois sujeitos de direito em torno de um objeto: o sujeito ativo que tem o direito de exigir do sujeito passivo uma determinada prestação e este que é posto na contingência de ter que satisfazê-la ou responder com seu patrimônio. Mas, se cumprida a prestação devida, o laço jurídico desparece, pois exaurido o objeto. E para que este laço receba a denominação de obrigação é preciso que a prestação devida tenha conteúdo patrimonial.

2. O instituto da compensação traduz, em síntese, um meio de pôr fim a obrigações e tem lugar quando duas pessoas reúnem, a um só tempo, a qualidade de credor e devedor, uma de outra. Sofre, no entanto, certas derrogações no Direito vigente. Neste, a única modalidade de compensação admitida é a legal: se o encontro de relações jurídicas homólogas não encontrar previsão em lei, não tem cabimento a compensação como modo de extinção de obrigações. Por outro lado, para realizar o encontro de relações jurídicas, diferente será o regime se se trata de relações reguladas pelo Direito Privado ou pelo Direito Público.

3. Assim, para o encontro de relações jurídicas travadas pelos particulares entre si, a compensação é contemplada nos arts. 1.009 e 1.010 do CC. Isto é, como meio de extinguir obrigações, a compensação é admitida se houver reciprocidade entre as dívidas (fato jurígeno) e desde que as duas dívidas (requisitos legais) sejam: líquidas (isto é, certas quanto à existência e determinadas quanto ao conteúdo), vencidas (isto é, exigíveis) e fungíveis (isto é, o objeto da prestação pode ser substituído por outro da mesma espécie, qualidade e quantidade).

4. Já, o encontro de relações jurídicas entre ente tributante e particulares só será admitido se houver previsão legal que o contemple entre os modos de extinção de obrigações e lei específica, da pessoa política competente para a instituição dos tributos, que a autorize, fixando as condições sob as quais os créditos e os débitos do Fisco serão compensados.

5. À luz da Lei 5.172/66, a compensação pode pôr fim a obrigações tributárias, pois vem definida como um dos modos de extinção do crédito tributário (CTN, art. 156, III). Créditos tributários podem ser objeto de compensação com créditos líquidos e certos, vencidos ou vincendos, do sujeito passivo contra a Fazenda Pública (CTN, art. 170). No entanto, como norma geral, a Lei 5.172/66 não cria por si direito subjetivo à compensação tributária. Este é o fruto exclusivo de lei, da pessoa política competente, que conterá a previsão das condições e garantias sob as quais as dívidas recíprocas serão compensadas.

6. São, assim, requisitos da compensação tributária: a) a existência de crédito do Fisco; b) a existência de débito do Fisco; c) ato, quer do Fisco, quer do particular, que realize esse encontro de relações jurídicas; e d) lei, da pessoa política competente, que autorize. Com a edição da Lei 8.383/91 (art. 66) exsurgiu a possibilidade jurídica de se compensar o que tiver sido pago indevidamente a título de tributo federal, sendo a compensação autorizada entre tributos da mesma espécie. Posteriormente sobreveio a Lei 9.032/95, a limitar esse direito a 25% do valor dos tributos recolhidos ao INSS.

7. Relação jurídico-tributária é conceito genérico, compreensivo de tudo que é fruto do exercício da competência legislativa em matéria tributária. Nele se compreendem as exigências coativas, de índole pecuniária, feitas pelo Estado aos sujeitos à sua ordem jurídica, em razão da tributação, bem assim de outras que conhecem a mesma origem: na legislação tributária existem previsões relativas ao cumprimento de certos atos e abstenções, por parte do contribuinte e de terceiros, tendentes a assegurar o recolhimento de tributos e facilitar a fiscalização por parte da Administração. A convencional expressão "obrigação tributária" apenas serve para cunhar os casos específicos em que a lei disciplina a passagem compulsória de dinheiros privados aos cofres públicos, situando, na gênese desta relação obrigacional típica, um evento unilateralmente previsto e ao qual a lei atribui a virtualidade de produzir esse efeito jurídico.

8. Ou, se se preferir, no linguajar do Código Tributário Nacional, existe uma obrigação principal nascida da realização do fato gerador e obrigações acessórias surgidas da legislação tributária, com vistas a obter eficazmente o recolhimento dos tributos ou a facilitar a fiscalização (Lei 5.172/66, art. 113). Tem-se por ocorrido o fato gerador da obrigação principal desde a realização das circunstâncias materiais necessárias a produzir esse efeito, qual seja, o fato imponível (Lei 5.172/66, art. 116).

9. Pois bem. Se o dever de entregar dinheiros privados aos cofres públicos nasce da realização do pressuposto do fato previsto pelo legislador, é tal circunstância — e não qualquer outra — a determinante da sujeição do particular a satisfazer tributos. A dívida tributária nasce, assim, ao produzir-se o evento previsto pela lei como determinante do gravame.

10. Cuida-se de realidade distinta o exame em virtude de que circunstâncias o comando da lei se materializa em um crédito do Fisco, com respeito à pessoa do sujeito passivo. Entre nós, o lançamento é a forma solene e legalmente prevista para operacionalizar a aplicação concreta da lei ao fato imponível. Crédito tributário é, assim, expressão consagrada pelo Direito posto para expressar que nasceu, segundo regras previstas, a relação obrigacional, com respeito à pessoa do sujeito passivo, e que ganhou forma mediante o ato de lançamento.

11. Assim, embora a Lei 5.172/66 declare que a Administração constitui o crédito tributário mediante o lançamento (CTN, art. 142), este, a rigor, se circunscreverá a declarar que a pessoa do sujeito passivo acha-se incluída na categorização legal, não podendo, de forma alguma, ser tido como o ato criador do vínculo obrigacional.

É, portanto, a aplicação da lei tributária que deve se realizar de acordo com os procedimentos de Direito Administrativo.

12. Isto porque é criatura do Direito Positivo o denominado "lançamento por homologação" (Lei 5.172/66, art. 150): em determinadas situações legalmente previstas, o próprio sujeito passivo é posto na contingência de ter que formalizar o crédito tributário, procedimento, este, que fica a depender de homologação pelo Fisco, no prazo de cinco anos (Lei 5.172/66, art. 150, § 4º). No decorrer deste prazo o Fisco deverá exercer a fiscalização e, se entender indevida a aplicação da lei tributária ao fato imponível, efetuará o lançamento de ofício.

13. De acordo com o Direito Positivo, existem, portanto, dois tipos de créditos tributários: o que é fruto exclusivo do ato de lançamento e o crédito tributário que é formalizado por ato do próprio sujeito passivo, em cumprimento de "obrigação acessória" (isto é, dever instrumental). Mas, tanto numa como noutra hipótese — já que, segundo o Direito posto, formalizados — créditos tributários líquidos e certos.

14. Na legislação, diversos são os tributos a que o legislador atribui ao sujeito passivo o dever de satisfazer a obrigação tributária sem prévio exame da autoridade administrativa. Nestes casos, caberá ao sujeito passivo formalizar o crédito tributário, pois exigibilidade e liquidez são os pressupostos do pagamento, nos prazos assinalados pela lei. À autoridade administrativa incumbirá homologar o cálculo e o pagamento do tributo. O prazo concedido para a homologação, por parte da autoridade administrativa, tem a finalidade de tornar estável a situação jurídica, pois o crédito já se encontra extinto sob condição resolutória.

15. A definição dos efeitos jurídicos do pagamento é importante para a estabilidade das situações jurídicas geradas pela tributação. Por isso mesmo, nos tributos submetidos a lançamento por homologação, dentro do prazo a que fica a depender da fiscalização pela autoridade administrativa, inobstante o pagamento, não há impedimento para aplicação ulterior de multa por infração da legislação tributária. Por outro lado, deve haver boa-fé por parte do sujeito passivo, ao formalizar o crédito tributário, pois, se ocultou ou subtraiu ao conhecimento do Fisco — por dolo ou culpa — elementos que deveria comunicar e que poderiam influir no lançamento, então, juridicamente, cessam os efeitos liberatórios do pagamento. Assim, o efeito do pagamento, tendo em vista a garantia constitucional da estabilidade das relações jurídicas, é a extinção da obrigação e, por conseguinte, a liberação do devedor.

16. Em contrapartida, havendo o pagamento e sendo este indevido (inconstitucionalidade ou ilegalidade), nasce para o ente tributante o dever de restituir aquela quantia exigida a título de tributo. O pagamento indevido é, portanto, fato jurígeno do dever de restituição. Daí dizer a Lei 5.172/66 que a decadência do direito do particular à satisfação do débito do Fisco começa a se contar da ocorrência do seu fato jurígeno, que é o pagamento indevido.

17. De acordo com o Direito Positivo, a sujeição do ente tributante a satisfazer a obrigação de restituir os excessos havidos a título de tributos nasce com a realização do pagamento indevido. Sua exigibilidade e liquidez, no entanto, não carecem de ganhar forma mediante lançamento. Ao contrário, de acordo com a tripartição constitucional do Poder (CF, art. 2º), basta a edição de norma individual e concreta — ato administrativo ou decisão judicial — reconhecedora da relação jurídica nascida do evento do pagamento indevido. Ou, se se preferir, estar-se-á diante de aplicação, de ofício, da lei ao caso concreto (Executivo), ou de aplicação da lei ao caso em conflito (Judiciário).

18. Nos casos de pagamento indevido a título de tributos federais, a compensação é autorizada entre tributos da mesma espécie (Leis 8.383/91 e 9.032/95). Muito embora assegurado, de imediato, o ato do particular para realizar esse encontro de relações jurídicas, a pretexto de dar regulamentação à lei em comento foi editado ato normativo infralegal (Instrução Normativa 67/92) trazendo em seu bojo restrições ao uso e modo de exercê-lo, o que motivou o ingresso de milhares de ações no Judiciário buscando ver garantido o direito sem ser molestado pelo Fisco. Qualquer inteligência que o Judiciário pretenda dar à lei, sentido e alcance desta compensação tributária terá que iniciar, forçosamente, pelas vicissitudes práticas da estrita legalidade em matéria de tributos.

19. É claro que, em razão do primado da legalidade (CF, art. 5º, II), que se irradia por todos os domínios do Direito brasileiro, alcançando qualquer comportamento obrigatório (comissivo ou omissivo), a fonte exclusiva das obrigações é sempre a lei.

20. Mas é a lei, também, que estipula serem o contrato e o fato unilateralmente previsto pelo legislador fontes imediatas das obrigações. Juridicamente, importa, então, reconhecer nas obrigações o modo de seu nascimento, pois as obrigações ditas *ex voluntate* e *ex lege* guardam características próprias, peculiares de regimes jurídicos distintos. Ademais disso, como vimos, se o Estado vier a figurar no pólo ativo ou no pólo passivo do vínculo jurídico obrigacional, exsurgirão desta circunstância notas jurídicas específicas, que irão influir no seu ciclo vital, relativamente aos momentos de constituição, modificação e extinção das obrigações.

21. Então, diante de situação que configure obrigação de transferir dinheiros privados aos cofres públicos, importa reconhecer a fonte de tal obrigação. Se se verificar que ela nasce só por determinação legislativa — de evento lícito a que a lei atribui a virtude de produzir esse efeito jurídico — independentemente ou até mesmo contra a vontade do sujeito passivo, estar-se-á diante de obrigação *ex lege*, submetida aos princípios e normas do Direito Público a ela correspondentes. Mais precisamente, se nesta obrigação *ex lege* o Estado figurar no pólo ativo do vínculo, e o objeto desta relação consistir em pecúnia, estar-se-á diante de tributo, tal como pressuposto pela Constituição (ao disciplinar a ação estatal voltada diretamente para o patrimônio e as liberdades do particular) e definido em lei (Lei 5.172/66, art. 3º), a ela se aplicando o regime tributário, entendido como o conjunto de princípios e normas constitucionais que protegem o particular contra o chamado poder tributário, exercido no Brasil por União, Estados, Distrito Federal e Municípios, dentro das respectivas faixas de competências outorgadas.

22. Ora, se ninguém pode ser a algo obrigado senão em virtude de lei, então o âmbito da legalidade tributária é algo que já vem institucionalizado na formalização constante do inciso II do art. 5º da CF. O domínio da lei no Direito brasileiro é, sob esse aspecto, a suprema garantia do particular contra a ação estatal de tributar. Destinatários do inciso II do art. 5º da CF são, portanto, os brasileiros e estrangeiros residentes no País (CF, art. 5º, *caput*).

23. Assim, a legalidade não é um direito em si, mas constitui pressuposto constitucional para a instituição de direitos e deveres. Quando a Constituição reforça a legalidade tributária no inciso I do seu art. 150, ela o faz encarecendo as suas repercussões no regime tributário, especialmente caracterizado nos arts. 145 a 156 do Texto Magno.

24. A proporção que a legalidade assume no regime tributário é a de ser limitação ao poder de tributar. Aliás, a mais importante, já que a Constituição só contempla a legalidade em matéria de tributos: qualquer critério de decisão sobre se existe ou não um tributo, se é devido ou não e quanto é devido a título de tributo, deve estar na lei, pois o legislador tem o dever de legislar exaustivamente, nada podendo relegar à colaboração do Executivo ou Judiciário. Essa é, em síntese, a essência da estrita legalidade e seus destinatários são, assim, União, Estados, Distrito Federal e Municípios.

25. Mas, como o poder-dever de esgotar a função criativa do tributo não é o poder todo, mas repartido, à lei tributária só é vedado invadir o campo das normas individuais e concretas, consubstanciadoras dos atos administrativos e das decisões judiciais que versem sobre tributos (CF, art. 2º). Claro está, portanto, que as vicissitudes maiores por que passa a legalidade tributária se manifestam, pois, na sua aplicação aos casos em concreto.

26. Urge que se dê eficácia à garantia constitucional da estrita legalidade no trato dos pagamentos indevidos a título de tributos, pois essa garantia é conseqüência do inciso I do art. 150 do Texto Fundamental.

27. Com a cláusula da estrita legalidade, o particular desfruta do direito público subjetivo de só satisfazer tributos nos termos, condições, forma e prazos previstos em lei, e esta, para ser válida, tem que ser obediente à Constituição.

28. Mas, com a cláusula da estrita legalidade o particular também é protegido contra todos os excessos das pessoas públicas. Conseqüência dessa garantia é o direito público subjetivo de exigir do ente tributante, em devolução, toda e qualquer quantia paga a maior, independentemente da razão do excesso.

29. Três são as vias jurídicas de que dispõe o particular para exigir do Fisco a restituição do pagamento indevido: a) pedido administrativo; b) ação judicial; c) compensação. Nestas três vias, o ressarcimento do pagamento indevido a título de tributo será, inexoravelmente, aplicação do princípio da legalidade.

30. É claro que todas elas dependem, essencialmente, de uma lei, na qual o particular se baseia para requerer de volta, quer ao Fisco, quer ao Judiciário, o montante pago indevidamente a título de tributo.

Entretanto, certamente será pelo mecanismo da compensação que o princípio da legalidade tributária se realizará mais eficazmente, pois esta via traz de volta, de imediato, os pagamentos indevidos!

TRANSFERÊNCIAS NEGOCIAIS DE ENCARGOS E TRIBUTAÇÃO

MARÇAL JUSTEN FILHO
Professor Titular do Departamento de Direito Público da Universidade Federal do Paraná

1. Problema enfocado

O sistema tributário alicerça-se sobre diversos princípios. No campo dos impostos, um dos princípios fundamentais é o da capacidade contributiva (CF/88, art. 145, § 1º). O fundamento da tributação por via de impostos reside na titularidade da riqueza, na referibilidade de uma manifestação de riqueza a um sujeito. Segundo o modelo constitucional, o Estado se apropria de parcelas da riqueza privada, tendo em vista esses *fatos-signo presuntivos* de sua existência.

O funcionamento do sistema econômico, contudo, vai produzindo uma espécie de atenuação dos efeitos do sistema tributário. A dinâmica social conduz a fenômenos diversos, orientados à *transferência* da carga fiscal. Torna-se clara a dissociação entre as figuras denominadas, em Ciência das Finanças, de *contribuinte de fato* e *contribuinte de direito*. Em grande parte dos casos, os fenômenos de translação da carga fiscal são estranhos ao mundo do Direito Tributário. No entanto, o fenômeno da transferência da carga fiscal se retrata em convenções *jurídicas*. São usuais, especialmente no âmbito de contratos de adesão, cláusulas determinando o direito de uma das partes de reembolso pelas despesas (aí se incluindo o pagamento de tributos) efetuadas pela outra. É oportuno e necessário, então, examinar a validade de tais avenças privadas.

2. Manifestações de translação de tributos

O fenômeno da translação de tributos manifesta-se sob duas modalidades básicas. A primeira consiste na adição dos custos tributários ao preço dos produtos e serviços. A segunda consiste na previsão convencional de que o montante desembolsado por uma das partes, a título tributário, será "arcado" pela outra parte.

Pode-se afirmar que, sob um ângulo puramente econômico, ambos os modelos se equivalem. A distribuição de riquezas, no plano privado, faz-se de modo similar nos dois casos. Mas há distinções — não apenas no plano econômico, mas especialmente no jurídico.

3. Diferenças jurídicas apontáveis

Quando um sujeito integra os custos tributários em seus preços, produz-se uma ampliação direta e imediata em seu patrimônio. Eleva-se sua riqueza, com efeitos diretos e imediatos no âmbito de sua capacidade contributiva. Ou, mais precisamente, as manifestações jurídicas da capacidade contributiva retratam automaticamente os efeitos da translação do tributo.

Já, no caso da translação da carga fiscal por pacto apartado não se produz esse efeito automático. Passam a existir dois eventos com existência própria, aparentemente autônomos e desvinculados. Há o fato imponível cuja extensão e intensidade é apurada através da base de cálculo. Além disso, existe um negócio privado entre sujeitos, através do qual se processa a translação da carga fiscal.

Para os fins do presente estudo não interessa a primeira modalidade de translação da carga fiscal. Seus efeitos jurídicos são previstos e incorporados na sistemática tributária. O mesmo não se pode afirmar no tocante à segunda modalidade.

4. *A extensão do princípio da capacidade contributiva*

A primeira questão a ser enfrentada residiria na viabilidade de subsumir a hipótese ao princípio da capacidade contributiva (e ao próprio Direito Tributário, em última análise).

A relevância do princípio da capacidade contributiva significa, como visto, que a tributação se fundamenta na existência e extensão da riqueza privada. Mas a capacidade contributiva não pressupõe apenas existir riqueza. Também importa tratamento tributário relacionado e dependente dela.

Bem por isso, a capacidade contributiva relaciona-se diretamente com o princípio da isonomia: manifestações mais intensas de riqueza devem corresponder a tributação mais elevada (e vice-versa).

Quando se estrutura a incidência tributária, toma-se em vista o panorama da capacidade contributiva privada. Logo, quando o sujeito passivo tributário promove a transferência dos encargos tributários, está frustrando (sob um certo ângulo) a avaliação da capacidade contributiva.

O efeito econômico do pacto de transferência da carga fiscal reside na apropriação, por parte do Estado, de riqueza alheia à do destinatário tributário. Nesse contexto, a liberdade contratual estaria sendo utilizada para frustrar um postulado fundamental do sistema constitucional.

A questão é tanto mais séria porque o princípio da capacidade contributiva não funciona exclusivamente como limitador da competência tributária. Não se trata apenas de limitar o poder impositivo estatal. O princípio da capacidade contributiva também retrata o postulado de que todos devem contribuir para com os cofres públicos, na justa medida de sua riqueza.

Em tal enfoque, questionar a validade de pactos privados de transferência de carga fiscal representaria discutir a própria extensão do Direito Tributário. Corresponderia a investigar não apenas se o débito tributário foi pago, mas se os recursos para tanto foram carreados do patrimônio indicado na hipótese de incidência tributária. Negar validade aos pactos de transferência da carga fiscal conduziria a reputar que não bastaria o pagamento para se extinguir a relação tributária.

Enrico De Mita tratou do tema a propósito de decisões de tribunais italianos que reprovaram pactos privados dessa ordem. Concluía que "ninguém pode assumir contratualmente, mesmo que seja sem efeitos frente ao Estado, o ônus inerente ao concurso devido por um outro sujeito".[1] Refere-se a julgado da Corte de Cassação que reputou incompatível com o princípio da capacidade contributiva "um sistema legislativo que permita mediante pactuações privadas pelas quais o contribuinte se subtraia, descarregando o ônus total ou parcialmente sobre sujeito diverso, ao sacrifício proporcional às suas condições econômicas que a norma constitucional prevê co-

1. *Interesse Fiscal e Tutela del Contribuente*, Milão, Giuffrè, 1991, p. 77.

mo participação dos indivíduos para a satisfação das necessidades coletivas".[2]

Acrescente-se que não seria possível argumentar com a diversidade do ordenamento jurídico italiano para afastar a relevância do entendimento. De fato, a Constituição italiana enquadra o tributo como um dever de solidariedade social. Daí a conseqüência extraída pelos tribunais no sentido de que a frustração do princípio da capacidade contributiva frustra dever que recai sobre cada um dos integrantes da comunidade. Dentre os pontos diferenciais entre o ordenamento italiano e o brasileiro não se encontra essa característica do tributo. Seria incorreto distinguir o Direito brasileiro do Direito italiano nesse ponto. O tributo configura-se em dever de solidariedade social também entre nós, e as regras constitucionais sobre o sistema tributário têm de ser interpretadas conjugadamente com os princípios basilares consagrados nos arts. 1º e 3º da CF.

Mas daí não deriva necessária concordância com o posicionamento adotado por parte da doutrina na Itália.

5. *O princípio da autonomia da vontade*

Tem-se de reconhecer que os princípios da tributação não excluem a incidência de outro princípio basilar, consistente na autonomia da vontade. A liberdade assegurada constitucionalmente importa a faculdade de os particulares livremente disporem acerca de seu patrimônio e interesses. O sistema constitucional vinca nitidamente os limites do interesse fiscal, que não é bastante para subtrair dos integrantes da comunidade os poderes de administração de seu patrimônio e livre transferência de bens.

O princípio da capacidade contributiva é tão respeitável quanto os da liberdade econômica e da autonomia da vontade. Conjugam-se todos harmoniosamente, sem que o respeito a um deles propicie a supressão do outro. Não seria admissível, frente aos ditos princípios da liberdade econômica e da autonomia da vontade, que o patrimônio individual se "congelasse" e permanecesse imobilizado para atender aos desígnios estatais do sistema tributário.

Aliás, a prevalência assim rigorosa de um princípio da capacidade contributiva teria de desaguar, necessariamente, da proscrição de toda tributação denominada "indireta". Se a capacidade contributiva deve nortear a imposição fiscal e se a riqueza vislumbrada na hipótese de incidência deve necessariamente ser desfalcada e golpeada pelo tributo, não seria cabível a translação da carga fiscal em hipótese nenhuma. Logo, nem seriam cabíveis pactos de transferência de encargos fiscais nem outros mecanismos, tais como aqueles inerentes aos impostos "indiretos".[3]

Não por acaso, a doutrina tem-se oposto à distinção entre impostos diretos e indiretos. A crítica fundamenta-se precisamente em que o mecanismo utilizado pelos sujeitos privados para transferir (ou não) os encargos econômicos do tributo não pode afetar a qualificação tributária do instituto.[4]

Por decorrência, afirma-se que a satisfação da prestação tributária satisfaz o Fisco e exaure a relação jurídica tribu-

2. Ob. cit., p. 76.

3. O problema poderia relacionar-se inclusive com a aplicabilidade do princípio da capacidade contributiva aos impostos chamados "indiretos". Sobre o tema, cf. Francesco Moschetti, *Il Principio della Capacità Contributiva*, Pádua, CEDAM, 1973, pp. 196 e ss. Lembre-se que Berliri afirmara, bem por isso, que a incidência do IVA ocorria, efetivamente, apenas no momento em que verificada operação envolvendo o consumidor final, o que foi rebatido, dentre outros, por Alcides Jorge Costa (*ICM na Constituição e na Lei Complementar*, Resenha Tributária, 1979, pp. 73 e ss.).

4. Cf. Geraldo Ataliba, *Hipótese de Incidência Tributária*, 5ª ed., 5ª tir., São Paulo, Malheiros Editores, 1996, p. 126.

tária, sem que caiba alguma perquirição — para efeitos daquela específica relação tributária — acerca do patrimônio que efetivamente arcou com o peso econômico do tributo.

Mas isso não significa afirmar, de modo automático, quer a validade dos pactos de transferência de encargos tributários, como sua irrelevância para fins tributários.

6. Requisitos de validade de pactos

A validade dos pactos de transferência de encargos fiscais subordina-se não a regras de Direito Tributário, mas à disciplina jurídica comum aplicável aos atos jurídicos privados. Não haverá vício na simples transferência de cargas fiscais, mas o defeito se caracterizará se o ato que instrumentalizar esse objetivo infringir os parâmetros genéricos de validade que disciplinam todos os atos jurídicos.

Deve-se ter em mente, nesse ponto, que não se invocam exclusivamente as regras do Direito Privado. Deve-se ter em mente que a Constituição Federal proíbe e reprime o abuso do poder econômico (art. 173, § 4º), consagrando os princípios da dignidade e da justiça social (art. 170, *caput*).

O próprio Código de Defesa do Consumidor autoriza a invalidação de cláusulas abusivas e excessivas (art. 51 e seus §§). Logo, o ordenamento jurídico apresenta resposta para os desvios no exercício da liberdade econômica — no que pode ser abrangida também a arbitrária imposição de transferência dos efeitos econômicos de tributos. Essa resposta, porém, desenvolve-se no plano extratributário.

7. Efeitos tributários dos pactos de transferência

Por outro lado, não é cabível reputar que a validade de pactos de transferência de cargas fiscais corresponda à sua intangibilidade pelo Direito Tributário.

O fenômeno (econômico) da transferência da carga fiscal ingressa no mundo jurídico tributário como indício de riqueza. Trata-se de evento que amplia a riqueza do sujeito beneficiário, ao neutralizar os efeitos da tributação. Bem por isso, a riqueza sujeitável à tributação deve ser dimensionada em face do efeito do pacto. Se o pacto é válido, isso não significa reconhecer à vontade dos particulares o efeito de criar uma espécie de "imunidade" da manifestação da riqueza à incidência da lei tributária. O pacto não é juridicamente viciado, mas também não é tributariamente irrelevante.

Não se trata sequer de avaliar "economicamente" os fatos jurídicos. Cogita-se tão-somente da qualificação jurídica (extratributária) dos fatos. Quando o terceiro "reembolsa" o sujeito passivo pelos custos fiscais ou quando liquida diretamente (ainda que em nome do sujeito passivo) as prestações tributárias, caracteriza-se um fenômeno jurídico de natureza específica. Se o terceiro assumir esse encargo gratuitamente, sem contraprestação em seu benefício por parte do sujeito passivo tributário, existirá uma modalidade de doação. Se a assunção da carga fiscal for complementar a algum contrato de mútuo, inserindo-se no âmbito de encargos do mutuário, estará configurada uma ampliação da remuneração devida ao mutuante.

Se o pacto estiver previsto em contrato bilateral, deverá considerar-se que o montante da carga fiscal objeto do pacto se integra nos deveres de uma das partes e nos direitos da outra. A partir dessa efetiva qualificação jurídica, as operações de transferência de encargos tributários deverão ser sujeitadas à incidência tributária cabível.

Essa solução já fora adotada, entre nós, a propósito do reembolso do imposto de renda incidente sobre remuneração de trabalho assalariado, tal como previsto no art. 45, VIII, do RIR/94.[5]

Tratamento similar deverá aplicar-se a todas as modalidades pelas quais se manifestam os pactos dessa ordem. Assim, por exemplo, não se pode considerar que a renda do locador se restringe ao montante correspondente ao aluguel, mas também é integrada pelo montante correspondente ao IPTU pago pelo locatário.

A remuneração da instituição financeira não equivale apenas ao valor de juros e demais encargos arcados pelo mutuário, mas engloba o valor do IOF a ele transferido.

Em regra, os montantes correspondentes ao pacto de transferência de encargos tributários deverão sujeitar-se à incidência do imposto de renda, considerando-se o montante da prestação tributária (arcada pelo terceiro) como riqueza cuja disponibilidade foi adquirida pelo sujeito passivo tributário. Eventualmente, porém, poderia até cogitar-se da caracterização de fato imponível de outros tributos (ainda que, nesses casos, os exemplos sempre se caracterizem como altamente especiosos).

8. Conclusões

Ao examinar o presente tema De Mita destacava que um dos mais tocantes aspectos dos pactos de transferência de encargos fiscais era sua utilização precisamente pelos titulares de maior quantidade de poder e de riqueza.[6] Logo, quanto mais intensa a manifestação de riqueza, tanto menos provável seria o Estado lograr apropriar-se dela, o que importaria a frustração dos princípios basilares do sistema tributário. Se há total procedência nessa advertência, daí não se segue a invalidade de tais pactos por ofensa às regras tributárias. O que se deve promover é a subsunção de tais pactos às regras gerais do ordenamento tributário e não tributário. Se e quando tais pactos forem válidos (frente as normas não tributárias), seus efeitos jurídicos deverão ser submetidos ao próprio Direito Tributário. Por essa via, evitar-se-á a concretização do perigo apontado pelo pensamento tributarístico italiano.

5. "Art. 45. São tributáveis os rendimentos provenientes do trabalho assalariado, as remunerações por trabalho prestado no exercício de empregos, cargos e funções, e quaisquer proventos ou vantagens percebidos, tais como: (...) VIII — pagamento ou reembolso do imposto ou contribuições que a lei prevê como encargo do assalariado".

6. Ob. cit., p. 78, nota 6.

IMPORTAÇÃO DE PRODUTOS ESTRANGEIROS E ICMS

EDUARDO BOTTALLO
Professor Assistente do Departamento de Filosofia e Teoria Geral do Direito
da Faculdade de Direito da Universidade de São Paulo

1. O regime legal, no Estado de São Paulo, de recolhimento do ICMS aplicável às operações de importação de mercadorias do Exterior prevê que este se faça por "guia especial", quando da respectiva entrada no estabelecimento do importador, sem qualquer consideração para as exigências que decorrem do princípio da não-cumulatividade do tributo.

Este regime somente seria aceitável se não contrariasse as características constitucionais do tributo.

Mas não é isto que acontece, pois esta modalidade de recolhimento atenta diretamente contra o mecanismo da não-cumulatividade, que é ínsito à estrutura do ICMS, seja qual for a sua modalidade de incidência.

Ao legislador ordinário não é dado instituir método de cálculo, apuração e recolhimento do tributo que não leve em conta tão inafastável exigência.

Este, porém, é o caso das operações de importação tal como tratadas pela legislação paulista do ICMS.

Ao exigir que, na hipótese considerada, o recolhimento se faça por "guia especial", citada legislação faz tábula rasa do regime de apuração periódica, instituindo situação paralela que, simplesmente, se dispõe a ignorar o sistema de contas gráficas de créditos e débitos, compreensivo do universo das operações praticadas pelos contribuintes.

Em conseqüência, cria-se, em tese, situação por todos os modos absurda e inaceitável: de um lado, o contribuinte ser obrigado a recolher, por "guia especial", o imposto incidente sobre as operações de importação que promove, onerando seu patrimônio pelo desembolso dos recursos financeiros correspondentes, e, de outro, pode contar, em seus livros fiscais, com créditos do imposto capazes de absorver, total ou parcialmente, estes débitos.

2. E nem se alegue que as operações de importação apresentariam algum tipo de peculiaridade capaz de justificar o tratamento punitivo que normas aqui consideradas lhes impõem.

O professor Celso Bergstrom Bonilha bem esclarece este ponto ao asinalar:

"De se notar, ademais, que a aferição do valor acrescido, para fins de incidência, é alcançada de modo indireto, já que a base de cálculo do ICM, em cada incidência, é, e continua sendo, sucessivamente, o valor integral da operação considerado, e não parte dele (valor acrescido).

"(...)

"Depreende-se, para logo, que o sistema adotado, tendente à verificação do valor acrescido suscetível da incidência do ICM, baseia-se na confrontação de todas as entradas e de todas as saídas de mercadorias ocorridas em um determinado período no estabelecimento, e cujos registros permitam discriminar o imposto incidente em cada operação de saída, bem como o que já foi cobrado nas operações anteriores, de sorte a ensejar o cálculo global do período, mediante subtração dos montantes do tributo incidente sobre as saídas menos o tributo apropriado escrituralmente pelas entradas" ("Lançamento do ICM", *Curso de Direito Tributário*, Saraiva, 1982, p. 354).

Esta passagem é sobremodo esclarecedora para deslinde da questão, na medida em que aponta não só para o aspecto da continuidade e da globalidade da incidência do ICMS mas, também, para a importância do elemento escritural de apropriação simultânea de todos os débitos e todos os créditos, o que afasta frontalmente o expediente de se obrigar o contribuinte ao absurdo de ter de recolher o imposto "por guia especial" ao invés de escriturá-lo em seus livros para uma posterior, oportuna e adequada compensação.

A lição ora colacionada serve também para afastar o entendimento de que o recolhimento do tributo por guia especial se justificaria em face de não haver tributo recolhido anteriormente a ser compensado quando da entrada do bem no estabelecimento da empresa.

Ora, como superiormente assinala o lúcido ensinamento do professor Celso Bonilha, o princípio da não-cumulatividade atende-se pela existência de cada operação em si mesma considerada, mas sim pela "confrontação entre todas as entradas e saídas" em um determinado período, de sorte a ensejar o "cálculo global" do tributo que ao mesmo corresponde.

Portanto, sob o aspecto da regra constitucional da não-cumulatividade, emerge a incompatibilidade que, perante a mesma, apresenta o sistema de recolhimento "por guia especial" atribuído às operações de importação de produtos estrangeiros.

3. O tema comporta, também, apreciação à luz do princípio da isonomia tributária.

O art. 150, II, da CF veda a instituição de tratamento desigual entre contribuintes que se encontrem em situação equivalente, proibindo qualquer distinção em razão das atividades por eles exercidas.

Este preceito tem singular importância para o prevalecimento da posição aqui sustentada, pois, como ensina Celso Antônio Bandeira de Mello, a isonomia exige que se investigue "de um lado aquilo que é erigido em critério discriminatório e, de outro, se há justificativa racional para, à vista do traço desigualador adotado, atribuir o específico tratamento jurídico construído em função da desigualdade afirmada" (*O Conteúdo Jurídico do Princípio da Igualdade*, Malheiros Editores, 1995, p. 38).

Ora, a denunciada discriminação imposta aos contribuintes importadores de produtos estrangeiros não se justifica em face do modelo traçado pelo respeitado Jurista, já que, dentre o universo dos contribuintes do ICMS, eles praticam operações que, sob a ótica estritamente tributária, não se distinguem de outras também alcançadas pela incidência do tributo, mas que, ao revés, ensejam a quantificação e pagamento da obrigação fiscal emergente por sistemática que não acarreta os efeitos adversos aqui denunciados.

O método de recolhimento do imposto reservado às operações de importação teve, portanto, propósitos meramente arrecadatórios, não homenageando em nada a regra da isonomia que, na declarada condição de "limitação do poder de tributar", a Constituição exige seja observada pelo legislador ordinário.

4. A questão, quando levada aos tribunais, não tem merecido tratamento uniforme, cabendo anotar decisões que não reconhecem no método de recolhimento do tributo aqui analisado as inconstitucionalidades apontadas.

Alguns precedentes, porém, revelam a necessária sensibilidade quanto à matéria, como é o caso do que agora parcialmente se transcreve, oriundo da colenda 1ª Turma do egrégio STF:

"Provocado pelos embargos, voltando ao exame do objeto do recurso e da sua fundamentação, com efeito considerando o provimento, embora implícito do voto condutor, não ficou suficientemente explicitado o prazo para recolhimento do tributo.

"Com este propósito, reanimados os fundamentos lineados no v. acórdão, ilegítima a exigência fiscal combatida.

"Suprindo a omissão, *deixo registrado que o prazo para o recolhimento do ICMS coincide com o indicado para as operações internas, incluindo-se na apuração do mês correspondente a entrada dos bens (nacionais e importados), apropriado ao tributo sobre o resultado final na data prevista para a atividade econômica do contribuinte* (RICM, art. 72, I, "i"), *vigente à época do fato gerador do tributo* (RICM, art. 72, "i").

"Amarrados os motivos para elidir a omissão (art. 535, II, do CPC), voto acolhendo os embargos, declarando que a arrecadação do ICMS apurado, sem os acréscimos pretendidos pelo Fisco, *constitui obrigação para ser cumprida no mês subseqüente*, como estabelecido regularmente."

Em linha idêntica decidiu a colenda 18ª Câmara Civil do egrégio TJSP:

"(...)

"Correto, portanto, assegurar à apelante o recolhimento, como momento do fato gerador, da entrada da mercadoria no estabelecimento da impetrante.

"Da mesma forma, tem direito o apelante a recolher, sob o regime de apuração mensal, o ICMS relativo às importações de bens.

"*Existem apenas dois regimes de apuração para os estabelecimentos obrigados à escrituração fiscal: periódico de apuração e de estimativa.*

"A apelante se enquadra no primeiro e não está sujeita ao recolhimento mediante guia especial e nos prazos estabelecidos no art. 102 do RICMS, reservado a situações especiais, nele discriminadas.

"Toda a argumentação da Fazenda do Estado para justificar o recolhimento por guia especial baseia-se no fato do imposto ser exigível 'quando da operação de recebimento (desembaraço aduaneiro) da mercadoria ou bem, importado do Exterior, e até o momento do registro da DI', como está na letra "a" do inciso I do art. 102 do Regulamento.

"Ora, passando o fato gerador para a 'entrada da mercadoria no estabelecimento do importador', deixa de ser aplicável o dispositivo regulamentar citado" (Ap. cível 231.375-2/8, rel. Des. Cunha Cintra, j. 13.6.94 — grifamos).

5. Em síntese, pode-se concluir que não encontra amparo na Constituição, seja por ferir o princípio da não-cumulatividade do ICMS, seja por afrontar o da isonomia tributária, o expediente consistente em obrigar o contribuinte-importador a recolher o tributo emergente das operações que pratica por guia especial, ou seja, com desconsideração do regime periódico de apuração a que está sujeito.

A CONTRIBUIÇÃO SOCIAL SOBRE O LUCRO

WAGNER BALERA
Doutor em Direito, Professor de Direito Previdenciário na
Pontifícia Universidade Católica de São Paulo

1. Introdução

Na formulação do pensamento jurídico do professor Geraldo Ataliba ocupou lugar central o estudo pioneiro do tema e dos problemas das contribuições.

Com efeito, na primeira tese que deu à estampa, o saudoso Mestre já examinava a contribuição de melhoria.[1]

As sucessivas edições daquela que seria sua obra de referência — *Hipótese de Incidência Tributária* — bem demonstram quanto o notável publicista cuidava de aprofundar e aprimorar o estudo do polêmico tema.[2]

E, finalmente, no último estudo que desenvolvia, com os olhos postos na reforma constitucional tributária que se avizinha, tratava de elaborar minuta de emenda pela qual as contribuições sociais de seguridade social adquiriram adequado perfil no sistema constitucional tributário brasileiro.[3]

É que, como lembrava — e como exortou a todos os integrantes do IDEPE na derradeira oração que proferiu na Sessão Solene de encerramento do IX Congresso Brasileiro de Direito Tributário —, não sem certa dose de fina ironia, já que na presença de integrantes do Poder Legislativo: "(...) se o legislador quiser — e tiver boa assessoria —, poderá estruturar contribuição pura".[4]

Pensamos que estas considerações prévias dão por justificada a escolha do tema.

2. Histórico

No Brasil, como ensina o eminente Aliomar Baleeiro, o imposto sobre a renda das empresas foi introduzido — ainda que não estivesse expressamente arrolado na discriminação das receitas inscrita na Constituição de 24.2.1891 — por iniciativa de Antônio Carlos, pela Lei 4.625, de 31.12.22.[5]

Poucos dias depois, aos 24.1.23, era editada a primeira lei previdenciária brasileira com base no projeto de Eloy Chaves: é o Decreto Legislativo 4.682.

Assim a lei do imposto sobre a renda como a chamada Lei Eloy Chaves faziam incidir a tributação sobre o mesmo fato: a renda bruta da empresa.

1. Geraldo Ataliba, *Natureza Jurídica da Contribuição de Melhoria,* São Paulo, Ed. RT, 1964.

2. Vale a pena cotejar os escritos da edição *princeps,* publicada em abril de 1973, com a 3ª edição, de 1984, e com a 5ª edição, cuja 5ª tiragem, recentíssima, é de 1996. Iremos nos valer, ao longo deste estudo, dessas três edições.

3. Na nota publicada na *Revista de Previdência Social* 181, de dezembro de 1995, esclarecemos que, pela emenda, no entender de Geraldo Ataliba, a contribuição social deveria servir como "instrumento efetivo na busca do pleno emprego e da justiça social".

4. Geraldo Ataliba, *Hipótese de Incidência Tributária,* 5ª ed., 5ª tir., São Paulo, Malheiros Editores, 1996, p. 160.

5. Aliomar Baleeiro, *Direito Tributário Brasileiro*, 5ª ed., Rio de Janeiro, Forense, 1973, p. 168.

Resgatamos, por conseguinte, neste escorço histórico, a idéia que acabaria sendo explicitada em 5.10.88: qualquer fato pode estar apto a gerar dois tributos de espécies diferentes: o imposto e a contribuição, como registram os arts. 153, III, e 195, I, da vigente CF.

A etapa histórica que, entendemos, correspondeu melhor aos anseios de simplificação do sistema tributário, no entanto, não foi a inicialmente descrita.

Deveras, quando foi promulgada a Lei 3.807, em 1960 — a chamada Lei Orgânica da Previdência Social (LOPS) —, o sistema normativo instituiu o interessante mecanismo jurídico das "quotas de previdência".

E o art. 74 da LOPS criou a quota de previdência incidente sobre o imposto de renda das pessoas jurídicas.

Como antevira, corretamente Russomano, se o Direito pátrio chegasse, um dia, a instituir a seguridade social como sistema de proteção universal dos brasileiros — realidade que atingimos com o advento da Constituição de 1988 (pelo menos no plano formal, é claro!) —, as quotas de previdência seriam o "caminho pelo qual, progressivamente, transferiremos ao Estado, ou, melhor, à comunidade, através das taxas que o Estado lhe cobra, o custeio total do sistema".[6]

Teria o Direito brasileiro completado naturalmente, no particular, o seu ciclo de evolução histórica se chegasse ao estádio moderno de proteção universal — a seguridade social — concomitantemente com o modelo avançado de custeio integral do sistema pela sociedade em seu todo considerada, através do caminho simplificado das quotas de previdência.

Cumpre ressaltar que, nesse sentido, ganha particular relevo o papel que cabe ao imposto de renda desempenhar. É que, como salienta importante Relatório elaborado pela OIT (Organização Internacional do Trabalho), o imposto de renda cada vez vem sendo mais utilizado como parte do arsenal financeiro de seguridade social.[7]

3. *Fundamento constitucional*

Ao definir as diversas bases de financiamento da seguridade social, o constituinte assim dispôs:

"Art. 195. A seguridade social será financiada por toda a sociedade, de forma direta e indireta, nos termos da lei, mediante recursos provenientes dos orçamentos da União, dos Estados, do Distrito Federal e dos Municípios, e das seguintes contribuições sociais:

"I — dos empregadores, incidente sobre a folha de salários, o faturamento e o lucro;

"II — dos trabalhadores;

"III — sobre a receita de concursos de prognósticos."

Podem coalescer em nossa ordem jurídica dois tributos incidentes sobre o mesmo fato: o lucro da pessoa jurídica.

De um lado o imposto sobre a renda, a ser instituído com base no art. 153, III, da Lei das Leis. De outro, a contribuição social do empregador, cujo fundamento é encontrado no preceito agora transcrito.

Quando comentamos o art. 195 da CF vigente, em trabalho escrito antes da promulgação das normas relativas à contribuição sobre o lucro, sustentamos o que nos pareceu, àquela altura, o caminho natural — o caminho rumo à perfeição — a regra de tributação: parte do produto da arrecadação do imposto de renda seria destinada — tal como as quo-

6. Mozart Víctor Russomano, *Comentários à Consolidação das Leis da Previdência Social*, 2ª ed., São Paulo, Ed. RT, 1981, p. 331.

7. *A Seguridade Social na Perspectiva do Ano 2000*, OIT, Genebra, trad., LTr, 1995.

tas de previdência — ao financiamento da seguridade social.[8]

O perfil do tributo, em nosso Direito, obedece a uma concepção positivista. Como disse, claramente, em conhecido estudo, o notável Rubens Gomes de Souza: "o imposto de renda é aquele que incide sobre o que a lei define como renda".[9]

Cumpre adaptar as mesmas palavras ao estudo do fenômeno jurídico das contribuições sociais e, notadamente, daquela que incide, coincidentemente, sobre o mesmo fato: a renda da pessoa jurídica. A lei tributária estabeleceu que a contribuição sobre o lucro incide sobre o que a lei define como renda, como adiante melhor se verá.

Temos, pois, que bem delimitar os contornos jurídicos das espécies tributárias de que se cuida, e, desde que constatemos estar assegurada a correta destinação do produto da arrecadação da contribuição social — dado jurídico elementar —, podemos distinguir, no plano teórico, tais exações.

Cumpre verificar os princípios constitucionais que regulam a contribuição social e, subsidiariamente, analisar, dentre os princípios constitucionais aplicáveis ao imposto de renda, aqueles que também se ajustam ao instituto da contribuição social. Esta análise deverá nos conduzir, a um só tempo, ao melhor conhecimento da contribuição e à necessária distinção entre esse tributo e o imposto.

4. Princípios constitucionais aplicáveis à contribuição social

Do rol de princípios que figura no parágrafo único do art. 194 da Carta Magna destacam-se dois que dizem respeito, especificamente, ao tema do custeio.

Em primeiro lugar figura o princípio da *eqüidade na forma de participação no custeio*.

Tal diretriz, estampada no inciso V do art. 194, parágrafo único, da Lei Suprema, há de ser entendida em conjunto com o denominado princípio da capacidade contributiva, que figura, de modo expresso, no § 1º do art. 145 da mesma Constituição.

Deveras, a eqüidade é a dimensão específica da isonomia no campo do custeio da seguridade social.

Aliás, não é de se estranhar que certo tributo cuja consistência material tanto se aproxima daquela definida para certo imposto também ele deva se valer do critério constitucional da capacidade contributiva.[10]

Toda a ordem social caminha em busca do bem-estar e da justiça, assinala o art. 193 da CF.

Assim é que a eqüidade no custeio tal como o princípio da capacidade contributiva acabam adjudicando aos tributos "uma função política e colocando o critério fiscal sob a influência preponderante de sua repercussão no terreno social, subordinando o seu *quantum* à capacidade econômica do contribuinte".[11]

Para bem cumprir essa função política, a legislação fiscal deverá impor ao empregador uma tributação eqüitativa, vale dizer, igualitária. A medida da ca-

8. Cf. o nosso *A Seguridade Social na Constituição de 1988*, São Paulo, Ed. RT, 1989, p. 57.

9. Rubens Gomes de Souza, "A evolução do conceito de rendimento tributável", *RDP* 14/339.

10. Geraldo Ataliba admite que a lei pode adotar hipótese de incidência de imposto quando cria contribuição. Se isso ocorre, o tributo "submete-se ao regime jurídico-constitucional do imposto, conjugado com o regime que expusemos em 79.3 e 86.5" (*Hipótese de Incidência Tributária*, 5ª ed., cit., p. 173. Os itens 79.3 e 86.5 do livro cuidam do regime jurídico das contribuições especiais).

11. Themístocles Brandão Cavalcanti, *A Constituição Federal Comentada*, v. 4/221, Rio de Janeiro, Konfino, 1949.

pacidade econômica de certa empresa, e a carga fiscal que lhe incumbe suportar, estará relacionada, necessariamente, com o lugar social que a mesma ocupa e com as repercussões da respectiva atividade no universo da seguridade social.

O legislador deverá, sempre e necessariamente, em nosso entender, encontrar técnicas de tributação que não apenas revelem as riquezas existentes mas, além disso, identifiquem nelas parcelas que, excedendo o necessário, devem ser repartidas com a comunidade na qual se insere o contribuinte. Geraldo Ataliba esclarece: "a Constituição quer que, exata e precisamente, o legislador retire recursos de quem os tem, para dar àqueles que os não têm".[12] Esse ideal de solidariedade pode ser considerado o fundamento último da seguridade social.

Será compatível com a eqüidade a tributação que não iniba o desenvolvimento natural das atividades empresariais e que, no interesse social, imponha ao empregador ônus compatível com o respectivo *status* no cenário das relações econômicas.

Ainda que em apertada síntese, pensamos serem essas as noções preliminares que o estudioso deve ter a respeito do primeiro princípio aplicável às contribuições.

Cumpre-nos agora examinar, também a breve trecho, o segundo princípio específico do custeio da seguridade social. É a diretriz da *diversidade da base de financiamento*.

Embora possa parecer simples recomendação de caráter genérico, esse objetivo constitucional não pode ser desvinculado do contexto no qual se insere.

A racionalização e o aperfeiçoamento do sistema tributário são idéias que figuram no discurso e nos programas das diversas agremiações políticas e nas plataformas de governo desde antes da convocação do Congresso Constituinte.

Já em 1979, no 1º Congresso Brasileiro de Direito Financeiro, realizado no Rio de Janeiro, discutiam-se temas para a nova estrutura tributária brasileira.

Ainda agora, no contexto da reforma constitucional, se coloca o tema da reforma fiscal e tributária.

Pode-se dizer que, em perspectiva genérica, a diretriz da diversidade das bases de financiamento funciona como premissa para que seja mensurada a carga tributária que cada categoria social deve suportar.

Considerado dentro do contexto em que se insere, o princípio pretendeu ampliar, de imediato, as bases de financiamento da seguridade social.

Na tradição do nosso Direito Positivo, erigida em comando constitucional desde 1934, recaía exclusivamente sobre a folha de pagamento de salários a contribuição previdenciária. Assim o trabalhador como o empregador deviam contribuir para o sistema previdenciário com base no salário do primeiro.

Esse modo de financiamento — que, aliás, advém do modelo inicial de seguro social engendrado por Bismarck para a Alemanha há mais de 100 anos — mereceu criticas, nomeadamente no âmbito da OIT, por constituir-se em vero empecilho ao progresso econômico.[13]

Deveras, o avanço tecnológico transforma, por completo, a estrutura das empresas. Grande número de trabalhadores é substituído pelas máquinas, ainda que haja intensivo emprego de mão-de-obra em certos setores. De todo modo, ao onerar apenas a folha salarial, a contribuição sobrecarrega o custo da produção das empresas, retirando-lhes competitividade.[14]

12. Geraldo Ataliba, *Hipótese de Incidência Tributária*, 3ª ed., São Paulo, Ed. RT, 1984, p. 184.

13. Cf. *A Seguridade Social na Perspectiva...*, cit.

14. Cf. o nosso *A Seguridade Social...*, cit., p. 54.

Conseqüentemente, as contribuições das empresas que mais empregam são muito mais elevadas do que as daquelas que, mesmo tendo igual peso na vida econômica nacional, produzem mais com menor número de trabalhadores.

O constituinte, ao pôr remédio a essa situação assaz crítica, tratou de diversificar desde logo as bases de financiamento do sistema, instituindo as contribuições sobre o faturamento e sobre o lucro.

Ocorre que tal esquema deveria buscar harmonia com o sistema tributário nacional, no qual já encontravam previsão específica tributos sobre o faturamento e sobre o lucro.

Se viesse a abranger todos os tributos que recaem sobre todos os contribuintes, o sistema tributário estaria apto a mensurar melhor a capacidade econômica de cada qual.

Eis o ambicioso — e não concretizado — propósito da diretriz programática de que se cuida.

Como teremos em vista, aqui, predominante e quase exclusivamente, a contribuição sobre o lucro, cumpre considerar outro princípio que, nada tendo que ver com a tributação, é de fundamental importância para a fixação do traço distintivo entre as contribuições e as demais espécies tributárias.

Todo o esquema de financiamento, na seguridade, busca vincular o tributo e o contribuinte com o sistema de proteção social que o Estado aciona em favor da comunidade.

Como pano de fundo desse vínculo, sutilmente estabelecido pela legislação, podemos identificar o vetusto contrato de seguro, inspirador do modo bismarckiano de financiamento dos programas de tipo previdenciário.

A relação *sinistro/prêmio*, inerente ao contrato de seguro, estabelece que, quanto maior o risco de sinistro, tanto maior deve ser o prêmio vertido pelo tomador do seguro.

Cabe aqui um parêntesis.

Há diferenças entre os tributos destinados a custear a seguridade social e as demais espécies tributárias.

Pode-se, mesmo, dizer que, no sistema vigente, as contribuições para a seguridade social possuem regime jurídico distinto dos demais tributos.

Enquanto espécie de tributo, a contribuição para a seguridade social se identifica, plenamente, com determinada espécie de tributo: a contribuição. Lecionou Gomes de Souza ao lavrar o art. 95 do Projeto do atual Código Tributário, que: "Art. 95. São contribuições ou tributos que não sejam especificamente impostos ou taxas".[15]

É — a contribuição sobre o lucro — o tributo vinculado (Geraldo Ataliba) cuja hipótese de incidência consiste numa atuação estatal, a ser desenvolvida pela seguridade social, indireta e mediatamente referida ao obrigado.

A atuação estatal, porque consubstanciada em serviço público genericamente colocado a serviço da comunidade, não possui referibilidade direta com os contribuintes, que, neste caso, são os empregadores.

A afinidade conceitual entre contribuições e taxas permitiu ao professor Geraldo Ataliba classificá-las como tributos vinculados.[16]

Esclareça-se que, segundo as sábias lições do saudoso Chefe da Escola Paulista de Direito Tributário, nas contribuições, ao contrário do que sucede com as taxas, a referibilidade entre a atuação estatal e o contribuinte se estabelece de maneira indireta.

15. Rubens Gomes de Souza, "A Previdência Social e os Municípios", *RDP* 24/236. Explica o autor que o artigo transcrito teve essa redação no primeiro Anteprojeto, de 1953, do que viria a ser o Código Tributário Nacional.

16. Geraldo Ataliba, *Hipótese de Incidência Tributária*, 3ª ed., pp. 113 e ss.

Com efeito, mediante o pagamento do tributo em questão, o contribuinte — assim como a coletividade em geral — está sendo substituído pelo Poder Público na específica tarefa de proporcionar seguridade ao trabalhador.

Temos, aqui, o empregador, integrante de certo círculo especial de contribuintes que provocam especial despesa para o Estado. A atividade do empregador gera contingências sociais (por circunstâncias de extrema complexidade, que desbordam da esfera jurídica de explicação do fenômeno) que deflagram a atividade estatal de seguridade, pela qual são prestados aos trabalhadores benefícios e serviços sociais. Essas utilidades específicas devem ser custeadas, também de modo especial, pelos empregadores, como determina a Constituição.

Bem acentua Rubens Gomes de Souza, com apoio na conhecida classificação dos tributos elaborados genialmente por Ataliba, que a vinculação existente entre a atuação do Estado e o contribuinte se estabelece indiretamente.

Acrescente-se, para logo, que a especificação da despesa não se aplica ao caso da contribuição. Só nas taxas o sujeito passivo custeia, na sua exata medida, a atividade estatal que provoca. No instituto jurídico da contribuição, ainda que aproveitando de modo especial a certo grupo de contribuintes, a especial vantagem que significa, para as empresas em geral, a existência dos diversos programas de seguridade social — saúde, previdência social e assistência social — posto à disposição, individualmente, de cada um dos trabalhadores e de seus dependentes é mensurada de um modo global, ainda que deva existir rigorosa estruturação atuarial das receitas aptas a custearem as despesas estatais.

Identificando o cruzamento de relações jurídicas que se verifica com o fenômeno em estudo, Gomes de Souza ensina: "(...) o Poder Público, por seus órgãos delegados, interpõe-se entre as duas partes interessadas (empregador e empregado), substituindo-se respectivamente a uma e a outra como sujeito ativo de exigir a prestação e como sujeito passivo da obrigação de prestar o benefício".[17]

De feito, existem duas relações jurídicas que, em obediência ao preceito garantidor da seguridade social, se formam na vida social.

A primeira, destinada a constituir o fundo de Seguridade Social, é, quanto à empresa, de natureza tributária.

A empresa, sujeito passivo da obrigação fiscal, verte contribuição para a formação do Fundo de Seguridade Social. Nessa relação, o Poder Público figura como sujeito ativo, credor do tributo devido pela empresa.

Na segunda relação, de natureza previdenciária, cabe ao Poder Público, na qualidade de sujeito passivo (devedor), proporcionar prestações (benefícios e serviços) ao obreiro atingido pelas contingências sociais (doença, invalidez, acidente do trabalho etc.).

Por outras palavras, como Rubens Gomes de Souza acentua, com simplicidade, "é um tributo cobrado de uns em benefício direto de outros".[18]

Naturalmente, a proteção social não é responsabilidade exclusiva das empresas.

Toda a sociedade, como acentua o art. 195, *caput*, participará do financiamento da seguridade social, de modo direto (vale dizer, mediante contribuições sociais) e de modo indireto (isto é, através de transferência de recursos orçamentários por parte das pessoas políticas).

Assim, como membro integrante da coletividade, a empresa contribui, de ma-

17. Rubens Gomes de Souza, "Natureza tributária da contribuição para o FGTS", *RDP* 17/317.

18. Ibidem.

neira específica, por ter especial vantagem, que, todavia, não se confunde com as conseqüências benéficas para toda a coletividade, decorrentes, ou, melhor, derivadas, dos planos de proteção social.

Geraldo Ataliba, nos percucientes estudos que desenvolveu sobre o tema, só considera identificada como verdadeira contribuição aquela figura tributária por força da qual se estabelece correlação lógica entre os beneficiários e os contribuintes. E considera razoável "entender constitucionalmente consentido que a lei exija contribuição ao industrial, em benefício do lazer, assistência social, educação, treinamento etc. do industriário".[19]

Quanto maior proteção o Poder Público oferece aos obreiros e aos seus dependentes, tanto mais os mesmos se dedicam — com tranqüilidade — às atividades produtivas. Há um nexo entre produção e proteção!

Indiscutível, pois, a vantagem, indireta, que advém para a empresa da existência dos planos de proteção social.

Eis o motivo pelo qual parcela do lucro da empresa será destinada ao Fundo de Seguridade Social.

Ademais, a indireta vantagem proporcionada à empresa pela atuação estatal não se restringe ao campo da seguridade.

Na verdade, também a empresa se acha submetida aos ditames da justiça social (art. 170 da CF) e, por conseguinte, a solidariedade que se cria — entre a empresa e os beneficiários da proteção social — acaba por influir no ritmo da produção e no desenvolvimento do País.

Todo o exposto se resume, afinal, em que assim o sistema constitucional tributário como o sistema brasileiro de seguridade social se acham engastados em contexto bastante diferente daquele que vigorava nos termos do ordenamento jurídico pretérito.

Pois,agora, como adverte Paul Durand, "a expressão 'seguridade social' designa uma política de saúde, adaptada à prevenção dos riscos fisiológicos; uma política de emprego, orientada na prevenção do desemprego; uma política de prevenção de acidentes e de doenças profissionais".[20]

Fechando o parêntesis, voltemos ao ponto.

A Constituição de 1988 deixou evidenciado, de modo expresso, que, no âmbito das contribuições sociais, cumpre ao legislador, para cumpir a diretriz da eqüidade, fazer prevalecer, sempre que possível, a relação sinistro/prêmio.

Assim é que estabelece o art. 239:

"Art. 239. A arrecadação decorrente das contribuições para o Programa de Integração Social, criado pela Lei Complementar n. 7, de 7 de setembro de 1970, e para o Programa de Formação do Patrimônio do Servidor Público, criado pela Lei Complementar n. 8, de 3 de dezembro de 1970, passa, a partir da promulgação desta Constituição, a financiar, nos termos que a lei dispuser, o programa do seguro-desemprego e o abono de que trata o § 3º deste artigo.

"(...)

"§ 4º. O financiamento do seguro-desemprego receberá uma contribuição adicional da empresa cujo índice de rotatividade da força de trabalho superar o índice médio da rotatividade do setor, na forma estabelecida por lei."

De certa maneira, a regra constitucional não introduz novidade, a não ser pelo fato de figurar no Texto Supremo.

O sistema de alíquotas diferenciadas, em razão do grau de risco da ativi-

19. Geraldo Ataliba, *Hipótese...*, cit., 3ª ed., p. 186.

20. Paul Durand, "A política de seguridade social e a evolução da sociedade contemporânea", *Industriários,* p. 13.

dade desenvolvida pelo empregador, figura desde a edição da Lei n. 5.316, de setembro de 1967, nas normas legais que disciplinam o financiamento do seguro social obrigatório contra acidentes do trabalho.

Quanto maior o risco, maior deve ser a alíquota, eis o princípio que norteia a relação sinistro/prêmio.

As alíquotas atualmente existentes deveriam, como natural tendência do sistema, ajustar-se a essa premissa.

Em consonância, aliás, com regra inscrita no acima transcrito § 4º do art. 239 da CF de outubro de 1988, para a contribuição sobre o faturamento, o constituinte já definiu o sinistro.

Baseando-se no financiamento norte-americano do programa do seguro-desemprego, a Carta Magna determina que a lei venha a criar a *Experience Rating* nacional.

Explica José Paulo Zeetano Chahad que esse sistema, altamente controvertido nos Estados Unidos da América, é representado basicamente pela "variação da alíquota devida ao fundo de desemprego frente à flutuação da força de trabalho da empresa durante certo período".[21]

Exação que deverá se ajustar ao regime jurídico próprio do tributo que vier a acrescer e, notadamente, aos preceitos constitucionais que regulam o tema das contribuições — instituição por lei, *vacatio legis* de 90 dias e obrigatoriedade de inclusão no orçamento da seguridade social —, o adicional será poderoso instrumento de política fiscal.[22] Para bem estremá-lo, nesta última finalidade, dos demais tributos, haverá de recair sobre certos setores da produção que não cessam de utilizar a mão-de-obra como massa de manobras para os seus projetos econômicos.

Aliás, as contribuições custeiam a especial despesa que o Estado realiza por causa do contribuinte, diz Ataliba.[23]

O traço específico da contribuição social em comento residirá, certamente, no respectivo sistema de alíquotas, que, por determinação constitucional, deverá ser progressivo: quanto maior a rotatividade, maior a alíquota, em escala crescente, até que cesse, ou se reduza aos paradigmas do setor, a rotatividade praticada pelo empregador.

Naturalmente, a plena implantação da base de dados em Cadastro Nacional do Trabalhador[24] é indispensável para que estejam disponíveis os indicativos da rotatividade da mão-de-obra nos diversos setores da produção.

Afiança, ainda, esse manifesto nexo, que deve existir, necessariamente, entre contribuição e prestação, segundo temos esclarecido, a *regra da contrapartida*, que funciona como limitação constitucional específica ao poder de criar contribuições para a seguridade social.[25]

Deveras, a exigência de discriminação das receitas e das correspondentes despesas do Fundo Social que será gerido pelo organismo gestor da seguridade pública está fundamentada nessa regra,

21. José Paulo Zeetano Chahad, *Seguro-Desemprego: Lições da História, Aspectos Teóricos e Perspectivas para o Brasil,* São Paulo, IPE/USP, 1986, pp. 74 e ss.

22. Aliomar Baleeiro define a política fiscal como "a política financeira dirigida no sentido das intervenções governamentais para controle das tendências da conjuntura ou para modificações desejáveis da estrutura econômica, notadamente o desenvolvimento dos países imaturos" (*Cinco Aulas de Finanças e Política Fiscal,* São Paulo, Bushatsky, 1975, p. 82).

23. Geraldo Ataliba, *Hipótese..*, cit., 3ª ed., p. 152.

24. O Cadastro Nacional do Trabalhador foi criado na forma estabelecida pelos Decretos 97.936/89 e 99.378/90 e o respectivo Conselho Gestor (CNT) é previsto na Lei Orgânica da Seguridade Social (Lei 8.212, de julho de 1991, art. 63).

25. Wagner Balera, *A Seguridade Social...*, cit., p. 68

que se expressa no § 5º do art. 195 da CF de outubro de 1988.

Estatui o referido preceito: "§ 5º. Nenhum benefício ou serviço da seguridade social poderá ser criado, majorado ou estendido sem a correspondente fonte de custeio total".

Quanto ao funcionamento do sistema estatal de proteção social, é intuitiva certa idéia que se acha associada a uma noção elementar de contabilidade: a noção de caixa.

Aliás, a Lei Eloy Chaves denominava a entidade previdenciária como "Caixa de Aposentadorias e Pensões".

Para a "Caixa", que nada mais é, hoje em dia, que o Fundo Previdenciário, seriam vertidas as contribuições dos trabalhadores e patrões e dela sairiam as prestações.

É de senso comum que nenhuma "caixa" gozará de equilíbrio se os saques vierem a ser maiores que os ingressos.

A regra da contrapartida elevou à exigência constitucional o equilíbrio entre receita e despesa.

Pode o legislador criar, majorar ou estender prestações de seguridade social. Para tanto, se necessário, foi expressamente autorizado a criar outras contribuições, pelo preceituado no art. 195, § 4º., da CF.

Se, na vida social, novos riscos determinarem a ampliação necessária da cobertura, rumo ao ideal da universalidade expresso no art. 194, parágrafo único, I, da CF, as despesas decorrentes serão custeadas ou por intermédio da majoração das contribuições existentes ou pela instituição de outras, na faixa de competência residual da União e com as limitações ditadas pelo art. 154, I, da Lei das Leis.

No entanto, só terão validade constitucional as providências que ampliam a cobertura se houver expressa previsão normativa das fontes de custeio das novas prestações.

Sem a contrapartida, o sistema de seguridade social não estaria, jamais, apto a proporcionar proteção.

Vivendo, como nos últimos tempos, em permanente crise financeira, o sistema gera insegurança social, o oposto do que lhe cumpre por missão constitucional.[26]

Por força do estatuído na regra da contrapartida, a Lei Magna impõe ao legislador a observância do equilíbrio financeiro no fundo previdenciário.

É claro que esse equilíbrio não se verificará sem avaliação técnica atuarial do sistema. Avaliação que depende, como se sabe, dos dados estatísticos, demográficos, econômicos e institucionais.

Dados que invocam cálculos de probabilidade e que devem ser revistos periodicamente.

A seguridade social, como assinalava De Ferrari, "(...) es, em realidad, un nuevo modo de encarar la distribución de todos los ingresos de la nación, proclamando que una parte de ellos debe ser necesariamente destinada a asegurar y mantener ciertos niveles de vida".[27]

Essa distribuição dos ingressos, entre todos, exige cuidadoso planejamento das receitas fiscais.

Ademais, a implementação dos programas a serem desenvolvidos pela seguridade social exige prévia definição a respeito do regime financeiro de todo o arcabouço de proteção; fixação precedente das contribuições por meio das quais os segurados e as empresas a ele aderem e, finalmente, disciplina minudente da aplicação de reservas a serem auferidas em cada exercício.

26. Cf., sobre a crise financeira do sistema, a obra do atuário Rio Nogueira, *A Crise Moral e Financeira da Previdência Social,* São Paulo, DIFEL, 1985.

27. Francisco De Ferrari, *Los Principios de la Seguridad Social,* Buenos Aires, Depalma, 1972, p. 117.

Se se põe o problema nestes termos, é fácil perceber que nenhuma lei de tributação que institua quaisquer das contribuições sociais poderia ter sido ou poderá vir a ser editada sem que, antes, esteja examinado, discutido e aprovado pelas instâncias competentes o Plano de Custeio, no qual estarão devidamente demonstradas as necessidades financeiras do sistema e o destino das receitas a serem instituídas, majoradas ou estendidas.

É o Plano de Custeio que dirá, por conseguinte, qual a composição do custo de cada prestação a ser concedida na conformidade do Plano de Prestações.

Em nosso Direito, as prestações estão previstas nas leis de saúde, de previdência social e de assistência social.[28]

Ao regulamentar a Lei Orgânica da Previdência Social (Lei 3.807/60), o Decreto 72.771/73 tratou de definir, em preceito didático, o Plano de Custeio.

Dizia, então, o referido Regulamento: "Art. 273. O Plano de Custeio consistirá em um conteúdo de normas e previsões de despesas e receitas estabelecidas com base em avaliações atuariais e destinadas à planificação econômica do regime e seu conseqüente equilíbrio técnico-financeiro".

Essa importantíssima peça técnica, por conseguinte, cumpriria duas específicas finalidades: a) a planificação econômica do regime e b) a busca do equilíbrio técnico-financeiro do sistema.

O Plano de Custeio seria, para cumprir o comando normativo, mais do que mera tabela das receitas e das despesas. Por natureza, estaria vocacionado a garantir que, durante o universo temporal que projetou, o sistema de proteção social funcionaria, na perspectiva financeira, de modo equilibrado.

Programa financeiro da seguridade social, referido Plano deve ser instituído em lei, como determina o art. 59 do "Ato das Disposições Transitórias" da Constituição.

Agora, pois, o Plano de Custeio deve ser elaborado pelo Poder Executivo — observado o caráter democrático e descentralizado da gestão administrativa, que, nos termos do art. 194, parágrafo único, da CF, exige discussão prévia da peça pelo Conselho de Seguridade Social — e submetido à apreciação do Poder Legislativo.

Quando do encaminhamento da proposta orçamentária, o Executivo a ela deve anexar essa importante nota técnica.

Deveras, grafa o art. 96 da Lei 8.212/91 que: "Art. 96. O Poder Executivo enviará ao Congresso Nacional, anualmente, acompanhando a Proposta Orçamentária da Seguridade Social, projeções atuariais relativas à Seguridade Social, abrangendo um horizonte temporal de, no mínimo, 20 (vinte) anos, considerando hipóteses alternativas quanto às variáveis demográficas, econômicas e institucionais relevantes".

O Congresso discutirá, a partir dos dados hauridos da nota técnica, os rumos da seguridade social, fixando metas e prioridades e fornecendo os meios financeiros necessários ao implemento dos projetos e programas.

Aceitas essas premissas, somos levados a concluir que o Poder Executivo não poderia definir urgência, na elaboração de normas de custeio da seguridade social, em momento antecedente à elaboração do Plano de Custeio.[29]

De feito, a Medida Provisória 22, de 6.12.88, pouco depois convertida na Lei 7.689, não poderia ter instituído a contribuição social sobre o lucro das pessoas

28. Respectivamente: Lei 8.080/90; Lei 8.213/91, e Lei 8.742/93.

29. V., sobre esse ponto, o nosso "Contribuição social sobre o lucro das pessoas jurídicas", *Suplemento Tributário LTr* 10.89/85 e ss., São Paulo.

jurídicas antes da edição do Plano de Custeio que lhe emprestaria o indispensável suporte técnico.

É certo que ainda não foi elaborado um verdadeiro Plano de Custeio da Seguridade Social.

Aliás, a própria ementa pela qual foi identificada a Lei 8.212, de julho de 1991, desvela elementar equívoco do legislador federal.

De feito, tal diploma legal, falto de qualquer tipo de levantamento (estatístico, demográfico e atuarial), conquanto tenha criado, modificado e estendido as atuais bases de financiamento da seguridade social, não se achava calçado pelo apoio técnico do Plano de Custeio.

Não poderia — pois do direito reelabora a realidade sem ofender-lhe a essência — o legislador "instituir" Plano sem planificação; projetar o futuro sem bases atuariais; elaborar cenários sem material previamente haurido pelos estatísticos; pelos demógrafos e pelos atuários.

É bem verdade que essa lei catalogou as diversas fontes financeiras do sistema de seguridade social.

Mas também é verdade que a respectiva proposta legislativa não veio acompanhada das projeções demográficas, estatísticas e atuariais que justificariam e legitimariam tanto a criação como a majoração de contribuições sociais.

A regra da contrapartida, chave para a compreensão das bases de financiamento do sistema previdenciário e exigência constitucional para a validade de toda e qualquer contribuição social, não foi observada quando da instituição da contribuição sobre o lucro das pessoas jurídicas.

5. *Princípios constitucionais do Imposto de Renda*

Analisemos, agora, se os princípios que devem ser observados, conforme a Constituição, pelas leis do imposto sobre a renda são, igualmente, compatíveis com a estrutura normativa da contribuição sobre o lucro.

Estabelece o art. 153 da CF:

"Art. 153. Compete à União instituir imposto sobre:

"(...)

"III — renda e proventos de qualquer natureza;

"(...)

"§ 2º. O imposto previsto no inciso III:

I — será informado pelos critérios da generalidade, da universalidade e da progressividade, na forma da lei;

"(...)."

Por força do princípio da *generalidade,* todas as pessoas jurídicas devem financiar a seguridade social.

Essa diretriz afina-se com o *caput* do art. 195, que exige de toda a sociedade a respectiva cota-parte no financiamento do sistema brasileiro de proteção social. Só estão excluídas dessa regra, por expresso comando constitucional, as entidades beneficentes de assistência social que cumpram as exigências fixadas em lei (art. 195, § 7º).

Assim é que o princípio da generalidade impede a distinção entre contribuintes, na perspectiva da contribuição sobre o lucro: todos devem suportar, igualmente, o ônus fiscal.

Tanto esse princípio como o que se lhe segue — da universalidade — fazem coro com a diretriz da eqüidade na forma de participação no custeio, que é, como vimos, a verdadeira expressão da isonomia — vale dizer, equivalência de encargos entre os diferentes atores sociais — no campo do financiamento do sistema de seguridade social.

O princípio da *universalidade* está perfeitamente ajustado ao esquema da contribuição social. Exige que todos os resultados positivos do exercício, isto é, todos os lucros, sejam objeto de tributação.

Entendo que, do ponto de vista da seguridade social, se conforma com a diretriz em questão o estabelecimento de certas deduções relacionadas com o investimento do empregador em máquinas, equipamentos ou outros bens que, considerados em si mesmos, reduzam o risco de doença e de outros agravos no ambiente de trabalho.

Naturalmente, cumpre considerar os objetivos fundamentais da República: os valores sociais do trabalho e da livre iniciativa.

O empregador que lograsse demonstrar, nos termos da lei, que investiu de tal arte a gerar novos postos de trabalho deveria — por estar reduzindo o risco do desemprego — ter autorizada a redução dos valores invertidos na apuração da base imponível da contribuição social de que se cuida.

Como temos insistido sempre: há (o dever-ser é a categoria jurídica por excelência) um nexo evidente entre produção e proteção social!

O critério da *progressividade* é o último que, nos termos do citado preceptivo constitucional, deve informar o imposto sobre a renda.

Por força desse critério, o tributo será graduado por meio de alíquotas diferenciadas, de tal modo que, quanto maior o ganho do constituinte, maior há de ser a alíquota do tributo a ser por ele pago.

Tal princípio deve ser associado com a eqüidade e com a capacidade contributiva.

O Direito atual, quanto à contribuição sobre o lucro, ignorou a técnica da progressividade.

São duas as alíquotas que incidem sobre o lucro, como veremos a seu tempo. Mas nenhuma pertinência guardam com o comando constitucional em estudo.

Geraldo Ataliba, com a veemência de sempre, averbou sobre a progressividade sábias observações que ecoaram no recinto do V Congresso Brasileiro de Direito Tributário, promovido pelo IDEPE.

Assim se expressou o Mestre:

"A promoção de uma igualação social (eliminação de desigualdade), o favorecimento aos desvalidos, a criação de empregos, o desenvolvimento econômico, a melhoria das condições de vida, a proteção do meio ambiente etc., são valores que merecem do constituinte especial encômio, sendo metas que podem e *devem* ser promovidas por medidas tributárias extrafiscais.

"Lei que crie imposto progressivo está rigorosamente conforme com as prescrições constitucionais e com as diretrizes consagradas no sistema; realiza os desígnios constitucionais. Dá eficácia ao espírito da Constitutição."[30]

O Direito exige que se encontrem fórmulas de progressividade aptas à realização plena da eqüidade no custeio e à redução das desigualdades sociais. Valores que, por sua eminência constitucional, não podem ser descurados nem descumpridos pelo sistema normativo.

Há quem tenha vislumbrado na progressividade certa conotação ideológica.[31] Mas, se é assim, trata-se de ideologia convertida em regra jurídica pela Lei Magna, e, por conseguinte, de observância obrigatória.

É possível que tal conceito venha a adquirir significado diferente na reforma constitucional, significado mais conforme com a ideologia dominante.

30. Geraldo Ataliba, "Progressividade e capacidade contributiva", "Princípios constitucionais tributários", separata da *RDT,* 1991, p. 54.

31. É o pensamento de Gilberto de Ulhôa Canto, "Princípios gerais tributários", *Caderno de Pesquisas Tributárias* 18/36.

De todo modo, a progressividade é valor de fácil assimilação pelo homem médio, aquele mesmo que é atingido pelo perverso sistema oposto, carregado de regressividade. Todos aceitam como conforme com o *suum cuique tribuere* que, quanto maior a renda, maior a alíquota.

Aliás, como enfatiza Celso Ribeiro Bastos, "(...) a progressividade é o princípio que expressa mais claramente a justiça distributiva em matéria tributária".[32]

É verdade que a construção do sistema tributário há de considerar a justiça distributiva — etapa necessária para que se alcance o fim de justiça social de que cuida o art. 193 da CF — e a eqüidade na forma de participação no custeio por parte de todos os contribuintes.

Destarte, a utilização do instrumental extrafiscal é, para além de mera proposta programática dos inconformados com a iniqüidade social, exigência constitucional do nosso Direito.

Assiste razão a Becker quando afirma: "A proporção e a progressividade de qualquer tributo em relação à base de cálculo não lhe alteram a natureza jurídica, ainda que a proporção final seja superior a 100%".[33]

As contribuições sociais, com seu peculiaríssimo regime jurídico, exigirão que, em entramado lógico, todos os princípios conduzam ao mesmo objetivo: cada contribuinte pagará o tributo na proporção do risco que sua atividade provoca e na medida de seguridade que a comunidade lhe oferece. Tudo a depender dos prévios e imprescindíveis cálculos a serem registrados minudentemente no Plano de Custeio.

Ensina Geraldo Ataliba que o regime jurídico das contribuições constrói um liame entre a atuação estatal a ser financiada por tal tributo e a base de cálculo do mesmo. Ali onde estiver presente o tal ligame, estar-se-á diante de verdadeira contribuição.[34]

Força reconhecer que os contornos genéricos de cada figura tributária — imposto, taxa e contribuição — devem ser objeto de boa definição. A partir de tal definição, a compreensão dos princípios resultará esclarecida.

A norma geral de Direito Tributário de que cuida o art. 146, III, "a", do Estatuto Supremo bem poderá cumprir essa função didática, tão necessária à melhor compreensão dos diferentes institutos jurídicos.

6. *Hipótese de incidência*

Antes de mais nada, cumpre esclarecer, na linha dos ensinamentos de Geraldo Ataliba, que "cada hipótese de incidência só é igual a si mesma e, portanto, inconfundível com todas as demais".[35]

Incumbiu-se o constituinte de 1988 de eleger as hipóteses de incidência das contribuições de seguridade social.

É certo que o mesmo fato — o lucro — foi escolhido como hipótese de incidência de dois tributos que, pela sua natureza jurídica específica, são distintos.

Caberia distinguir o lucro enquanto hipótese de incidência da contribuição social do lucro que é, por igual, hipótese de incidência do imposto sobre a renda das empresas.

O elemento distintivo nos é revelado pelo art. 195 da CF de outubro de 1988.

Ali, na cabeça do dispositivo, está dito que toda a sociedade irá financiar

32. Celso Ribeiro Bastos, "Princípios constitucionais tributários", *Caderno de Pesquisas Tributárias* 18/66.

33. Alfredo Augusto Becker, *Teoria Geral do Direito Tributário,* São Paulo, Saraiva, 1963, p. 262.

34. Geraldo Ataliba, *Hipótese...,* cit., 3ª ed. p. 181.

35. Ibidem, p. 62.

a seguridade social. Havendo, como há, universalidade na cobertura e no atendimento, também, há repartição universal dos encargos financeiros do sistema.

Ficou subentendido o pensamento do constituinte. O modo indireto de financiamento, também estabelecido no *caput* do preceito, é aquele que faz recair sobre toda a sociedade a responsabilidade pelo custeio de parcela dos dispêndios públicos com a seguridade social.

O imposto sobre a renda arrecadado pela União integraria a massa heterogênea de receitas do Estado Federal brasileiro. Destarte, indiretamente, sem nenhuma vinculação com o agir do Estado nos setores de saúde, previdência e assistência social, cada contribuinte participaria, por integrar a sociedade, do financiamento da seguridade social.

Todavia, o preceptivo da Lei Magna prossegue, especificando o modo direto de financiamento da seguridade. Nesta modalidade, que se separa e distingue da anterior, conforme explicitado nos incisos I, II e III, o custeio do sistema se dará por meio das chamadas contribuições sociais.

Apartando do conjunto social determinado grupo de pessoas — os empregadores —, o constituinte está atento a certos laços de continuidade histórica que ligam tal figura, de modo especial e único, ao sistema público de proteção social. Por força desta *ratio,* determina a coleta, em relação a esses sujeitos de direito, da contribuição.

Entra em cena o aspecto pessoal da hipótese, apto a operar a distinção entre o imposto (que toda a sociedade paga) e a contribuição social, que, como manda o Estatuto Supremo, somente será cobrada de certa pessoa jurídica: o empregador.

Observe-se, com atenção! O aspecto pessoal da hipótese de incidência na contribuição social que incide sobre o lucro consiste no fato de alguém ser empregador (empresa).

É sujeito passivo da contribuição o empregador. Por quê? Porque aufere indiretamente, como já dizíamos acima, reproduzindo das lições do Mestre, certa vantagem diferencial decorrente da existência e do funcionamento dos serviços públicos da seguridade social.[36]

Tratando-se da espécie tributária contribuição, a referibilidade (Geraldo Ataliba) entre a atuação estatal e o obrigado — pressuposto lógico da exação — é indireta: ainda que não seja beneficiária direta das prestações de seguridade social, cada empresa, por cumprir função social, nos termos constitucionais, deve ter especial interesse em que os trabalhadores que lhe prestam serviços posam fruir dos Poderes Públicos, nas áreas de saúde, previdência e assistência social, aqueles benefícios e serviços que permitirão a cada qual cumprir, com seguridade, os deveres de trabalho que assumiram quando da celebração do pacto laboral.

Dois atributos da figura jurídica da contribuição marcam sua presença: a identificação de bem restrito círculo de pessoas que provocam especial despesa pública e a atividade estatal que com elas, indiretamente, se relaciona.[37]

Temos aqui um fato — o lucro — que, pela sua dinâmica inserção na rea-

36. A seguridade social foi bem definida por Gérard Lyon Caen (*Manuel de Droit du Travail et de la Sécuritè Sociale,* Paris, Librairie Générale de Droit et de Jurisprudence, 1955, p. 309) como "serviço público de tipo novo" *(un service public d'un type nouveau).*

37. Explica Ataliba: "O arquétipo básico da contribuição deve ser respeitado: a base deve repousar no elemento intermediário (pois contribuição não é imposto e não é taxa); é imprescindível circunscrever-se, na lei explícita ou implicitamente, um círculo especial de contribuintes e reconhecer-se uma atividade estatal a eles referida indiretamente. Assim, ter-se-á um mínimo de elementos, para configuração da contribuição" (*Hipótese* ..., cit., 5ª ed., p. 170).

lidade, adstrito se acha a cumprir dúplice função: deve ser, a um só tempo, causa do tributo ("devo a contribuição porque tive lucro") e conseqüência da seguridade potencial que a atividade pública proporciona aos trabalhadores cujos esforços, somados ao capital invertido no negócio, cooperaram para que acréscimo patrimonial passasse a integrar os bens do empregador.

Bem se poderia argumentar que, por força da diretriz constitucional da universalidade da cobertura e do atendimento (art. 194, parágrafo único, I), toda a sociedade é beneficiária, ainda que em diferentes graus, da seguridade social. Não seria, então, o caso de o financiamento se dar, exclusivamente, por meio dos impostos?

Foi, de fato, acolhido de um modo "tênue" o princípio informador das contribuições pelo constituinte de 1988.[38]

Até mesmo quem não integra o mundo do trabalho pode vir a ser beneficiário da seguridade social, através das prestações de assistência social (art. 203 da Lei Fundamental). É o que se dá com os idosos, as pessoas portadoras de deficiência, as crianças e os adolescentes carentes etc.

Cumpre distinguir de novo.

As contribuições sociais são forma direta pela qual é custeado o sistema de seguridade social. Há, no entanto, outra forma, indireta, de financiamento, que, como comanda o *caput* do art. 195 da CF saca recursos orçamentários de cada uma das pessoas políticas.

O empregador foi incluído no círculo ampliado dos que são chamados a custear as prestações diretamente oferecidas, quando e se ocorridas as contingências cobertas, aos beneficiários que lhe prestam serviços.

A referibilidade entre o sujeito passivo da contribuição e a atuação estatal se coloca de modo mediato.

Aqui temos, parafraseando Ataliba, a pessoa jurídica que, desenvolvendo atividades econômicas, emprega trabalhadores cujo bem-estar exige e justifica a atuação estatal.[39] E essa mesma pessoa jurídica é convocada, pela Constituição, a prestar socorro, mediante contribuição, aos trabalhadores.

Compreenderá melhor este ponto quem aceitar, como Geraldo Ataliba e como nós outros, que para instituir contribuição social o legislador foi autorizado a adotar a hipótese de incidência de imposto, sem que dessa circunstância se extraia equivocada fusão entre categorias que, na Constituição, possuem traços específicos e se subordinam a regimes jurídicos perfeitamente distintos.[40]

Não se perca de vista que, quando resolve eleger como hipótese de incidência da contribuição o mesmo sinal de riqueza sobre o qual já fez incidir certo imposto, o legislador está adjudicando à nova espécie tributária dois regimes jurídicos.

É o que ensina Geraldo Ataliba: "Se o legislador — como é comum acontecer — limitou-se a dar desenho de imposto (necessariamente de competência da União, que a invocação da idéia de contribuição não autoriza invasão de competência) —, o intérprete aplicará o regime do art. 149, combinado com o mínimo básico (n. 79.3) se a finalidade for inserida no mesmo art. 149".[41]

38. Como percebeu Geraldo Ataliba, *Hipótese...*, cit., 5ª ed., p. 172.

39. Idibem, p. 179.

40. Sobre o assunto, escrevemos: "Lançando mão de um tributo cuja natureza é de imposto e não de contribuição social — que faz, ao nosso ver claramente, ao escolher o fato do lucro como hipótese de incidência de um tributo devido pelo empregador —, o constituinte não está criando um ser de natureza dúplice. Apenas indica que o produto da arrecadação do imposto sobre o lucro terá destinação específica: o custeio da seguridade social" *(A Seguridade Social...*, cit., p. 57).

41. Geraldo Ataliba, *Hipótese...*, cit., 5ª ed., p. 170.

Se não instituísse a seguridade social como sistema de proteção dos trabalhadores, o Estado não estaria autorizado a cobrar contribuições sociais dos empregadores.

Essa exigência, como é óbvio, não se coloca em termos jurídicos relativamente ao imposto sobre a renda. Neste, a simples constatação do lucro provoca a incidência, sem que se vislumbre qualquer atuação estatal relativa ao obrigado.

7. Base imponível

Ao proclamar, de modo solene, que a Ordem Social tem como base o primado do trabalho, o art. 193 da Lei Suprema já hierarquiza e qualifica os valores que devem nortear a legislação e o aplicador da lei.

O mundo do trabalho deve operar com segurança. Concorrendo com seus esforços, cada trabalhador produzirá maior e melhor quantidade de bens, cooperando para a adequada remuneração do capital invertido pelo empreendedor, se tiver a cobertura dos planos de proteção social.

Ao instituir o sistema de seguridade social, criatura normativa de certo tipo de seguro gerido pelo Estado, o legislador teve que mensurar, desde logo, o grau de risco de cada cobertura proporcionada aos trabalhadores.

As contingências sociais estão carregadas de variados graus de risco. Assim se dá com a doença, com o desemprego, com a invalidez permanente, e com o acidente no trabalho.

O custo de cada risco define, no contrato de seguro disciplinado pelo Direito Privado, o prêmio a ser invertido pelo adquirente da apólice.

Guardadas as devidas proporções, cumpre considerar o custo das atividades estatais de seguridade social como a medida da contribuição social a ser paga pelos obrigados.

É indispensável essa consideração do custo da atividade no caso das contribuições sociais, por serem vedadas a criação, a majoração ou a extensão dessa espécie tributária sem a contrapartida nos benefícios e serviços, como de modo indireto determina o § 5º do art. 195 da Lei das Leis.

O custo total das atividades de seguridade social é o quantitativo a ser rateado entre aqueles que foram chamados, pela Constituição, a financiá-la.

A apuração desse custo, como já ficou dito linhas atrás, é um dos misteres da Ciência Atuarial, que, para tanto, elabora o Plano de Custeio, pleno de variáveis estatísticas, demográficas, econômicas e institucionais.

Porque a atividade a ser desempenhada pelo Estado é perene, o custo considerará não apenas os dispêndios atuais como, também, os potenciais, a fim de que certa reserva de contingência seja mantida em caixa.

De todo modo, a base imponível da contribuição deve guardar relação com as utilidades e vantagens — os lucros — que, para o contribuinte, advirão da existência e do funcionamento atual e futuro do sistema de seguridade social.

A situação de fato desencadeada pelo desenvolvimento da atividade empresarial, na qual se entranha certo risco inerente a cada empreendimento, é a circunstância que suscita a atuação estatal.

Dito por outras palavras, o risco de sinistros que a atividade empresarial carrega consigo provoca o surgimento e o desenvolvimento dos serviços públicos de seguridade social que o empregador deverá custear, pelo menos parcialmente.

Naturalmente, existe diversidade de riscos nos inumeráveis negócios que o engenho humano desenvolve. Conseqüentemente, a especial despesa que o exercício de cada negócio provoca deve ser mensurada.

A repercussão da atuação estatal — definida pela cobertura posta à disposição do doente; do desempregado; do inválido; dos dependentes do trabalhador falecido etc. — interessa, ainda que de modo indireto, a certos integrantes do grupo social.

Esse interesse é indireto, no plano jurídico, sendo equivocado supor que, no universo da seguridade social, alguém verte contribuição a fim de que possa fruir benefícios.[42]

Na verdade, o pagamento da contribuição é compulsoriamente exigido, pela norma tributária, de todos quantos trabalhem no Brasil, sendo a filiação ao sistema de seguridade social automática e obrigatória, e, também, de todos quantos admitem ou assalariam trabalhadores.

É que, tomada a noção de seguridade social como mecanismo universal de cobertura, de tal modo entranhado no aparelho do Estado que a todos inclui sob os seus cuidados — noção que se ajusta aos fins de bem-estar e de justiça que a Ordem Social deve alcançar —, a comutatividade, peculiar ao contrato de seguro do Direito Privado e que, de algum modo, deveria figurar também no regime das contribuições, perde relevância como atributo dessa figura jurídica.

Que ninguém duvide, porém, da especial vantagem que indiretamente decorre, para o empregador, da existência e do efetivo funcionamento do aparato estatal de proteção social.

Essa vantagem está pressuposta pela norma tributária, não carecendo de qualquer demonstração.

Ao eleger a figura da contribuição, e não a da taxa, como tributo que financiará a seguridade social, o constituinte estabeleceu certo nexo (a referibilidade indireta e mediata) entre as atividades de proteção social e os contribuintes.

Por conseguinte, como sustenta Geraldo Ataliba: "(...) a base imponível — exatamente pela circunstância da variação dos princípios (ou seja, pelo fato dos princípios não serem os mesmos da taxa e do imposto) — haverá de refletir o que exatamente é a peculiaridade da contribuição: ou seja, deverá guardar relação direta com o benefício especial, ou com a despesa especial causada pelo sujeito passivo (conforme o caso). Isso seria de rigor sempre que a hipótese de incidência — para corresponder fielmente à noção de contribuição — consistisse numa atuação estatal indireta e mediatamente referida ao obrigado (sujeito passivo), como bem acentuou o mestre Rubens Gomes de Souza (ob. cit., pp. 54 e 55)".[43]

Assim posicionados, examinemos a base imponível do tributo que atualmente incide sobre o lucro.

A base imponível da "contribuição social sobre o lucro das pessoas jurídicas" encontra-se definida no art. 2º da Lei 7.689/88, *in verbis:* "Art. 2º. A base de cálculo da contribuição é o valor do resultado do exercício, antes da provisão para o imposto de renda".

Analisemos os elementos contidos no preceito.

Base de cálculo sempre expressa certa grandeza.

Amílcar Falcão ensina que a base de cálculo é *aquela grandeza econômica ou numérica sobre a qual se aplica a alíquota para obter o "quantum" a pagar.*[44]

Deveras, é íntima a relação existente entre a base de cálculo e o aspecto material da hipótese de incidência. Con-

42. Cf., a propósito, Mattia Persiani, *Lezioni di Diritto della Previdenza Sociale,* Pádua, CEDAM, 1981.

43. Geraldo Ataliba, *Hipótese...*, cit., 5ª ed., pp. 171 e 172.

44. Amílcar de Araújo Falcão, *Fato Gerador da Obrigação Tributária,* São Paulo, Ed. RT, 1974, p. 137.

soante dissemos alhures: "aquela irá expressar o valor desta em termos quantitativos (...)".[45]

Essa relação de intimidade se traduz, na tributação sobre a renda, assevera o mesmo Amílcar Falcão, na absoluta identidade entre fato gerador e base de cálculo.[46]

Dino Jarach proclama-o de modo ainda mais incisivo, dando como exemplo o do tributo em comento. Assevera o professor de Pavia: "Efetivamente, o conceito de renda imponível, por exemplo, confunde em si mesmo a hipótese de incidência e sua base de medição, porque a própria renda é uma expressão matemática ou uma quantidade".[47]

A "contribuição" incide se e somente se o resultado configurar certo ganho líquido para o empregador.

O ganho consiste, como bem definiu Gomes de Souza, na *aquisição da disponibilidade econômica de uma riqueza.*[48]

Embora seja fato econômico, o ganho é transformado, pela lei tributária, em dado jurídico. Na perspectiva do Direito, só há lucro quando esse acréscimo patrimonial estiver disponível para o empregador.

O dado econômico deve, pois, receber qualificação jurídica para produzir a tributação como conseqüência.[49]

Mas quem qualifica o lucro não é a norma tributária.

Tanto que, no citado art. 2º, § 1º, "c", a Lei 7.689 desenvolve o conceito de base de cálculo nos seguintes termos: "c) o resultado do período-base, apurado com observância da legislação comercial (...)".

A legislação comercial, é, pois, qualificada pela norma tributária como sede normativa do conceito de lucro.

Como recorda Miranda Valverde, o lucro real ou líquido nada mais é do que o "excedente do complexo do ativo sobre o complexo do passivo (...)".[50]

O *autêntico conceito de lucro,* na feliz expressão de Sampaio Dória, de saudosa memória, só pode ser encontrado, pela lei de tributação, no âmbito do Direito Privado.[51]

Devo, pois, aferir o lucro por meio de certo procedimento de apuração disciplinado pela legislação mercantil (Código Comercial e Lei das Sociedades por Ações) e, subsidiariamente, pelas normas tributárias aplicáveis ao imposto sobre a renda da pessoa jurídica.

O procedimento é informado por instrumental fornecido pela Contabilidade, que, mediante a técnica que lhe é peculiar, irá elaborar o balanço e demais documentos de per si aptos a demonstrar financeiramente a base tributável.

O preceptivo alude ao "resultado do exercício", conceito útil para a definição do período de tempo dentro do qual, nos termos da lei, a atividade do empregador é tomada em consideração para efeitos fiscais.

Trata-se do período-base de incidência, lapso de tempo que é definido, pela lei, como aspecto temporal da hipótese deste tributo.

A situação de fato vai-se formando, como bem explica Alberto Xavier, "gra-

45. Wagner Balera, "Base de cálculo dos tributos", *Caderno de Pesquisas Tributárias* 7/359.

46. Amílcar Falcão, *Fato Gerador...*, cit., p. 138.

47. Dino Jarach, "Aspectos da hipótese de incidência tributária", *RDP* 17/303.

48. Rubens Gomes de Souza, "A evolução do conceito de rendimento tributável", *RDP* 14/345.

49. Cf. o nosso "Imposto sobre a renda de proventos de qualquer natureza", *Caderno de Pesquisas Tributárias* 11/460.

50. Trajano de Miranda Valverde, *Sociedade por Ações,* Rio de Janeiro, Forense, 1953, p. 264.

51. A. R. Sampaio Dória, "A incidência da contribuição social e compensação dos prejuízos acumulados", *RDP* 53/88-89.

dativamente, ao longo desse período, desdobrando-se em subunidades positivas e negativas, receitas e despesas, dotadas de autonomia relativa; o que sucede no fim desse período é a apuração sintética do seu valor global, que funcionará como base de cálculo do imposto que sobre ele incide".[52]

O ciclo formativo do lucro, para a empresa, somente se daria por encerrado quando o empresário resolvesse dar por terminado o empreendimento que constituiu.

Todavia, assim a doutrina como a ordem normativa cedo consideraram que a periodicidade, isto é, a qualificação de certos aspectos temporais definidores do início e do fim do período no qual a renda é auferida, constitui um dos pressupostos da tributação sobre a renda.[53]

Antigo preceito definiu o período no qual interessa, para efeitos comerciais, conhecer o resultado da atividade da empresa (Cód. Comercial, de 1850, art. 10, 4: "Todos os comerciantes são obrigados a formar anualmente um balanço geral do seu ativo e passivo").

Por seu turno, a Lei 4.625/22, ao introduzir o imposto de renda no Brasil, já definira o período anual como o aspecto temporal da hipótese de incidência do tributo.[54]

Sustenta Geraldo Ataliba que tal período de tempo, para quem compreende sistematicamente a Constituição de outubro de 1988, "só pode começar no dia 1º de janeiro e só pode terminar no dia 31 de dezembro".[55]

Com o término do período-base já se pode chegar ao resultado do exercício, que, se for positivo, vai interessar para fins de tributação.

O resultado positivo configura-se a partir da comparação entre dois balanços: o da abertura e o do encerramento do exercício. O empregador constatará o resultado após ter sido o lucro "ajustado pelas adições, exclusões ou compensações prescritas ou autorizadas pela legislação", como esclarecia o Decreto-lei 1.598/77.

Estamos diante de algo que ingressa pela primeira vez no patrimônio do empregador. O lucro só interessará, para fins de tributação, se representar riqueza nova, valor positivo, que passará, a partir de então, a integrar o patrimônio do empregador e por ele poderá ser consumido, sem prejudicar o empreendimento econômico que o produziu.

Esse acréscimo de riqueza deve ingressar fisicamente (disponibilidade econômica) ou juridicamente (disponibilidade jurídica) — aumentando-o — no patrimônio do obrigado.[56]

Força reconhecer, desde já, que o regime jurídico da contribuição exigirá íntimo relacionamento entre a medida do fato — o lucro — e o risco existente na atividade geradora do resultado positivo, para fins de definição da base imponível.

Sendo maior o grau de risco e, proporcionalmente, maior a cobertura oferecida pelo sistema de seguridade social, a tributação deve gravar com maior intensidade — retirando maior parcela do lucro — a atividade do empregador.

52. Alberto Xavier, "Os fundamentos teóricos da fragmentação do fato gerador do imposto de renda para efeitos da teoria da retroatividade das leis", "Princípios constitucionais tributários", separata da *RDT,* 1991, p. 111.

53. Henry Tilbery, *Comentários ao Código Tributário Nacional,* v. 1º/76, São Paulo, 1975, José Bushatsky) lembra que Seligman, desde 1911, já enfocava esse pressuposto.

54. Cf. Aliomar Baleeiro, *Uma Introdução à Ciência das Finanças,* 9ª ed., Rio de Janeiro, Forense, 1974, p. 326.

55. Geraldo Ataliba et alii, "Periodicidade do imposto de renda", *RDT* 63/23.

56. Cf. o nosso "Imposto sobre a renda...", cit., p. 461.

Tudo a depender, é claro, dos prévios cálculos econômico-atuariais a serem registrados em um Plano de Custeio que, até os nossos dias, ainda não foi editado.

Para elaborar a descrição normativa da base imponível devem existir *critérios de relação estabelecidos na lei,* como escreve Geraldo Ataliba.[57]

Tais critérios de relação se destinam a estabelecer o custo da atuação estatal e o termo intermediário (os fatos definidores do grau de risco inerente à atividade empresarial do obrigado), fixando a proporção estrita e direta da cota com que cada empregador responde perante a comunidade diante do benefício especial que para ele representa a seguridade social.

Sob o ponto de vista formal, o Plano de Custeio não se confunde com a lei que institui as contribuições, por ser tal instrumento antecedente da proposta orçamentária anual da seguridade social, como comanda o art. 96 da Lei 8.212/91.

Porém, sem Plano de Custeio, no qual venham especificadas, em plenitude, as receitas aptas a cobrir a totalidade dos dispêndios do aparelho de proteção, não se pode aferir que cota-parte, no conjunto dos ingressos que comporão o fundo de seguridade social, devem verter os empregadores.

Com essa exata previsão dos ingressos — nenhum benefício sem a correspondente fonte de custeio (regra da contrapartida) —, o legislador ficaria limitado a instituir, para cada contribuinte, o tributo que lhe cabe.

Preleciona Geraldo Ataliba: "(...) a base imponível haverá de refletir (...) a peculiaridade da contribuição: ou seja, deverá guardar relação direta com o benefício especial, ou com a despesa especial causada pelo sujeito passivo".[58]

57. Geraldo Ataliba, *Hipótese...*, cit., 5ª ed., p. 97.

58. Ibidem, p. 171.

Sem esse elementar instrumento de previsão, de cuja elaboração dependem, como vimos, a planificação econômica e o equilíbrio técnico-financeiro da seguridade social, não há como aferir a base de cálculo da vera contribuição.

Força concluir, pois, que o legislador não tinha, como ainda não tem, outra saída a não ser aquela que adotou: tomar como hipótese de incidência da contribuição sobre o lucro aquela mesma que descreve o imposto sobre a renda.

Aliás, a mera leitura do preceito que instituiu a base imponível do tributo, tal como se vê descrita no transcrito art. 2º da Lei 7.689/88, conduz a essa inexorável conclusão.

8. Alíquota

A realidade econômica a que se chegar — o lucro— sujeitará o contribuinte ao pagamento da contribuição social.

Revelando, de algum modo, a riqueza econômica do empregador, o lucro foi eleito como base imponível de uma das contribuições destinadas ao custeio da seguridade social.

O conceito tributário de lucro, para os efeitos do imposto de renda, leva em conta o critério da capacidade econômica e admite certa progressividade. Pode a lei, por conseguinte, estabelecer alíquotas diferenciadas, num crescendo, de tal sorte que a pessoa jurídica cujo lucro seja maior deverá sujeitar-se a alíquota maior e, conseqüentemente, a maior carga tributária do que aqueles que auferiram lucros menores ou nem chegaram a ter qualquer lucro.[59]

59. Roque Carrazza, em magnífica conferência sobre o tema da "Progressividade na ordem tributária", acentua: "(...) diante do Diploma Maior não tenho dúvidas em dizer que quem tem rendimentos mais expressivos deverá necessariamente ser mais tributado, por meio de imposto sobre a renda, do que quem tem rendimentos menores" (*RDT* 64/51).

No entanto, tal técnica não valerá, do mesmo modo, para a regra instituidora da contribuição sobre o lucro.

Na contribuição, diferentemente do critério que deve se aplicar no imposto, a progressividade não pode considerar apenas e tão-somente o lucro.

A Constituição, ao definir o lucro como base de incidência da contribuição, permite que o Estado institua prestação pecuniária sobre parcela dessa grandeza a fim de, com esses recursos, financiar os programas de seguridade social.

Mais do que, simplesmente, especificar o destino de parcela da receita do imposto sobre a renda, o que a Superlei faz é dar cumprimento ao princípio da diversidade da base de financiamento, de que cuida o inciso VI do art. 194, parágrafo único.

Como lembrávamos no início deste estudo, o art. 74 da Lei Orgânica da Previdência Social instituíra, dentre as diversas *quotas de previdência*, uma sobre o imposto de renda.

Com o enorme aparato legal, inclusive designando essa realidade com *nomen iuris* específico, mais não fez o legislador federal, ao criar a contribuição sobre o lucro, do que se apropriar do arcabouço normativo do imposto de renda das empresas e fixar certa quota de previdência (diríamos, agora, quota de seguridade) que grava a todas.

Eis a razão pela qual temos sustentado que, em seu formato atual, o tributo incidente sobre o lucro, instituído pela Lei 7.689/88 e suas alterações posteriores, não é "verdadeira contribuição" (Geraldo Ataliba), ainda que não se possa acoimá-lo, pelo menos quanto ao aspecto material, de qualquer vício de inconstitucionalidade.[60]

Essa situação não se alterou, é bom que se diga, pela só inclusão do tributo em questão no quadro das receitas que se encontra descrito na Lei 8.212, de julho de 1991.

Assiste razão a Gilberto de Ulhôa Canto quando sustenta: "É certo que uma prestação compulsória que tenha como origem situação idêntica à definida como aspecto material do fato gerador do imposto sobre a renda será, em realidade, imposto sobre a renda e não contribuição social".[61]

A matéria tributável — o lucro —, medida da hipótese de incidência da contribuição social, de nenhum modo se relacionou com a vantagem diferencial auferida pelo empregador em razão da existência e funcionamento do aparato de proteção.

Se da maior proteção social proporcionada aos trabalhadores contratados para trabalhar em certa empresa — exigência decorrente da especial despesa provocada pelo risco mais grave de que se revestiria o empreendimento — resultasse para o empregador mais expressivo acréscimo patrimonial, seria lícito gravá-lo com maior carga tributária. Provocou despesa mais elevada e auferiu especial vantagem em termos de cobertura previdenciária; *ergo*: deve sofrer maior incidência fiscal.

Tratando-se de contribuição, o empregador deve auferir especial vantagem da atividade estatal a que se acha vinculado o tributo. Essa vantagem — o benefício diferencial decorrente do funcionamento dos serviços públicos e seguridade social — só poderá ser mensurada quando as bases atuariais do sistema figurarem no Plano de Custeio, que a Lei 8.212, de julho de 1991, pretendeu — falsamente — haver instituído, como registrado na ementa respectiva.

60. Cf. nossos estudos: "Contribuição social sobre o lucro das pessoas jurídicas", *Suplemento Tributário LTr* 10.89/85-89; "Tributação, seguridade social e Lei n. 7.787/89", no mesmo *Suplemento*, n. 48/89, e "Contribuições sociais", no *Caderno de Pesquisas Tributárias* 17/311 e ss.

61. Gilberto de Ulhôa Canto, "As contribuições especiais no Direito brasileiro", *RDT* 31/137.

Com efeito, o projeto respectivo não foi acompanhado, a seu tempo, de qualquer projeção atuarial que especificasse qual o quantitativo de receitas apto a fazer face ao conjunto de despesas que o Poder Público certamente teria que suportar com as áreas da saúde, da previdência social e da assistência social, nos termos constitucionais.

Devemos, pois, considerar como sendo parte integrante das normas que regulam o imposto de renda das pessoas jurídicas as regras legais que, só aparentemente, criaram a contribuição social sobre o lucro. Tal conjunto normativo, para usarmos a expressão de Kalinowski, "solo tiene la aparencia de norma jurídica, pero carece de la esencia de la norma jurídica".[62]

Consideradas como parte das normas integrantes do imposto sobre a renda, as regras definidoras da alíquota fazem incidir dois percentuais distintos sobre o lucro em função do setor da atividade econômica desenvolvida pelo empregador.

Deveras, o art. 22 da Lei 8.212, em seu § 1º, instituiu o seguinte preceito:

"Art. 22. A contribuição a cargo da empresa, destinada à Seguridade Social, além do disposto no art. 23, é de:

"(...)

"§ 1º. No caso de bancos comerciais, bancos de investimentos, bancos de desenvolvimento, caixas econômicas, sociedades de crédito, financiamento e investimento, sociedades de crédito imobiliário, sociedades corretoras, distribuidoras de títulos e valores mobiliários, empresas de arrendamento mercantil, cooperativas de crédito, empresas de seguros privados e de capitalização, agentes autônomos de seguros privados e de crédito e entidades de previdência privada abertas e fechadas, além das contribuições referidas neste artigo e no art. 23, é devida a contribuição adicional de 2,5% (dois inteiros e cinco décimos por cento) sobre a base de cálculo definida no inciso I deste artigo."

Ao instituir a contribuição social sobre o lucro, a Lei 7.689/88, no art. 3º, parágrafo único, fixou alíquota maior para aquele mesmo rol de contribuintes. Do mesmo modo, a Lei 8.212, no art. 23, § 1º, manteve a alíquota maior para tais contribuintes. E a legislação que se aplicará neste ano de 1996 segue distinguindo com alíquota maior referidas pessoas (art. 19, parágrafo único, da Lei 9.249, de 26.12.95). Enquanto as pessoas jurídicas em geral são tributadas à alíquota de 8%, os contribuintes nominados na lista transcrita se subsumem à alíquota de 18%.

A discriminação que se criou entre os empregadores é inadmissível, inquinando o tributo de inconstitucionalidade manifesta, pois, mesmo que não estejamos situados diante de "verdadeira contribuição", as regras do regime jurídico do tributo especial devem ser observadas pelo legislador, como já antes dizíamos, reproduzindo as ensinanças de Ataliba.

É que, *in casu*, a medida do lucro não guarda qualquer relação com os riscos cobertos pelos planos de seguridade.

Aplicando à base de cálculo o regime jurídico das contribuições especiais, somos levados a concluir que mesmo nos setores de atividade que propiciam maiores lucros ao empregador não é lícito cobrar tributo maior.[63]

62. Georges Kalinowski, *Introducción a la Lógica Jurídica*, trad. de Juan A. Casaubon, Buenos Aires, Eudeba, 1973, p. 58.

63. O *Caderno de Pesquisas Tributárias* 17, coordenado por Ives Gandra Martins, foi dedicado ao temário genérico das "Contribuições sociais". Um dos quesitos versou precisamente sobre o tema: "Havendo identidade de benefícios, é constitucional a previsão de alíquotas mais elevadas para a contribuição sobre o lucro e sobre a folha de salários devida por contribuintes pertencentes a determinados setores da atividade econô-

Ao cogitar do imposto de renda, a legislação deverá considerar a capacidade econômica do contribuinte. Sendo este dotado de capacidade econômica mais elevada, até mesmo por a atividade em cujo setor atua propiciar maiores lucros, pode sofrer carga tributária maior.

A altíssima lucratividade na atividade bancária, por exemplo, é um dado de realidade que não pode ser ignorado pelo legislador, sob pena de se ofender a isonomia tributária que se expressa na correta aferição da capacidade contributiva de cada um dos diferentes sujeitos passivos dos tributos.

É o tratamento diferenciado, com incidência de maior alíquota sobre a base imponível, o preciso critério que irá, concretamente, estabelecer a isonomia tributária entre aqueles que ostentam altos lucros e aqueles cujo empreendimento não proporciona ganhos tão expressivos.

Essa sistemática mostra-se inadmissível no campo das contribuições especiais onde a lei, como averba Ataliba, "nem pode impor contribuição a uma espécie ou faixa de pessoas, para ocorrer a despesas com outra categoria, sem a evidente presença de nítida correlação entre contribuintes e beneficiários, destinatários da atividade ou organismo assim custeado".[64]

Inexiste regime próprio de seguridade social em favor dos trabalhadores que prestam serviços às entidades financeiras e equiparadas, única hipótese em que se poderia cogitar de vantagem diferencial das mesmas quando comparadas aos demais setores da atividade econômica.

O que desgarra, por completo, a base imponível da contribuição daquela que deve servir de medida para o imposto pode bem ser demonstrado com essa diversidade de alíquotas.

Admitamos, apenas para argumentar (pois somente com a edição do Plano de Custeio teremos por demonstrada a premissa), que o grau de risco nas atividades desempenhadas pelas instituições financeiras seja mais leve do que aquele que cobre as demais atividades.

Podemos confirmar essa assertiva verificando o enquadramento dos estabelecimentos bancários, das empresas de seguros privados e capitalização e das empresas de financiamento, investimento e crédito na *Relação de Atividades Preponderantes e Correspondentes Graus de Risco*, que está anexada ao Decreto 612, de julho de 1992, no risco leve.

É menor a periculosidade, para efeitos da contribuição social incidente sobre a folha de salários, nas atividades desse tipo. *Ergo*, só pode ser logicamente menor a responsabilidade pecuniária dessa classe de empregadores no custeio das prestações de seguridade social.

Assim, o lógico, o jurídico e o constitucional, tratando-se de verdadeira contribuição, seria adjudicar-se alíquota menor — e não mais elevada — para a categoria de empregadores de que se cuida.

Observe-se que o mesmo raciocínio é de ser aplicado à contribuição social incidente sobre a folha de salários, que, nos termos da citada Lei 8.212/91, também instituiu o inconstitucional tratamento diferenciado entre contribuintes.[65]

Quando cria contribuição social adotando hipótese de incidência de imposto, o legislador se obriga a adotar tanto o regime jurídico específico do tributo não vinculado quanto o regime pecu-

mica?". Em nossa resposta, publicada no *Caderno* à p. 336, sustentamos a inconstitucionalidade de lei que criasse a descabida discriminação.

64. Geraldo Ataliba, *Hipótese*..., cit., 5ª ed., p. 180.

65. Luciano Amaro estudou em profundidade este ponto no trabalho intitulado "Isonomia e alíquotas diferenciadas do imposto de renda e contribuição social", publicado na coletânea *Imposto de Renda e ICMS — Problemas Jurídicos*, São Paulo, Dialética, 1995, pp. 31 e ss.

liar às contribuições.[66] Fora desses estreitos limites, arrisca-se a violar, como no caso em comento, os preceitos constitucionais que regulam a matéria.

Vale a pena mencionar apenas mais um exemplo do disparate a que pode levar a inadequada qualificação normativa de certo tributo quando se exige — e a exigência é descumprida — referibilidade entre o obrigado e o agir estatal.

Com efeito, foram incluídas no extenso rol de que trata o § 1º do art. 22 da Lei 8.212, de julho de 1991, as entidades fechadas de previdência privada.

Ora, essas entidades se acham definidas, em nosso Direito — Lei 6.435, de 15.7.77, art. 34 —, como complementares ao sistema de seguridade social. Ao invés de provocar especial despesa ou de auferir vantagem diferencial do sistema, a entidade de previdência privada fechada integra, ao lado do Poder Público, o aparato protetor.

De certo modo, as entidades de previdência privada se constituem em verdadeira linha auxiliar do Estado na consecução do objetivo maior da universalidade da cobertura e do atendimento, de que cuida o art. 194, parágrafo único, I.

Como, então, justificar que tais entidades fiquem sujeitas a alíquota mais elevada na tributação pela via da contribuição social de seguridade?

Nesse exemplo específico, aliás, inexiste hipótese de incidência de imposto de renda. A Lei Fundamental protegeu com imunidade específica (art. 150, VI, "c"), quanto aos impostos, as instituições de assistência social.

A fortiori, nenhuma incidência poderia existir quanto à contribuição social de seguridade.[67]

66. Geraldo Ataliba, *Hipótese...*, cit., 5ª ed., p. 174.

67. Cf. o nosso "Natureza e fins da imunidade dos fundos de pensão", *RDT* 65/178-179.

No mesmo sentido é o magistério de Geraldo Ataliba: "O mesmo é de dizer-se das imunidades. Desde que a lei federal adote hipótese de incidência de imposto — implica, *ipso facto*, a aplicação de seu regime; essa 'limitação constitucional' à tributação aplicar-se-á integralmente".[68]

A legislação, força concluir, igualou desiguais, pois nada é tão distinto quanto as atividades dos bancos ou das financeiras quando cotejada com os misteres sociais das entidades fechadas de previdência privada.

De todo modo, somente os primeiros poderiam estar sujeitos, com identidade de alíquotas quanto aos demais contribuintes, à contribuição sobre o lucro, já que as segundas gozam de imunidade constitucional.

9. O sujeito ativo

As contribuições sociais e os recursos que, no orçamento, cada pessoa política deverá consignar para a seguridade social constituem as bases de financiamento necessárias ao cumprimento do desiderato expresso no art. 193 da Lei das Leis: conduzir a Ordem Social aos objetivos da justiça e do bem-estar.

O destino dos recursos arrecadados pelo sistema de seguridade social de toda a sociedade, ou consignados em orçamento, é tema de relevância pública.

Donde a Lei Suprema tratou de estabelecer certa estrutura gerencial, distinta daquela que rege o aparelho comum do Estado, para o sistema de seguridade social.

Raízes históricas já apontam essa conformação diferenciada do seguro social, que foi adequadamente concebido como algo destacado — por sua impor-

68. Geraldo Ataliba, *Hipótese...* cit., 5ª ed., p. 182.

tância específica — das demais atividades que o Poder Público desenvolve.

O modelo gerencial do sistema de proteção social brasileiro é, historicamente, autárquico.

O Direito comparado descreve, adequadamente, os possíveis modelos de gestão dos planos e programas de bem-estar que o Estado moderno implementa.

Ali onde o financiamento da seguridade social é atendido pelas receitas gerais do Estado, a gestão forma parte das atribuições comuns do Poder Público.

Já, onde as bases de financiamento envolvem, por imperativo normativo, exações específicas, além das verbas orçamentárias, e onde um orçamento próprio (o caixa do sistema) se distingue do orçamento fiscal, prevalece o modelo autárquico de gestão, que goza, inclusive, de certa autonomia.

O constituinte brasileiro optou pelo segundo modelo.

De um lado, serão estabelecidos, em lei específica, assim o orçamento fiscal como o orçamento da seguridade social (art. 165, § 5º, da CF de 1988).

Ademais, extenso rol de contribuições sociais, que, embora dotadas da mesma natureza dos tributos gerais, possuem regime jurídico próprio (art. 149), foi instituído de modo taxativo pelo constituinte.

Por último, a criação de órgão gestor específico para a seguridade social é postulado que foi elevado, agora, à dignidade constitucional, conforme estatui, em tom imperativo, o art. 195, parágrafo único, VII, da Carta Magna.

A Lei 7.787/89, expressando com exatidão o querer do constituinte, proclamava: "Art. 16. O projeto de lei sobre organização da Seguridade Social a que se refere o art. 59 do 'Ato das Disposições Constitucionais Transitórias' disporá, dentre outros princípios e mecanismos de gestão financeira autônoma, sobre competência exclusiva do Instituto de Administração Financeira da Previdência e Assistência Social — IAPAS, ou sucedâneo, para arrecadar, fiscalizar, controlar e cobrar as contribuições sociais previstas no art. 195 da Constituição Federal, além de outras receitas da Seguridade Social".

Idealizado pelo constituinte e identificado pelo legislador, o modo de gestão do sistema seria, indiscutivelmente, democrático, descentralizado e autônomo.

O caráter democrático da gestão quer que na composição horizontal do organismo dirigente do sistema haja participação dos principais interessados: trabalhadores, empregadores e Poder Público.

Já, a descentralização exige que a estrutura do sistema de seguridade social não se confunda com a da Administração Central.

Tarefas colegiadas de gestão, no particular, dizem respeito à orientação, fiscalização e controle dos assuntos orçamentários concernentes ao Fundo de Seguridade Social.

Porém, a sujeição ativa não se confunde com isso. A capacidade tributária ativa consiste em arrecadar e cobrar a contribuição social.

A diretriz constitucional da descentralização foi descumprida pelo preceito da Lei 7.689/88, que adjudica a órgão da própria Administração Central a tarefa de cobrança da contribuição social.

É que, afirma Michel Temer: "A descentralização administrativa implica, pois, na criação de novos centros dotados de capacidade, os quais agem e deliberam em nome próprio".[69]

O legislador não pode criar norma desarticulada do conjunto do sistema no qual a mesma regra se insere.

69. Michel Temer, *Território Federal nas Constituições Brasileiras*, São Paulo, Ed. RT/EDUC, 1976, p. 58.

Rebelou-se, porém, a Lei 7.689, que instituiu a contribuição social sobre o lucro, contra esse modo de ser constitucional do sistema de seguridade brasileiro.

A União Federal — conhecida e contumaz devedora da Previdência Social — foi qualificada, pela lei, para atuar como agente de arrecadação (sujeito ativo, por conseguinte) da contribuição em comento.

Intermediária entre os empregadores e o sistema de seguridade social, pelos cofres da União Federal transitarão as receitas da contribuição sobre o lucro.

De tal forma seria importante para o sistema de seguridade social arrecadar os seus próprios recursos, com os quais deveria custear as suas atividades, que o constituinte instituiu orçamento específico, distinto do orçamento fiscal, para a ele carrear as verbas do aparelho de proteção social.

No particular, aliás, cumpre dizer que o sistema só pode dar vida a todo o imenso instrumental de proteção se obtiver, na confomidade dos ditames constitucionais, os recursos que lhe foram adjudicados pela ordem jurídica.

Ademais, quando se cuida de contribuições, o destino dos recursos a serem vertidos aos cofres públicos é elemento que configura, ao lado dos que já foram apontados aqui, o bem delineado regime jurídico da exação.

Ensina Geraldo Ataliba, quanto a esse tributo: "Se o legislador ordinário federal batiza de 'contribuição' um tributo, a finalidade em que deve ser aplicado o produto da sua arrecadação, necessariamente, será uma daquelas constitucionalmente previstas, quer no art. 149 da Constituição, quer nas outras disposições constitucionais referentes à matéria (arts. 201, § 1º, § 7º; 212, § 5º; 239, § 4º, e 240)".[70]

A finalidade da receita, no caso das contribuições, integra o regime jurídico do tributo.

Sendo assim, se a administração tributária não estiver confiada a específico órgão gestor, consoante determina o art. 194, páragrafo único, VII, da CF, pode se ver afetado o regime jurídico trabalhosamente erigido na Lei das Leis.

Aliás, ao decretar a inconstitucionalidade de certa exação desse tipo, expressou o julgador a precisa assertiva: "(...) a vinculação da receita é fundamental, pois do contrário não haveria como distinguir uma contribuição social de um imposto. É essa vinculação a garantia de que a contribuição será aplicada na finalidade justificadora de sua instituição".[71]

A definição normativa do sujeito ativo do tributo, no caso das contribuições, é elemento integrante do respectivo regime jurídico.

Conforme estabeleceu o art. 14 da Lei 8.029, de 12.4.90, as atribuições concernentes à administração tributária das contribuições de seguridade foram conferidas ao Instituto Nacional do Seguro Social — INSS.

O INSS, por conseguinte, é a única entidade que, nos termos constitucionais, está habilitada a cobrar todas as contribuições de seguridade social.

É inconstitucional, por conseguinte, a definição da União, nos termos do art. 33 da Lei 8.212/91, como sujeito ativo das contribuições que integrarão o orçamento da seguridade social.

De idêntico vício de inconstitucionalidade padece o art. 10 da Lei Complementar 70/91, que também investiu a União na sujeição ativa da contribuição social para o financiamento da seguridade social.

70. Geraldo Ataliba, *Hipótese...*, cit., 5ª ed., p. 175.

71. REO 89.01.11499-2-BA, TRF-1.ª Região, in *Repertório IOB de Jurisprudência* 8.90/119 e ss.

Cumpre ponderar que, em nosso entender, também não pode ser admitida a centralização administrativa na cobrança das contribuições destinadas ao financiamento dos programas do seguro-desemprego e do abono anual.[72]

Por desiderato constitucional, os recursos da seguridade social não podem ser tragados pelo Tesouro Nacional recebendo destino estranho às finalidades a que estão, desde a instituição, vocacionados pelo sistema jurídico.

Força reconhecer que os julgadores da Suprema Corte, ao corroborarem os termos da legislação em vigor, não se deram conta das implicações, para o bom funcionamento do sistema — na conformidade do desiderato constitucional —, do descumprimento da diretriz da descentralização.

Descentralizar, como lecionam os doutos, "c'est retirer des pouvoirs à l'autorité centrale pour les transférer à une autorité indépendante, de compétence moins générale (...)".[73]

A autoridade independente não poderia deixar de cumprir, com os recursos auferidos, as tarefas específicas do sistema de seguridade social. O mesmo não se pode dizer que tenha ocorrido, desde a respectiva instituição, com o destino dado à contribuição sobre o lucro.

10. O sujeito passivo

É decorrência elementar da isonomia e, também, qualidade inerente ao tributo contribuição que a igual teor de cobertura conferido pela seguridade social deva corresponder igual repartição dos encargos previdenciários entre os contribuintes que, de modo direto, são chamados a financiar o sistema de proteção.

Ao optar pelo modo direto de financiamento do sistema, o constituinte só poderia ter escolhido, dentre as espécies tributárias vinculadas, a contribuição. Se e somente se o modelo brasileiro de proteção ainda se inspirasse no esquema tradicional do seguro social seria admissível a cobrança de taxas dos beneficiários diretos do sistema.

Fica, pois, reduzido o universo possível dos contribuintes. Somente aqueles que gravitam em torno do sistema de seguridade social podem ser chamados a integrar o que denominamos, alhures, de "corrente de solidariedade que o Direito torna compulsória".[74]

Ao instituir, recentemente, por meio de lei complementar, a nova contribuição que incidirá sobre os pagamentos realizados a autônomos e administradores de empresa, o legislador dá por demonstrada nossa assertiva. Nenhuma pessoa natural ou jurídica (a não ser, é claro, aqueles que nada têm e, por conseguinte, são apenas e tão-somente beneficiários do sistema) pode deixar de integrar o catálogo de contribuintes da seguridade social brasileira.

A vantagem diferencial proporcionada ao empregador decorre, como se tem dito aqui, da existência de um sistema de seguridade social que protege a todos os trabalhadores e respectivos dependentes.

Mas quem é o empregador?

Na Carta Magna de 1988 são indistintamente utilizadas tanto a expressão *empresa* como o termo *empregador*.

Qualquer pessoa, natural ou jurídica, que toma e remunera serviços dos trabalhadores.

72. Cf. o nosso *O Seguro-Desemprego no Direito Brasileiro*, São Paulo, LTr, 1993, pp. 214 e ss.

73. Marcel Waline, *Précis de Droit Administratif*, Paris, Éditions Montchrestien, 1969, p. 217.

74. Cf. o nosso *A Seguridade Social...*, cit., p. 52, e, no mesmo livro, o capítulo 2, que explica a distinção entre o seguro social e a seguridade social, implícita neste estudo.

São inconfundíveis os diversos vínculos jurídicos que relacionam o empregador com o Poder Público na área da seguridade social.

Num desses vínculos deve estar situado o empregador como segurado.

Em três outros vínculos o empregador está qualificado como integrante de uma das categorias da produção.

Estamos diante do patrão, que, desde a remota figura do Direito Privado — a *locatio operis* — até os mais modernos contratos coletivos de trabalho, remunera trabalhadores e, em razão desse fato, é chamado compulsoriamente a contribuir para a proteção social a eles devida.

A vantagem especial que o empresário retira do fato de contar seu colaborador com a cobertura da proteção social ressalta à evidência: o trabalhador sente seguridade e desenvolve seus misteres de maneira mais eficiente.

Se é exato que o meio necessário para um fim participa da natureza desse fim, vale a pena perscrutar em que medida as demais contribuições do empregador se coadunam, por serem sociais, com os fins da seguridade social.

Parece, a nós, que o constituinte quer estabelecer certos nexos entre as categorias da produção.

É dentro dessa perspectiva pré-jurídica, como diria Geraldo Ataliba, que se pode deduzir a *ratio* das contribuições sobre o faturamento e sobre o lucro.

De algum modo, o constituinte estabelece certo liame entre proteção social e produção empresarial.

Ao sacar do faturamento e do lucro parcelas que irão integrar as receitas da seguridade social, a legislação cogita, é claro, do dado econômico. Cuida, naturalmente, de dar cumprimento à diretriz da diversidade da base de financiamento insculpida no art. 194, parágrafo único, VI, da Lei Maior. Mas há mais!

Pela via diferenciada da tributação, o constituinte acaba, em verdade, instituindo a tão ansiada participação dos trabalhadores nos lucros das empresas.

Argumentos fortes, de solidariedade social, vencem, pois, a antiga disputa política. De arte que, sem resistências que não aquelas decorrentes da imperfeita disciplina legal da matéria, os empregadores transferem parcela ponderável de seus lucros ao fundo social.

Já que o clima apropriado está criado, veremos, ao final deste estudo, como poderia se dar o aperfeiçoamento desses nexos entre proteção e produção.

Por agora, cumpre rematar sublinhando o que já se disse antes: a contribuição do empregador deve guardar relação de pertinência lógica seja com a vantagem especial de que o mesmo desfruta em termos de proteção social, seja com vistas à especial despesa que é provocada pela respectiva atividade.

Por forçoso consectário da diretriz da eqüidade na participação no custeio e, ainda, como nota distintiva do tipo tributário (contribuição) escolhido pelo constituinte, deve discriminar entre contribuintes em função da diversidade de custos (conforme o respectivo grau de risco) que a seguridade social suportará a fim de dar cobertura aos trabalhadores que prestam serviços a certas classes de empregadores.

Eis aí a prova de fogo a que devem ser submetidas as contribuições sociais.

O elemento essencial para que tal prova se verifique é o Plano de Custeio.

Dimensionando, a partir da totalidade estimada do dispêndio da seguridade social, a receita integral a ser estabelecida, o Plano fixará o custo atuarial dos serviços e a parcela a ser vertida por toda a sociedade, seja através das dotações orçamentárias (financiamento indireto), seja por intermédio das contribuições sociais (financiamento direto).

Com fundamento na eqüidade no custeio, cada empregador é investido do direito subjetivo público de exigir que, pelo Plano de Custeio, fique definida qual é a cota-parte que lhe cabe verter em favor do bem-estar coletivo.

Focalizemos, enfim, o tributo "contribuição".

Essa espécie tributária, cuja técnica comporta a fixação de certos liames entre o agir do Estado e o contribuinte, é apta a estabelecer, na justa medida, os termos fiscais da cooperação social[75] em prol da seguridade.

Disso bem se apercebeu Geraldo Ataliba quando afirmou: "Impõe-se, destarte, reconhecer a necessidade — constitucionalmente postulada — de que haja, ainda que indiretamente (embora clara e objetiva), correlação entre beneficiários da ação do Estado e as pessoas chamadas a contribuir; ou seja: correlação entre os efeitos ou causa da ação estatal custeada pela 'contribuição' e seus contribuintes (sujeitos passivos)".[76]

11. A anterioridade nas contribuições sociais

Que imperativos especiais terão levado o constituinte a excepcionar a equação temporal de vigência das normas tributárias, tratando-se das contribuições sociais?

Para nós, a explicação prende-se aos magnos objetivos que, nos termos constitucionais, devem ser cumpridos pelos planos de seguridade social.

Quem clama por soluções expeditas é a questão social, cuja gravidade é por todos reconhecida.

Como se sabe, nas limitações do poder de tributar insculpidas na *Lex Major* se acha incluída a regra da anterioridade.

Assim prescreve o art. 150 da CF:

"Art. 150. Sem prejuízo de outras garantias asseguradas ao contribuinte, é vedado à União, Estados, ao Distrito Federal e aos Municípios:

"(...)

"III — cobrar tributos:

"(...)

"b) no mesmo exercício financeiro em que haja sido publicada a lei que os instituiu ou aumentou;

"(...)."

Colocar o contribuinte a salvo de surpresas, permitir-lhe programar suas finanças conhecendo, com boa antecedência, os encargos fiscais a suportar em certo período.

Ao excepcionar essa regra, no campo das contribuições destinadas ao financiamento da seguridade social, pode ser que o constituinte tenha descurado de elementar noção.

O ambiente da seguridade social é incompatível com o improviso, com as soluções apressadas!

Os institutos jurídicos estão a serviço de valores permanentes que, de certo modo, podem ser resumidos no ideários da solidariedade entre as gerações.

A seguridade social, no largo período de tempo em que irá acompanhar a pessoa humana (já que é, como quer Beveridge, proteção do berço ao túmulo), irá proporcionar diferentes graus e modalidades de cobertura previdenciária aos segurados e aos respectivos dependentes.

Assim, a regra jurídica diferenciada em relação ao princípio da anterioridade não encontra qualquer explicação teórica que a justifique.

75. A "cooperação social", esclarece A. de Sampaio Dória, exige que o Estado atue nos serviços que beneficiem a todos e que os indivíduos, ou por inépcia, ou por falta de recursos ou, ainda, por ausência de iniciativa, não realizam (*Direito Constitucional*, v. I/151, São Paulo, Max Limonad).

76. Geraldo Ataliba, *Hipótese*..., cit., 5ª ed., pp. 179-180.

Trata-se, pois, de mera opção política, que, é claro, passa a integrar o regime jurídico da contribuição e, enquanto tal, há de ser cumprida.

Assim figura, no Texto Fundamental, a excepcional regra de Direito:

"Art. 195. (...)

"(...)

"§ 6º. As contribuições de que trata este artigo só poderão ser exigidas após decorridos 90 dias da data da publicação da lei que as houver instituído ou modificado, não se lhes aplicando o disposto no art. 150, III, "b"."

Tratando-se, pois, de contribuição para o financiamento da seguridade social, a vigência da lei de tributação fica sujeita à *vacatio legis* de 90 dias.

Para nós, como o antecedente lógico e cronológico de qualquer contribuição social é o Plano de Custeio (art. 59 das "Disposições Constitucionais Transitórias", combinado com a regra contrapartida inscrita no § 5º do art. 195 da Lei Magna),[77] ainda que excepcione a anterioridade, o preceito em tela não modifica o *status* de segurança jurídica que a garantia genérica já proporcionava.

Com efeito, após a edição da lei que aprove, de modo formal, o Plano de Custeio, as alterações respectivas deverão estar justificadas, cabalmente, em projeções atuariais que, nos precisos termos do art. 96 da Lei 8.212/91, acompanharão a Proposta Orçamentária da Seguridade Social, a ser cada ano remetida ao Congresso Nacional.

Só terão legitimidade jurídica, assim, as mudanças da hipótese de incidência, da base imponível ou da alíquota das contribuições existentes, ou a instituição de outras tantas, se resultar demonstrado, nas projeções atuariais, que as receitas previstas não cobrirão os dispêndios devidos.

Temos para nós que o regime das contribuições de seguridade social está subordinado à anualidade do orçamento, complementada pela *vacatio legis* de 90 dias determinada pelo § 6º do art. 195 da CF de 1988.

Os males gigantes[78] que fomentam a questão social só podem ser enfrentados pelo instrumental de seguridade social mediante adequado planejamento.[79]

O sistema constitucional estabelece, ao nosso ver, o seguinte cronograma para a edição da norma de financiamento da seguridade social:

a) elaboração inicial do Plano de Custeio (art. 59 do "Ato das Disposições Transitórias" da Constituição);

b) definição, na Lei de Diretrizes Orçamentárias, das metas e prioridades da seguridade social (art. 165, II, combinado com o § 2º do art. 195);

c) fixação, em anexo à Proposta Orçamentária, das Projeções Atuariais da Seguridade Social (Lei 8.212, art. 96), e, finalmente, se for o caso;

d) edição da lei de tributação, cuja vigência observará o prazo de 90 dias.

Eis o esquema de atuação que a estratégia do constituinte estabeleceu.

Tudo para garantir que na seara da seguridade haverá serena aplicação dos recursos públicos e equilíbrio financeiro e atuarial.

77. Wagner Balera, "Contribuições destinadas ao custeio da seguridade social", *RDT* 49/110-120.

78. A expressão é de William Beveridge, que identificava a desocupação como um dos gigantescos males que os planos de seguridade social são chamados a combater (cf. *Seguro Social e Serviços Afins*, trad. de Almir de Andrade, Rio de Janeiro, José Olympio, 1943, p. 12).

79. Mozart Víctor Russomano (nos citados *Comentários*..., ao analisar o art. 103 da CLPS, que hoje se expressa no § 5º do art. 195 da CF — é o que denominamos a regra da contrapartida), exige a necessidade absoluta de planejamento da previdência social. Essa tarefa inicia-se, obviamente, com a elaboração do adequado Plano de Custeio.

Como estamos distanciados dessa realidade!

12. *A reforma tributária e as contribuições sociais*

Ao término de sua jornada fulgurante, Geraldo Ataliba estava, como sempre, combatendo o bom combate.[80]

Intentava propor aos membros do Congresso Nacional modelagem nova para o financiamento da seguridade social por meio da qual se considerasse, de maneira especial, o objetivo constitucional da busca do pleno emprego (art. 170, VIII).

Para tanto, o Mestre sustentava que a disciplina do art. 195, I, da CF de 1988 deveria se traduzir numa só e mais perfeita contribuição social, apta a combinar as três bases imponíveis — folha de salários, faturamento e lucro — em harmônico tributo, apto a racionalizar a carga fiscal a ser suportada pelos empregadores.[81]

Focalizando as diversas bases o legislador deveria repartir os encargos entre empregadores da seguinte maneira: quanto mais intensivo o emprego de mão-de-obra, menores alíquotas deveriam incidir sobre a folha salarial. Ao mesmo tempo, alíquotas progressivas incidiriam sobre o faturamento e sobre o lucro daqueles empregadores cuja atividade econômica gerasse menor número de postos de trabalho.

Como a contribuição só é exigível de quem provoca ou acarreta maiores despesas ou aufere particular benefício da atuação estatal no terreno da seguridade social, o cumprimento da diretriz da *eqüidade na forma de participação no custeio* ordena que o critério avaliativo dessa espécie tributária se revele apto a mensurar, com vistas ao bem-estar e à justiça, a sutil circunstância intermediária que estabelece o ligame entre o agir dos Poderes Públicos e o empregador.

O nobre e inteligente esforço do saudoso Publicista, certamente, acabaria por levar a bom termo essa árdua tarefa, que, no entanto, agora está confiada aos integrantes do IDEPE, do qual foi, por tantos anos, *anima* e *cuore*.

Este estudo preliminar traz um apanhado das lições que, hauridas do Mestre, podem servir ao elevado propósito que o inspirava e que também deve inspirar a todos os brasileiros: a concepção de um sistema tributário simples, racional e justo.

80. "Quanto a mim, já fui oferecido em libação, e chegou o tempo de minha partida. Combati o bom combate, terminei a minha carreira, guardei a fé" (*2ª Epístola de São Paulo a Timóteo*, capítulo 4, versículos 6 e 7).

81. No estudo "A reforma tributária e as contribuições sociais", publicado em *Direito Tributário Contemporâneo* (São Paulo, Academia Brasileira de Direito Tributário e Ed. Atlas, pp. 101 e ss.), partíamos de premissa distinta, adotada pelo legislador infraconstitucional: são três as contribuições devidas pelo empregador. Este texto, inspirado em Ataliba, admite que a reforma constitucional pode reengendrar todo o esquema de financiamento da seguridade social.

LOCAL DA INCIDÊNCIA TRIBUTÁRIA

JOSÉ EDUARDO SOARES DE MELO
Advogado, Doutor em Direito, Professor da Pontifícia Universidade Católica de São Paulo
e Juiz do Tribunal de Impostos e Taxas de São Paulo

1. O aspecto espacial da obrigação tributária

O nascimento da imposição tributária decorre da subsunção da situação prevista na norma jurídica com os fenômenos efetivamente ocorridos. Para que surja a obrigação do contribuinte, ou responsável, de levar dinheiro aos cofres públicos, é imprescindível que todos os elementos estabelecidos na lei (abstrata) se ajustem rigorosamente aos fatos reais (concretos).

Em verdade, a questão enfocada não entremostra simplicidade, como à primeira vista poderia transparecer, uma vez que os elementos normativos nem sempre são facilmente tipificados e caracterizáveis, demandando, mesmo, ingente esforço de seus aplicadores.

A estruturação da norma de Direito demanda um efetivo tratamento científico, compreendendo diversos elementos (ou critérios), ou seja, pessoal, material, quantitativo, espacial e temporal.

A constituição fixa, de forma categórica e indiscutível, os credores dos tributos, caracterizados como os *sujeitos ativos* dos valores a serem recebidos, de conformidade com as respectivas pautas de competência outorgadas entre União, Estados, Municípios e Distrito Federal.

Além de a Constituição Federal discriminar as competências de cada pessoa jurídica de direito público interno, dotadas de específicas características (privatividade, indelegabilidade, incaducabilidade, inalterabilidade, irrenunciabilidade e facultatividade), constata-se conexão com o cerne da hipótese de incidência (materialidade tributária).

Oportuno ressaltar, desde já, que a competência (aptidão para abstratamente criar tributos) não se confunde com a capacidade (aptidão para uma pessoa exigir, arrecadar e fiscalizar receitas tributárias), inserida nos quadrantes da parafiscalidade.

Na temática do *aspecto pessoal*, insere-se no *pólo passivo* a figura do contribuinte, que mantém relação pessoal e direta com a respectiva materialidade tributária, e que, voluntariamente, realiza o fato imponível, em detrimento do próprio patrimônio — segundo sua capacidade contributiva — e em benefício do sujeito ativo.

A figura do devedor tributário pode alcançar um espectro mais significativo de pessoas, não ficando exclusivamente relacionada à realização pessoal do fato gerador, como ocorre no caso de sujeição passiva indireta por substituição e transferência (solidariedade, sucessão e responsabilidade).

Entretanto, os mecanismos e expedientes conjecturados pelo legislador ordinário — procurando obter a liquidação do tributo por pessoas estranhas à realização da materialidade tributária — não podem ter assento em mera preocupação de natureza econômica ou administrativa, estranha aos quadrantes do Direito. É evidente que as repercussões das cargas tributárias e os fenômenos da traslação financeira não podem traduzir situações estranhas ao Direito Constitucional, revelando-se a impertinência das distinções entre contribuinte de direito e de fato quando não apresentarem embasamento jurídico.

O *aspecto material* da norma é que permite fixar a nota distintiva do tributo e conferir-lhe sua configuração. O ato, fato, a operação ou situação descrita na regra jurídica é que tipificará a característica fundamental do tributo (imposto, taxa, contribuição de melhoria, empréstimo compulsório e contribuição social), necessariamente envolvendo um ato jurídico (aquisições de bens no Exterior, propriedade imobiliária e mobiliária, negócios financeiros, prestações de serviços etc.), com o que se afasta a incidência sobre simples fatos físicos, econômicos etc.

A *base de cálculo* constitui aspecto de fundamental importância na compostura tributária, por conter a dimensão da obrigação pecuniária, caracterizando o *quantum* devido pelo sujeito passivo, sendo certo que a circunstância de a Constituição Federal não haver indicado, especificamente, o elemento grandeza não significa jamais que o legislador ordinário possa agir discricionariamente.

Com efeito, as materialidades ordenadas na Constituição Federal contêm ínsitas as grandezas econômicas que passam a ser explicitadas pelo editor da norma impositiva; sendo imperiosa a inexorável vinculação entre a matéria tributária e a base imponível, pois seria incompreensível fixar-se, por exemplo, o valor do aluguel como base de cálculo do imposto predial, uma vez que caracterizaria autêntico imposto sobre a renda, e não imposto sobre o patrimônio.

Por essa razão, é inaceitável o comportamento aberto do legislador ao escolher índices, magnitudes, parâmetros valorativos da base de cálculo, que não guardem íntima correlação com o princípio da capacidade econômica e com a materialidade específica do tributo.

A *alíquota*, por sua vez, representa parte, quota ou fração desse determinado montante, também configurado elemento de valor do montante a ser devido pelo sujeito passivo; apenas sofrendo certos temperos excepcionais no que concerne ao princípio da estrita legalidade, ao ser facultado ao Poder Executivo, atendidas as condições e os limites estabelecidos em lei, proceder à sua alteração nos casos dos impostos de importação, exportação, sobre produtos industrializados e sobre operações de crédito, câmbio, seguro e relativas a títulos ou valores mobiliários (§ 1º do art. 153 da CF.)

Outrossim, a alíquota não pode ser confiscatória, excessiva (art. 150, IV, da CF), de forma a impossibilitar a manutenção da atividade, sob pena de ferir o princípio da livre iniciativa ou, mesmo, impedir atividades industriais, mercantis e operacionais.

O *aspecto temporal* trata do momento em que se reputará acontecida a materialidade tributária, qualificando o instante do nascimento da respectiva obrigação, adstrito à circunstância de que os fatos imponíveis ocorrem em um determinado átimo de tempo, quando, então, nasce o direito subjetivo para o Poder Público, e, correlatamente, uma obrigação para o devedor tributário.

Embora possa ser conformado, ou integrado, por diversos componentes, será sempre considerado uno e incindível. Classificar fatos geradores como simples ou complexos (acontecimentos isolados ou congregados de vários elementos), instantâneos ou continuados (situações ou estados), não traz proveito em termos de composição da norma.

A incidência tributária ataca unicamente o resultado de uma situação, estado, operação ou atividade, que, e enquanto não verificada, não faz eclodir o tributo, desencadeando os efeitos que lhe são pertinentes.

Entretanto, de nada adiantará a configuração concreta dos diversos elementos apontados se a norma não fixar o *aspecto espacial*, pela singela circunstância de que os fatos imponíveis ocorrem sempre (por uma situação natural) em determinado lugar, cumprindo ao legislador estabelecer o local em que, uma vez acontecida a materialidade, se repute devida a obrigação.

Pertinente a lição de que "os fatos (núcleo e elementos adjetivos) que realizam a hipótese de incidência, necessariamente, acontecem num determinado tempo e lugar, de modo que a realização da hipótese de incidência sempre está condicionada às coordenadas de tempo e às de lugar. O núcleo e os elementos adjetivos somente terão realizado a hipótese de incidência se tiverem acontecido no tempo e no lugar predeterminados, implícita ou explicitamente, pela regra jurídica" (Alfredo Becker, *Teoria Geral do Direito Tributário*, Saraiva, p. 301).

Estabelecendo um critério científico no trato da matéria, Paulo de Barros Carvalho salienta o seguinte: "Acreditamos que os elementos indicadores da condição de espaço, nos supostos das normas tributárias, hão de guardar uma dessas três formas compositivas, diretriz que nos conduz a classificar o gênero 'tributo' na conformidade do grau de elaboração do critério espacial da respectiva hipótese tributária: a) hipóteses cujo critério espacial faz menção a determinado local para a ocorrência do fato típico; b) hipóteses em que o critério espacial é bem genérico, onde todo e qualquer fato, que suceda sob o manto da vigência territorial da lei instituidora, estará apto a desencadear seus efeitos peculiares" (*Curso de Direito Tributário*, p. 146).

Dentre a pletora de elementos pertinentes à realização da espacialidade material — tais como domicílio, estabelecimento, fonte, território, origem ou destino de bens e negócios envolvendo as partes da relação jurídica implicadora do tributo —, hão que ser perquiridos os critérios e as diretrizes plasmadas na Constituição Federal, consoante competência e pautas tributárias.

Resulta, assim, a indiscutível configuração da tipididade cerrada, compreendendo a enumeração exaustiva dos elementos da tributação (*numerus clausulus*), exclusivismo (elementos suficientes) e determinação (conteúdo estabelecido na lei), não permitindo acréscimo ao seu repertório. A exaustividade e a taxatividade dos modelos jurídicos são corolários da rigidez constitucional, não se admitindo lacunas.

Os valores certeza e segurança, inerentes à existência e à realização do Direito — que iluminam o ordenamento — são imperiosos para o Estado, tendo em vista a defesa do crédito tributário e a esfera de atuação dos particulares, como fonte de receita tributária, o que torna inconcebível a utilização do tipo aberto que não contém limites de flexibilidade, possibilitando a utilização de listas exemplificativas e cláusulas gerais, bem como permitindo o processo integrativo da lei para os casos de obscuridades e imprecisões a serem corrigidas e completadas.

Exemplificativamente, a norma jurídica instituidora do IPTU — Imposto Predial e Territorial Urbano (art. 156, I, da CF) — além do sujeito ativo (Município) previsto na Constituição Federal — deve indicar o sujeito passivo (proprietário de imóvel), a materialidade (propriedade imobiliária, construída ou não), a base de cálculo (valor venal do imóvel), alíquota (percentual aplicável à base de cálculo), o momento (determinado(s) dia(s) do ano civil) e o local (específico território do Município).

2. *Âmbito de competência e a autonomia das pessoas políticas*

O direito público subjetivo conferido às pessoas políticas (União, Estados,

Municípios e Distrito Federal) decorre do princípio federativo, que constitui uma das pedras fundamentais do edifício jurídico (expressamente consagrada no primeiro artigo da Constituição e reiterada em inúmeras outras disposições constitucionais), com ampla aplicação, inclusive no que tange à matéria tributária.

A magnitude da Federação (ao lado da República) é salientada pelo art. 60, § 4º., I, da CF, que proíbe deliberação do Congresso Nacional sobre eventual proposta tendente a aboli-la, vedando sua indissolubilidade (a propósito, registre-se decisão do STF decretando a inconstitucionalidade do preceito contido na Emenda n. 3, de 17.3.93, que estabelecera a cobrança do extinto IPMF no próprio exercício de sua criação, por violar o princípio da anterioridade).

Como na Federação — conceituada como associação de Estados e implicadora de um Estado novo diferente daqueles que o integram — impõe-se a existência de pessoas políticas, titulares de direitos e obrigações diferentes e exclusivos, deflui naturalmente a consagração dos princípios da "soberania" e "*autonomia*", assentando-se esta em "dois elementos básicos: a) na existência de órgãos governamentais próprios, isto é, que não dependam dos órgãos federais quanto à forma de seleção; b) na posse de competências exclusivas, um mínimo ao menos que não seja ridiculamente reduzido. Enfim, os Estados-membros somente se reputam autônomos: a) pela Constituição lhes reconhecer a capacidade de constituir seu próprio governo, mediante escolha da respectiva população; b) se a Constituição lhes conferir poderes legislativos sobre certas matérias reservadas à sua competência exclusiva. Isso caracteriza a autonomia sobre quatro aspectos: 1) capacidade de auto-organização; 2) capacidade de autogoverno; 3) capacidade de autolegislação; 4) capacidade de autodeterminação" (José Afonso da Silva, *Curso de Direito Constitucional Positivo*, 11ª. ed., São Paulo, Malheiros Editores, 1996, p. 102).

O Estado Federal é o aspecto global do País. É o Estado brasileiro dotado de soberania que representa o País no quadro internacional das nações, exercendo seus direitos e cumprindo seus deveres, tanto que legisla superiormente para as demais entidades (União e os Estados-membros). Nessa situação a União é pessoa jurídica de direito público interno que corresponde à ordem jurídica central, compreendida como a reunião de várias ordens jurídicas parciais dos Estados-membros. A estes são reservadas as competências que não sejam vedadas pela Constituição (art. 25, § 1º., da CF).

Importante realçar que, pela própria *autonomia*, existe absoluta igualdade entre a União e os Estados (caráter isonômico das pessoas públicas), e nenhum tipo de hierarquia, mas apenas faixas de competência; tanto isto está correto que todas as leis (nacionais, federais, estaduais) retiram seu fundamento de validade na própria Constituição.

"Autonomia" não é uma amplitude incondicionada ou ilimitada de atuação na ordem jurídica, mas, tão-somente, a disponibilidade sobre certas matérias, respeitados, sempre, os princípios fixados na Constituição (C. A. Bandeira de Mello, *Elementos de Direito Administrativo*, v. I/246).

No tocante à "soberania", como atributo jurídico da Constituição, observou Geraldo Ataliba que "o Executivo não é soberano; o Judiciário não é soberano; nem o Legislativo é. Apenas exercitam alguns atributos da soberania, aquela parcela da soberania de que está investida, pela Constituição, a entidade de que são órgãos. Mas, nenhum destes órgãos é soberano. Soberana é apenas a Constituição que reparte as competências entre a União e Estados e distribui o exercício de atos de soberania pelos órgãos da União" ("Federação", *RDP* 81/174).

Indica Michel Temer os elementos tipificadores da Federação: a) descentralização política ou repartição constitucional de competências; b) participação da vontade dos Estados (ordens jurídicas parciais) na vontade nacional (ordem jurídica central); c) possibilidade da autoconstituição; e, quanto aos elementos mantenedores, destaca: a) rigidez constitucional; b) existência de um órgão constitucional incumbido do controle de constitucionalidade das leis (*Elementos de Direito Constitucional*, 12ª ed., São Paulo, Malheiros Editores, 1996, pp. 65/69).

Caberia levar em conta, outrossim, que, sob o ponto de vista institucional, os Municípios não integrariam o pacto federativo, embora constituam pessoas de direito público, de idêntica autonomia e com o mesmo caráter isonômico, e que "dotado de Poder Legislativo — órgão político iminente — e de Poder Executivo próprio, o Município brasileiro goza de situação *sui generis* ímpar e qualificada, em confronto com as pessoas semelhantes dos demais sistemas jurídicos do mundo. O Município extrai seu poder político diretamente da Constituição, da mesma forma que a União e os Estados" (v. Geraldo Ataliba, "Normas Gerais de Direito Financeiro e Tributário e Autonomia dos Estados e Municípios", *RDP* 10/59).

Pondere-se, no entanto, que "(...) o art. 18, ao dar a estrutura da Federação brasileira, nela inclui os Municípios. Embora isso desatenda àqueles estudiosos que preferiram a adoção de um modelo mais clássico de Federação, onde se desconhece a ordem municipal no próprio nível da Constituição, não se pode negar que nesse particular andou bem o constituinte ao incluir o Município como parte integrante da Federação. O argumento principal é que, sendo a autonomia municipal um dos centros de polarização de competência constitucional a ser exercida de forma autônoma, não se vê por que não hão de, os Municípios, figurar naquele próprio artigo que fornece o perfil jurídico da República Federativa do Brasil. O fato de os Municípios não se fazerem representar na União, e, portanto, não comporem de certa forma o suposto pacto federativo, nos parece ser um argumento de ordem excessivamente formal que deve ceder diante de realidade mais substancial como aquelas que acima apontamos", como elucida Celso Bastos (*Curso de Direito Constitucional*, Saraiva, p. 248).

O princípio federativo apresenta profundas e substanciais implicações no âmbito tributário, tendo em vista o plano eminentemente normativo e as distintas competências conferidas às pessoas políticas.

As normas emanadas do Estado Federal (leis nacionais) — como produto legislativo do Estado global — aplicam-se indistintamente à União e Estados (e também Municípios), em razão de sua própria soberania, como é o caso típico do Código Civil. As matérias arroladas no art. 146 da CF, especialmente as normas gerais de Direito Tributário, caracterizam-se como autênticas leis nacionais, sendo o mais importante instrumento de efetivação prática da harmonia entre as pessoas tributantes, constituindo-se, pois, em complemento eficiente do sistema constitucional tributário e, principalmente, da discriminação de rendas (Ataliba, *RDP* 10/51).

O limite de validade e eficácia das leis nacionais contém-se na própria Constituição, não só quanto à sua materialidade, mas também no atinente à impossibilidade jurídica (constitucional) de violarem a autonomia dos entes periféricos, limitando seus poderes tributários.

As leis nacionais, conquanto fruto da atuação do mesmo órgão editor das leis federais (Congresso Nacional), com estas não se confundem, possuindo restrito âmbito de validade e diverso conteúdo. Vinculam o aparelhamento administrativo da União e de todos os seus administrados, não colhendo Estados e

Municípios. Seus comandos são privativos e excludentes, em decorrência de suas estritas materialidades tributárias. O legislador federal não poderá dispor para os Estados, Municípios e seus jurisdicionados.

Em suma, enquanto a lei nacional (norma geral de Direito Tributário) paira superiormente sobre todas as pessoas jurídicas de direito público, as leis federais, estaduais e municipais só podem ser editadas, aplicadas, pela União, Estados e Municípios e destinadas a seus administrados, respectivamente, de conformidade com a rígida discriminação constitucional de competências para instituir e arrecadar tributos.

Competência e autonomia constituem dogmático binômio constitucional aplicável às pessoas públicas no que concerne às espécies conceituadas na forma seguinte:

a) Imposto — tributo cuja materialidade concerne a fato, ou situação, pertinente ao contribuinte, não vinculado a uma atividade estatal específica, regendo-se pelos princípios da capacidade contributiva e da vedação de confisco (CF, art. 153 — União; art. 155 — Estados e Distrito Federal; e art. 156 — Municípios).

b) Taxa — tributo relativo à remuneração de uma atividade vinculada a serviço público, específico e divisível, efetivo ou potencial, compreendendo o exercício regular do poder de polícia, regendo-se pelo princípio da retributividade (CF, art. 145, II — União, Estados, Distrito Federal e Municípios).

c) Contribuição de melhoria — tributo que tem por hipótese de incidência a valorização imobiliária causada por obra pública, sendo norteado pelo princípio da proporcionalidade ao benefício especial auferido pelo proprietário do imóvel (CF, art. 145, III — União, Estados, Distrito Federal e Municípios).

d) Empréstimo compulsório — tributo que constitui genérica prestação exigida em dinheiro, podendo revestir quaisquer de suas espécies, e assentado no postulado de sua restituição (CF, art. 148 — União).

e) Contribuições sociais — genéricas, corporativas e de interesse de categorias profissionais e econômicas, bem como as destinadas ao custeio da Seguridade Social, constituem tributos, em razão de suas essências jurídicas, tendo como característica fundamental o elemento financeiro de sua destinação, vinculadas a determinadas entidades, categorias etc. (CF, art. 149 — União; e art. 195 — União, Estados, Distrito Federal e Municípios).

3. Casos práticos

Para que este estudo não se situe exclusivamente no campo teórico, passo a considerar a realidade fático-jurídica, que tem mostrado a existência de conflitos entre as pessoas políticas, invasões de competência e, sobretudo, incerteza e insegurança por parte dos devedores tributários, em razão da dificuldade de tornar preciso o "local da tributação", para que possa ser dado fiel cumprimento à respectiva obrigação.

No *âmbito federal* seria difícil conceber-se a existência de conflitos, ou controvérsias, concernentes à espacialidade tributária, pela singela circunstância de que as normas expedidas pela União aplicam-se a todo espaço geográfico do País, incidindo os respectivos tributos sobre as riquezas de todo o território nacional.

Além disso, a Lei de Introdução ao Código Civil (art. 9º), estabelecera que, "para qualificar e reger as obrigações, aplicar-se-á a lei do país em que se constituírem", enquanto que o legislador complementar (CTN, art. 101) estatuiu que "a vigência da lei tributária no espaço e no tempo rege-se pelas disposições legais aplicáveis às normas jurídicas em geral (...)".

Assim, embora a legislação federal somente devesse ser considerada relativamente a fatos ocorridos dentro do Brasil, colhendo as pessoas aqui residentes e domiciliadas, a verdade jurídica é diversa, porquanto a legislação regra atos, fatos, estados ou situações também verificados fora do território nacional.

Os nacionais dos países somente deveriam ser tributados pelo país em que residem, e nunca poderiam ser alcançados quando residentes no Estrangeiro, segundo a concepção clássica do princípio da territorialidade, "independentemente de outras características que eventualmente pudessem concorrer na situação em causa, como a nacionalidade, o domicílio ou a residência do sujeito passivo" (Alberto Xavier, *Direito Tributário Internacional*, Coimbra, Almedina, 1993, p. 23).

Sob esse prisma há que ser feita distinção entre os diversos sentidos da territorialidade: o "negativo", significando que as leis estrangeiras não se aplicam no território do país em causa, ou seja, que os órgãos de aplicação do Direito de cada Estado apenas aplicariam as suas próprias regras tributárias, jamais podendo desencadear a produção dos efeitos previstos nas leis tributárias estrangeiras; enquanto que o "positivo" representa a função de excluir que a nacionalidade constitua, por si só, elemento capaz de fundamentar ou de afastar a tributação, traduzindo um mínimo de conexão das situações em causa com o território nacional (ob. cit., pp. 23/24).

Constituem elementos de conexão nos impostos sobre o rendimento e o capital dois superiores princípios: o da "fonte", em que prevalece o país onde se obtém a renda produzida, e o da "residência", onde reside o titular do fundos fornecidos e que aufere a renda dos capitais investidos no Exterior.

Essa incontornável e delicada situação, geradora de conflitos tributários nos quadrantes do Direito interno e internacional, ocasionou a celebração de tratados entre países com o escopo de evitar dupla tributação, integrados na ordem interna do país, por força de ato exclusivo do Congresso Nacional (art. 49, I, da CF), com força de norma nacional, obrigando todos administradores e administrados, e sem violar o princípio federalista, pelo fato de a própria Constituição Federal caracterizá-los como direitos e garantias individuais (art. 5º, § 2º).

A esse propósito, cumpre trazer a lume questão versando sobre a aplicabilidade da Convenção celebrada entre o Brasil e o Japão para evitar bitributação em financiamento contraído por empresa sediada no Brasil com filial de banco japonês (situado em Londres) que não possuía estabelecimento permanente no Brasil.

O empréstimo implicaria juros sujeitos à incidência do imposto de renda, que deveriam sofrer a retenção na fonte, da data do pagamento ou crédito (o que ocorresse primeiro), tendo a Convenção entre os dois países estabelecido o limite de incidência em 12,5% do montante bruto dos juros previstos, fixando como condição que os juros fossem recebidos por um banco ou outra instituição financeira residente no outro Estado contratante (Japão).

No caso vertente, o banco japonês tinha sede no Japão e filial na Inglaterra, não tendo estabelecimento permanente no Brasil, podendo ser aplicada a Convenção em pauta.

A antiga Divisão de Tributação do Imposto de Renda havia firmado entendimento de que "o estabelecimento, qualquer que seja sua localização geográfica, pertence, como o estabelecimento matriz, a uma só pessoa jurídica, e, se esta tem a sua sede no 'Estado Contratante' (termo usado na Convenção), não há distinção a fazer com respeito a local de suas filiais".

Ocorre que, posteriormente, a mesma Receita Federal deixou de observar a diretriz apontada, em decorrência de análise da mesma Convenção — que estabelecera o seguinte: "os juros provenientes de um Estado Contratante e pagos a um residente no outro Estado Contratante são tributáveis nesse outro Estado Contratante" —, em razão de assertivas suscetíveis de impugnação, a saber:

a) O preceito da Convenção deve ser entendido em conjugação com o *caput* da norma: constitui princípio comezinho na interpretação das normas jurídicas que os parágrafos, incisos, itens e alíneas devem guardar consonância com o mandamento básico contido na cabeça do dispositivo. Tais regras devem coadunar-se às demais normas básicas do diploma legal, devidamente disciplinadas na sistemática jurídica.

Em realidade, a manifestação fazendária não está conjugando parágrafo com *caput* do artigo, mas pretendendo a exclusiva aplicação do *caput*, o que não se revela razoável, haja vista tratar-se de artigo compreendendo sete parágrafos e diversas regras dispondo sobre os "juros" na sistemática da Convenção.

Nos estreitos limites deste estudo, como é natural, não tem cabimento listar todos os específicos preceitos sobre a matéria, mas apenas mencionar que alguns preceitos atuam em direções opostas, sem qualquer hierarquia, sendo aplicáveis na medida em que ocorra sua adequação aos fatos.

b) Aplicação do acordo e os limites territoriais: o princípio da territorialidade deve ser observado em seus devidos termos: "no âmbito das convenções de dupla tributação vigora o princípio de estabelecimento permanente, pelo qual são apenas tributados num dado território os resultados das atividades que aí se exercem com certa intensidade (...)" (Alberto Xavier, ob. cit., 1977, pp. 253-254).

Considerando-se que a filial pertence à matriz — integrando a pessoa jurídica — que tem sede no Estado Contratante (Japão), não há que se cogitar de aplicação da Convenção a residente em Estado diverso.

c) Legislação interna — consideração descabida: inexiste respaldo jurídico para aplicar-se legislação interna (Regulamento do Imposto de Renda), uma vez que o Código Tributário Nacional (art. 98), com a estatura de lei nacional, é positivo ao expressar que "os tratados e as convenções internacionais revogam ou modificam a legislação tributária interna, e serão observados pela que lhes sobrevenha".

Os tratados sobrepõem-se à legislação interna com a qual estejam em conflito, respeitando, assim, a visão monista do Direito, com primado do Direito internacional (v. Alberto Xavier, ob. cit., 1977, p. 37).

Acresce ressaltar, ainda, que os mencionados permissivos legais tratam de residentes ou domiciliados no Exterior unicamente no que tange a incidências, imposto suplementar e exploração de películas cinematográficas, inaplicáveis à espécie.

d) Método de interpretação — redução de alíquotas: desprovido de base jurídica o entendimento de que a matéria em apreço deve ser interpretada literalmente, na forma indicada no art. 111 do CTN, o que seria até curioso, porque tal literalidade implicaria clareza, que, por sua vez, dispensaria qualquer interpretação ou compreensão, bastando sua simples leitura.

O intérprete deve buscar o sentido da norma num contexto dinâmico — suscetível de permanente renovação e interação —, porque os comandos que nela se contêm impõem atualização adaptada à realidade social.

Embora os métodos de interpretação constituam diretrizes e esquemas úteis aos aplicadores do Direito, não revestem cunho obrigatório, nem podem apresentar qualquer tipo de hierarquia. O hermeneuta é totalmente livre para utilizá-los, de modo isolado ou global, simultâneo ou sucessivo, sem que se possa conferir preeminência a qualquer um deles, devendo, outrossim, considerar o sistema jurídico, pois não se poderia entender que a simples letra da lei seria suficiente ao se tratar de normas de desoneração tributária.

O que a expressão "interpretação literal" pode significar é que o "sentido da lei deve ser aplicado com a maior exatidão, a fim de não criar isenção nele não prevista, nem eliminar isenção que nele se inclua".

"O legislador brasileiro daria cópia de atraso injustificável se obrigasse o aplicador, mesmo em certos casos, a limitar-se a interpretação literal, uma vez que a interpretação das leis é um processo mental único, uma síntese de vários elementos, gramatical, ou literal, lógico, sistemático, teleológico etc." (Alípio Silveira, *Hermenêutica no Direito Brasileiro*, Ed. RT, 1968, p. 111), sendo certo que "as duas expressões — interpretação extensiva e restritiva — deixam na penumbra, indistintas, imprecisas, mais idéias do que a linguagem faz presumir; tomadas na acepção literal, conduzem a freqüentes erros" (Maximiliano, *Hermenêutica e Aplicação do Direito*, Freitas Bastos, 1941, p. 243).

Posteriormente, fora emitido o Ato Declaratório (Normativo) 2, de 11.2.80 (publicado em 28.2.80), no sentido de que "aos juros pagos a agência de banco japonês situada em terceiro Estado aplica-se a Convenção entre os Estados Unidos do Brasil, atualmente República Federativa do Brasil, e o Japão, destinada a evitar a dupla tributação em matéria de impostos sobre rendimentos, e, como corolário, esta não se aplica aos juros pagos aos estabelecimentos permanentes, situados no Japão, de pessoas jurídicas com sede em terceiros países".

E, como assinalado inicialmente, a legislação interna tem contemplado a tributação (IR) sobre inúmeras atividades e riquezas auferidas fora do território nacional (filiais, mandatários, comissários e agentes, no Brasil, de empresas do Exterior; repatriamento de bens, resultados em bolsas de mercadorias no Exterior, investimentos no Exterior).

Merece destaque a incidência do imposto de renda na fonte em decorrência de serviços prestados por pessoas domiciliadas no Exterior, com oscilação jurisprudencial ao longo do tempo. As súmulas do STF estabeleceram o seguinte:

"*585*. Não incide o imposto de renda sobre a remessa de divisas para pagamento de serviços prestados no Exterior, por empresa que não opera no Brasil."

"*587*. Incide imposto de renda sobre o pagamento de serviços técnicos contratados no Exterior e prestados no Brasil."

Sucede que legislação superveniente (Decreto-lei 1.481, de 3.9.75) estabeleceu a incidência do imposto de renda sobre serviços técnicos e de assistência técnica ou semelhantes prestados a empresas do Brasil por pessoas físicas ou jurídicas domiciliadas no Exterior, sejam os serviços prestados dentro ou fora do País, e independentemente do local e data em que a operação tenha sido contratada (RIR/94, art. 785), com constitucionalidade reconhecida pelo STF (RE 101.065-5-SP, 1ª T., 19.9.84, e RE 103.567-6-SP, 2ª T., 27.11.84).

Na mesma trilha, os juros de empréstimos e financiamentos obtidos no Exterior, com a determinação da incidência de fonte (Decreto-lei 401, de 30.12.86, art. 11 e Súmula 586 do STF).

Diante do exposto, e em que pese as diretrizes firmadas juridicamente, encontra-se estabelecida uma verdadeira agressão à ordem jurídica no tocante ao aspecto espacial da regra de incidência do imposto de renda, fixando critérios (sem base constitucional) extraterritoriais de tributação, por alcançar operações e rendimentos pertinentes ao Exterior.

No *âmbito estadual* — especialmente no que tange ao ICMS (Imposto sobre Operações relativas à Circulação de Mercadorias e sobre Prestações de Serviços de Transporte Interestadual e Intermunicipal e de Comunicação — CF, art. 155, II) — esta questão torna-se crucial nos casos em que as mercadorias transitam (fisicamente) por vários Estados (ou Distrito Federal) relativamente a uma mesma e única operação mercantil.

Especificamente, esta situação ocorre no caso de empresa com estabelecimento no Estado *A* que celebra contrato de alienação de bens importados com empresa estabelecida no Estado *B* e que promove a respectiva importação e realiza o desembaraço físico dos bens em outro Estado (*C* ou mesmo *B*).

A importadora (do Estado *A*) recolhe os tributos aduaneiros (inclusive o ICMS) no Estado *A*, emite nota fiscal de entrada, conseqüente nota fiscal de saída (com lançamento de ICMS), tendo como destinatário o cliente do Estado *B*.

Nesta situação, examina-se se pode ser cobrado ICMS da empresa do Estado *B*, pela circunstância de se tratar da destinatária dos bens importados ou, ainda, pelo fato de a circulação física se verificar neste último Estado (*B*).

Para tanto, há que se considerar que a sistemática das importações estabelece procedimentos flexíveis para permitir uma intensa operacionalidade do comércio internacional, desde que exista amparo documental. Permite que os bens importados por empresa estabelecida em um Estado possam ingressar (fisicamente) em porto (ou aeroporto) de outro Estado e, ainda, destinar-se a terceiro Estado.

Por conseguinte, não haveria sentido — na situação enfocada — em que uma empresa situada no Estado *A* tivesse que adotar um dos procedimentos seguintes:

a) desembaraçar os bens importados em seu Estado (*A*), fazê-los ingressar fisicamente em seu estabelecimento; e, depois, promover sua remessa para empresa do Estado *B*; *ou*,

b) abrir estabelecimento no Estado *B*, desembaraçar os bens (também em *B*), ingressá-los fisicamente no mesmo estabelecimento, para, então, remetê-los à empresa sediada no mesmo Estado (*B*).

As duas hipóteses não ensejariam nenhum tipo de questionamento fiscal, posto que os fatos físicos estariam consentâneos com as operações mercantis, ficando perfeitamente delineada a territorialidade. Entretanto, tais práticas são onerosas, desnecessárias e incompatíveis com as dinâmicas empresariais; e, além de tudo, impertinentes para fins tributários, que devem considerar a realização de "operações jurídicas", e não meras "circulações físicas".

Existem aspectos fundamentais para fixar o momento em que se deve reputar acontecido o denominado "fato gerador" e o respectivo "local" em que deve ser satisfeita a obrigação afeta ao ICMS.

Como as coisas importadas são remetidas do Exterior à empresa estabelecida no Estado *A*, a esta compete efetuar sua liberação e atender às exigências tributárias (emissão de documentos, lançamentos e recolhimento do ICMS). Pratica, sem dúvida, negócio relativo à importação, sendo induvidosa sua sujeição passiva tributária.

Ademais, o preceito constitucional (alínea "a", do inciso IX do art. 155) estabelece a incidência do ICMS "sobre a entrada de mercadoria importada do Exterior, ainda quando se tratar de bem destinado a consumo ou ativo fixo do estabelecimento, assim como sobre serviço prestado no Exterior, *cabendo o imposto ao Estado onde estiver situado o estabelecimento destinatário da mercadoria* ou do serviço".

Dessa forma, o ICMS não incide sobre a mera entrada de bem no País e não se torna devido pela simples liberação aduaneira (Súmulas 577 do STF, 7 do TRF-2ª Região, 3 do TRF-3ª Região e 6 do TRF-4ª Região; e julgados do STJ, Resp 31.782, 1ª T., rel. Min. Mílton Pereira, j. 17.11.93, *DJU* 6.12.93, p. 26.467, e Resp 19.750, 2ª T., rel. Min. Américo Luz, j. 10.6.92, *DJU* 3.8.92), entendendo-se que a sua titularidade (sujeito ativo) não cabe singelamente ao Estado onde ocorreu o mero ato físico do desembaraço alfandegário, mas ao Estado onde se localiza o sujeito passivo do tributo, isto é, aquele que juridicamente promoveu o ingresso dos bens estrangeiros no País, e para onde se destinam.

No caso em tela, é o Estado *A* onde se situa o estabelecimento de destino das mercadorias, na forma prevista normalmente em documento de importação. Positiva-se que o importador (contribuinte do ICMS) encontra-se estabelecido no Estado *A*, e é à este Estado *A* (da destinação dos bens) que deve ser recolhido o ICMS relativamente ao ingresso no País.

Ainda que o importador tenha contratado a revenda dos bens importados para clientes de outros Estados (*B*, *C* etc.), esta situação não é causa suficiente para entender-se que o Estado onde se encontra o estabelecimento (para fins do desígnio constitucional) seja unicamente o Estado *B* (*C* etc.), onde deveriam ser liquidadas as obrigações tributárias.

Além de o permissivo constitucional não se referir (e nem se restringir), especificamente, a estabelecimento destinatário "final", várias situações podem ocorrer para que os bens importados não venham a ter por destino (transitório ou final) o Estado *B*, a saber:

a) o importador (*A*) promove a liberação dos bens que, afinal, nem chegam a ser remetidos ao destinatário final (*B*);

b) o importador (*A*), em razão de ulteriores avenças com o destinatário (*B*), efetua a remessa dos bens a estabelecimento localizado em terceiro Estado (*C* etc.), sem que transitem por *B*;

c) o importador remete os bens ao destinatário contratado (*B*), que, por sua vez, os reenvia a pessoa localizada em outro Estado (*D* etc.).

Percebe-se que não há nenhuma segurança de que o estabelecimento destinatário seja efetivamente o estabelecimento do cliente localizado no Estado *B*, ressaltando-se que o fato de os bens importados transitarem, unicamente, no Estado destinatário (devido à exclusiva facilidade de trânsito ou economia do frete) não é motivo jurídico para se cogitar de exclusiva incidência do ICMS neste Estado, visto que a *circulação jurídica* é concretizada com sujeito passivo localizado em outro Estado (*A*) importador.

Entretanto, se se tratar de bem destinado ao uso próprio do importador (localizado no Estado *B*), sem que envolva nenhuma outra operação mercantil, o fato de promover circulação física em outro Estado (*A*), onde realiza o desembaraço aduaneiro, não tem o condão de fixá-lo como local da operação.

O estabelecimento destinatário — consoante dicção constitucional — é aquele localizado no Estado (*A*) do importador (único contribuinte do ICMS).

Do mesmo modo, não colhe nenhum fundamento jurídico o fato de o Estado *A* cobrar valor tributário do remetente, localizado em outro Estado (*B*), relativamente a vendas de petróleo (inclusive lubrificantes, combustíveis líquidos e gasosos dele derivados) destinadas a adquirentes estabelecidos no Estado *A*.

Realmente, além de se tratar de operação imune ao ICMS (art. 155, X, "b") — vedando sua incidência na remessa (do Estado *B*) e no recebimento (no Estado *A*) das mercadorias e inviabilizando-se qualquer segregação territorial ou artificioso deslocamento da incidência — não haveria competência para o Estado de destino (*A*) pretender alcançar operações realizadas em outro Estado (*B*).

Situação diversa ocorre quando o Fisco do Estado *A* detecta, por exemplo, o trânsito de mercadorias em seu território sem amparo documental, ainda que sejam transportadas por contribuinte estabelecido em outra unidade federativa (Estado *B*). Nesta situação excepcional, não se cuida propriamente de tributar operação mercantil realizada em outro Estado (*B*), mas efetiva circulação no Estado *A*, sem comprovação de sua legitimidade documental, que poderá implicar sonegação tributária.

Inovação constitucional dispõe que, nas operações e prestações (pelo Estado *A*) que destinem bens e serviços a consumidor final localizado em outro Estado (*B*), adotar-se-á alíquota interestadual, quando o destinatário (*B*) for contribuinte, cabendo ao Estado (*B*) da localização do destinatário o ICMS correspondente à diferença entre a alíquota interna e a interestadual (incisos VII e VIII do art. 155).

Apesar de se tratar de uma única operação, o imposto é bipartido, considerando-se dois os locais da obrigação tributária (Estados *A* e *B*).

Relativamente à *prestação de serviços de transporte internacional* não haverá incidência do ICMS, uma vez que somente se aplica àquelas de natureza intermunicipal ou interestadual (art. 155, § 2º, I, "b", da CF). A conclusão dos serviços em local estranho ao território nacional afasta o nascimento do tributo.

Todavia, nem sempre é fácil delimitar a linha divisória entre transportes interno e fora do País, como é o caso dos serviços contratados por empresa nacional com destinatários no Exterior, em que somente os veículos permissionados (com autorização específica) têm condição (jurídica) de cruzar as fronteiras.

Trata-se de acordo firmado entre os países que integram o Cone Sul, que só autorizam alguns tipos de veículos e empresas, por razões de segurança de pesos e cargas. Por essa circunstância, a empresa de transporte — contratante do frete com o destinatário estrangeiro — vê-se compelida a fragmentar o referido transporte, uma vez que se encontra impedida de ultrapassar os limites do território nacional.

Esta situação peculiar tem ocasionado entendimento fazendário de que, contratado o redespacho para efetuar o serviço de transporte com início e fim em território brasileiro (interestadual ou intermunicipal), esta prestação será tributada normalmente pelo ICMS, pela ocorrência do fato gerador do imposto (art. 2º, IX, do Convênio ICM-66/88).

Por outro lado, também se entende que, no caso de o transporte ser realizado desde o local do estabelecimento exportador até o destinatário no Exterior (porta a porta), pelo mesmo transportador e com o mesmo veículo, tal execução não é alcançada pela tributação, posto que esta apenas recai sobre as prestações restritas ao território nacional.

Não se cogita de forma mista do contrato de transporte, pois, sendo ele único, assim como o veículo transportador, e cujo itinerário liga dois pontos extremados em países diferentes, é serviço de natureza internacional que extrapola o limite da incidência do texto constitucional. O fato de uma parte da execução encontrar-se compreendida na hipótese de incidência é meramente acidental, pela singela razão de que todo o percurso é que caracteriza a prestação internacional.

Convenço-me de que o transbordo não constitui uma nova prestação de serviços, mas, em realidade, mera continuidade de prestação iniciada no País. Não se cuida, propriamente, de dois contratos de transporte, mas de um único apenas, quadrando-se à modalidade sucessiva, isto é, quando a mercadoria, para alcançar o destino final, necessitar ser transportada em veículos da mesma modalidade de transporte (art. 8º, III, da Lei 6.288/75).

A regra constitucional invocada contém, de modo implícito e oblíquo, uma situação imunitória, vedando a incidência do ICMS nas prestações de serviços que não foram previstas (natureza internacional — local estranho ao nosso País). A razão dessa diretriz é elementar, pois tem por finalidade desonerar as exportações nacionais, facilitando o acesso das empresas nacionais ao mercado internacional. Esta a natural finalidade da falta de previsão de incidência do ICMS nos serviços de transporte destinados ao Exterior. Considerando-se a competência para legislar sobre o comércio exterior e interestadual (art. 22, VIII, da CF), torna-se irrelevante a prestação de serviços de transporte por uma ou mais empresas com efetivação (ou não) de transbordo para fins de desoneração do ICMS.

No entanto, é problemática a questão da incidência do ICMS relativamente à *importação de serviços*, tendo como tomador pessoa localizada em nosso território, uma vez que a Constituição Federal reza que o ICMS incidirá também sobre o *serviço prestado no Exterior*, cabendo o imposto ao Estado onde estiver situado o destinatário do serviço (art. 155, § 2º, IX, "a").

E o mesmo Convênio ICM-66/88 dispôs que, para efeitos de cobrança do imposto e definição do estabelecimento responsável, o local da operação é o do estabelecimento encomendante, no caso de tratar-se de serviços prestados ou iniciados no Exterior (art. 27, IV).

O fato de o inciso I, "b", do § 2º do art. 155 haver limitado a tributação aos serviços internos (interestadual e intermunicipal) não pode redundar no entendimento simplista de que não se poderia cogitar de ICMS sobre serviços advindos do Exterior, diante da expressa configuração constitucional.

Importante ressaltar que o STF — ao julgar a constitucionalidade do Adicional ao Frete para Renovação da Marinha Mercante, tendo também como fundamento o fato de não ser incompatível com a norma do art. 155, § 2º, IX, da CF — legitimou o entendimento de compatibilidade da dupla incidência sobre os serviços de transporte (AFRMM e ICMS), nos termos no RE 177.137-2-RS Pleno, sessão de 25.5.95).

E, no *âmbito municipal*, registra-se a obrigação pertinente ao ISS (Imposto sobre Serviços de Qualquer Natureza — art. 156, III, da CF), implementada pelo Decreto-lei 406, de 31.12.68, *verbis*:

"Art. 12. Considera-se local da prestação de serviço:

"a) o do estabelecimento prestador ou, na falta de estabelecimento, o do domicílio do prestador;

"b) no caso de construção civil, o local onde se efetuar a prestação."

Indaga-se: o comando legal inserto na alínea "a" poderia padecer de vício de inconstitucionalidade sob o fundamento de que estaria restringindo o exercício da competência dos Municípios, tendo em vista a autonomia que lhes é conferida para legislar sobre assuntos de interesse local, inclusive sobre tributo que lhes é exclusivo (art. 30, I e II, da CF)?

Trata-se, exemplificativamente, do caso em que há prestação de serviço de limpeza de prédio no Município *A* por empresa (ou profissional autônomo) cujo(s) estabelecimento(s) (sede, filial etc.) simplesmente encontra(m)-se localizado(s) em Município diverso (*B*).

Analisando esta temática, Roque Carrazza conclui que "o Imposto sobre Serviços de Qualquer Natureza (ISS) é sempre devido (e não só no caso de construção civil) no Município onde o serviço é positivamente prestado. É nesse Município, também, que devem ser cumpridos, pelo contribuinte, ou por terceiros a ele relacionados, os deveres instrumentais tributários" ("Breves considerações sobre o art. 12 do Decreto-lei n. 406/68", *RDT* 6/158).

Certamente, louva-se em outro estudo (*Autonomia Municipal e Tributação*, X Curso de Aperfeiçoamento em Direito Constitucional Tributário, Ed. RT, 1985, pp. 155-163), tendo em vista o peculiar interesse do Município (atual "interesse local" — inciso I do art. 30 da CF-88), ou seja, próprio, o especial, o particular, como ocorre nos casos de específicos fornecimentos domiciliares de água potável, serviços de coleta de lixo, calçamento de ruas e avenidas, fixação de mãos de direção e *arrecadação dos tributos locais*.

Pondera que "(...) cada Município, pelo seu Legislativo, dirá livremente o que é de seu peculiar interesse. Esta matéria, conforme já o demonstramos, não pode ser prefixada, porque os Municípios diferem entre si e o que é de peculiar interesse de um poderá não ser de outro; e vice-versa" (p. 160).

Arguta observação de Marçal Justen Filho no sentido de que "o aspecto espacial apenas poderia ser um único: o local da efetiva prestação de serviços (...) e que definir o local em que se concretiza fato imponível significa determinar a competência para sua tributação" ("ISS no tempo e no espaço", *Revista Dialética de Direito Tributário* 2/63). Pondera, ainda, que tal questão tem que ser compatível com a realidade, sob pena de produzir ficções jurídicas, infringindo o cunho meramente descritivo das hipóteses de incidência (p. 55).

Assinala-se que a *ficção jurídica* é a instrumentalização (criação legal) de uma situação inverídica (falsa), de forma a impor uma certeza jurídica, consagrando uma realidade (jurídica), ainda que não guarde consonância com a natureza das coisas, ou mesmo que altere títulos ou categorias de direito.

Nesse passo, é recomendável cautela na sua aplicação, como é o caso do preceito legal que equipara à exportação a remessa de bens (produtos e mercadorias) à Zona Franca de Manaus, que está modificando o conceito natural de exportação (saídas para fora do território nacional); o mesmo ocorrendo com a equiparação de pessoa física a jurídica, tendo em vista a habitualidade na prática de determinados negócios.

Evidentemente, o artificialismo jurídico não pode arranhar, comprometer, sequer tisnar os princípios e normas insculpidos na Constituição, de modo a alterar os elementos estruturadores da norma tributária, muito menos invalidar seu regime jurídico e os princípios esparramados ao longo de seu texto, inclusive, e especialmente, implicar invasão de competência tributária.

Esta a razão jurídica pela qual só se poderia aceitar com reserva a aventada *opção* política do legislador complementar objetivando evitar conflitos de competência tributária entre Municípios (serviços iniciados num Município e concluídos em outro; serviços executados em Municípios onde inexiste estabelecimento da empresa etc.), sob o suposto de que, "como toda ficção jurídica, trata-se de um produto inteiramente intelectual, que não corresponde à realidade mas que se apresenta como uma verdade abstrata, consagrada em lei, que deve ser respeitada" (Bernardo Ribeiro de Moraes, "O estabelecimento prestador para efeitos de incidência do ISQN", *Planejamento Fiscal — Teoria e Prática — Dialética*, 1995, pp. 18 e 19).

Procurando encontrar o verdadeiro significado para o vocábulo "estabelecimento'' — mediante interpretação sistemática entre o art. 12 do Decreto-lei 406/68 e os arts. 126 e 127 do CTN — Marçal Justen Filho firma a diretriz de que ''estabelecimento indica a '*unidade*' através da qual se desenvolve uma atividade apta a configurar um fato imponível (...) significa, portanto, fazer-se necessário examinar se o serviço foi prestado através da utilização de um complexo de bens (materiais e imateriais)...'', com o que ''ter-se-ia de reconhecer que a regra do art. 12, inciso I, não remete à 'sede' da pessoa jurídica para fixação da competência'' (p. 65).

Firma o jurista as conclusões seguintes:

''a) É relevante o local da *efetiva* prestação dos serviços.

''b) A regra do art. 12, inciso I, primeira parte, do Decreto-lei 406 conduz à competência do Município onde estiver localizada a unidade econômica utilizada para a prestação do serviço, mesmo que sem a formal existência de 'filial'.

''c) Há tendência jurisprudencial a ignorar o domicílio do prestador, dando maior relevância ao local da efetiva prestação do serviço.

''d) Não há uma solução precisa e definida no tocante a serviços preponderantemente intelectuais, havendo forte apoio para solucionar a questão pelo critério do domicílio do prestador do serviço.

''e) Não há solução precisa e definida para serviços intermunicipais tributáveis pelo ISS.

''f) Há margem de liberdade para o prestador deslocar a prestação do serviço para locais distintos dos domicílios próprio e do beneficiário'' (ob. cit., p. 69).

E, mesmo que só se aceite o princípio da *lex loci actus* — com assento constitucional — em oposição ao postulado da *lex domicili* — fruto de ficção jurídica — não se pode ignorar a realidade do mundo circundante, ou seja, diversificadas situações, como ausência, existência de um ou mais estabelecimentos e, ainda, participação de duas (ou mais) unidades empresariais, localizadas em Municípios diversos.

Nesse desiderato, procura-se encontrar um conceito de ''estabelecimento'', com rigoroso e científico cunho jurídico, uniformidade de pensamento e, sobretudo, dissipado de dúvidas, o que demanda esforço doutrinário e jurisprudencial para concluir pela solução correta (por óbvio, constitucional).

No curso de quase duas décadas da edição da legislação complementar, o Judiciário tem-se manifestado de modo diferenciado, parecendo conveniente apenas colacionar arestos recentes, que evidenciam a postura seguinte:

''Tributário — ISS — Sua exigência pelo Município em cujo território se verificou o fato gerador — Interpretação do art. 12 do Decreto-lei n. 406/68.

''Embora a lei considere local da prestação de serviço o do estabelecimento prestador (art. 12 do Decreto-lei n. 406/68), ela pretende que o ISS pertença ao Município em cujo território se realizou o fato gerador.

''É o local da prestação do serviço que indica o Município competente para a imposição do tributo (ISS), para que se não vulnere o princípio constitucional implícito que atribui àquele (Município) o poder de tributar as prestações ocorridas em seu território.

''A lei municipal não pode ser dotada de extraterritorialidade, de modo a irradiar efeitos sobre um fato ocorrido no território de Município onde não pode ter voga. Recurso provido indiscrepantemente'' (*RSTJ* 62/409-410).

''Tributário — ISS — Competência para imposição da obrigação fiscal — Local da prestação do serviço — Decreto-lei n. 406/68, art. 12.

"1. Para que a incidência do ISS, quanto ao fato gerador, considera-se local onde se efetiva a prestação do serviço, competindo ao Município do território da atividade constitutiva daquele fato a imposição do tributo.

"2. Municipalidade de precedentes jurisprudenciais.

"3. Recurso improvido" (Resp 720-MA, *DJU* 15.5.95, p. 13.365).

Em suma, significativa argumentação jurídica — em face de sua índole constitucional e prestigiadora do princípio federativo, da competência e autonomia das pessoas públicas — positiva o direito de ser devido o ISS no efetivo local da prestação dos serviços, embora o preceito encartado na lei complementar (que não teve decretada sua inconstitucionalidade) disponha em sentido diferenciado.

4. Conclusões

A norma jurídica deve, necessariamente, indicar o local de efetivação dos fatos geradores das obrigações tributárias, de conformidade com os critérios aplicáveis aos específicos impostos, taxas, contribuições de melhoria, empréstimos compulsórios e contribuições sociais.

O aspecto espacial pode considerar o domicílio, estabelecimento, fonte, território, origem e destino de bens, serviços e negócios envolvendo as pessoas jurídicas de direito público e os sujeitos passivos da obrigação, desde que sejam observadas as diretrizes fixadas na Constituição Federal consoante pautas tributárias.

O local da incidência tributária decorre da aplicação do princípio federativo, mediante a outorga de competências e autonomias à União, Estados, Municípios e Distrito Federal, que terão a exclusividade de instituir os seus respectivos tributos em seus espaços geográficos.

A territorialidade tributária significa a privatividade do direito de ser exercida a competência no âmbito exclusivo dos territórios das específicas pessoas políticas, segundo a rígida partilha constitucional e o respectivo âmbito material, amoldado pelas situações contempladas nos tratados internacionais.

COMPENSAÇÃO E AUTOLANÇAMENTO

ESTEVÃO HORVATH
Professor-Doutor de Direito Tributário da Pontifícia Universidade Católica de São Paulo, de Direito Financeiro da Universidade de São Paulo e Procurador do Estado de São Paulo

Motivou-nos a composição deste ensaio a circunstância de muito se falar, nos dias que ora correm, da compensação de créditos fiscais, especialmente após a sua autorização, na esfera dos tributos federais, em decorrência da edição da Lei 8.383/91.

Vários aspectos poderiam ser abordados com referência à matéria em tela, até porque, segundo cremos, a doutrina ainda não extraiu desse instituto, de forma suficiente, todas as implicações que ele suscita.

Como não pretendemos esgotar o tema, cingir-nos-emos a cogitar da imbricação da compensação com o denominado lançamento "por homologação", não sem primeiramente tratar, ainda que perfunctoriamente, do instituto da compensação na Teoria Geral do Direito e no campo específico do Direito Tributário.

1. A compensação no Código Tributário Nacional

O Código Tributário Nacional contempla a compensação como forma de "extinção do crédito tributário".[1] Reza o art. 156 desse compêndio legislativo:

"Art. 156. Extinguem o crédito tributário:

"I — o pagamento;

"II — a compensação;

"(...)."

Cuidando mais pormenorizadamente do instituto em tela, o art. 170 do mesmo diploma dispõe: "Art. 170. A lei pode, nas condições e sob as garantias que estipular, ou cuja estipulação, em cada caso, atribuir à autoridade administrativa, autorizar a compensação de créditos tributários com créditos líquidos e certos, vencidos ou vincendos, do sujeito passivo contra a Fazenda Pública".

A primeira ordem de cogitações que se poderia estabelecer diz com a possibilidade de o Código Tributário Nacional dispor, de forma vinculante não somente à União, mas também a Estados, Distrito Federal e Municípios, sobre esta figura que, de resto, já encontra regramento na Lei Civil.

Sem entrarmos nas testilhas acadêmicas que buscam fixar o papel da lei complementar em matéria tributária — até porque não é este o objeto deste estudo —, partiremos de que referida lei tem autorização constitucional para fazê-lo. A uma, pois reza o art. 24 da CF, em seu inciso I, competir à União, aos Estados e ao Distrito Federal *legislar concorrentemente* sobre Direito Tributário. Nesse mister, quando o legislador da União (no caso, mais propriamente, o legislador *nacional*) emitir regras sobre esta

1. Não entraremos, aqui, na discussão acerca da distinção elaborada pelo Código entre obrigação e crédito tributário, deixando, porém, registrada nossa opinião no sentido de que o que se constitui, assim como o que se extingue, é obrigação, e não somente o crédito, já que não parece logicamente possível a existência de obrigação sem crédito.

parcela do Direito, deverá limitar-se a estabelecer *normas gerais*, consoante proclama o § 1º do mesmo dispositivo. A duas, porquanto o art. 146 da Lei Maior diz caber à lei complementar (aqui também, claramente, lei de caráter *nacional*, e não simplesmente federal) estabelecer normas gerais em matéria de legislação tributária, *especialmente sobre "obrigação*, lançamento, *crédito*, prescrição e decadência tributários" (art. 146, III, "b", da CF).

Também abstendo-nos de tecer maiores comentos acerca da infeliz distinção elaborada pelo legislador do Código Tributário entre obrigação e crédito (como se, no plano lógico, fosse possível existir uma sem o outro), o fato é que a obrigação se extingue, dentre outros modos, mediante a compensação. Assim, quer se entenda pela extinção da obrigação ou pelo desaparecimento do crédito, isto poderá ser objeto de tratamento pelo legislador do Estado brasileiro (que, coincidentemente, é o mesmo da pessoa política União), por força do que dispõe o Texto Magno, consoante já exposto acima. A peculiaridade com relação a estas normas gerais em Direito Tributário é que elas devem ser veiculadas por meio de lei complementar, ao revés do que acontece com relação a outras matérias relacionadas no art. 24 da CF, para a maioria dos quais basta lei ordinária (também de caráter nacional).

A compensação é figura pertencente à Teoria Geral do Direito, e não somente ao Direito Tributário. Entretanto, diferentemente do que ocorre no Direito Privado, a compensação de créditos tributários somente se pode dar *ex lege*. Assim, depende, no Direito Tributário, de lei específica da pessoa política competente para tributar. Na hipótese ora versada, temos lei da pessoa política União autorizando a compensação de tributos de sua competência. De fato, a Lei federal 8.383/91 assim dispôs no seu art. 66, com a redação atualmente vigente:

"Art. 66. Nos casos de pagamento indevido ou a maior de tributos, contribuições federais, inclusive previdenciárias, e receitas patrimoniais, mesmo quando resultante de reforma, anulação, revogação, ou rescisão de decisão condenatória, o contribuinte poderá efetuar a compensação desse valor no recolhimento de importância correspondente a período subseqüente.

"§ 1º. A compensação só poderá ser efetuada entre tributos, contribuições e receitas da mesma espécie.

"§ 2º. É facultado ao contribuinte optar pelo pedido de restituição.

"§ 3º. A compensação ou restituição será efetuada pelo valor do tributo ou contribuição ou receita corrigido monetariamente com base na variação da UFIR.

"§ 4º. As Secretarias da Receita Federal e do Patrimônio da União e o Instituto Nacional de Seguro Social — INSS expedirão as instruções necessárias ao cumprimento do disposto neste artigo."

Como se sabe, a compensação nada mais é que um encontro de contas: há duas relações jurídicas distintas, onde o credor de uma é devedor da outra, e vice-versa, ou, nos dizeres da Lei Civil, "se duas pessoas forem ao mesmo tempo credor e devedor uma da outra, as duas obrigações se extinguem, até onde se compensarem" (art. 1.009 do CC). É evidente que, no que diz com o Direito Tributário, onde o crédito da Fazenda Pública é indispensável, em virtude de os bens e direitos públicos o serem, o disciplinamento haveria de ser diferente daquele aplicável aos créditos privados. Inexiste, por exemplo, a compensação de créditos tributários de caráter convencional; é ela sempre decorrente de lei.

O Código Tributário Nacional, como já se viu, na qualidade de "norma geral de Direito Tributário" (art. 146, III, da CF), previu o instituto de forma dependente de lei. De resto, não poderia ser de outro modo, já que tratar da disponibilidade de *coisa pública* somente cabe ao seu dono, que é o povo, em última análise, por intermédio de ato que expresse a sua vontade.

A lei pode autorizar a compensação, mediante condições que estipule, ou deixar tal estipulação à autoridade administrativa, em cada caso. Não cremos que nesta segunda hipótese se possa falar em compensação convencional, pois não se cuida de ato administrativo ao alvedrio do agente administrativo competente, mas sim de ato plenamente vinculado, porquanto, presente as condições e eventuais garantias que a lei autorizadora requeira, a autoridade administrativa *está obrigada* a autorizar a compensação a que o contribuinte faz jus.

De toda sorte, a hipótese ora analisada cogita de autorização legal para a compensação *automática* de débitos tributários federais, na forma prevista pela Lei 8.383/91.

Segundo Paulo de Barros Carvalho, "quatro requisitos são necessários à compensação: a) reciprocidade das obrigações; b) liquidez das dívidas; c) exigibilidade das prestações; e d) fungibilidade das coisas devidas".[2] A peculiaridade que mais chama a atenção na compensação de créditos tributários é a possibilidade de que a mesma se efetive com créditos vincendos (art. 170 e parágrafo único do CTN), ao contrário do que ocorre no Direito Privado (art. 1.010 do CC).

Ocupar-nos-emos, doravante, daquilo que realmente é o principal objeto de nosssa preocupação neste ponto, qual seja, a *liquidez* do crédito a ser compensado.

Com efeito, conforme se viu, um dos requisitos inerentes ao instituto em tela (também no atinente ao Direito Tributário) é a liquidez do débito. É que corre entendimento jurisprudencial segundo o qual, "para ter direito à compensação, no entanto, não basta o sujeito passivo da obrigação tributária entender que pagou o tributo ou a contribuição indevidamente ou a maior, mas há de ter seu crédito reconhecido pela Administração Fazendária ou por decisão judicial transitada em julgado, tendo em vista o indispensável magistério jurisprudencial sobre só ser possível haver compensação quando o crédito seja líquido e certo".[3]

Tal entendimento jurisprudencial nos possibilita estudar a questão posta em exame sob alguns aspectos que reputamos de extrema importância para aproximar o real alcance da matéria. O primeiro deles refere-se ao conceito de pagamento indevido.

Pagamento indevido, no dizer de Maria Helena Diniz, "é uma das formas de enriquecimento ilícito, por decorrer de uma prestação feita por alguém com o intuito de extinguir uma obrigação erroneamente pressuposta, gerando ao *accipiens*, por imposição legal, o dever de restituir, uma vez estabelecido que a relação obrigacional não existia, tinha cessado de existir ou que o devedor não era o *solvens* ou o *accipiens* não era o credor".[4] Vislumbra a ilustrada professora, ainda, duas espécies de pagamento indevido. Ter-se-á um "*pagamento objetivamente indevido* quando o sujeito paga uma dívida inexistente, por não haver qualquer vínculo obrigacional, ou um débito existente, mas que já foi extinto". Estar-se-á, por outro lado, diante de um *pagamento subjetivamente indevido* de um débito existente "se ele for feito por quem erroneamente se julgava devedor".[5] Estes

2. *Curso de Direito Tributário*, 6ª ed., Saraiva, 1993, p. 307.

3. Cf. despacho do Juiz Leite Soares, Presidente do TRF-1ª Região, na SSeg 95.01.27386-5/GO, in *Revista Dialética de Direito Tributário* 3, 110-111.

4. Maria Helena Diniz, *Curso de Direito Civil Brasileiro — Teoria Geral das Obrigações*, v. 2º/200, Saraiva, 1983.

5. Idem, ibidem.

ensinamentos, extraídos do exame do Direito Privado, com as particularidades que o Código Tributário Nacional traz, são também aplicáveis ao Direito Tributário, já que são escólios sedimentados ao longo dos séculos e pertencem, em rigor, à Teoria Geral do Direito, e não somente ao Direito Civil.

É certo que o regime de direito público a que estão submetidos os créditos tributários faz com que não se lhes possa aplicar, sem maiores cautelas, as considerações doutrinárias expendidas para os créditos de natureza privada. Deveras, o princípio da indisponibilidade dos bens e interesses públicos, informador de todo o Direito Público, serve como vetor para a interpretação de todos os institutos pertencentes a este âmbito do Direito. No entanto, este raciocínio não pode servir para distinguir ali onde a lei não distinguiu.

A Lei 8.383/91 autorizou a compensação de tributos e receitas patrimoniais, desde que pagas indevidamente ou a maior.[6] Não exigiu o reconhecimento prévio do credor, no caso, a Fazenda Pública Federal, da existência ou do importe desse pagamento indevido. Lembramos aqui, apesar de despiciendo, a máxima da Hermenêutica segundo a qual, "onde a lei não distingue, é vedado ao intérprete distinguir".

Sem embargo do que acabamos de referir, é compreensível a preocupação dos defensores desse pensamento, pois devem eles se perguntar: como se poderá ter certeza de que o contribuinte efetivamente pagou indevidamente? Vale simplesmente a palavra de quem diz que efetuou pagamento indevido?

Isto ocorre devido a que a Fazenda Pública não teria "convalidado" o crédito do contribuinte. Entretanto, devemos ter presente que, no mais das vezes, a compensação a ser efetuada se dá com relação a créditos relativos a pagamento de tributos sujeitos a lançamento "por homologação". Com efeito, os tributos e contribuições federais estão, hoje em dia, na sua imensa maioria, subordinados a esse tipo de lançamento.

2. *O "autolançamento" tributário*

Como é sabido, nessa modalidade de lançamento, o sujeito passivo é quem realiza praticamente toda a atividade de apuração do tributo. Por esta razão, preferimos, apesar de criticável a expressão, nominá-lo de "autolançamento".[7] Na realidade, todavia, é o sujeito passivo que efetua todos os atos tendentes à obtenção do *quantum debeatur*, examinando seu enquadramento na lei tributária como devedor, procedendo a eventuais cálculos matemáticos, até chegar ao importe devido e, finalmente, ao recolhimento do tributo. É ele, enfim, que realiza toda atividade que, talvez, num determinado momento histórico, foi pensada para ser desempenhada pela Administração Tributária, coisa que, na sociedade moderna, seria totalmente impraticável, devido à complexidade das relações empresariais e profissionais hoje existente.

6. Sempre nos causaram certa perplexidade os dizeres da lei tributária (art. 165 do CTN e art. 66 da Lei 8.383/91) quando se reporta a tributos pagos indevidamente ou *a maior*. Quer-nos parecer uma desnecessária redundância o uso dessa segunda expressão, porquanto tributo pago "a maior" ou "a menor" é sempre tributo indevido. Com efeito, tratando-se de obrigação *ex lege*, nem o Fisco pode exigir um centavo a mais do que a lei determina, nem o contribuinte pode recolher sequer um centavo a menos do *quantum* por essa lei exigido.

7. Talvez a crítica mais procedente contra o uso do termo "autolançamento" para designar esta modalidade que o Código Tributário Nacional denomina "lançamento por homologação" seja a circunstância de o próprio Código rezar que este ato (e não procedimento) administrativo é privativo da autoridade administrativa (art. 142, *caput*), e daí não poder o contribuinte "autolançar" o tributo.

Assim, parece-nos que o nome que melhor espelha a atuação do contribuinte na apuração do tributo devido é exatamente o de *autolançamento*. A participação do Fisco resume-se, na realidade dos fatos, à fiscalização dos atos praticados pelo sujeito passivo, ao contrastar declaração ou informações erroneamente prestadas, ao apurar tributo de valor diferente daquele pago ou declarado pelo contribuinte etc. Em suma, o que o sujeito passivo faz é nada mais, nada menos, do que faria a Administração Tributária na hipótese de o lançamento ser do tipo "direto".

Deve-se deixar registrado que não é tecnicamente apropriada a denominação pela qual optamos somente pelo fato de o Código Tributário Nacional ter estabelecido que o lançamento é privativo da Administração (v. nota 7). Para não parecer incoerente, os autores desta lei buscaram salvar uma situação insanável logicamente, mediante a criação — que reputamos genial — do "lançamento por homologação" (art. 150 do CTN).[8] Segundo referido artigo, o que ocorre nesse tipo de lançamento é a *antecipação do pagamento* do tributo sem prévio exame da autoridade administrativa. Evidentemente, esta figura da *antecipação* foi elaborada com o intuito de reforçar a idéia de que o tributo somente pode ser exigido — e, portanto, pago efetivamente — após a manifestação do Fisco. Todavia, todos sabemos que, na realidade, existem tributos que prescindem de lançamento no sentido que o Código Tributário Nacional empresta a este, podendo ser apurados e pagos independentemente de qualquer ato administrativo. E estes tributos representam a maioria em nosso ordenamento jurídico hodiernamente.

Ora, se, no autolançamento, o sujeito passivo pratica o fato imponível, qualifica-o, examinando a legislação competente — o que nem sempre é tarefa fácil —, nela fazendo o seu enquadramento, e, finalmente, recolhe o *quantum* devido, como é possível que não se lhe reconheça este pagamento efetuado para efeitos de, posteriormente, quando e se for o caso, compensá-lo com outro débito tributário?

No mais das vezes, como já restou dito, nos tributos sujeitos ao autolançamento — como é o caso das contribuições sociais, por exemplo —, ocorre a *homologação tácita* do pagamento realizado. Raras são as situações em que o Fisco efetua a homologação expressa daquele pagamento "antecipado". Após cinco anos (salvo prazo fixado diferentemente pela lei instituidora do tributo) da ocorrência do fato imponível, e salvo se tenha havido dolo, fraude ou simulação, o "lançamento" (pagamento antecipado) considera-se homologado (tacitamente) e *extinto definitivamente* o pagamento (art. 150, § 4º, do CTN).

A atuação da Fazenda Pública, nestas circunstâncias, é no sentido de fiscalizar a "atividade autolançadora" do contribuinte, controlando o seu proceder. Evidentemente, toda vez que se depare com alguma incorreção ou irregularidade, tem o dever de ofício de proceder a um lançamento direto (ou "de ofício" — art. 149 do CTN). O fato de o Fisco não se manifestar não significa — e nem poderia significar — que "falta alguma coisa" ao tributo autolançado, ou, em outras palavras, que o crédito referente ao tributo recolhido é incerto ou não é líquido. O próprio Código Tributário Nacional proclama que o pagamento "antecipado" realizado pelo sujeito passivo *extingue o crédito*, "*sob condição resolutória*" (art. 150, § 1º).

8. A apontada "incoerência" não é privilégio do legislador tributário brasileiro. Para o Direito espanhol, também, dentre outros, o lançamento é ato privativo da Administração, embora preveja, concomitantemente, o autolançamento (*autoliquidación*). Conforme Estevão Horvath, *La Autoliquidación Tributaria*, tese de doutoramento apresentada perante a Universidade Autônoma de Madri em maio de 1991, pp. 91 e ss., inédita.

Ora, sendo assim, até manifestação contrária do Fisco dentro do lapso decadencial legalmente estipulado, o pagamento feito pelo sujeito passivo em decorrência de um autolançamento já extinguiu o crédito.[9] Não tendo o legislador tributário estabelecido outra conceituação de "condição resolutória" (ou resolutiva) — se é que o poderia fazer —, sua definição é a mesma aplicável ao Direito Civil e a todo o Direito.

Destarte, ainda quando apurado o tributo e pago pelo contribuinte sem prévio "controle" por parte da Fazenda Pública, o débito existiu — e, portanto, *é certo* e também *líquido*, já que, se não o fora, o sujeito passivo não teria como recolher aos cofres públicos o importe que houvesse apurado a título de tributo. Isto não quer dizer que o Fisco tem de aceitar o valor pago pelo contribuinte como sendo perfeito, pois pode, como já referimos acima, fiscalizar e, eventualmente, proceder a um novo lançamento relativamente ao mesmo fato antes sujeito ao autolançamento; só que, aí, estaremos diante de uma outra situação e, em todo caso, a Fazenda Pública poderá cobrar eventual saldo de tributo, além de aplicar as penalidades determinadas pela lei.

Sempre que houver pagamento decorrente de tributo sujeito a "lançamento por homologação", por expressa determinação legal este pagamento será válido e eficaz até prova em contrário (que poderá ocorrer, aí, sim, mediante a manifestação do Fisco, pelas vias próprias). A relação jurídico-tributária, em casos que tais, extinguir-se-á — "sob condição resolutória" — com o pagamento realizado pelo sujeito passivo. Assim, não há que se falar em falta de liquidez e certeza do crédito tributário, que estaria a impedir a compensação com outro.

A nós parece que o que subjaz a entendimentos como aquele aqui comentado é a existência de certos preconceitos por parte de certos segmentos não só da doutrina mas, também — e talvez, principalmente —, da jurisprudência. Um argumento que estaria a justificar tal proceder é a aplicação do princípio *in dubio pro fisco*. Entretanto, não obstante a possível invocação dessa máxima nos quadrantes do Direito Tributário, temos para nós que haverá de prevalecer, ao menos em situações como a que ora se analisa, a presunção de boa-fé do contribuinte ao desenvolver atuação de relevo ao atingimento do interesse público, como é o caso do lançamento tributário.

Com efeito, o contribuinte, ao proceder ao "lançamento por homologação", estará desempenhando atividade que, num princípio, deveria ser cometida à Administração Tributária. No exercício dessa atividade, na parte relativa à apuração do *quantum* de tributo a pagar, ele pode equivocar-se — como, de resto, pode acontecer também com o Fisco — e chegar a importe diferente daquele que seria cabível. Isso, contudo, não pode significar, à evidência, que o valor por ele apurado é ilíquido.

Em suma, o que pretendemos deixar evidenciado é o fato de que a compensação, desde que cumpridas as exigências legais para a sua efetivação, não pode ser impedida por razões externas à própria lei que a autorizou. Na hipótese examinada, a Lei 8.383/91 não condicionou a compensação à prévia manifestação do Fisco quanto ao crédito que o contribuinte pretenda considerar, senão que, ao revés, deixou claro que este último "poderá efetuar a compensação (...) no recolhimento de importância correspondente a período subseqüente" (*caput*

9. Com efeito, dispõe nosso Código Civil, acerca da condição resolutória (ou, como este a trata, resolutiva): "Art. 119. Se for resolutiva a condição, enquanto esta se não realizar, vigorará o ato jurídico, podendo exercer-se desde o momento deste o direito por ele estabelecido; mas, verificada a condição, para todos os efeitos, se extingue o direito a que ela se opõe".

do art. 66, *in fine*). Assim, desde que se cuide de tributos, contribuições e receitas da mesma espécie, poderá a compensação acontecer, independentemente de verificação anterior da Administração Fiscal do crédito utilizado pelo sujeito passivo tributário.

É óbvio, também, por outro lado, que a regulamentação deste diploma legal pelas Secretarias da Receita Federal e do Patrimônio da União e pelo Instituto Nacional de Seguro Social — INSS não poderá ir além do que já foi determinado *ex vi legis*, sob pena de extrapolar os limites da função regulamentar. Isso significa que estas entidades não podem exigir prévia verificação do crédito do contribuinte para efeito de compensação, outro tanto se podendo dizer, com muito maior razão, da jurisprudência.

Tal conclusão não deve causar estranheza, pois não se estará aceitando qualquer quantia não controlada previamente pelo Fisco, mas simplesmente se trata de aceitar as presumidas correções do tributo pago e boa-fé do contribuinte, a qualquer tempo controlável pelos procedimentos normais de fiscalização dos tributos, com as conseqüências materiais e sancionatórias legalmente previstas para todos os casos de incorreção de apuração do débito e de má-fé.

CONSTITUIÇÃO, SEGURANÇA JURÍDICA E MEDIDAS PROVISÓRIAS

ANNA EMÍLIA CORDELLI ALVES
Professora da Pontifícia Universidade Católica de São Paulo e
Procuradora do Município de São Paulo

Muito se tem falado sobre a necessidade de se alterar dispositivos constitucionais a fim de garantir o que o Governo Federal tem chamado de "governabilidade".

Sem adentrar o mérito das mudanças pretendidas, até porque não é sobre esse tema que pretendemos discorrer, seria de todo conveniente pensar-se na necessidade de proceder a alterações no quanto disposto no art. 62 da CF, tendo em vista o uso incorreto que, nos últimos anos, o Poder Executivo Federal vem dando às chamadas medidas provisórias.

A nosso ver, tal alteração apresenta-se como absolutamente necessária, em razão do mesmo argumento deduzido pelo Governo ao sustentar as reformas constitucionais ora em curso: *garantia da governabilidade*.

De fato, de acordo com o art. 1º da CF, o Brasil é uma "República Federativa, formada pela União indissolúvel dos Estados e Municípios", e, ainda, de acordo com o parágrafo único do mesmo dispositivo constitucional, "todo o poder emana do povo, que o exerce por meio de representantes eleitos ou diretamente".

Diz, ainda, a Constituição que esse poder deve ser exercido pelos Poderes Legislativo, Executivo e Judiciário, nos estritos termos de suas normas.

Assim, no dizer de Roque Carrazza, "são detentores do poder político, sempre '*secundum constitucionem*' *e em nome do povo*, os legisladores (senadores, deputados federais, deputados estaduais, deputados distritais e vereadores) e os membros eleitos do Poder Executivo (presidente e vice-presidente da República, governadores e vice-governadores de Estado, governador e vice-governador do Distrito Federal e prefeitos e vice-prefeitos de Municípios)" (*Curso de Direito Constitucional Tributário*, 8ª ed., Malheiros Editores, 1996, p. 42).

Devem, pois, os poderes constitucionais exercer suas competências em obediência estrita aos ditames constitucionais, sob pena de comprometer toda a estrutura de poder e de governo.

A Constituição Federal consagra o *princípio da segurança jurídica*.

Trata-se de um supraprincípio que, em especial no que diz respeito às normas tributárias, repousa nos *princípios da legalidade, anterioridade* e *irretroatividade*.

Assim, de acordo com o princípio geral da legalidade, ninguém será obrigado a fazer ou deixar de fazer, senão em virtude de lei (art. 5º, II da CF).

Este princípio, em razão de sua importância e magnitude, é reproduzido no capítulo do "Sistema constitucional tributário", de forma específica, vale dizer, "é vedado à União, aos Estados, ao Distrito Federal e aos Municípios, exigir ou aumentar tributo sem lei que o estabeleça" (art. 150, I).

Quando a Constituição Federal fala em *lei*, está utilizando a expressão em seu sentido estrito, querendo significar aquele instrumento posto no mundo jurídico pelo Poder Legislativo, com a sanção do Presidente da República.

Nesse sentido, cabe, ainda mais uma vez, lembrar as lições de Roque Carrazza:

"Lembramos que, entre nós, existe um princípio de *submetimento* do legislador à Constituição; é ele que determina a própria validade da lei.

"As leis só são válidas quando produzidas *dentro da Constituição* e, além disto, *de acordo com seus grandes princípios*.

"À vista de todo o exposto, o princípio da legalidade, no que pertine à instituição ou ao aumento de tributos, manifesta-se, entre nós, como *princípio da reserva absoluta da lei formal* (...)" (ob. cit., p. 162).

Assim somente a lei em sentido estrito é que pode criar direitos e obrigações.

É bem verdade que o legislador constituinte, ao dispor no art. 62 sobre a medida provisória, deixou em aberto, ao contrário da disciplina constitucional anterior sobre o decreto-lei, o alcance do conteúdo de tais atos normativos.

Entretanto, como toda e qualquer interpretação científica de texto constitucional deve ser, no dizer do nosso saudoso mestre Geraldo Ataliba, abrangente e sistemática, isto é, inspirada pelos princípios máximos do sistema constitucional, não podemos afirmar que as medidas provisórias não encontrem restrições em sua edição.

Assim, ainda que dotadas de "força de lei", tal não significa que possam versar qualquer matéria. Seu conteúdo encontra, pois, como veremos adiante, e ao contrário do que possa parecer à primeira vista, limites que devem ser observados.

Entretanto, antes de fixarmos o alcance de seu conteúdo, faz-se necessário analisar a *preliminar de cabimento da medida provisória*.

Nesse sentido, em seu art. 49, a Constituição Federal assim dispõe, em seu inciso XI:

"Art. 49. É da *competência exclusiva* do Congresso Nacional: (...) XI — zelar pela preservação de sua competência legislativa em face da atribuição normativa dos outros Poderes" (grifos nossos).

Com esse dispositivo quis o legislador constituinte impedir que outro Poder exercesse indevidamente a competência legislativa atribuída ao Poder Legislativo — e mais: responsabilizou o próprio órgão legiferante máximo, o Congresso Nacional, pela preservação de tal competência.

Assim, quando o Poder Executivo edita uma medida provisória, deve necessária e preliminarmente atender aos requisitos da relevância e urgência. Atente-se para o fato de que tais requisitos são *cumulativos*, vale dizer, ambos devem estar presentes para legitimar constitucionalmente a adoção da medida provisória.

Parece claro, pois, que compete ao Congresso Nacional, antes de apreciar o mérito da medida provisória, constatar a obediência aos pré-requisitos da urgência e relevância, no exercício da competência constitucional que lhe atribui o art. 49, XI.

De fato, ao analisar, preliminarmente, a presença de tais pressupostos estará zelando por sua competência legislativa, posto que, uma vez ausentes aqueles requisitos, tem-se, inapelavelmente, a invasão, pelo Poder Executivo, da sua competência legislativa.

Claro está que, se o Congresso Nacional exercer diligentemente tal atribuição constitucional, grande parte das medidas provisórias editadas pelo Poder Executivo poderiam desde logo ser rejeitadas pelo Poder Legislativo, sem gerar qualquer transtorno para o administrado, vale dizer, sem ameaçar a sua segurança jurídica, postulado básico garantido pela Constituição e, ultimamente, tão vilipendiado.

Assim, não obstante a obviedade da afirmação, é preciso lembrar e despertar o Congresso Nacional para que, na qualidade de representante do povo, não olvide, como vem fazendo nos últimos anos, o fato de que "a utilização da medida provisória, por constituir exceção derrogatória do postulado da divisão funcional do poder, subordina-se, em seu processo de conversão legislativa, à vontade soberana do Congresso Nacional" (STF, Pleno, ADInconst 293-7-DF, medida liminar, rel. Min. Celso de Mello, *DJU* 16.4.93, p. 6.429, ementa oficial).

Constata-se, pois, que, contrariando a dicção constitucional exposta com clareza meridiana pelo Min. Celso de Mello, o Congresso vem desempenhando suas funções subvertendo completamente a ordem jurídica máxima e — por que não dizer? — *subordinando-se à "vontade soberana do Presidente da República"*.

Para demonstrar o abuso que o Poder Executivo vem perpetrando com a anuência ou pelo menos omissão do Congresso Nacional, lembremo-nos dos seguintes números: "De 5 de outubro de 1988 a 24 de março de 1995 foram editadas 955 medidas provisórias, numa média de 12,4 medidas provisórias por mês, contra 2.481 decretos-leis editados sob o regime autoritário (outubro/69 a setembro/88), numa média de 10,9 por mês" (cf. *Jornal do Advogado* 203/9, 1995).

Postas essas premissas básicas, voltemos à análise do conteúdo das medidas provisórias, em especial — que é o que nos interessa de perto — sobre a possibilidade de medida provisória instituir ou aumentar tributos.

Nesse sentido, assim dispõe o art. 48, I, da CF ao tratar da lei tributária: "Art. 48. Cabe ao Congresso Nacional, com a sanção do Presidente da República, não exigida esta para o especificado nos arts. 49, 51 e 52, dispor sobre todas as matérias de competência da União, especialmente sobre: I — *sistema tributário*, arrecadação e distribuição de rendas".

Como se vê, o legislador constitucional colocou todas as normas tributárias sob reserva absoluta de lei, dispensando da sanção presidencial apenas aquelas matérias de competência exclusiva do Congresso Nacional (art. 49), da competência privativa da Câmara dos Deputados (art. 51) e do Senado Federal (art. 52).

Matéria tributária deve, pois, ser tratada por lei em sentido estrito, vale dizer, no seu sentido orgânico-formal.

Poder-se-ia argumentar que, como o art. 62 não vedou a edição de normas tributárias, estaria, pois, autorizada a utilização de medida provisória para tal fim.

A respeito dessa questão pouco resta falar, posto que vários trabalhos jurídicos, de alta qualidade científica, foram escritos a respeito da matéria, esgotando, e equacionando com perfeição, a análise do problema jurídico posto.

Nesse sentido, não podemos deixar de mencionar a análise que Roque Carrazza consignou no seu *Curso de Direito Constitucional Tributário* (pp. 176-184).

O ilustre Jurista, ao analisar o alcance da medida provisória em matéria tributária, lembra que: "Com efeito, os empréstimos compulsórios (todos eles), tanto quanto os impostos da competência residual da União (art. 154, I, da CF), só podem ser instituídos ou aumentados por meio de lei complementar. A lei complementar é o único instrumento adequado para regular o assunto" (ob. cit., p. 181).

E, mais adiante, a respeito das contribuições sociais para a seguridade social:

"Também as 'contribuições sociais para a seguridade social' não aceitam as medidas provisórias. É certo que obedecem a uma *anterioridade especial*, já que as leis que os instituírem ou aumentarem só podem ter eficácia 90 dias após publicadas (cf. art. 195, § 6º, da CF).

"(...)

"Portanto, a urgência e a relevância, no que concerne às 'contribuições socias para a seguridade social', são atendidas com a mencionada *vacatio legis* de 90 dias, e não com a edição de medidas privisórias" (ob. cit., pp. 182 e 183).

E conclui, ainda, que não podem ser nem criados nem aumentados por meio de medidas provisórias: "a) os tributos submetidos ao princípio da anterioridade, até os 45 dias imediatamente anteriores ao término do exercício financeiro; b) os tributos que, nos termos do § 1º do art. 150 da CF, não precisam obedecer ao princípio da anterioridade" (ob. cit., p. 163).

Conforme assinalado anteriormente, o *princípio da anterioridade*, consagrado pela Constituição Federal em seu art. 150, III, "b", configura-se, ao lado do princípio da legalidade e irretroatividade, como um dos pilares do megaprincípio da segurança jurídica.

A relação entre esse princípio e a criação de tributos por medidas provisórias é tratada de forma magistral pela professora Misabel Derzi em trabalho publicado na *RDT* 45/130 e ss., a saber: "Ao conceder ao Presidente da República a faculdade de adotar medidas provisórias, com força de lei, em caso de relevância e urgência, a Constituição Federal disciplinou espécie de ato normativo, antinômico ao princípio da anterioridade das leis fiscais" (p. 132). E, mais adiante: "Movimentos contrários, diametralmente opostos, surgem límpidos e indiscutíveis da Constituição. Medidas provisórias, convertidas em lei, são lei que goza de eficácia antecipada à própria existência, e, claro, à publicação. Lei ordinária ou complementar, instituidora ou majoradora de tributo, embora aprovada pelo Poder Legislativo, sancionada e publicada, tem sua eficácia e aplicabilidade, automaticamente, adiadas" (p. 133).

Afirma ainda a autora que as exceções estabelecidas ao princípio da anterioridade referentes aos impostos incidentes sobre a importação e a exportação, sobre produtos industrializados e sobre as operações de crédito, câmbio e seguro, ou relativas a títulos e valores mobiliários (art. 153, I, II, IV e V), no que tange à graduação de alíquota, estão disciplinadas pela própria Constituição Federal. Nesse sentido afirma Misabel Derzi: "A *relevância* e a *urgência, em tais circunstâncias* são de tal ordem prevalentes sobre a segurança e a previsibilidade que a Constituição concebeu ao Poder Executivo a faculdade bem mais ampla e genérica de emitir atos administrativos de graduação de alíquotas" (p. 136).

E, ainda: "Em tais hipóteses, se o Presidente da República editar medidas provisórias, fá-lo-á renunciando a campo de competência própria do Executivo, já que os atos normativos da Administração Pública, que não se submetem à apreciação do Congresso Nacional, seriam suficientes e válidos para regular a matéria" (p. 136).

E conclui, com precisão: "Não pode prevalecer, nas circunstâncias históricas atuais, interpretação autoritária, não só contrária à letra da Constituição, como anacrônica, própria de período revolucionário ultrapassado. Afinal, qualquer sistema tributário é bom se resultar do consentimento daqueles que o suportam. *Era preciso restabelecer, em sua plenitude, o princípio da legalidade formal e material, sem os limites e restrições existentes* nos decretos-lei e nas atuais medidas provisórias" (grifos nossos) (p. 140).

Assim, conforme fartamente demonstrado por abalizada doutrina, grandes são os limites impostos pelos princípios constitucionais gerais e princípios constitucionais tributários à utilização de medida provisória para regular matéria tributária, especialmente a criação e aumento de tributos.

Ao lado da análise dos pressupostos constitucionais e do conteúdo da medida provisória, outra questão merece análise minuciosa, em razão da pouca importância com que vem sendo tratada não só pelos Poderes constituídos, como por toda a classe jurídica. Trata-se da reedição da medida provisória.

A reedição tem sido expediente inconstitucional utilizado pelo Poder Executivo, contra o qual algumas poucas vozes têm-se levantado.

De fato, a Constituição Federal veda a reedição de medida privisória, ao estabelecer que, uma vez adotada pelo Presidente da República, deverá a mesma ser submetida ao Congresso Nacional, que, no prazo de 30 dias, a converterá em lei ou a rejeitará. Nesse sentido o disposto no parágrafo único do art. 62: "Parágrafo único. As medidas provisórias perderão eficácia, desde a edição, se não forem convertidas em lei no prazo de 30 dias, a partir de sua publicação, devendo o Congresso Nacional disciplinar as relações jurídicas delas decorrentes".

Estabeleceu, pois, o legislador constituinte dois comportamentos possíveis ao Congresso Nacional: um ato de aprovação da medida provisória ou um ato omissivo que implica, no 31º dia, a rejeição da medida provisória e cassação de sua eficácia.

A adoção de qualquer um dentre os dois comportamentos importa manifestação de vontade política do Poder Legislativo.

Ora, parece cristalino que, ao adotar comportamento omissivo legitimado constitucionalmente, está o Poder Legislativo manifestando-se contrariamente à conversão da medida provisória em lei, o que, no Estado de Direito, impede definitivamente o Poder Executivo de renovar o teor da medida provisória, ainda que para legitimar esse comportamento inconstitucional utilize artifícios pouco recomendáveis, como algumas alterações do texto primitivo.

Não obstante, não são poucos os exemplos até mesmo recentes de medidas provisórias reeditadas dezenas de vezes, negando, por completo, o megaprincípio da segurança jurídica.

A respeito dessa matéria não podemos deixar de consignar voto do Ilustre Min. Celso de Mello na ADInconst 293-7, supramencionada, no seguinte sentido: "(...) Por isso mesmo, as medidas provisórias, com a sua publicação no *Diário Oficial*, subtraem-se ao poder de disposição do Presidente da República e ganham, em conseqüência, autonomia jurídica absoluta, desvinculando-se, no plano formal, da autoridade que as instituiu. A edição de medida provisória gera dois efeitos imediatos. O primeiro efeito é de ordem normativa, eis que a medida provisória — que possui vigência e eficácia imediatas — inova, em caráter inaugural, a ordem jurídica. O segundo efeito é de natureza ritual, eis que a publicação da medida provisória atua como verdadeira *provocatio ad agendum*, estimulando o Congresso Nacional a instaurar o adequado procedimento de conversão em lei. A rejeição parlamentar de medida provisória, ou de seu projeto de conversão, além de desconstituir-lhe *ex tunc* a eficácia jurídica, opera uma outra relevante conseqüência de ordem político-institucional, que consiste na impossibilidade de o Presidente da República renovar esse ato quase-legislativo, de natureza cautelar. Modificações secundárias de texto, que em nada afetam os aspectos essenciais e intrínsecos da medida provisória expressamente repudiada pelo Congresso Nacional, constituem expedientes incapazes de descaracterizar a identidade temática que existe entre o ato não convertido em lei e a nova medida provisória editada" (STF,

Pleno, ADInconst 293-7-DF, medida liminar, rel. Min. Celso de Mello, *DJU* 16.4.93, p. 6.429, ementa oficial).

Não bastasse a análise do disposto no parágrafo único do art. 62, supramencionado, para demonstrar a total impossibilidade de reedição de medida provisória rejeitada expressa ou tacitamente, parece de todo conveniente, para reforçar tal conclusão, a leitura do § 5º do art. 60 da CF, que assim dispõe: "§ 5º. A matéria constante de proposta de emenda rejeitada ou havida por prejudicada não pode ser objeto de nova proposta na mesma sessão legislativa".

Ora, se a Constituição Federal, ao tratar do processo legislativo, estabeleceu tal limite para as emendas constitucionais, como admitir que no art. 62 estaria permitindo a reedição, a cada 30 dias, de medida provisória rejeitada?

Patente, pois, está a necessidade de toda a sociedade, em especial a classe jurídica, por dever de ofício, adotar postura de maior rigor técnico relativamente às medidas provisórias, sempre com o intuito maior de preservar, a qualquer custo, os ditames constitucionais e o respeito aos seus princípios basilares.

Tal preocupação, aliás, está estampada em voto proferido pelo Min. Celso de Mello (cf. ADInconst já mencionada), com o qual, ao meu ver, soube colocar em palavras a síntese de nossa preocupação maior, que é a preservação dos ditames constitucionais: "Uma Constituição escrita não configura mera peça jurídica, nem é simples estrutura de normatividade e nem pode caracterizar um irrelevante acidente histórico na vida dos Povos e das Nações. Todos os atos estatais que repugnem à Constituição expõem-se à censura jurídica — dos tribunais, especialmente —, porque são írritos, nulos e desvestidos de qualquer validade. A Constituição não pode submeter-se à vontade dos poderes constituídos e nem ao império dos fatos e das circunstâncias. A supremacia de que ela se reveste — enquanto for respeitada — constituirá a garantia mais efetiva de que os direitos e as liberdades não serão jamais ofendidos. Ao STF incumbe a tarefa, magna e eminente, de velar por que essa realidade não seja desfigurada".

Às precisas, contundentes e importantes afirmações deduzidas pelo eminente Min. Celso de Mello ouso acrescentar que a tarefa imposta ao STF é magna, eminente e iminente, tendo em vista o momento político e institucional que ora vive o País, e mais: que tal tarefa, se em última instância pertence àquela Corte Suprema, é também atribuição constitucional dos próprios Poderes Executivo e Legislativo.

INCIDÊNCIA DO ICMS SOBRE O PREÇO DA VENDA E NÃO SOBRE O VALOR DO FINANCIAMENTO

HERON ARZUA
Advogado em Curitiba

1. Quer-se saber, numa palavra, se o imposto sobre operações relativas à circulação de mercadorias e serviços (ICMS) percute tão-somente sobre o preço de venda da mercadoria ou se, nas operações conhecidas como "a prazo", apanha igualmente o valor do financiamento feito pelo comerciante. Ou, posto de outra maneira: se o ICMS incide ou não sobre os juros numa venda financiada pela própria empresa vendedora.

Modalidades de negócios

2. Nas empresas mercantis varejistas, as vendas de mercadorias são realizadas de várias maneiras, entre as quais pode-se destacar: a) venda à vista, quando se entrega a mercadoria contra o pagamento do preço no ato; b) venda à vista mas com obtenção de financiamento da parte do comprador, que busca o dinheiro num agente financeiro para proceder ao pagamento; c) venda à vista para pagamento até o dia 10 do mês subseqüente ao da compra (considerada assim porque feita em prazo inferior ao em que é obrigatória a emissão da fatura — art. 1º da Lei 5.474); d) venda à vista para pagamento do preço no ato mediante a utilização de cartão de crédito da própria loja; e) venda à vista para pagamento do preço no ato mediante a utilização de cartão de crédito de agentes financeiros credenciados; f) venda a prazo ou a prestação, em que a entrega da mercadoria é efetuada contra a promessa de pagamento do preço, parcelado este em valores e datas certas de vencimento. Essas modalidades apresentam algumas variantes, como, por exemplo, a catalogada na alínea "c", em que o pagamento pode ser feito de forma mais dilatada (em 60 ou 90 dias, ou mais). Aqui, inobstante não seja a operação tida pela lei comercial como "à vista", ela mantém as mesmas características de uma venda dessa natureza (essa parte é um resumo do notável trabalho de Geraldo Ataliba e Cléber Giardino em parecer oferecido à Mesbla S/A e publicado na *Revista de Direito Tributário*).

Entendimento tradicional da tributação: nas vendas a prazo, os juros integram a base de cálculo do ICMS, desde que propiciados pela própria empresa comercial vendedora da mercadoria

3. Praticamente, desde o advento do ICMS no sistema tributário brasileiro (e até antes, no antigo Imposto de Vendas e Consignações), fato que se deu, na prática, em 1.1.67 (como conseqüência da EC 18/65), era compreensão firme da doutrina e da jurisprudência que o valor do imposto mercantil somente recaía sobre o preço de venda das mercadorias nas operações à vista e que o valor do financiamento, desde que feito por terceiros legalmente credenciados para tanto, não compunha a sua base imponível. Com isso, todas as hipóteses de venda à vista, como descritas no número anterior, inclusive a da alínea "c" com prazo de pagamento dilatado, tinham uma tributação uniforme. O valor do financiamento, se houvera, feito por terceiros, ficava à mercê do Imposto federal sobre Operações Financeiras, como definido no art. 63, I, do CTN (Lei 5.172/66). A decisão dos tribunais era no mesmo sentido, como se depreende do seguinte aresto do TACivSP: "Juros, correção monetária e outras despesas a que o comprador se obriga com a empresa financiadora não alteram o preço da venda à vista de mercadoria por estabelecimento comercial, devendo, pois, o ICMS incidir só sobre esse preço recebido pelo vendedor" (*RT* 425/154).

4. Agora, se o negócio fora, sob qualquer forma, financiado pela própria empresa mercantil vendedora da mercadoria, então a compreensão jurídica, especialmente dos Fiscos estaduais, era da incidência do imposto mercantil sobre o valor global do negócio, isto é, sobre o preço efetivo da mercadoria mais os acréscimos (juros e correção monetária, *in casu*). De forma que, nos casos descritos nas letras "d" e "f" (venda à vista com cartão de crédito da própria loja e venda a prazo), o imposto federativo de negócios (ICM e ICMS) tinha como integrante da base imponível a parcela correspondente ao financiamento. Isso veio espelhado de modo claro no art. 6º do Convênio 66/88, editado pelo Conselho de Política Fazendária (Confaz), a teor do art. 34, § 8º, do "Ato das Disposições Constitucionais Transitórias" (de caráter duvidoso, na passagem, diga-se), em que se anota: "Integra a base de cálculo do imposto o valor correspondente a: I — seguros, juros e demais importâncias recebidas ou debitadas, bem como bonificações e descontos concedidos sob condição; II — frete, caso o transporte seja efetuado pelo próprio remetente". E a regra foi adotada, à unanimidade, por todas as Unidades Federadas, que a incluíram nas suas respectivas leis tributárias. A jurisprudência igualmente a obfirmou: "Os juros cobrados a título de financiamento de venda de mercadoria, desde que integrem o preço da operação, são computados na base de cálculo do ICMS" (1º TACivSP, *RT* 461/130).

5. A Suprema Corte do País, à sua vez, acabou por endossar a inteligência dos Fiscos estaduais e dos tribunais inferiores. Como amostra, cita-se o RE 79.052-MG, de 16.2.77 (*RTJ*), cuja ementa, na parte que interessa, expressa-se dessa maneira: "Se o comerciante vendeu automóveis a crédito, cobrou do comprador as despesas decorrentes dessa venda, isto é, incluiu no preço as parcelas pertinentes ao crédito por ele mesmo concedido, aumentando, assim, o valor da operação sobre a qual incide o ICM, esse comerciante deve pagar o ICM calculado sobre o quanto integral da operação (Decreto-lei 406/68, art. 2º, I)". No voto do Min. Antônio Neder (Relator) é feita a distinção entre a operação de venda a crédito e a operação de crédito, "a primeira muito praticada no comércio como notoriamente se sabe, a outra restritamente exercitada pelas instituições financeiras de que tratam o art. 17 da Lei n. 4.595, de 31.12.64, o art. 4º, I, da Lei n. 5.143, de 20.10.66, e normas posteriores". Também o voto se reporta ao verbete 533 ("Nas operações denominadas crediários, com emissão de vales ou certificados para compras e nas quais, pelo financiamento, se cobram, em separado, juros, selos e outras despesas, incluir-se-á tudo no custo da mercadoria e sobre esse preço global calcular-se-á o Imposto de Vendas e Consignações") da Súmula, que, inobstante tenha sido editado na vigência da legislação que regulava o Imposto de Vendas e Consignações, a essência de seu fundamento básico, no entender do Ministro, era aplicável ao ICM. E a decisão, como se deduz da ementa acima transcrita, é no sentido de que o imposto sobre operações relativas à circulação de mercadorias recai não somente sobre o preço da venda mas, igualmente, sobre este preço acrescido de juros quando a venda é feita a prazo.

Mudança de orientação: O ICM há de incidir sobre o preço ajustado para a venda e não sobre o valor do financiamento (STF, RE 101.103-0-RS, "DJU" 10.3.89)

6. Todavia, em sessão de 18.11.88, o STF, apreciando a questão consubstanciada no RE 101.103-0-RS (2ª T.), em que a Mesbla S/A financiava as suas vendas diretamente, utilizando-se de cartão por ela mesma concedido, tirou a seguinte ementa oficial: "Tributário — ICM — Cartão especial de crédito — Valor do financiamento. Embora o financiamento do preço da mercadoria, ou parte dele, seja proporcionado pela própria empresa vendedora, o ICM há de incidir sobre o preço ajustado para a venda, pois esse é que há de ser considerado como o do valor da mercadoria e do qual decorre a sua saída do estabelecimento vendedor. O valor que o comprador irá pagar a maior se não quitar o preço nos 30 dias seguintes, como faculta o contrato do Cartão Especial Mesbla, decorre de opção sua, e o acréscimo se dá em razão do financiamento, pelo custo do dinheiro, e não pelo valor da mercadoria" (*RT* 649/183 e ss.).

7. Como se infere do resumo e se colhe dos próprios votos dos Ministros, embora julgando matéria em que o financiamento se faz pela sistemática de cartão de crédito, pela primeira vez se reconheceu que o financiamento feito pela própria empresa vendedora não desnatura seu verdadeiro perfil e características e que há uma diferença entre o preço da venda de mercadoria e os encargos do financiamento. O voto do Min. Djaci Falcão é decisivo e merece transcrito na íntegra: "Também acompanho o voto do eminente Relator, considerando que a legislação específica, ou seja, o Decreto-lei 406, estabelece que a base de cálculo do ICM é o valor da operação de venda da mercadoria. Os encargos do financiamento não podem, evidentemente, integrar as despesas da operação de venda para efeito da cobrança do tributo, no caso o ICM, como também demonstrou, da tribuna, o eminente Patrono da recorrente. O tributo é sobre o fato gerador, não sobre o acréscimo decorrente de possível financiamento. Mera operação de financiamento não enseja a incidência do ICM sobre o valor total decorrente desse mesmo financiamento" (*RT* 649/190). É de se anotar que, no caso específico de vendas por intermédio de cartão de crédito, há um acórdão anterior do TJSP (Ap. Cível 95.488-2, São Paulo, 15ª C., j. 13.8.86, Ap. C & Modas Ltda., *RT* 550/187-189) em que se decidiu que, na espécie, havia dois contratos (um de venda e um de financiamento) e que o ICM incidia somente sobre a venda.

Fundamento da mudança

8. No atual estádio da elaboração doutrinária do ICM-ICMS, ficou bastante claro, dos estudos de Geraldo Ataliba e da Escola Paulista de Direito Tributário, que o fato tributado pelo imposto mercantil federativo é a "operação". Nem a "circulação", nem a "mercadoria", que são aspectos importantes mas adjetivos da operação realizada, constituem-se em fato fulcral do tributo. E na delimitação da hipótese de incidência há, no dizer de Alfredo Augusto Becker, um fato que desempenha a função de núcleo, que sói ser a base de cálculo. Esse aspecto é tão importante para a hipótese de incidência tributária, que é a natureza do núcleo que permite distinguir as distintas naturezas jurídicas dos negócios jurídicos. E o inesquecível Jurista exemplifica: "Por exemplo: o imposto cuja alíquota é calculada sobre o valor da venda é imposto cuja hipótese de incidência tem como núcleo (base de cálculo) o negócio jurídico específico da compra e venda e, em conseqüência, o gênero jurídico do imposto é o de imposto de vendas" (*Teoria Geral do Direito Tributário*, São Paulo, Saraiva, 1963, p. 298). E, decorrência dessa construção doutrinária, hoje aceita tranqüilamente pelos tribunais, a base imponível do tributo acabou sendo "o valor da operação mercantil tributada". Essa base imponível não decorre dos termos do art. 2º do Decreto-lei 406/68, como supõem alguns, mas do próprio Texto Constitucional. Outra base imponível desfiguraria o imposto mercantil, tornando o ICMS em outro imposto, como bem adverte o Mestre gaúcho. É evidente que nesse valor se pode incluir não só o valor da mercadoria propriamente dita como, igualmente, outras quantias que são de algum modo relacionadas à operação realizada. Todavia — e aqui o cerne da questão —, nem todas e quaisquer remunerações (gastos, despesas, pagamentos etc.) devidas pelo comprador da mercadoria ao vendedor devem integrar o valor da operação, para efeito da incidência do composto sobre operações relativas à circulação de mercadorias. Quer-se dizer, em outras palavras: "nem todo o montante pago por ocasião da celebração de uma operação mercantil integra sempre e necessariamente a operação, em si mesma considerada" (Geraldo Ataliba, *RT* 541/108). Uma base imponível que contemple montante pertinente ao valor do financiamento ou à parcela de uma operação de crédito, como núcleo da hipótese de incidência, confere ao imposto a natureza jurídica de um imposto sobre operações de crédito, e não sobre a venda mercantil. O ICMS não é, pois, imposto cuja natureza aceite em seu núcleo fato representativo de juros ou financimento.

Estado tributa venda. União tributa crédito

9. Ao tempo do antigo Imposto de Vendas e Consignações (IVC) e da discriminação de rendas da Constituição de 1946 talvez fora possível intuir que todas as despesas relacionadas com a venda pudessem compor a base imponível do imposto mercantil, pois inexistia, de modo incisivo e direto, competência impositiva de criação de imposto incidente sobre operações de financiamento atribuível a outro ente tributante. Não assim com o sistema tributário decorrente da Emenda Constitucional 18/65, e que se conserva no regime da Constituição de 1988, em que se deferiu aos Estados a tributação das operações mercantis e à União às operações de crédito. Em corolário, numa operação de venda em que se possa identificar limpidamente duas operações (numa relação jurídica complexa), uma de venda e outra de financiamento, o Estado só tem atribuições para tributar a operação de venda, não a de financiamento. Onde ocorrer venda e financiamento, dois entes constitucionais são competentes para tributar, cada qual nos exatos lindes da Constituição (art. 153, V — operações de crédito; art. 155, II — operações de circulação de mercadorias). E não é o episódio de a União não tributar a operação de financiamento vinculada à operação de venda que dá ao Estado o direito de impor tributação sobre a de financiamento. Aliás, é do texto infraconstitucional a advertência de que "o não-exercício da competência tributária não a defere a pessoa jurídica de direito público diversa daquela a que a Constituição a tenha atribuído" (art. 8º do CTN). Assim, embora a previsão constitucional, espraiada na lei de natureza complementar (CTN, arts. 63, I, e 66), sabe-se que a lei ordinária da União não albergou a tributação dos juros nas vendas a crédito feita pelo comércio. Não tributou porque não quis, não porque extrapolante à sua competência. O Código Tributário Nacional (Lei 5.172/66), no que pertine ao imposto sobre operações de crédito, na tipificação do aspecto material da hipótese de incidência (art. 63, I) e do aspecto pessoal (art. 64), não obstaculiza qualquer pretensão tributária federal nesse particular. Mas não é pela razão de não ter a União exercitado a sua competência tributária que a Unidade Federada vai poder tributar operação que refoge à sua competência constitucional.

A dualidade das vendas a prestação (a Lei 6.463, de 9.11.77)

10. Nas denominadas "vendas a prestação", em que há um acréscimo ou aumento do preço da mercadoria, relativamente ao seu preço à vista, parece induvidoso que a parcela acrescida representa o valor de um financiamento, seja ele derivado de juros ou mesmo de simples atualização monetária. É a mais comum modalidade de vendas do pequeno e médio comércio varejista no Brasil, em que o próprio comerciante assume o risco do financiamento, normalmente perante instituições bancárias. Daí o motivo pelo qual, quando o Governo quer arrefecer a atividade econômica, começa por restringir o empréstimo pecuniário às casas comerciais, como sói acontecer neste momento. Aliás, a dualidade de fenômenos ocorrida nas vendas a prazo tem reconhecimento na Lei 6.464, de 9.11.77, cujo art. 1º dispõe que nas vendas a prestação será obrigatória a declaração do preço de venda à vista da mercadoria, além do número e do valor das prestações mensais a serem pagas pelo comprador. E a verdadeira natureza do acréscimo vem desnudada no § 1º do mesmo artigo, quando a norma diz ser obrigatória a emissão de fatura nas vendas de mercadoria a prestação, da qual deverão constar, separadamente, o valor da mercadoria e o custo do financiamento, de forma a documentar o valor total da operação. E, logo a seguir, arremata, no art. 2º: "O valor do acréscimo cobrado nas vendas a prestação, em relação ao preço de venda à vista da mercadoria, não poderá ser superior ao estritamente necessário para a empresa atender às despesas de operações com seu departamento de crédito, adicionada a taxa de custo dos financiamentos das instituições de crédito autorizadas a funcionar no País". Em rigor de verdade, está-se diante de relação negocial complexa. Dois negócios — compra e venda e financiamento — ocorrem ao mesmo tempo e tendo como partes as mesmas pessoas. E o ICMS é imposto de caráter estritamente mercantil, como indica a sua dicção constitucional. Não pode ele incidir sobre valores que não integram o valor da operação de compra, única base constitucionalmente apta a ser gravada pelo tributo estadual, como antes já demonstrara em inúmeros estudos, estampados na *Revista de Direito Tributário*, o professor Geraldo Ataliba.

11. O Direito Tributário é um Direito de superposição (assim ensinava o saudoso Gian Antonio Micheli, ex-catedrático de Direito Tributário da Universidade de Roma), e, pois, pode captar conceitos e assimilar institutos, tal como lhe são fornecidos por outros setores do mundo jurídico (nessa direção o art. 110 do CTN). Deve, igualmente, respeitar a autonomia de vontades nos negócios privados. Pela Lei 6.463/77, verifica-se que o Direito Privado reconhece nas vendas a prestação a concomitância de uma operação de venda com uma operação de financiamento. Isso é do texto do aludido diploma: o valor da mercadoria há de estar separado, formalmente, do custo do financiamento, devendo a empresa comercial observar certos limites quanto ao seu montante. A lei comercial, no caso, meramente reiterou o que as partes, de fato, haviam acordado: que nas vendas a prazo existem pelo menos dois importantes componentes, um relativo à venda da mercadoria propriamente dita e outro atinente ao valor do financiamento. E isso deflui da realidade das transações mercantis praticadas no Brasil, em que é notório que o valor de uma venda a prestação é maior do que seu valor de venda à vista porque esse acréscimo representa um ônus financeiro. E a lei tributária não pode deixar de apanhar o fato material, objeto de incidência por primeiro da lei comercial, na sua significação jurídico-privada, imputando-lhe os efeitos tributários próprios. E, onde houver venda e financiamento, duas entidades constitucionais, como se averbou, são dotadas de competência impositiva, cada qual nos marcos do Texto Maior. Numa operação de venda a prazo temos duas realidades, dois negócios, intimamente vinculados, mas irrecusavelmente distintos, um separado do outro, embora complementares. Assim, a remuneração correspondente ao negócio do financiamento, ainda que acessório e complementar, ou mesmo decorrente da compra e venda realizada, não pode fazer parte do valor da operação mercantil. Daí não poder o Estado querer incluir na base de medição do ICMS o valor da operação de crédito, como à União é defeso integrar na base do imposto federal financeiro o valor das operações relativas à mercancia. O mesmo se dá quando numa mesma relação existe uma venda mercantil e uma prestação de um serviço, como, *v. g.*, no caso de conserto de bens em que há o emprego de peças e mão-de-obra. Aqui, duas entidades tributantes aparecem no figurino constitucional: o Estado, onerando a venda, e o Município, a prestação de serviço.

A posição de alguns Estados. A lei do Paraná

12. Diante da nova compreensão doutrinária da matéria, com as luzes trazidas pelo STF, alguns Estados, como São Paulo, Santa Catarina e Paraná, passaram a excluir da base de medida do ICMS o "acréscimo financeiro cobrado nas vendas a prestação para consumidor final". No Paraná, o art. 10, III, da Lei 8.933/89, com redação da Lei 9.715, de 23.9.91, veio a rezar expressamente que o "acréscimo financeiro nas vendas a prazo" não integra a base de cálculo do imposto. E foi mais longe ao estatuir, no inciso seguinte do mesmo art. 10, não integrar também "a base de cálculo do ICMS o montante correspondente aos juros, multa e atualização monetária, recebidas pelo contribuinte, a título de mora, por inadimplência de seu cliente (...)". E a nova inteligência das Fazendas estaduais decorreu do reconhecimento jurídico de que o ICMS não poderia gravar a parcela do financiamento, pois inincidente na espécie. Daí ser regulado o assunto por lei estadual própria, e não por via do Conselho de Política Fazendária (Confaz), competente que é em matérias relativas a isenções e benefícios fiscais (*apud* Lei Complementar 24, de 7.1.75, art. 1º e seu parágrafo único). Quer dizer: as leis desses Estados reconheceram uma não-incidência do imposto estadual sobre o valor do financiamento, e não uma mera isenção parcial, como poderia parecer aos menos expertos. Como não-incidência, não haveria necessidade de a exclusão constar do texto da lei; mas não se pode desprezar a importância do efeito didático numa lei tributária.

13. Por trás desse entendimento penso figurar ainda o princípio da igualdade, que repousa nas dobras de todos os vetores cardeais da Constituição de 1988, como observa Souto Maior Borges. Se a todas as demais modalidades de operação de venda, em particular aquela financiada pela empresa comercial por via de cartão de crédito próprio e que tem extrema afinidade com a venda a prestação, reconhece-se ser o valor do financiamento elemento estranho à operação de venda da mercadoria e que o imposto mercantil há de incidir sempre sobre o preço à vista da operação, não se poderia deixar de fora dessa inteligência unicamente esse tipo de compra e venda, que é o gênero mais utilizado no Brasil para a comercialização de bens de consumo final, e justamente proporcionado pelas pequenas e médias empresas varejistas.

Conclusão

14. Concluo, pois, numa oração, que o valor do financiamento nas vendas a prazo não pode compor a base imponível do ICMS. Lei tributária de qualquer nível que dispuser em contrário colide frontalmente com a discriminação de rendas do sistema constitucional tributário de 1988.

Curitiba, dezembro de 1995.

ICMS E ISS — FORNECIMENTO DE MAQUINARIA — INSTALAÇÃO E MONTAGEM DESSES EQUIPAMENTOS

AIRES F. BARRETO
Professor Universitário, Presidente do Instituto Geraldo Ataliba — IDEPE,
Advogado em São Paulo

1. Estados e Municípios: competências

A Constituição da República, ao discriminar as competências tributárias, estabelece competir aos Estados a instituição de imposto sobre "operações relativas à circulação de mercadorias e sobre prestações de transporte interestadual e intermunicipal e de comunicação (...)" (art. 156, III); e aos Municípios o imposto sobre "serviços de qualquer natureza (...)" (art. 156, III).

A criação e exigência desses impostos, pelos Estados e pelos Municípios, respectivamente, estão delimitadas por essas balizas fixadas pelo Estatuto Supremo:

a) Os Estados só poderão instituir imposto gravando "operações" relativas à circulação de mercadorias (além dos serviços de transporte interestadual e intermunicipal e de comunicação).

b) Os Municípios só poderão tributar a prestação de serviços (exceto de transporte interestadual e intermunicipal e de comunicação).

A determinação da abrangência do campo material das competências assim outorgadas pela Constituição exige, preliminarmente, meditação centrada sobre os termos *operações*, *circulação*, *mercadoria* e *serviço*, tal como supostos constitucionalmente (como devem ser sistematicamente entendidos, no contexto constitucional).

Parece interessante assinalar, inicialmente, que, se toda circulação de mercadoria representa circulação de bem material, o inverso não é verdadeiro: nem todo bem material circulado é mercadoria (v. Geraldo Ataliba e Aliomar Baleeiro, Pareceres in *RF* 250). Podem ser bens civis, ou outros, que não se subsumem à noção de mercadorias. E onde não houver mercadoria não há operação tributável pelos Estados. A Constituição não autoriza interpretação diversa. Nela não se prevêem impostos incidentes sobre a circulação de quaisquer bens materiais. Desses gêneros, o Texto Supremo isolou só a espécie "mercadorias", para atribuir aos Estados imposto sobre as "operações" que provocam a sua circulação.

Ao tempo da Carta de 1969, o STF decidiu reiteradas vezes não constituírem fatos subsumíveis ao ICM os que não correspondessem, a despeito de serem bens materiais, a mercadorias (v. Aires Barreto in *Suplemento Tributário LTr* 72/81). Afirmou, corretamente, a Suprema Corte que os Estados só podem fazer incidir tributo sobre "operações" relativas à circulação de *mercadorias*. Em outras palavras, quando os bens não configurarem mercadorias, é vedado à lei ordinária prever a incidência de tributo sobre eles (e, com maior razão, é vedado ao aplicador pretender exigi-lo).

Deveras, para validamente sujeitar ao ICM as operações de circulação de bens que não configurem mercadorias seria preciso que se providenciasse uma *emendatio constitucionis*. Por isso que somente após a Emenda Constitucional 23/83 pôde a lei estadual validamente instituir ICM sobre bens que, rigorosamente, não configuram mercadorias, quais sejam, os expressa e explicitamente indicados no § 11 do art. 23 da CF (acrescentado por essa EC): bens importados "destinados a consumo ou ativo fixo do estabelecimento".

A Constituição de 1988, seguindo similar esteira, previu a incidência do ICMS sobre a entrada de mercadoria importada do Exterior, ainda quando se tratar de bem destinado a consumo ou ativo fixo do estabelecimento (cf. art. 155, IX, "a").

2. Hipótese de incidência do ICMS

A consistência da hipótese de incidência do ICMS está nas "operações relativas à circulação de mercadorias", ou, simplificadamente, na maioria das vezes, no vender mercadorias. Vale dizer, na transferência da titularidade de direitos de disponibilidade sobre as mesmas (v. Cléber Giardino, in *RDT* 9); o imposto — como bem sublinhado por Carlos da Rocha Guimarães — não incide nem sobre a circulação, nem sobre mercadorias, mas sobre "operações".

Geraldo Ataliba, com o brilhantismo de sempre, já advertia que a consistência da hipótese de incidência se centra no termo "operações", entendido como equivalente a "atos jurídicos; atos regulados pelo Direito; atos produtores de efeitos jurídicos; atos juridicamente relevantes" regulados pelo Direito Mercantil ("ICM sobre a importação de bens de capital para uso do importador", *RF* 250/115).

Na mesma esteira, Paulo de Barros Carvalho destacou ser imperioso manter na "(...) retentiva a premente necessidade de que a 'circulação' haja sido impulsionada por 'operações jurídicas', de qualquer jaez (...)" ("Hipótese de incidência e base de cálculo do ICM", in *Cadernos de Pesquisas Tributárias* 3, e *O Fato Gerador do ICM*, São Paulo, Resenha Tributária, 1978; também Carlos da Rocha Guimarães, ob. cit.), sempre qualificáveis como "mercantis", isto é, regidas pelo Direito Comercial. Com efeito, as "operações" civis — regidas pelo Direito Civil — não são tributáveis pelos Estados, dado que não têm "mercadoria" por objeto.

Fixada essa primeira premissa jurídica, impende examinar o vocábulo "circulação". É inafastável raciocinar em termos jurídicos; e, nestes termos, "circular" é mudar de titular (v. Geraldo Ataliba, *Hipótese de Incidência Tributária*, 5ª ed, 5ª tir., São Paulo, Malheiros Editores, 1996, p. 127), ou, como magistralmente o demonstra Cléber Giardino, é transferir, por meio idôneo, os poderes jurídicos de disponibilidade sobre uma coisa (no caso, mercadoria).

A hipótese de incidência do ICMS pressupõe, obrigatoriedade, circulação, entendida esta como mudança de titularidade dos poderes jurídicos sobre mercadoria. Ora, não se podendo cogitar dessa mudança de titularidade (transferência), não há circulação. Não havendo esta, não pode haver fato imponível (v. Souto Maior Borges, *RDA* 103; Paulo de Barros Carvalho, ob. cit.; Rocha Guimarães, ob. cit.; Cléber Giardino, *RDT* 13).

Em resumo, o ICMS tem por hipótese de incidência operações relativas à circulação de mercadorias (aspecto material). Fato tributável é a concreta verificação desse evento previsto hipoteticamente pela disposição legal. O termo "circulação" — sobre representar transferência de titularidade — só pode refletir fato efetivamente ocorrido. Como a exigência é constitucional, a lei não pode presumi-la.

Há óbvios que, exatamente por o serem, impõem advertência contra sua aceitação acrítica, como insiste A. Becker. A competência estadual exaure-se na faculdade de tributar, exclusivamente, as operações (negócios jurídicos) relativas à circulação (transferência de titularidade) de mercadorias (bens objeto de mercancia).

Pode o Estado alcançar, ainda, outra espécie de fato. Cabe-lhe a tributação de dois serviços: de transporte interestadual e intermunicipal e de comunicação.

Impõe-se o exame das disposições constitucionais de modo sistemático. De fato, a visão literal, sendo mero pressuposto, deve sofrer o crivo exegético da análise global do sistema, lastreada nos seus princípios — vigas mestras de todo e qualquer sistema jurídico, como enfaticamente o sublinham Celso Antônio e Agustín Gordillo.

Ora, dentre esses princípios sobressai o da competência privativa de Estados e Municípios em relação a seus impostos. Em outras palavras: a competência estadual é rígida e exaustivamente definida no art. 155 da CF; igualmente, esgota-se a faculdade municipal para instituição de impostos no art. 156 do mesmo Diploma. Deste asserto não discrepam nossos mais autorizados estudiosos do sistema constitucional tributário. *A tal propósito não se registra nenhuma dissensão doutrinária ou jurisprudencial digna de registro*.

Não podem os Estados, *ipso facto*, tributar outros serviços (diversos dos dois anteriormente focalizados), sob pena de "invasão de competência", como denunciou Amílcar Falcão (*Fato Gerador da Obrigação Tributária*, 4ª ed., São Paulo, Ed. RT, 1977, p. 136) com o apoio autorizado de Baleeiro. O Estatuto Supremo (art. 155) faculta-lhes tributar a "transmissão *causa mortis* e doação" (inciso I), as operações relativas à circulação de mercadorias e prestação de serviços de transporte interestadual e intermunicipal e de comunicação (inciso II) e a propriedade de veículos automotores (inciso III). Além disso, podem tributar as operações com bens destinados a consumo ou ativo fixo do estabelecimento (inciso IX, "a"). E, como esses preceitos são exaustivos, nenhum outro imposto pode ser instituído pelas unidades federadas. A tributação de outros serviços pelos Estados importa flagrante invasão da competência municipal, em manifesta afronta à Constituição (Cléber Giardino, *RDT* 13).

Demarcado, assim, o âmbito da tributação conferida aos Estados por via de impostos, podemos passar ao exame do campo de incidência do ISS.

3. *Hipótese de incidência do ISS*

A Constituição deu competência aos Municípios para instituir imposto sobre "(...) serviços de qualquer natureza, não compreendidos no art. 155, II, definidos em lei complementar" (cf. art. 156, III, redação da EC 3/93).

Traçar o perímetro delimitador da irradiação da norma instituidora do ISS — que esgote o domínio da competência atribuída aos Municípios — exige, inicialmente, a conceituação de serviço, no plano constitucional. De nada vale, juridicamente, defini-lo consoante sua acepção vulgar; o que importa, do ponto de vista jurídico, é buscar seu enquadramento dentro dos parâmetros constitucionais. Isto porque, examinando-se o contexto sistemático da Constituição chegar-se-á a um conceito de serviço que não é rigorosamente igual ao conceito vulgar. Em outras palavras: o conceito constitucional de serviço não coincide com o emergente da acepção comum, ordinária, desse vocábulo. Foi A. A. Becker — apoiado em Pontes de Miranda —

quem melhor mostrou que a norma jurídica como que "deturpa" ou "deforma" os fatos do mundo, ao erigi-los em fatos jurídicos (*Teoria Geral do Direito Tributário*, 2ª ed., p. 78).

É sabido, desde a lúcida observação de Amílcar Falcão, que a Constituição não cria impostos, mas limita-se a estabelecer as competências para que as pessoas políticas (na feliz terminologia cunhada por Ruy Cirne Lima), mediante lei, os criem. Estas leis (federais, estaduais ou municipais) devem circunscrever-se rigorosamente à esfera materialmente demarcada pelo próprio Texto Magno, sob pena de configurarem inconstitucionalidade por invasão de competência (Amílcar Falcão).

O Texto Magno, ao outorgar competência aos Municípios, no art. 156, III, refere-se, expressamente, a serviços. Pressupõe, portanto, um conceito de certos fatos que poderão ser adotados como hipótese de incidência pelo legislador ordinário municipal. Este poderá usar total ou parcialmente a competência recebida. Não poderá, porém, extrapassá-la. Quer dizer: o legislador não pode ir além dos lindes do conceito constitucional de serviço pressuposto no inciso III do art. 156. Respeitada a esfera demarcada pelo conceito constitucional, legislará com todo desembaraço e amplitude, dado que — ressalvados os serviços de comunicação e os de transporte interestadual e intermunicipal (art. 155, II) — recebe do Texto Magno privativa competência para onerar, mediante impostos, todos os demais serviços (fundados nas lições de Geraldo Ataliba, Souto Borges e Roque Carrazza, estamos entre os que não vêem limites outros além do inciso II do art. 155 da CF ao legislador tributário municipal).

Daí a importância do esforço exegético no sentido de desvendar o conteúdo, sentido e alcance do conceito de serviço tributável, a que se refere o Texto Magno Constitucional. Serviço é a prestação de esforço humano a terceiros, com conteúdo econômico, em caráter negocial, sob regime de direito privado, tendente à obtenção de um bem material ou imaterial (cf. nosso "ISS", *Suplemento Tributário LTr* 19/81). Atentos à Constituição, sistematicamente interpretada, temos que no conceito de serviço tributável não se inclui o serviço público, porque (a) subsumível a regime de direito público e (b) excluído por força do estatuído na alínea "a" do inciso III do art. 19 da Lei Maior (que estabelece as imunidades tributárias). Esta definição expressa, fielmente, o conceito constitucional de serviço. Também assim entendem Paulo de Barros Carvalho *(Curso de Direito Tributário,* 2ª ed., São Paulo, Saraiva, 1986). Cléber Giardino ("ISS — Competência Municipal", *RDT* 33/220) e Marçal Justen Filho *(O Imposto sobre Serviços da Constituição.* São Paulo, Ed. RT, 1985). O conceito também afasta, de imediato, o trabalho realizado "para si próprio", que, dada a ausência de cunho econômico no seu conteúdo ontológico, não é serviço tributável à luz da Constituição (cf. Aires Barreto, *Suplemento Tributário LTr* 19/81), dado que, em consideração às exigências da isonomia, "a prestação de serviços há de ter conteúdo econômico".

No conceito constitucional não se contêm, ainda, os serviços prestados em regime familiar, os altruísticos, desinteressados e filantrópicos, por lhes faltar conteúdo negocial (desde as magistrais lições de Sainz de Bujanda e Dino Jarah reconhece-se universalmente que os princípios constitucionais da isonomia exigem tenham os fatos imponíveis conteúdo econômico; o mais atualizado estudo a respeito o devemos ao professor Carlos Palao Taboada — v. *RDT* 4/125).

Apartado fica, finalmente — por não estar *in commercio* —, o trabalho efetuado em relação de emprego, ou subordinação, seja a empregador privado, seja ao Poder Público (cujo conteúdo econômico é excluído, em razão de seu cunho alimentar). Com estas exclusões constitucionalmente exigidas, fica delimitado o conceito de serviço tributável pelo imposto municipal.

Já se pode prosseguir na interpretação do art. 156, III, para afirmar o alcance, pelo ISS, dos serviços de qualquer natureza. Convém lembrar que deles estão subtraídos, ainda, aqueles cuja tributação é cometida aos Estados e que se restringem aos serviços de transporte interestadual e intermunicipal e de comunicação (cf. inciso II do art. 155 da CF).

Dessa série de considerações, parece forçoso que ''serviço tributável é o desempenho de atividade economicamente apreciável, produtiva de utilidade para outrem, porém sem subordinação, sob regime de direito privado, com fito de remuneração'' (Aires Barreto, *LTr* 19/81).

Esse fato-tipo — e só este — é que, nos termos constitucionais, pode ser adotado pelo legislador ordinário municipal como materialidade de hipótese de incidência de imposto seu.

Definidos os parâmetros constitucionais, já se pode situar, com nitidez, o campo de incidência do ISS, isto é, a área sobre a qual pode ser criado este imposto pelo legislador municipal (e só por ele).

O imposto (ISS) alcança todo e qualquer serviço, com exceção apenas dos destinados, na partilha constitucional, aos Estados. O texto é incisivo: a atribuição é de serviços de ''qualquer natureza''. Salvo os cometidos à competência dos Estados, todos os demais tributáveis pelo Município. A competência é irrestrita e lata. Qualquer que seja sua natureza — *observados os lindes constitucionais do conceito* —, os serviços podem ser tributados pelo Município.

E como esta competência é — nos termos constitucionais — privativa, não pode ser exercida, nem direta, nem indiretamente, pela União nem pelos Estados.

A outorga constitucional é ampla. No campo de incidência só não se podem incluir:

a) hipóteses que não configurem serviços;

b) hipóteses que, mesmo constituindo serviços, estejam compreendidas na competência dos Estados (serviços de transporte interestadual e intermunicipal e de comunicação — cf. inciso II do art. 155 da CF).

Convém reafirmar que os Municípios não podem invadir a área de competência dos Estados para tributar, seja a que título for, operações relativas à circulação de mercadorias (ou os dois serviços que lhes competem). Reciprocamente, não podem os Estados, de modo nenhum, incursionar no campo privativo de competência do Município para tributar serviços (ainda que de modo indireto ou oblíquo).

4. Critério jurídico para estremar os campos de incidência do ICMS e do ISS

No mais das vezes, os fatos subsumíveis à tributação representam (a) negócios jurídicos nos quais estão presentes apenas mercadorias ou (b) prestações de esforço humano a terceiros, que não envolvam serviços de transporte interestadual e intermunicipal e de comunicação.

Em tais situações, nenhum problema atormenta o intérprete, na medida em que (a) são, apenas, tributáveis pelo ICMS, (b) indubitavelmente, só tributáveis pelo ISS.

Nem sempre, porém, as relações jurídicas entre particulares se processam desse modo singelo. São comuns as hipóteses por força das quais os particulares avençam, a um só tempo, negócios jurídicos que importam a transferência da titularidade de mercadoria e, concomitantemente, a prestação de esforço humano, em caráter negocial. Nesses casos, exige-se toda cautela — do legislador, do intérprete ou do aplicador da lei — a fim de que não se fira a Constituição. É que lhes cabe, mesmo diante de um cipoal de fatos, discernir, à luz dos critérios constitucionais, os fatos submersíveis ao ICMS dos oneráveis pelo ISS. A correta interpretação das competências exige, nesses casos, a aguda e percuciente observação de cada fato, a fim de que não se conclua pela sujeição ao ISS de negócios jurídicos mercantis, ou de serviços — exceto os dois já referidos — ao ICMS.

Tenha-se presente que, usando de sua liberdade negocial, os particulares podem produzir fatos complexos, estabelecendo negócios que se consubstanciam, ao mesmo tempo, em prestação de serviços e venda de mercadorias. Mesmo quando referidos num só instrumento de contrato, pode-se discernir, juridicamente, esses dois objetos, embora o interesse das partes seja global e uno.

É imperioso estremá-los, a fim de sujeitá-los a um *e* outro ou a um *ou* outro, na exata medida das respectivas competências privativas. O caminho a ser trilhado — único conducente à separação consentânea com o sistema constitucional — exige digressão em torno das obrigações de dar e de fazer, categorias gerais do Direito, amplamente estudadas pelos civilistas.

A distinção entre dar e fazer como objeto de direito é matéria das mais simples. Basta — aos fins a que nos propusemos — salientar que a primeira (obrigação de dar) consiste em vínculo jurídico que impõe ao devedor a entrega de alguma coisa já existente; por outro lado, as obrigações de fazer impõem a execução, a elaboração, o fazimento de algo até então inexistente. Consistem num serviço a ser prestado pelo devedor (produção, mediante esforço humano, de uma atividade material ou imaterial). Nas obrigações de fazer segue-se o dar, mas este não se pode concretizar sem o prévio fazimento, que é o objeto precípuo do contrato (enquanto o "entregar" a coisa feita é mera conseqüência).

Essa diferenciação — de extrema relevância para apartar os fatos tributáveis pelos Estados dos graváveis pelos Municípios — entre as obrigações de dar e de fazer é magistralmente demarcada por Washington de Barros Monteiro: "O *substractum* da diferenciação está em verificar se o *dar* ou o *entregar* é ou não conseqüência do *fazer*. Assim, se o devedor tem de dar ou de entregar alguma coisa, não tendo, porém, de fazê-la previamente, a obrigação é de dar; todavia, se, primeiramente, tem ele de confeccionar a coisa para depois entregá-la, se tem ele de realizar algum ato, do qual será mero corolário a de dar, tecnicamente a obrigação é de fazer" (*Curso de Direito Civil — Direito das Obrigações,* 1ª Parte, São Paulo, Saraiva, 1967, p. 95).

Em resumo, nas obrigações *ad dandum* ou *ad tradendum* consiste a prestação em entregar alguma coisa (dar), enquanto as *in faciendo* referem-se a ato ou serviço a cargo do devedor (prestador).

Embora possa ser temerário acolher a posição de Serpa Lopes (*Curso de Direito Civil,* v. II, Rio de Janeiro, 1955, n. 35), para quem as obrigações de dar pressupõem sempre a transferência do domínio (que se concretiza com a tradição da coisa) — uma vez que na obrigação de restituir, espécie da de dar, não ocorre essa transferência, conforme já detectara agudamente Sílvio Rodrigues (*Direito Civil — Das Obrigações,* São Paulo, Max Limonad, 1965, p. 44) —, é válida a conclusão de que as demais serão obrigações de fazer.

A doutrina tem admitido casos em que o *dare* e o *facere* praticamente entrelaçam-se, tornando sobremodo difícil concluir pela efetiva natureza do vínculo obrigacional. E toma por exemplo os contratos de empreitada de construção civil, em que o empreiteiro se obriga,além dos serviços, a fornecer os materiais necessários à execução da obra. Para Washington de Barros Monteiro, a melhor solução está em "(...) reconhecer a existência de duas obrigações distintas, uma de dar e outra de fazer, isto é, um trabalho e uma venda, cada qual com a sua individualidade e características próprias (...)" (ob. cit., p. 97). Idêntica é a postura de Arnoldo Wald, para quem: "Na empreitada de mão-de-obra e de materiais existem duas obrigações distintas: a de dar o material e a de fazer o serviço" (*Curso de Direito Civil Brasileiro — Obrigações e Contratos*. São Paulo, Sugestões Literárias, 1969, p. 31).

Na mesma trilha, o Poder Judiciário — embora cuidando de questões referentes ao antigo Imposto de Vendas e Consignações — já decidiu que "o empreiteiro, com o fornecer também materiais para a construção, pratica ato de comércio, legitimando-se assim a cobrança do Imposto de Vendas e Consignações" (*RT* 131/252). E, em outra oportunidade, deixou assentado, que: "(...) o empreiteiro com o fornecimento de materiais pratica modalidade de venda e como tal está sujeito ao imposto de vendas mercantis" (*RF* 91/405 e 92/94).

Dessa rápida análise da posição da doutrina e da jurisprudência já é possível advertir que a correta conclusão quanto ao regime jurídico tributário a que se subordinam certos fatos exige se perquiram — com a profundidade requerida — a natureza e objeto do contrato em conseqüência do qual se produziram os fatos considerados.

Se é exato que o ICMS incide sobre contratos (operações mercantis, reguladas pelo Direito Obrigacional) necessariamente configuradores de "obrigações de dar" mercadoria, o ISS incide sobre o fato "prestar serviços" (obrigações de fazer). Nada obstante, se é certo afirmar que o ISS incide sobre o contrato de prestação de serviço, não é menos correto asseverar que não há serviço tributável que não decorra de um contrato. Este sempre configurará "obrigação de fazer". Ora, a consideração ao contrato ilumina a compreensão do fato que dele é objeto e, pois, é decisiva para qualificação jurídica deste.

O surgimento da obrigação tributária condiciona-se à concreta verificação, no mundo fenomênico, de fato subsumível à descrição legal.

Ao que se assevera — quanto ao ICMS e ao ISS — é a impossibilidade concreta de ocorrer fato tributável que não seja resultante de contrato. Em outras palavras: embora não se possa dizer que a todo contrato corresponda um fato tributário, é lícito afirmar que todo *fato tributário* (relativo ao ICMS e ao ISS) *pressupõe uma contrato*. Assim sendo, ocorrido o fato, sua subsunção à hipótese de incidência deste ou daquele imposto exigirá, sempre, detida e acurada análise do contrato, a fim de que se possa concluir, precisamente, sobre o enquadramento do fato dele objeto nesta ou naquela previsão legal (apoiada em estrita e expressa outorga constitucional).

Examinada a competência estadual e municipal para instituir impostos e seus limites — as hipótese de incidência do ICMS e do ISS — e traçada rápida síntese do que a doutrina considera obrigação de dar e de fazer, cumpre extrair as implicações dessas premissas.

5. *Instalação e montagem em face do ICMS e do ISS*

As posturas jurídicas, no campo tributário, só encontram plena justificação na medida em que — ao lado da sua ressonância teórica — encontrem possibilidade de repercutir, de modo conseqüente, na compreensão e interpretação do sistema do Direito Positivo, em geral.

Examinemos a relevância dessas colocações à luz de situações comuns no vasto campo das relações contratuais, em que se assentam inúmeros fatos alcançados pela tributação.

Em trabalho publicado na *RDT* 15-16/197-216, que pensamos esteja rigorosamente fundamentado nos princípios e normas do sistema *constitucional* tributário, figuramos situação em que certa empresa pretende instalar equipamentos para o desenvolvimento de suas operações, sublinhando que, para "a obtenção desse fim, na prática, existem métodos alternativos para a concretização dessa tarefa". Assim sendo, a "escolha da melhor opção decorrerá (...) das vantagens de caráter econômico-financeiro, ou de disponibilidade de *know-how* para proceder a esta instalação, ou de ambos".

Na oportunidade, dissemos que:

"Analisados esses aspectos, a empresa pode optar por: a) adquirir a maquinaria e realizar ela mesma a instalação; b) contratar a montagem do equipamento com a própria empresa vendedora, fabricante ou não; c) contratar o fornecimento dos equipamentos com a empresa *A* e, sob a consultoria de *B,* proceder diretamente à instalação; d) contratar o fornecimento dos equipamentos com a empresa *A;* contratar com a mesma empresa (*A*), também, serviços de consultoria, promovendo, a própria contratante, a instalação.

"Como as repercussões jurídico-tributárias não serão idênticas, é mister verificar, ainda, se, uma vez realizada a obra (sentido amplo), esta agregar-se-á ou não ao solo. Teremos que examinar, também — consoante a opção utilizada —, o conteúdo contratual e, por derradeiro, atentar, com detença, para os preços que hajam sido fixados para as respectivas obrigações" (pp. 206-207).

Vejamos a primeira hipótese, isto é, que consignamos como alternativa "a". Nesse caso, a empresa adquiriu a maquinaria e realizou, ela mesma, a instalação. Ora, é inequívoco ter havido um negócio jurídico consubstanciado na venda e compra desses equipamentos. Tendo eles circulado (transferência de titularidade), estariam satisfeitos os pressupostos de ocorrência de operações (atos jurídicos) e de circulação (transferência de titularidade). Da perspectiva do vendedor (que é a que importa), esses bens satisfazem o conceito de mercadorias.

De outra parte, ainda nessa alínea "a", o que se verifica é ter a própria empresa adquirente procedido à instalação ou montagem. Não se pode cogitar, conforme já ressaltado, da prestação de serviços em favor do próprio prestador (serviços "para si mesmo"). Logo não cabe falar em incidência do ISS. Em resumo, *in casu,* haveria sujeição ao imposto estadual, mas não ao imposto municipal.

Passemos para a alternativa "b". No que respeita à incidência do ICMS, valem, aqui, as considerações expendidas no exemplo acima, identificado pela letra "a". No pertinente ao ISS, todavia, haveremos de desdobrar a questão em duas hipóteses: na primeira, poderíamos supor que para a realização do fato (instalação ou montagem) não se estipulara preço algum. Não porque ocorrera omissão, mas, sim, porque o contrato de compra e venda da maquinaria pressupunha dispêndio apenas pela *aquisição.* Em outras palavras, a obrigação de dar (fornecimento de equipamentos) fora pactuada de modo a só se considerar adimplida, sem qualquer valor adicional, com a instalação ou montagem.

Na segunda, os fatos (pressupostos em contrato) poderiam conduzir-nos à comprovação de que duas obrigações teriam sido avençadas — uma de dar e outra de fazer —, estipulando-se, para cada qual, o respectivo preço. Fora este o caso e, inequivocamente, em relação à obrigação de fazer (instalação ou montagem) ocorreria a incidência do ISS, calculável sobre o preço correspondente.

Neste estádio, convém salientar a irrelevância da presença de um ou de dois instrumentos contratuais. Ainda que num só instrumento, estaríamos diante de contratos coligados, com dependência meramente externa, mantidas as individualidades respectivas, sem possibilidade de fusão.

Vejamos, agora, a alternativa "c". A variação que nela se apresenta diz respeito à consultoria prestada por *B*. Em relação ao fornecimento dos equipamentos, ainda uma vez, aplicam-se as conclusões já extraídas quando do exame da primeira alternativa (letra "a").

Também no que concerne à instalação há de prevalecer a noção ali manifestada, porque ainda estaríamos diante de serviços "para si próprio".

Resta, assim, estudar a irradiação das normas jurídico-tributárias sobre o fato (consultoria realizada por *B*). Do ângulo da empresa *B* (consultoria para a instalação), a atividade por ela realizada configuraria nítido serviço, até arrolado na lista sugestiva veiculada pela Lei Complementar 56/87.

Também, pouco importa, uma vez mais, o instrumento em que foram pactuadas essas obrigações. Seja único, seja dúplice o instrumento, estaremos diante de obrigação de fazer (relativamente a *B*), que não se amalgama com a obrigação de dar, contratada com *A* (fornecimento da maquinaria).

Resta, pois, tecermos as considerações pertinentes à alternativa preconizada em "d". O exemplo guarda total identidade com o protótipo constante da alternativa "a" quanto à não incidência do ISS relativamente à instalação ou montagem, se procedida pela contratante.

Impende considerar, por isso, a hipótese de contratação de fornecimento de equipamentos e dos serviços de consultoria pela mesma empresa.

Nesse caso, uma, de duas variáveis, pode ocorrer: ou se estipula preço para o fornecimento dos materiais que absorva a própria consultoria de instalação e montagem, ou se fixam obrigações distintas, com os respectivos preços, sendo irrelevante o aspecto formal, isto é, consubstanciá-las em dois ou em um único instrumento.

A contratação de obrigações pode se dar de várias formas. Podem elas ser satisfeitas, por exemplo, mediante prévia avença de que se reputarão adimplidas com a mera expedição; mas, também o podem com a convenção de que o adimplemento só se dará uma vez posta no porto do domicílio do credor; podem, ainda, ser adimplidas apenas pela entrega em casa comercial do credor; ou, enfim, só se reputar satisfeita a obrigação com a convenção de que haverá de ser tida por prestada, por exemplo, só ao depois de ocorrida a lustração, polimento, revisão, instalação ou montagem do bem (Aires F. Barreto, "ISS e ICM — Competência municipal e estadual — Limites", in *RDT* 15-16/207-208, São Paulo, Ed. RT, 1981).

"Retomando o exemplo, é de ver-se que o contribuinte pode desenvolver apenas a atividade de mercancia e, *v.g.*, na condição de produtor, industrial ou comercial, sujeitar-se apenas ao ICMS. Também é lícito que se organize apenas para prestar serviços, sujeitando-se ao imposto municipal.

"Por derradeiro, pode dedicar-se, simultaneamente, aos negócios do comércio e à prestação de serviços, sem que, por isso, seja admissível ao legislador submetê-lo a único tributo. A tributação há de fazer-se dentro dos estritos lindes demarcados pela Constituição. Se alguém prestar serviços e, paralelamente, promover operações ligadas à circulação de mercadorias, sujeitar-se-á a ambos os tributos, na exata medida das receitas correspondentes.

"Em resumo, haveremos de perquirir, sempre, qual o caso concreto: se duas forem as atividades desenvolvidas (comércio e prestação de serviços), subsumir-se-ão tais fatos às hipóteses de incidência do ICMS e do ISS. Exemplo será o de promover fornecimento de mercadorias pelo valor "x" e de transportá-las pelo valor "y". Da mesma forma, vender equipamento por R$ 10,00 comprometendo-se a instalá-lo por R$ 5,00. Ou, ainda, em consonância com o exemplo, fornecê-lo pelos mesmos R$ 10,00 e contratar a consultoria ou a fiscalização das instalações por R$ 5,00. Só se poderia cogitar da exclusiva incidência do ICMS se a obrigação se reputasse satisfeita apenas com a instalação, ou com a supervisão desta, por R$ 10,00, sem qualquer preço adicional, seja pela consultoria, seja pela fiscalização" (pp. 206-209).

6. Conclusões

Das considerações precedentes podem ser extraídas, em síntese, as seguintes conclusões:

1ª. O fornecimento de equipamentos consubstancia operação relativa à circulação de mercadorias, sendo, pois, fato imponível do ICMS.

2ª. A montagem e a instalação desses equipamentos, quando executadas pelo próprio adquirente, não constituem fato subsumível ao ISS, pois configuram serviço "para si próprio".

3ª. A montagem e instalação desses equipamentos, quando executadas pelo fornecedor, estarão sujeitas ao ISS, salvo se a obrigação de dar for considerada adimplida apenas com a ultimação dessas tarefas, e sem estipulação de preço.

4ª. A montagem e a instalação desses equipamentos, quando executadas por pessoas diversas do fornecedor dos equipamentos (exceto quando o forem pelo próprio adquirente, conforme explicitado na 2ª conclusão), estão sujeitas ao ISS (v. item 75 da Lista que acompanha a Lei Complementar 56/87).

5ª. A supervisão e a consultoria técnica para a montagem e instalação são nítidos serviços. Estão, inclusive, arrolados na Lista sugestiva veiculada pela Lei Complementar 56/87 (cf. especialmente itens 21 e 22).

6ª. A base de cálculo do ICMS abrange todas as importâncias recebidas pelas empresas fornecedoras pertinentes, desde que correspondentes à operação de circulação de mercadoria, ou seja, ao fornecimento, à venda e compra dos equipamentos.

7ª. A base de cálculo do ISS, por seu turno, é toda e qualquer importância recebida pelo prestador a título de remuneração de serviço.

Essas conclusões só não se aplicam diante de instalação e montagem de equipamentos que se agregam ao solo. É que, nesses casos, se terá serviços de construção civil, sujeitos apenas ao ISS.